Novo
Testamento

COLEÇÃO A OBRA-PRIMA DE CADA AUTOR

Novo Testamento

TEXTO INTEGRAL

Série Ouro

Tradução do texto original grego,
com as variantes da Vulgata
e amplamente anotada por
Huberto Rohden

MARTIN CLARET

CRÉDITOS

© *Copyright* desta tradução: Editora Martin Claret, 2006

IDEALIZAÇÃO E COORDENAÇÃO
Martin Claret

ASSISTENTE EDITORIAL
Rosana Gilioli Citino

CAPA
Ilustração
Marcellin Talbot

MIOLO
Revisão
Durval Cordas
Marcos Ribeiro da Silva

Tradução
Huberto Rohden

Projeto Gráfico
José Duarte T. de Castro

Editoração Eletrônica
Editora Martin Claret

Papel
Off-Set, 70g/m^2

Impressão e Acabamento
Renovagraf

Editora Martin Claret Ltda. - Rua Alegrete, 62 - Bairro Sumaré
CEP: 01254-010 - São Paulo - SP
Tel.: (11) 3672-8144

www.martinclaret.com.br

Agradecemos a todos os nossos amigos e colaboradores — pessoas físicas e jurídicas — que deram as condições para que fosse possível a publicação deste livro.

3ª REIMPRESSÃO - 2020

A história do livro e a coleção
"A Obra-Prima de Cada Autor"

MARTIN CLARET

Que é o livro? Para fins estatísticos, na década de 1960, a UNESCO considerou o livro "uma publicação impressa, não periódica, que consta de no mínimo 49 páginas, sem contar as capas".

O livro é um produto industrial.

Mas também é mais do que um simples produto. O primeiro conceito que deveríamos reter é o de que o livro como objeto é o veículo, o suporte de uma informação. O livro é uma das mais revolucionárias invenções do homem.

A *Enciclopédia Abril* (1972), publicada pelo editor e empresário Victor Civita, no verbete "livro" traz concisas e importantes informações sobre a história do livro. A seguir, transcrevemos alguns tópicos desse estudo didático sobre o livro.

O livro na Antiguidade

Antes mesmo que o homem pensasse em utilizar determinados materiais para escrever (como, por exemplo, fibras vegetais e tecidos), as bibliotecas da Antiguidade estavam repletas de textos gravados em tabuinhas de barro cozido. Eram os primeiros "livros", depois progressivamente modificados até chegarem a ser feitos — em grandes tiragens — em papel impresso mecanicamente, proporcionando facilidade de leitura e transporte. Com eles, tornou-se possível, em todas as épocas, transmitir fatos, acontecimentos históricos, descobertas, tratados, códigos ou apenas entretenimento.

Como sua fabricação, a função do livro sofreu enormes modificações dentro das mais diversas sociedades, a ponto de constituir uma mercadoria especial, com técnica, intenção e utilização determinadas. No moderno movimento editorial das chamadas sociedades de consumo, o livro pode ser considerado uma mercadoria cultural, com maior ou menor significado no contexto socioeconômico em que é publicado. Enquanto mercadoria, pode ser comprado, vendido ou trocado. Isso não ocorre, porém, com sua função intrínseca, insubstituível: pode-se dizer que o livro é essencialmente um instrumento cultural de difusão de idéias, transmissão de conceitos, documentação (inclusive fotográfica e iconográfica), entretenimento ou ainda de condensação e acumulação do conhecimento. A palavra escrita venceu o tempo, e o livro conquistou o espaço. Teoricamente, toda a humanidade pode ser atingida por textos que difundem idéias que vão de Sócrates e Horácio a Sartre e McLuhan, de Adolf Hitler a Karl Marx.

Espelho da sociedade

A história do livro confunde-se, em muitos aspectos, com a história da humanidade. Sempre que escolhem frases e temas, e transmitem idéias e conceitos, os escritores estão elegendo o que consideram significativo no momento histórico e cultural que vivem. E, assim, fornecem dados para a análise de sua sociedade. O conteúdo de um livro — aceito, discutido ou refutado socialmente — integra a estrutura intelectual dos grupos sociais.

Nos primeiros tempos, o escritor geralmente vivia em contato direto com seu público, que era formado por uns poucos letrados, já cientes das opiniões, idéias, imaginação e teses do autor, pela própria convivência que tinha com ele. Muitas vezes, mesmo antes de ser redigido o texto, as idéias nele contidas já haviam sido intensamente discutidas pelo escritor e parte de seus leitores. Nessa época, como em várias outras, não se pensava na enorme porcentagem de analfabetos. Até o século XV, o livro servia exclusivamente a uma pequena minoria de sábios e estudiosos que constituíam os círculos intelectuais (confinados aos mosteiros durante o começo da Idade Média) e que tinham acesso às bibliotecas, cheias de manuscritos ricamente ilustrados.

Com o reflorescimento comercial europeu, nos fins do século XIV, burgueses e comerciantes passaram a integrar o mercado livreiro da época. A erudição laicizou-se e o número de escritores aumentou, surgindo também as primeiras obras escritas em línguas que não o latim e o grego (reservadas aos textos clássicos e aos assuntos considerados dignos de atenção). Nos séculos XVI e XVII, surgiram diversas literaturas nacionais, demonstrando, além do florescimento intelectual da época, que a população letrada dos países europeus estava mais capacitada a adquirir obras escritas.

Cultura e comércio

Com o desenvolvimento do sistema de impressão de Gutenberg, a Europa conseguiu dinamizar a fabricação de livros, imprimindo, em cinqüenta anos, cerca de 20 milhões de exemplares para uma população de quase 10 milhões de habitantes, cuja maioria era analfabeta. Para a época, isso significou enorme revolução, demonstrando que a imprensa só se tornou uma realidade diante da necessidade social de ler mais.

Impressos em papel, feitos em cadernos costurados e posteriormente encapados, os livros tornaram-se empreendimento cultural e comercial: os editores passaram logo a se preocupar com melhor apresentação e redução de preços. Tudo isso levou à comercialização do livro. E os livreiros baseavam-se no gosto do público para imprimir, principalmente obras religiosas, novelas, coleções de anedotas, manuais técnicos e receitas.

Mas a porcentagem de leitores não cresceu na mesma proporção que a expansão demográfica mundial. Somente com as modificações socioculturais e econômicas do século XIX — quando o livro começou a ser utilizado também como meio de divulgação dessas modificações e o conhecimento passou a significar uma conquista para o homem, que, segundo se acreditava, poderia ascender socialmente se lesse — houve um relativo aumento no número de leitores, sobretudo na França e na Inglaterra, onde alguns editores passaram a produzir obras completas de autores famosos, a preços baixos. O livro era então interpretado como símbolo de liberdade, conseguida por conquistas culturais. Entretanto, na maioria dos países, não houve nenhuma grande modificação nos índices porcentuais até o fim da Primeira Guerra Mundial (1914/18), quando surgiram as primeiras grandes tiragens de um só livro, principalmente romances, novelas e textos didáticos. O número elevado de cópias, além de baratear o preço da unidade, difundiu ainda mais a literatura. Mesmo assim, a maior parte da população de muitos países continuou distanciada, em parte porque o livro, em si, tinha sido durante muitos séculos considerado objeto raro, atingível somente por um pequeno número de eruditos. A grande massa da população mostrou maior receptividade aos jornais, periódicos e folhetins, mais dinâmicos e atualizados, e acessíveis ao poder aquisitivo da grande maioria. Mas isso não chegou a ameaçar o livro como símbolo cultural de difusão de idéias, como fariam, mais tarde, o rádio, o cinema e a televisão.

O advento das técnicas eletrônicas, o aperfeiçoamento dos métodos fotográficos e a pesquisa de materiais praticamente imperecíveis fazem alguns teóricos da comunicação de massa pensarem em um futuro sem os livros tradicionais (com seu formato quadrado ou retangular, composto de folhas de papel, unidas umas às outras por um dos lados). Seu conteúdo e suas mensagens (racionais ou emocionais) seriam transmitidos por outros meios, como por exemplo microfilmes e fitas gravadas.

A televisão transformaria o mundo todo em uma grande "aldeia" (como afirmou Marshall McLuhan), no momento em que todas as sociedades decretassem sua prioridade em relação aos textos escritos. Mas a palavra escrita dificilmente deixaria de ser considerada uma das mais importantes heranças culturais, entre todos os povos.

Através de toda a sua evolução, o livro sempre pôde ser visto como objeto cultural (manuseável, com forma entendida e interpretada em função de valores plásticos) e símbolo cultural (dotado de conteúdo, entendido e interpretado em função de valores semânticos). As duas maneiras podem fundir-se no pensamento coletivo, como um conjunto orgânico (onde texto e arte se completam, como, por exemplo, em um livro de arte) ou apenas como um conjunto textual (onde a mensagem escrita vem em primeiro lugar — em um livro de matemática, por exemplo).

A mensagem (racional, prática ou emocional) de um livro é sempre intelectual e pode ser revivida a cada momento. O conteúdo, estático em si, dinamiza-se em função da assimilação das palavras pelo leitor, que pode discuti-las, reafirmá-las, negá-las ou transformá-las. Por isso, o livro pode ser considerado instrumento cultural capaz de libertar informação, sons, imagens, sentimentos e idéias através do tempo e do espaço. A quantidade e a qualidade de idéias colocadas em um texto podem ser aceitas por uma sociedade, ou por ela negadas, quando entram em choque com conceitos ou normas culturalmente admitidos.

Nas sociedades modernas, em que a classe média tende a considerar o livro como sinal de *status* e cultura (erudição), os compradores utilizam-no como símbolo mesmo, desvirtuando suas funções ao transformá-lo em livro-objeto. Mas o livro é, antes de tudo, funcional — seu conteúdo é que lhe dá valor (como os livros de ciências, filosofia, religião, artes, história e geografia, que representam cerca de 75% dos títulos publicados anualmente em todo o mundo).

O mundo lê mais

No século XX, o consumo e a produção de livros aumentaram progressivamente. Lançado logo após a Segunda Guerra Mundial (1939/45), quando uma das características principais da edição de um livro eram as capas enteladas ou cartonadas, o livro de bolso constituiu um grande êxito comercial. As obras — sobretudo *best sellers* publicados algum tempo antes em edições de luxo — passaram a ser impressas em rotativas, como as revistas, e distribuídas às bancas de jornal. Como as tiragens elevadas permitiam preços muito baixos, essas edições de bolso popularizaram-se e ganharam importância em todo o mundo.

Até 1950, existiam somente livros de bolso destinados a pessoas de baixo poder aquisitivo; a partir de 1955, desenvolveu-se a categoria do livro de bolso "de luxo". As características principais destes últimos eram a abundância de coleções — em 1964 havia mais de duzentas, nos Estados Unidos — e a variedade de títulos, endereçados a um público intelectualmente mais refinado. A essa diversificação das categorias adiciona-se a dos pontos-de-venda, que passaram a abranger, além das bancas de jornal, farmácias, lojas, livrarias, etc. Assim, nos Estados Unidos, o número de títulos publicados em edições de bolso chegou a 35 mil em 1969, representando quase 35% do total dos títulos editados.

Proposta da coleção "A Obra-Prima de Cada Autor"

"Coleção" é uma palavra há muito tempo dicionarizada e define o conjunto ou reunião de objetos da mesma natureza ou que têm alguma relação entre si. Em um sentido editorial, significa o conjunto não-limitado de obras de autores diversos, publicado por uma mesma editora, sob um título geral indicativo de assunto ou área, para atendimento de segmentos definidos do mercado.

A coleção "A Obra-Prima de Cada Autor" corresponde plenamente à definição acima mencionada. Nosso principal objetivo é oferecer, em formato de bolso, a obra mais importante de cada autor, satisfazendo o leitor que procura qualidade.*

Desde os tempos mais remotos existiram coleções de livros. Em Nínive, em Pérgamo e na Anatólia existiam coleções de obras literárias de grande importância cultural. Mas nenhuma delas superou a célebre biblioteca de Alexandria, incendiada em 48 a.C. pelas legiões de Júlio César, quando estes arrasaram a cidade.

A coleção "A Obra-Prima de Cada Autor" é uma série de livros a ser composta por mais de 400 volumes, em formato de bolso, com preço altamente competitivo, e pode ser encontrada em centenas de pontos-de-venda. O critério de seleção dos títulos foi o já estabelecido pela tradição e pela crítica especializada. Em sua maioria, são obras de ficção e filosofia, embora possa haver textos sobre religião, poesia, política, psicologia e obras de auto-ajuda. Inauguram a coleção quatro textos clássicos: *Dom Casmurro*, de Machado de Assis; *O Príncipe*, de Maquiavel; *Mensagem*, de Fernando Pessoa e *O Lobo do Mar*, de Jack London.

Nossa proposta é fazer uma coleção quantitativamente aberta. A periodicidade é mensal. Editorialmente, sentimo-nos orgulhosos de poder oferecer a coleção "A Obra-Prima de Cada Autor" aos leitores brasileiros. Nós acreditamos na função do livro.

M

---

* Atendendo a sugestões de leitores, livreiros e professores, a partir de certo número da coleção, começamos a publicar, de alguns autores, outras obras além da sua obra-prima.

"As obras de Huberto Rohden não necessitam de recomendação. Também como tradutor, Rohden não desmente o seu estilo característico. Talvez fosse até a sua vocação principal dar-nos esta tradução do Novo Testamento, que nos parece destinado a tornar-se o nosso Novo Testamento, assim como o Roesch é o dos alemães. Sempre fiel à sua linguagem desimpedida, agradável e popular, Rohden sabe conservar os matizes mais sutis do original, que percebe com sensibilidade de artista da palavra. Quem tiver lido um trecho de uma Epístola, por exemplo, na dicção lúcida e natural de Rohden, dificilmente voltará a traduções que não desintrincam o fraseado grego e latino, ininteligível, ou ao menos fatigante e antipático para o homem de hoje. Apesar de destinar-se ao povo em geral ou justamente por isso, a tradução de Rohden, como todas as obras verdadeiramente populares, tem segura a simpatia também dos mais exigentes."

(Da revista *O Eco*, dos jesuítas de Porto Alegre, 1935)

Preliminares

O Novo Testamento

Compreende o Novo Testamento 27 livros, a saber: os 4 Evangelhos, segundo Mateus, Marcos, Lucas e João; os Atos dos Apóstolos, de autoria do evangelista Lucas; as 13 Epístolas de São Paulo; a Epístola aos Hebreus, de autor incerto, por vezes atribuída a São Paulo; 1 Epístola de Tiago Menor; 2 Epístolas de Simão Pedro; 3 Epístolas de João Evangelista; 1 Epístola de Judas Tadeu; e, finalmente, o Apocalipse, da autoria provável de João Evangelista.

Todos esses livros foram exarados em língua grega, entre os meados e o fim do primeiro século da era cristã.

Já no século II corria uma versão latina, calcada sobre o grego, chamada "Ítala". No século IV corrigiu São Jerônimo a "Ítala", a qual passou a chamar-se mais tarde Vulgata. É o texto adotado para as funções litúrgicas oficiais da Igreja Católica Romana, sendo, todavia, permitido o uso de qualquer outro texto aprovado pela autoridade eclesiástica.

Entre o texto grego e o da Vulgata existe certo número de "variantes" ou divergências, que não afetam, geralmente, o fundo e a substância do seu conteúdo.

Disposição técnica desta edição

Tratamos de sintetizar, no reduzido espaço deste volume, o maior número possível de vantagens, para que o leitor possa manusear com gosto e satisfação o texto do Novo Testamento.

No corpo do livro encontra o leitor a versão exata do *texto grego*, como existe nos códices mais antigos que possuímos.

Ao mesmo tempo tem diante de si o texto completo e fiel da *Vulgata*, assim como é usado na Igreja Católica do Ocidente.

O leitor que preferir o texto da Vulgata substitui, simplesmente, o tópico em itálico no texto pelo tópico que lhe está justaposto em caracteres menores.

No princípio de cada livro vem uma *Introdução*, cujo estudo prévio é indispensável para a perfeita compreensão do texto subseqüente.

No fim de cada livro encontram-se ligeiras *notas explicativas* das passagens mais difíceis. Tratando-se dos Evangelhos segundo Marcos, Lucas e João, convém que o leitor consulte as notas correspondentes ao Evangelho de Mateus, que são mais abundantes e completas.

No intuito de facilitar a leitura, *subdividimos* o texto em epígrafes maiores e menores, devidamente destacadas.

As citações de *passagens do Antigo e do Novo Testamento* e os *textos paralelos*, no caso dos evangelhos sinóticos, vêm acompanhados da indicação dos títulos abreviados dos respectivos livros da Bíblia, com capítulos e versículos. A chave para esses títulos abreviados encontra-se à página 17 deste volume.

No fim do volume oferecemos ao leitor um completo índice das *Epístolas e Evangelhos dominicais e festivos* do ano litúrgico.

Remata este livro com uma minuciosa *concordância bíblica*, disposta em ordem alfabética, com diversas subdivisões — concordância essa que facilita grandemente a utilização do texto sacro e permite o encontro rápido de qualquer tópico do Novo Testamento.

Aditamento à quarta edição de 1950

HUBERTO ROHDEN

Após um intervalo de uns 15 anos, reaparece, finalmente, esta tradução do Novo Testamento, que, em suas três edições anteriores, conquistou rapidamente as simpatias do Brasil inteiro.

A quintessência de tudo que de bom se tem dito e escrito sobre esta tradução do Novo Testamento pode sintetizar-se nas seguintes palavras:

1) A presente tradução tem a vantagem de ser baseada no texto grego original do primeiro século, e não em alguma tradução deste, reproduzindo, com a maior fidelidade possível, o sentido real do texto assim como fluiu do coração de Jesus Cristo e dos lábios de seus inspirados discípulos.

2) A tradução é vazada numa linguagem moderna, fluente, acessível a qualquer pessoa, evitando locuções antiquadas e de difícil compreensão aos leitores do nosso tempo.

3) A introdução e as notas explicativas que se encontram no princípio e no fim de cada um dos livros esclarecem numerosos tópicos menos claros e dão ao leitor o fundo e a moldura históricos, geográficos e etnológicos necessários para a exata compreensão do Novo Testamento.

Nesta quarta edição reaparecem essas três vantagens em caráter ainda mais nítido do que nas edições anteriores.

É chegado o tempo, neste ocaso do Segundo Milênio da era cristã, em que todo homem realmente espiritual deve conhecer diretamente, pelo estudo e meditação das fontes divinas do cristianismo, em que consiste, em última análise, a grandeza do Cristo e do seu Evangelho. Já não é possível, para a humanidade pensante, contentar-se com um "cristianismo de segunda mão", vagamente ouvido e crido, por intermédio de opiniões alheias. A elite da humanidade que atingiu a sua maturidade espiritual anseia pelo acesso às próprias fontes puríssimas do maior fenômeno da história da humanidade de todos os tempos, porque sabe que esse conhecimento de primeira mão é um dever de consciência e uma imperiosa necessidade espiritual.

Os genuínos discípulos do Nazareno e precursores do Terceiro Milênio conhecem a revelação cristã por meio de um contato direto e imediato com o espírito de Deus que se fez carne em Jesus Cristo e palpita com indefectível vitalidade nas páginas lapidares do Evangelho.

Títulos abreviados dos livros bíblicos

Usados neste volume, incluindo os chamados "apócrifos" da Vulgata

Antigo Testamento

Gn — Livro Gênesis
Ex — Livro Êxodo
Lv — Livro Levítico
Nm — Livro Números
Dt — Livro Deuteronômio
Js — Livro Josué
Jz — Livro Juízes
Rt — Livro Rute
1Rs — Primeiro Livro dos Reis
2Rs — Segundo Livro dos Reis
3Rs — Terceiro Livro dos Reis
4Rs — Quarto Livro dos Reis*
1Pp — Primeiro Livro Paralipômenos
2Pp — Segundo Livro Paralipômenos**

---

* Os quatro livros dos Reis da tradução grega e da Vulgata correspondem aos dois livros de Samuel e aos dois livros dos Reis da Bíblia hebraica, em cuja classificação se baseiam as traduções atuais, que trazem: 1Sm — Primeiro Livro de Samuel (= 1Rs da tradução grega e da Vulgata), 2Sm — Segundo Livro de Samuel (= 2Rs), 1Rs — Primeiro Livro dos Reis (= 3Rs) e 2Rs — Segundo Livro dos Reis (= 4Rs).

** Paralipômenos é o nome dado pela tradução grega e pela Vulgata aos livros que a Bíblia hebraica chamava Crônicas. As traduções atuais, baseando-se na nomenclatura hebraica, trazem: 1Cr — Primeiro Crônicas

- Esd — Livro de Esdras
- Ne — Livro de Neemias
- Tb — Livro de Tobias
- Jt — Livro de Judite
- Est — Livro de Ester
- Jó — Livro de Jó
- Sl — Livro dos Salmos
- Pv — Livro dos Provérbios
- Ecl — Livro Eclesiastes
- Ct — Livro Cântico dos Cânticos
- Sb — Livro da Sabedoria
- Eclo — Livro Eclesiástico
- Is — Profecia de Isaías
- Jr — Profecia de Jeremias
- Lm — Lamentação de Jeremias
- Br — Profecia de Baruc
- Ez — Profecia de Ezequiel
- Dn — Profecia de Daniel
- Os — Profecia de Oséias
- Jl — Profecia de Joel
- Am — Profecia de Amós
- Ab — Profecia de Abdias
- Jn — Profecia de Jonas
- Mq — Profecia de Miquéias
- Na — Profecia de Naum
- Hab — Profecia de Habacuc
- Sf — Profecia de Sofonias
- Ag — Profecia de Ageu
- Zc — Profecia de Zacarias
- Ml — Profecia de Malaquias
- 1Mc — Primeiro Livro dos Macabeus
- 2Mc — Segundo Livro dos Macabeus***

(= 1Pp — Primeiro Livro Paralipômenos da tradução grega e da Vulgata) e 2Cr — Segundo Crônicas (= 2Pp — Segundo Livro Paralipômenos).

*** Os dois livros dos Macabeus foram considerados canônicos (inspirados) tardiamente, por isso ainda aparecem na tradução grega e na Vulgata como livros secundários, aqui posicionados depois de todos os outros do Antigo Testamento. Nas traduções atuais, estão inseridos entre o livro de Ester e o livro de Jó.

Novo Testamento

Mt — Evangelho segundo São Mateus
Mc — Evangelho segundo São Marcos
Lc — Evangelho segundo São Lucas
Jo — Evangelho segundo São João
At — Atos dos Apóstolos
Rm — Epístola de São Paulo aos Romanos
1Cor — Primeira Epístola de São Paulo aos Coríntios
2Cor — Segunda Epístola de São Paulo aos Coríntios
Gl — Epístola de São Paulo aos Gálatas
Ef — Epístola de São Paulo aos Efésios
Fl — Epístola de São Paulo aos Filipenses
Cl — Epístola de São Paulo aos Colossenses
1Ts — Primeira Epístola de São Paulo aos Tessalonicenses
2Ts — Segunda Epístola de São Paulo aos Tessalonicenses
1Tm — Primeira Epístola de São Paulo a Timóteo
2Tm — Segunda Epístola de São Paulo a Timóteo
Tt — Epístola de São Paulo a Tito
Fm — Epístola de São Paulo a Filêmon
Hb — Epístola aos Hebreus
Tg — Epístola de São Tiago
1Pd — Primeira Epístola de São Pedro
2Pd — Segunda Epístola de São Pedro
1Jo — Primeira Epístola de São João
2Jo — Segunda Epístola de São João
3Jo — Terceira Epístola de São João
Jd — Epístola de São Judas
Ap — Apocalipse de São João

Como usar o Novo Testamento?

Há dois modos de usar os livros sacros: 1) analisando-lhes o texto, 2) vivendo-lhes o espírito. Quem apenas analisa ou anatomiza intelectualmente a letra pode tornar-se um erudito conhecedor do corpo ou invólucro externo da revelação divina, sem nada saber da alma da mesma.

A letra é humana — o espírito é divino.

É, pois, necessário que atinjamos o espírito, a alma dos livros sacros. E isso só é possível por uma intensa meditação e persistente identificação de toda a nossa vida com o espírito da Escritura sagrada. Para este fim deve o homem ler e reler muitas vezes, meditando, calma e lentamente, as mesmas palavras, sem as analisar, mas saboreando-as espiritual e vitalmente, até as assimilar totalmente. Destarte, o misterioso conteúdo dos livros sacros se irá infiltrando na íntima estrutura da alma, como as calorias alimentícias mediante a digestão, plasmando a vida do homem à imagem e semelhança do espírito que fala através do texto sacro.

Dos quatro evangelhos
em geral

1. *Evangelho* é a boa nova, a mensagem feliz que o Filho de Deus nos trouxe do céu e que os apóstolos anunciaram; a princípio, oralmente; mais tarde, apareceu essa boa nova também por escrito, com o fim de ampliar e aprofundar na alma dos fiéis o conhecimento das verdades reveladas (Lc 1,4). Quatro desses documentos foram recebidos no cânon do Novo Testamento. Contêm eles o Evangelho de Jesus Cristo em forma quádrupla ou, como dizem os títulos antiqüíssimos, os evangelhos segundo Mateus, Marcos, Lucas e João.

2. Muitos cristãos houve, no primeiro século, que consignaram por escrito a vida e as obras do Redentor (Lc 1,1); mas a Igreja só reconheceu como canônicos os quatro evangelhos que hoje possuímos, não por negar a historicidade às demais narrativas, mas por terem só estes quatro a seu favor provas suficientes que lhes abonam a inspiração divina. Como aquelas quatro torrentes que regavam o paraíso terrestre, assim as quatro fontes cristalinas dos evangelhos fecundam o éden da nova aliança, a Igreja de Deus. Pondo em correlação com os evangelistas a grandiosa visão de Ezequiel sobre os quatro seres vivos, atribuiu-se a São Mateus o símbolo do homem, a São Marcos o do leão, a São Lucas o do touro e a São João o da águia.

3. Os títulos dos evangelhos não provêm dos evangelistas porque, antigamente, não se costumava exornar as obras históricas com o nome do autor; remontam, todavia, aos tempos apostólicos, tanto assim que já os conhecia o autor do fragmento muratoriano (século II), bem como Santo Irineu († 202) e Clemente de Alexandria († 217).

4. Os três primeiros evangelhos, ainda que literariamente autônomos e independentes, apresentam, contudo, uma notável concordância no tocante ao conteúdo e exposição. No intuito de pôr mais em relevo essa harmonia, traçou-se um paralelo sistemático entre esses três textos evangélicos, dando em resultado uma interessante *sinopse*. Daí vieram a chamar-se esses escritos "Evangelhos Sinóticos", e seus autores "os sinóticos".

Novo Testamento

Evangelho segundo Mateus

Introdução

1. Mateus, chamado também Levi (Mc 2,14; Lc 5,27), filho de Alfeu, era empregado de uma das repartições aduaneiras que existiam nas vizinhanças do lago de Genesaré. Convidado por Jesus Cristo, seguiu-o imediatamente e veio a tornar-se um dos doze apóstolos. Exerceu a sua atividade no meio dos seus patrícios da Palestina. Não consta, ao certo, em que parte do mundo trabalhou mais tarde, depois de abandonar o torrão natal. Se dermos crédito a uma lenda, antiga, pregou o Evangelho nas terras da Etiópia, na África. A Igreja celebra a festa de São Mateus no dia 21 de setembro.

2. Será o apóstolo São Mateus o autor principal do primeiro evangelho? Ouçamos o que nos diz Papias (75-150), bispo de Hierápolis, na Frígia: "Mateus escreveu em língua hebraica os ditos do Senhor, que cada qual interpretava do melhor modo possível".

"Ditos do Senhor" vêm a ser os sermões de Jesus, as suas discussões com os fariseus, as instruções que dava aos discípulos, as suas parábolas e discursos escatológicos; pois é precisamente este evangelho que contém uma notável coleção desses "ditos".

Santo Ireneu († 202) escreve: "Mateus editou entre os hebreus um evangelho na língua deles". O mesmo afirmam Orígenes, Eusébio, Jerônimo e outros, todos eles dos primeiros séculos do cristianismo. Tão arraigada era, na Antiguidade, essa convicção sobre a origem apostólica do primeiro evangelho, que nem mesmo os hereges ousaram negá-la.

O próprio corpo do evangelho contém indícios da sua procedência palestinense. O autor mostra-se intimamente familiarizado com os livros sagrados do Antigo Testamento, com a topografia, as instituições, usos e costumes do povo judaico. Se essas circunstâncias sugerem um filho da Palestina, não faltam no mesmo evangelho indícios que insinuam como autor a pessoa de Mateus: no primeiro evangelho vem mencionado apenas incidentemente o banquete que Levi ofereceu ao Senhor, depois da sua vocação, ao passo que Lucas o refere por extenso (Lc 5,29). Além disso, é o primeiro evangelho o único que acrescenta ao nome de Mateus o pouco honroso apelido de "publicano" (10,3), circunstância essa que os outros evangelistas talvez deixassem de transmitir à posteridade.

3. A língua em que Mateus redigiu o seu evangelho foi, consoante testemunho da antiguidade cristã, a dos hebreus, quer dizer, não o hebraico no sentido estrito, que era a língua sacra do Antigo Testamento; mas antes o dialeto popular do tempo de Cristo, chamado aramaico. Nessa língua tinha Mateus pregado a doutrina de Jesus, e dela se serviu para o seu evangelho.

A tradução grega deste evangelho data dos tempos primevos, por sinal que já os escritores do primeiro século conhecem o texto grego. Desde o aparecimento da versão helênica, o original aramaico perdeu grande parte da sua importância, não tardando a desaparecer.

4. Segundo o testemunho de Ireneu, Orígenes e outros, destinava-se o primeiro evangelho aos judeu-cristãos da Palestina. Concorda com isso o seu caráter interno, bem como certas locuções hebraicas, localidades e costumes do país (cf., por exemplo: Mt 4,13 com Lc 1,26; 2,4; Mt 27,57 com Lc 23,51; Mt 15,2 com Mc 7,2-4). O paralelo entre a lei antiga e a lei nova (sermão da montanha) supõe, da parte dos leitores, um conhecimento exato dos livros sagrados de Israel. Do mesmo modo, têm base no Antigo Testamento os argumentos destinados a provar a messianidade de Jesus.

5. O fim primário, visado pelo evangelho em questão, consiste em demonstrar que na pessoa de Jesus apareceu, realmente, o Messias predito pelos profetas, e que o reino messiânico achou a sua realização na fundação da Igreja. Bem necessária era essa demonstração, porque a maior parte dos judeus esperava um Messias cercado de esplendores mundanos, um soberano político que sujeitasse os pagãos ao cetro de Israel e inaugurasse uma nova era de brilho e prosperidade temporal.

Ora, em face das aparências humildes e simples do Nazareno e do seu reino, bem podiam chegar a pôr em dúvida o caráter messiânico de Jesus até muitos dos judeus convertidos ao cristianismo.

6. Quanto à data da composição do evangelho, não é possível precisá-la com exatidão. Refere a tradição que São Mateus foi o primeiro a escrever o evangelho; é o que afirmam Clemente de Alexandria, Orígenes, Epifânio e outros. Eusébio nos fornece indicação mais exata, dizendo que Mateus compôs o seu evangelho quando estava para deixar a Palestina, a fim de anunciar a boa nova a outros povos; seria, pois, pelo ano 42 depois de Cristo. Santo Irineu, pelo contrário, afirma que Mateus publicou o seu evangelho no tempo em que os apóstolos Pedro e Paulo pregavam em Roma, quer dizer, pelos anos 61 a 67. Provavelmente, foi o nosso evangelho escrito pelo ano 50, na Palestina. É o que parecem insinuar certos tópicos do próprio evangelho, como, por exemplo, 27,8 e 28,15, bem como o fato de serem os evangelhos de Marcos e Lucas anteriores ao ano 63.

7. Principia o evangelista por narrar alguns episódios da infância de Jesus, passa em silêncio um período de quase 30 anos e reata o fio da narração, descrevendo o aparecimento de João Batista a preparar a vida pública de Jesus, 1,1–4,11. Em seguida, dá notícia do apostolado do Messias em terras da Galiléia, 4,12–18,35. Trata por extenso desse período, o que bem se compreende, dada a origem do autor, que era galileu, e pelo fato de ter sido chamado ao colégio apostólico no tempo em que o divino Mestre percorria aquela província da Palestina. Refere-se, em seguida, aos trabalhos de Jesus, na Judéia e em Jerusalém, 19,1–25,46, rematando com a paixão, morte e glorificação do Salvador, 26,1–28,20.

Decisão da Comissão Bíblica de Roma, de 19 de junho de 1911: "O apóstolo Mateus, segundo tradição fidedigna, escreveu primeiro, na língua popular da Palestina, um evangelho e não apenas uma coleção de discursos de Jesus. Esse evangelho aramaico é, na substância, idêntico à respectiva versão grega. É evangelho canônico e fidedigno sob o ponto de vista histórico; a sua origem é anterior ao ano 70".

Evangelho de Jesus Cristo segundo Mateus

Infância de Jesus

1 Genealogia de Jesus. ¹Árvore genealógica de Jesus Cristo, filho de Davi, filho de Abraão. ²De Abraão descende Isaac; de Isaac descende Jacó; de Jacó descendem Judá e seus irmãos; ³de Judá e Tamar descendem Farés e Zará; de Farés descende Esrom; de Esrom descende Aram; ⁴de Aram descende Aminadab; de Aminadab descende Naasson; de Naasson descende Salmon; ⁵de Salmon e Raab descende Booz; de Booz e Rute descende Obed; de Obed descende Jessé; ⁶de Jessé descende Davi, o rei; de Davi, o rei, e da mulher de Urias, descende Salomão; ⁷de Salomão descende Roboão; de Roboão descende Abias; de Abias descende Asá; ⁸de Asá descende Josafá; de Josafá descende Jorão; ⁹de Jorão descende Ozias; de Ozias descende Joatão; de Joatão descende Acaz; de Acaz descende Ezequias; ¹⁰de Ezequias descende Manassés; de Manassés descende Amon; de Amon descende Josias; ¹¹de Josias descendem Jeconias e seus irmãos, no tempo da transmigração babilônica. ¹²Depois da transmigração babilônica, de Jeconias descende Salatiel; de Salatiel descende Zorobabel; ¹³de Zorobabel descende Abiud; de Abiud descende Eliacim; de Eliacim descende Azor; ¹⁴de Azor descende Sadoc; de Sadoc descende Aquim; de Aquim descende Eliud; ¹⁵de Eliud descende Eleazar; de Eleazar descende Matan; de Matan descende Jacó; ¹⁶de Jacó descende José, esposo de Maria, da qual nasceu Jesus, que é chamado o Cristo.[1-16: Lc 3,23]

¹⁷De maneira que são, ao todo, quatorze gerações desde Abraão até Davi; desde Davi até a transmigração babilônica, quatorze gerações; e desde a transmigração babilônica até Cristo, quatorze gerações.

Nascimento de Jesus. [18]O nascimento de Jesus Cristo ocorreu deste modo: estava Maria, sua mãe, desposada com José; e, antes de viverem em companhia, verificou-se ter ela concebido do Espírito Santo. [19]Como, porém, José, seu esposo, fosse homem justo e não a quisesse expor à ignomínia, pensou em abandoná-la secretamente.

[20]Enquanto assim deliberava, apareceu-lhe, em sonho, um anjo do Senhor e disse-lhe: "José, filho de Davi, não temas receber em casa a Maria, tua esposa; pois o que nela se gerou é do Espírito Santo: [21]dará à luz um filho, a quem porás o nome de Jesus, porque salvará o seu povo dos seus pecados".

[22]Ora, aconteceu tudo isso para que se cumprisse o que o Senhor dissera pelo profeta: [23]"Eis que a virgem conceberá e dará à luz um filho, que será chamado Emanuel"[Is 7,14] — que quer dizer: Deus conosco.

[24]Levantou-se José do sono e fez como lhe ordenara o anjo do Senhor, recebendo em casa sua esposa. [25]Mas não a conheceu até que ela deu à luz seu *filho*[filho primogênito]. E pôs-lhe o nome de Jesus.

2 Os magos do oriente. [1]Tendo Jesus nascido em Belém *da Judéia*[de Judá], no tempo do rei Herodes, eis que vieram do oriente uns magos a Jerusalém e [2]perguntaram: "Onde está o recém-nascido, rei dos judeus? Vimos a sua estrela no oriente e viemos adorá-lo". [3]A essa notícia se aterrou o rei Herodes e toda Jerusalém com ele. [4]Convocou todos os príncipes dos sacerdotes e escribas do povo e indagou deles onde devia nascer o Cristo. [5]"Em Belém da Judéia", responderam eles, "porque assim está escrito pelo profeta: [6]'E tu, Belém, na terra de Judá, não és de forma alguma a menor dentre as cidades principescas de Judá; porque de ti sairá o chefe que há de governar o meu povo Israel'[Mq 5,1]". [7]Então Herodes chamou secretamente os magos e inquiriu deles o tempo exato em que *aparecera*[lhes aparecera] a estrela. [8]Enviou-os a Belém, dizendo-lhes: "Ide e informai-vos solicitamente a respeito do menino e, logo que o houverdes encontrado, fazei-mo saber, para que vá também eu adorá-lo". [9]Eles, depois de ouvir o rei, partiram. E eis que a estrela, que tinham visto no oriente, seguia diante deles, até que, chegando sobre o lugar onde estava o menino, parou. [10]Ao verem a estrela, foi sobremaneira grande a alegria que sentiram. [11]Entraram na casa e viram o menino com Maria, sua mãe, prostraram-se em terra e o adoraram. Abriram os seus tesouros e fizeram-lhe ofertas: ouro, incenso e mirra.

¹²Em sonho, porém, receberam aviso para não voltarem à presença de Herodes; pelo que regressaram a seu país por outro caminho.

Fuga para o Egito. ¹³Depois da partida deles, eis que um anjo do Senhor apareceu, em sonho, a José e disse-lhe: "Levanta-te; toma o menino e sua mãe e foge para o Egito e fica lá até que eu te avise; porque Herodes vai procurar o menino para o matar".

¹⁴Levantou-se ele e, ainda noite, tomou o menino e sua mãe e retirou-se para o Egito. ¹⁵Lá ficou até a morte de Herodes. Cumpriu-se, destarte, o que o Senhor dissera pelo profeta: "Do Egito chamei o meu filho"[Os 11,1].

Matança dos inocentes. ¹⁶Entrementes, reconheceu Herodes que fora enganado pelos magos. Encheu-se de grande ira e fez matar em Belém e arredores todos os meninos de dois anos para baixo, conforme o tempo que colhera dos magos. ¹⁷Cumpriu-se então a palavra do profeta Jeremias, que diz: ¹⁸"Em Ramá se ouvem clamores, grande pranto e lamentações; Raquel chora seus filhos e não quer aceitar consolação, porque já não existem"[Jr 31,15].

Regresso a Nazaré. ¹⁹Depois da morte de Herodes, eis que um anjo do Senhor apareceu, em sonho, a José, no Egito, ²⁰e disse-lhe: "Levanta-te; toma o menino e sua mãe e vai para a terra de Israel; porque morreram os que procuravam matar o menino".

²¹Levantou-se José, tomou o menino e sua mãe e foi em demanda da terra de Israel. ²²Ouvindo, porém, que Arquelau reinava na Judéia, em lugar de seu pai, Herodes, teve medo de ir para lá; e, avisado em sonho, retirou-se para as regiões da Galiléia. ²³Estabeleceu-se numa cidade de nome Nazaré. Assim se devia cumprir o que fora dito pelos profetas: "Será chamado Nazareno".

Preliminares da vida pública de Jesus

3 João Batista. ¹Por esses dias, apareceu João Batista, pregando no deserto da Judéia: ²"Convertei-vos, porque está próximo o reino do céu". ³Pois a ele se refere o profeta Isaías quando diz: "Uma voz ecoa no deserto: preparai o caminho do Senhor; aplainai as suas veredas"[Is 40,3].

⁴Usava João uma veste de pêlos de camelo e uma cinta de couro em volta do corpo; gafanhotos e mel silvestre formavam o seu alimento. ⁵Jerusalém, a Judéia em peso e todas as terras do Jordão foram ter com ele. ⁶Faziam-se por ele batizar no Jordão, confessando os seus pecados. ⁷Quando viu que afluíam também numerosos fariseus e saduceus para dele receber o batismo, disse-lhes: "Raça de víboras! Quem vos disse que havíeis de escapar à ira que vos está ameaçando? ⁸Produzi, pois, frutos de sincera conversão e ⁹não digais: temos a Abraão por pai; pois eu vos declaro que destas pedras pode Deus suscitar filhos a Abraão. ¹⁰O machado já está posto à raiz das árvores; toda árvore que não produzir fruto bom será cortada e lançada ao fogo. ¹¹Eu não vos batizo senão com água, para que vos convertais; aquele, porém, que virá após mim é mais poderoso que eu; eu nem sou digno de lhe carregar o calçado. Ele é quem vos há de batizar, mas com o Espírito Santo e com fogo. ¹²Leva na mão a pá e limpará a sua eira; recolherá o trigo ao seu celeiro e queimará as palhas num fogo inextinguível".
[1-12: Mc 1,1; Lc 3,1; Jo 1,19]

Batismo de Jesus. ¹³Por esse tempo, dirigiu-se Jesus da Galiléia para o Jordão e foi ter com João para ser por ele batizado. ¹⁴João, porém, quis dissuadi-lo, dizendo: "Eu é que devia ser batizado por ti — e tu vens a mim?" ¹⁵Respondeu-lhe Jesus: "Deixa por agora; convém cumprirmos tudo que é justo". Então ele deixou. ¹⁶Depois de batizado, Jesus logo saiu da água. E eis que se lhe abriu o céu e viu o Espírito de Deus, que descia em forma de pomba e vinha sobre ele, ¹⁷e do céu uma voz clamava: "Este é meu Filho querido, no qual pus a minha complacência".[13-17: Mc 1,9; Lc 3,21; Jo 1,29]

4 Tentação de Jesus. ¹Em seguida, foi Jesus levado pelo Espírito ao deserto, a fim de ser tentado pelo diabo. ²Jejuou quarenta dias e quarenta noites. Depois teve fome.

³Então se aproximou dele o tentador e disse-lhe: "Se és Filho de Deus, manda que estas pedras se convertam em pão".

⁴Respondeu-lhe Jesus: "Está escrito: 'Nem só de pão vive o homem, mas de toda palavra que sai da boca de Deus'[Dt 8,3]".

⁵Ao que o diabo o levou à cidade santa, colocou-o sobre o pináculo do templo ⁶e disse-lhe: "Se és Filho de Deus, lança-te daqui abaixo; porque está escrito: 'Recomendou-te a seus anjos que te

levem nas palmas das mãos, para que não pises teu pé em alguma pedra'[Sl 91(90),11]".

⁷Replicou-lhe Jesus: "Também está escrito: 'Não tentarás o Senhor, teu Deus'[Dt 6,16]".

⁸Ainda o diabo o transportou a um monte muito elevado, mostrou-lhe todos os reinos do mundo e sua glória, ⁹e disse-lhe: "Todas estas coisas te darei se, prostrando-te em terra, me adorares".

¹⁰Ordenou-lhe Jesus: "Vai para trás, Satã, porque está escrito: 'Ao Senhor, teu Deus, adorarás e só a ele servirás'[Dt 6,13]!"

¹¹Então o diabo o deixou e eis que vieram os anjos e o serviram.
[1-11: Mc 1,12; Lc 4,1]

Atividade pública de Jesus na Galiléia

Pregação da Boa Nova a Israel

Cenário do apostolado de Jesus. ¹²À notícia de que João fora preso, retirou-se Jesus para a Galiléia. ¹³Deixou de parte *Nazaré*[a cidade de Nazaré] e foi habitar em Cafarnaum, sobre o lago, ¹⁴na zona de Zabulon e Neftali. Veio cumprir-se, assim, o que dissera o profeta Isaías: ¹⁵"Terra de Zabulon e terra de Neftali, região do mar, para além do Jordão — Galiléia dos gentios —, ¹⁶o povo que jaz em trevas vê um grande luzeiro e uma luz resplandece aos que habitam nas regiões sombrias da morte"[Is 8,23–9,1].

Os primeiros discípulos. ¹⁷Desde então começou Jesus a pregar e a dizer: "Convertei-vos, porque está próximo o reino dos céus".
[12-17: Mc 1,1]

¹⁸Caminhando ao longo do lago da Galiléia, viu dois irmãos — Simão, por sobrenome Pedro, e seu irmão André — que lançavam a rede ao lago, pois eram pescadores. ¹⁹"Segui-me", disse-lhes, "e far-vos-ei pescadores de homens". ²⁰Deixaram eles imediatamente as suas redes e seguiram-no.

²¹Passando adiante, viu outro par de irmãos — Tiago, filho de Zebedeu, e seu irmão João — que se achavam numa barca com seu pai, Zebedeu, consertando as suas redes. Chamou-os. ²²E eles, no mesmo instante, deixaram *a barca*[as redes] e o pai e seguiram-no.[18-22: Mc 1,16; Lc 5,1; Jo 1,35]

Conspecto geral. ²³Percorria Jesus toda a Galiléia, ensinando nas sinagogas daí, anunciando a boa nova do reino e curando toda a espécie de moléstias e qualquer enfermidade entre o povo. ²⁴Pela Síria toda chegou a espalhar-se a sua fama. Levavam à presença dele todos os que sofriam algum mal e eram vítimas de várias doenças e dores, bem como os possessos, os lunáticos e os paralíticos; e ele os curava. ²⁵Seguiam-no grandes multidões vindas da Galiléia e da Decápole, assim como de Jerusalém, da Judéia e das regiões d'além-Jordão.

5 Sermão da montanha. ¹À vista das multidões, subiu Jesus a um monte e sentou-se. Acercaram-se dele os seus discípulos ²e ele, abrindo os lábios, pôs-se a ensiná-los, dizendo:

Bem-aventuranças. ³"Bem-aventurados os pobres pelo espírito, porque deles é o reino dos céus.
⁴Bem-aventurados os tristes, porque serão consolados.
⁵Bem-aventurados os mansos, porque possuirão a terra.
⁶Bem-aventurados os que têm fome e sede da justiça, porque serão saciados.
⁷Bem-aventurados os misericordiosos, porque alcançarão misericórdia.
⁸Bem-aventurados os puros de coração, porque verão a Deus.
⁹Bem-aventurados os pacificadores, porque serão chamados filhos de Deus.
¹⁰Bem-aventurados os que sofrem perseguição por causa da justiça, porque deles é o reino dos céus.

Missão dos discípulos. ¹¹Bem-aventurados sois vós, quando vos injuriarem e perseguirem e caluniosamente disserem de vós todo o mal, por minha causa; ¹²alegrai-vos e exultai, porque grande é a vossa recompensa nos céus. Pois do mesmo modo também perseguiram aos profetas que antes de vós existiram.[3-12: Lc 6,20]

¹³Vós sois o sal da terra. Mas, se o sal se desvirtuar, com que se lhe há de restituir a virtude? Fica sem préstimo algum; é lançado fora e pisado pela gente.

¹⁴Vós sois a luz do mundo. Não pode permanecer oculta uma cidade situada no monte. ¹⁵Nem se acende uma luz e se põe debaixo do alqueire, mas, sim, sobre o candelabro para alumiar a todos os que estão na casa. ¹⁶Assim brilhe diante dos homens a vossa luz, para

que vejam as vossas boas obras e glorifiquem a vosso Pai celeste.
[13-16: Mc 9,50; 4,21; Lc 14,34; 11,33]

Jesus e a lei antiga. [17]Não julgueis que vim abolir a lei e os profetas; não os vim abolir, mas levar à perfeição; [18]pois em verdade vos digo que, enquanto não passarem o céu e a terra, não passará um jota nem um ápice sequer da lei, até que tudo chegue à perfeição. [19]Quem, pois, abolir algum desses mandamentos, por menor que seja, e ensinar assim a gente, passará por ínfimo no reino dos céus. Aquele, porém, que os guardar e ensinar será considerado grande no reino dos céus.

[20]Pois declaro-vos que, se a vossa justiça não for maior que a dos escribas e fariseus, não entrareis no reino dos céus.

Homicídio. [21]Tendes ouvido que foi dito aos antigos: 'Não matarás e quem matar será réu em juízo'. [22]Eu, porém, vos digo que todo homem que se irar contra seu irmão será réu em juízo; e quem chamar a seu irmão 'insensato' será réu diante do conselho; e quem o apelidar de 'desgraçado' será réu do fogo do inferno. [23]Se, por conseguinte, estiveres ante o altar para apresentar tua oferenda e te lembrares de que teu irmão tem queixa de ti, [24]deixa a tua oferenda ao pé do altar e vai reconciliar-te primeiro com teu irmão; e depois vem oferecer o teu sacrifício.

[25]Não hesites em fazer as pazes com teu adversário, enquanto estiveres em caminho com ele, para que não te vá entregar ao juiz e o juiz te entregue ao oficial da justiça e sejas lançado ao cárcere. [26]Em verdade, te digo que daí não sairás enquanto não houveres pago o último vintém.

Adultério. [27]Tendes ouvido que foi *dito*[dito aos antigos]: 'Não cometerás adultério'.

[28]Eu, porém, vos digo que todo homem que lançar olhar cobiçoso a uma mulher, já em seu coração cometeu adultério com ela. [29]Se teu olho direito te for ocasião de pecado, arranca-o e lança-o de ti; porque melhor te é perecer um dos teus órgãos do que ser todo o teu corpo lançado ao inferno. [30]E, se tua mão direita te for ocasião de pecado, corta-a e lança-a de ti; porque melhor te é perecer um dos teus membros do que ir todo o teu corpo para o inferno.

[31]Ainda foi dito: 'Quem repudiar sua mulher passe-lhe carta de divórcio'[Dt 24,1].

³²Eu, porém, vos digo que todo homem que repudiar sua mulher — salvo em caso de adultério — a faz adúltera; e quem casar com a que foi repudiada comete adultério.

O juramento. ³³Além disso, ouvistes que foi *dito*[dito aos antigos]: 'Não jurarás falso!'[Lv 19,12] e: 'Cumprirás o que juraste ao Senhor!'[Nm 30,3]

³⁴Eu, porém, vos digo que não jureis de forma alguma; nem pelos céus, porque são o trono de Deus; ³⁵nem pela terra, porque é o escabelo dos seus pés; nem por Jerusalém, porque é a cidade do grande rei; ³⁶nem jurarás por tua cabeça, porque não és capaz de tornar branco nem preto um só fio de cabelo. ³⁷Seja o vosso modo de falar um simples 'sim', um simples 'não'; o que passa daí vem do mal.

Retribuição. ³⁸Tendes ouvido que foi dito: 'Olho por olho, dente por dente!'[Ex 21,24; Lv 24,20]

³⁹Eu, porém, vos digo: não vos oponhais ao malévolo; mas, quando alguém te ferir na face direita, apresenta-lhe também a outra. ⁴⁰Se alguém quiser pleitear contigo em juízo para te tirar a túnica, cede-lhe também a capa. ⁴¹Se alguém te obrigar a acompanhá-lo por mil passos, vai com ele *dois mil*[mais dois mil]. ⁴²Dá a quem te pede, nem voltes as costas a quem deseja lhe emprestes algo.

Amor aos inimigos. ⁴³Tendes ouvido que foi *dito*[dito aos antigos]: 'Amarás a teu próximo e terás ódio a teu inimigo!'[Lv 19,18]

⁴⁴Eu, porém, vos digo: amai vossos inimigos e *orai pelos que vos persegem*[fazei bem aos que vos odeiam e orai pelos que vos perseguem e caluniam], ⁴⁵para que sejais filhos de vosso Pai celeste, ele, que faz nascer seu sol sobre bons e maus e faz chover sobre justos e injustos.[38-45: Lc 6,27]

⁴⁶Pois, se amardes tão-somente aos que vos amam, que prêmio mereceis? Não fazem isso também os publicanos? ⁴⁷E, se saudardes apenas vossos amigos, que fazeis nisso de especial? Não fazem isso também os pagãos? ⁴⁸Vós, porém, sede perfeitos, assim como é perfeito vosso Pai celeste.

6 Esmolas. ¹Cuidado que não pratiqueis as vossas boas obras diante dos homens, com o fim de serdes vistos por eles. Do contrário, não sereis recompensados pelo vosso Pai celeste.

²Quando deres esmola, não te ponhas a tocar a trombeta diante

de ti, a exemplo do que fazem os hipócritas nas sinagogas e nas ruas, para serem elogiados pela gente. Em verdade, vos digo que já receberam a sua recompensa. ³Quando, pois, deres esmola, não saiba a tua mão esquerda o que faz a direita, ⁴para que tua esmola fique às ocultas; e teu Pai, que vê o que é oculto, te há de recompensar.

Oração. ⁵Quando orardes, não procedais como os hipócritas que gostam de se exibir nas sinagogas e nas esquinas das ruas, fazendo oração a fim de serem vistos pela gente. Em verdade, vos digo que já receberam a sua recompensa. ⁶Tu, porém, quando orares, entra no teu aposento, fecha a porta e ora a teu Pai às ocultas; e teu Pai, que vê o que é oculto, te há de recompensar. ⁷Nem faleis muito quando orardes, como fazem os gentios, que cuidam ser atendidos por causa do muito palavreado.

⁸Não os imiteis! Porque vosso Pai sabe o que haveis mister, antes mesmo de lho pedirdes. ⁹Assim é que haveis de orar: Pai nosso que estás no céu; santificado seja o teu nome; ¹⁰venha o teu reino; seja feita a tua vontade, assim na terra como no céu; ¹¹o pão nosso *de cada dia*[sobre-substancial] nos dá hoje; ¹²perdoa-nos as nossas dívidas, assim como nós perdoamos aos nossos devedores; ¹³e não nos induzas em tentação; mas livra-nos do *mal*[mal. Amém] [9-13: Lc 11,2]

¹⁴Se perdoardes aos homens as faltas deles, também vosso Pai celeste vos perdoará as vossas faltas. ¹⁵Se, porém, não perdoardes aos homens, tampouco vosso Pai vos perdoará as vossas faltas.

Jejum. ¹⁶Quando jejuardes, não andeis tristonhos, como os hipócritas, que desfiguram o rosto para fazer ver à gente que estão jejuando. Em verdade, vos digo que já receberam a sua recompensa. ¹⁷Tu, porém, quando jejuares, unge a cabeça e lava o rosto, ¹⁸para que a gente não veja que estás jejuando, mas somente teu Pai, presente ao oculto; e teu Pai, que vê o que é oculto, te há de recompensar.

Tesouros terrestres. ¹⁹Não acumuleis para vós tesouros na terra, onde a traça e a ferrugem os destroem, onde os ladrões penetram e os roubam. ²⁰Acumulai para vós tesouros no céu, onde nem a traça nem a ferrugem os destroem, onde os ladrões não penetram nem os roubam. ²¹Pois onde está o teu tesouro aí também está o teu coração.

²²O olho é a luz do teu corpo. Se o teu olho for simples, estará em luz todo o teu corpo; ²³se, porém, o teu olho ficar mau, estará em trevas todo o teu corpo. Ora, se a própria luz em ti se houver tornado em trevas, quão grandes serão essas trevas![19-23: Lc 12,33; 11,34]

²⁴Ninguém pode servir a dois senhores; ou aborrecerá a um e amará a outro, ou respeitará a este e desprezará àquele. Não podeis servir a Deus e às riquezas.

Solicitudes. ²⁵Por isso vos digo: não vos dê cuidados a vida, o que haveis de comer e o que haveis de beber; nem o vosso corpo, o que haveis de vestir. Não vale, porventura, mais a vida que o alimento, e o corpo mais que a vestimenta?

²⁶Considerai as aves do céu; não semeiam, nem ceifam, nem recolhem em celeiros — vosso Pai celeste é que lhes dá de comer. Não sois vós, acaso, muito mais do que elas? ²⁷Quem de vós pode, com todos os seus cuidados, prolongar a sua *vida*[estatura] por um palmo sequer?

²⁸E por que andais inquietos com que haveis de vestir? Considerai os lírios do campo, como crescem; não trabalham, nem fiam; ²⁹e, no entanto, vos digo que nem Salomão em toda a sua glória se vestiu jamais como um deles. ³⁰Se, pois, Deus veste assim a erva do campo, que hoje existe e amanhã é lançada ao forno, quanto mais a vós, homens de pouca fé!

³¹Não andeis, pois, inquietos, nem digais: 'Que havemos de comer? Que havemos de beber? Com que nos havemos de vestir?' ³²Os pagãos é que se preocupam com todas essas coisas. Vosso Pai celeste sabe que de tudo isso haveis mister. ³³Buscai, pois, em primeiro lugar o reino de Deus e sua justiça, e todas essas coisas vos serão dadas de acréscimo. ³⁴Não andeis, portanto, solícitos pelo dia de amanhã; o dia de amanhã cuidará de si mesmo; basta a cada dia a sua lida.[25-34: Lc 12,22]

7 Juízos descaridosos. ¹Não julgueis e não sereis julgados. ²Pois, como julgardes, assim sereis julgados; e com a medida com que medirdes medir-vos-ão a vós. ³Por que vês o argueiro no olho de teu irmão, ao passo que não enxergas a trave em teu próprio olho? ⁴Ou como dizes a teu irmão: 'Deixa-me tirar-te do olho o argueiro' — quando tens uma trave em teu próprio olho? ⁵Hipócrita! Tira primeiro a trave do teu olho, e depois verás como tirar o argueiro do olho de teu irmão.[1-5: Lc 6,37]

⁶Não deis as coisas santas aos cães, nem lanceis as vossas pérolas aos porcos, para que não lhes metam as patas e, voltando-se, vos dilacerem.

Eficácia da oração. ⁷Pedi e dar-se-vos-á; procurai e achareis; batei e abrir-se-vos-á. ⁸Pois todo o que pede recebe; quem procura acha; e a quem bate abrir-se-lhe-á. ⁹Haverá entre vós quem dê a seu filho uma pedra, quando lhe pede pão? ¹⁰Ou quem lhe dê uma serpente, quando lhe pede peixe?
¹¹Se, pois, vós, que sois maus, sabeis dar coisas boas a vossos filhos, quanto mais vosso Pai que está nos céus dará coisa boa àqueles que lha pedirem!
¹²Tudo que quereis que os homens vos façam, fazei-o também a eles; pois é nisso que consistem a lei e os profetas.[7-12: Lc 11,9; 6,31]

Porta estreita. ¹³Entrai pela porta estreita. Pois larga é a porta e espaçoso o caminho que conduz à perdição — e são muitos os que entram por ele. ¹⁴Quão apertada é a porta e quão estreito o caminho que conduz à vida! — e poucos são os que acertam com ele.

Falsos profetas. ¹⁵Cuidado com os falsos profetas que se vos apresentam em pele de ovelha, mas por dentro são lobos roubadores! ¹⁶Pelos seus frutos é que os conhecereis. Colhem-se, porventura, uvas dos espinheiros ou figos dos abrolhos? ¹⁷Assim, toda árvore boa dá frutos bons e toda árvore má dá frutos maus. ¹⁸Não pode a árvore boa produzir frutos maus, nem a árvore má pode produzir frutos bons. ¹⁹Toda árvore que não produzir bons frutos será cortada e lançada ao fogo. ²⁰Pelos seus frutos, pois, é que os conhecereis.

Ilusão própria. ²¹Nem todo aquele que me disser: 'Senhor, Senhor!' entrará no reino dos céus; mas somente aquele que fizer a vontade de meu Pai que está nos *céus*[céus, este, sim, entrará no reino dos céus]. ²²Naquele dia, muitos me dirão: 'Senhor, Senhor, pois não profetizamos em teu nome, e em teu nome expulsamos demônios, e em teu nome fizemos tantos milagres?' ²³Eu, porém, lhes direi: 'Não vos conheci jamais; apartai-vos de mim, malfeitores!'[13-23: Lc 13,24; 6,43; 13,26]

Parábola do edifício. ²⁴Todo aquele, pois, que ouve estas minhas palavras e as põe por obra assemelha-se a um homem sensato que edificou sua casa sobre rocha. ²⁵Desabaram aguaceiros, transbordaram os rios, sopraram os vendavais e deram de rijo contra essa casa; mas ela não caiu porque estava construída sobre rocha.

²⁶E todo aquele que ouve estas minhas palavras e não as põe por obra, parece-se com um homem insensato que edificou sua casa sobre areia. ²⁷Desabaram aguaceiros, transbordaram os rios, sopraram os vendavais, dando de rijo contra essa casa, e ela caiu, e foi grande a sua queda".[24-27: Lc 6,47]

²⁸Quando Jesus terminou esse sermão, estava todo o povo arrebatado da sua doutrina; ²⁹porque ensinava como quem tem autoridade, e não como seus *escribas*[escribas e fariseus].

8 Cura dum leproso. ¹Ao descer do monte, foi Jesus seguido de grande multidão de povo. ²E eis que veio um leproso e se lhe prostrou aos pés com estas palavras: "Senhor, se quiseres, podes tornar-me limpo".

³Estendeu Jesus a mão, tocou nele e disse: "Eu quero, sê limpo".

E no mesmo instante ficou limpo da lepra. ⁴Recomendou-lhe Jesus: "Não o digas a ninguém; mas vai mostrar-te ao sacerdote e faze a oferta que Moisés ordenou, para que lhes sirva de testemunho".[1-4: Mc 1,40; Lc 5,12]

O centurião. ⁵Acabava Jesus de entrar em Cafarnaum, quando se lhe apresentou um centurião com esta súplica: ⁶"Senhor, tenho em casa um servo que está de cama com paralisia e sofre grandes tormentos". ⁷Respondeu-lhe Jesus: "Irei curá-lo". ⁸Tornou-lhe o centurião: "Senhor, eu não sou digno de que entres em minha casa; mas fala tão-somente ao verbo, e meu servo será curado. ⁹Pois também eu sou homem sujeito a outrem, e tenho soldados às minhas ordens; e digo a um: 'Vai acolá!' e ele vai; e a outro: 'Vem cá!' e ele vem; e a meu servo: 'Faze isto!' e ele o faz".

¹⁰Ouvindo isso, admirou-se Jesus, e disse aos que o acompanhavam: "Em verdade, vos digo que nem em Israel encontrei tão grande fé! ¹¹Declaro-vos que muitos virão do oriente e ocidente, e sentar-se-ão à mesa, no reino dos céus, com Abraão, Isaac e Jacó, ¹²ao passo que os filhos do reino serão lançados às trevas de fora; aí haverá choro e ranger de dentes". ¹³E disse Jesus ao centurião: "Vai-te, e faça-se contigo assim como crês". E na mesma hora o servo recuperou a saúde.[5-13: Lc 7,1]

Em casa de Pedro. ¹⁴Em seguida, entrou Jesus na casa de Pedro, onde encontrou a sogra dele de cama, com febre. ¹⁵Tomou-a pela mão, e a febre a deixou: levantou-se ela e *o foi*[os foi] servindo.

¹⁶Ao anoitecer trouxeram-lhe grande número de endemoninhados; e ele expulsava os espíritos com uma palavra e curava todos os enfermos.

¹⁷Cumpria-se, destarte, o que dissera o profeta Isaías: 'Ele mesmo toma sobre si as nossas enfermidades e carrega com as nossas doenças'*[Is 53,4]* [14-17: Mc 1,29; Lc 4,38]

Discípulos imperfeitos. ¹⁸Vendo-se Jesus rodeado de grande multidão, deu ordem de passar para a outra margem do lago. ¹⁹Nisto se aproximou dele um escriba, dizendo-lhe: "Mestre, seguir-te-ei aonde quer que fores". ²⁰Respondeu-lhe Jesus: "As raposas têm cavernas e as aves do céu têm ninhos; mas o Filho do homem não tem onde reclinar a cabeça".

²¹Outro, do número dos discípulos, lhe disse: "Permite-me, Senhor, que vá primeiro sepultar meu pai". ²²Replicou-lhe Jesus: "Segue-me! E deixa os mortos sepultar os seus mortos!"[18-22: Lc 9,57]

A tempestade no lago. ²³Então, embarcou Jesus em companhia de seus discípulos. ²⁴E eis que se originou terrível agitação no lago, de maneira que o barco ficou coberto pelas vagas. E, no entanto, Jesus dormia. ²⁵Chegaram-se a ele os discípulos e o despertaram, clamando: "Salva-nos, Senhor, que perecemos!" Jesus, porém, lhes disse: ²⁶"Por que temeis, homens de pouca fé?" E, erguendo-se, deu ordem ao vento e ao mar — e seguiu-se uma grande bonança. ²⁷O povo pasmava e dizia: "Quem é este, que até o vento e o mar lhe obedecem?"[23-27: Mc 4,35; Lc 8,22]

Os possessos de Gerasa. ²⁸Chegou à outra margem, país dos gerasenos. Nisto lhe correram ao encontro dois endemoninhados, que saíam dos sepulcros. Eram tão furiosos que ninguém podia transitar por aquele caminho. ²⁹Puseram-se a gritar: "Que temos nós contigo, *Filho*[Jesus, Filho] de Deus? Vieste aqui para nos atormentar antes do tempo?"

³⁰Ora, a alguma distância deles pastava uma grande manada de porcos. ³¹Pediram, pois, os demônios a Jesus: "Se nos expulsares daqui, manda-nos entrar na manada de porcos".

³²"Entrai!", disse-lhes Jesus.

Saíram, e entraram nos porcos; e eis que toda a manada se precipitou monte abaixo, para dentro do lago, perecendo nas águas. ³³Os pastores, porém, fugiram, foram à cidade e contaram tudo, também o caso com os endemoninhados. ³⁴Então a cidade toda saiu ao encontro de Jesus e, quando o viram, lhe suplicaram que se retirasse das suas terras.[28-34: Mc 5,1; Lc 8,26]

9 Cura de um paralítico. ¹Embarcou Jesus e, passando à outra margem, chegou à sua cidade. ²E eis que lhe apresentaram um paralítico prostrado num leito. À vista da fé que os animava, disse Jesus ao paralítico: "Tem confiança, meu filho, os teus pecados te são perdoados". ³Formaram então alguns dos escribas este juízo consigo mesmos: "Este homem blasfema". ⁴Jesus, porém, que lhes conhecia os pensamentos, observou: "Por que estais a pensar mal em vossos corações? ⁵Que é mais fácil dizer: 'Os teus pecados te são perdoados' ou 'Levanta-te e caminha'? ⁶Ora, vereis que o Filho do homem tem o poder de perdoar pecados sobre a terra". Disse então ao paralítico: "Levanta-te, carrega com o teu leito e vai para casa".

⁷Levantou-se ele e foi para casa.

⁸À vista desse fato, as multidões se encheram de terror, glorificando a Deus, que tal poder dera aos homens.[1-8: Mc 2,1; Lc 5,17]

Vocação de Mateus. ⁹Partindo daí, viu Jesus um homem sentado na alfândega. Chamava-se Mateus. "Segue-me!", disse-lhe Jesus. Levantou-se ele e o seguiu.

¹⁰Estando ele à mesa em casa, vieram também muitos publicanos e pecadores e sentaram-se à mesa com Jesus e seus discípulos. ¹¹Quando os fariseus viram isso, perguntaram aos discípulos: "Por que é que o vosso Mestre come em companhia de publicanos e pecadores?"

¹²Jesus, ouvindo isso, respondeu: "Não necessitam de médico os que estão de saúde; mas, sim, os doentes. ¹³Ide e aprendei o que quer dizer: 'Misericórdia é que eu quero, e não sacrifício'[Os 6,6].

Não vim para chamar os justos, mas os pecadores".

A questão do jejum. ¹⁴Então foram ter com ele os discípulos de João e lhe perguntaram: "Por que é que nós e os fariseus *jejuamos*[jejuamos tanto], ao passo que os teus discípulos não jejuam?"

¹⁵Respondeu-lhes Jesus: "Podem, acaso, ficar de luto os convida-

dos às núpcias, enquanto está com eles o esposo? Mas lá virão dias em que lhes será tirado o esposo; então, sim, hão de jejuar.

[16]Ninguém põe remendo de pano cru em vestido velho; senão, o remendo arranca parte do vestido e fica pior o rasgão.

[17]Nem se deita vinho novo em odres velhos; do contrário, rebentam os odres, vaza o vinho e perdem-se os odres. Não, o vinho novo deita-se em odres novos, e ambos se conservam".[14-17: Mc 2,18; Lc 5,33]

A filha de Jairo e a hemorroíssa. [18]Estava ainda a falar-lhes nesse sentido, quando se lhe apresentou um magistrado, prostrou-se-lhe aos pés e disse: "*Minha filha*[Senhor, minha filha] acaba de morrer; mas vem, põe tua mão sobre ela, e viverá". [19]Levantou se Jesus e o foi seguindo com seus discípulos.

[20]Então se acercou dele, por detrás, uma mulher que, havia doze anos, sofria de um fluxo de sangue, e tocou-lhe na borla do manto; [21]porque dizia consigo mesma: se lhe tocar sequer o manto, serei curada. [22]Voltou-se Jesus, viu-a e disse: "Tem confiança, minha filha! Tua fé te curou". A partir dessa hora, estava a mulher curada.

[23]A seguir, chegou Jesus à casa do magistrado, e viu os tocadores de flauta e um bando de gente em alarido. [24]"Retirai-vos", disse, "porque a menina não está morta, mas dorme". Zombaram dele. [25]Depois de mandar sair a gente, entrou Jesus no aposento, tomou a menina pela mão, e ela se levantou. [26]Espalhou-se por toda a redondeza a notícia desse acontecimento.[18-26: Mc 5,21; Lc 8,40]

Cura de dois cegos. [27]Quando Jesus prosseguia viagem, foram-lhe no encalço dois cegos, que bradavam: "Filho de Davi, tem piedade de nós!" [28]Tendo chegado à casa, logo se acercaram dele os cegos. Perguntou-lhes Jesus: "Credes que eu *possa*[vos possa] fazer isto?" "Sim, Senhor!", responderam-lhe. [29]Então lhes tocou os olhos e disse: "Faça-se convosco assim como credes!" [30]E abriram-se-lhes os olhos. Jesus, porém, lhes deu este aviso severo: "Vede que ninguém o chegue a saber!"

[31]Eles, porém, se foram e espalharam por toda a região a fama de Jesus.

Cura de um endemoninhado. [32]Quando estes haviam partido, eis que lhe trouxeram um homem mudo que estava possesso dum demônio. [33]Depois de expulso o demônio, o mudo falava. Cheias de admiração exclamaram as turbas: "Nunca se viu coisa assim em Israel!" ³⁴Os fariseus, porém, diziam: "É por meio do príncipe dos demônios que ele expulsa os demônios".

Repúdio do Evangelho por parte de Israel

A grande messe. ³⁵Entretanto, ia Jesus percorrendo todas as cidades e aldeias, ensinando nas sinagogas, proclamando o evangelho do reino e curando toda a moléstia e toda a enfermidade. ³⁶À vista das multidões, sentia-se tomado de compaixão por elas, porque andavam entregues aos sofrimentos e ao abandono, como ovelhas sem pastor. Dizia então a seus discípulos: ³⁷"A messe é grande; mas os operários são poucos. ³⁸Rogai, pois, ao senhor da seara que mande operários à sua messe".

10 Eleição dos apóstolos. ¹Chamou a si os seus doze discípulos e deu-lhes o poder de expulsarem os espíritos impuros e curarem toda a moléstia e enfermidade.

²Os nomes dos doze apóstolos são estes: em primeiro lugar, Simão, por sobrenome Pedro, e André, seu irmão; Tiago, filho de Zebedeu, e o seu irmão João; ³Filipe e Bartolomeu; Tomé e Mateus, o publicano; Tiago, filho de Alfeu, e Tadeu; ⁴Simão, o zelador; e Judas Iscariotes, que o traiu.[1-4: Mc 3,14; Lc 6,13]

Primeira missão dos apóstolos. ⁵A esses doze enviou-os Jesus com as instruções seguintes: "Não tomeis rumo aos gentios, nem entreis nas cidades dos samaritanos; ⁶mas ide antes às ovelhas que se perderam da casa de Israel. ⁷Ide, pois, e anunciai: 'Está próximo o reino dos céus!' ⁸Curai os enfermos, ressuscitai os mortos, tornai limpos os leprosos e expulsai os demônios. De graça recebestes, de graça dai. ⁹Não leveis ouro, nem prata, nem dinheiro nas vossas cintas; ¹⁰nem bolsa, para a viagem, nem duas túnicas, nem calçado, nem bordão; porque o operário bem merece o seu sustento. ¹¹Quando entrardes numa cidade ou aldeia, informai-vos quem há nela que seja digno; e ficai aí até seguirdes viagem. ¹²Quando entrardes numa casa, *saudai-a*[saudai-a, dizendo: 'A paz seja com esta casa']. ¹³E, se essa casa for digna, desça sobre ela a vossa paz; se, porém, for indigna, torne a vós a vossa paz. ¹⁴Mas onde não vos receberem nem ouvirem as vossas palavras, deixai essa casa ou cidade e sacudi o pó dos vossos pés. ¹⁵Em verdade, vos digo que melhor sorte caberá, no dia do juízo, à terra de Sodoma e Gomorra do que a uma cidade dessas.[5-15: Mc 6,7; Lc 9,1]

Perseguições futuras. ¹⁶Eis que vos envio como ovelhas ao meio de lobos. Sede, portanto, sagazes como as serpentes e simples como as pombas. ¹⁷Cuidado com os homens! Porque vos hão de entregar aos tribunais e açoitar-vos nas sinagogas. ¹⁸Por minha causa sereis levados à presença de governadores e reis para dardes testemunho diante deles e dos gentios. ¹⁹Quando, pois, vos entregarem, não vos inquieteis com o modo nem as palavras que tiverdes de dizer; porque nessa hora vos será dado o que haveis de dizer; ²⁰porquanto não sois vós que falais, mas o espírito de vosso Pai é que fala em vós.

²¹Há de o irmão entregar à morte o irmão, e o pai ao filho: hão de os filhos revoltar-se contra os pais e tirar-lhes a vida. ²²Por causa de meu nome sereis odiados de todos; mas quem perseverar até ao fim será salvo.[17-22: Mc 13,9; Lc 12,11] ²³Quando vos perseguirem numa cidade, fugi para outra. Em verdade, vos digo que não acabareis de correr as cidades de Israel até que apareça o Filho do homem. ²⁴Não é o discípulo superior a seu mestre, nem o servo é mais que seu senhor. ²⁵Há de o discípulo contentar-se com a sorte de seu mestre, e o servo com a de seu senhor. Se chamaram *beelzebul*[beelzebub] ao chefe da casa, quanto mais aos seus domésticos!

Motivos de perseverança. ²⁶Não os temais, pois; porque nada há encoberto que não venha a revelar-se, nem nada oculto que não venha a tornar-se notório. ²⁷O que vos digo às escuras anunciai-o às claras; e o que se vos segreda ao ouvido publicai-o do alto das casas.

²⁸Não temais aqueles que matam o corpo, mas não podem matar a alma; temei antes aquele que pode lançar à perdição do inferno tanto a alma como o corpo. ²⁹Não se compram, porventura, dois pardais por cinco vinténs? E, no entanto, nenhum deles cai em terra sem a vontade de vosso Pai. ³⁰Até os cabelos da vossa cabeça estão todos contados. ³¹Não temais, pois, porque maior valor tendes vós do que numerosos pardais. ³²Quem me confessar diante dos homens também eu o confessarei diante de meu Pai celeste. ³³Mas quem me negar diante dos homens também eu o negarei diante de meu Pai celeste.

Divisão dos espíritos. ³⁴Não penseis que vim trazer a paz à terra; não vim trazer a paz, mas a espada. ³⁵Vim para fazer separação entre filho e pai, entre filha e mãe, entre nora e sogra; ³⁶e os inimigos do homem serão os próprios companheiros de casa. ³⁷Quem ama pai ou mãe mais do que a mim não é digno de mim. E quem ama filho ou filha mais do que a mim não é digno de mim. ³⁸Quem não tomar a sua cruz e me seguir não é digno de mim. ³⁹Quem achar a sua vida perdê-la-á; mas quem perder a sua vida por minha causa achá-la-á.
[26-39: Mc 8,34; Lc 12,2]

⁴⁰Quem vos recebe, a mim me recebe, e quem me recebe, recebe aquele que me enviou. ⁴¹Quem recebe um profeta na qualidade de profeta receberá o prêmio de profeta; quem recebe um justo a título de justo receberá o prêmio de justo. ⁴²Quem der de beber, ainda que seja um copo de água fria, a um destes pequeninos, por ser discípulo meu, em verdade, lhe digo que não ficará sem a sua recompensa.

11 ¹Depois de dirigir essas exortações aos seus doze discípulos, fez-se de partida para ensinar e pregar nas cidades do lugar.

Mensagem do Batista. ²Entretanto, tivera João, no cárcere, notícia das obras de Cristo. Pelo que lhe enviou *uns dos*[dois dos] discípulos ³com esta pergunta: "És tu aquele que há de vir, ou devemos esperar por outro?" ⁴Respondeu-lhes Jesus: "Ide e contai a João o que *ouvis e vedes*[ouvistes e vistes]: ⁵os cegos vêem, os coxos andam, os leprosos tornam-se limpos, os surdos ouvem, os mortos ressuscitam, e aos pobres é anunciada a boa nova. ⁶Feliz de quem não se escandalizar de mim!"

Testemunho sobre João. ⁷Depois da partida deles, começou Jesus a falar às turbas acerca de João: "Que saístes a ver ao deserto? Um caniço agitado pelo vento? ⁸Pois que saístes a ver? Um homem em roupas delicadas? Ora, os que trajam roupas delicadas residem nos palácios dos reis. ⁹Por que, pois, saístes? Para verdes um profeta? Sim, declaro-vos eu, e mais que profeta; ¹⁰porque este é de quem está escrito: 'Eis que envio a preceder-te o meu arauto, a fim de preparar o caminho diante de ti'[Ml 3,1]! ¹¹Em verdade, vos digo que entre os filhos de mulher não surgiu quem fosse maior do que João Batista. Entretanto, o menor no reino dos céus é maior que ele. ¹²Desde os dias de João Batista até hoje, o reino dos céus sofre violência e homens violentos o tomam de assalto. ¹³Porque todos os profetas e a lei, até João, vaticinaram. ¹⁴Ele, porém — se o quiserdes aceitar —, é Elias que há de vir. ¹⁵Quem tem ouvidos para ouvir, ouça!

Caprichos pueris. ¹⁶A quem hei de comparar esta geração? São como crianças sentadas na praça a gritar a seus companheiros:
¹⁷'A flauta vos temos tocado — e não bailastes.
Cânticos tristes tangemos — e não chorastes'.
¹⁸Apareceu João Batista, que não comia nem bebia — e diziam: 'Está possesso do demônio'. ¹⁹Apareceu o Filho do homem, que come e bebe — e dizem: 'Eis aí um comilão e bebedor de vinho, amigo de publicanos e pecadores!' Entretanto, a sabedoria foi justificada *pelas suas próprias obras*[por seus filhos]. [2-19: Lc 7,18]

Cidades impenitentes. ²⁰Em seguida, passou Jesus a exprobrar às cidades em que operara numerosos milagres e que não se tinham convertido: ²¹"Ai de ti, Corozaim! Ai de ti, Betsaida! Porque, se em Tiro e Sidônia se tivessem operado os grandes sinais que em vós se operaram, desde há muito se teriam convertido por entre cilício e cinzas. ²²Mas eu vos digo que, no dia do juízo, terão Tiro e Sidônia sorte mais benigna do que vós.
²³E tu, Cafarnaum, elevar-te-ás até o céu? Até o inferno serás abismada! Porque se em Sodoma se tivessem feito os grandes sinais que em ti se fizeram, até o presente subsistiria. ²⁴Pois declaro-vos que, no dia do juízo, terá a terra de Sodoma sorte mais benigna do que tu".[20-24: Lc 10,12]

Exultação e convite de Jesus. ²⁵Naquele tempo, tomou Jesus a palavra e disse: "Glorifico-te, Pai, Senhor do céu e da terra, porque ocultaste estas coisas aos doutos e entendidos e as revelaste aos pequeninos. ²⁶Sim, Pai, assim é que foi do teu agrado. ²⁷Tudo me foi entregue por meu Pai; ninguém conhece ao Filho senão o Pai e ninguém conhece ao Pai senão o Filho e aquele a quem o Filho o quiser revelar.[26-27: Lc 10,21] ²⁸Vinde a mim, todos os que andais aflitos e sobrecarregados, e eu vos aliviarei. ²⁹Tomai sobre vós o meu jugo e aprendei de mim, que sou manso e humilde de coração, e achareis descanso para as vossas almas. ³⁰Pois o meu jugo é suave e meu peso é leve".

12 Através das searas. ¹Naquele tempo atravessava Jesus as searas, em dia de sábado. Os seus discípulos estavam com fome, e arrancavam espigas e as comiam. ²À vista disso, observaram-lhe os fariseus: "Olha, que os teus discípulos estão fazendo o que não é permitido fazer no sábado".

³Respondeu-lhes Jesus: "Não lestes o que fez Davi quando estavam com fome, ele e os seus companheiros? ⁴Como entrou na casa de Deus e comeu os pães de proposição, que nem ele nem seus companheiros podiam comer, senão somente os sacerdotes? ⁵Ou não lestes na lei que os sacerdotes do templo, nos sábados, deixam de observar o descanso sabatino, e ficam sem culpa? ⁶Pois eu vos digo que aqui está o que é maior que o templo. ⁷Oxalá compreendêsseis o sentido desta palavra: 'Misericórdia é que eu quero, e não sacrifício'[Os 6,6]! Então não condenaríeis a inocentes; ⁸porque o Filho do homem é senhor *do sábado*[também do sábado]" [1-8: Mc 2,23; Lc 6,1]

Cura em dia de sábado. ⁹Partindo daí, entrou Jesus na sinagoga deles. ¹⁰E eis que havia aí um homem com uma das mãos atrofiada. Perguntaram a Jesus: "É lícito curar em dia de sábado?" É que procuravam ter por onde acusá-lo.

¹¹Replicou-lhes Jesus: "Se algum de vós possuir uma única ovelha, e esta lhe cair numa cova em dia de sábado, não lançará logo mão para tirá-la? ¹²Ora, quanto mais vale um homem do que uma ovelha! Portanto, é lícito praticar o bem em dia de sábado". ¹³Em seguida, disse ao homem: "Estende a mão!" Estendeu-a, e ela se tornou sã como a outra.

¹⁴Os fariseus, porém, saíram daí e deliberaram como matá-lo.
[9-14: Mc 3,1; Lc 6,6]

Atividade silenciosa. ¹⁵Quando Jesus soube disso, retirou-se do lugar. Muitos, porém, o foram seguindo, e ele os curou a todos; ¹⁶mas proibia-os de que o tornassem conhecido. ¹⁷Devia cumprir-se, destarte, o que diz o profeta Isaías: ¹⁸"É este o meu servo que escolhi, o meu querido, delícia do meu coração. Farei descer sobre ele o meu espírito, e anunciará a justiça aos povos. ¹⁹Não contenderá nem clamará, e ninguém lhe ouvirá a voz nas ruas; ²⁰não quebrará a cana fendida, nem apagará a mecha que ainda fumega, até que leve à vitória a justiça. ²¹Em seu nome é que têm esperança os povos"[Is 42,1].

Injúrias dos fariseus. ²²Trouxeram-lhe então um endemoninhado, que era cego e mudo. Jesus o curou, de maneira que o mudo falava e via. ²³Diziam então as turbas cheias de pasmo: "Não será este o filho de Davi?..."

²⁴Os fariseus, porém, ouvindo isso, disseram: "É só por *beelzebul*[beelzebub], chefe dos demônios, que ele expulsa os demônios".

Auto-apologia de Jesus. ²⁵Jesus, conhecedor que era dos seus pensamentos, disse-lhes: "Todo reino desunido em si mesmo desmoronará; nenhuma cidade, nenhuma casa desunida em si mesma poderá subsistir. ²⁶Se, pois, Satanás expele a Satanás, está em desacordo consigo mesmo — e como pode então subsistir o seu reino? ²⁷E, se é por *beelzebul*[beelzebub] que eu expulso os demônios, por quem os expulsam então vossos filhos? Por isso, serão eles vossos juízes. [23-27: Mc 3,22; Lc 11,14] ²⁸Se, porém, é pelo espírito de Deus que expulso os demônios, claro está que chegou a vós o reino de Deus. ²⁹E, se não, como pode alguém penetrar na casa do poderoso e roubar-lhe os haveres, sem que primeiro prenda o poderoso? Só então lhe poderá saquear a casa. ³⁰Quem não está comigo está contra mim; e quem não recolhe comigo dispersa.

Pecado contra o Espírito Santo. ³¹Por isso, vos digo que todo pecado e qualquer blasfêmia serão perdoados aos homens; mas a blasfêmia contra o Espírito não será perdoada. ³²Quem proferir palavra contra o Filho do homem será perdoado; mas quem falar contra o Espírito Santo não será perdoado, nem neste mundo, nem no futuro. ³³Se tendes em conta de boa a árvore, dai como bom o seu fruto; mas, se tendes em conta de má a árvore, dai como mau o seu fruto; pois é pelo fruto que se conhece a árvore. ³⁴Raça de víboras, como podeis falar coisa boa, quando sois maus? Porque da abundância do coração é que fala a boca. ³⁵O homem bom tira do tesouro bom coisas boas; e o homem mau tira do tesouro mau coisas más. ³⁶Declaro-vos que de toda palavra fútil que os homens proferirem hão de dar conta no dia do juízo. ³⁷Pois pelas tuas palavras serás declarado justo; pelas tuas palavras serás condenado".

O sinal de Jonas. ³⁸Disseram-lhe então alguns escribas e fariseus: "Mestre, quiséramos ver um sinal da tua parte".

³⁹Ao que ele respondeu: "Uma raça má e adúltera pede um sinal; mas não lhe será dado outro sinal senão o sinal do profeta Jonas; ⁴⁰pois, do mesmo modo que Jonas esteve três dias e três noites nas entranhas do monstro marinho, assim há de também o Filho

do homem estar três dias e três noites nas entranhas da terra. ⁴¹Os habitantes de Nínive aparecerão em juízo com esta raça, e hão de condená-la; porque eles se converteram com a pregação de Jonas — e eis que aqui está quem é mais que Jonas! ⁴²A rainha do sul aparecerá em juízo com esta raça, e há de condená-la; porque ela acudiu das mais longínquas plagas da terra para ouvir a sabedoria de Salomão — e eis que aqui está quem é mais que Salomão!".[38-42: Mc 8,11; Lc 11,16]

Saída e regresso do demônio. ⁴³Quando o espírito impuro sai do homem, vagueia por lugares desertos, em busca de repouso; mas não o encontra. ⁴⁴Pelo que diz: 'Voltarei para minha casa, donde saí'. E, chegando, encontra-a desocupada, varrida e ornada. ⁴⁵Vai então e toma consigo mais sete espíritos, piores do que ele e, entrando, nela se estabelecem; e vem o último estado desse homem a ser pior que o primeiro. Assim há de acontecer a essa raça malvada".[43-45: Lc 11,24]

Conflito entre Jesus e seu povo

A família espiritual de Jesus. ⁴⁶Ainda estava Jesus falando às multidões, quando se achavam da parte de fora sua mãe e seus irmãos, que desejavam falar-lhe. ⁴⁷Observou-lhe alguém: "Eis que tua mãe e teus irmãos estão lá fora e desejam falar-te".

⁴⁸Respondeu Jesus a quem o avisara: "Quem é minha mãe e quem são meus irmãos?" ⁴⁹E, estendendo a mão para os seus discípulos, disse: "Eis aqui minha mãe e meus irmãos! ⁵⁰Pois quem cumpre a vontade de meu Pai celeste, esse me é irmão, irmã e mãe".[46-50: Mc 3,31; Lc 8,19]

13 Parábola do semeador. ¹Naquele dia, saiu Jesus de casa e foi sentar-se à beira do lago. ²Reuniu-se em torno dele grande multidão; pelo que subiu ele a um barco e sentou-se, enquanto toda a gente estava na praia. ³Então começou a falar-lhes largamente em forma de parábolas, dizendo:

"Eis que saiu um semeador a semear. ⁴E, ao lançar a semente, parte caiu à beira do caminho, e vieram comê-la as *aves*[aves do céu]. ⁵Outra caiu em solo pedregoso, onde a terra era pouca; não tardou a nascer, porque estava rente à superfície; ⁶mas, quando despontou o sol, ficou crestada e secou, por falta de raízes. ⁷Outra ainda caiu entre espinhos; e os espinhos cresceram e a sufocaram. ⁸Outra caiu em bom terreno e deu fruto, a cem, a sessenta e a trinta por um. ⁹Quem tem ouvidos ouça!"

Por que parábolas? ¹⁰Então se acercaram dele os discípulos e lhe perguntaram: "Por que é que lhes falas em forma de parábolas?"

¹¹Respondeu-lhes Jesus: "A vós vos é dado compreender os mistérios do reino dos céus; aos outros, porém, não é dado. ¹²Porque ao que tem dar-se-lhe-á, e terá em abundância; mas ao que não tem tirar-se-lhe-á ainda aquilo que possui. ¹³Por isso é que lhes falo em forma de parábolas: porque, de olhos abertos, não vêem e, de ouvidos abertos, não ouvem nem compreendem. ¹⁴Assim se há de cumprir neles a profecia de Isaías: 'Ouvireis e não entendereis; vereis, e não compreendereis; ¹⁵porque endurecido está o coração deste povo, tornaram-se moucos os seus ouvidos, e cerraram os olhos; não querem ver com os olhos, nem ouvir com os ouvidos, nem compreender com o coração, nem converter-se de modo que eu os cure'[Is 6,9].

¹⁶Ditosos os vossos olhos, porque vêem! E os vossos ouvidos, porque ouvem! ¹⁷Pois, em verdade, vos digo que muitos profetas e justos desejaram ver o que vós vedes, e não o viram; e ouvir o que vós ouvis, e não o ouviram.

Explicação da parábola do semeador. ¹⁸Ouvi, pois, a parábola do semeador! ¹⁹Quando alguém ouve a palavra do reino, mas não compreende, vem o maligno e arrebata a semente do coração dele — é aquele no qual a semente fora semeada à beira do caminho. ²⁰Foi semeada em solo pedregoso naquele que escuta a palavra e logo a abraça com alegria; ²¹mas não tem raízes em si mesmo, é inconstante, e, sobrevindo tribulação e perseguição por causa da palavra, logo encontra obstáculo. ²²Foi semeada entre espinhos naquele que escuta a palavra; mas os cuidados deste mundo e as riquezas falazes sufocam a palavra, e fica sem fruto. ²³Foi semeada em terreno bom naquele que escuta a palavra, a compreende, e dá fruto a cem, a sessenta e a trinta por um".[4-23: Mc 4,1; Lc 8,4]

Parábola do joio. ²⁴Propôs-lhes ainda outra parábola: "O reino dos céus é semelhante a um homem que semeou boa semente no seu campo. ²⁵Mas, quando a gente dormia, veio seu inimigo e semeou joio no meio do trigo, e foi-se embora. ²⁶Quando, pois, cresceu o trigo e começou a espigar, apareceu também o joio. ²⁷Chegaram-se então os servos ao dono da casa e lhe perguntaram: 'Senhor, não semeaste boa semente no teu campo? Donde lhe vem, pois, o joio?'

²⁸'Foi o inimigo que fez isto', respondeu-lhes ele.

Perguntaram-lhe os servos: 'Queres que vamos e o colhamos?'

²⁹'Não', replicou ele, 'para que, colhendo o joio, não arranqueis com ele também o trigo. ³⁰Deixai crescer um e outro até a colheita; e no tempo da colheita direi aos ceifadores: colhei primeiro o joio e atai-o em molhos para o queimar; o trigo, porém, recolhei-o no meu celeiro'".

O grão de mostarda. ³¹Propôs-lhes mais uma parábola: "O reino dos céus é semelhante a um grão de mostarda, que um homem tomou e semeou no seu campo. ³²É essa a mais pequenina dentre todas as sementes; mas, quando crescida, fica maior que as outras hortaliças, chegando a ser árvore, de maneira que as aves do céu vêm habitar nos seus ramos".

O fermento. ³³Propôs-lhes ainda outra parábola: "O reino dos céus é semelhante a um fermento, que uma mulher tomou e meteu em três medidas de farinha, até ficar tudo levedado".[31-33: Mc 4,30; Lc 13,18]

³⁴Tudo isto dizia Jesus ao povo em parábolas, e não lhe falava senão por parábolas, ³⁵vindo a cumprir-se, assim, a palavra do profeta: "Abrirei os meus lábios, propondo parábolas; revelarei o que estava oculto desde a criação do mundo"[Sl 78(77),2].

Explicação da parábola do joio. ³⁶Em seguida, despediu o povo e foi para casa. Então se chegaram a ele seus discípulos com este pedido: "Explica-nos a parábola do joio no campo".

³⁷Respondeu-lhes Jesus: "Quem semeia a boa semente é o Filho do homem. ³⁸O campo é o mundo; a boa semente são os filhos do reino; o joio são os filhos do maligno; ³⁹o inimigo que o semeou é o diabo; a colheita é o fim do mundo; os ceifadores são os anjos. ⁴⁰Do mesmo modo que o joio se recolhe e se queima no fogo, assim acontecerá também no fim do mundo. ⁴¹O Filho do homem enviará seus anjos, que reunirão do seu reino todos os obstáculos e autores de ilegalidade, ⁴²lançando-os à fornalha de fogo; aí haverá choro e

ranger de dentes. ⁴³Então os justos resplandecerão como o sol, no reino de seu Pai.

Quem tem ouvidos ouça!

O tesouro oculto. ⁴⁴O reino dos céus é semelhante a um tesouro oculto num campo. Um homem descobriu esse tesouro, escondeu-o e, cheio de alegria, vai vender tudo que possui e compra esse campo.

A pérola. ⁴⁵O reino dos céus é semelhante a um negociante que procurava pérolas preciosas. ⁴⁶Descobriu uma pérola de grande valor, foi vender tudo que possuía e a comprou.

A rede. ⁴⁷O reino dos céus é ainda semelhante a uma rede de pescar, que foi lançada ao mar e apanhou peixes de toda a espécie. ⁴⁸Quando cheia, os homens puxaram-na à praia e, sentando-se, recolheram os bons em vasos e deitaram fora os maus. ⁴⁹Assim acontecerá também no fim do mundo: sairão os anjos e separarão os maus do meio dos justos, ⁵⁰lançando-os à fornalha do fogo; aí haverá choro e ranger de dentes.

⁵¹Compreendestes tudo isto?"

"Compreendemos", responderam eles.

⁵²Disse-lhes Jesus: "Pelo que todo mestre instruído na doutrina do reino dos céus se parece com um pai de família que tira do seu tesouro coisas novas e coisas velhas".

Jesus em Nazaré. ⁵³Depois de pôr termo a essas parábolas, partiu Jesus daí. ⁵⁴Foi à sua pátria e pôs-se a ensinar na sinagoga deles. "Donde lhe vêm essa sabedoria e essas forças?", dizia a gente, cheia de pasmo, ⁵⁵"pois não é o filho do carpinteiro? Não se chama Maria sua mãe, e seus irmãos Tiago, José, Simão e Judas? ⁵⁶E não vivem no meio de nós suas irmãs todas? Donde lhe vem, pois, tudo isto?" ⁵⁷E encontraram obstáculo nele.

Jesus, porém, lhes disse: "Em parte nenhuma encontra o profeta menos estima do que em sua pátria e em sua própria casa".

⁵⁸E não realizou ali muitas obras poderosas, porque eles não tinham fé.[53-58: Mc 6,1; Lc 4,16]

14 Degolação do Batista. ¹Por aquele tempo, teve o tetrarca Herodes notícia da fama de Jesus. ²E disse aos seus cortesãos:

"Esse é João Batista; ressurgiu dos mortos; por isso é que nele atuam essas forças". ³É que Herodes mandara prender, lançar em ferros e meter no cárcere a João, por causa de Herodíades, mulher de seu irmão Filipe; ⁴porque João lhe lançara em rosto: "Não te é permitido possuí-la". ⁵Bem o quisera matar; mas temia o povo, que o tinha em conta de profeta.

⁶No aniversário natalício de Herodes, pôs-se a filha de Herodíades a dançar no meio dos convivas, e caiu tanto no agrado de Herodes, ⁷que ele prometeu com juramento dar-lhe tudo quanto lhe pedisse. ⁸Disse ela, instigada pela mãe: "Dá-me aqui, numa bandeja, a cabeça de João Batista".

⁹Entristeceu-se o rei; mas, por causa do juramento, e dos convivas, mandou que lha dessem. ¹⁰Deu, pois, ordem que João fosse degolado no cárcere. ¹¹Foi trazida a cabeça numa bandeja e entregue à menina, a qual a levou a sua mãe. ¹²Vieram então os seus discípulos buscar o corpo, e sepultaram-no. Em seguida foram dar parte a Jesus.[1-12: Mc 6,14; Lc 3,19; 9,7]

Primeira multiplicação dos pães. ¹³A esta notícia, retirou-se Jesus e embarcou para um lugar solitário à parte. O povo, porém, o percebeu, saiu das cidades e o foi seguindo a pé. ¹⁴Ao desembarcar, viu Jesus grande multidão de gente; teve pena dela e curou-lhes os enfermos. ¹⁵Ao cair da tarde, chegaram-se a ele os seus discípulos e disseram: "O lugar é deserto e vai adiantada a hora; despede o povo, para que vá às aldeias comprar o que comer".

¹⁶Respondeu-lhes Jesus: "Não é necessário que vão embora; dai-lhes vós de comer".

¹⁷Ao que eles observaram: "Não temos aqui senão cinco pães e dois peixes".

¹⁸"Trazei-mos cá", ordenou Jesus. ¹⁹E, tendo feito o povo sentar-se na relva, tomou os cinco pães e os dois peixes, levantou os olhos ao céu e os abençoou. Em seguida, partiu os pães e os entregou aos discípulos; e os discípulos os serviram ao povo. ²⁰Comeram todos e ficaram fartos, e encheram ainda doze cestos com os pedaços que sobraram. ²¹Ora, o número dos que comeram era de uns cinco mil homens, sem contar mulheres e crianças.[13-21: Mc 6,30; Lc 9,10; Jo 6,1]

Jesus sobre as ondas. ²²Sem tardança impeliu Jesus os discípulos a que embarcassem e lhe tomassem a dianteira para a outra margem, enquanto ele ia despedir o povo. ²³Depois de despedido o povo, subiu a um monte, a fim de orar, ele só. Já era noite, e ainda se achava aí sozinho.

[24]Entrementes, andava o barco a meio caminho do lago e sofria violento embate das ondas, porque tinha vento contrário. [25]Por volta das três horas da madrugada foi Jesus ter com eles, caminhando sobre as águas. [26]Quando os discípulos o avistaram a andar sobre as águas, perturbaram-se e gritaram, cheios de terror: "É um fantasma!"

[27]Jesus, porém, se apressou a falar-lhes, dizendo: "Tende ânimo; sou eu; não temais!"

[28]"Senhor!", exclamou Pedro, "se és tu, manda que eu vá sobre as águas até onde estás".

[29]"Vem", disse ele.

Pedro saltou do barco e caminhou sobre as águas em direção a Jesus. [30]Reparando, porém, no vento forte, teve medo — e começou a submergir. E bradou: "Senhor, salva-me!" [31]De pronto estendeu Jesus a mão, apanhou-o e disse-lhe: "Por que duvidaste, homem de pouca fé?"

[32]Embarcaram; e cessou o vento. [33]Os que estavam no barco vieram lançar-se aos pés de Jesus, dizendo: "Tu és, realmente, o Filho de Deus!"[22-33: Mc 6,45; Jo 6,14]

Em Genesaré. [34]Passaram então para a outra margem e chegaram ao território de Genesaré. [35]Logo que os habitantes dessa região o conheceram, mandaram recado por toda a redondeza e levaram a Jesus todos os enfermos.

[36]Rogavam-lhe que lhes permitisse tocar apenas a borla do seu manto; e todos os que a tocavam eram curados.[34-36: Mc 6,53]

15 Preceitos humanos. [1]Apresentaram-se então a Jesus, vindos de Jerusalém, uns escribas e fariseus e lhe fizeram esta pergunta: [2]"Por que é que os teus discípulos transgridem a tradição dos antepassados? Pois não lavam as mãos antes de comer". [3]Respondeu-lhes ele: "E vós, por que transgredis o mandamento de Deus por amor à vossa tradição? [4]Deus disse: 'Honrarás pai e mãe'; e: 'Quem injuriar ao pai ou à mãe será réu de morte'[Ex 20,12; 21,17]. [5]Vós, porém, dizeis: 'Quem disser ao pai ou à mãe: darei em sacrifício o que te deveria a ti — [6]esse está dispensado de honrar pai e mãe'. E assim ab-rogais o mandamento de Deus por amor à vossa tradição. [7]Hipócritas! Bem profetizou de vós Isaías, dizendo: [8]'Este povo me honra com os lábios; mas o seu coração está longe de mim; [9]não tem valor o seu culto aos meus olhos, porque o que ensinam são doutrinas e preceitos humanos'[Is 29,13]".

Impureza real. [10]Então chamou a si o povo e lhe disse: "Escutai e compreendei bem! [11]O que entra pela boca não torna o homem impuro; mas o que sai da boca, isso é que torna o homem impuro".

[12]Ao que se chegaram a ele os discípulos e lhe disseram: "Sabes que os fariseus se escandalizaram, quando ouviram essas palavras?"

[13]Respondeu Jesus: "Toda a plantação que não foi plantada por meu Pai celeste será exterminada. [14]Deixai-os! São cegos e guias de cegos. Mas, se um cego guiar a outro cego, virão ambos a cair na cova".

[15]Disse-lhe Pedro: "Explica-nos esta parábola".

[16]Tornou Jesus: "Também vós estais ainda sem compreensão? [17]Pois não compreendeis que tudo que entra pela boca vai para o estômago e daí é lançado fora? [18]Mas o que sai da boca vem do coração, e isso é que torna o homem impuro. [19]Porque do coração é que vêm os maus pensamentos, os homicídios, os adultérios, a luxúria, os furtos, os falsos testemunhos, as blasfêmias — [20]e são essas coisas que tornam o homem impuro. Mas isso de comer sem lavar as mãos não torna o homem impuro".[1-20: Mc 7,1]

A mulher Cananéia. [21]Partiu Jesus daí e se retirou para as regiões de Tiro e Sidônia. [22]E eis que veio uma mulher Cananéia daquelas terras e se pôs a clamar: "Senhor, filho de Davi, tem piedade de minha filha, que está muito atormentada dum espírito maligno!" [23]Jesus, porém, não lhe respondeu palavra. Chegaram-se a ele seus discípulos e lhe pediram: "Despacha-a, porque vem gritando atrás de nós".

[24]Respondeu ele: "Não fui enviado senão às ovelhas que se perderam da casa de Israel".

[25]Aproximou-se ela e prostrou-se-lhe aos pés, dizendo: "Ajuda-me, Senhor!"

[26]Tornou Jesus: "Não convém tirar o pão aos filhos e lançá-lo aos cachorrinhos".

[27]"Decerto, Senhor", revidou ela, "mas também os cachorrinhos comem das migalhas que caem da mesa de seus donos".

[28]Então disse Jesus: "Ó mulher! Grande é a tua fé; seja feito conforme o teu desejo".

E a partir dessa hora estava de saúde sua filha.[21-28: Mc 7,24]

Segunda multiplicação dos pães. ²⁹Partindo daí, encaminhou-se Jesus para as margens do lago da Galiléia. Subiu a um monte e sentou-se ali. ³⁰Reuniram-se em torno dele numerosas multidões, trazendo consigo coxos, aleijados, cegos, mudos e outros muitos; colocavam-nos aos pés de Jesus, e ele os curava. ³¹Pasmava a gente e glorificava o Deus de Israel, ao ver que os mudos falavam, os aleijados recobravam saúde, os coxos andavam e os cegos viam.

³²Então convocou Jesus os seus discípulos e disse: "Tenho compaixão deste povo; há três dias que estão comigo e não têm o que comer; não quero despedi-los em jejum, para que não venham a desfalecer pelo caminho".

³³Observaram os discípulos: "Mas donde havemos de tirar pão, neste deserto, para fartar tamanha multidão?"

³⁴"Quantos pães tendes?", perguntou Jesus. "Sete", responderam, "mais alguns peixinhos".

³⁵Então ordenou Jesus que o povo se sentasse no chão; ³⁶tomou os sete pães e os peixes, deu graças, partiu-os e entregou-os aos discípulos; e os discípulos os distribuíram ao povo. ³⁷Comeram todos e ficaram fartos, e encheram ainda sete cestos com os pedaços que sobraram. ³⁸Ora, os que comeram eram quatro mil homens, sem contar mulheres e crianças.

³⁹Despediu Jesus o povo, embarcou e passou para o território de Magadan.[32-39: Mc 8,1]

16 Sinal do céu. ¹Então foram ter com ele os fariseus e os saduceus e, com o fim de o porem à prova, pediram que lhes fizesse ver um sinal do céu.

²Respondeu-lhes Jesus: "À noite dizeis: vamos ter bom tempo, porque o céu está cor de fogo; ³e de manhã: hoje vamos ter chuva, porque o céu está vermelho sombrio. Compreendeis, portanto, o aspecto do céu — e não compreendeis os sinais dos tempos? ⁴Essa geração perversa e adúltera pede um sinal; mas não lhe será dado outro sinal senão o sinal *de Jonas*[do profeta Jonas]". [1-4: Mc 8,11; Lc 12,54]

O fermento dos fariseus. ⁵Chegaram os discípulos à outra margem. Mas tinham se esquecido de levar pão. ⁶Disse-lhes Jesus: "Alerta! Cuidado com o fermento dos fariseus e saduceus!"

⁷Ao que eles se puseram a discorrer entre si e disseram: "É que não trouxemos pão".

⁸Jesus, percebendo-o, disse: "Homens de pouca fé! Que estais aí

a inquietar-vos de não terdes trazido pão? ⁹Ainda não compreendeis nada? Nem já vos lembrais daqueles cinco pães para os cinco mil, e quantos cestos recolhestes? ¹⁰Nem tampouco dos sete pães para os quatro mil, e quantos cestos levastes? ¹¹Por que não compreendeis que não me referia ao pão quando vos dizia: 'Cuidado com o fermento dos fariseus e saduceus'?"

¹²Então compreenderam que não queria dizer que tivessem cuidado com o fermento do pão, mas com a doutrina dos fariseus e saduceus.[5-12: Mc 8,14]

A pedra da Igreja. ¹³Chegou Jesus às bandas de Cesaréia de Filipe e dirigiu a seus discípulos esta pergunta: "Quem diz a gente ser o Filho do homem?"

¹⁴Responderam: "Dizem uns que é João Batista; outros, Elias; ainda outros, Jeremias, ou algum dos profetas".

¹⁵"E vós", perguntou-lhes, "quem dizeis que sou eu?"

¹⁶Respondeu Simão Pedro: "Tu és o Cristo, o Filho de Deus vivo!"

¹⁷Tornou-lhe Jesus: "Bem-aventurado és, Simão, filho de Jonas, porque não foi a carne e o sangue que to revelou, mas meu Pai que está nos céus. ¹⁸Digo-te eu que tu és Pedro, e que sobre esta pedra edificarei a minha igreja, e as portas do inferno não prevalecerão contra ela; ¹⁹eu te darei as chaves do reino dos céus; tudo o que ligares sobre a terra será também ligado nos céus, e tudo o que desligares sobre a terra será também desligado nos céus".

²⁰Em seguida, inculcou aos discípulos que a ninguém dissessem ser ele o Cristo.[13-20: Mc 8,27; Lc 9,18]

Jesus prediz a sua paixão. ²¹Desde então começou Jesus a declarar aos seus discípulos que tinha de ir a Jerusalém, padecer muito da parte dos anciãos, escribas e sumos sacerdotes e ser morto; mas que ao terceiro dia havia de ressurgir. ²²Então Pedro o tomou à parte e entrou a fazer-lhe recriminações, dizendo: "De modo nenhum, Senhor! Que isto não te há de suceder!" ²³Jesus, porém, voltou-se e disse a Pedro: "Vai para trás, Satã, que me és obstáculo! Não compreendes o que é de Deus, mas dos homens".

Em seguimento de Cristo. ²⁴Então disse Jesus a seus discípulos: "Quem quiser seguir-me negue a si mesmo, carregue a sua cruz e acompanhe-me. ²⁵Pois quem quiser salvar a sua vida perdê-la-á; mas

quem perder a sua vida por minha causa encontrá-la-á. ²⁶Pois que aproveita ao homem ganhar o mundo inteiro, se sofrer prejuízo em sua alma? Ou que dará o homem em troca de sua alma? ²⁷Porque o Filho do homem virá na glória de seu Pai, em companhia de seus anjos, e retribuirá a cada um segundo as suas obras. ²⁸Em verdade, vos digo, entre os presentes há alguns que não provarão a morte sem que presenciem o advento do Filho do homem no seu reino".
[21-28: Mc 8,31; Lc 9,22]

17 Transfiguração de Jesus. ¹Seis dias mais tarde, tomou Jesus consigo a Pedro, Tiago e João, irmão deste, conduziu-os de parte a um monte elevado ²e transfigurou-se diante deles; o seu rosto resplandecia como o sol, e suas vestes se tornaram brancas como a *luz*[neve]. ³E eis que lhes apareceram Moisés e Elias, falando com ele. ⁴Então tomou Pedro a palavra e disse a Jesus: "Senhor, que bom que é estarmos aqui! Se quiseres, *vou*[vamos] armar aqui três tendas, uma para ti, outra para Moisés e outra para Elias".

⁵Estava ainda falando, quando uma nuvem luminosa os envolveu, e de dentro da nuvem ecoou uma voz: "Este é meu Filho querido, em que pus a minha complacência; ouvi-o!" ⁶Ao perceberem isso, os discípulos caíram de face em terra, transidos de terror. ⁷Jesus, porém, chegou-se a eles e os tocou, dizendo: "Levantai-vos e não temais". ⁸Ergueram os olhos, e não viram ninguém senão só Jesus.

⁹Enquanto iam descendo do monte, pôs-lhes Jesus este preceito: "Não digais a pessoa alguma o que acabais de ver, até que o Filho do homem tenha ressuscitado dentre os mortos".[1-9: Mc 9,2; Lc 9,28]

Reaparecimento de Elias. ¹⁰Perguntaram-lhe os discípulos: "Por que é que os escribas dizem que primeiro há de vir Elias?" ¹¹Respondeu Jesus: "Elias, é certo, virá e restabelecerá tudo: ¹²mas eu vos declaro que Elias já veio; mas eles não o reconheceram e fizeram dele o que queriam. Da mesma forma, terá também o Filho do homem que padecer da parte deles". ¹³Então compreenderam os discípulos que se referia a João Batista.

O menino possesso. ¹⁴Depois de terem chegado aonde estava o povo, aproximou-se de Jesus um homem e lançou-se de joelhos diante dele, suplicando: ¹⁵"Senhor, tem piedade de meu filho; é lunático e sofre terrivelmente; muitas vezes cai no fogo e na água;

¹⁶apresentei-o a teus discípulos, mas eles não foram capazes de curá-lo".

¹⁷Exclamou Jesus: "Ó raça incrédula e perversa! Até quando estarei convosco? Até quando vos suportarei?... Trazei-mo cá!"

¹⁸Jesus repreendeu o espírito maligno, e este saiu do menino, de maneira que estava curado desde essa hora.

¹⁹Foram então os discípulos ter com Jesus e lhe perguntaram em segredo: "Por que razão não pudemos nós expulsá-lo?"

²⁰Respondeu-lhes Jesus: "Porque a vossa fé é pouca. Em verdade, vos digo, se tiverdes fé, como um grão de mostarda que seja, e disserdes a este monte: 'Passa daqui para acolá' — há de passar. Nada vos será impossível. ²¹Mas esta espécie não se expulsa senão por meio de oração e de jejum".[14-21: Mc 9,14; Lc 9,37]

Jesus torna a predizer a sua paixão. ²²Enquanto se demoravam na Galiléia, disse-lhes Jesus: "O Filho do homem vai ser entregue às mãos dos homens; ²³hão de matá-lo; no terceiro dia, porém, ressurgirá".

Foi o que os encheu de profunda tristeza.[22-23: Mc 9,30; Lc 9,43]

O tributo do templo. ²⁴Depois da chegada deles a Cafarnaum, foram ter com Pedro os cobradores das duas dracmas e lhe perguntaram: "Vosso mestre não paga as duas dracmas?"

²⁵"Decerto", respondeu ele.

Mal entrara ele em casa, quando Jesus lhe atalhou a palavra, perguntando: "Que achas, Simão: de quem cobram os reis da terra imposto ou tributo, de seus filhos ou dos súditos?"

²⁶"Dos súditos", respondeu ele.

"Por conseguinte", acrescentou Jesus, "são isentos os filhos. ²⁷Entretanto, não lhes demos motivo de escândalo; vai ao lago, lança o anzol e toma o primeiro peixe que apanhares; abre-lhe a boca, que nela encontrarás um estáter; com ele paga por mim e por ti".

18 Contenda dos discípulos. ¹Naquela hora, chegaram-se a Jesus os discípulos com esta pergunta: "Quem é o maior no reino dos céus?"

²Ao que Jesus chamou uma criança, colocou-a no meio deles ³e disse: "Em verdade, vos digo, se não vos converterdes e não vos tornardes como as crianças, não entrareis no reino dos céus. ⁴Mas

quem se tornar humilde como esta criança, este é o maior no reino dos céus.

Incitamento ao pecado. ⁵Quem acolher, em meu nome, uma criança assim, a mim é que acolhe; ⁶mas quem incitar ao pecado a um desses pequeninos que crêem em mim, melhor lhe fora que lhe suspendessem ao pescoço uma grande mó e o abismassem nas profundezas do mar. ⁷Ai do mundo por causa dos incitamentos ao pecado! É inevitável que venham esses incitamentos, mas ai do homem por quem eles vierem! ⁸Se tua mão ou teu pé te forem ocasião de pecado, corta-os e lança-os de ti; melhor te é entrares na vida manco ou aleijado do que, tendo duas mãos ou dois pés, seres lançado ao fogo eterno. ⁹Se teu olho for ocasião de pecado, arranca-o e lança-o de ti; melhor te é entrares na vida com um olho do que, tendo dois, seres lançado ao fogo do inferno. ¹⁰Vede que não desprezeis a nenhum desses pequeninos; pois digo-vos que nos céus os seus anjos contemplam sem cessar a face de meu Pai que está nos céus, ¹¹porque o Filho do homem veio para salvar o que perecera.

A ovelha extraviada. ¹²Que vos parece? Se alguém possui cem ovelhas e uma delas se extraviar, não deixará as noventa e nove nos montes para sair à procura da que se extraviou? ¹³E se tiver a sorte de encontrá-la, em verdade vos digo que mais alegria experimentará por causa desta do que pelas noventa e nove que não se extraviaram. ¹⁴Da mesma forma, é vontade de vosso Pai celeste que não venha a perder-se um só desses pequeninos.[1-14: Mc 9,33.42-50; Lc 9,46; 17,1]

Correção fraterna. ¹⁵Se teu irmão cometer falta contra ti, vai e repreende-o entre ti e ele só. Se te der ouvido, terás lucrado teu irmão; ¹⁶mas, se não te der ouvido, toma contigo mais uma ou duas pessoas, para que pelo depoimento de duas ou três testemunhas fique tudo apurado. ¹⁷Se, porém, nem ouvir a essas, vai dizê-lo à igreja; se não ouvir à igreja, tem-no em conta de pagão e publicano.

¹⁸Em verdade, vos digo que tudo o que ligardes sobre a terra será ligado também no céu; e tudo o que desligardes sobre a terra será desligado também no céu. ¹⁹Digo-vos ainda que qualquer coisa que dois de vós sobre a terra pedirem unanimemente ser-lhes-á concedida por meu Pai que está nos céus; ²⁰pois onde quer que dois ou três se acharem reunidos em meu nome, ali estou eu no meio deles".

O servo cruel. ²¹Então se chegou Pedro a ele com esta pergunta: "Senhor, quantas vezes terei de perdoar a meu irmão que me ofender? Até sete vezes?"

²²Respondeu-lhe Jesus: "Digo-te eu, não sete vezes, mas, setenta vezes sete vezes. ²³Porque o reino dos céus é semelhante a um rei que quis tomar contas a seus servos. ²⁴E, ao começar com a tomada de contas, apresentaram-lhe um que lhe devia dez mil talentos; ²⁵mas, como não tivesse com que pagar, ordenou o senhor que o vendessem, a ele, sua mulher e seus filhos e todos os seus haveres, e com isso pagassem a dívida. ²⁶O servo, porém, lançou-se-lhe aos pés, suplicando: 'Senhor, tem paciência comigo, que te pagarei tudo'. ²⁷Compadecido do servo, o senhor pô-lo em liberdade e lhe perdoou a dívida.

²⁸Saindo fora, encontrou o servo um dos seus companheiros, que lhe devia cem denários, deitou-lhe as mãos e estrangulava-o, dizendo: 'Paga o que me deves!' ²⁹O companheiro prostrou-se-lhe aos pés, suplicando: 'Tem paciência comigo, que te pagarei'. ³⁰Ele, porém, não quis; mas foi-se e o mandou lançar ao cárcere até que houvesse pago a dívida. ³¹Contristaram-se profundamente os outros servos que tinham presenciado o caso e foram dar parte a seu senhor de tudo que acabava de acontecer. ³²Então o senhor o mandou vir à sua presença e lhe disse: 'Servo mau! Perdoei-te toda a dívida, porque me pediste; ³³não devias, pois, também tu ter compaixão de teu companheiro, assim como eu tive compaixão de ti?'

³⁴E, indignado, o senhor o entregou aos carrascos até que houvesse pago toda a dívida.

³⁵Assim vos há de tratar meu Pai celeste, se do íntimo do coração não perdoardes uns aos outros".

Atividade de Jesus na Judéia e em Jerusalém

Rumo a Jerusalém

19 Indissolubilidade do matrimônio. ¹Depois de rematar esses discursos, partiu Jesus da Galiléia e foi em demanda das regiões da Judéia além do Jordão. ²Muita gente o foi seguindo, e ele os curou ali.

³Então se aproximaram dele uns fariseus a fim de o porem à prova, perguntando: "É permitido ao homem repudiar sua mulher por qualquer motivo?"

⁴Respondeu-lhes Jesus: "Não tendes lido que o Criador, a princípio, fez os homens como varão e mulher, ⁵e disse: 'Por isso deixará o homem pai e mãe para aderir à sua mulher, e serão os dois uma só carne'[Gn 2,24]? ⁶Portanto, já não são dois, mas uma só carne. Ora, o que Deus uniu não o separe o homem".

⁷Objetaram eles: "Por que, pois, mandou Moisés dar carta de divórcio e repudiar a mulher?"

⁸Respondeu-lhes Jesus: "Por causa da dureza dos vossos corações é que Moisés vos permitiu repudiar vossas mulheres; mas de princípio não foi assim. ⁹Eu, porém, vos declaro: quem repudiar sua mulher — salvo em caso de fornicação — e casar com outra comete *adultério*[adultério; e quem casar com a repudiada comete adultério]". [1-9: Mc 10,1]

Renúncia ao matrimônio. ¹⁰Disseram-lhe então os discípulos: "Se tal é a condição do homem e da mulher, é melhor não casar". ¹¹Tornou-lhes Jesus: "Nem todos compreendem isto, senão somente aqueles a quem foi dado. ¹²Há quem deixe de casar porque por natureza é incapaz; há quem deixe de casar porque os homens o puseram nesse estado; e há quem deixe de casar porque ele mesmo se incapacitou por amor ao reino dos céus. Quem for capaz de compreendê-lo, compreenda-o".

Jesus e as crianças. ¹³Apresentaram-lhe então umas crianças para que sobre elas pusesse as mãos e orasse. Os discípulos repeliram a gente. ¹⁴Jesus, porém, disse: "Deixai que venham a mim as crianças e não lho embargueis: porque de tais é o reino dos céus". ¹⁵Pôs sobre elas as mãos, e partiu daí.[13-15: Mc 10,13; Lc 18,15]

O jovem rico. ¹⁶Eis senão quando alguém se apresentou a Jesus com esta pergunta: "*Mestre*[Bom mestre], qual o bem que devo praticar para alcançar a vida eterna?"

¹⁷Respondeu-lhe Jesus: "Por que me perguntas sobre que é bom? Um só é *bom*[bom: Deus]. Se queres entrar na vida, guarda os mandamentos".

¹⁸"Quais?", perguntou-lhe ele. Tornou Jesus: "Não matarás, não cometerás adultério, não furtarás, não levantarás falso testemunho, ¹⁹honrarás pai e mãe, e amarás ao próximo como a ti mesmo".

²⁰Replicou-lhe o jovem: "Tudo isto tenho *observado*[observado desde pequeno]. que me falta ainda?"

²¹Respondeu-lhe Jesus: "Se queres ser perfeito, vai, vende os teus

bens e dá-os aos pobres — e terás um tesouro nos céus —, depois vem e segue-me". [22]A essas palavras retirou-se o jovem, pesaroso; porque era possuidor de muitos bens.

Perigo das riquezas. [23]Disse Jesus a seus discípulos: "Em verdade, vos digo que um rico dificilmente entrará no reino dos céus. [24]Repito que mais fácil é passar um camelo pelo fundo duma agulha do que entrar um rico no reino *de Deus*[dos céus]". [25]Quando os discípulos ouviram isso observaram, aterrados: "Quem pode então salvar-se?" [26]Jesus encarou-os e disse: "Para os homens é isto impossível; mas a Deus tudo é possível".[16-26: Mc 10,17; Lc 18,18]

Prêmio da pobreza voluntária. [27]Então tomou Pedro a palavra e disse-lhe: "Eis que nós deixamos tudo e te seguimos; que recompensa teremos?"
[28]Respondeu-lhes Jesus: "Em verdade, vos digo que, no mundo regenerado, quando o Filho do homem estiver sentado no trono da sua glória, também vós que me seguistes estareis sentados em doze tronos e julgareis as doze tribos de Israel. [29]E todo aquele que por amor de meu nome deixar casa, irmão, irmã, pai e *mãe*[mãe, mulher], filho e campo, receberá o cêntuplo e possuirá a vida eterna. [30]Muitos dos que são os primeiros serão os últimos; e muitos dos que são os últimos serão os primeiros.[27-30: Mc 10,28; Lc 18,28]

20 Trabalhadores na vinha. [1]O reino dos céus é semelhante a um pai de família que, mui de madrugada, saiu a contratar trabalhadores para a sua vinha. [2]Ajustou com os trabalhadores o salário de um denário por dia, e mandou-os para a sua vinha.
[3]Pelas nove horas saiu outra vez, e viu outros na praça, ociosos. [4]Disse-lhes: 'Ide também vós para a minha vinha, e dar-vos-ei o que for justo'.
[5]Foram-se.
Por volta das doze e das três horas da tarde tornou a sair, e procedeu da mesma forma.
[6]E quando, pelas cinco horas da tarde, saiu mais uma vez, encontrou outros que lá estavam; e disse-lhes: 'Por que estais aqui o dia todo sem fazer nada?' [7]Ao que lhe responderam: 'É que ninguém nos contratou'. Respondeu-lhes ele: 'Ide vós também para a minha vinha'.
[8]Ao anoitecer disse o dono da vinha a seu feitor: 'Vai chamar

os trabalhadores e paga-lhes o salário, a começar pelos últimos até aos primeiros'. ⁹Apresentaram-se, pois, os que tinham entrado pelas cinco horas, e recebeu cada qual um denário. ¹⁰Chegando, porém, os primeiros, calculavam que iam receber mais; mas também esses não receberam senão um denário cada um. ¹¹E, ao recebê-lo, murmuraram contra o pai de família, dizendo: ¹²'Esses últimos trabalharam apenas uma hora, e os igualaste a nós, que suportamos o peso e o calor do dia'.

¹³'Meu amigo', respondeu ele a um da turma, 'não te faço injustiça. Pois não ajustaste comigo um denário? ¹⁴Toma, pois, o que é teu e vai-te. Mas quero dar também a este último tanto quanto a ti. ¹⁵Ou não me será lícito *fazer dos meus bens o que quero*[fazer o que quero]? O teu olhar é mau porque eu sou bom?'

¹⁶Assim é que os últimos serão os primeiros, e os primeiros serão os *últimos*[últimos; porque muitos são os chamados, e poucos os escolhidos]".

Jesus prediz pela terceira vez a sua paixão. ¹⁷Partiu Jesus, com destino a Jerusalém. Pelo caminho, tomou de parte os *doze*[doze discípulos] e disse-lhes: ¹⁸"Eis que vamos para Jerusalém! O Filho do homem será entregue aos príncipes dos sacerdotes e aos escribas, que hão de condená-lo à morte ¹⁹e entregá-lo aos gentios para ser escarnecido, açoitado e crucificado; mas ao terceiro dia ressurgirá".
[17-19: Mc 10,32; Lc 18,31]

Os filhos de Zebedeu. ²⁰Chegou-se então a Jesus a mãe dos filhos de Zebedeu e prostrou-se-lhe aos pés para lhe fazer um pedido.

²¹"Que desejas?", perguntou-lhe Jesus.

Respondeu ela: "Ordena que estes meus dois filhos se sentem, no teu reino, um à tua direita e outro à tua esquerda".

²²Replicou Jesus: "Não sabeis o que pedis: podeis beber o cálice que eu vou beber?"

"Podemos", responderam-lhe.

²³Tornou-lhes Jesus: "O meu cálice haveis de bebê-lo; mas isto de conceder-vos os lugares à minha direita e à minha esquerda, não é comigo; competem àqueles a quem meu Pai os destinou".

²⁴Quando os outros dez ouviram isso, indignaram-se contra os dois irmãos. ²⁵Pelo que Jesus os chamou a si e disse: "Sabeis que os soberanos dos gentios dominam sobre eles, e os seus grandes exercem poder sobre eles. ²⁶Entre vós, porém, não há de ser assim; mas quem

entre vós quiser ser grande seja vosso escravo; ²⁷e quem entre vós quiser ser o primeiro, seja vosso servo. ²⁸Também o Filho do homem não veio para ser servido, mas para servir e para dar a sua vida como preço de resgate por muitos".[20-28: Mc 10,35]

Os cegos de Jericó. ²⁹Quando iam saindo de Jericó, foi Jesus seguido de grande multidão de povo. ³⁰E eis que à beira da estrada se achavam sentados dois cegos. Mal ouviram que Jesus vinha passando, puseram-se a clamar: "Senhor, filho de Davi, tem piedade de nós!" ³¹O povo os repreendia para que se calassem. Eles, porém, gritavam cada vez mais: "Senhor, filho de Davi, tem piedade de nós!" ³²Ao que Jesus parou, chamou-os e perguntou: "Que quereis que vos faça?" ³³"Senhor, que se nos abram os olhos!", responderam eles.

³⁴Jesus teve pena deles e tocou-lhes os olhos. E no mesmo instante viam, e o foram seguindo.[29-34: Mc 10,46; Lc 18,35]

Feitos messiânicos

21 Entrada solene em Jerusalém. ¹Quando se iam aproximando de Jerusalém e chegaram a Betfagé, ao monte das Oliveiras, enviou Jesus dois dos seus discípulos ²com este recado: "Ide à povoação que tendes em frente. Não tardareis a encontrar uma jumenta presa, e com ela um jumentinho; desatai-a e trazei-mos. ³Se alguém puser embargo, respondei que o Senhor precisa deles: e logo os deixarão trazer".

⁴Devia cumprir-se, destarte, a palavra do profeta: ⁵"Dizei à filha de Sião: 'Eis que o teu rei te vem visitar cheio de mansidão, montado num jumento, num jumentinho, cria dum animal de carga'"[Zc 9,9; Is 62,11].

⁶Foram-se, pois, os discípulos e cumpriram a ordem de Jesus. ⁷Trouxeram a jumenta com o jumentinho e puseram sobre eles as suas vestes. E Jesus montou.

⁸Numerosíssimas pessoas do povo estendiam os seus mantos pelo caminho; outros cortavam ramos das árvores e com eles juncavam a estrada. ⁹E tanto as multidões que iam adiante como as que seguiam atrás clamavam em altas vozes: "Hosana ao filho de Davi! Bendito seja quem vem em nome do Senhor! Hosana nas alturas!"[Sl 118(117),26]

¹⁰Ao entrar em Jerusalém, alvoroçou-se a cidade toda, e per-

guntavam: "Quem é este?" [11]Responderam as turbas: "Este é Jesus, o profeta de Nazaré da Galiléia".[1-11: Mc 11,1; Lc 19,29; Jo 12,12]

Purificação do templo. [12]Em seguida, entrou Jesus no templo de Deus e expulsou todos os que vendiam e compravam no templo, derribou as mesas dos cambistas e os bancos dos que negociavam pombas; [13]e disse-lhes: "Está escrito que minha casa é casa de oração; vós, porém, a fizestes covil de ladrões!"[Is 56,7]

[14]No templo, chegaram-se a Jesus cegos e coxos e ele os curou. [15]Quando os príncipes dos sacerdotes e os escribas viram os milagres que operava, e ouviram os meninos a clamar no templo: "Hosana ao filho de Davi!", indignaram-se [16]e lhe disseram: "Estás ouvindo o que esses clamam?" "Estou ouvindo, sim", respondeu-lhes Jesus, "e vós nunca lestes: 'Pela boca de meninos e de crianças de peito farás cantar os teus louvores'[Sl 8,3]?"

[17]Com isso os deixou, saiu da cidade e retirou-se para a Betânia, e lá ficou.[12-17: Mc 11,15; Lc 19,45]

A figueira estéril. [18]Quando, muito de madrugada, voltou à cidade, teve fome. [19]Viu uma figueira à beira do caminho, aproximou-se dela, mas não lhe encontrou senão folhas. Disse então a ela: "Nunca jamais nasça em ti fruto algum!" Imediatamente a figueira secou. [20]À vista disso observaram os discípulos, cheios de admiração: "Como secou tão depressa a figueira!"

[21]Replicou-lhes Jesus: "Em verdade, vos digo que, se tiverdes fé e não vacilardes, não somente fareis o que sucedeu à figueira; mas, se disserdes a este monte: 'Sai daqui e lança-te ao mar' — assim acontecerá. [22]Tudo que pedirdes com fé, na oração, alcançá-lo-eis".
[18-22: Mc 11,12; 20,26]

Discussões no templo

A questão da autoridade. [23]Dirigiu-se Jesus ao templo e ensinava. Então se chegaram a ele os príncipes dos sacerdotes e os anciãos do povo e lhe perguntaram: "Com que autoridade fazes isto? Quem te deu esse direito?"

[24]Replicou-lhes Jesus: "Hei de também eu propor-vos uma pergunta; se derdes resposta, dir-vos-ei com que autoridade faço isto. [25]Donde vinha o batismo de João, do céu ou dos homens?"

Puseram-se eles a discorrer consigo mesmos: "Se dissermos:

do céu — há de replicar-nos: por que, pois, não lhe destes fé? ²⁶Se dissermos: dos homens — teremos de temer o povo, porque todos têm a João em conta de profeta". ²⁷Responderam, pois, a Jesus: "Não sabemos".

Tornou-lhes ele: "Pois nem eu vos digo com que autoridade faço isto.[23-27: Mc 11,27; Lc 20,1]

Filho sincero, filho fingido. ²⁸Qual a vossa opinião? Um homem tinha dois filhos. Foi ter com o primeiro e lhe disse: 'Meu filho, vai hoje trabalhar na vinha'. ²⁹'Sim, senhor', respondeu ele; mas não foi.

³⁰Então foi ter com o outro e falou-lhe do mesmo modo. 'Não quero', respondeu este; mas depois se arrependeu e foi. ³¹Qual dos dois cumpriu a vontade do pai?"

"O último", responderam eles.

Disse-lhes Jesus: "Em verdade, vos digo que publicanos e meretrizes entrarão no reino de Deus antes que vós. ³²Veio João e apontou-vos o caminho da justiça; vós, porém, não lhe destes fé, ao passo que publicanos e meretrizes creram nas suas palavras. Vós o vistes, mas nem por isso vos convertestes depois, nem lhe destes fé.

Os lavradores perversos. ³³Ouvi mais outra parábola: havia um pai de família que plantou uma vinha, cercou-a de um muro, cavou nela um lagar e levantou uma torre. Em seguida, arrendou-a a uns lavradores, e ausentou-se do país. ³⁴Pelo tempo da colheita enviou seus servos aos lavradores, a fim de receberem os frutos. ³⁵Os lavradores, porém, prenderam os servos dele, ferindo um, matando outro e apedrejando o terceiro. ³⁶Pela segunda vez enviou outros servos, em número maior que dantes. Mas eles os trataram da mesma forma. ³⁷Por último mandou-lhes seu próprio filho, dizendo consigo mesmo: 'Não deixarão de respeitar a meu filho'. ³⁸Os lavradores, porém, assim que avistaram o filho, disseram uns aos outros: 'Esse é o herdeiro; vamos dar cabo dele, e apoderar--nos da sua herança'. ³⁹Prenderam-no, pois, lançaram-no fora da vinha e o mataram. ⁴⁰Ora, quando vier o senhor da vinha, que fará àqueles lavradores?"

⁴¹Responderam eles: "Dará mau fim àqueles maus, e arrendará a sua vinha a outros lavradores que lhe entreguem os frutos no tempo marcado".

⁴²Disse-lhes Jesus: "Nunca lestes nas Escrituras: 'A pedra que os arquitetos rejeitaram, esta se tornou pedra angular; esta é obra

do Senhor — coisa prodigiosa aos nossos olhos'[Sl 118(117),22]? ⁴³Digo-vos, pois, que vos será tirado o reino de Deus e dado a um povo que produza seus frutos. ⁴⁴Quem cair sobre esta pedra, será espedaçado; e sobre quem esta pedra cair, esmagá-lo-á".

⁴⁵Repararam então os príncipes dos sacerdotes e os fariseus que tinham ouvido essas parábolas que Jesus se referia a eles. ⁴⁶Pelo que queriam prendê-lo; mas temiam o povo, que o tinha em conta de profeta.[33-46: Mc 12,1; Lc 20,9]

22 O banquete nupcial. ¹Continuou Jesus a falar-lhes em forma de parábolas, ²dizendo: "O reino dos céus é semelhante a um rei que celebrava as núpcias de seu filho. ³Mandou os seus servos para chamar às núpcias os convidados. Estes, porém, não quiseram vir. ⁴Então mandou outros servos com esta ordem: 'Dizei aos convidados: eis que tenho pronto o meu banquete; mandei carnear os meus bois e animais cevados; está tudo pronto; vinde às núpcias'. ⁵Eles, todavia, não ligaram importância, e foram-se embora, um para seu campo, outro para seu negócio; ⁶os restantes prenderam os servos, maltrataram-nos e os mataram. ⁷Indignou-se o rei a essa notícia, mandou os seus exércitos, deu cabo daqueles assassinos e pôs fogo à sua cidade. ⁸Em seguida, disse a seus servos: 'Está pronto o banquete nupcial; mas os convidados não foram dignos dele. ⁹Ide, pois, pelas encruzilhadas e convidai às núpcias a quantos encontrardes'. ¹⁰Saíram os servos estradas em fora e ajuntaram todos os que encontraram, bons e maus; e encheu-se de convivas a sala do banquete.

¹¹Nisto entrou o rei para ver os que estavam à mesa. E deparou-se-lhe um homem que não trajava veste nupcial. ¹²'Amigo', disse-lhe, 'como entraste aqui sem teres a veste nupcial?' Aquele, porém, ficou calado. ¹³Ordenou então o rei aos servos: 'Atai-o de mãos e pés e lançai-o às trevas de fora'; aí haverá choro e ranger de dentes. ¹⁴Porque muitos são os chamados, mas poucos os escolhidos".

A questão do tributo. ¹⁵Foram os fariseus fazer uma consulta entre si a ver se apanhavam a Jesus em alguma das suas palavras. ¹⁶Enviaram-lhe, pois, seus discípulos em companhia de herodianos e lhe mandaram dizer: "Mestre, sabemos que és amigo da verdade, que ensinas o caminho de Deus conforme a verdade; que não conheces respeito humano, nem fazes acepção de pessoas. ¹⁷Dize-nos, pois, qual a tua opinião: é lícito pagar tributo a César, ou não?"

[18]Percebeu-lhes Jesus a astúcia e respondeu: "Hipócritas! Por que me tentais? [19]Mostrai-me a moeda do tributo". Apresentaram-lhe um denário. [20]Perguntou-lhes Jesus: "De quem é esta imagem e a inscrição?" [21]"De César", responderam-lhe. Tornou-lhes ele: "Dai, pois, a César o que é de César, e a Deus o que é de Deus".
[22]Ouvindo isso, pasmaram, deixaram-no e foram-se embora.[15-22: Mc 12,13; Lc 20,20]

A questão da ressurreição. [23]Ainda no mesmo dia foram ter com Jesus uns saduceus — que negam a ressurreição — e lhe propuseram a questão seguinte: [24]"Mestre, ordenou Moisés que, se alguém morresse sem deixar filhos, o irmão dele casasse com a mulher e desse descendentes ao irmão[Dt 25,5]. [25]Ora, havia entre nós sete irmãos. Casou-se o primeiro, e morreu sem filhos; e deixou a mulher a seu irmão. [26]O mesmo aconteceu com o segundo e o terceiro, até ao sétimo. [27]Por último, faleceu também a mulher. [28]A quem dos sete pertencerá a mulher, na ressurreição? Pois foi de todos..."
[29]Replicou-lhes Jesus: "Estais em erro; não conheceis nem as Escrituras, nem o poder de Deus. [30]Pois, na ressurreição, não se há de casar nem dar em casamento; mas serão como os anjos de Deus no céu. [31]Quanto à ressurreição dos mortos, não tendes lido o que Deus vos disse: [32]'Eu sou o Deus de Abraão, o Deus de Isaac e o Deus de Jacó'[Ex 3,6]? Ora, Deus não é Deus dos mortos, mas, sim, dos vivos".
[33]As multidões que isso ouviram pasmaram da sua doutrina.[23-33: Mc 12,18; Lc 20,27]

O mandamento máximo. [34]Quando os fariseus souberam que Jesus tinha reduzido ao silêncio os saduceus, reuniram-se em conselho. [35]Um deles, que era doutor da lei, quis armar uma cilada a Jesus com esta pergunta: [36]"Mestre, qual é o maior mandamento na lei?"
[37]Respondeu-lhe ele: "'Amarás o Senhor teu Deus de todo o teu coração, de toda a tua alma e de toda a tua mente.' [38]Esse é o primeiro e o maior dos mandamentos. [39]O segundo, porém, é semelhante a esse: 'Amarás o teu próximo como a ti mesmo'. [40]Nestes dois mandamentos se baseiam toda a lei e os profetas".
[34-40: Mc 12,28; Lc 10,25]

Filho de Davi. ⁴¹Ora, como os fariseus estivessem aí reunidos, propôs-lhes Jesus esta pergunta: ⁴²"Que opinião formais de Cristo? De quem é filho?"

"De Davi", responderam-lhe.

⁴³Respondeu-lhes Jesus: "Como é, pois, que Davi, em espírito, o chama Senhor, dizendo: ⁴⁴"Disse o Senhor a meu Senhor: senta-te à minha direita até que eu reduza os teus inimigos a escabelo de teus pés'[Sl 110(109),1]? ⁴⁵Se, portanto, Davi lhe chama Senhor, como é que é seu filho?"

⁴⁶E não houve quem lhe soubesse responder palavra. A partir desse dia, já ninguém ousava fazer-lhe perguntas.[41-46: Mc 12,35; Lc 20,41]

23 Espírito farisaico. ¹Então disse Jesus ao povo e aos discípulos: ²"Sobre a cátedra de Moisés estão sentados escribas e fariseus. ³Fazei e guardai tudo que vos disserem, porém não imiteis as suas obras; porque falam, mas não o executam. ⁴Armam fardos pesados e insuportáveis e os põem aos ombros da gente; ao passo que eles mesmos nem com um dedo os querem tocar. ⁵Tudo que fazem é para serem vistos da gente; por isso é que usam filactérios bem largos e borlas volumosas; ⁶gostam de ocupar lugar de honra nos banquetes e os primeiros assentos nas sinagogas; ⁷fazem questão de ser cumprimentados nas praças e chamados 'mestres' pelos homens.

⁸Vós, porém, não queirais ser chamados mestres; porque um só é o vosso mestre, e todos vós sois irmãos. ⁹Nem queirais chamar pai a algum dentre vós sobre a terra; porque um só é o vosso pai: o pai celeste. ¹⁰Nem tampouco vos intituleis guias; porque um só é o vosso guia: Cristo. ¹¹Quem for o maior dentre vós seja vosso servo. ¹²Pois quem se exaltar será humilhado, e quem se humilhar será exaltado.

Ai de vós, fariseus! ¹³Ai de vós, escribas e fariseus, hipócritas, que fechais o reino dos céus aos homens! Vós mesmos não entrais, nem deixais entrar aos que querem *entrar*[entrar. (14) Ai de vós, escribas e fariseus, hipócritas, que devorais os haveres das viúvas, sob pretexto de recitardes longas orações; tanto mais rigoroso será o juízo que tereis!]

¹⁵Ai de vós, escribas e fariseus, hipócritas, que correis terras e mares para ganhar um prosélito e, depois de ganho, o tornais filho do inferno duas vezes pior que vós!

¹⁶Ai de vós, guias cegos! Dizeis que jurar pelo templo nada vale,

mas que quem jurar pelo ouro do templo ligado está. ¹⁷Insensatos e cegos que sois! Que vale mais: o ouro ou o templo, que santifica o ouro? ¹⁸Dizeis ainda que jurar pelo altar nada vale, mas que quem jurar pela oferenda que nele se acha ligado está. ¹⁹Cegos que sois! Que vale mais: a oferenda ou o altar que santifica a oferenda? ²⁰Quem, pois, jurar pelo altar, jura por ele e por tudo o que nele se acha. ²¹Quem jurar pelo templo, jura por ele e pelo que nele habita. ²²Quem jurar pelo céu, jura pelo trono de Deus e por aquele que no trono está sentado.

²³Ai de vós, escribas e fariseus, hipócritas, que pagais o dízimo da hortelã, do funcho e do cominho, e menosprezais o que há de mais importante na lei: a justiça, a misericórdia, a fidelidade. Isto se deve fazer, mas não omitir aquilo. ²⁴Guias cegos que sois! Coais um mosquito e engolis um camelo.

²⁵Ai de vós, escribas e fariseus, hipócritas, que limpais por fora o copo e o prato, e por dentro estais cheios de rapina e de voracidade! ²⁶Fariseu cego! Purifica primeiro o que está dentro do copo e do prato, para que também o que está fora fique limpo.

²⁷Ai de vós, escribas e fariseus, hipócritas, que sois semelhantes a sepulcros caiados, que por fora se apresentam formosos, mas por dentro estão cheios de ossadas e toda a espécie de podridão! ²⁸Assim é que também vós, no exterior, apareceis justos aos homens, quando no interior estais cheios de hipocrisia e maldade.

²⁹Ai de vós, escribas e fariseus, hipócritas, que levantais monumentos aos profetas e adornais os sepulcros dos justos ³⁰e dizeis: 'Se nós tivéssemos vivido nos dias de nossos pais, não nos teríamos tornado réus do sangue dos profetas'. ³¹Com isso dais testemunho, vós mesmos, de que sois filhos dos que mataram os profetas. ³²Assim acabais de encher a medida de vossos pais. ³³Raça de serpentes e víboras! Como escapareis à condenação do inferno?

³⁴Por isso, eis que vos envio profetas e sábios e escribas. A uns deles haveis de matar e pregar na cruz; a outros haveis de açoitar nas vossas sinagogas e perseguir de cidade em cidade. ³⁵Destarte virá sobre vós todo o sangue que foi derramado, inocente, sobre a terra, a começar pelo sangue do justo Abel, até ao sangue de Zacarias, filho de Baraquias, que assassinastes entre o templo e o altar. ³⁶Em verdade, vos digo que tudo isso virá a recair sobre esta raça.
[1-36: Mc 12,39; Lc 20,45; 11,37]

Queixa sobre Jerusalém. ³⁷Jerusalém, Jerusalém, que matas os profetas e apedrejas os que te são enviados! Quantas vezes tenho querido reunir os teus filhos assim como a galinha recolhe os seus pintinhos debaixo das asas — vós, porém, não quisestes! [38]Eis que vos será deixada deserta a vossa casa! [39]Pois declaro-vos que doravante já não me vereis até que digais: 'Bendito seja o que vem em nome do Senhor!'"[37-39: Lc 13,34]

Profecia sobre a destruição de Jerusalém e o fim do mundo

24 Ocasião. [1]Deixou Jesus o templo e se foi embora. Então se chegaram a ele os seus discípulos e lhe chamaram a atenção para os edifícios do templo. [2]Disse-lhes Jesus: "Vedes tudo isto! Em verdade, vos digo que não ficará aí pedra sobre pedra; será tudo arrasado".

[3]Sentou-se então no monte das Oliveiras. E foram ter com ele os discípulos, a sós, e perguntaram-lhe: "Dize-nos quando acontecerão estas coisas, e qual será o sinal do teu advento, no fim do mundo".

Grandes tribulações. [4]Respondeu-lhes Jesus: "Tomai cuidado que ninguém vos engane! [5]Porque aparecerão muitos em meu nome, dizendo: 'Eu sou o Cristo!', e a muitos hão de enganar. [6]Ouvireis falar de guerras e boatos de guerras. Ficai alerta e não vos perturbeis com isso. É necessário que assim aconteça, mas ainda não é o fim. [7]Porque se levantará nação contra nação, e reino contra reino; haverá fome, peste e terremotos, por toda a parte. [8]Mas tudo isso será apenas o princípio das dores. [9]Então vos hão de entregar à tribulação e à morte; e por causa do meu nome sereis odiados de todos os povos. [10]Muitos hão de perder a fé, atraiçoar-se e odiar-se uns aos outros. [11]Surgirão falsos profetas em grande número, iludindo a muitos. [12]E com o excesso da impiedade há de o amor arrefecer nos corações de muitos. [13]Mas quem perseverar até ao fim será salvo. [14]Será este evangelho do reino pregado no mundo inteiro, em testemunho a todos os povos; só depois disto virá o fim.[1-14: Mc 13,1; Lc 21,5]

Prenúncios da destruição de Jerusalém. [15]Quando, pois, virdes reinar no lugar santo os horrores da desolação, de que falou o profeta Daniel[Dn 11,31; 12,11] — atenda a isto o leitor! —, [16]então fujam para os montes os que estiverem na Judéia; [17]e quem se achar no telhado não desça para buscar alguma coisa em casa; [18]e quem estiver no campo não volte para buscar o seu manto. [19]Ai das mulheres que naqueles dias andarem grávidas, ou com filhinho ao peito! ²⁰Orai para que a vossa fuga não incida no inverno nem em dia de sábado. ²¹Então sobrevirá uma tribulação tão grande como não tem havido igual desde o princípio do mundo até agora, nem haverá jamais. ²²Se aqueles dias não fossem abreviados, não se salvaria pessoa alguma; mas aqueles dias serão abreviados em atenção aos escolhidos.

Horrores finais. ²³Quando então alguém vos disser: 'Eis, aqui está o Cristo! Ei-lo acolá!' — não o acrediteis; ²⁴porque aparecerão falsos Cristos e falsos profetas, que farão grandes sinais e prodígios, a ponto de enganarem possivelmente até os escolhidos. ²⁵Eis que vos ponho de sobreaviso! ²⁶Quando, pois, vos disserem: 'Eis que está no deserto!' — não saiais; 'Eis que está no interior da casa!' — não lhes deis crédito. ²⁷Pois, assim como o relâmpago que rompe no oriente fuzila até ao ocidente, assim há de ser também na vinda do Filho do homem. ²⁸Onde houver carniça aí se ajuntam as águias.

Segunda vinda de Cristo. ²⁹Logo depois da tribulação daqueles dias, escurecerá o sol, e a lua já não dará a sua claridade; as estrelas cairão do céu, e serão abaladas as energias do firmamento. ³⁰Então aparecerá no céu o sinal do Filho do homem; lamentar-se-ão todos os povos da terra, e verão o Filho do homem vindo sobre as nuvens do céu, com grande poder e majestade. ³¹Enviará os seus anjos, ao som vibrante da trombeta, e ajuntarão os seus escolhidos dos quatro pontos cardeais, de uma extremidade do céu até a outra.

Parábola da figueira. ³²Aprendei isto por uma semelhança tirada da figueira: quando os seus ramos se vão enchendo de seivas e brotando folhas, sabeis que está próximo o verão. ³³Do mesmo modo, quando presenciardes tudo isso, sabei que está iminente, à porta. ³⁴Em verdade, vos digo que não passará esta geração sem que tudo isso aconteça. ³⁵O céu e a terra passarão, mas não passarão as minhas palavras. ³⁶Aquele dia, porém, e aquela hora ninguém os conhece, nem mesmo os anjos do céu; mas tão-somente o Pai.[32-36: Mc 13,26; Lc 21,29] [15-36: Mc 13,14; Lc 21,20]

Vigilância. ³⁷Como foi nos tempos de Noé, assim há de ser quando vier o Filho do homem. ³⁸Nos dias que precederam o dilúvio, a gente comia e bebia, casava e dava em casamento, até ao dia em que Noé entrou na arca; ³⁹e não atinaram até que veio o dilúvio e os arrebatou a todos. Bem assim há de ser por ocasião do advento do Filho do homem. ⁴⁰De dois que se acharem no campo, um será admitido, e o outro deixado de parte; ⁴¹de duas mulheres que estiverem moendo no moinho, uma será admitida, e a outra deixada de parte. ⁴²Alerta, pois, porque não conheceis o dia em que virá vosso senhor! ⁴³Atendei a isto: se o pai de família soubesse em que hora da noite havia de vir o ladrão, decerto vigiaria e não o deixaria penetrar em sua casa. ⁴⁴Ficai, pois, alerta também vós; porque o Filho do homem virá numa hora em que não o esperais.

O fiel administrador. ⁴⁵Quem será o servo fiel e prudente a quem o senhor pôs à testa dos seus fâmulos, para, em tempo exato, lhes dar o sustento? ⁴⁶Bem haja o servo a quem o senhor, na sua volta, encontrar com esse procedimento! ⁴⁷Em verdade, vos digo que lhe confiará a administração de todos os seus bens. ⁴⁸Se, pelo contrário, aquele servo for mau e disser consigo: 'Meu senhor não voltará tão cedo'; ⁴⁹e começar a espancar os seus companheiros, e comer e beber com os beberrões, ⁵⁰aparecerá o senhor desse servo num dia em que ele não o espera e numa hora que desconhece, ⁵¹e o punirá e lhe dará lugar entre os hipócritas; aí haverá choro e ranger de dentes.[37-51: Mc 13,33; Lc 21,34; 17,26; 12,39]

25 As dez virgens. ¹Então será o reino dos céus semelhante a dez virgens que, empunhando as suas lâmpadas, saíram ao encontro *do esposo*[do esposo e da esposa]. ²Cinco delas eram tolas, e cinco sábias. ³As tolas tomaram as suas lâmpadas, mas não levaram azeite consigo; ⁴ao passo que as sábias levaram azeite nas suas vasilhas juntamente com as lâmpadas. ⁵Ora, como o esposo tardasse a vir, ficaram todas com sono e adormeceram. ⁶À meia-noite, soou o grito: 'Eis que vem o esposo; saí ao seu encontro!' ⁷Então se levantaram todas aquelas virgens e aprontaram as suas lâmpadas. ⁸As tolas pediram às sábias: 'Dai-nos do vosso azeite, porque as nossas lâmpadas se apagam'. ⁹'Não', responderam as sábias, 'não chegaria para nós e para vós; ide antes aos vendedores, e comprai para vós'.

¹⁰Enquanto iam comprar, chegou o esposo. As que estavam preparadas entraram com ele para as núpcias, e fechou-se a porta. ¹¹Finalmente, chegaram as outras virgens e disseram: 'Senhor, Senhor, abre-nos!'

¹²Ele, porém, replicou: 'Em verdade, vos digo que não vos conheço'.

[13]Ficai, pois, alerta, porque não sabeis nem o dia nem a hora!

Os cinco talentos. [14]Acontecerá como a certo homem que estava prestes a partir para terras longínquas. Chamou os servos e lhes confiou seus bens. [15]A um deu cinco talentos, a outro dois, ao terceiro um, a cada um segundo a sua capacidade. E partiu imediatamente.

[16]Ora, o que recebera cinco talentos logo entrou a negociar com eles, e ganhou mais cinco. [17]Do mesmo modo, o que recebera dois talentos ganhou mais dois. [18]Mas o que recebera um talento foi-se e enterrou o dinheiro do seu senhor.

[19]Passado muito tempo, voltou o senhor daqueles servos e os chamou a contas. [20]Apresentou-se o que tinha recebido cinco talentos, trouxe mais cinco talentos e disse: 'Senhor, entregaste-me cinco talentos; eis aqui mais cinco talentos, que ganhei'.

[21]'Muito bem, servo bom e fiel', respondeu-lhe o senhor, 'já que foste fiel no pouco, constituir-te-ei sobre o muito; entra no gozo de teu senhor'.

[22]Apresentou-se o que tinha recebido os dois talentos e disse: 'Senhor, entregaste-me dois talentos; eis aqui mais dois talentos, que ganhei'.

[23]'Muito bem, servo bom e fiel', respondeu-lhe o senhor, 'já que foste fiel no pouco, constituir-te-ei sobre o muito; entra no gozo de teu senhor'.

[24]Apresentou-se por fim o que recebera um talento e disse: 'Bem te conheço, senhor; és homem rigoroso; colhes onde não semeaste, e ajuntas onde não espalhaste. [25]Pelo que tive medo de ti e fui enterrar o teu talento; aí tens o que é teu'.

[26]Respondeu-lhe o senhor: 'Servo mau e preguiçoso! Sabias que colho onde não semeei, e ajunto onde não espalhei; [27]devias, por conseguinte, colocar o meu dinheiro no banco, e eu, na minha volta, teria recebido com juros o meu capital. [28]Tirai-lhe, pois, o talento, e entregai-o a quem tem os dez talentos. [29]Porque, ao que tem dar-se--lhe-á, e terá em abundância, mas ao que não tem, tirar-se-lhe-á até aquilo que possui. [30]A esse servo inútil, porém, lançai-o às trevas de fora; aí haverá choro e ranger de dentes'.[14-30: Lc 19,11]

O juízo universal. [31]Quando vier o Filho do homem na sua majestade, em companhia de todos os anjos, sentar-se-á no trono da sua glória. [32]E reunir-se-ão diante dele todos os povos. E ele os separará uns dos outros, assim como o pastor separa dos cabritos as ovelhas. ³³Colocará à sua direita as ovelhas, e à esquerda os cabritos. ³⁴Então dirá o rei aos que se acharem à sua direita: 'Vinde, benditos de meu Pai; tomai posse do reino que vos está preparado desde o princípio do mundo. ³⁵Porque eu estava com fome, e me destes de comer; estava com sede e me destes de beber; andava forasteiro, e me agasalhastes; ³⁶estava nu, e me vestistes; estava doente, e me visitastes; estava preso, e me viestes ver'.

³⁷Então lhe perguntarão os justos: 'Senhor, quando foi que te vimos com fome, e te demos de comer? Ou com sede, e te demos de beber? ³⁸Quando te vimos forasteiro, e te demos agasalho? Ou nu, e te vestimos? ³⁹Quando te vimos doente ou preso, e te fomos ver?'

⁴⁰Responder-lhes-á o rei: 'Em verdade, vos digo, o que fizestes a algum destes meus irmãos mais pequeninos, a mim é que o fizestes'.

⁴¹Em seguida, dirá aos que estiverem à sua esquerda: 'Apartai--vos de mim, malditos, para o fogo eterno preparado ao diabo e seus anjos! ⁴²Porque eu estava com fome, e não me destes de comer; estava com sede, e não me destes de beber; ⁴³andava forasteiro, e não me agasalhastes; estava nu, e não me vestistes; estava doente e preso, e não me visitastes'.

⁴⁴Perguntar-lhe-ão também estes: 'Quando foi, Senhor, que te vimos com fome, ou com sede, ou forasteiro, ou nu, ou doente, ou preso, e deixamos de acudir-te?'

⁴⁵Mas ele lhes responderá: 'Em verdade, vos digo, o que deixastes de fazer a algum destes mais pequeninos, a mim é que deixastes de o fazer'.

⁴⁶E irão estes para o suplício eterno; os justos, porém, para a vida eterna".

Paixão, morte e ressurreição de Jesus

Última ceia

26 Resolução do sinédrio. ¹Depois de terminar todos esses discursos, disse Jesus aos seus discípulos: ²"Sabeis que daqui a dois dias é a páscoa; então o Filho do homem será entregue para ser crucificado".

³Então se reuniram os príncipes dos sacerdotes e os anciãos do povo no palácio do pontífice, que se chamava Caifás, ⁴e deliberaram como prenderiam astuciosamente a Jesus para o matar. ⁵Mas que não seja no dia da festa, diziam, a fim de não se amotinar o povo.
[1-5: Mc 14,1; Lc 22,1]

Jesus ungido em Betânia. ⁶Achava-se Jesus em Betânia. Quando estava à mesa, em casa de Simão, o leproso, ⁷aproximou-se dele uma mulher com um vaso de alabastro cheio de um ungüento precioso, e derramou-o sobre a cabeça de Jesus. ⁸Os discípulos, quando viram isso, se indignaram e disseram: "Para que este desperdício? ⁹Podia ter-se vendido isto a bom preço e dado aos pobres".
¹⁰Jesus, reparando isso, respondeu-lhes: "Por que molestais esta mulher? Praticou um belo gesto para comigo. ¹¹Pobres sempre o tendes convosco; a mim, porém, nem sempre me tendes. ¹²Se derramou este ungüento sobre o meu corpo, foi para minha sepultura. ¹³Em verdade, vos digo, onde quer que for pregado este evangelho, em todo o mundo, há de ser contado também, em memória dela, o que ela fez".[6-13: Mc 14,8; Jo 12,1]

Plano de Judas. ¹⁴Então um dos doze, por nome Judas Iscariotes, foi ter com os príncipes dos sacerdotes ¹⁵e disse: "Que me quereis dar, se vo-lo entregar?" Pagaram-lhe trinta moedas de prata. ¹⁶A partir daí procurava ele uma ocasião para o entregar.
[14-16: Mc 14,10; Lc 22,3]

A ceia pascal. ¹⁷No primeiro dia dos pães ázimos, foram os discípulos ter com Jesus e lhe perguntaram: "Onde queres que te preparemos a ceia pascal?"
¹⁸Respondeu Jesus: "Ide à cidade, à casa de fulano e dizei-lhe: 'O Mestre manda dizer: o meu tempo vem chegando, em tua casa desejo comer a ceia pascal com os meus discípulos'".
¹⁹Executaram os discípulos a ordem de Jesus e prepararam a ceia pascal.
²⁰Ao anoitecer, sentou-se Jesus à mesa com os *doze*[doze discípulos].
²¹Durante a ceia disse: "Em verdade, vos digo que um de vós me há de entregar". ²²Profundamente contristados, começaram eles a perguntar-lhe, um após outro: "Acaso sou eu, Senhor?"
²³Respondeu ele: "Quem meter comigo a mão no prato, esse me há de entregar. ²⁴O Filho do homem vai à morte, sim, conforme

está escrito dele; mas ai do homem por quem o Filho do homem for atraiçoado! Melhor fora a esse homem não ter nascido".

²⁵Perguntou então Judas, o traidor: "Acaso sou eu, Mestre?" Respondeu Jesus: "É como disseste". [17-25: Mc 14,12; Lc 22,7; Jo 13,21]

Instituição da eucaristia. ²⁶Durante a ceia tomou Jesus o pão, benzeu-o, partiu-o e deu-o a seus discípulos, dizendo: "Tomai e comei; isto é o meu corpo".

²⁷Depois, tomou o cálice, deu graças e o apresentou aos discípulos, dizendo: "Bebei dele todos; ²⁸porque isto é o meu sangue, *do testamento, que é derramado*[do novo testamento, que será derramado] por muitos, em remissão dos pecados. ²⁹Digo-vos, todavia, que a partir de hoje não mais beberei deste fruto da videira, até ao dia em que convosco o beber, novo, no reino de meu Pai". [28-29: Mc 14,22; Lc 22,19; 1Cor 11,23]

Protestos dos discípulos. ³⁰Em seguida, recitaram o hino e saíram para o monte das Oliveiras. ³¹Disse-lhes então Jesus: "Esta noite serei a todos vós motivo de decepção; pois está escrito: 'Ferirei o pastor e dispersar-se-ão as ovelhas do rebanho'[Zc 13,7]. ³²Mas, depois de ressuscitado, irei adiante de vós para a Galiléia".

³³Disse então Pedro: "Ainda que todos se decepcionem de ti, eu nunca serei decepcionado".

³⁴Replicou Jesus: "Em verdade, te digo que ainda esta noite, antes de o galo cantar, me hás de negar três vezes".

³⁵Pedro, porém, protestava, dizendo: "Ainda que tivesse de morrer contigo, não te negaria".

De modo semelhante protestavam todos os outros discípulos. [31-35: Mc 14,27; Lc 22,31; Jo 13,36]

Do Getsêmani ao Gólgota

Agonia de Jesus. ³⁶Então se encaminhou Jesus com eles a uma granja, de nome Getsêmani, e disse aos discípulos: "Sentai-vos aqui, enquanto eu vou aí orar". ³⁷Tomou consigo somente a Pedro e os dois filhos de Zebedeu. Então começou a encher-se de tristeza e de angústia, ³⁸dizendo-lhes: "Minha alma está em tristeza mortal; ficai aqui e vigiai comigo". ³⁹Adiantou-se um pouco, caiu de face em terra e orou: "Meu Pai, se é possível, passe de mim este cálice. Contudo, não seja como eu quero, mas como tu queres".

⁴⁰Em seguida, foi ter com os discípulos, e os encontrou dormindo.

Disse a Pedro: "Então não pudestes vigiar comigo uma hora? [41]Vigiai e orai para não cairdes em tentação; o espírito está pronto, sim, mas a carne é fraca".

[42]Retirou-se pela segunda vez e orou: "Meu Pai, se não é possível que passe este cálice sem que eu o beba, faça-se a tua vontade!"

[43]Quando voltou, outra vez os encontrou dormindo; estavam com os olhos carregados.

[44]Deixou-os, retirou-se novamente e orou pela terceira vez, repetindo as mesmas palavras. [45]Depois voltou a ter com os seus discípulos e disse-lhes: "Continuais a dormir tranqüilamente? Eis que chegou a hora em que o Filho do homem vai ser entregue às mãos dos pecadores. [46]Levantai-vos! Vamos! Eis que aí vem o meu traidor!"[36-46: Mc 14,32; Lc 22,40]

Prisão de Jesus. [47]Ainda estava Jesus a falar, quando chegou Judas, um dos doze, acompanhado duma multidão de gente armada de espadas e varapaus, por ordem dos príncipes dos sacerdotes e anciãos do povo. [48]Tinha o traidor combinado com eles este sinal: "A quem eu beijar, esse é; prendei-o". [49]Logo se aproximou de Jesus com as palavras "Salve, Mestre!" e beijou-o.

[50]Respondeu-lhe Jesus: "Amigo, a que vieste?"

Nisto se aproximaram eles, deitaram as mãos a Jesus e o prenderam. [51]Um dos companheiros de Jesus puxou da espada e, vibrando-a contra um servo do sumo sacerdote, cortou-lhe uma orelha. [52]Disse-lhe Jesus: "Mete a espada na bainha; todos os que manejarem espada, a espada perecerão; [53]cuidas então que meu Pai não me mandaria em auxílio, agora mesmo, mais de doze legiões de anjos, se lho pedisse? [54]Mas como se cumpririam, então, as Escrituras, segundo as quais assim deve acontecer?"

[55]À multidão, porém, disse Jesus naquela hora: "Como se fora a um ladrão, assim saístes com espadas e varapaus para prender-me; e, no entanto, dia a dia, estava eu *sentado*[sentado no meio de vós] no templo, a ensinar, e não me prendestes. [56]Mas tudo isto aconteceu para que se cumprissem as escrituras dos profetas".[47-56: Mc 14,43; Lc 22,47; Jo 18,1]

Então o abandonaram todos os discípulos e fugiram.

Jesus diante do sinédrio. [57]Os esbirros levaram Jesus à presença do sumo sacerdote Caifás, onde se reuniram os escribas e os anciãos.

[58]Pedro o foi seguindo de longe até ao pátio do sumo sacerdote; entrou e sentou-se no meio dos servos para ver o fim. [59]Os

príncipes dos sacerdotes e todo o sinédrio andavam em busca de algum falso testemunho contra Jesus, a fim de o condenarem à morte; [60]mas não acharam, conquanto se apresentassem muitas falsas testemunhas. Por fim, apareceram mais *dois*[duas falsas testemunhas], [61]que depuseram: "Este homem afirmou: 'Posso destruir o templo de Deus e reedificá-lo em três dias'". [62]Levantou-se então o sumo sacerdote e disse-lhe: "Não respondes coisa alguma ao que esses depõem contra ti?" [63]Jesus, porém, permaneceu calado. Disse-lhe então o sumo sacerdote: "Conjuro-te pelo Deus vivo que nos digas se tu és o Cristo, o Filho de Deus!"

[64]Respondeu-lhe Jesus: "É como disseste; e declaro-vos que, a partir daqui, vereis o Filho do homem sentado à direita do *Poder*[Poder de Deus] e vir sobre as nuvens do céu".

[65]A isto o sumo sacerdote rasgou as suas vestiduras, exclamando: "Blasfemou! Que necessidade temos ainda de testemunhas? Vós mesmos acabais de ouvir a blasfêmia; [66]que vos parece?"

"É réu de morte!", bradaram eles.

[67]E passaram a cuspir-lhe na face e a feri-lo a punhadas. Outros davam-lhe bofetadas, [68]dizendo: "Profetiza-nos, ó Cristo, quem foi que te bateu?"[57-68: Mc 14,53; Lc 22,63]

Negação de Pedro. [69]Entrementes, estava Pedro sentado fora no pátio. Chegou-se a ele uma criada e disse: "Também tu estavas com Jesus, o galileu".

[70]Ele, porém, negou diante de todos, dizendo: "Não entendo o que dizes".

[71]Ia Pedro saindo ao portal, quando o viu outra criada, e disse para os circunstantes: "Esse também estava com Jesus, o nazareno".

[72]Pela segunda vez negou ele, e com juramento, dizendo: "Não conheço esse homem".

[73]Decorrido pouco tempo, acudiram os circunstantes, dizendo a Pedro: "Realmente, tu também és do número deles; a tua linguagem te dá a conhecer".

[74]Então começou ele a praguejar e a jurar, que não conhecia aquele homem. E imediatamente cantou o galo.

[75]Nisto se lembrou Pedro do que lhe dissera Jesus: "Antes de o galo cantar, três vezes me terás negado". Saiu para fora e chorou amargamente.[69-75: Mc 14,66; Lc 22,54; Jo 18,15]

27 Fim do traidor. [1]Pela madrugada, resolveram os príncipes dos sacerdotes e os anciãos do povo, de comum acordo, entregar Jesus à morte. ²Conduziram-no preso e entregaram-no ao governador Pilatos[Pôncio Pilatos] [1-2: Mc 15,1; Lc 23,1; Jo 18,28].

³Ora, quando seu traidor, Judas, viu que Jesus estava condenado, sentiu-se tomado de arrependimento e foi devolver as trinta moedas de prata aos príncipes dos sacerdotes e anciãos, ⁴dizendo: "Pequei, entreguei sangue inocente".

Replicaram eles: "Que temos nós com isto? Avém-te lá contigo mesmo!"

⁵Então lançou ele as moedas de prata no templo, foi-se embora e enforcou-se com uma corda. ⁶Os príncipes dos sacerdotes recolheram as moedas e disseram: "Não é lícito lançá-las no cofre do templo, porque é preço de sangue". ⁷Deliberaram comprar com elas o campo de um oleiro para servir de cemitério aos forasteiros. ⁸Por essa razão é chamado aquele campo, até ao presente dia[dia Hacéldama, isto é]: campo de sangue. ⁹Assim se cumpriu a palavra do profeta Jeremias: "Tomam as trinta moedas de prata, custo em que os filhos de Israel avaliam aquele que foi posto a preço, ¹⁰e as dão pelo campo de um oleiro. Esta ordem me deu o Senhor"[Zc 11,12].

Jesus diante de Pilatos. ¹¹Foi Jesus apresentado ao governador. E o governador lhe dirigiu esta pergunta: "És tu o rei dos judeus?" Respondeu-lhe Jesus: "É como dizes". ¹²Entretanto, não deu resposta alguma às acusações dos sacerdotes e anciãos. ¹³Perguntou-lhe então Pilatos: "Não ouves de quanta coisa te fazem carga?"

¹⁴Jesus, porém, não lhe respondeu a pergunta alguma, de maneira que o governador se admirou grandemente.

¹⁵Ora, costumava o governador soltar-lhes, por ocasião da festa, um dos presos a quem o povo pedisse. ¹⁶Tinha, naquele tempo, um preso famigerado, por nome Barrabás. ¹⁷Perguntou, pois, Pilatos ao povo reunido: "Quem quereis que vos ponha em liberdade: Barrabás, ou Jesus, que se chama o Cristo?" ¹⁸Pois bem sabia que por inveja lho tinham entregado.

¹⁹Quando Pilatos estava sentado no tribunal, mandou-lhe sua mulher este recado: "Nada tenhas que ver com esse justo; porque muito padeci hoje, em sonho, por causa dele".

²⁰Entretanto, os príncipes dos sacerdotes e os anciãos instigaram o povo a que pedisse a Barrabás e fizesse morrer a Jesus.

²¹Interrogou-os o governador: "Qual dos dois quereis que vos ponha em liberdade?"

"Barrabás!", clamaram eles.

²²Tornou-lhes Pilatos: "E que farei de Jesus, que se chama o Cristo?"

"Crucifica-o!", gritaram todos.

²³Retrucou-lhes o governador: "Pois que mal fez ele?" Eles, porém, gritaram ainda mais alto: "Crucifica-o!"

²⁴Vendo Pilatos que nada adiantava e que o tumulto se tornava cada vez maior, mandou vir água e lavou as mãos à vista do povo, dizendo: "Eu sou inocente do sangue deste justo; respondei vós por ele".

²⁵Bradou então o povo em peso: "O seu sangue caia sobre nós e sobre nossos filhos".

²⁶Soltou-lhes, pois, Barrabás. A Jesus, porém, mandou-o açoitar e, em seguida, lho entregou para ser crucificado.[11-26: Mc 15,1; Lc 23,1; Jo 18,28]

Coroação de espinhos. ²⁷Então, os soldados do governador levaram Jesus ao pretório e reuniram em torno dele todo o destacamento. ²⁸Despojaram-no das suas vestes e lançaram-lhe aos ombros um manto escarlate; ²⁹teceram uma coroa de espinhos e lha puseram sobre a cabeça, e meteram-lhe uma cana na mão direita. Dobravam o joelho diante dele e o escarneciam, dizendo: "Salve, rei dos judeus!" ³⁰Cuspiam nele, tiravam-lhe a cana e davam-lhe com ela na cabeça. [27-30: Mc 15,16; Jo 19,2]

Crucifixão. ³¹Depois de o terem ludibriado, tiraram-lhe o manto, tornaram a vestir-lhe as suas vestiduras e o conduziram fora para o crucificarem. ³²Pelo caminho encontraram um homem de Cirene, por nome Simão. Obrigaram-no a carregar-lhe a cruz. ³³Chegaram, pois, ao lugar que se chama Gólgota, isto é, lugar de caveiras. ³⁴Deram-lhe a beber vinho misturado com fel. Jesus o provou, mas não quis beber. ³⁵Então o pregaram na cruz, e repartiram entre si as vestes dele, deitando *sortes*[sortes. Cumpriu-se destarte a palavra do profeta: "Repartem entre si as minhas vestimentas e sobre a minha túnica deitam sortes" (Sl 22(21),19)]

³⁶Depois sentaram-se e lhe faziam guarda. ³⁷Puseram-lhe sobre a cabeça um letreiro, com a indicação do seu crime: "Este é Jesus, rei dos judeus". ³⁸Juntamente com ele foram crucificados dois malfeitores, um à direita, outro à esquerda.

Impropérios. ³⁹Os transeuntes o escarneciam, meneavam a

cabeça, e diziam: [40]"Tu, que destróis o *templo*[templo de Deus] e em três dias o reedificas, salva-te a ti mesmo; se és o Filho de Deus, desce da cruz".

[41]Da mesma forma mofavam os príncipes dos sacerdotes, escribas e anciãos, dizendo: [42]"Salvou a outros; e a si mesmo não se pôde salvar; desça agora da cruz, se é que é rei de Israel, e creremos nele; [43]confiou em Deus; pois que o venha livrar agora, se de fato lhe quer bem; porquanto afirmou: 'Eu sou o Filho de Deus'". [44]Esses mesmos insultos lhe dirigiam também os malfeitores que com ele estavam crucificados.[31-44: Mc 15,20; Lc 23,26; Jo 19,17]

Morte de Jesus. [45]Desde o meio dia até três horas da tarde esteve todo o país coberto de trevas. [46]Por volta das três horas soltou Jesus um grande brado: "Eli, Eli, lama sabacthani?" — isto é: "Meu Deus, meu Deus, por que me desamparaste?"

[47]Alguns dos circunstantes, ouvindo isso, observaram: "Está chamando por Elias". [48]Logo um deles correu a ensopar uma esponja em vinagre, prendeu-a numa cana e deu-lhe de beber. [49]Outros, porém, diziam: "Deixem; vamos ver se vem Elias para o salvar".

[50]Mais uma vez deu Jesus um grande brado — e entregou o espírito.

[51]E eis que o véu do templo se rasgou em duas partes de alto a baixo, tremeu a terra, partiram-se os rochedos, [52]abriram-se os sepulcros e muitos corpos de santos que tinham adormecido ressurgiram. [53]Saíram das suas sepulturas, depois da ressurreição dele, foram à cidade santa e apareceram a muitos.

[54]Quando o comandante e os que com ele faziam guarda a Jesus perceberam o terremoto e os demais acontecimentos, sentiram-se tomados de grande terror e diziam: "Em verdade, este era o Filho de Deus!"

[55]Assistiam de longe também muitas mulheres, que desde a Galiléia tinham acompanhado a Jesus, ministrando-lhe o necessário. [56]Entre elas se achavam Maria Madalena, Maria, mãe de Tiago e José, bem como a mãe dos filhos de Zebedeu.[45-56: Mc 15,33; Lc 23,44; Jo 19,28]

Sepultura de Jesus. [57]Ao anoitecer, veio um homem rico de Arimatéia, por nome José, que era discípulo de Jesus. [58]Foi ter com Pilatos e requereu o corpo de Jesus. Pilatos mandou que lhe entregassem o corpo. [59]Tomou José o corpo, amortalhou-o num lençol de linho puro, ⁶⁰e depositou-o no sepulcro novo, que para si mesmo mandara abrir numa rocha; volveu uma grande pedra à boca do túmulo e retirou-se. ⁶¹Maria Madalena, porém, e a outra Maria deixaram-se ficar aí, sentadas defronte do sepulcro.[57-61: Mc 15,42; Lc 23,50; Jo 19,38]

A guarda do sepulcro. ⁶²No outro dia — após o dia dos preparativos — reuniram-se os príncipes dos sacerdotes e fariseus em casa de Pilatos ⁶³e disseram: "Senhor, estamos lembrados de que esse embusteiro, quando vivo, afirmou: 'Depois de três dias ressurgirei'. ⁶⁴Manda, pois, guardar o sepulcro até ao terceiro dia; do contrário, poderiam os seus discípulos vir roubá-lo e dizer ao povo: 'Ressuscitou dentre os mortos'. E assim viria o último embuste a ser pior que o primeiro".

⁶⁵Respondeu Pilatos: "Tendes uma guarda; ide e guardai o sepulcro como entendeis".

⁶⁶Foram-se e guardaram o sepulcro mediante sentinela, e selaram a pedra.

Ressurreição de Jesus

28 As mulheres ao sepulcro. ¹Terminado o sábado, pela madrugada do primeiro dia da semana, puseram-se a caminho Maria Madalena e a outra Maria para verem o sepulcro. ²E eis que tremeu a terra com violência. Um anjo do Senhor desceu do céu, aproximou-se, revolveu a pedra e sentou-se em cima. ³O seu aspecto era como o relâmpago e as suas vestes eram brancas como a neve. ⁴Os guardas estremeceram de terror em face dele e ficaram como mortos.

⁵Disse o anjo às mulheres: "Não temais; sei que procurais a Jesus, o crucificado; ⁶não está aqui; ressuscitou como disse. Vinde e vede aqui o lugar onde esteve colocado o Senhor. ⁷Ide depressa e dizei a seus discípulos que ressuscitou dentre os mortos. Irá diante de vós para a Galiléia; aí o vereis. Eis que vo-lo disse".

⁸Transidas de terror e de alegria ao mesmo tempo, deixaram, pressurosas, o sepulcro e correram a levar a notícia aos discípulos. ⁹Nisso lhes veio Jesus ao encontro e disse: "Eu vos saúdo". Aproximaram-se e, abraçando-se com os pés dele, o adoraram. ¹⁰Então lhes disse Jesus: "Não temais; ide e avisai a meus irmãos que vão à Galiléia; aí me verão".[1-10: Mc 16,1; Lc 24,1; Jo 20,1]

Suborno dos guardas. [11]Depois da partida delas, foram alguns dos guardas à cidade e deram parte aos príncipes dos sacerdotes de tudo quanto acabava de acontecer. [12]Convocaram estes os anciãos e deliberaram. Deram uma grande soma de dinheiro aos soldados, [13]e intimaram-nos: "Dizei assim: 'De noite, enquanto nós dormíamos, vieram os seus discípulos e o roubaram'. [14]Se isso chegar aos ouvidos do governador, trataremos de apaziguá-lo e advogar a vossa causa".

[15]Tomaram, pois, o dinheiro e procederam conforme as instruções recebidas. E até ao presente dia anda esse boato entre os judeus.

Missão mundial dos apóstolos. [16]Dirigiram-se os onze discípulos à Galiléia, ao monte que Jesus lhes designara. [17]Quando o viram, adoraram-no; alguns, todavia, duvidavam. [18]Chegou-se Jesus a eles e lhes disse: "A mim me foi dado todo o poder no céu e na terra. [19]Ide, pois, e fazei discípulos vossos todos os povos, batizando-os em nome do Pai e do Filho e do Espírito Santo, [20]e ensinando-os a observar tudo o que eu vos tenho mandado. E eis que estou convosco todos os dias, até ao fim do mundo".[16-20: Mc 16,14]

Notas explicativas

1 [1]Quer o evangelista provar com esta árvore genealógica que, consoante as profecias, é Jesus descendente de Davi e Abraão. Prometera Deus um trono eterno à dinastia davídica (2Rs 7,12-16), e a Abraão dissera: "Em tua descendência serão abençoados todos os povos da terra" (Gn 12,3). O historiador sacro não oferece uma enumeração completa, porque o seu fim é antes jurídico do que histórico.

[18]Segundo o direito judaico, não vigorava distinção jurídica entre noiva e esposa; os esponsais equivaliam ao contrato matrimonial, ao qual se seguiam, mais tarde, as núpcias, dia em que a noiva (ou esposa) era conduzida solenemente à casa do esposo. Assim, a Virgem Maria, ainda que legítima esposa de José, estava ainda em casa de seus (falecidos?) pais.

[19]As aparências naturais depunham contra a virgindade de Maria; José, porém, estava convencido da pureza de sua esposa; ela mesma nada lhe revelara do sublime mistério da encarnação, esperando que Deus não deixaria de intervir oportunamente. Pelo que José, que ainda não recebera a competente revelação celeste, se via em dolorosa

perplexidade, e resolveu deixar secretamente a esposa, sem a expor à difamação pública — quando, de improviso, o mensageiro de Deus lhe dá a solução de todas as dúvidas.

2 [1]Foi no ano 63 antes de Cristo que, com a tomada de Jerusalém, a Palestina passou a ser anexada à província romana da Síria. Desde o ano 40 antes de Cristo até 4 depois de Cristo, o idumeu Herodes governava essas terras, por mercê e sob os auspícios dos Césares de Roma.

[2]*Mago* era o título que, no Oriente, se dava ao sábio que se ocupava com o estudo das ciências naturais, sobretudo a astronomia ou astrologia. A tradição posterior os dá como reis, quer dizer, chefes de tribos. Nos cativeiros da Assíria e da Babilônia tinham os israelitas espalhado entre os pagãos as sementes da revelação divina referente ao futuro Salvador. Por onde se compreende a noção que os magos tinham do aparecimento duma estrela como indício do nascimento do Messias; pois a sagrada Escritura fala desse fenômeno.

[10]Já não se achava a sagrada família na gruta de Belém, pois a chegada dos magos se verifica um ou dois anos depois do nascimento de Jesus, como se depreende da ordem de Herodes de trucidar todos os meninos de dois anos de idade ou menos.

Depois da apresentação de Jesus no templo (40 dias após o nascimento), regressou a sagrada família para Nazaré (Lc 2,39). Mais tarde, por ocasião da chegada dos magos, encontramo-la novamente em Belém.

[11]*Ouro, incenso e mirra* — eloqüentes símbolos da realeza, da divindade e da humanidade. A mirra era uma substância amarga, que servia na embalsamação dos corpos dos defuntos.

[15]As palavras "do Egito chamei meu filho" se referem diretamente ao povo de Israel, que Deus apelida de filho, e indiretamente, mediante esse protótipo, a Jesus Cristo.

[16]Raquel era esposa de Jacó e, assim, a mãe das principais tribos de Israel, razão por que ela figura aqui como personificação do reino de Israel.

3 [2-6]O batismo de João era uma cerimônia religiosa que simbolizava a conversão interna, que, como se depreende do contexto, já se supunha como realizada pelo candidato ao batismo externo. João só batizava adultos.

[10-12] O machado e a pá simbolizam o poder judiciário e executivo de Jesus Cristo; a árvore e a eira significam o povo de Israel e, em sentido mais lato, toda a humanidade.

[11] Jesus há de batizar com fogo e com o espírito santo; quer dizer que dará a verdadeira pureza e santidade às almas pela infusão da graça.

[13] Jesus deseja receber o batismo na qualidade de Redentor, porque se constituíra representante oficial da humanidade pecadora, "fez-se pecado por nós", como diz ousadamente São Paulo.

4 [3] Desnorteado pelos estranhos fenômenos que tinham ocorrido por ocasião do batismo de Jesus, resolve Satanás sondar o terreno e certificar-se da natureza do profeta de Nazaré. O primeiro Adão, no paraíso terrestre, atendera à sugestão da serpente; o segundo Adão, no deserto, sai vitorioso de todas as tentações.

[13] Cafarnaum, cidade opulenta, ao noroeste do lago de Genesaré, formava como que a sede do apostolado de Jesus. Zabulon e Neftali, tribos de Israel, ocupavam as regiões ao norte e oeste do dito lago.

[15] Galiléia dos gentios chamava-se esta parte da Galiléia pelo fato de aí habitarem numerosos pagãos mesclados com israelitas.

[24] A Síria abrangia as regiões ao norte da Galiléia.

[25] Decápole, isto é, Dez-cidades, era uma zona situada ao nordeste da Palestina, povoada, pela maior parte, por pagãos. *Além do Jordão* — no tempo de Cristo, estava a Palestina dividida em quatro partes: Judéia, Samaria, Galiléia e Peréia; esta última parte chamava-se vulgarmente "Além-Jordão".

5 [1]*Monte* — a tradição dá como monte das bem-aventuranças o Kurun-Hattin, complexo de colinas a três léguas de Cafarnaum.

[3] Pobres pelo espírito são os que não cobiçam desordenadamente os bens terrenos, nem, quando os possuem, se deixam por eles possuir; gozam de grande liberdade de espírito e de coração, mesmo no meio das riquezas da terra.

[4] Os tristes são os que, como São Paulo, sentem dolorosamente as imperfeições da vida presente e suspiram, saudosos, por dissolver-se e estar com Cristo.

[5] A violência, embora obtenha, muitas vezes, triunfos imediatos, é, em última análise, sempre derrotada, ao passo que a mansidão consegue resultados seguros e permanentes.

⁶Justiça, em linguagem bíblica, significa quase sempre a santidade, a atitude justa e reta do homem para com Deus.

⁸Os puros de coração são os que se guiam pelos ditames do amor, e não pelos instintos do egoísmo.

⁹Pacificadores são os que se esforçam por promover e manter a união e a caridade fraterna entre os homens. Merecem de um modo especial o título de "filhos de Deus", porque Deus é o Príncipe da paz.

¹³O sal preserva da corrupção e dá sabor aos alimentos; assim devem os discípulos de Cristo, por meio da virtude evangélica, preservar o mundo da corrupção moral e dar-lhe gosto pelas coisas de Deus. Mas, se o apóstolo de Cristo perder a virtude da sua vocação e se tornar como sal insípido e desvirtuado, será dificílimo regenerá-lo; se continuar assim, será lançado fora por imprestável e pisado aos pés pelo desprezo dos homens.

¹⁴A luz ilumina, acalenta o mundo e favorece a vida; é o que deve fazer, no mundo espiritual, o discípulo de Cristo: dissipar com os fulgores da verdade e do amor as trevas da ignorância e do ódio; promover com sua influência benéfica o crescimento das virtudes cristãs. O apóstolo deve ser como uma cidade no monte, bem patente aos olhos de todos os peregrinos deste mundo. Deve ser como uma luz em elevado candeeiro, espargindo viva claridade por toda a casa de Deus.

²¹*Tendes ouvido o que foi dito aos antigos* — com todo esse paralelismo quer Jesus mostrar que não veio para abolir o Antigo Testamento, como seus inimigos diziam, mas, sim, levá-lo a cabal perfeição. A lei antiga representa o princípio das revelações divinas — a nova aliança é a culminância das mesmas. Deus não se corrige a si mesmo, nem revoga o que uma vez ordenou; Deus se revela sucessivamente, de degrau em degrau, através de todos os tempos.

²²*Quem se irar* — por estes três degraus quer Jesus mostrar que, aos olhos de Deus e do Evangelho, é tão reprovável a descaridosa disposição da vontade, como no Antigo Testamento eram os crimes externos; pois a sede da malícia do pecado está na vontade, e não nas mãos ou nos lábios.

²⁵; ²⁹⁻³⁰Se alguma criatura te fosse tão querida como a pupila dos olhos, ou tão necessária como a mão direita, mas se te fosse ocasião de pecado seria preciso sacrificá-la para não te perderes espiritualmente.

31-32; 39-42A lei mosaica permitia ao marido repudiar a mulher, no caso de ela ter cometido algum crime infame, devendo o marido, para esse efeito, requerer documento legal à autoridade pública. Era divórcio *a vínculo*, tanto assim que os dois divorciados podiam contrair novas núpcias com outra pessoa. Jesus, porém, como vinha levar a lei à perfeição, revogou esse abuso legalizado em atenção às circunstâncias, restabelecendo a indissolubilidade do matrimônio baseada no verdadeiro amor, que vem de Deus, e não do simples instinto sexual ou de interesse subalternos.

Para os sentidos e a inteligência, egoístas, são esses preceitos absurdos; mas para o espírito, que é amor, são sublimes. O Sermão do Monte não é um código intelectual, mas uma experiência espiritual.

41A lei mosaica também mandava amar o próximo; mas os rabinos restringiam essa palavra aos parentes, amigos e patrícios, acrescentando ainda o conselho imoral de odiar o inimigo.

46*Publicanos* se chamavam então os cobradores de impostos. Sendo que os homens dessa classe eram funcionários da dominação romana, e muitos deles costumavam cometer detestáveis injustiças e extorsões no exercício da sua profissão, eram objeto de ódio da parte dos judeus, e o título de "publicano" passou a ser sinônimo de "pecador".

6 3*A mão esquerda não deve saber o que faz a direita* — é locução metafórica que quer dizer que nem aos nossos mais íntimos amigos e parentes devemos comunicar o bem que praticamos, a fim de evitar o perigo de vanglória.

6Pelo fato de Jesus recomendar a oração às ocultas não condena a oração em público nem o culto social — tanto assim que ele mesmo, que muitas vezes rezava às ocultas, não deixava de orar também em público, como, por exemplo, na ressurreição de Lázaro e no cenáculo; o que Jesus desaprova é a ostentação farisaica.

7-8Cuidavam os pagãos que o valor e a eficácia da oração dependesse da extensão e da eloqüência das palavras. Ensina Jesus que o fim da oração não está em convencer a Deus das nossas necessidades, mas em dispor o coração para a recepção do elemento divino; por isso deve a prece ser singela e filial.

22O "olho simples" é o elemento divino no homem; se este for obscurecido e se tornar "mau", todo o resto da vida humana será ensombrada. Esse elemento divino, puro e simples, existe em "todo homem que vem a este mundo", mas nem todos o desenvolvem em si, tornando-se "filhos de Deus".

7 ⁶Coisas santas e pérolas são as verdades do Evangelho, os meios da graça, que não convém entregar indiscretamente a homens profanos.

¹³⁻¹⁴Muitos são os que trilham o caminho largo — poucos os que vão pelo caminho estreito. Essas palavras se referem diretamente ao povo judaico aí representado, como faz ver o contexto; a maior parte dos judeus não entrará no reino messiânico, por parecerem duras as exigências do Evangelho. Se é maior o número dos homens em geral que se perdem do que o daqueles que se salvam — disso nada diz o divino Mestre, na presente advertência. Entretanto, se de fato for maior o número dos que, como os judeus daquele tempo, preferirem a estrada larga do pecado à senda estreita da virtude, e enquanto perseverarem nesse caminho — o texto não necessita de comentário.

¹⁵Falsos profetas são, segundo o contexto, os fautores de doutrinas falsas que se apresentam ao povo sob as aparências de amigos, quando de fato são os seus piores inimigos, como se verá no desfecho final.

²⁴⁻²⁷*Casa sobre rocha* — não é em belas palavras, nem em sentimentos dulçurosos que devemos fazer consistir a nossa vida espiritual, senão no conhecimento da verdade e numa vida de amor.

8 ⁴A lei mosaica excluía da convivência social os leprosos, declarando-os, além disso, ritualmente impuros. No caso que um leproso saísse curado, tinha de apresentar-se ao sacerdote a fim de receber dele o competente atestado de saúde e ser reintegrado à sociedade. Ao mesmo tempo fazia uma pequena oferta ao templo.

⁸*Ao verbo* — tanto em grego como em latim lemos "fala ao verbo", embora muitos prefiram traduzir "fala o verbo" ou "dize a palavra", referindo-se a alguma palavra misteriosa com que Jesus curasse o doente, à distância. Preferimos a expressão literal "ao verbo", admitindo que o centurião, evidentemente um espírito de extraordinária intuição superior, tenha tido experiência íntima de que no homem Jesus encarnara "o Verbo que, no princípio, estava com Deus e que era Deus". Era o Cristo divino, e não o Jesus humano, que ia curar o doente, não à distância, porque o Cristo, o Verbo eterno, é onipresente. Só assim se explica a entusiástica

admiração de Jesus, em face duma "fé" maior do que jamais encontrara em Israel.

⁹*Digo a este* — com essa significativa comparação quer o centurião dizer: quando eu, na qualidade de superior, dou alguma ordem a um súdito meu, sou obedecido imediatamente; assim poderás tu, Cristo Jesus, como senhor das forças naturais, dar ordem categórica à moléstia de meu servo, e ela te obedecerá sem demora, abandonando o corpo dele.

¹¹*Muitos virão do oriente e do ocidente* — o centurião era pagão, mas a sua fé no poder do Cristo o tornava digno de entrar no reino de Deus, como, mais tarde, sucederia a muitos dos seus irmãos gentios, de todos os países do mundo, ao passo que muitos dos israelitas seriam excluídos por falta de fé viva e prática.

¹²*Choro e ranger de dentes* — é a expressão corrente com que Jesus designa o inferno, estado de grandes tormentos.

²⁰*Filho do homem* — é o título que o profeta Daniel (7,13) dá ao Messias, Deus feito homem; e Jesus usa de preferência essa expressão para designar a sua própria pessoa. — Parece que esse candidato visava algum interesse material no apostolado, razão por que Jesus lhe faz ver que nada disso poderá esperar, pois o Filho do homem não dispõe de riquezas; fez-se voluntariamente mais pobre que as raposas do mato e as aves do céu.

²¹Jesus não reprova a piedade filial do homem que deseja primeiro sepultar a seu pai, mas coloca os interesses do reino de Deus acima de outro interesse e sentimento qualquer, mesmo os mais legítimos.

²²Mortos chama Jesus os parentes desse candidato, parecendo insinuar que não conheciam senão interesses materiais.

9 ²Parece que aquela paralisia viera ao pobre homem em castigo de pecados; Jesus, vendo-o arrependido, lhe tira primeiro a causa do mal e, depois, o próprio mal.

⁵Para a onipotência divina é tão fácil curar a alma como o corpo; por isso é que Jesus, para provar que possui um poder divino, cura visivelmente o corpo do paralítico e invisivelmente a alma dele, tirando, assim, aos fariseus todo e qualquer pretexto de incredulidade.

¹⁴O banquete de Mateus parece ter incidido justamente num dia em que os discípulos de João costumavam guardar jejum.

¹⁵Quando o homem experimenta a presença do Cristo em si —

essas núpcias entre a alma e Deus — não necessita de jejuar; mas, quando essa experiência passa, convém que o homem ore e jejue a fim de reaver essa consciência da presença do divino Esposo.

[16-17]O remendo de pano cru e o vinho novo simbolizam o Evangelho; o vestido velho e os odres velhos significavam as fórmulas antigas da piedade israelítica. O espírito largo e generoso da nova aliança não se coaduna com a estreiteza dessas instituições, exige formas novas de piedade e de culto.

[20]Trajava Jesus a modo dos doutores da lei do seu tempo, usando por cima da túnica um manto em cujas quatro pontas pendiam outras tantas borlas de tecido cor de jacinto. Quando Jesus andava, flutuavam essas borlas no ar e podiam facilmente ser atingidas pela hemorroíssa.

[23]Era costume oriental tanger elegias e entoar lamentações fúnebres em derredor do leito mortuário.

10 [5]Por motivos de prudente pedagogia recomendou Jesus a seus apóstolos que, para o princípio, restringissem a sua atividade pastoral aos filhos de Israel; mais tarde iam evangelizar também os gentios.

[15]Sacudir o pó dos pés equivalia a um protesto contra os que rejeitavam a graça de Deus.

[34]Jesus dará a paz aos seus, uma paz profunda e inefável, como o mundo não a pode dar; mas só depois de se terem separado heroicamente dos mundanos.

[39]Quem pretender conservar a vida material à custa da espiritual há de perder esta, mas quem por amor de Jesus sacrificar a vida material há de ganhar a vida espiritual.

11 [4-5]Jesus responde com obras à interrogação dos discípulos de João; pois os milagres que estava operando aos olhos deles o davam indubitavelmente como sendo o Messias prometido por Isaías (35,5-6; 61,1), palavras a que Jesus alude muito de indústria. Era precisamente isto que João visava: enviar os seus discípulos à presença do Messias para que com os próprios olhos se certificassem do poder dele.

[11]*Maior que João* — a comparação não se refere à santidade pessoal do Batista, mas à sua dignidade profética; pois como arauto do Evangelho excedia ele a dignidade dos profetas antigos tanto quanto a nova aliança se avantajava à antiga. Neste sentido também diz Jesus

que o ínfimo grau de dignidade no reino messiânico excede a própria excelência do precursor.

[12] Desde que João Batista começou a apregoar o reino messiânico, às margens do Jordão, homens violentos, os poderosos adversários de Jesus, se negaram a entrar nela pelo caminho legítimo da fé e do amor, tentando conquistá-lo a viva força; nem ao povo que desejava entrar lhe permitiam ingresso franco (cf. Mt 23,13).

[15] Muitos interpretam estas palavras de Jesus como uma identificação total entre Elias e João, admitindo que este tenha sido a reencarnação daquele — embora João, interrogado se era Elias, o tenha negado. Outros, não admitindo a reencarnação como doutrina evangélica, explicam as palavras de Jesus no sentido de que João tenha vindo no espírito de Elias.

[16] Pela parábola das crianças caprichosas ilustra Jesus pitorescamente a má vontade dos judeus em aceitarem o Evangelho. Costumavam as crianças, naquele tempo como hoje, brincar na praça pública; acontecia que um grupo propunha "brincar de casamento", tocando na flauta alguma canção divertida, quando outro grupo preferia "brincar de enterro", entoando melodias lúgubres — e, destarte, não chegavam a um acordo, porque cada um se aferrava teimosamente à sua idéia. "Assim procedeis vós!", diz Jesus aos judeus; "não quisestes saber de João Batista, porque a sua vida austera vos lembrava horrores de morte; não quereis saber de mim, porque a minha vida mais amena vos dá pretexto fútil para me chamardes amigo de festas e de bons vinhos".

[19] A palavra da divina sabedoria, que tudo isto predisse (cf. 11,13) e deu a João esta, e a Jesus aquela missão, será reconhecida justa por todo homem sensato.

[21; 23] Corozaim e Betsaida eram duas cidades palestinenses situadas sobre a margem ocidental do lago de Genesaré, não longe de Cafarnaum. Tiro e Sidônia eram cidades pagãs da Fenícia, no litoral do Mar Mediterrâneo. Quem muitas graças rejeitou será castigado mais severamente do que outro que deixou inaproveitadas poucas graças. Cilício era um tecido grosseiro de pêlos de cabra da Cilícia (Ásia) usado sobre o corpo nu pelos penitentes orientais. Deitar cinzas sobre a cabeça era símbolo de luto (cf. Quarta-feira de Cinzas). Sodoma era uma das famosas cidades situadas no lugar do atual Mar Morto, que foram destruídas por Deus em vista da sua abominável luxúria (Gn 19).

[25] Os sábios e entendidos aos olhos do mundo passam por espíri-

tos ilustrados como os chefes espirituais de Israel; os simples são as pessoas do povo, despretensiosas, como, por exemplo, os pescadores da Galiléia.

12 [3-5]Em caso de necessidade, a lei positiva tem de ceder à lei natural. O serviço de Deus justifica certos trabalhos indispensáveis.

[20]A cana fendida e a mecha fumegante simbolizam expressivamente as almas infelizes quebradas pelo pecado e com a esperança quase extinta, mas que ainda conservam um resto de boa vontade e virão a restabelecer-se um dia, pela misericordiosa graça do Redentor, que não veio para perder, senão para salvar o que se perdera.

[24]*Beelzebul (beelzebub)* — literalmente: "rei das moscas" ou da "imundície" — nome de um dos ídolos adorados pelos filisteus; por escárnio, os judeus aplicavam esse título a Satanás.

[27]Os próprios exorcistas israelitas a quem Deus concedera o poder de expulsar demônios levantarão protesto contra semelhante insinuação; pois estão convencidos de que só pela virtude de Deus é que se pode subjugar a Satanás e seus auxiliares, os demônios.

[32]Quem contrariar a Jesus e sua obra talvez mereça alguma desculpa em atenção à sua ignorância; mas quem chegar a tal grau de perversidade e obstinação de impugnar as mais inegáveis manifestações do espírito divino, atribuindo-as a Satanás, é inacessível à graça de Deus. Pecar contra o Espírito Santo é recusar obstinadamente a graça de Deus, sem a qual não há perdão neste mundo, nem salvação no outro.

[40]*Três dias e três noites* — ou, como diz o texto original, três noite-dias — podiam ser, segundo o modo de contar dos judeus, três dias parciais; pois é sabido que Jesus não esteve no seio da terra três dias e três noites completos.

[42]A rainha do sul, ou de Sabá, viera do sudoeste da Arábia, regiões que, na língua popular, eram "as mais longínquas plagas da terra".

[45]A parábola se refere diretamente ao povo de Israel, que, depois de purificado das escórias morais pelos duríssimos cativeiros da Assíria e da Babilônia, e outros flagelos, recaíra nos pecados e era pior que dantes, como estava mostrando e ia provar em breve, nas alturas do Gólgota.

[46-47]Repetidas vezes fala o Evangelho em "irmãos de Jesus", enumerando explicitamente quatro: José, Simão, Tiago e Judas. Os

irmãos Tiago e Judas (Tadeu), são em outra parte chamados pelo próprio evangelista filhos de Alfeu e de Maria Cléofas, irmã da mãe de Jesus; tratando-se, portanto, de primos-irmãos de Jesus. Quanto aos outros, nada sabemos. Não é provável que fossem filhos de Maria, mãe de Jesus, porque não harmoniza com as palavras que Maria diz ao anjo Gabriel, nem com a psicologia dela, tão excepcionalmente privilegiada pelo nascimento do Messias.

Eram, provavelmente, filhos de José, de um matrimônio anterior, portanto, enteados, e não irmãos físicos de Jesus. Em todos os ícones antigos aparece José como homem de idade avançada.

13 [11]Ao povo judaico, em castigo do seu desinteresse, será negada a doutrina clara do reino de Deus, ao passo que os discípulos, ávidos da luz celeste, compreenderão o sentido mais profundo das parábolas; cooperam com a graça e por isso merecem graças cada vez mais abundantes.

[12]A quem tem boa vontade Deus lhe dará compreensão cada vez mais nítida; mas quem não tem boa vontade perderá até os conhecimentos que possui.

[21-23]Na parábola do semeador indica Jesus as causas da esterilidade do Evangelho em muitas almas.

[31-33]Na parábola da mostarda concretiza o divino Mestre a expansão exterior do reino messiânico, tão pequenino nos seus primórdios. O pé de mostarda alcança, no Oriente, uma altura de 3 metros. — Na parábola do fermento frisa, de preferência, a maravilhosa virtude intrínseca do Evangelho. Três medidas equivaliam a uns 20-30 litros.

[36-43]A parábola do joio ensina-nos que a mescla de bons e maus no reino de Cristo nesta terra durará até ao fim do mundo. O joio é tão parecido com o trigo que antes de frutificar é impossível distingui-lo; depois, porém, a diferença se torna manifesta, porque enquanto o trigo produz espigas grandes e louras, o joio as produz pequeninas e pretas.

[44-46]As parábolas do tesouro oculto e da pérola põem em evidência as grandes riquezas espirituais do reino messiânico. O homem que sacrifica todos os demais interesses para atingir o reino de Deus faz ótimo negócio.

[47-50]A parábola da rede parece-se com a do joio, pondo em relevo a separação dos bons e dos maus, no juízo final.

14 ¹Herodes, por sobrenome Antipas, era filho de Herodes I, o Grande (assassino dos inocentes de Belém), e irmão de Arquelau, rei da Judéia. Governava a Galiléia e a Peréia, sob os auspícios dos Césares de Roma. Tinha ele um meio-irmão, por nome Filipe; Herodes Antipas repudiou sua legítima esposa, filha do rei árabe Aretas, e começou a viver em incestuoso adultério com Herodíades, mulher de Filipe.

¹³O lugar desta primeira multiplicação dos pães são, provavelmente, os arredores de Betsaida-Julias, na margem nordeste do lago de Genesaré, não longe da desembocadura do Jordão.

³⁴Genesaré ou Genesar era uma vargem fertilíssima ao nordeste do lago de Genesaré.

15 ⁵⁻⁶Os judeus tinham esta fórmula de juramento: "Seja dado em sacrifício o que de mim poderíeis receber como sustento". Em virtude desse voto podia um filho entregar ao templo a sua fortuna e deixar na miséria a seus pais; porque, diziam os fariseus, o voto obriga com mais rigor do que o quarto mandamento de Deus.

¹¹Não é o manjar que mancha, senão a desobediência que há na transgressão do mandamento, e essa desobediência vem de dentro da alma.

²²A mulher Cananéia, ou siro-fenícia, era pagã.

²⁶No Oriente, os cães, geralmente, não são admitidos em casa, senão apenas os cachorrinhos. Estava no plano de Deus que as primícias das graças da redenção coubessem aos filhos de Israel; só depois viriam os pagãos. A mulher pagã, com admirável sagacidade e presença de espírito, volta as palavras de Jesus contra o próprio autor, reconhecendo humildemente que o lauto festim do Evangelho é para os "filhos de casa de Israel", e que ela não é senão um dos "cachorrinhos do paganismo"; mas, já que assim é, também faz valer os direitos que o "cachorrinho" tem de comer as migalhas que caem da mesa dos filhos — e uma dessas migalhas é o que ela está pedindo com tanta insistência, ao passo que o dono da casa lha recusa pertinazmente. Em face desse argumento deu-se Jesus por vencido e desarmado.

³⁹Magadan era uma povoação a oeste do lago de Genesaré.

16 ¹⁷⁻¹⁹As portas do inferno são as potências do mal, bem como os poderes da morte; quer dizer que a Igreja — o reino de Deus — não cairá vítima da destruição nem moral nem física.

Segundo Santo Agostinho, representando a opinião geral dos primeiros séculos do cristianismo, era a "pedra" não a pessoa humana de Pedro, chamada por Jesus "carne e sangue" e, pouco depois, "Satã", mas, sim, a profissão que Pedro acabava de fazer da divindade do Cristo, revelação que lhe fora feita pelo "Pai nos céus". Como pessoa humana, pode Pedro ter sucessores humanos; como confessor de Cristo, são sucessores dele todos os que afirmam que o Cristo é o filho de Deus vivo.

[20]Jesus, aqui como em outras ocasiões, proíbe os apóstolos de o revelarem como Messias, a fim de atalhar esperanças falsas e irrealizáveis, como eram as que a maior parte dos seus contemporâneos nutriam a respeito do reino messiânico.

[23]Satanás, ou Satã, significa em hebraico adversário, e, principalmente, o diabo. Assim chama Jesus a Pedro, pelo fato de se opor aos planos de Deus, pretendendo desviar o Salvador do caminho da cruz.

[27]Alude Jesus à sua vinda gloriosa e visível no juízo final.

[28]Alude à sua vinda terrífica e invisível na destruição de Jerusalém, figura do fim do mundo.

17 [2]É tradição antiqüíssima que o monte da transfiguração seja o Tabor, 10 km para o leste de Nazaré.

[3]Moisés e Elias personificavam o Antigo Testamento: a lei e os profetas.

[14]Os demônios — que, no Evangelho, aparecem no plural e nunca são identificados com o diabo, ou Satanás, só usado no singular — são, segundo o texto sacro, entidades inferiores, que têm a tendência de se apoderar do corpo humano para encontrar certo alívio, embora nele produzam desequilíbrio físico (moléstia) ou mental (loucura), sendo por isso apelidados, freqüentemente, "espíritos impuros", quer dizer, egoístas. Pela obsessão demoníaca, a vítima não se torna, moral ou espiritualmente, pior, como, ao invés, acontece quando o homem permite ser dominado pelo espírito do diabo ou de Satã, isto é, por um estado de consciência contrário ao espírito de Deus. A julgar pelos textos evangélicos, os demônios encontram certo alívio e satisfação quando conseguem se apoderar dum organismo humano, fora do qual se sentem sem repouso e como que no deserto.

[24]A partir do 20º ano de idade, tinha cada israelita livre de pagar anualmente, para o templo, duas dracmas (uma didracma), isto é, uns R$ 100,00.

²⁷Um estáter, moeda grega, equivalia a quatro dracmas (duas didracmas), isto é, uns R$ 200,00.

18 ¹⁹⁻²⁰O meio principal para obter a conversão de um desses pecadores obstinados é a oração comum da Igreja.

²⁴Dez mil talentos equivalem, mais ou menos, a 3 bilhões de reais. Trata-se, nesta parábola, provavelmente, de um governador de domínios régios.

²⁸Cem denários — são uns 5.000 reais. Aquela soma fabulosa de 3 bilhões de reais simboliza a dívida que o pecador contraiu com Deus: a quantia insignificante de poucos milhares de reais representa as faltas que o próximo cometa contra nós.

19 ³Há quem deixe de casar, obrigado pelas circunstâncias naturais ou por crime de terceiros; mas há também quem renuncie à vida conjugal por motivos superiores e sobrenaturais. Essa generosa e espontânea renúncia supõe uma iluminação especial de Deus.

20 ¹⁻¹⁶Mostra Jesus, nesta parábola, que o prêmio celeste não depende simplesmente da grandeza do trabalho prestado, senão da graça de Deus e da cooperação do homem. Deus é livre na distribuição das suas graças; dá a todos graças suficientes; a alguns dá graças extraordinárias; com isso não faz injustiça a ninguém, pois é senhor dos seus dons; mas patenteia a grandeza da sua bondade e liberalidade.

²¹Os filhos de Zebedeu, Tiago e João, bem como a mãe deles, Salomé, aguardavam ainda um reino messiânico mundano, e é nesse sentido que apresentam o ambicioso pedido.

21 ¹*Betfagé* — pequeno povoado na fralda oriental do monte das Oliveiras, a uma légua de Jerusalém.

⁸O que motivou esta apoteose foi o estupendo milagre da ressurreição de Lázaro, como faz ver Jo 11.

¹¹*Quem é este?* — os que assim perguntavam deviam ser peregrinos de fora, que tinham vindo para as solenidades pascais.

¹²No átrio exterior do templo costumavam vender-se animais destinados aos sacrifícios, e cambiava-se o dinheiro das pessoas vindas de outras províncias. Os negociantes, porém, tinham invadido, pouco a pouco, os átrios interiores do santuário, com a criminosa aquiescência dos chefes do templo.

[17]*Betânia* — povoação ao sopé do monte das Oliveiras, onde residiam Lázaro, Marta e Maria.

[19]A maldição da figueira estéril é um ato simbólico que visa a esterilidade espiritual e moral do povo judaico.

[28-46]Referem-se estas duas parábolas incisivas à perversidade judaica, que se negava a entrar no reino messiânico, perseguindo os pregoeiros do mesmo.

22 [1-14]A festa nupcial simboliza o reino de Deus neste mundo, com remate no outro. Os primeiros convidados foram os judeus, que, pela maior parte, deixaram de comparecer; foram depois convidados os gentios, que abraçaram em grande número o Evangelho. Quem pertence apenas exterior e não interiormente ao reino messiânico será condenado no dia do advento do divino Rei.

[14]Do grande número dos israelitas que tinham sido chamados a entrar no reino messiânico, de fato só poucos entraram; e são estes últimos que alcançarão a eterna bem-aventurança.

[21]Os próprios judeus, pelo fato de usarem dinheiro romano, reconheciam a soberania de César — e estava liquidada a questão.

[24]Com este caso fictício pretendiam os saduceus ridicularizar o dogma da ressurreição dos corpos; mas Jesus lhes faz ver que toda a pretensa dificuldade está na ignorância deles, e não na realidade objetiva do fato; no mundo futuro não haverá mais relações conjugais, como aqueles hereges supunham.

[41]A resposta era fácil: como homem, é Cristo filho de Davi; mas, como Deus, é senhor de Davi. Os fariseus, porém, se obstinavam em não querer admitir a divindade de Cristo, pondo-se, assim, em contradição com seu próprio pai Davi, que tanto preconizavam.

23 [5]Dissera Deus aos filhos de Israel: "Os meus mandamentos estejam sempre diante de teus olhos!" Os judeus, tomando ao pé da letra essas palavras metafóricas, escreviam certos textos bíblicos em tiras de pergaminho e as prendiam ao pulso e à testa. É o que, em grego, se chamava filactério (isto é: observância). Baseados em prescrições bíblicas, usavam também quatro borlas presas nas extremidades do manto, com cordões cor de jacinto. O fariseu, no intuito de alardear a sua piedade e o zelo extraordinário pela observância da lei, costumava usar filactérios mais largos e borlas mais volumosas do que o povo comum.

⁸⁻¹⁰Com estas palavras condena Jesus o espírito de ambição que desordenadamente procura semelhantes títulos honoríficos.

²⁵A pureza meramente exterior nada vale sem a santidade interior.

²⁷Quatro semanas antes da Páscoa costumavam os judeus caiar os sepulcros a fim de tornar bem visíveis aos peregrinos esses lugares de impureza ritual, quais então se consideravam os cemitérios.

24 ³Jesus prediz a destruição de Jerusalém, que veio a realizar-se no ano 70; os discípulos, porém, referem as palavras do Mestre aos acontecimentos do fim do mundo, dos quais aqueles eram figura e símbolo.

Nas palavras seguintes, refere-se Jesus ora à catástrofe do povo judaico, ora ao cataclismo universal.

Os horrores da desolação no lugar santo significam a profanação do Templo de Jerusalém.

²⁰No inverno eram, geralmente, intransitáveis os caminhos da Palestina e dificultavam a fuga; no sábado, era o israelita proibido de andar mais de dois mil passos.

²⁷A vinda do divino Juiz será tão manifesta ao mundo inteiro como a luz do relâmpago quando fuzila de um horizonte até ao outro.

²⁸A humanidade corrompida pelos vícios acabará por parecer-se com uma carniça putrefata, em torno da qual se ajuntarão as águias da justiça divina. É fato que não só os abutres, senão também as águias se atiram a cadáveres, quando urgidas pela fome.

³³⁻³⁷*Tudo isso* — quer dizer, os preliminares da destruição de Jerusalém.

Esta geração — indica os contemporâneos de Jesus, que serão testemunhas do extermínio da nação judaica.

⁴⁵⁻⁵¹Apela Jesus principalmente para os que exercem algum múnus apostólico, para que, pelo fiel cumprimento dos seus deveres, estejam prontos para comparecer, a qualquer hora, ante o divino juiz.

25 ¹⁻¹³Na parábola das dez virgens descreve Jesus, não menos maravilhosa que misteriosamente, a evolução da humanidade, parte da qual em condições de acender a qualquer momento da noite desta vida a lâmpada da sua consciência divina; parte, porém, sem o competente óleo para essa experiência. E, como essa experiência íntima é intransferível de pessoa a pessoa, devendo ser adquirida individualmente por cada homem, não podem as virgens sábias (os iniciados) dar às virgens tolas (os profanos) do seu óleo para acender a luz divina. A alma, com essa luz acesa, celebra as suas núpcias espirituais com o divino Esposo, o eterno Logos, o Verbo, o Cristo, ao passo que as outras almas ficam nas trevas de fora.

[15]Um talento, moeda grega, valia uns 300 mil reais.

[21]O pouco são os bens da vida presente, o muito são as alegrias do céu.

Mostra a parábola que o homem não somente peca por atos positivos, senão também por omissão dos seus deveres. Quem, por exemplo, deixa de praticar seriamente a religião revelada por Deus é servo mau e preguiçoso, e não escapará às conseqüências da sua omissão.

[31-46]O que decide da salvação, ou da condenação, é o amor revelado em caridade, quer dizer, a fé viva que, com os olhos em Deus, se manifesta em auxílio mútuo.

26 [7]A mulher que veio ungir a Jesus foi Maria, irmã de Lázaro e de Marta, e que, como geralmente se admite, é idêntica a Maria Madalena.

[15]Trinta moedas de prata (*shekel*) valiam uns 400-500 reais, importância que mal chegaria para comprar um escravo.

[17]O primeiro mês do ano judaico chamava-se Nisan. O primeiro dia dos pães ázimos (isto é, sem fermento) era o dia 14 de Nisan, que, naquele ano, segundo cálculos prováveis, correspondia ao nosso 6 de abril; incidia nesse ano numa quinta-feira. Sendo que com o pôr-do-sol do dia precedente principiava o dia judaico, entrava, com o sol-pôr daquela memorável quinta-feira (14 de Nisan), a véspera da Páscoa; começando a Páscoa mesma com o sol-pôr da sexta-feira (15 de Nisan).

Os dias dos pães ázimos abrangiam a semana de 14 até 21 de Nisan (6 a 13 de abril). Nesses dias os judeus não comiam pão fermentado.

[19]A cerimônia do cordeiro pascal chamava-se também simplesmente páscoa (fase, em aramaico), o que quer dizer: "passagem" ou "trânsito". Lembrava o fato de ter o anjo exterminador trucidado, numa só noite, todos os primogênitos dos egípcios, deixando incólumes os filhos de Israel cujas casas encontrasse assinaladas com o sangue do cordeiro.

Em conseqüência dessa última praga do Egito, permitira Faraó o êxodo aos israelitas. Estes, a toda a pressa ainda na mesma noite, deixaram a terra da escravidão, levando consigo a massa de pão ainda não fermentada. Em recordação dessa admirável providência celebravam os judeus todos os anos a semana dos pães ázimos.

²⁹No reino dos céus beberá Jesus com seus discípulos um vinho novo, isto é, de nova espécie, superior ao deste mundo, quer dizer, a felicidade celeste.

³⁰A ceia pascal rematava regularmente com a recitação de determinados salmos.

³⁷⁻³⁹Em Getsêmani se entrega Jesus, voluntariamente, aos sentimentos que a natureza humana experimenta em face da morte. Entretanto, a sua vontade superior nunca deixou de querer sinceramente a morte redentora na cruz; neste ponto harmonizava completamente com a vontade do Pai.

⁴⁷Entre os que vinham prender a Jesus encontravam-se, além dos emissários judeus, diversos soldados da guarnição romana que não conheciam a Jesus de vista; por isso, combinara Judas com eles um sinal.

⁵⁹O Sinédrio era o tribunal religioso de Israel. Nesse ano, era presidente do Sinédrio o sumo sacerdote Caifás (de 18 a 36 da nossa era); mas seu sogro, Anás, que fora presidente nos anos 6 a 15, continuava a ser ainda a alma do partido.

⁶⁵*Blasfemou* — por quê? Porque Jesus se dizia Filho de Deus, quando, de fato, na opinião dos membros do Sinédrio, não passava de homem. Por onde se vê que o sinédrio compreendeu perfeitamente que o Cristo se identificava com Deus Pai. Pouco depois, diante de Pilatos, os judeus exigiram a morte de Jesus, pelo mesmo motivo: "Nós temos uma lei, e segundo a lei deve morrer, porque se fez Filho de Deus". Pois a pena da blasfêmia era, segundo a lei de Moisés, a morte. Não sabiam distinguir entre Jesus humano e o Cristo divino.

⁶⁹Achava-se Pedro no pátio interno entre as casas de Anás e Caifás, de maneira que Jesus, passando do primeiro ao segundo tribunal, tinha de atravessar aquele recinto.

27 ¹⁻²A sessão noturna do sinédrio não tinha força de lei; por isso, para legalizar a sentença, convocaram outra sessão, logo de madrugada.

³Judas arrependeu-se do seu crime, mas não teve esperança de perdão; não se converteu.

[11] Fora Jesus condenado pelo Sinédrio por motivos religiosos, isto é, "por se dizer Filho de Deus"; mas em face de Pilatos lhe fazem os inimigos carga de crimes políticos, na certeza de que aquela outra acusação não faria mossa no espírito do pagão romano. Jesus afirma que é rei dos judeus, no sentido em que o tinham vaticinado os profetas, isto é, o Messias, o Salvador do mundo nascido da estirpe de Davi.

Depois desse primeiro interrogatório foi Jesus remetido a Herodes; regressando daí ao tribunal de Pilatos, seguiu-se a cena com Barrabás.

[18] Pilatos estava convencido da inocência de Jesus, mas não teve a coragem para absolvê-lo e pô-lo em liberdade, com medo de desvantagens temporais.

[25] Esta horrível maldição se realizou no ano 70, quando Jerusalém foi arrasada pelos exércitos romanos.

[26] Depois de malogrado o estratagema de salvar a Jesus pelo confronto com Barrabás — como referem os outros evangelistas —, mandou Pilatos flagelá-lo, na esperança de contentar o povo com esse castigo. Seguiram-se a coroação de espinhos e os ludíbrios, tormentos esses inventados pela soldadesca romana. Reaparece a acusação de caráter religioso; mas fica sem efeito. Por fim, os chefes da nação judaica lançam a Pilatos a ameaça de denunciá-lo perante o César de Roma pelo fato de tolerar um candidato à realeza de Israel. O medo de perder as graças de César fez com que o governador romano condenasse à morte o acusado, que repetidas vezes declarara inocente — traiu a justiça!

[34] O vinho amargoso era, provavelmente, um narcótico propinado a Jesus por umas almas piedosas com o fim de lhe causar uma espécie de torpor e diminuir-lhe as dores da crucifixão. Jesus provou da bebida, para não melindrar a caridade das oferentes, mas não sorveu a taça toda, porque queria sofrer todas as dores e morrer com perfeita lucidez de espírito.

[46] Experimentava Jesus em sua natureza humana o sentimento de uma profunda desolação interior, como se Deus o tivesse abandonado.

[51] O véu do templo era um precioso reposteiro que separava do santuário o santíssimo.

[60] O sepulcro de Jesus achava-se numa esplanada do monte Calvário, a uns trinta metros do lugar da cruz.

[62] Era na sexta-feira que se faziam os preparativos para a Páscoa,

a qual principiava com o sol-pôr desse mesmo dia, véspera de sábado.

28 ⁹Domingo de manhã, dirigiram-se as piedosas mulheres ao sepulcro, a fim de embalsamarem o corpo de Jesus, serviço de caridade que na sexta-feira só se tinha feito provisoriamente, por falta de tempo; pois com o ocaso entrava o "grande sábado". Por onde se vê que nem elas tinham fé na ressurreição do Crucificado.

16-20As demais aparições de Jesus, após a ressurreição, vêm referidas pelos outros evangelistas.

Evangelho segundo Marcos

Introdução

1. O evangelista Marcos — que nos Atos dos Apóstolos (12,12.25; 15,37) é chamado João, ou João Marcos, e nas epístolas paulinas (Cl 4,10; Fm 24; 2Tm 4,11) vem simplesmente com o nome de Marcos — era natural de Jerusalém, e tinha estreitas relações com São Pedro, que o instruiu na religião cristã e o batizou (1Pd 5,13). Em companhia de Barnabé tomou parte na primeira viagem missionária de São Paulo, no ano 45; separou-se, porém, dos companheiros em Perge, na Panfília, regressando a Jerusalém (At 13,5.13). Nos anos 62-67, encontramo-lo, com algumas interrupções, em Roma (Cl 4,10; 1Pd 5,13; 2Tm 4,11). A tradição o dá como primeiro bispo de Alexandria. A Igreja o venera como mártir, localizando a sua festa no dia 25 de abril.

2. A esse Marcos, discípulo dos apóstolos, é que a tradição atribui o segundo evangelho. Papias (75-150) escreve: "Marcos, que servia de intérprete a São Pedro, registrou com exatidão, ainda que não pela ordem, palavras e obras de Jesus". Santo Irineu († 202) refere: "Depois da morte destes (isto é, de Pedro e Paulo), Marcos, discípulo e intérprete de Pedro, consignou por escrito as instruções de Pedro". Clemente de Alexandria († 217) testifica: "Marcos, companheiro de Pedro, enquanto este pregava publicamente o Evangelho em Roma, compôs um evangelho, que se chama segundo Marcos". Destas notícias antiqüíssimas se colhe que o segundo evangelho se prende mui intimamente com a pregação de São Pedro.

É o que também vem confirmado pelo caráter interno do evangelho, cujo conteúdo, âmbito e fim coincidem com a pregação de Pedro (cf. At 10,37-41). Oferece uma descrição tão exata, viva e intuitiva, até nas mínimas circunstâncias de lugar, tempo e pessoas e seu modo de ver e proceder, que faz lembrar uma testemunha presencial (cf. 1,29.33-36s; 4,38; 5,3; 9,3; 11,4). Entretanto, sabemos que São Marcos não foi testemunha ocular das ocorrências que refere; donde se conclui que deve ter sido porta-voz de uma pessoa que presenciou o que o evangelista nos deixou consignado. Essa pessoa foi São Pedro; pois São Marcos descreve muito mais nitidamente o perfil do chefe dos apóstolos do que os outros historiadores sacros; a narração revela maior exatidão quando se trata de frisar as faltas e fraquezas de Simão Pedro, passando em silêncio, ou mencionando apenas de passagem, as distinções que lhe couberam (cf. Mc 8,32-33; 10,27-29 com Mt 16,17-19).

3. Dirige-se este evangelho a leitores étnico-cristãos, principalmente romanos. Falta o apelo ao Antigo Testamento, bem como a polêmica contra a interpretação farisaica da lei mosaica. Localidades, circunstâncias, costumes judaicos e expressões aramaicas vêm devidamente explicados, ao passo que instituições romanas (civis, políticas e militares) se supõem conhecidas dos leitores (cf. Mc 15,21 com Rm 16,13).

4. O fim visado por este documento está em aumentar nos leitores a fé na divindade de Cristo e no seu domínio universal. Aparece nitidamente esse objetivo em cada uma das partes principais do escrito, objetivo esse que o historiador pretende conseguir principalmente pela narração duma série de milagres operados por Jesus em face do povo e, em particular, dos seus discípulos, aos quais conferiu ordens e poderes para lhe continuarem a missão sobre a terra.

5. O ano da composição do evangelho é incerto. É de data posterior ao evangelho aramaico, de São Mateus, porém anterior ao de São Lucas, que se originou nos anos 62-63. De maneira que São Marcos teria escrito entre o ano 50 e 60. Como lugar de origem vem indicada desde o princípio a cidade de Roma (Irineu, Clemente de Alexandria, Jerônimo).

6. O conteúdo deste evangelho regula mais ou menos pelo de São Mateus, faltando, porém, a história da infância de Jesus, como também os grandes discursos do Senhor, que o primeiro evangelista refere. Dos preliminares da vida pública temos apenas a atividade do Batista, bem como o batismo e a tentação de Jesus (1,1-13). Em seguida, passa a narrativa à vida pública de Jesus na Galiléia (1,14–9,50), na Judéia e em Jerusalém (10,1–13,37), concluindo com a paixão, morte e glorificação do Salvador (14,1–16,20).

Decisão da Comissão Bíblica, de 26 de junho de 1912: "Razões internas e externas confirmam a autenticidade do evangelho. São sem valor as objeções que se levantam contra a genuinidade do final do mesmo. Além da pregação de São Pedro, recorreu São Marcos a outras fontes. As suas indicações são perfeitamente fidedignas. O evangelho foi escrito antes do ano 70".

Evangelho de Jesus Cristo segundo Marcos

Preliminares da vida pública de Jesus

1 João Batista. ¹O evangelho de Jesus Cristo, o Filho de Deus, teve princípio ²assim como está escrito no profeta Isaías:

"Eis que envio o meu arauto ante a tua face para te preparar o caminho! ³Uma voz ecoa no deserto: 'Preparai o caminho do Senhor; endireitai as suas veredas!'"[Is 40,3; Ml 3,1]

⁴Apareceu João Batista no deserto, proclamando o batismo de conversão, em remissão dos pecados. ⁵Afluíam a ele a Judéia e todos os habitantes de Jerusalém; faziam-se por ele batizar no Jordão e confessavam seus pecados. ⁶A vestimenta de João era de pêlo de camelo, trazia um cinto de couro em volta do corpo e nutria-se de gafanhotos e mel silvestre. ⁷A sua proclamação era esta: "Após mim vem outro, que é mais poderoso que eu; eu nem sou digno de me prostrar diante dele para lhe desatar as correias do calçado. ⁸Eu vos batizei com água; ele, porém, vos há de batizar com o Espírito Santo".[1-8: Mt 3,1; Lc 3,14; Jo 1,19]

Batismo de Jesus. ⁹Por aqueles dias, veio Jesus de Nazaré da Galiléia, e se fez batizar por João no Jordão. ¹⁰Logo que saiu da água, viu o céu aberto e o Espírito em forma de pomba *descer*[descer e permanecer] sobre ele. ¹¹E uma voz do céu dizia: "Tu és meu Filho querido; em ti é que pus a minha complacência".[9-11: Mt 3,13; Lc 3,21; Jo 1,29]

Tentação de Jesus. ¹²Logo em seguida, o Espírito o impeliu para o deserto. ¹³Passou no deserto *quarenta dias*[quarenta dias e quarenta noites] e foi tentado por Satanás; vivia no meio de animais bravios; mas os anjos o serviam.[12-13: Mt 4,1; Lc 4,1]

Atividade pública de Jesus na Galiléia

Primeiros frutos. Alvo de contradição

Os primeiros discípulos. [14]Depois de João encarcerado, dirigiu-se Jesus para a Galiléia, onde proclamava o evangelho *de Deus*[do reino de Deus], dizendo: [15]"Completou-se o tempo; está próximo o reino de Deus! Convertei-vos e crede no evangelho!"[14-15: Mt 4,12; Lc 4,14]

[16]Passando ao longo do lago da Galiléia, viu a Simão e o irmão dele, André, que lançavam as redes ao mar, pois eram pescadores. [17]Disse-lhes Jesus: "Segui-me, que vos farei pescadores de homens". [18]Deixaram imediatamente as redes e foram em seu seguimento.

[19]Depois de andar um pouco, viu a Tiago, filho de Zebedeu, e seu irmão João, ocupados em compor as redes no barco. [20]Logo os chamou; e eles deixaram no barco seu pai, Zebedeu, com os servos, e o seguiram.[16-20: Mt 4,18; Lc 5,1]

Cura dum possesso. [21]Dirigiram-se para Cafarnaum. Logo no sábado entrou Jesus na sinagoga e se pôs a ensinar. [22]Pasmavam de sua doutrina; porque ensinava como quem tinha autoridade, e não como os escribas.

[23]Ora, achava-se justamente nessa sinagoga um homem possesso dum espírito impuro, que gritava: [24]"Que temos nós contigo, Jesus de Nazaré? Vieste para nos perder? Sei quem és: o santo de Deus!"

[25]Ameaçou-o Jesus, dizendo: "Cala-te e sai dele".

[26]Ao que o espírito impuro o agitou violentamente e saiu dele, soltando um grito estridente.

[27]Consternados, diziam uns para os outros: "Que vem a ser isto? Que nova doutrina, essa, cheia de poder? Dá ordem até aos espíritos impuros, e eles lhe obedecem".

[28]E sua fama correu célere por toda a região da Galiléia.[21-28: Lc 4,31]

Em casa de Pedro. [29]Saiu Jesus da sinagoga e encaminhou-se diretamente para a casa de Simão e André, em companhia de Tiago e João. [30]A sogra de Simão estava de cama com febre. Logo lhe falaram dela. ³¹Aproximou-se Jesus, tomou-a pela mão e levantou-a. No mesmo instante, a febre a deixou, e ela os foi servindo.

³²Ao cair da tarde, depois do sol posto, trouxeram-lhe todos os enfermos e endemoninhados; ³³a cidade em peso se apinhava diante da porta. ³⁴Curou numerosos doentes atacados de moléstias diversas, e expulsou muitos demônios; mas não permitia aos espíritos que falassem, porque o conheciam.[29-34: Mt 8,14; Lc 4,38]

Nos arredores de Cafarnaum. ³⁵De manhã, ainda bem escuro, levantou-se, retirou-se para um lugar solitário, onde orou. ³⁶Entretanto, Simão e seus companheiros foram-lhe no encalço ³⁷e, quando o encontraram, disseram-lhe: "Todo o mundo anda à tua procura". ³⁸Ao que Jesus lhe respondeu: "Vamos a outra parte, às povoações circunvizinhas, para eu pregar também aí; porque para isso é que vim". ³⁹Foi, pois, cruzando a Galiléia toda, pregando nas sinagogas e expulsando demônios.[35-39: Lc 4,42]

Cura dum leproso. ⁴⁰Veio ter com Jesus um leproso, caiu de joelhos diante dele e suplicou: "Se quiseres, podes tornar-me limpo". ⁴¹Compadecido dele, estendeu Jesus a mão, tocou-o e disse: "Quero, sê limpo". ⁴²Mal acabara de falar, e já a lepra desaparecera, e o homem estava limpo. ⁴³Despediu-o logo, com a ordem severa: ⁴⁴"Olha, não o digas a ninguém; mas vai mostrar-te ao sacerdote e oferece pela tua purificação o sacrifício ordenado por Moisés, para que lhes sirva de testemunho".

⁴⁵Apenas se havia retirado, começou a fazer grande alarde e a divulgar por toda a parte o que acabara de acontecer; de maneira que Jesus já não podia aparecer publicamente numa cidade, preferindo ficar fora, em lugares apartados. Mas nem por isso deixava o povo de afluir a ele de todos os lados.[40-45: Mt 8,1; Lc 5,12]

2 Cura de um paralítico. ¹Decorridos alguns dias, tornou Jesus a entrar em Cafarnaum. À notícia de que estava na casa, ²afluiu tanta gente que não cabia nem mesmo diante da porta.

³Enquanto lhes anunciava a palavra, trouxeram-lhe um paralítico, que vinha carregado por quatro homens. ⁴Mas não conseguiram chegar até Jesus por causa do grande aperto; pelo que abriram o teto por cima dele e pela abertura arriaram o leito em que jazia o paralítico. ⁵À vista da fé que os animava, disse Jesus ao paralítico: "Meu filho, os teus pecados te são perdoados". ⁶Ora, estavam sentados aí

uns escribas, que pensaram consigo mesmos: ⁷"Como pode esse homem falar assim? Blasfema; quem pode perdoar pecados, senão Deus somente?"

⁸Jesus conheceu logo em espírito os pensamentos deles, e disse-lhes: "Que estais a pensar aí em vossos corações? ⁹Que é mais fácil: dizer ao paralítico 'os teus pecados te são perdoados' ou dizer 'levanta-te, carrega com o teu leito e anda'? ¹⁰Ora, haveis de ver que o Filho do homem tem o poder de perdoar pecados sobre a terra". E disse ao paralítico: ¹¹"Eu te ordeno: levanta-te, toma o teu leito e vai para casa".

¹²Logo ele se levantou, tomou o seu leito e foi-se embora, à vista de todos. Ficaram todos estupefatos e glorificaram a Deus, dizendo: "Coisa assim nunca vimos".[1-12: Mt 9,1; Lc 5,17]

Vocação de Levi. ¹³Em seguida, retomou rumo ao lago. Afluía a ele todo o povo, e Jesus o ensinava. ¹⁴De passagem, viu a Levi, filho de Alfeu, sentado na alfândega. "Segue-me", disse-lhe Jesus. Levantou-se ele e o seguiu.

¹⁵Quando estava à mesa, em casa dele, achavam-se em sua companhia e dos seus discípulos também numerosos publicanos e pecadores; porque eram muitos os que a ele aderiam.

¹⁶Ora, quando os escribas, que eram dos fariseus, viram Jesus à mesa, em companhia de pecadores e publicanos, perguntaram aos discípulos dele: "Por que é que ele come e bebe em companhia de publicanos e pecadores?"

¹⁷Jesus, percebendo isso, respondeu-lhes: "Não necessitam de médico os que estão de saúde; mas, sim, os doentes. Eu não vim para chamar os justos, mas os pecadores".[13-17: Mt 9,9; Lc 5,27]

A questão do jejum. ¹⁸Era dia de jejum para os discípulos de João e os fariseus. Foi quando eles se apresentaram a Jesus com esta pergunta: "Por que é que os discípulos de João e os dos fariseus jejuam, ao passo que os teus discípulos não jejuam?"

¹⁹Respondeu-lhes Jesus: "Podem, porventura, jejuar os convidados às núpcias, enquanto está com eles o esposo? Enquanto estiver com eles o esposo não podem jejuar. ²⁰Mas não deixarão de vir dias em que lhes será tirado o esposo; nesses dias, sim, hão de jejuar".

²¹Ninguém põe remendo de pano cru em vestido velho; do contrário, o remendo novo arranca parte do vestido velho e fica pior o rasgão.

²²Ninguém deita vinho novo em odres velhos; do contrário, o vinho rompe os odres, e perdem-se tanto o vinho como os odres. O vinho novo deita-se em odres novos". [18-22: Mt 9,14; Lc 5,33]

Colhendo espigas no sábado. ²³Atravessava Jesus as searas, em dia de sábado. De passagem, os seus discípulos arrancavam espigas. ²⁴Observaram-lhe então os fariseus: "Olha, por que fazem eles o que é proibido em dia de sábado?"
²⁵Replicou-lhes Jesus: "Nunca lestes o que fez Davi, quando ele e seus companheiros sofriam necessidade e estavam com fome? ²⁶Como entrou na casa de Deus, no tempo do sumo sacerdote Abiatar, e comeu os pães de proposição, que só os sacerdotes podem comer? E como deu de comer também a seus companheiros?" ²⁷E prosseguiu: "O sábado foi feito por causa do homem, e não o homem por causa do sábado. ²⁸Pelo que também o Filho do homem é senhor do sábado".
[23-28: Mt 12,1; Lc 6,1]

3 Cura em dia de sábado. ¹Tornou Jesus a entrar na sinagoga. Deparou-se-lhe um homem com uma das mãos atrofiada. ²Puseram-se eles à espreita, a ver se curava esse homem no sábado; porque queriam acusá-lo. ³Disse Jesus ao homem com a mão atrofiada: "Passa para o meio!" ⁴Em seguida, perguntou-lhes: "É permitido fazer bem ou mal em dia de sábado? Salvar uma vida ou deixá-la perecer?"
Calaram-se.
⁵Magoado com a cegueira dos seus corações, cravou Jesus um olhar indignado nos que estavam à roda dele e disse ao homem: "Estende a mão". Estendeu-a — e estava restabelecida a mão.
⁶Logo saíram os fariseus e, de aliança com os amigos de Herodes, deliberaram sobre o modo de perdê-lo. [1-6: Mt 12,9; Lc 6,6]

Jesus e seus discípulos

Afluência do povo. ⁷Retirou-se Jesus com seus discípulos para as margens do lago. Grandes multidões da Galiléia o foram seguindo; ⁸também da Judéia e de Jerusalém, da Iduméia e das regiões d'além Jordão, bem como de Tiro e Sidônia afluíam massas enormes, desde que ouviram das maravilhas que operava. ⁹Recomendou por isso a seus discípulos que lhe conservassem aparelhado um barco para evitar que a multidão o atropelasse. ¹⁰É que curava muita gente, razão por que todos que sofriam algum mal se apertavam em torno dele para lhe tocar. ¹¹Os espíritos impuros, assim que o avistavam, prostravam-se diante dele aos gritos: "Tu és o Filho de Deus!" ¹²Ele, porém, os proibia severamente de que o dessem a conhecer.[7-12: Mt 12,15]

Eleição dos apóstolos. ¹³Em seguida, subiu a um monte e chamou a si os que queria; e eles se lhe apresentaram. ¹⁴Escolheu doze que fossem companheiros seus e que pudesse enviar a pregar; ¹⁵e deu-lhes o poder de *expulsarem*[curarem enfermidades e expulsarem] demônios. ¹⁶Os doze que designou são os seguintes: Simão, a quem pôs o sobrenome de Pedro; ¹⁷Tiago, filho de Zebedeu, e João, irmão de Tiago, aos quais deu o nome de Boanerges, o que significa: filhos do trovão; ¹⁸mais André, Filipe, Bartolomeu, Mateus, Tomé; Tiago, filho de Alfeu; Tadeu; Simão, o zelador; ¹⁹e Judas Iscariotes, que o traiu.[13-19: Mt 10,1; Lc 6,12]

Jesus e os seus. ²⁰Foram para casa. E de novo tomou tal incremento o concurso do povo que nem podiam tomar alimento. ²¹Quando os seus souberam disso, saíram para o reter; porque diziam: "Está fora de si".

Injúrias dos escribas. ²²Os escribas, porém, que tinham vindo de Jerusalém diziam: "Está possesso de *beelzebul*[beelzebub], e por virtude do príncipe dos demônios é que ele expulsa os demônios". ²³Convocou-os Jesus e lhes disse em forma de parábolas: "Como pode Satanás expulsar a Satanás? ²⁴Não pode subsistir um reino desunido em si mesmo, ²⁵nem uma casa desunida em si mesma pode ficar em pé. ²⁶Se, pois, Satanás se revoltasse contra si mesmo, e consigo mesmo estivesse em desunião, não poderia existir, mas havia de perecer. ²⁷Ninguém pode penetrar na casa do poderoso e roubar-lhe os haveres sem que primeiro prenda ao poderoso; só então lhe poderá saquear a casa. ²⁸Em verdade, vos digo que todo o pecado e qualquer blasfêmia que os homens cometerem lhes serão perdoados; ²⁹quem, todavia, blasfemar contra o Espírito Santo não será perdoado eternamente, mas será réu de pecado eterno". ³⁰É que eles diziam: "Está possesso do espírito impuro".[22-30: Mt 12,22; Lc 11,14]

A família espiritual de Jesus. ³¹Nisso chegaram sua mãe e seus irmãos. Ficaram da parte de fora e o mandaram chamar. ³²À roda dele estava sentada muita gente. Foi quando alguém lhe deu este recado: "Olha, que tua mãe e teus irmãos estão aí fora à tua procura".

[33]Respondeu-lhes Jesus: "Quem é minha mãe e quem são meus irmãos?" [34]E correndo o olhar pelos que estavam sentados à roda dele, disse: "Eis aqui minha mãe e meus irmãos! [35]Pois quem cumpre a vontade de Deus, esse é que me é irmão, irmã e mãe".
[31-35: Mt 12,45; Lc 8,19]

4 Parábola do semeador. [1]Reencetou Jesus os seus ensinamentos à beira do lago. O povo o cercava numerosíssimo; pelo que entrou Jesus num barco; sentou-se nele, sobre o lago, enquanto toda a multidão ficava em terra, pela praia do lago. [2]Ensinava-lhes muitas coisas em parábolas. Numa das suas doutrinas disse-lhes:

[3]"Atendei! Saiu um semeador a semear. [4]E, ao lançar a semente, parte caiu à beira do caminho, e vieram comê-la as *aves*[aves do céu]. [5]Outra caiu em solo pedregoso, onde a terra era pouca; não tardou a nascer, porque estava a pouca profundidade; [6]mas quando despontou o sol ficou crestada, e secou por falta de raízes. [7]Outra caiu entre os espinhos, e os espinhos cresceram com ela e a sufocaram, de maneira que não deu fruto. [8]Outra caiu em bom terreno, brotou, cresceu e deu fruto, rendendo uns grãos trinta, outros sessenta, outros cem por um".

[9]E acrescentou, dizendo: "Quem tem ouvidos para ouvir ouça!"

Explicação da parábola. [10]Quando estavam a sós, vieram perguntar-lhe os discípulos e os doze qual o sentido da parábola. [11]Respondeu-lhes Jesus: "A vós é que está confiado o mistério do reino de Deus, enquanto que aos de fora tudo se lhes diz em parábolas, [12]de maneira que, de olhos abertos, não enxergam e, escutando, não compreendem, de modo que não se convertem nem encontram perdão"[Is 6,9].

[13]E prosseguiu: "Não compreendeis esta parábola? Como compreendereis então todas as outras parábolas? [14]O que o semeador semeia é a palavra. [15]Encontra-se a palavra semeada à beira do caminho nos que a ouvem; mas vem Satanás e tira a palavra que nos seus corações fora semeada. [16]De modo análogo, foi semeada em solo pedregoso naqueles que escutam a palavra e logo a abraçam com alegria; [17]mas não a deixam lançar raízes, são inconstantes, e, sobrevindo tribulação ou perseguição por causa da palavra, logo desfalecem. [18]Foi semeada por entre espinhos em outros; ouvem

a palavra; [19]mas vêm entrando os cuidados do mundo, as riquezas falazes e desejos de outras coisas, que sufocam a palavra, de maneira que fica sem fruto. [20]Foi semeada em terreno bom naqueles que escutam a palavra, a acolhem e dão fruto a trinta, a sessenta, a cem por um". [1-20: Mt 13,1; Lc 8,4]

Escopo das parábolas. [21]Disse-lhes ainda: "Manda-se, porventura, vir uma luz para colocá-la debaixo do alqueire, ou debaixo do leito? Não será antes para a colocar sobre o candelabro? [22]Pois não há nada oculto que não venha a manifestar-se; nem nada secreto que não venha a ser notório. [23]Quem tem ouvidos para ouvir, ouça!"
[24]E prosseguiu: "Prestai atenção ao que ouvis. Com a medida com que medirdes medir-vos-ão a vós, e ainda vos darão de acréscimo. [25]Porque a quem tem dar-se-lhe-á, mas a quem não tem tirar-se-lhe-á ainda aquilo que possui".

A sementeira a crescer. [26]Disse ainda: "Dá-se com o reino de Deus o que acontece ao homem que deita a semente ao campo. [27]Durma ou vigie, de dia e de noite, a semente vai germinando e crescendo sem que ele o perceba. [28]De si mesma é que a terra produz, primeiro o pé da planta, depois a espiga, e, por fim, o grão cheio dentro da espiga. [29]E, mal aparece o fruto, logo lhe mete a foice, pois é chegado o tempo da colheita".

O grão de mostarda. [30]E continuou, dizendo: "Com que havemos de comparar o reino de Deus? Por que parábola o representaremos? [31]É semelhante a um grão de mostarda. Quando se lança ao solo, é a menor de todas as sementes da terra; [32]mas, depois de semeada, vai crescendo e acaba por se tornar maior que todas as hortaliças, criando ramos tão grandes que as aves do céu podem habitar à sua sombra".
[33]Assim é que lhes falava, em numerosas parábolas como estas, sempre ao alcance deles; [34]nem lhes falava senão por meio de parábolas. E, quando se achava a sós com seus discípulos, passava a lhes explicar tudo. [30-34: Mt 13,31; Lc 13,18]

A tempestade no lago. [35]Naquele mesmo dia, ao cair da noite, disse-lhes Jesus: "Passemos à outra margem". [36]Despediram o povo e, sem mais, levaram-no consigo no barco. Outros barcos seguiam atrás. ³⁷Levantou-se então uma grande tempestade; as ondas se arrojavam sobre o barco, que se ia enchendo de água. ³⁸Jesus, porém, dormia sobre um travesseiro, na popa da embarcação. Despertaram-no os discípulos, bradando: "Mestre! Não te importa que pereçamos?" ³⁹Levantou-se Jesus, deu ordem ao vento e disse ao lago: "Cala-te! Fica quieto!" Cessou o vento e seguiu-se uma grande bonança. ⁴⁰E disse-lhes: "Por que esse medo? Ainda não tendes fé?"

⁴¹Apoderou-se deles um grande terror, e diziam uns aos outros: "Quem é este, que até o vento e o mar lhe obedecem?"[35-41: Mt 8,23; Lc 8,22]

5 O possesso de Gerasa. ¹Chegaram à margem oposta do lago, país dos gerasenos. ²Mal tinha Jesus desembarcado, quando lhe correu ao encontro, da parte dos sepulcros, um homem possesso dum espírito impuro. ³Vivia nos sepulcros, e não havia quem o pudesse trazer preso, nem mesmo com cadeias; ⁴muitas vezes já o tinham ligado de pés e mãos; mas ele rompia as algemas e despedaçava os grilhões. Ninguém o podia dominar. ⁵Sempre, de dia e de noite, andava pelos sepulcros e pelos montes, gritando e ferindo-se com pedras. ⁶Quando avistou a Jesus de longe, correu a ele e se lhe prostrou aos pés, ⁷com um grito, clamando: "Que tenho eu contigo, Jesus, Filho de Deus altíssimo? Conjuro-te por Deus que não me atormentes!" ⁸É que Jesus lhe ordenava: "Sai desse homem, espírito impuro!" ⁹Perguntou-lhe então: "Como é teu nome?" "O meu nome é legião", replicou-lhe ele, "porque somos muitos". ¹⁰E pôs-se a suplicar-lhe encarecidamente que não o expulsasse daquele país.

¹¹Ora, andava pastando aí, no monte, uma grande manada de porcos. ¹²Suplicaram-lhe: "Manda-nos entrar nos porcos". ¹³Permitiu-lho. Ao que os espíritos impuros saíram e entraram nos porcos. E toda a manada se precipitou encosta abaixo para dentro do lago, onde se afogou. Eram uns dois mil.

¹⁴Os pastores fugiram e contaram o caso na cidade e no campo. Acudiu muita gente a ver o que acabava de suceder. ¹⁵Quando chegaram à presença de Jesus e viram aí, sentado, o homem que estivera possesso de uma legião, vestido e de perfeito juízo, tiveram medo. ¹⁶Passaram as testemunhas oculares a relatar-lhes a cena com o possesso e com os porcos. ¹⁷Ao que eles rogaram insistentemente a Jesus que se retirasse das suas terras.

¹⁸Quando Jesus ia embarcando, veio pedir-lhe o homem que fora

possesso que o admitisse em sua companhia. ¹⁹Ele, porém, não o permitiu; mas disse-lhe: "Vai para casa ter com os teus e conta-lhes quanto te fez o Senhor e como se compadeceu de ti". ²⁰Foi-se ele e começou a apregoar na Decápole quanto lhe fizera Jesus. Pasmaram todos. [1-20: Mt 8,28; Lc 8,26]

A filha de Jairo. ²¹Tornou Jesus a embarcar e chegaram à outra margem, onde afluíram a ele grandes multidões. Estava ainda à beira do lago, ²²quando veio um chefe da sinagoga, por nome Jairo; assim que avistou Jesus, lançou-se-lhe aos pés, ²³com esta súplica insistente: "Minha filhinha está para morrer; vem impor-lhe as mãos para que tenha saúde e vida".

²⁴Foi com ele. Muita gente o seguia, apinhando-se em torno dele. ²⁵Achava-se aí uma mulher que, havia doze anos, sofria de um fluxo de sangue; ²⁶tinha padecido muito às mãos de numerosos médicos, gastando toda a sua fortuna, mas sem encontrar alívio algum; até se achava cada vez pior. ²⁷Quando ouviu falar de Jesus, aproximou-se por trás, no meio da multidão, e lhe tocou no manto, ²⁸porque dizia consigo mesma: "Se lhe tocar o manto sequer, serei curada". ²⁹E no mesmo instante se lhe estancou o fluxo de sangue e sentia no corpo que estava livre do seu mal. ³⁰Jesus, porém, percebeu interiormente que dele saíra uma virtude; voltou-se para a multidão e perguntou: "Quem me tocou no manto?"

³¹Disseram-lhe os discípulos: "Ora, bem vês que o povo te comprime, e ainda perguntas: 'Quem me tocou?'" ³²Ele, porém, voltou o rosto para quem o fizera. ³³Apresentou-se então a mulher, aterrada e trêmula, porque bem sabia o que lhe sucedera, e prostrou-se aos pés de Jesus, confessando-lhe a verdade toda. ³⁴Respondeu-lhe Jesus: "Minha filha, a tua fé te salvou; vai-te em paz e sê curada do teu mal".

³⁵Ainda estava falando, quando chegou gente da casa do chefe da sinagoga com esta notícia: "Tua filha acaba de morrer; por que ainda incomodas o Mestre?" ³⁶Jesus, que entreouvira esse recado, disse ao chefe da sinagoga: "Não temas; é só teres fé". ³⁷Não permitiu que alguém o acompanhasse, senão Pedro, Tiago e João, irmão de Tiago. ³⁸Chegaram à casa do chefe da sinagoga, e percebeu Jesus grande alvoroço, choros e lamentos. ³⁹Entrou e disse-lhes: "Por que esse alvoroço e esse choro? A menina não está morta, dorme apenas". ⁴⁰Riram-se dele. Jesus, porém, mandou sair todos, levando consigo tão-somente o pai e a mãe da menina e seus

companheiros; e entrou onde estava a menina. ⁴¹Tomou-a pela mão e disse-lhe: "Talitha, cumi!" — o que quer dizer: "Menina, eu te ordeno: levanta-te!"

⁴²Imediatamente, a menina se levantou e pôs-se a andar; tinha doze anos de idade. A gente estava fora de si, estupefata. ⁴³Jesus, porém, ordenou com insistência que ninguém o chegasse a saber. Em seguida, mandou que lhe dessem de comer.[21-43: Mt 9,18; Lc 8,40]

6 Jesus em Nazaré. ¹Partindo daí, foi em demanda da sua cidade pátria, acompanhado dos discípulos. ²No sábado imediato, ensinou na sinagoga. Os seus numerosos ouvintes pasmavam da sua doutrina, perguntando: "Donde lhe vem *isto*[tudo isto]? Que sabedoria, essa, que lhe foi dada! E que obras poderosas se realizam pelas mãos dele! ³Não é este o carpinteiro, filho de Maria e irmão de Tiago, José, Judas e Simão? E não moram aqui entre nós suas irmãs?" E foi para eles motivo de tropeço.

⁴Jesus, porém, lhes disse: "Em parte alguma encontra o profeta menos estima do que em sua pátria, entre os seus parentes e na própria casa". ⁵Não lhe foi possível realizar nenhuma obra poderosa; apenas curou alguns doentes, impondo-lhes as mãos. ⁶Estava admirado da incredulidade deles.

Em seguida, pôs-se a percorrer as aldeias circunvizinhas, ensinando.[1-6: Mt 13,53; Lc 4,16]

Missão dos apóstolos. ⁷Chamou a si os doze e começou a enviá-los, dois a dois. Deu-lhes poder sobre os espíritos impuros ⁸e ordenou-lhes que não levassem coisa alguma para o caminho, afora um bordão; nem pão, nem bolsa, nem dinheiro na cinta; ⁹que calçassem sandálias, mas não levassem duas túnicas. ¹⁰Recomendou-lhes ainda: "Quando entrardes em alguma casa, aí ficai até seguirdes viagem. ¹¹Mas onde não vos receberem nem vos ouvirem, segui adiante e sacudi o pó dos vossos pés, em testemunho contra eles".

¹²Puseram-se, pois, a caminho. Pregaram que os homens se convertessem, ¹³expulsaram muitos demônios e curaram numerosos enfermos, ungindo-os com óleo.[7-13: Mt 10,1; Lc 9,1]

Retirada da Galiléia

Degolação de João Batista. ¹⁴Chegou a notícia dele aos ouvidos do rei Herodes; pois o nome de Jesus corria mundo. Dizia ele: "É João Batista; ressurgiu dentre os mortos; por isso é que atuam nele forças poderosas". ¹⁵Outros diziam que era Elias; ainda outros, que era algum dentre os profetas. ¹⁶Herodes, porém, ouvindo isso, dizia: "É João; o mesmo que mandei degolar; *ressurgiu*[ressurgiu dentre os mortos]".

¹⁷É que Herodes mandara prender e lançar ao cárcere a João, por causa de Herodíades, mulher de seu irmão Filipe, a qual ele tinha levado por mulher. ¹⁸Pois João tinha censurado a Herodes, dizendo: "Não te é lícito possuir a mulher de teu irmão". ¹⁹Por isso, Herodíades lhe guardava rancor, e bem quisera matá-lo; mas não o podia, ²⁰porque Herodes reverenciava a João; sabia que era homem justo e santo, e o protegia. Toda a vez que o ouvia, *sentia-se muito perturbado*[fazia muitas coisas]; mas nem por isso deixava de o ouvir com gosto.

²¹Chegou então um dia azado. No seu aniversário natalício, ofereceu Herodes um banquete aos grandes da corte, tribunos e próceres da Galiléia.

²²Nisto entrou a filha de Herodíades e pôs-se a dançar, o que tanto agradou a Herodes e aos convivas, que o rei disse à menina: "Pede-me o que quiseres, que to darei". ²³Chegou a jurar: "Dar-te-ei tudo que me pedires, ainda que seja metade do meu reino".

²⁴Saiu ela e perguntou à mãe: "Que hei de pedir?" Respondeu ela: "A cabeça de João Batista".

²⁵Tornou a entrar sem demora e, apresentando-se, pressurosa, ao rei, exigiu: "Quero que me dês agora mesmo, numa bandeja, a cabeça de João Batista".

²⁶Entristeceu-se profundamente o rei; mas, por causa do juramento e dos convivas, não lho quis recusar. ²⁷Enviou, pois, o rei imediatamente um dos seus guardas com a ordem de trazer a cabeça. Foi-se ele e o degolou no cárcere; ²⁸veio com a cabeça numa bandeja e entregou-a à menina, e a menina a foi levar a sua mãe.

²⁹A essa notícia vieram os discípulos de João, levaram o corpo e o sepultaram.[14-29: Mt 14,1; Lc 9,7; 3,19]

Regresso dos apóstolos. ³⁰Voltaram os apóstolos à presença de Jesus e lhe contaram tudo quanto tinham feito e ensinado. ³¹Ao que ele lhes disse: "Vinde, sozinhos, a um lugar solitário e descansai um pouco". Porque nem tinham tempo para comer, de tão numerosos que eram os que iam e vinham. ³²Embarcaram, pois, com destino a um lugar solitário, para ficarem a sós.

³³Muitos, porém, os viram partir e perceberam a sua intenção. Pelo que, de todas as cidades, acudiram a pé àquele lugar, e chegaram ainda antes deles.

Primeira multiplicação dos pães. ³⁴Ao desembarcar deu Jesus com grande multidão e teve compaixão dela; porque era como ovelhas sem pastor. E começou a ensinar-lhe muitas coisas.

³⁵Ao declinar da tarde, chegaram-se a Jesus os discípulos e lhe disseram: "O lugar é deserto, e vai adiantada a hora. ³⁶Despede a gente, para que vá às fazendas e aldeias circunvizinhas e compre o que comer".

³⁷Replicou-lhes Jesus: "Dai-lhes vós de comer".

Tornaram-lhe eles: "Queres que vamos comprar pão por duzentos denários, para lhes dar de comer?"

³⁸Inquiriu Jesus: "Quantos pães tendes? Ide e verificai".

Verificaram e disseram: "Cinco, mais dois peixes".

³⁹Ordenou então Jesus que o povo se sentasse em ranchos sobre o verde relvado. ⁴⁰Dispuseram-se eles em grupos de cem e de cinqüenta pessoas. ⁴¹Então tomou ele os cinco pães e os dois peixes, levantou os olhos ao céu e os abençoou. Em seguida, partiu os pães e os deu aos discípulos para que lhos servissem. Da mesma forma, mandou servir a todos dos dois peixes. ⁴²Comeram todos e ficaram fartos, ⁴³e encheram ainda doze cestos com os pedaços que sobraram e alguns restos dos peixes. ⁴⁴Eram cinco mil os homens que tinham comido dos pães.[30-44: Mt 14,13; Lc 9,10; Jo 6,1]

Jesus caminha sobre as águas. ⁴⁵Logo impeliu Jesus os seus discípulos a que embarcassem e lhe tomassem a dianteira para a outra margem, rumo a Betsaida, enquanto ele mesmo ia despedir o povo. ⁴⁶Despediu-o e retirou-se a um monte para orar.

⁴⁷Já era noite. O barco estava em pleno lago; só Jesus ainda em terra. ⁴⁸Via o muito que se afadigavam com o trabalho de remar, porque tinham vento pela proa. Por volta das três horas da madrugada foi caminhando sobre as águas em direção a eles, e fez menção de passar de largo. ⁴⁹Quando eles o avistaram a caminhar sobre as águas, pensaram que fosse um fantasma e puseram-se a gritar em altas vozes; ⁵⁰estavam todos aterrados à vista dele. Jesus, porém, se apressou a falar-lhes, dizendo: "Tende ânimo; sou eu: não temais".

⁵¹Embarcou no bote em que eles estavam, e o vento amainou. Com isso eles ficaram fora de si. ⁵²É que não tinham ainda com-

preendido aquilo dos pães; seu coração estava cego.[45-52: Mt 14,22; Jo 6,14]

No território de Genesaré. [53]Passaram para a margem oposta e chegaram a Genesaré, onde saltaram. [54]Mal acabavam de desembarcar, logo a gente reconheceu a Jesus. [55]Puseram-se a correr toda a região, trazendo-lhe os doentes em leitos, onde quer que ouvissem da presença dele. [56]E onde quer que aparecesse — fosse em aldeia, cidade ou povoação — expunham os seus enfermos em praça pública e rogavam que lhes permitisse tocarem-lhe ao menos a borla do manto; e quantos a tocavam saíam curados.[53-56: Mt 14,34]

7 Preceitos humanos. [1]Foram ter com Jesus os fariseus e uns escribas de Jerusalém, [2]e repararam que alguns dos discípulos dele comiam com as mãos profanas, isto é, não lavadas. — [3]É que os fariseus, como os judeus em geral, consoante as tradições dos antepassados, não comem sem ter primeiro lavado cuidadosamente as mãos. [4]Da mesma forma, quando vêm do mercado, não comem sem se lavar previamente; e, além disso, observam muitos outros usos e costumes ditados pela tradição, como sejam as lavagens das taças, bilhas, *caldeiras*[caldeiras e reclinatórios].

[5]Perguntaram-lhe, então, os fariseus e os escribas: "Por que não se conformam os teus discípulos com a tradição dos antepassados, mas tomam alimento com as mãos profanas?"

[6]Respondeu-lhes Jesus: "Bem profetizou de vós Isaías, escrevendo: 'Este povo me honra com os lábios; mas o seu coração está longe de mim; [7]é fútil a meus olhos o culto que me prestam; não ensinam senão preceitos humanos'[Is 29,13].

[8]Deixais de parte o mandamento de Deus e observais preceitos humanos, lavando bilhas e taças e cuidando de muitas outras coisas dessas". [9]Disse-lhes ainda: "Mui jeitosamente sabeis burlar o preceito de Deus para guardar a vossa tradição. [10]Moisés ordenou: 'Honra pai e mãe'[Ex 20,12; 21,17]; e: 'Quem injuriar pai ou mãe seja réu de morte'[Dt 5,16]. [11]Vós, porém, dizeis: 'Quem disser: vá como corbã — isto é: sacrifício — o que eu te deveria [12]está dispensado de acudir a pai e mãe'; [13]e destarte, com a vossa tradição, desdizeis o que Deus disse. E praticais ainda muitas outras coisas desse gênero".

Impureza real. [14]Em seguida, tornou a convocar o povo e lhe disse: "Escutai, todos, e compreendei-o bem! [15]O que de fora entra no homem não o pode tornar impuro; mas somente o que sai do interior do homem, isto é que o torna impuro. [16]Quem tem ouvidos para ouvir ouça!"

[17]Depois de ele se retirar do povo e chegar à casa, vieram os discípulos interrogá-lo sobre o sentido da parábola. [18]Respondeu-lhes ele: "Nem vós tendes ainda compreensão? Não atinais então que tudo que de fora entra no homem não o pode tornar impuro? [19]Pois não lhe entra no coração, mas vai para o estômago, e daí toma o seu caminho natural, purificando todos os alimentos. [20]Mas o que sai do homem", prosseguiu, "isso é que o torna impuro; [21]porque do interior, do coração do homem é que vêm os maus pensamentos, a luxúria, os roubos, o assassínio, [22]o adultério, a avareza, a malícia, a astúcia, a libertinagem, o mau olhar, a blasfêmia, a soberba e os desatinos. [23]Todos esses males vêm de dentro, e são eles que tornam o homem impuro". [1-23: Mt 15,1]

A mulher cananéia. [24]Partiu Jesus daí e se dirigiu para o país de Tiro e Sidônia. Entrou numa casa, e queria que ninguém o soubesse. Mas não pôde ficar oculto; [25]porque uma mulher, que tinha uma filha possessa dum espírito impuro, assim que ouviu da presença dele, entrou e se lhe lançou aos pés. [26]Era pagã, essa mulher, natural da Siro-fenícia. Suplicou a Jesus que expulsasse de sua filha o demônio.

[27]Respondeu-lhe ele: "Deixa que primeiro se fartem os filhos; não convém tirar o pão aos filhos e lançá-lo aos cachorrinhos".

[28]"Decerto, Senhor", replicou ela, "mas também os cachorrinhos, debaixo da mesa, comem das migalhas dos filhos".

[29]Disse-lhe Jesus: "Por causa desta palavra, vai, que o demônio acaba de sair de tua filha".

[30]Foi para casa e encontrou a menina estendida na cama; o demônio tinha saído. [24-30: Mt 15,21]

O surdo-mudo. [31]Tornou a retirar-se do país de Tiro e foi por Sidônia ao lago da Galiléia, atravessando o território da Decápole.

[32]Trouxeram-lhe então um surdo-mudo e lhe rogaram pusesse a mão sobre ele. [33]Jesus tomou-o à parte, fora do povo, pôs-lhe os dedos nos ouvidos e tocou-lhe a língua com saliva. [34]Depois levantou os olhos ao céu, deu um suspiro e disse-lhe: "Effetha!" — que quer dizer: "Abre-te!"

[35]Imediatamente se lhe abriram os ouvidos e soltou-se-lhe a prisão da língua, e falava corretamente. [36]Jesus, porém, os proibiu de que o dissessem a pessoa alguma; mas, quanto mais lhos proibia, tanto

mais o divulgavam. ³⁷Cheios de pasmo, diziam: "Faz bem todas as coisas; faz ouvir os surdos e falar os mudos".

8 Segunda multiplicação dos pães. ¹Por aqueles dias se tinha juntado, novamente, grande multidão. Mas não tinham o que comer. Jesus convocou os seus discípulos e lhes disse: ²"Tenho compaixão do povo; há três dias que está comigo e não tem o que comer. ³Se os mandar para casa com fome, desfalecerão pelo caminho, porque muitos deles vieram de longe".

⁴Observaram-lhe seus discípulos: "Donde havia alguém de tirar pão, aqui no deserto, para os fartar?"

⁵"Quantos pães tendes?", perguntou-lhes Jesus.

"Sete", responderam.

⁶Então ordenou Jesus que o povo se sentasse no chão; tomou os sete pães, partiu-os e entregou-os a seus discípulos para que os distribuíssem ao povo. E eles os distribuíram. ⁷Tinham também alguns peixinhos. Abençoou também a estes e os mandou servir. ⁸Comeram e ficaram fartos, e encheram ainda sete cestos com os pedaços que sobraram. ⁹Eram uns *quatro mil*[quatro mil os que tinham comido]. E Jesus despediu-os.[1-9: Mt 15,32]

Sinal do céu. ¹⁰Sem demora embarcou com os seus discípulos e passou para o território de Dalmanuta. ¹¹Vieram os fariseus e se puseram a discutir com ele. No intuito de o porem à prova, pediram que lhes desse um sinal do céu. ¹²Ao que Jesus deu um suspiro profundo e disse: "Por que é que essa raça me pede um sinal? Em verdade, vos digo que não será concedido um sinal a essa raça".

¹³Com isso os deixou, tornou a embarcar e passou para a outra margem.[10-13: Mt 16,1; Lc 12,54]

O fermento dos fariseus. ¹⁴Ora, tinham se esquecido de levar pão; não levavam consigo na barca senão um único. ¹⁵Preveniu-os Jesus, dizendo: "Alerta! Cuidado com o fermento dos fariseus e o fermento de Herodes".

¹⁶Puseram-se eles a discorrer entre si: "É que não temos pão".

¹⁷Reparou isso Jesus e disse: "Que estais a inquietar-vos de não terdes pão? Ainda não atinais nem compreendeis? Ainda está tão cego o vosso coração? ¹⁸Tendes olhos e não vedes? Tendes ouvidos e não ouvis? ¹⁹Já não vos lembrais quando parti cinco pães para os cinco mil? Quantos cestos levastes cheios de pedaços?"

"Doze", responderam-lhe.

²⁰"E quando parti os sete pães para os quatro mil, quantos cestos levastes cheios de pedaços?"

"Sete", tornaram-lhe.

²¹Ao que lhes disse Jesus: "Como é que não entendeis ainda?"[14-21: Mt 16,5; Lc 12,1]

Cura dum cego. ²²Chegaram a Betsaida. Aí lhe apresentaram um cego, rogando que o tocasse. ²³Jesus tomou o cego pela mão e o conduziu para fora da aldeia; tocou-lhe com saliva os olhos, impôs-lhe as mãos e perguntou-lhe: "Enxergas alguma coisa?"

²⁴Levantou ele os olhos e disse: "Vejo andar homens como árvores".

²⁵Novamente lhe pôs Jesus as mãos sobre os olhos; então se tornou penetrante a vista dele; ficou curado e distinguia nitidamente todas as coisas.

²⁶Mandou-o Jesus para casa com esta recomendação: "*Não entres na aldeia*"[*"Vai para casa e, quando entrares na aldeia, não o digas a ninguém"*].

Confissão de Pedro. ²⁷Partiu Jesus com os seus discípulos em demanda das aldeias nos arredores de Cesaréia de Filipe. Pelo caminho dirigiu a seus discípulos esta pergunta: "Quem dizem os homens que eu sou?"

²⁸Responderam-lhe eles: "Dizem uns que és João Batista; outros, Elias; ainda outros, algum dos profetas".

²⁹Continuou a interrogá-los: "E vós, quem dizeis que eu sou?"

Respondeu-lhe Pedro: "Tu és o Cristo".

³⁰Inculcou-lhes Jesus que a ninguém falassem a respeito dele. [27-30: Mt 16,13; Lc 9,18]

Jesus prediz a sua paixão. ³¹Começou então a declarar-lhes que era necessário que o Filho do homem padecesse muito, que fosse rejeitado e morto pelos anciãos, sumos sacerdotes e escribas; mas que depois de três dias havia de ressurgir. ³²Falava disso com toda a clareza. Ao que Pedro o tomou à parte e entrou a fazer-lhe recriminações. ³³Jesus, porém, voltou-se, encarou os seus discípulos e repreendeu a Pedro dizendo: "Vai atrás de mim, Satanás! Não compreendes o que é de Deus, mas dos homens".[31-33: Mt 16,21; Lc 9,22]

Em seguimento de Cristo. ³⁴Então convocou o povo e os discípulos e disse-lhes: "Se alguém me quiser acompanhar, renuncie a si mesmo, carregue a sua cruz e siga-me. ³⁵Porque quem quiser salvar a sua vida perdê-la-á; mas quem perder a sua vida por causa de mim e do evangelho salvá-la-á. ³⁶Que aproveita ao homem ganhar o mundo inteiro, se chegar a perder a sua alma? ³⁷Pois que dará o homem em troca de sua alma? ³⁸Quem se envergonhar de mim e das minhas palavras, em face desta raça adúltera e pecadora, desse tal se há de também envergonhar o Filho do homem, quando vier na glória de seu Pai, em companhia dos santos anjos".

9 ¹E prosseguiu, dizendo-lhes: "Em verdade, vos digo que entre os presentes há alguns que não provarão a morte enquanto não virem o reino de Deus a manifestar-se com poder". [8,34-9,1: Mt 16,24; Lc 9,23]

Transfiguração de Jesus. ²Seis dias depois, tomou Jesus consigo a Pedro, Tiago e João, e conduziu-os sozinhos à parte, a um monte elevado. E transfigurou-se diante deles. ³As suas vestes resplandeciam em tanta alvura como nenhum lavandeiro da terra as poderia branquear. ⁴Apareceu-lhes Elias em companhia de Moisés a falar com Jesus.

⁵Então tomou Pedro a palavra e disse a Jesus: "Mestre, que bom que é estarmos aqui! Vamos armar três tendas: uma para ti, outra para Moisés, e outra para Elias". ⁶Não sabia o que dizia, de tão aterrados que estavam. ⁷Nisto veio uma nuvem, que os envolveu; e de dentro da nuvem uma voz clamava: "Este é meu Filho querido; ouvi-o!" ⁸Quando olharam em derredor, não viram mais ninguém senão só Jesus com eles.

Reaparecimento de Elias. ⁹Enquanto iam descendo do monte, inculcou-lhes ele que a ninguém falassem da visão, até que o Filho do homem houvesse ressurgido dentre os mortos.

¹⁰Guardaram consigo mesmos a coisa, e puseram-se a discutir o que significaria aquilo: "ressurgir dentre os mortos". ¹¹Foram perguntar a Jesus: "Por que é que *os escribas*[os fariseus e os escribas] afirmam que primeiro há de aparecer Elias?"

¹²Respondeu-lhes ele: "Elias há de aparecer primeiro para restabelecer todas as coisas. Mas como é que está escrito que o Filho do homem deve padecer muito e ser desprezado? ¹³Ora, declaro-vos que Elias já apareceu, mas fizeram dele o que queriam, como está escrito dele". [2-13: Mt 17,1; Lc 9,28]

O menino possesso. ¹⁴Quando chegaram aonde estavam os discípulos, viram à roda deles grande multidão e uns escribas a discutir com eles. ¹⁵Assim que o povo avistou a Jesus, encheu-se de espanto. Correram-lhe ao encontro e o saudaram.

¹⁶Perguntou-lhes Jesus: "Que estais a discutir com eles?"

¹⁷Respondeu-lhe alguém do meio da multidão: "Mestre, levei à tua presença meu filho, que se acha possesso de um espírito mudo. ¹⁸Esse, quando o apanha, atira com ele para cá e para lá. Espuma, range com os dentes e fica todo hirto. Pedi a teus discípulos que o expulsassem, mas não foram capazes".

¹⁹Exclamou Jesus: "Ó raça incrédula! Até quando hei de estar convosco? Até quando vos hei de suportar?... Trazei-mo cá".

²⁰Trouxeram-lho. Apenas o espírito viu a Jesus, começou a agitar com violência o menino. Caiu por terra e se revolvia, espumando. ²¹Perguntou Jesus ao pai dele: "Há quanto tempo lhe acontece isto?" "Desde pequeno", respondeu. ²²"Muitas vezes dá com ele no fogo ou na água para o matar. Se puderes fazer alguma coisa, tem piedade de nós e ajuda-nos."

²³Tornou-lhe Jesus: *"Quanto ao poder — quem crê tudo pode"*. ²⁴*"Creio!"*[("Se puderes crer — tudo é possível a quem crê". "Creio, Senhor"], exclamou logo o pai do menino, entre lágrimas, "auxilia a minha incredulidade!"

²⁵Vendo Jesus que o povo se aglomerava cada vez mais numeroso, ameaçou ao espírito impuro, dizendo: "Espírito mudo e surdo, eu te ordeno: sai dele e não tornes a entrar nele!" ²⁶Por entre gritos e violentas convulsões saiu dele. O menino jazia como morto, de modo que a maior parte dizia: "Está morto". ²⁷Jesus, porém, o tomou pela mão e o levantou, e ele se pôs de pé.

²⁸Quando Jesus entrou em casa, perguntaram-lhe em segredo os seus discípulos: "Por que razão não pudemos nós expulsá-lo".

²⁹Respondeu-lhes: "Esta casta não se expulsa senão à força de *oração*[oração e jejum] [14-29: Mt 17,14; Lc 9,37]

Jesus torna a predizer a sua paixão. ³⁰Partindo daí, puseram-se a percorrer a Galiléia; e Jesus não queria que o soubessem. ³¹É que instruía os discípulos, dizendo-lhes: "O Filho do homem vai ser entregue às mãos dos homens, que hão de matá-lo; três dias após a sua morte, porém, ressurgirá".

³²Não atinaram com o sentido disso; mas tinham medo de interrogá-lo. [30-32: Mt 17,22; Lc 9,43]

Questão de precedência. [33]Chegaram a Cafarnaum. Em casa perguntou-lhes Jesus: "De que vínheis falando pelo caminho?"

[34]Calaram-se; porque em caminho tinham questionado sobre quem deles seria o maior. [35]Sentou-se Jesus, chamou a si os doze e disse-lhes: "Quem pretender ser o primeiro seja o último e o servo de todos". [36]Depois tomou uma criança, colocou-a no meio deles, abraçou-a e disse-lhes: [37]"Quem acolher em meu nome uma criança assim, a mim é que acolhe; mas quem me acolhe não é a mim que acolhe, senão àquele que me enviou".

Zelo imprudente. [38]Nisto lhe disse João: "Mestre, vimos um homem que em teu nome expulsava demônios, e lho proibimos, porque não vai conosco".

[39]Respondeu Jesus: "Não lho proibais; porque quem realiza obras poderosas em meu nome não pode logo dizer mal de mim. [40]Quem não é contra vós é por vós. [41]Quem vos der de beber um copo d'água em meu nome, por serdes de Cristo, em verdade vos digo que não ficará sem a sua recompensa.

Escândalo. [42]Quem incitar ao pecado a um desses pequeninos que *crêem*[crêem em mim], melhor lhe fora que lhe suspendessem ao pescoço uma grande mó e o lançassem ao mar. [43]Se tua mão te for ocasião de pecado, corta-a; melhor te é entrares na vida com uma só mão do que, tendo duas, ires para o inferno, para o fogo *inextinguível*[inextinguível; (44) onde o verme não lhes morre, nem o fogo se apaga]. [45]Se teu pé te for ocasião de pecado, corta-o; melhor te é entrares na vida aleijado do que, tendo dois pés, seres lançado ao *inferno*[inferno; (46) ao fogo inextinguível, onde o verme não lhes morre, nem o fogo se apaga]. [47]Se teu olho te for ocasião de pecado, arranca-o; melhor te é entrares no reino de Deus com um só olho do que, tendo dois, seres lançado ao inferno, [48]onde o verme não lhes morre, nem o fogo se apaga. [49]Porque cada um será salgado com *fogo*[fogo, assim como toda a vítima é temperada com sal]. [50]O sal é coisa boa; mas, se o sal se desvirtuar, com que o haveis de temperar?[Mt 5,13; Lc 14,34] Tende sal em vós mesmos e guardai a paz uns com os outros". [33-50: Mt 18,1; Lc 9,46]

Atividade de Jesus na Judéia e em Jerusalém

Rumo a Jerusalém

10 Indissolubilidade do matrimônio. ¹Daí partiu Jesus e entrou em terras da Judéia, para além do Jordão. Novamente afluiu numeroso o povo, e Jesus tornou a ensiná-lo como de costume.

²Então se aproximaram dele alguns dos fariseus e, no intuito de o porem à prova, perguntaram-lhe se era permitido ao homem repudiar sua mulher.

³Respondeu-lhes Jesus: "Que preceito vos deu Moisés?"

⁴Tornaram eles: "Moisés permitiu dar carta de divórcio e repudiar a mulher".

⁵Replicou-lhes Jesus: "Por causa da dureza dos vossos corações é que Moisés vos deu esse preceito. ⁶Mas, no princípio da criação, Deus os fez como varão e mulher. ⁷Por isso, deixará o varão ao pai e à mãe para aderir à sua mulher, ⁸e serão os dois uma só carne. Assim, já não são dois, mas uma só carne. ⁹Ora, não separe o homem o que Deus uniu".

¹⁰Em casa, tornaram os discípulos a interrogá-lo sobre o mesmo assunto. ¹¹Ao que lhes respondeu: "Quem repudiar sua mulher e casar com outra comete adultério contra ela; ¹²e, se a mulher repudiar a seu marido e casar com outro, comete adultério".[1-12: Mt 19,1]

Jesus e as crianças. ¹³Apresentaram-lhe umas crianças, para que as tocasse. Os discípulos, porém, repeliram *a gente*[a gente que as trazia]. ¹⁴Jesus, vendo isso, se indignou, e disse-lhes: "Deixai que venham a mim as crianças, e não lho embargueis; porque de tais é o reino de Deus. ¹⁵Em verdade, vos digo: quem não receber o reino de Deus como uma criança não entrará nele".

¹⁶Em seguida, abraçou-as, pôs sobre elas as mãos e as abençoou.
[13-16: Mt 19,13; Lc 18,15]

O jovem rico. ¹⁷Quando Jesus seguia caminho, correu-lhe ao encontro alguém, caiu de joelhos e lhe fez esta pergunta: "Bom Mestre, que devo fazer para alcançar a vida eterna?"

¹⁸Respondeu-lhe Jesus: "Por que me chamas bom? Ninguém é bom senão Deus somente. ¹⁹Conheces os mandamentos: não matarás, não cometerás adultério, não furtarás, não levantarás falso testemunho, não enganarás, honrarás pai e mãe".

²⁰Respondeu ele: "Mestre, tudo isso tenho observado desde pequeno".

²¹Contemplou-o Jesus com amor e disse-lhe: "Uma coisa ainda te falta: vai, vende tudo que tens e dá-o aos pobres — e terás um tesouro no céu —; depois vem, segue-me".

²²A essas palavras entristeceu-se ele e retirou-se, pesaroso, porque era possuidor de muitos bens.

Perigo das riquezas. ²³Correu Jesus um olhar em derredor de si e disse a seus discípulos: "Como é difícil entrarem no reino de Deus os que possuem riquezas!"

²⁴Aterraram-se os discípulos com essas palavras. Jesus, porém, tornou a dizer-lhes: "Como é difícil, filhos, entrarem no reino de Deus os que põem sua confiança nas riquezas. ²⁵Mais fácil é passar um camelo pelo fundo duma agulha do que entrar um rico no reino de Deus".

²⁶Com isso se aterraram ainda mais e diziam uns aos outros: "Quem pode então salvar-se?" ²⁷Jesus cravou neles um olhar e disse: "Para os homens é isso impossível, mas não para Deus; porque a Deus tudo é possível". [17-27: Mt 19,16; Lc 18,18]

Prêmio da pobreza voluntária. ²⁸Então tomou Pedro a palavra e disse: "Eis que nós deixamos tudo e te seguimos".

²⁹Respondeu Jesus: "Em verdade, vos digo que todo aquele que por causa de mim e do evangelho deixar casa, irmão, irmã, mãe, pai, filho, ou campo, ³⁰receberá, já nesta vida — embora entre perseguições —, o cêntuplo em casas, irmãos, irmãs, mãe, filhos e campos; e no mundo futuro terá a vida eterna. ³¹Muitos dos que são os primeiros serão os últimos; e muitos dos que são os últimos serão os primeiros".
[28-31: Mt 19,27; Lc 18,28]

Jesus prediz pela terceira vez a sua paixão. ³²Estavam subindo a caminho de Jerusalém. Jesus lhes tomou a dianteira; com isso se aterraram os discípulos e o foram seguindo cheios de apreensão. Tornou Jesus a chamar a si os doze e declarou-lhes o que estava para acontecer-lhe: ³³"Eis que vamos subindo a Jerusalém! O Filho do homem será entregue aos sumos sacerdotes e aos *escribas*[escribas e anciãos], que hão de condená-lo à morte e entregar aos gentios; ³⁴hão de escarnecê-lo, cuspir nele, açoitá-lo e matá-lo. Depois de três dias, porém, ressurgirá". [32-34: Mt 20,17; Lc 18,31]

Os filhos de Zebedeu. [35]Chegaram-se então a ele Tiago e João, filhos de Zebedeu, e lhe disseram: "Mestre, quiséramos que atendesses a um pedido nosso".

[36]Perguntou-lhes Jesus: "Que é que pedis de mim?"

[37]Responderam-lhe eles: "Concede-nos que, na tua glória, um de nós se sente à tua direita, e outro à tua esquerda".

[38]Replicou-lhes Jesus: "Não sabeis o que pedis. Podeis beber o cálice que eu bebo, e receber o batismo com que eu sou batizado?"

[39]"Podemos", responderam-lhe.

Tornou-lhes Jesus: "Sim, haveis de beber o cálice que eu bebo, e recebereis o batismo com que eu sou batizado; [40]mas isto, de vos conceder os lugares à minha direita e à minha esquerda, não é comigo; competem àqueles a quem são destinados".

[41]Quando os outros dez ouviram isso, indignaram-se contra Tiago e João. [42]Pelo que Jesus os chamou a si e lhes disse. "Sabeis que os príncipes dos povos dominam sobre os seus súditos, e os seus grandes exercem poder sobre eles. [43]Entre vós, porém, não há de ser assim; mas quem dentre vós pretender ser grande seja vosso servo; [44]e quem dentre vós quiser ser o primeiro seja o escravo de todos. [45]Pois também o Filho do homem não veio para ser servido, mas para servir e dar a sua vida como preço de resgate por muitos". [35-45: Mt 20,20; Lc 22,25]

O cego de Jericó. [46]Chegaram a Jericó. Quando Jesus ia saindo de Jericó, em companhia de seus discípulos e muito povo, estava sentado à beira do caminho um mendigo cego. Era Bartimeu, filho de Timeu. [47]Mal ouviu que vinha passando Jesus de Nazaré, pôs-se a clamar: "Jesus, Filho de Davi, tem piedade de mim!"

[48]Repreenderam-no muitos para que se calasse; ele, porém, gritava cada vez mais: "Filho de Davi, tem piedade de mim!"

[49]Parou Jesus e disse: "Chamai-o cá!" Foram chamar o cego e lhe disseram: "Tem confiança; levanta-te; que ele te está chamando". [50]Lançou de si sua capa, levantou-se dum salto e correu para Jesus.

[51]"Que queres que te faça?", perguntou-lhe Jesus.

"Mestre", suplicou o cego, "faze com que eu veja!"

[52]Disse-lhe Jesus: "Vai! Que a tua fé te curou". No mesmo instante via, e o foi seguindo pelo caminho. [46-52: Mt 20,29; Lc 18,35]

Feitos messiânicos

11 Entrada em Jerusalém. [1]Aproximavam-se de Jerusalém, perto de Betfagé e Betânia, no monte das Oliveiras. Enviou Jesus dois dos seus discípulos [2]com esta ordem: "Ide à aldeia que tendes em frente. Logo à entrada, encontrareis um jumentinho amarrado, no qual ainda ninguém montou: desatai-o e trazei-mo cá. [3]Se alguém vos perguntar: 'Que estais a fazer?', respondei que o Senhor precisa dele e logo o restituirá".

[4]Foram e encontraram o jumentinho amarrado fora do portão, numa encruzilhada. Desataram-no. [5]Alguns dos que lá estavam perguntaram: "Que estais a desatar o jumentinho?" [6]Responderam-lhes conforme Jesus ordenara; e deixaram-no levar.[1-6: Mt 21,1; Lc 19,29; Jo 12,12]

[7]Conduziram o jumentinho a Jesus, cobriram-no com as suas vestes; e ele montou. [8]Muita gente estendia os seus mantos pelo caminho; outros *espalhavam verde folhagem, que haviam cortado nos campos*[cortavam folhagens das árvores e com ela juncavam o caminho]. [9]E tanto os que iam adiante como os que seguiam atrás clamavam em altas vozes: "Hosana! Bendito o que vem em nome do Senhor! [10]Bendito seja o reino vindouro de nosso pai Davi! Hosana nas alturas!"

[11]Assim fez a sua entrada em Jerusalém e ingressou no templo. Observou tudo quanto havia em derredor, e só bastante tarde se retirou para Betânia com os doze.

Maldição da figueira estéril. [12]Quando, no dia seguinte, deixaram Betânia, Jesus teve fome. [13]Avistou ao longe uma figueira coberta de folhagem; aproximou-se a ver se lhe encontrava qualquer coisa. Mas, chegando ao pé, não lhe achou senão folhas, porque ainda não era tempo de figos. [14]Bradou-lhe Jesus: "Nunca jamais alguém coma fruto de ti!" Ouviram isso seus discípulos.[12-14: Mt 21,18]

Purificação do templo. [15]Chegaram a Jerusalém. Entrou Jesus no templo e expulsou os que aí vendiam e compravam, derribou as mesas dos cambistas e os bancos dos que vendiam pombas; [16]nem consentia que alguém levasse algum utensílio pelo templo.

[17]Chamava-lhes a atenção para isto: "Porventura, não está escrito: 'Minha casa será casa de oração para todos os povos'[Is 56,7]? Vós, porém, a fizestes covil de ladrões".

[18]Quando os príncipes dos sacerdotes e escribas souberam disso,

deliberaram como matá-lo; mas temiam-no porque todo o povo andava empolgado com a doutrina dele.

[19]Ao cair da tarde, tornou Jesus a sair da cidade.[15-19: Mt 21,12; Lc 19,45]

A figueira seca. [20]Quando, na manhã seguinte, passaram pela figueira, viram que secara até à raiz. [21]Ao que Pedro, recordando-se, lhe disse: "Olha, Mestre, secou a figueira que amaldiçoaste".

[22]Respondeu-lhe Jesus: "Tende fé em Deus. [23]Em verdade vos declaro que, se alguém disser a esse monte: 'Sai daqui e lança-te ao mar', e se não duvidar em seu coração, mas crer firmemente na realização da sua palavra — há de acontecer assim mesmo. [24]Por isso vos digo: crede firmemente que recebereis tudo quanto pedirdes na oração — e ser-vos-á dado. [25]E, se estiverdes a orar, perdoai se tendes qualquer coisa contra alguém, para que também vosso Pai celeste vos perdoe os vossos *pecados*[pecados. (26) Mas se vós não perdoardes, nem vosso Pai do céu vos perdoará as vossas faltas] [20-26: Mt 21,20]

Discussões no templo

Questão da autoridade. [27]Regressaram para Jerusalém. Andava Jesus pelo templo, quando se chegaram a ele os sumos sacerdotes, os escribas e os anciãos, e lhe perguntaram: [28]"Com que autoridade fazes estas coisas? Quem te deu o direito de fazer isto?"

[29]Replicou-lhes Jesus: "Também eu vos farei uma pergunta; se me derdes resposta, dir-vos-ei com que autoridade faço isto. [30]O batismo de João vinha do céu ou dos homens? Respondei-me".

[31]Puseram-se eles a discorrer consigo mesmos: "Se dissermos: do céu — replicar-nos-á: por que, pois, não lhe destes fé? [32]Diremos: dos homens?" Mas temiam o povo, porque toda a gente tinha a João em conta de verdadeiro profeta. [33]Responderam, pois, a Jesus: "Não sabemos". Replicou-lhes ele: "Pois nem eu vos digo com que autoridade faço isto".[27-33: Mt 21,23; Lc 20,1]

12 Os lavradores perversos. [1]Disse-lhes Jesus em forma de parábola: "Certo homem plantou uma vinha, cercou-a com uma sebe, cavou nela um lagar e levantou uma torre. Em seguida, arrendou-a a uns lavradores, e ausentou-se do país. [2]A seu tempo, enviou um servo aos lavradores, a fim de receber deles a sua porção dos frutos da vinha. [3]Eles, porém, o prenderam, feriram, e o despediram de mãos vazias. [4]Pela segunda vez lhes enviou outro servo. E maltrataram também a este, cobrindo-o de afrontas. [5]Mandou-lhes ainda um terceiro. Mas eles o mataram. O mesmo fizeram também a muitos outros, que em parte feriram, em parte mataram. [6]Ora, tinha ele ainda um filho único. Foi a esse que lhes enviou por último, dizendo consigo mesmo: 'Não deixarão de respeitar a meu filho'.

[7]Os lavradores, porém, disseram uns aos outros: 'Esse é o herdeiro; vamos dar cabo dele, e será nossa a herança'.

[8]Prenderam-no, pois, mataram-no e o lançaram fora da vinha.

[9]Ora, que fará o senhor da vinha? Virá e matará esses lavradores e arrendará a vinha a outros. [10]Nunca lestes esta passagem da Escritura: 'A pedra que os arquitetos rejeitaram, essa se tornou pedra angular; [11]essa é a obra do Senhor — coisa prodigiosa aos nossos olhos'[Sl 118(117),22]?"

[12]Procuraram então deitar-lhe as mãos; porque repararam que a parábola se referia a eles mesmos. Mas temiam o povo. Deixaram-no, pois, e se foram embora.[1-12: Mt 21,33; Lc 20,9]

A questão do tributo. [13]Enviaram-lhe então uns fariseus e herodianos, a fim de o apanharem em alguma palavra. [14]Aproximaram-se e disseram-lhe: "Mestre, sabemos que és amigo da verdade, que não conheces respeito humano, porque não fazes acepção de pessoas; mas que ensinas o caminho de Deus conforme a verdade. É lícito dar tributo a César ou não? Temos de pagar ou não temos de pagar?"

[15]Jesus, porém, lhes percebeu a hipocrisia, e disse-lhes: "Por que me tentais? Mostrai-me um denário para verificar". [16]Apresentaram-lho. Perguntou-lhes Jesus: "De quem é esta imagem e a inscrição?" "De César", responderam-lhe.

[17]Tornou-lhes Jesus: "Dai, pois, a César o que é de César, e a Deus o que é de Deus".

Pasmaram dele.[13-17: Mt 22,15; Lc 20,20]

A questão da ressurreição. [18]Nisto se lhe apresentaram uns saduceus — que negam a ressurreição — e lhe propuseram esta questão: [19]"Mestre, ordenou-nos Moisés que, se morresse um irmão e deixasse mulher sem filhos, o irmão dele casasse com a mulher e desse descendentes ao irmão[Dt 25,5]. [20]Ora, havia sete irmãos. Casou-se o primeiro, e morreu sem deixar filhos. [21]Casou o segundo com a mulher, e morreu também sem deixar filhos. Da mesma forma, o terceiro; ²²e assim todos os *sete*[sete casaram com ela] e não deixaram filhos. Por último de todos, faleceu também a mulher. ²³A quem pertencerá ela como mulher na ressurreição — se é que ressurgem — uma vez que todos a tiveram por esposa?"

²⁴Respondeu-lhes Jesus: "Não é que estais em erro por ignorardes as Escrituras e o poder de Deus? ²⁵Porquanto na ressurreição dos mortos não se casa nem se dá em casamento; mas são como os anjos nos céus. ²⁶Quanto à ressurreição dos mortos, não lestes no livro de Moisés, onde se fala da sarça, que Deus lhe disse: 'Eu sou o Deus de Abraão, o Deus de Isaac e o Deus de Jacó'[Ex 3,6]? ²⁷Ora, ele não é Deus dos mortos, mas, sim, dos vivos. Laborais, portanto, num grande erro".[18-27: Mt 22,23; Lc 20,27]

O mandamento máximo. ²⁸Um dos escribas que assistira a essa discussão e percebera com que acerto lhes respondera Jesus, apresentou-se a ele com esta pergunta: "Qual é o primeiro de todos os mandamentos?"

²⁹Respondeu Jesus: "O primeiro é este: 'Ouve, Israel! O Senhor nosso Deus é o único Senhor. ³⁰Amarás o Senhor teu Deus de todo o teu coração, de toda a tua alma, de toda a tua mente e com todas as tuas *forças*[forças. Este é o primeiro mandamento]'. ³¹O segundo diz: 'Amaras a teu próximo como a ti mesmo'. Não há mandamento maior que estes".

³²Tornou-lhe o escriba: "Perfeitamente, Mestre, é bem verdade o que acabas de dizer: que há *um só*[um só Deus], e não há outro fora dele. ³³Amá-lo *de todo o coração*[de todo o coração, de toda a alma], de toda a mente e com todas as forças, e ao próximo como a si mesmo — isso vale mais que todos os holocaustos e vítimas".

³⁴Em face dessa resposta que ele dera, tão sensata, disse-lhe Jesus: "Não estás longe do reino de Deus".

A partir daí, ninguém mais ousava fazer-lhe pergunta.[28-34: Mt 22,34; Lc 10,25]

O Filho de Davi. ³⁵No meio dos ensinamentos que dava no templo, perguntou Jesus: "Como é que os escribas afirmam que Cristo é filho de Davi, ³⁶quando o próprio Davi diz, no Espírito Santo: 'Disse o Senhor a meu Senhor: senta-te à minha direita até que eu reduza os teus inimigos a escabelo de teus pés'[Sl 110(109),1]?

³⁷Se, pois, o próprio Davi lhe chama senhor, como é que é seu filho?"

A numerosa multidão o escutava com gosto.[35-37: Mt 22,41; Lc 20,41]

Cuidado com os escribas! ³⁸Prosseguindo nos seus ensinamentos, disse: "Cuidado com os escribas, que se comprazem em andar por aí em amplas roupagens, querem ser cumprimentados nas praças ³⁹e gostam de ocupar os primeiros assentos nas sinagogas e lugar de honra nos banquetes. ⁴⁰Devoram as casas das viúvas, sob pretexto de recitarem longas orações. Rigoroso será o juízo que os aguarda".
[38-40: Mt 23,6; Lc 20,45]

O óbolo da viúva. ⁴¹Sentou-se Jesus defronte ao cofre das ofertas e observava como a gente deitava dinheiro no cofre. Muitos ricos ofereciam muito. ⁴²Veio também uma pobre viúva que deitou duas pequenas moedas, no valor de um vintém. ⁴³Ao que Jesus chamou os seus discípulos e lhes disse: "Em verdade, vos digo que esta pobre viúva lançou no cofre mais que todos os outros; ⁴⁴porque todos os outros deram do que lhes sobrava; ela, porém, deu da sua indigência tudo quanto tinha, todo o sustento da sua vida".[41-44: Lc 21,1]

Profecia sobre a destruição de Jerusalém e o fim do mundo

13 Ocasião. ¹Ao sair do templo, disse um dos discípulos a Jesus: "Olha, Mestre, que maravilha de pedras e de construções!" ²Tornou-lhe Jesus: "Estás vendo essas soberbas construções? Pois não ficará pedra sobre pedra — será tudo arrasado".

³Em seguida, foi sentar-se no monte das Oliveiras, com o templo à vista. Perguntaram-lhe então, confidencialmente, Pedro, Tiago, João e André: ⁴"Dize-nos, quando é que acontecerão estas coisas? E que sinal indicará o cumprimento de tudo isso?"

Grandes tribulações. ⁵Ao que Jesus lhes respondeu: "Cuidado que ninguém vos iluda! ⁶Porque aparecerão muitos em meu nome, dizendo: 'Sou eu'; e a muitos hão de enganar. ⁷Quando ouvirdes falar em guerras e boatos de guerras, não vos perturbeis; pois importa que assim aconteça; mas ainda não é o fim. ⁸Porque se levantará nação contra nação, e reino contra reino; haverá terremotos e fome, por toda a parte. Mas tudo isso não será senão o princípio das dores.

⁹Cuidado com vós mesmos! Por minha causa vos hão de entregar aos tribunais, açoitar-vos nas sinagogas e levar à presença de reis e governadores, em testemunho a eles. ¹⁰Primeiro será pregado o evangelho a todos os povos.

¹¹Quando, pois, vos levarem e arrastarem aos tribunais, não vos preocupeis com o que tiverdes de dizer; mas dizei o que naquela hora vos for inspirado; porque já não sois vós que falais, mas o Espírito Santo. ¹²Há de o irmão entregar à morte o irmão, e o pai ao filho; hão de os filhos revoltar-se contra os pais e tirar-lhes a vida. ¹³Por causa de meu nome é que sereis odiados de todos; mas quem perseverar até ao fim será salvo.[5-13: Mt 24,4; Lc 21-8] [1-13: Mt 24,1; Lc 21,5]

Prenúncios da destruição de Jerusalém. ¹⁴Quando virdes reinar os horrores da desolação onde reinar não deviam — atenda a isto o leitor! —, então fujam para os montes os que estiverem na Judéia; ¹⁵e quem se achar no terraço não desça ao interior da casa nem entre para buscar alguma coisa; ¹⁶quem estiver no campo não volte para buscar sua capa. ¹⁷Ai das mulheres que nesses dias andarem grávidas ou com filhinho ao peito! ¹⁸Orai para que isso não aconteça em tempo de inverno.

Grandes tribulações. ¹⁹Naqueles dias sobrevirá tribulação tão grande como não tem havido igual, desde o princípio, quando Deus criou o mundo, nem haverá para o futuro. ²⁰Se o Senhor não abreviasse aqueles dias, não se salvaria pessoa alguma; mas abreviou os dias, em atenção aos escolhidos que elegeu.

²¹Quando então vos disser alguém: 'Eis aqui está o Cristo! Ei-lo acolá!' — não o acrediteis; ²²porque aparecerão falsos Cristos e falsos profetas, que farão sinais e prodígios a ponto de enganar, possivelmente, até os escolhidos. ²³Ficai, pois, alerta! Eis que vos ponho de sobreaviso.[14-23: Mt 24,15; Lc 21,20]

Segundo advento de Cristo. ²⁴Depois da tribulação daqueles dias escurecerá o sol, e a lua já não dará a sua claridade; ²⁵as estrelas cairão do céu, e serão abaladas as energias do firmamento. ²⁶Então se verá o Filho do homem vir sobre as nuvens com grande poder e majestade; ²⁷enviará os seus anjos, que ajuntarão os seus escolhidos dos quatro pontos cardeais, desde o mais extremo horizonte da terra até ao mais alto do céu.[24-27: Mt 24,29; Lc 21,25]

Parábola da figueira. [28]Aprendei isso por uma semelhança tirada da figueira: quando os seus ramos se vão enchendo de seivas e brotando folhas, sabeis que está próximo o verão. [29]Do mesmo modo, quando presenciardes esses acontecimentos, sabei que está às portas. [30]Em verdade vos digo que não passará esta geração sem que tudo isso aconteça. [31]O céu e a terra passarão, mas não passarão as minhas palavras. [32]Aquele dia, porém, e aquela hora ninguém os conhece, nem os anjos do céu, nem o Filho, mas tão-somente o Pai. [28-32: Mt 24,32; Lc 21,29]

Vigilância. [33]Ficai, pois, alerta! *Vigiai*[Vigiai e orai]. Porque ignorais quando chegue esse momento. [34]Acontecerá como a certo homem que saiu para empreender uma viagem. Entregou a casa a seus servos, marcando a cada um o competente serviço e recomendando vigilância ao porteiro. [35]Alerta, pois! Porque não sabeis quando virá o dono da casa, se de tarde, se à meia-noite, se ao canto do galo, se de madrugada. [36]Que não apareça de improviso e vos encontre a dormir!

[37]O que vos digo a vós digo-o a todos: ficai alerta! [33-37: Mt 24,42; Lc 12,39]

Paixão, morte e ressurreição de Jesus

Última ceia

14 Resolução do sinédrio. [1]Era dois dias antes da páscoa, festa dos pães ázimos. Andavam os sumos sacerdotes e escribas em busca de uma oportunidade para prender traiçoeiramente a Jesus e matá-lo. [2]"Mas que não seja no dia da festa", diziam, "a fim de não se amotinar o povo." [1-2: Mt 26,1; Lc 22,1]

Jesus ungido em Betânia. [3]Achava-se Jesus em Betânia. Quando estava à mesa, em casa de Simão, o leproso, entrou uma mulher com um vaso de alabastro cheio de ungüento de nardo genuíno e de grande valor; quebrou o vaso de alabastro e derramou-lhe sobre a cabeça o ungüento. [4]Indignaram-se com isso alguns e diziam: "Para que este desperdício de ungüento? [5]Poder-se-ia vender este ungüento por mais de trezentos denários e dá-los aos pobres". E censuraram a mulher.

⁶Jesus, porém, disse: "Deixai-a! Por que a molestais? Praticou uma obra boa para comigo. ⁷Pobres sempre os tendes convosco e podeis fazer-lhes bem quando quiserdes; a mim, porém, nem sempre me tendes. ⁸Fez o que estava da sua parte: ungiu o meu corpo de antemão, para a sepultura. ⁹Em verdade, vos digo, onde quer que seja pregado o evangelho no mundo inteiro, será mencionado também em sua memória o que fez".[3-9: Mt 26,6; Jo 12,1]

Plano de Judas. ¹⁰Então Judas Iscariotes, um dos doze, foi ter com os sumos sacerdotes para o entregar. ¹¹Alegraram-se eles com a notícia e prometeram dar-lhe dinheiro. Desde então buscava ele oportunidade para entregá-lo.[10-11: Mt 26,14; Lc 22,3]

A ceia pascal. ¹²No primeiro dia dos pães ázimos, quando se imolava o cordeiro pascal, perguntaram os discípulos a Jesus: "Aonde queres que vamos e te preparemos a ceia pascal?"
¹³Ao que ele enviou dois dos seus discípulos com esta ordem: "Ide à cidade; aí encontrareis um homem com uma bilha d'água; segui-o ¹⁴e dizei ao dono da casa onde ele entrar: 'O mestre manda perguntar onde é a sala em que possa comer a ceia pascal com os seus discípulos'. ¹⁵E ele vos há de mostrar uma sala espaçosa e guarnecida de almofadas. Aí fazei os preparativos para nós".
¹⁶Foram os discípulos à cidade e encontraram como lhes dissera; e prepararam a ceia pascal.
¹⁷Ao anoitecer, chegou Jesus com os doze. ¹⁸Quando estavam à ceia, disse-lhes Jesus: "Em verdade, vos digo que um de vós, que come comigo, me há de entregar".
¹⁹Contristados, começaram a perguntar-lhe, um após outro: "Acaso sou eu?"
²⁰Respondeu-lhes Jesus: "É um de vós doze, um que mete comigo a mão no prato. ²¹O Filho do homem vai à morte, sim, conforme está escrito dele; mas ai daquele por quem o Filho do homem for atraiçoado! Melhor fora a esse homem não ter nascido".[12-21: Mt 26,17; Lc 22,7; Jo 13,21]

Instituição da Eucaristia. ²²Durante a ceia, tomou Jesus o pão, benzeu-o, partiu-o e deu-lho, dizendo: "Tomai; isto é o meu corpo". ²³Depois tomou o cálice, deu graças e lho apresentou; e beberam dele todos. ²⁴E disse-lhes: "Isto é o meu sangue, do *testamento, que é*[novo testamento, que será] derramado por muitos. ²⁵Em verdade, vos digo que já não beberei do fruto da videira até ao dia em que o beber novo, no reino de Deus". [22-25: Mt 26,26; Lc 22,19; 1Cor 11,23]

Protestos dos discípulos. [26]Recitaram o hino e saíram para o monte das Oliveiras. [27]Disse-lhes então Jesus: *"Para todos vós serei uma decepção*[Escandalizareis de mim, esta noite], porque está escrito: 'Ferirei o pastor, e dispersar-se-ão as ovelhas'[Zc 13,7]. [28]Mas, depois de ressuscitado, irei adiante de vós para a Galiléia".

[29]Disse-lhe Pedro: "Ainda que todos sejam decepcionados de ti, eu nunca!"

[30]Replicou-lhe Jesus: "Em verdade, te digo, ainda esta noite, antes de o galo cantar duas vezes, três vezes me terás negado".

[31]Ele, porém, porfiava em asseverar: "Ainda que seja necessário morrer contigo, não te negarei".

Todos os outros asseveravam o mesmo.[27-31: Mt 26,31; Lc 22,31; Jo 13,36]

De Getsêmani ao Gólgota

Agonia de Jesus. [32]Dirigiram-se então a uma granja por nome Getsêmani. Disse Jesus a seus discípulos: "Sentai-vos aqui, enquanto eu vou orar". [33]Levou consigo a Pedro, Tiago e João, e começou a encher-se de horror e de angústia, [34]dizendo: "Minha alma está em tristeza mortal; ficai aqui e vigiai". [35]Adiantou-se um pouco, e prostrou-se em terra, suplicando que, se possível fosse, passasse aquela hora. [36]"Abba, Pai!", dizia, "tudo te é possível; tira de mim este cálice. Contudo, não se faça como eu quero, mas, sim, como tu queres".

[37]Voltou, e os encontrou dormindo. Disse então a Pedro: "Tu dormes, Simão? Não pudeste vigiar uma hora sequer? [38]Vigiai e orai para não cairdes em tentação. O espírito está pronto, mas a carne é fraca".

[39]E, tornando a retirar-se, orou, repetindo as mesmas palavras. [40]Quando voltou, encontrou-os novamente dormindo, porque estavam com os olhos carregados; e não sabiam que responder-lhe.

[41]Veio pela terceira vez e disse-lhes: "Ainda continuais a dormir tranqüilamente. Basta! É chegada a hora. O Filho do homem vai ser entregue às mãos dos pecadores. [42]Levantai-vos. Vamos! Eis que aí vem o meu traidor!"[32-42: Mt 26,36; Lc 22,40]

Prisão de Jesus. [43]Ainda estava Jesus a falar, quando chegou

Judas[Judas Iscariotes], um dos doze, acompanhado duma multidão de gente armada de espadas e varapaus, por ordem dos sumos sacerdotes, escribas e anciãos. ⁴⁴Tinha o traidor combinado com eles um sinal: "A quem eu beijar, esse é; prendei-o e conduzi-o com cautela". ⁴⁵Veio, pois, encaminhou-se logo para ele e beijou-o, dizendo: '*Mestre!*[Salve, Mestre!]' ⁴⁶Ao que eles lhe deitaram as mãos e o prenderam. ⁴⁷Nisto um dos circunstantes puxou da espada e, vibrando-a contra um servo do sumo sacerdote, cortou-lhe uma orelha.

⁴⁸Disse-lhes Jesus: "Como se fora a um ladrão, assim saístes com espadas e varapaus para prender-me; ⁴⁹dia a dia estava eu no meio de vós, ensinando no templo, e não me prendestes. Mas convinha que se cumprisse a Escritura".

⁵⁰Então o abandonaram todos *os seus*[os seus discípulos] e fugiram. ⁵¹Seguia-o, porém, um jovem coberto com um lençol de linho sobre o corpo nu; quando queriam prendê-lo, ⁵²largou o lençol e escapou desnudo.[43-52: Mt 26,47; Lc 22,47; Jo 18,1]

Jesus diante do sinédrio. ⁵³Conduziram Jesus à presença do sumo sacerdote, onde se reuniram todos os sumos sacerdotes, anciãos e escribas. ⁵⁴Pedro o foi seguindo de longe até ao pátio do sumo sacerdote, e sentou-se ao fogo, no meio dos servos, para aquecer-se.

⁵⁵Os sumos sacerdotes e o sinédrio todo andavam em busca de algum falso testemunho contra Jesus, a fim de o condenarem à morte; mas não encontravam, ⁵⁶por mais que fossem os que depunham falsamente contra ele; os seus depoimentos não concordavam. ⁵⁷Levantaram-se ainda alguns e depuseram falsamente contra ele: ⁵⁸"Nós o ouvimos dizer: 'Destruirei este templo, obra de mãos humanas, e em três dias edificarei outro, que não será obra de mãos humanas'".

⁵⁹Mas nem assim harmonizavam os seus depoimentos.

⁶⁰Levantou-se então o sumo sacerdote, colocou-se no meio e perguntou a Jesus: "Não respondes coisa alguma ao que esses depõem contra ti?" ⁶¹Jesus, porém, permaneceu calado; nada lhe respondeu.

Tornou o sumo sacerdote a interrogá-lo, dizendo: "És tu o Cristo, o Filho *do bendito*[de Deus bendito]?".

⁶²Respondeu-lhe Jesus: "Sim, eu o sou. Vereis o Filho do homem sentado à direita do Onipotente e vir sobre as nuvens do céu".

⁶³A isso o sumo sacerdote rasgou as suas vestiduras, exclamando:

"Que necessidade temos ainda de testemunhas? ⁶⁴Acabais de ouvir a blasfêmia! Que vos parece?" E todos a uma só voz o declararam réu de morte.

⁶⁵Puseram-se alguns a cuspir nele, a cobrir-lhe o rosto e a tratá-lo aos murros, dizendo: "Profetiza!" Os servos lhe davam bofetadas.
[53-65: Mt 26,57; Lc 22,63]

Negação de Pedro. ⁶⁶Entrementes, se achava Pedro embaixo, no pátio. Veio uma das criadas do sumo sacerdote, ⁶⁷viu a Pedro, que se estava aquecendo, encarou-o e disse: "Também tu estavas com Jesus, o nazareno".

⁶⁸Ele, porém, o negou, dizendo: "Não sei nem compreendo o que dizes". E saiu para o pórtico da entrada. Nisto cantou o galo.

⁶⁹A criada, vendo-o aí, tornou a dizer aos circunstantes: "Este também é dos tais". ⁷⁰Mas ele o negou novamente.

Decorrido pouco tempo, disseram os circunstantes outra vez a Pedro: "Certamente, também tu és do número deles; pois és galileu". ⁷¹Então começou ele a praguejar e a jurar, dizendo: "Não conheço esse homem de que falais". ⁷²E logo cantou o galo pela segunda vez. Lembrou-se Pedro do que lhe dissera Jesus: "Antes de o galo cantar duas vezes, três vezes me terás negado". E, abalado, rompeu em pranto.[66-72: Mt 26,69; Lc 22,54; Jo 18,15]

15 Jesus diante de Pilatos. ¹Logo de manhã, os sumos sacerdotes com os anciãos e os escribas, o sinédrio em peso convocaram uma sessão. Conduziram Jesus preso, e entregaram-no a Pilatos. ²Perguntou-lhe Pilatos: "És tu o rei dos judeus?" Respondeu-lhe Jesus: "É como dizes".

³Passaram então os sumos sacerdotes a levantar contra ele grande número de acusações. ⁴Tornou Pilatos a interrogá-lo: "Não respondes coisa alguma? Ouve de quanta coisa te fazem carga". ⁵Jesus, porém, nada mais respondeu, de modo que Pilatos se admirava.

⁶Ora, costumava soltar-lhes, por ocasião da festa, um dos presos que eles mesmos pedissem. ⁷Estava preso naquele tempo, com mais outros rebeldes, um homem de nome Barrabás, que, num motim, havia cometido um homicídio. ⁸Subiu, pois, o povo e começou a pedir o que lhe costumava conceder. ⁹Perguntou-lhes Pilatos: "Quereis que vos ponha em liberdade o rei dos judeus?" ¹⁰Pois bem sabia que por inveja lho tinham entregado os sumos sacerdotes. ¹¹Entretanto, os sumos sacerdotes instigaram o povo para que antes pedisse a li-

bertação de Barrabás. [12]Tornou a perguntar-lhes Pilatos: "Que farei, pois, do que chamais o rei dos judeus?"

[13]Clamaram: "Crucifica-o!"

[14]"Pois que mal fez ele?", perguntou-lhes Pilatos.

Eles, porém, gritavam ainda mais: "Crucifica-o!"

[15]Quis Pilatos fazer a vontade ao povo, pelo que lhe soltou Barrabás e, depois de fazer açoitar a Jesus, o entregou para ser crucificado.
[1-15: Mt 27,1; Lc 23,1; Jo 18,28]

Coroação de espinhos. [16]Então os soldados levaram Jesus para o pátio, isto é, o pretório, e reuniram todo o destacamento. [17]Lançaram-lhe aos ombros um manto de púrpura, teceram uma coroa de espinhos e lha puseram sobre a cabeça; [18]saudavam-no, dizendo: "Salve, rei dos judeus!" [19]Davam-lhe com uma cana na cabeça, cuspiam nele e lhe prestavam homenagem, dobrando o joelho.[16-19: Mt 27,27; Jo 19,1]

Crucifixão. [20]Depois de o terem ludibriado, tiraram-lhe o manto de púrpura e lhe vestiram as suas roupas. Em seguida levaram-no para o crucificarem.

[21]Obrigaram a carregar-lhe a cruz um homem que ia passando, vindo do campo; era Simão de Cirene, pai de Alexandre e Rufo. [22]Conduziram-no ao lugar chamado Gólgota, que quer dizer lugar de caveiras. [23]Aí lhe deram de beber vinho com mirra; ele, porém, não o tomou. [24]Então o crucificaram e repartiram entre si as vestes dele, lançando sortes, a ver o que tocaria a cada um. [25]Foi pelas nove horas que o crucificaram. [26]Um letreiro, com a indicação do seu crime, dizia: O REI DOS JUDEUS. [27]Juntamente com ele crucificaram dois malfeitores, um à direita, outro à esquerda, [28]vindo a cumprir-se, assim, a Escritura: "Igualaram-no aos malfeitores"[Is 53,12].

Impropérios. [29]Os transeuntes cobriam-no de injúrias, meneavam a cabeça e diziam: "Olá! Tu, que destróis o *templo*[templo de Deus] e em três dias o reedificas, [30]salva-te a ti mesmo e desce da cruz". [31]Da mesma forma, mofavam dele os sumos sacerdotes e os escribas, dizendo: "Salvou a outros, e a si mesmo não se pode salvar. [32]Cristo, rei de Israel, desce agora da cruz, para que vejamos e creiamos". Também o injuriavam os que estavam crucificados com ele.[20-32: Mt 27,39; Lc 23,33; Jo 19,17]

Morte de Jesus. ³³Pelo meio-dia cobriu-se de trevas todo o país, que duraram até às três horas da tarde. ³⁴Às três horas soltou Jesus um grande brado, dizendo: "Eloi, Eloi, lama sabacthani" — isto é: "Meu Deus, meu Deus, por que me desamparaste?" ³⁵Alguns dos circunstantes, ouvindo isso, observaram: "Eis que chama por Elias!" ³⁶Ao que um deles correu a ensopar uma esponja em vinagre, prendeu-a numa cana e deu-lhe de beber, dizendo: "Deixem! Vamos ver se Elias vem tirá-lo". ³⁷Jesus, porém, deu um grande brado — e expirou.

³⁸Rasgou-se, de alto a baixo, o véu do templo.

³⁹O comandante que lhe ficava defronte, vendo-o expirar *assim*[assim, com esse brado], disse: "Em verdade, este homem era Filho de Deus!"

⁴⁰Estavam também aí umas mulheres, a olhar de longe, entre elas Maria Madalena, e Maria, mãe de Tiago Menor e de José, bem como Salomé. ⁴¹Tinham acompanhado Jesus desde a Galiléia, prestando-lhe serviços. Havia ainda aí muitas outras que tinham subido com ele a Jerusalém.[33-41: Mt 27,45; Lc 23,44; Jo 19,25]

Sepultura de Jesus. ⁴²Ao anoitecer — era o dia de preparativos, que é o dia antes do sábado — ⁴³veio José de Arimatéia, ilustre senador, que também aguardava o reino de Deus; dirigiu-se resolutamente a Pilatos e requereu o corpo de Jesus. ⁴⁴Admirou-se Pilatos de que Jesus já tivesse morrido. Chamou o comandante e perguntou-lhe se já estava morto. ⁴⁵Depois de cientificado pelo comandante, cedeu o corpo a José. ⁴⁶Este comprou um lençol de linho, desceu o corpo da cruz, amortalhou-o no lençol, depositou-o num sepulcro aberto na rocha e volveu uma pedra para a boca do túmulo. ⁴⁷Estavam aí Maria Madalena e Maria, mãe de José, a observar onde o colocavam.[42-47: Mt 27,57; Lc 23,50; Jo 19,38]

Ressurreição e ascensão de Jesus

16 As mulheres ao sepulcro. ¹Terminado o sábado, foram Maria Madalena, e Maria, mãe de Tiago, e Salomé comprar aromas para irem embalsamá-lo. ²Chegaram ao sepulcro, na madrugada do primeiro dia da semana, ao despontar do sol. ³Diziam umas às outras: "Quem nos revolverá a pedra da boca do sepulcro?" ⁴Mas, quando levantaram os olhos, viram revolvida a pedra, que era muito grande. ⁵Entraram no sepulcro e viram sentado à direita um jovem em alvejantes vestiduras; e encheram-se de terror. ⁶Ele, porém, lhes disse: "Não temais! Procurais a Jesus de Nazaré, o crucificado: ressuscitou; não está aqui; eis o lugar onde o tinham colocado. ⁷Ide e dizei a seus discípulos e a Pedro que irá adiante de vós para a Galiléia; aí o vereis, conforme vos disse".

⁸Saíram elas e fugiram do sepulcro, porque as acometera espanto e terror; e, de tão aterradas, não disseram nada a ninguém.[1-8: Mt 28,1; Lc 24,1; Jo 20,1]

Jesus aparece aos seus. ⁹Depois de ressuscitar, na manhã do primeiro dia da semana, apareceu Jesus primeiramente a Maria Madalena, da qual expulsara sete demônios. ¹⁰Foi ela dar parte aos companheiros dele, que estavam chorosos e aflitos. ¹¹Mas, ao ouvirem que estava vivo e lhe aparecera, não lhe deram crédito.

¹²Mais tarde apareceu Jesus, sob forma diferente, a dois deles quando iam pelo campo. ¹³Também estes foram dar notícia aos demais, mas nem a eles deram fé. ¹⁴Por último, apareceu aos onze, quando estavam à mesa, e censurou-lhes a incredulidade e dureza de coração, por não terem dado crédito aos que o tinham visto ressuscitado.

Missão mundial dos apóstolos. ¹⁵Em seguida, disse-lhes: "Ide pelo mundo inteiro e pregai o evangelho a todas as criaturas. ¹⁶Quem crer e for batizado será salvo; mas quem não crer será condenado. ¹⁷E estes sinais acompanharão aos que crerem: em meu nome expulsarão demônios, falarão línguas novas, ¹⁸suspenderão serpentes e, se beberem algum veneno mortífero, não lhes fará mal; porão as mãos sobre os doentes, e eles serão curados".[14-18: Mt 28,16]

Ascensão. ¹⁹Depois de lhes haver falado deste modo, foi o Senhor Jesus levado ao céu e tomou lugar à direita de Deus.

²⁰Eles, porém, partiram e pregaram o evangelho por toda a parte; e o Senhor cooperava com eles, confirmando-lhes a palavra com os sinais que os seguiam.

Notas explicativas

(cf. notas correspondentes de Mt)

1 [23]Sinagogas chamavam-se as casas de oração dos judeus, fora do templo de Jerusalém. No meio do recinto levantava-se uma espécie de estrado ou púlpito. De ambos os lados deste, bem como ao longo das paredes, corriam filas de cadeiras, as primeiras das quais estavam reservadas aos sacerdotes e escribas. Nas funções sabatinas, após as orações iniciais, se fazia leitura da lei e dos profetas com a competente explicação. Terminava a cerimônia pela bênção sacerdotal.

2 [4]Não era muito difícil esta manobra, porque no Oriente as casas têm teto plano e, muitas vezes, uma escadaria do lado de fora.
[14]Levi é o apóstolo São Mateus. Para maior humilhação própria, só ele mesmo acrescenta que exercera a profissão de publicano, ao passo que os demais evangelistas silenciam essa circunstância.

4 [26]Nesta parábola, referida somente por São Marcos, faz o divino Mestre ver que o reino de Deus se desenvolve neste mundo lenta e seguramente, em virtude duma misteriosa força intrínseca, sem que seja necessária uma nova intervenção da parte do Semeador.

5 [2]Mc ocupa-se apenas com um dos dois possessos de que fala Mt, porque este lhe merecia mais atenção em face dos acontecimentos imediatos.
[9]A legião romana contava 6.000 soldados; entretanto, a palavra legião vem empregada muitas vezes como simples sinônimo de grande multidão.

6 [5]Jesus não podia ou não queria operar obras poderosas em Nazaré, por faltar aos nazarenos a competente disposição de espírito para receberem semelhantes privilégios, isto é, a fé.
[7-11]As prescrições que Jesus dá aos seus missionários têm por fim recomendar-lhes a maior simplicidade e despretensão apostólica, conselho esse que vem concretizado na enumeração de diversos objetos mais ou menos dispensáveis.

7 [1-24]Segundo a lei mosaica, era considerado impuro e, por isso, excluído do culto público: 1) o leproso, 2) o que tocara num cadáver,

3) o que praticara certos atos da vida sexual, 4) o que tinha tocado num impuro dessas três classes. Para tirar essa impureza ritual eram prescritas várias abluções ou lustrações. Era intenção do legislador arredar os homens do pecado simbolizado por essas coisas; o fariseu, porém, tomava essas exterioridades pelo principal, deixando de parte a pureza interior e materializando, assim, a alma da lei. É nesse sentido que Jesus fala em tradições dos antepassados.

8 [14-21]O fermento significava a doutrina dos orgulhosos fariseus e os princípios levianos de Herodes e seus adeptos.

9 [10-13]Elias voltará pessoalmente antes da segunda vinda do Messias, no fim do mundo; mas em espírito já apareceu na pessoa de João Batista, que foi perseguido por Herodes e Herodíades, assim como o fora Elias por parte de Acab e de Jezabel. Outros entendem que João era uma reencarnação de Elias.

[14-29]Os tormentos da possessão demoníaca do menino, relacionados com o seu estado orgânico, mudavam com as fases da lua, razão por que Mt lhe chama lunático.

[38-41]Aquele exorcista tinha fé em Jesus, embora não fosse do número dos discípulos mais íntimos do divino Mestre; expulsando demônios, promovia a causa do reino messiânico e não devia nisso ser embargado por ciúmes mesquinhos. Todo ato de caridade terá a sua recompensa; quanto mais o auxílio prestado à obra apostólica daquele exorcista.

[49]Do mesmo modo que a carne das vítimas era, segundo a lei mosaica (Lv 2,13), temperada com sal, assim deve também o corpo carnal do homem ser temperado com o sal da espiritualidade, para se tornar agradável a Deus e não se corromper pelos vícios.

10 [18]Jesus não recusa o título de bom que aquele jovem tão entusiasticamente lhe dá; mas insinua delicadamente a sua divindade, preparando, destarte, o seu interpelante para o grande sacrifício que lhe pede.

[24-25]O rico que se apegar desordenadamente a seu dinheiro e fizer dele o seu ídolo não pode entrar no reino de Deus; é necessário que se torne pobre pelo espírito.

[46-52]É este cego um dos dois que Mt 20,29ss menciona; tornara-se provavelmente cristão e era conhecido na Igreja primitiva, razão por que Mc lhe indica o nome.

12 ¹⁰⁻¹¹Estes arquitetos eram os judeus, que rejeitaram a pedra-mestra, Jesus Cristo, o qual, no entanto, veio a tornar-se o elo indestrutível que une a Igreja mundial, composta de elementos judaicos e pagãos.

⁴³Mc traduz as duas pequenas moedas para o valor romano, dando-as como equivalentes a um "quadrante", ou seja, mais ou menos um antigo vintém brasileiro; ao passo que Lc, escrevendo para étnico-cristãos de países diversos, deixa de especificar o valor das moedas.

⁴⁴O que dá valor à esmola, aos olhos de Deus, são as disposições internas do doador e não a soma material da dádiva.

13 ³²Jesus, como Deus, conhecia perfeitamente o dia e a hora do fim do mundo; mas como homem dependia da vontade do Pai; e assim podia, sem faltar à verdade, dizer que ignorava esse tempo.

14 ⁵¹⁻⁵²Este jovem era, provavelmente, o próprio evangelista Marcos, cuja família morava em Jerusalém (At 12,12); vira a quadrilha chefiada por Judas, e fora-lhe no encalço a toda a pressa.

⁶³Rasgar a veste, isto é, a parte que cobria o peito, simbolizava, entre diversos povos antigos, uma dor intensa ou uma grande indignação.

15 ²¹Alexandre e Rufo, filhos de Simão Cireneu, eram conhecidos dos cristãos de Roma (Rm 16,13), motivo por que o evangelista, que escrevia principalmente para os romanos, os menciona explicitamente.

²⁵Diz Mc que Jesus foi crucificado à hora terceira, que principiava às nove horas, quando João (19,14) afirma ter sido à hora sexta, que começava ao meio-dia. Mas convém lembrar que aquele escrevia para os cristãos de Roma e, segundo o costume romano, a flagelação (que ocorreu às nove horas) fazia parte integrante da crucifixão. Poderíamos, pois, dizer que a crucifixão de Jesus começou às nove horas. De resto, nada obsta a que a crucifixão propriamente dita tenha tido inicio antes do meio-dia (à hora terceira), terminando depois do meio-dia (à hora sexta). Mc optou pela primeira versão; João, testemunha ocular do fato, deu mais importância aos tormentos da segunda parte.

Evangelho segundo Lucas

Introdução

1. São Lucas era, segundo Eusébio, natural de Antioquia, na Síria. Era de origem pagã (Cl 4,11-14), e médico de profissão (Cl 4,14), o que também revelam os seus escritos. Uma lenda, que remonta a Teodoro Leitor, do século VI, diz que Lucas também era pintor. A sua carreira médica, bem como o seu estilo grego, que, não raro, se aproxima do classicismo helênico, revelam um homem de cultura superior. É incerta a data da sua conversão ao cristianismo; talvez fosse do número daqueles pagãos que, não muito após a morte de Santo Estêvão, foram recebidos na Igreja antioquena (At 11,20s). Na qualidade de amigo e colaborador dos apóstolos, acompanhou a São Paulo na segunda e terceira excursão missionária (At 16,10-17; 20,5–21,18), fazendo-lhe também companhia nos cárceres de Cesaréia e de Roma (At 24,23; 28,16; Cl 4,14). Do resto da sua vida falta-nos qualquer notícia certa. Parece ter morrido mártir na província de Acaia, donde as suas relíquias foram trasladadas para Constantinopla, em 357, juntamente com as do apóstolo Santo André. A Igreja lhe celebra a festa no dia 18 de outubro.

2. A tradição unânime da antiga Igreja dá São Lucas como autor do terceiro evangelho. Afirma o fragmento muratoriano* que Lucas compôs um evangelho em nome e no espírito de São Paulo. Santo

---

* Elenco dos livros sacros do Novo Testamento que, pelos meados do século II, eram lidos na liturgia da Igreja ocidental.

Irineu escreve: "Lucas, companheiro de Paulo, redigiu em livro o evangelho pregado por aquele". De modo análogo se exprimem Tertuliano, Orígenes e outros.

Que no terceiro evangelho fala um discípulo de São Paulo bem o dão a entender tanto a linguagem como também o conteúdo. O autor revela interesse pela medicina e conhece os termos técnicos dos médicos gregos (cf. 4,23.38; 8,43; 10,34; 13,11ss; 22,50). A vernaculidade do estilo grego e a elegância da dicção fazem adivinhar um heleno-cristão de apurada cultura: predicados esses que verificamos precisamente na pessoa de São Lucas.

3. Lucas não foi testemunha ocular dos acontecimentos em questão. Tinha, pois, de recorrer a outras fontes. Quais as fontes de que hauriu o material do seu evangelho? Na qualidade de companheiro de São Paulo, tinha sobeja ocasião para tirar informações exatas. Além disso, durante a sua permanência em Jerusalém e Cesaréia, podia tratar pessoalmente com "os que desde o princípio foram testemunhas oculares e ministros da palavra" (1,2). Nem lhe faltavam outras fontes fidedignas. A história da infância de Jesus (capítulos 1 e 2) baseia-se, provavelmente, sobre documentos escritos em língua aramaica, material esse que Lucas não deixou, certamente, inaproveitado. De resto, lá estava a própria mãe de Jesus.

4. Dirige-se este evangelho a um tal Teófilo, distinto étnico-cristão de Roma. Entretanto, não passa essa dedicatória de uma como formalidade honorífica; destinava-se o escrito a um círculo de leitores bem mais vasto, que vinham a ser as cristandades fundadas pelo apóstolo Paulo.

5. O fim deste evangelho consiste de preferência em fornecer a Teófilo e aos demais leitores esclarecimentos históricos sobre a vida de Jesus.

Alia-se a esse objetivo histórico um fim de caráter teológico: pretende o autor demonstrar que Jesus é o Salvador misericordioso que acolhe benignamente todos os homens e, de modo especial, os humildes, os pobres e os pecadores. Amor e misericórdia — são esses os dois traços que dão a este evangelho uma nota característica como a nenhum outro. O evangelho de São Lucas é o mais amável e delicioso de quantos livros existem no mundo. Pois é o evangelho, a boa nova daquele Deus que com entranhas de amor e compaixão vinha visitar a humanidade pecadora. Com inexcedível delicadeza de sentimento sabe a mão do artista evangélico pintar o homem de Nazaré, o bondoso amigo, o carinhoso médico, o compassivo Salvador.

6. O terceiro evangelho nasceu antes da destruição de Jerusalém (ano 70), por sinal que não menciona essa catástrofe. Sendo que Lucas rematou os Atos dos Apóstolos no ano 63, deve ter escrito pouco antes o seu "primeiro livro", como chama ao evangelho que publicara. É provável que o tenha escrito durante a sua primeira estada em Roma, com São Paulo.

7. São Lucas excede os moldes traçados pelos dois primeiros evangelhos e, diversamente de Marcos, se ocupa com a história da infância de Jesus, principiando pela anunciação e nascimento de João Batista, ponto esse em que também diverge de Mateus. Passa em seguida a descrever a atividade de Jesus na Galiléia, acrescentando o período do seu apostolado na Judéia e na Peréia. No mais, coincide o assunto com o do primeiro e do segundo evangelhos.

Decisão da Comissão Bíblica de 26 de junho de 1912: "Razões internas e externas provam a autenticidade também das passagens Lc 1-2 e 22,43s. O *Magnificat* tem por autora a Virgem Maria. Lucas, além da pregação de São Paulo, se serviu de outras fontes, e as suas exposições merecem toda a fé. O seu evangelho é o terceiro, e foi escrito antes do fim da primeira prisão romana de São Paulo".

Evangelho de Jesus Cristo segundo Lucas

1 Prólogo. ¹Muitos houve que se deram ao trabalho de organizar a narração dos acontecimentos que entre nós se realizaram, ²guiando-se pelo que nos transmitiram os que desde o princípio foram testemunhas oculares e ministros da palavra.

³Ora, resolvi também eu investigar cuidadosamente os fatos, desde a sua primeira origem, e escrever-tos segundo a ordem, excelentíssimo Teófilo, ⁴para que te convenças de quanta confiança é merecedora a doutrina em que foste instruído.

Infância e mocidade de Jesus

Anunciação do nascimento de João Batista. ⁵Vivia nos dias de Herodes, rei da Judéia, um sacerdote de nome Zacarias, da classe sacerdotal de Abias. Sua mulher era da estirpe de Aarão e chamava-se Isabel. ⁶Ambos eram justos aos olhos de Deus e andavam irrepreensíveis em todos os mandamentos e preceitos do Senhor. ⁷Mas não tinham filho; porque Isabel era estéril e ambos se achavam em idade avançada.

⁸Ora, em certa ocasião desempenhava Zacarias as funções sacerdotais perante Deus, porque era a vez da sua classe. ⁹Segundo o costume do sacerdócio, tocou-lhe por sorte entrar no templo do Senhor para oferecer o incenso. ¹⁰Todo o povo estava da parte de fora e orava, durante o sacrifício de incenso. ¹¹Apareceu-lhe então à direita do altar de incenso um anjo do Senhor. ¹²À vista dele ficou Zacarias aterrado e transido de medo.

¹³Disse-lhe, porém, o anjo: "Não temas, Zacarias; foi ouvida a tua

oração. Tua esposa, Isabel, te dará um filho, a quem porás o nome de João. ¹⁴Encher-te-ás de gozo e regozijo, e muitos hão de alegrar-se com o seu nascimento; ¹⁵porque será grande diante do Senhor. Não tomará vinho nem bebida inebriante, e desde o seio de sua mãe será repleto do Espírito Santo; ¹⁶converterá ao Senhor, seu Deus, muitos dos filhos da Israel, ¹⁷e seguirá diante dele no espírito e na virtude de Elias para despertar nos filhos o espírito dos pais e reconduzir os rebeldes aos sentimentos dos justos, a fim de preparar ao Senhor um povo dócil".

¹⁸Disse Zacarias ao anjo: "Por onde me certificarei disto? Pois eu sou velho e minha mulher avançada em anos".

¹⁹Respondeu-lhe o anjo: "Eu sou Gabriel, que assisto diante de Deus, e fui enviado para falar-te e dar-te esta boa nova. ²⁰Mas, como não deste crédito às minhas palavras, que a seu tempo se hão de cumprir — eis que ficarás mudo e sem poder falar até ao dia em que isso se realize".

²¹Entrementes, esperava o povo por Zacarias, admirado da sua longa demora no templo. ²²Quando Zacarias saiu, não pôde proferir palavra; e eles compreenderam que tivera alguma visão no templo. Falou-lhes por acenos e permaneceu mudo. ²³Assim que terminaram os dias do seu ministério, regressou para casa. ²⁴Depois desses dias concebeu sua mulher, Isabel; retirou-se por espaço de cinco meses e dizia: ²⁵"Foi o Senhor que isto me concedeu; nestes dias fez cessar benignamente o meu opróbrio diante dos homens".

Anunciação do nascimento de Jesus. ²⁶No sexto mês, foi o anjo Gabriel enviado por Deus a uma cidade da Galiléia, chamada Nazaré, ²⁷a uma virgem desposada com um varão, por nome José, da casa de Davi. O nome da virgem era Maria. ²⁸Entrou o anjo onde ela estava e disse: "Eu te saúdo, cheia de graça; o Senhor é *contigo*[contigo, bendita és tu entre as mulheres]".

²⁹A essas palavras assustou-se ela e refletiu o que significaria essa saudação.

³⁰Disse-lhe o anjo: "Não temas, Maria; pois achaste graça diante de Deus. ³¹Eis que conceberás e darás à luz um filho, a quem porás o nome de Jesus. ³²Será grande e chamado Filho do Altíssimo; Deus, o Senhor, lhe dará o trono de seu pai Davi; ³³reinará eternamente sobre a casa de Jacó, e o seu reino não terá fim".

³⁴Tornou Maria ao anjo: "Como se fará isto, pois que não conheço varão?"

³⁵Volveu-lhe o anjo: "O Espírito Santo descerá sobre ti e o poder do Altíssimo te fará sombra. Por isso, o que *nascerá*[nascerá de ti] será chamado santo, Filho de Deus. ³⁶Também tua parenta Isabel concebeu um filho em sua velhice e já está no sexto mês, ela, que passa por estéril; ³⁷porque a Deus nada é impossível".
³⁸Disse então Maria: "Eis aqui a serva do Senhor; faça-se em mim segundo a tua palavra".
E o anjo deixou-a.

Visitação de Maria a Isabel. ³⁹Naqueles dias, pôs-se Maria a caminho e dirigiu-se com presteza às montanhas, em demanda de uma cidade de Judá. ⁴⁰Entrou em casa de Zacarias e saudou a Isabel. ⁴¹E, assim que Isabel ouviu a saudação de Maria, exultou-lhe o menino no seio; e Isabel, repleta do Espírito Santo, ⁴²exclamou em altas vozes: "Bendita és tu entre as mulheres, e bendito é o fruto do teu seio. ⁴³Em que mereci eu que viesse visitar-me a mãe do meu Senhor? ⁴⁴Pois, logo que a tua saudação me soou ao ouvido, exultou de prazer o menino nas minhas entranhas. ⁴⁵Bem-aventurada quem acreditou que se cumprirá o que lhe foi dito pelo Senhor!"

⁴⁶Disse então Maria: ⁴⁷"Minha alma glorifica ao Senhor, e meu espírito rejubila em Deus, meu Salvador, ⁴⁸porque lançou olhar benigno à sua humilde serva. Eis que desde agora me chamarão bem-aventurada todas as gerações. ⁴⁹Grandes coisas me fez o poderoso — santo é o seu nome. ⁵⁰Vai de geração em geração a sua misericórdia sobre os que o temem. ⁵¹Manifestou o poder do seu braço. Aniquilou os soberbos na imaginação do seu coração. ⁵²Derribou do trono os poderosos e exaltou os humildes. ⁵³Saciou de bens os famintos e despediu vazios os ricos. ⁵⁴Acolheu a Israel, seu servo, lembrado da sua misericórdia ⁵⁵para com Abraão e seus descendentes para sempre, conforme prometera a nossos pais".

⁵⁶Ficou Maria uns três meses com Isabel; depois regressou para casa.

Nascimento de João Batista. ⁵⁷Chegou o tempo em que Isabel devia dar à luz; e deu à luz um filho. ⁵⁸Ouviram os vizinhos e parentes que o Senhor lhe fizera grande misericórdia, e congratularam-se com ela. ⁵⁹No oitavo dia vieram para circuncidar o menino, e quiseram pôr-lhe o nome de seu pai, Zacarias.

⁶⁰"De modo nenhum", replicou a mãe. "O seu nome será João."
⁶¹Ao que lhe observaram: "Mas não há ninguém em tua parentela

que tenha esse nome". ⁶²Perguntaram então por acenos ao pai do menino como queria se chamasse. ⁶³Pediu ele uma tabuinha e escreveu as palavras: "João é seu nome".

Pasmaram todos. ⁶⁴No mesmo instante desimpediu-se-lhe a boca e soltou-se-lhe a língua, e falava, bendizendo a Deus. ⁶⁵Então se encheram de temor todos os vizinhos, e por todas as montanhas da Judéia se divulgaram esses fatos. ⁶⁶E todos os que deles tiveram notícia ponderavam-nos consigo mesmos, dizendo: "Que será deste menino? Porque a mão do Senhor estava com ele". ⁶⁷Seu pai Zacarias ficou repleto do Espírito Santo e rompeu nestas palavras proféticas:

⁶⁸"Bendito seja o Senhor, Deus de Israel, porque visitou e redimiu o seu povo. ⁶⁹Suscitou-nos um Salvador poderoso na casa de seu servo Davi; ⁷⁰salvação dos nossos inimigos e das mãos de todos os que nos odeiam, ⁷¹assim como desde séculos prometera por boca dos santos profetas; ⁷²para fazer misericórdia aos nossos pais e recordar-se da sua santa aliança, ⁷³do juramento que fez a nosso pai Abraão: para conceder-nos que, ⁷⁴libertados de mãos inimigas, o servíssemos sem temor, ⁷⁵em santidade e justiça, todos os dias da nossa vida. ⁷⁶E tu, menino, serás chamado profeta do Altíssimo: irás ante a face do Senhor para preparar-lhe o caminho, ⁷⁷e fazer conhecer ao seu povo a salvação pela remissão dos pecados, ⁷⁸graças à entranhável misericórdia de nosso Deus; pois que das alturas nos visitou o sol nascente; ⁷⁹a fim de alumiar aos que jazem nas trevas sombrias da morte, e dirigir os nossos passos ao caminho da paz".

⁸⁰O menino crescia e fortalecia-se no espírito. Vivia no deserto até ao dia em que havia de manifestar-se a Israel.

2 Nascimento de Jesus. ¹Naqueles dias saiu um edito de César Augusto para recensear todo o país. ²Foi esse o primeiro recenseamento. Efetuou-se debaixo de *Quirínio*[Cirino], governador da Síria. ³Foram todos para se inscrever, cada um à sua cidade pátria.

⁴Também José partiu de Nazaré, cidade da Galiléia, para a Judéia, à cidade de Davi chamada Belém — pois era da casa e estirpe de Davi — ⁵a fim de se fazer alistar com Maria, sua esposa, que estava grávida.

⁶Quando aí se achavam, chegou o tempo em que ela devia dar à luz; ⁷e deu à luz a seu Filho primogênito; envolveu-o em faixas e reclinou-o em uma manjedoura; porque não havia lugar para eles na estalagem.

Os pastores ao presépio. ⁸Havia naquela mesma região uns pastores que passavam a noite em claro, guardando os seus rebanhos. ⁹De súbito, apareceu diante deles um anjo do Senhor e a glória de Deus cercou-os de claridade. Tiveram grande medo.

¹⁰O anjo, porém, lhes disse: "Não temais; eis que vos anuncio uma grande alegria, que caberá a todo o povo: ¹¹é que vos nasceu hoje na cidade de Davi o Salvador, que é o Cristo e Senhor. ¹²E isto vos servirá de sinal: encontrareis um menino envolto em faixas e deitado em uma manjedoura". ¹³E logo associou-se ao anjo uma grande multidão da milícia celeste, que louvava a Deus, dizendo: ¹⁴"Glória a Deus nas alturas, e na terra paz aos homens da sua benevolência".

¹⁵Depois que os anjos se retiraram para o céu, disseram entre si os pastores: "Vamos até Belém e vejamos o que aconteceu, o que acaba de anunciar-nos o Senhor".

¹⁶Foram a toda a pressa, e acharam Maria e José, e o menino deitado numa manjedoura. ¹⁷À vista disso, *contaram*[conheceram] o que lhes fora dito acerca desse Menino; ¹⁸e todos os que ouviam admiravam-se do que lhes diziam os pastores. ¹⁹Maria, porém, conservava todas essas coisas, meditando-as no seu coração. ²⁰Voltaram os pastores, louvando e glorificando a Deus por tudo o que acabavam de ouvir e de ver, assim como lhes fora dito.

Circuncisão e apresentação de Jesus. ²¹Completados os oito dias em que se devia circuncidar o Menino, puseram-lhe o nome de Jesus, como o chamara o anjo antes de concebido no seio materno.

²²Terminados os dias da purificação prescritos pela lei de Moisés, levaram o Menino a Jerusalém para apresentá-lo ao Senhor — ²³conforme está escrito na lei do Senhor: "Todo primogênito masculino seja consagrado ao Senhor" — ²⁴e oferecer o sacrifício ordenado na lei do Senhor: um par de rolas, ou dois pombinhos.

²⁵Vivia então em Jerusalém um homem por nome Simeão, que era justo e temente a Deus e esperava a consolação de Israel; e o Espírito Santo estava nele. ²⁷Revelara-lhe o Espírito Santo que não veria a morte sem primeiro contemplar o Ungido do Senhor. Impelido pelo Espírito, veio ao templo, quando os pais trouxeram o Menino para nele cumprir os dispositivos da lei. ²⁸Simeão tomou-o nos braços e glorificou a Deus, dizendo:

²⁹"Agora, Senhor, despede em paz o teu servo, segundo a tua palavra, ³⁰porque os meus olhos contemplaram o teu Salvador, ³¹que

suscitaste ante a face de todos os povos: ³²para os gentios uma luz iluminadora, para o teu povo Israel uma glória".

³³Pasmaram o pai e a mãe das coisas que se diziam do Menino. ³⁴Bendisse-os Simeão, e dirigiu a Maria, sua mãe, estas palavras: "Eis que este é destinado para ruína e para ressurreição de muitos em Israel, e para ser alvo de contradição — ³⁵e tua alma será transpassada de uma espada —, para que se manifestem os pensamentos de muitos corações".

³⁶Havia também uma profetisa chamada Ana, filha de Fanuel, da tribo de Aser. Era de idade avançada e vivera sete anos com seu marido, depois da sua virgindade; ³⁷viúva, contava oitenta e quatro anos. Não saía do templo, servindo a Deus com jejuns e orações, dia e noite. ³⁸Compareceu também na mesma ocasião, glorificou a Deus e falou dele a todos os que esperavam a redenção de *Jerusalém*[Israel].

Regresso para Nazaré. ³⁹Depois de cumprirem tudo conforme a lei do Senhor, regressaram para a Galiléia, à sua cidade, Nazaré. ⁴⁰O Menino foi crescendo e robustecendo-se, cheio de sabedoria, e pousava sobre ele a complacência de Deus.

O Menino Jesus no templo. ⁴¹Iam seus pais todos os anos a Jerusalém para a festa da Páscoa. ⁴²Quando Jesus completou doze anos, *subiram*[subiram a Jerusalém], segundo costumavam, por ocasião da festa. ⁴³Terminados os dias, regressaram. O Menino Jesus, porém, ficou em Jerusalém, sem que seus pais o soubessem. ⁴⁴Julgando que viesse com os companheiros de viagem, andaram caminho de um dia, e procuraram-no entre os parentes e conhecidos. ⁴⁵Mas, como não o encontrassem, voltaram a Jerusalém, em busca dele. ⁴⁶Depois de três dias, o acharam no templo, sentado entre os doutores, a escutá-los e fazer-lhes perguntas. ⁴⁷Todos os que o ouviam pasmavam da sua compreensão e das respostas que dava. ⁴⁸Vendo-o, admiraram-se, e sua mãe disse-lhe: "Filho, por que nos fizeste isto? Eis que teu pai e eu andávamos à tua procura cheios de aflição".

⁴⁹Respondeu-lhes ele: "Por que me procuráveis? Não sabíeis que tenho de estar naquilo que é de meu Pai?" ⁵⁰Eles, porém, não atinaram com o sentido dessas palavras.

⁵¹Então desceu com eles e foi a Nazaré; e era-lhes submisso. Sua mãe conservava tudo isso em seu coração.

⁵²Jesus crescia em sabedoria, idade e graça diante de Deus e dos homens.

Preliminares da vida pública

3 Aparecimento de João Batista. ¹Era no décimo quinto ano do reinado do imperador Tibério. Pôncio Pilatos era governador da Judéia; Herodes, tetrarca da Galiléia; seu irmão Filipe, tetrarca da Ituréia e da província de Traconítide; Lisânias, tetrarca de Abilene; ²Anás e Caifás eram sumos sacerdotes. Foi então que a palavra de Deus veio a João, filho de Zacarias, no deserto. ³E pôs-se ele a andar por todas as terras do Jordão, a pregar o batismo de conversão para perdão dos pecados — ⁴conforme está escrito no livro das palavras do profeta Isaías:
"Uma voz de quem clama no deserto: 'Preparai o caminho do Senhor; endireitai as suas veredas; ⁵encher-se-á todo o vale e abater-se-ão todos os montes e outeiros; tornar-se-á reto o que é tortuoso, e o que é escabroso se fará caminho plano; ⁶e todo homem verá a salvação de Deus'[Is 40,3]".

Pregação do Batista. ⁷Assim falava João às turbas que afluíam para se fazer batizar por ele: "Raça de víboras! Quem vos disse que escaparíeis ao juízo da ira que vos ameaça? ⁸Produzi frutos de sincera conversão, e não digais: 'Temos por pai a Abraão'. Pois eu vos digo que destas pedras pode Deus suscitar filhos a Abraão. ⁹O machado já está à raiz das árvores: toda árvore que não produzir fruto bom será cortada e lançada ao fogo".

¹⁰Ao que lhe perguntaram as turbas: "Que nos cumpre, pois, fazer?" ¹¹Respondeu-lhes ele: "Quem possui duas vestes dê uma a quem não tem; e quem tem de comer faça o mesmo".

¹²Apresentaram-se-lhe também publicanos para que os batizasse; e perguntaram-lhe: "Mestre, que devemos fazer?" ¹³Respondeu-lhes: "Não exijais mais do que vos foi ordenado".

¹⁴Vieram também soldados a interrogá-lo: "E nós, que faremos?" Disse-lhes: "Não useis de violência nem de fraude para com ninguém, e contentai-vos com o vosso soldo".

Testemunho do Batista. ¹⁵O povo estava em grande expectativa. Todos pensavam de si para si que talvez João fosse o Cristo. ¹⁶Ao que João declarou a todos: "Eu vos batizo com água; mas virá outro mais poderoso do que eu; eu nem sou digno de lhe desatar as correias do calçado. Ele é que vos batizará com o Espírito Santo e com fogo. ¹⁷Traz a pá na mão e há de limpar a sua eira, recolhendo o trigo em seu celeiro e queimando a palha num fogo inextinguível".

[18]Ainda muitas outras exortações dirigia ele ao povo, anunciando-lhe a boa nova.[1-18: Mt 3,1; Mc 1,1; Jo 1,23]

[19]O tetrarca Herodes, que fora por ele repreendido por causa de Herodíades, mulher de seu irmão, como também por todas as outras maldades, [20]acrescentou a tudo aquilo mais esta, de lançar João ao cárcere.[19-20: Mt 14,1; Mc 6,14]

Batismo de Jesus. [21]Quando todo o povo se fazia batizar, foi também Jesus receber o batismo. Enquanto orava, abriu-se o céu, [22]e o Espírito Santo desceu sobre ele em forma corpórea como uma pomba, e uma voz bradou do céu: "Tu és meu Filho querido; em ti pus a minha complacência".[21-22: Mt 3,13; Mc 1,9; Jo 1,29]

Ascendentes de Jesus. [23]Quando Jesus apareceu em público tinha cerca de trinta anos. Era considerado como sendo filho de José, o qual descende de Heli, [24]de Matat, de Levi, de Melqui, de Jané, de José, [25]de Matatias, de Amós, de Naum, de Hesli, de Nagé, [26]de Maat, de Matatias, de Semei, de José, de Judá, [27]de Joanan, de Resa, de Zorobabel, de Salatiel, de Neri, [28]de Melqui, de Adi, de Cosan, de Elmadan, de Her, [29]de Jesus, de Eliezer, de Jorim, de Matat, de Levi, [30]de Simeão, de Judá, de José, de Jonan, de Eliaquim, [31]de Meléia, de Mená, de Matatá, de Natan, de Davi, [32]de Jessé, de Obed, de Booz, de Sala, de Naasson, [33]de Aminadab, de Admin, de Arni, de Esron, de Farés, de Judá, [34]de Jacó, de Isaac, de Abraão, de Taré, de Nacor, [35]de Sarug, de Ragau, de Faleg, de Heber, de Salé, [36]de Cainan, de Arfaxad, de Sem, de Noé, de Lamec, [37]de Matusalém, de Henoc, de Jared, de Malaleel, de Cainan, [38]de Enós, de Set, de Adão, que descende de Deus.[23-38: Mt 1,1]

4 Tentação de Jesus. [1]Cheio do Espírito Santo voltou Jesus do Jordão, e foi levado pelo Espírito ao deserto. [2]Aí permaneceu quarenta dias e foi tentado pelo diabo. Não comeu nada naqueles dias; e, passados eles, teve fome.

[3]Disse-lhe então o diabo: "Se és filho de Deus, manda que esta pedra se converta em pão".

[4]Respondeu-lhe Jesus: "Está escrito: nem só de pão vive o *homem*[homem, mas de toda palavra de Deus] [Dt 8,3]".

[5]Ao que o diabo o *conduziu*[conduziu a um monte elevado], mostrou-lhe de relance todos os reinos do mundo, [6]e disse-lhe: "Dar-te-ei estes do-

mínios todos e esta glória — pois que a mim me foram entregues, e eu os dou a quem quero —, [7]tudo isto será teu, se me adorares".

[8]Tornou-lhe Jesus: "Está escrito: 'Adorarás ao Senhor, teu Deus, e só a ele servirás'[Dt 6,13]".

[9]Levou-o ainda a Jerusalém, colocou-o sobre o pináculo do templo e disse-lhe: "Se és filho de Deus, lança-te daqui abaixo, [10]porque está escrito: 'Recomendou-te a seus anjos que te protejam [11]e te levem nas palmas das mãos, para que não pises com o pé em alguma pedra'[Sl 91(90),11]".

[12]Replicou-lhe Jesus: "Também foi dito: 'Não tentarás ao Senhor, teu Deus'[Dt 6,16]".

[13]Passadas todas essas tentações, o diabo retirou-se dele até um tempo oportuno.[1-13: Mt 4,1; Mc 1,12]

Atividade pública de Jesus na Galiléia

Até a eleição dos apóstolos

Nas sinagogas da Galiléia. [14]No poder do Espírito, voltou Jesus para a Galiléia, e sua fama correu por toda a redondeza. [15]Ensinava nas sinagogas do lugar, e era glorificado por todos.

Em Nazaré. [16]Chegou também a Nazaré, onde se criara. Como de costume, entrou na sinagoga, em dia de sábado, e levantou-se para ler. [17]Entregaram-lhe o livro do profeta Isaías. Desenrolou o volume e deu com a passagem que diz:

[18]"Repousa sobre mim o Espírito do Senhor; ungiu-me para anunciar a boa nova aos pobres; *enviou-me*[enviou-me para curar os corações contritos,] para pregar a liberdade aos cativos, dar aos cegos a luz dos olhos, levar aos oprimidos a liberdade; [19]para apregoar o ano salutar do *Senhor*[Senhor e o dia da retribuição]"[Is 61,1].

[20]Enrolou o volume, entregou-o ao ministro e sentou-se. Todos os da sinagoga tinham os olhos fitos nele. [21]E começou por dizer-lhes: "Hoje se cumpriu a passagem da Escritura que acabais de ouvir".

[22]Todos aplaudiram-no, pasmando da graça das palavras que lhe brotavam dos lábios, e diziam: "Não é este o filho de José?"

[23]Disse-lhes Jesus: "Sem dúvida, me lembrareis o provérbio: 'Médico, cura-te a ti mesmo; faze também aqui, em tua pátria, tudo

que fizeste em Cafarnaum, ao que ouvimos'". [24]E prosseguiu: "Em verdade, vos digo que nenhum profeta é estimado em sua pátria. [25]Digo-vos em verdade que muitas viúvas havia em Israel, no tempo de Elias, quando o céu estava fechado por três anos e seis meses, e reinava grande fome em todo o país. [26]Mas a nenhuma delas foi enviado Elias, senão a uma viúva de Sarepta, no território de Sidônia. [27]Havia, outrossim, muitos leprosos em Israel, no tempo do profeta Eliseu; e, contudo, nenhum deles ficou limpo, mas, sim, Naaman, o sírio".

[28]A essas palavras, todos os da sinagoga se encheram de ira. [29]Levantaram-se, correram-no da cidade e levaram-no ao alcantil do monte em que estava situada a sua cidade, para despenhá-lo. [30]Jesus, porém, passou pelo meio deles e seguiu o seu caminho.
[16-30: Mt 13,53; Mc 6,1]

Cura de um possesso. [31]Desceu a Cafarnaum, cidade da Galiléia, e aí ensinava aos sábados. [32]Pasmavam da sua doutrina, porque a sua palavra era poderosa.

[33]Havia na sinagoga um homem possesso dum espírito impuro. Pôs-se a gritar: [34]"Fora! Que temos nós contigo, Jesus de Nazaré? Vieste para nos perder? Sei quem és: o Santo de Deus!"

[35]Jesus ordenou-lhe: "Cala-te e sai dele!" Ao que o espírito o arrojou ao meio, e saiu dele, sem lhe fazer mal.

[36]Todos se encheram de estupefação e diziam uns aos outros: "Que palavra, essa! Manda com grande autoridade aos espíritos impuros, e eles saem!"

[37]E sua fama correu por todas as regiões circunvizinhas. [31-37: Mt 4,13; Mc 1,21]

Em casa de Pedro. [38]Da sinagoga dirigiu-se Jesus à casa de Simão. Estava a sogra de Simão doente com febre muito alta. Pediram-lhe para socorrê-la. [39]Jesus inclinou-se sobre ela e deu ordem à febre: e a febre deixou-a. Imediatamente se levantou ela e os serviu.

[40]Ao pôr-do-sol, todos lhe levaram os seus enfermos atacados de diversas moléstias. Jesus punha as mãos sobre cada um deles e curava-os. [41]Muitos havia de que saíam demônios, bradando: "Tu és o Filho de Deus!" Ele, porém, os ameaçava e não lhes permitia dissessem que sabiam ser ele o Cristo. [38-41: Mt 8,14; Mc 1,29]

Nos arredores de Cafarnaum. [42]Ao romper do dia, saiu e se retirou a um lugar solitário. As turbas, porém, foram à procura dele, e encontraram-no. Queriam detê-lo e impedir que seguisse avante. [43]Jesus, porém, lhes disse: "Também às outras cidades tenho de anunciar o evangelho do reino de Deus; porque a isso é que fui enviado".
[44]E foi pregando nas sinagogas da terra judaica.[42-44: Mc 1,35]

5 Sermão de dentro do barco. [1]Estava Jesus às margens do lago de Genesaré, enquanto o povo se apinhava em torno dele, para ouvir a palavra de Deus. [2]Viu então dois barcos à praia; os pescadores tinham saltado em terra e limpavam as suas redes. [3]Entrou em um dos barcos, que pertencia a Simão, e pediu-lhe que o afastasse um pouco da terra. Sentou-se e ensinou o povo de dentro do barco.

A pesca abundante. [4]Depois de acabar de falar, disse a Simão: "Faze-te ao largo e lançai as vossas redes para a pesca".
[5]"Mestre", replicou-lhe Simão, "trabalhamos a noite toda e nada apanhamos. Mas sob tua palavra lançarei *as redes*[a rede]. [6]Feito isso, apanharam tão grande multidão de peixes que *as redes se lhes iam*[a rede se lhes ia] rompendo. [7]Fizeram por isso sinal aos companheiros do outro barco para que viessem ajudá-los. Acudiram eles, e encheram ambos os barcos a ponto de se irem quase a pique.
[8]À vista disso, lançou-se Simão Pedro de joelhos aos pés de Jesus, dizendo: "Retira-te de mim, Senhor, porque sou um homem pecador". [9]É que estavam aterrados, ele e todos os seus companheiros, por causa da pesca que acabavam de fazer. [10]O mesmo se deu com Tiago e João, filhos de Zebedeu, que eram companheiros de Simão.
Disse Jesus a Simão: "Não temas; daqui por diante serás pescador de homens".
[11]Atracaram os barcos à praia, abandonaram tudo e seguiram-no.
[1-11: Mt 4,18; Mc 1,16]

Cura dum leproso. [12]Estava Jesus em certa cidade onde havia um homem todo coberto de lepra. Assim que ele viu a Jesus, lançou-se-lhe aos pés, de rosto em terra, suplicando: "Senhor, se quiseres, podes tornar-me limpo".
[13]Estendeu Jesus a mão, tocou-o e disse: "Quero, sê limpo". No mesmo instante desapareceu a lepra. [14]Ordenou-lhe Jesus: "Não o digas a ninguém; mas vai mostrar-te ao sacerdote e oferece pela tua

purificação o sacrifício prescrito por Moisés, para que lhes sirva de testemunho".

¹⁵Divulgava-se cada vez mais a notícia dele; afluíam grandes multidões para ouvi-lo e serem curadas das suas enfermidades. ¹⁶Jesus, porém, se retirou a um lugar solitário para orar.[12-16: Mt 8,1; Mc 1,40]

Cura dum paralítico. ¹⁷Certo dia, estava Jesus ensinando. Achavam-se sentados ali também uns fariseus e doutores da lei, vindos de todas as povoações da Galiléia, da Judéia e de Jerusalém. E a virtude do Senhor o impeliu para curar.

¹⁸Uns homens trouxeram um paralítico deitado num leito. Procuraram introduzi-lo na casa e colocá-lo diante dele; ¹⁹mas, não achando por onde entrar, devido às multidões, subiram ao telhado e arriaram-no pelas telhas, juntamente com o leito, bem defronte a Jesus. ²⁰À vista da fé que os animava, disse Jesus: "Homem, os teus pecados te são perdoados". ²¹Então os escribas e fariseus pensaram lá consigo: "Quem é esse que profere blasfêmias? Quem pode perdoar pecados, senão Deus somente?"

²²Jesus, porém, conhecia os pensamentos deles, e disse-lhes: "Que estais a pensar aí em vossos corações? ²³Que é mais fácil: dizer 'os teus pecados te são perdoados' ou dizer 'levanta-te e anda'? ²⁴Ora, haveis de ver que o Filho do homem tem o poder de perdoar pecados sobre a terra". E disse ao paralítico: "Eu te ordeno: levanta-te, carrega com o teu leito e vai para casa".

²⁵Levantou-se imediatamente, à vista deles, pegou no leito em que estivera deitado, e foi-se para casa, glorificando a Deus. ²⁶Encheram-se todos de pasmo, e louvavam a Deus, dizendo, aterrados: "Vimos hoje coisas estupendas".[17-26: Mt 9,1; Mc 2,1]

Vocação de Levi. ²⁷Saindo daí, viu um publicano, de nome Levi, sentado na alfândega. "Segue-me!", disse-lhe Jesus. ²⁸Levantou-se ele, deixou tudo e seguiu-o.

²⁹Preparou-lhe Levi um grande banquete em sua casa. Numerosos publicanos e outros estavam à mesa com eles. ³⁰Murmuraram disso os fariseus e escribas e disseram aos discípulos de Jesus: "Por que é que comeis e bebeis em companhia de publicanos e pecadores?"

³¹Respondeu-lhes Jesus: "Não precisam de médico os que estão de saúde; mas, sim, os doentes. ³²Não vim para chamar à conversão os justos, porém os pecadores".[27-32: Mt 9,9; Mc 2,13]

A questão do jejum. ³³Disseram-lhe eles: "Os discípulos de João, como também os fariseus, jejuam com freqüência e fazem oração, ao passo que os teus comem e bebem".

³⁴Replicou-lhes Jesus: "Podeis, acaso, obrigar ao jejum os convidados às núpcias, enquanto está com eles o esposo? ³⁵Mas lá virão dias em que lhes será tirado o esposo; nesses dias, sim, hão de jejuar".

³⁶Propôs-lhes uma parábola, dizendo: "Ninguém arranca um remendo de um vestido novo para cosê-lo em vestido velho; do contrário, o novo fica com um rasgão e ao velho não lhe assenta bem o remendo do novo.

³⁷Ninguém deita vinho novo em odres velhos; do contrário, o vinho novo rompe os odres e vaza o vinho, e perdem-se os odres. ³⁸Não, o vinho novo deita-se em odres *novos*[novos, e ambos se conservam].

³⁹Ninguém, depois de beber vinho velho, deseja logo vinho novo; porque diz: o velho é melhor".[33-39: Mt 9,14; Mc 2,18]

6 Colhendo espigas no sábado. ¹Num *sábado*[sábado segundo-primeiro], ia Jesus passando pelas searas. Os seus discípulos arrancavam espigas, trituravam-nas entre as mãos e comiam-nas. ²Observaram então alguns fariseus: "Por que fazeis o que é proibido em dia de sábado?"

³Respondeu-lhes Jesus: "Não lestes o que fez Davi, quando ele e seus companheiros estavam com fome? ⁴Como entrou na casa de Deus, tomou os pães de proposição, que só os sacerdotes podem comer, comeu-os e deu aos seus companheiros?" ⁵E acrescentou: "O Filho do homem é senhor também do sábado".[1-5: Mt 12,1; Mc 2,23]

Cura em dia de sábado. ⁶Em outro sábado entrou na sinagoga e pôs-se a ensinar. Havia ali um homem com a mão direita atrofiada. ⁷Os escribas e fariseus observavam-no, a ver se curava em dia de sábado, para acharem motivo de acusação. ⁸Jesus, porém, lhes conhecia os pensamentos e disse ao homem com a mão atrofiada: "Levanta-te e passa para o meio!" Levantou-se ele e colocou-se ao meio. ⁹Interpelou-os Jesus: "Pergunto-vos: é permitido fazer bem ou mal em dia de sábado, salvar uma vida ou deixá-la perecer?" ¹⁰Cravou o olhar em todos os que estavam à roda, e disse ao homem: "Estende a mão". Estendeu-a — e estava restabelecida a mão.

¹¹Fora de si de furor, deliberaram uns com os outros o que fariam a Jesus.[6-11: Mt 12,9; Mc 3,1]

Eleição dos apóstolos e atividade ulterior

Eleição dos apóstolos. [12]Naqueles dias, subiu Jesus a um monte para orar. E passou a noite toda em oração com Deus. [13]Ao romper do dia convocou os seus discípulos e escolheu doze entre eles, a quem pôs o nome de apóstolos: [14]Simão, ao qual deu o cognome de Pedro, e seu irmão André; Tiago e João; Filipe e Bartolomeu; [15]Mateus e Tomé; Tiago, filho de Alfeu; Simão, apelidado o Zelador; [16]Judas, irmão de Tiago; e Judas Iscariotes, que veio a ser o seu traidor.[12-16: Mt 10,1; Mc 3,13]

Sermão da montanha. [17]Desceu com eles e parou em uma esplanada. Grande número de seus discípulos e enorme multidão de povo de toda a Judéia, de Jerusalém e das regiões marítimas de Tiro e Sidônia tinham afluído [18]para ouvi-lo e serem curados das suas enfermidades. Foram curados os que estavam vexados de espíritos impuros. [19]Todo o povo procurava tocá-lo, porque saía dele uma virtude que curava a todos.

Bem-aventuranças e ais. [20]Pousou os olhos em seus discípulos e disse: "Bem-aventurados os que sois pobres — vosso é o reino de Deus. [21]Bem-aventurados os que agora sofreis fome — sereis saciados. Bem-aventurados os que agora chorais — haveis de rir. [22]Bem-aventurados sois vós, quando os homens vos odiarem, vos rejeitarem, vos injuriarem e roubarem o bom nome por causa do Filho do homem. [23]Folgai nesse dia e exultai; porque eis que é grande a vossa recompensa no céu. Pois dessa mesma forma os pais deles trataram os profetas.

[24]Mas ai de vós, que sois ricos — já tendes a vossa consolação. [25]Ai de vós, que estais fartos — sofrereis fome. Ai de vós, que agora rides — haveis de andar com luto e chorar. [26]Ai de vós, quando toda a gente vos lisonjear — pois isso mesmo fizeram seus pais aos falsos profetas.[20-26: Mt 5,3]

Amor aos inimigos. [27]A vós, porém, ouvintes meus, vos digo: amai vossos inimigos; [28]fazei bem aos que vos odeiam; abençoai aos que vos amaldiçoam e orai pelos que vos caluniam. [29]Se alguém te ferir numa face, apresenta-lhe também a outra; e, se alguém te roubar a capa, cede-lhe também a túnica. [30]Dá a quem te pede. Se alguém levar o que é teu, não o reclames. [31]O que quereis que os homens vos façam, fazei-o também a eles. ³²Se só amardes aos que vos amam, que prêmio mereceis? Também os pecadores têm amor àqueles de quem são amados. ³³Se só fizerdes bem aos que vos fazem bem, que prêmio mereceis? O mesmo fazem os pecadores. ³⁴Se emprestardes só àqueles de quem esperais receber algo, que prêmio mereceis? Também os pecadores emprestam uns aos outros para tornar a receber outro tanto. ³⁵Amai antes vossos inimigos; fazei bem e emprestai sem esperar retribuição. Então será grande a vossa recompensa e sereis filhos do Altíssimo, porque também ele é benigno para com os ingratos e os maus. ³⁶Sede, portanto, misericordiosos, assim como vosso Pai é misericordioso.[27-36: Mt 5,39]

Cuidado com os juízos temerários. ³⁷Não julgueis, e não sereis julgados. Não condeneis, e não sereis condenados. Perdoai, e sereis perdoados. ³⁸Dai, e dar-se-vos-á; derramar-vos-ão no seio uma boa medida, cheia, recalcada e acogulada; porque, com a medida com que medirdes, medir-vos-ão".

³⁹Propôs-lhes também uma parábola: "Poderá, acaso, um cego conduzir a outro cego? Não virão ambos a cair num barranco? ⁴⁰Não está o discípulo acima do mestre; todo aquele que aprender com perfeição iguala-se a seu mestre. ⁴¹Por que vês o argueiro no olho de teu irmão, e não enxergas a trave em teu próprio olho? ⁴²Ou como podes dizer a teu irmão: 'Meu irmão, deixa-me tirar o argueiro de teu olho', e não enxergas a trave em teu próprio olho? Hipócrita! Tira primeiro a trave do teu olho, e depois verás como tirar o argueiro do olho de teu irmão.[37-42: Mt 7,1]

⁴³Nenhuma árvore boa produz frutos maus, e nenhuma árvore má produz frutos bons. ⁴⁴Cada árvore se conhece pelo seu fruto peculiar; pois não se colhem figos dos abrolhos, nem se apanham uvas dos espinheiros. ⁴⁵O homem bom tira coisa boa do bom tesouro do seu coração, ao passo que o homem mau tira coisa má do mau tesouro; porque da abundância do coração é que a boca fala.[43-45: Mt 12,33; 7,16]

Parábola do edifício. ⁴⁶Por que é que me chamais: 'Senhor, Senhor!' e não fazeis o que digo? ⁴⁷Mostrar-vos-ei com quem se parece aquele que vem a mim, ouve as minhas palavras e as põe em prática; ⁴⁸parece-se com um homem que foi edificar uma casa: cavou bem fundo e assentou os alicerces sobre rocha. Vieram as enchentes, e as águas deram de rijo contra essa casa; mas não conseguiram abalá-la, porque estava construída sobre rocha. ⁴⁹Quem, pelo contrário, ouve as minhas palavras, mas não as pratica, esse assemelha-se a um homem que edificou a sua casa sobre a terra e sem alicerces; logo ao primeiro embate das águas, desabou, e foi grande a ruína dessa casa".[46-49: Mt 7,24]

7 O centurião. ¹Depois de terminar as suas palavras ao povo atento, dirigiu-se Jesus a Cafarnaum. ²Lá estava, mortalmente enfermo, o servo de um centurião muito querido dele. ³Quando teve notícia de Jesus, mandou-lhe pedir, por intermédio de anciãos judeus, que viesse e lhe curasse o servo. ⁴Foram eles ter com Jesus e rogaram-lhe encarecidamente: "Ele bem merece que lhe prestes esse favor; ⁵porque quer bem ao nosso povo e edificou-nos a sinagoga".

⁶Foi Jesus com eles. Quando já não vinha longe da casa, mandou-lhe o centurião dizer por uns amigos: "Não te incomodes, Senhor; pois eu não sou digno de que entres sob o meu teto; ⁷por essa razão também não me julguei digno de vir à tua presença. Mas, fala ao verbo, e será curado meu servo. ⁸Também eu, embora sujeito a outrem, digo a um dos soldados que tenho às minhas ordens: 'Vai acolá!', e ele vai; e a outro: 'Vem cá!', e ele vem; e a meu servo: 'Faze isto!', e ele o faz".

⁹Ouvindo isso, Jesus admirou-se dele e, voltando-se para os que o acompanhavam, disse: "*Digo-vos*[Em verdade, digo-vos] que nem em Israel encontrei tão grande fé".

¹⁰De volta para casa, os mensageiros encontraram de saúde o servo que estivera doente.[1-10: Mt 8,5]

O jovem de Naim. ¹¹Seguiu viagem e chegou a uma cidade por nome Naim. Iam com ele seus discípulos e numeroso povo. ¹²Ao aproximar-se da porta da cidade, levavam para fora um defunto, filho único de sua mãe, que era viúva; muita gente da cidade vinha com ela. ¹³Vendo-a o Senhor, teve pena dela, e disse-lhe: "Não chores". ¹⁴Aproximou-se e tocou no féretro, e os que o levavam pararam. Disse Jesus: "Moço, eu te digo, levanta-te!" ¹⁵Sentou-se o que estivera morto e começou a falar. E Jesus restituiu-o à sua mãe.

¹⁶Aterraram-se todos e glorificaram a Deus, dizendo: "Apareceu entre nós um grande profeta, e Deus visitou seu povo".

¹⁷Correu a notícia disso por toda a Judéia e arredores.

Mensagem do Batista. ¹⁸De tudo isso teve João notícia por meio de seus discípulos. Chamou João dois dos seus discípulos [19]e enviou-os ao Senhor com esta pergunta: "És tu aquele que há de vir, ou devemos esperar por outro?"

[20]Foram os homens ter com Jesus e disseram: "João Batista envia-nos a ti e manda perguntar: 'És tu aquele que há de vir, ou devemos esperar por outro?'"

[21]Nessa mesma hora estava Jesus curando muita gente de enfermidades, moléstias e espíritos malignos, e restituindo a vista a numerosos cegos. [22]Pelo que lhes deu esta resposta: "Ide e contai a João o que acabais de ver e de ouvir: os cegos vêem, os coxos andam, os leprosos tornam-se limpos, os surdos ouvem, os mortos ressuscitam, e aos pobres é anunciada a boa nova.

[23]Feliz de quem em mim não encontra tropeço!"

Elogio do Batista. [24]Depois da partida dos mensageiros de João, começou Jesus a falar às turbas a respeito de João, dizendo: "Por que saístes ao deserto? Para ver um caniço agitado pelo vento? [25]Por que saístes? Para ver um homem em roupas delicadas? Não, os que vestem roupas delicadas e vivem com luxo se encontram nos palácios dos reis. [26]Por que saístes, pois? Para ver um profeta? Sim, digo-vos eu, e mais que profeta; [27]porque é este de quem está escrito: 'Eis que envio a preceder-te o meu arauto a fim de preparar o caminho diante de ti'[Ml 3,1]. [28]Declaro-vos que entre os filhos de mulher não *há maior do que João*[há profeta maior do que João Batista]; e, no entanto, o menor no reino de Deus é maior do que ele".

[29]Toda a gente que o ouvia, como também os publicanos, reconheceram a justiça de Deus e receberam o batismo de João; [30]ao passo que os fariseus e doutores da lei desprezaram os desígnios de Deus, e não se fizeram batizar por ele.[18-30: Mt 11,2]

Caprichos pueris. [31]"*Com que*[Prosseguiu o Senhor: "Com que] hei de comparar esta raça de gente? Com que se parecem eles? [32]Parecem-se com crianças sentadas na praça, a gritarem umas às outras:

'A flauta vos temos tocado — e não bailastes.
Cânticos tristes tangemos — e não chorastes'.

[33]Veio João Batista, que não comia pão nem bebia vinho — e dizeis: 'Está possesso do demônio'. [34]Veio o Filho do homem, que come e bebe — e dizeis: 'Eis aí um comilão e beberrão e amigo de publicanos e pecadores'. [35]A sabedoria, porém, é reconhecida verdadeira por todos os seus filhos".[31-35: Mt 11,16]

A pecadora. ³⁶Certo fariseu pediu a Jesus que fosse comer em sua casa. Dirigiu-se, pois, à casa do fariseu e sentou-se à mesa.

³⁷Ora, vivia na cidade uma mulher pecadora. Sabendo que ele estava à mesa em casa do fariseu, veio com um vaso de alabastro cheio de ungüento, ³⁸e colocou-se, chorando, por detrás de seus pés. Começou a banhar-lhe os pés com suas lágrimas e enxugou-os com os cabelos da sua cabeça. Beijou-lhe os pés e ungiu-os com o ungüento.

³⁹À vista disso, pensou de si para si o fariseu que o convidara: "Se esse homem fosse profeta, bem saberia quem é essa mulher que o toca, e de que qualidade — pois é uma pecadora".

⁴⁰"Simão", disse-lhe Jesus, "tenho a dizer-te uma coisa".

"Fala, Mestre", tornou aquele.

⁴¹"Certo credor tinha dois devedores. Um devia-lhe quinhentos denários, o outro cinqüenta. ⁴²Mas, não tendo eles com que pagar, perdoou-lhes a dívida a um e outro. Quem deles lhe terá maior amor?"

⁴³Respondeu Simão: "Aquele, julgo, a quem mais perdoou".

"Julgaste bem", disse-lhe Jesus. ⁴⁴Em seguida, voltando-se para a mulher, disse a Simão: "Vês esta mulher? Entrei em tua casa, e não me deste água para os pés; ela, porém, banhou-me os pés com suas lágrimas e enxugou-os com os seus cabelos. ⁴⁵Não me deste o beijo; ela, porém, não cessou de beijar-me os pés, desde que *entrei*[entrou]. ⁴⁶Não me ungiste a cabeça com óleo; ela, porém, ungiu-me os pés com ungüento. ⁴⁷Pelo que te digo que lhe são perdoados os seus muitos pecados, porque muito amou; ao passo que a quem menos se perdoa pouco ama". ⁴⁸E disse a ela: "Os teus pecados te são perdoados".

⁴⁹Ao que os seus companheiros de mesa pensaram de si para si: "Quem é este que até perdoa pecados?"

⁵⁰Ele, porém, disse à mulher: "A tua fé te salvou: vai-te em paz".

8 Em seguimento de Jesus. ¹Depois disso, pôs-se Jesus a andar de cidade em cidade, de aldeia em aldeia, pregando e anunciando a boa nova do reino de Deus. Acompanhavam-no os doze, ²bem como algumas mulheres libertadas de espíritos malignos e enfermidades: Maria, cognominada Madalena, da qual tinham saído sete demônios; ³Joana, esposa de Cusa, procurador de Herodes; Susana e muitas outras, que o serviam com os seus haveres.

Parábola do semeador. ⁴Ora, como tivesse afluído numerosa multidão de povo, e todas as cidades afluíssem a ele, passou Jesus a propor a seguinte parábola:
⁵"Saiu um semeador a semear o seu grão. E, ao lançar a semente, parte caiu à beira do caminho, e foi pisada aos pés e comeram-na as aves do céu. ⁶Outra caiu em solo pedregoso, nasceu, mas secou por falta de umidade. ⁷Outra caiu ao meio dos espinhos, e os espinhos cresceram juntamente com ela e sufocaram-na. ⁸Outra ainda caiu em bom terreno, nasceu e deu fruto a cem por um". Dito isso, exclamou: "Quem tem ouvidos para ouvir ouça!"

Explicação da parábola. ⁹Perguntaram-lhe então os discípulos o que significava essa parábola. ¹⁰Respondeu ele: "A vós é dado compreender os mistérios do reino de Deus; ao passo que aos outros se fala em parábolas, de maneira que, de olhos abertos, não vêem e, de ouvidos abertos, não compreendem. ¹¹Ora, o sentido da parábola é este: a semente é a palavra de Deus. ¹²Está à beira do caminho nos que a ouvem; mas logo vem o diabo e tira-lhes a palavra do coração para que não creiam nem se salvem. ¹³Está em solo pedregoso nos que ouvem a palavra e a recebem com alegria; mas não têm raízes, crêem por algum tempo, e no tempo da tentação tornam atrás. ¹⁴Está entre espinhos nos que a ouvem, mas vão sufocá-la por entre os cuidados, as riquezas e os prazeres da vida, e não chegam a dar fruto. ¹⁵Está em terreno bom nos que ouvem a palavra, a guardam em coração dócil e bom e dão fruto com perseverança.[4-15: Mt 13,1; Mc 4,1]

Tarefa dos discípulos. ¹⁶Ninguém acende uma luz e a cobre com um vaso, nem a põe debaixo do leito; mas sobre o candelabro, para que os que entram vejam a luz. ¹⁷Porquanto não há nada oculto que não venha a manifestar-se, nem nada secreto que não se torne conhecido e notório.

¹⁸Atentai, pois, no modo de ouvirdes: porque ao que tem dar-se-lhe-á; mas ao que não tem tirar-se-lhe-á ainda aquilo que julga possuir".[16-18: Mt 5,15; Mc 4,21]

A família espiritual de Jesus. ¹⁹Vieram procurá-lo sua mãe e seus irmãos; mas não conseguiram chegar a ele por causa do aperto. ²⁰Alguém lhe trouxe este recado: "Tua mãe e teus irmãos estão aí fora e desejam ver-te". ²¹Respondeu-lhes ele: "Minha mãe e meus

irmãos são os que ouvem a palavra de Deus e a põem em prática".
[19-21: Mt 12,46; Mc 3,31]

A tempestade no lago. ²²Certo dia, entrou Jesus num barco, em companhia dos seus discípulos e disse-lhes: "Passemos à outra margem do lago". Partiram. ²³Durante a travessia Jesus adormeceu. Desabou então uma tormenta sobre o lago, de maneira que eles ficaram cobertos das vagas e corriam perigo. ²⁴Chegaram-se a ele e despertaram-no aos brados: "Mestre! Mestre! Vamos a pique!" Levantou-se Jesus e deu ordem ao vento e às águas revoltas. Acalmaram-se e fez-se uma grande bonança. ²⁵Disse então aos discípulos: "Que é da vossa fé?"

Aterrados e cheios de admiração, diziam uns aos outros: "Quem é este, que manda aos ventos e às águas, e lhe obedecem?"[22-25: Mt 8,22; Mc 4,35]

O possesso de Gerasa. ²⁶Aproaram para o país dos gerasenos, que fica fronteiro à Galiléia. ²⁷Mal tinha Jesus saltado em terra, quando lhe veio ao encontro *um homem da cidade possesso de demônios*[um homem possesso dum demônio]. Havia muito tempo que não vestia roupa, nem habitava em casa, mas nos sepulcros. ²⁸Assim que avistou Jesus, prostrou-se diante dele com este grito estridente: "Que temos nós contigo, Jesus, Filho do Altíssimo? Rogo-te que não me atormentes!" ²⁹É que Jesus ordenava ao espírito impuro que saísse do homem. Desde largo tempo o tinha em seu poder. Haviam-no já trazido preso, ligado com cadeias e grilhões; mas ele rompia as cadeias e era impelido ao deserto pelo demônio.

³⁰"Como é teu nome?", perguntou-lhe Jesus.

"Legião", respondeu ele; porque eram muitos os demônios que nele tinham entrado. ³¹Pediram-lhe estes que não os mandasse para o abismo.

³²Ora, andava pastando perto no monte uma grande manada de porcos. Rogaram-lhe que lhes permitisse entrar neles. Jesus permitiu-lho. ³³Saíram, pois, do homem os demônios e entraram nos porcos; e a manada precipitou-se monte abaixo para dentro do lago, onde se afogou.

³⁴Vendo os pastores o que acabava de acontecer, fugiram e contaram o caso na cidade e no campo. Saiu a gente para ver o que tinha acontecido. ³⁵Foram ter com Jesus e encontraram, sentado a seus pés, vestido e de juízo, o homem do qual tinham saído os demônios.

Encheram-se de terror. ³⁶Os que tinham presenciado o fato foram contar-lhes como o *possesso*[possesso da legião] fora curado. ³⁷Ao que toda a população do país dos gerasenos lhe rogou que se retirasse do meio deles; porque estavam transidos de grande terror.

Embarcou, pois e regressou. ³⁸O homem de quem tinham saído os demônios solicitou-lhe a permissão de ir com ele; Jesus, porém, o despediu com as palavras: ³⁹"Volta para casa e conta quanto te fez Deus". Retirou-se ele e foi apregoando em toda a cidade quanto lhe fizera Jesus.[26-39: Mt 8,28; Mc 5,1]

A filha de Jairo. ⁴⁰À volta foi Jesus recebido com alvoroço pelas massas populares; porque todos estavam à sua espera. ⁴¹Veio então um homem de nome Jairo, chefe da sinagoga; prostrou-se aos pés de Jesus, suplicando-lhe viesse à sua casa; ⁴²porque sua filha única de uns doze anos estava a morrer.

De caminho para lá apertavam-no as multidões. ⁴³Achava-se aí uma mulher que, havia doze anos, sofria dum fluxo de sangue; gastara com os médicos toda a sua fortuna, sem encontrar quem a pudesse curar. ⁴⁴Chegou-se a ele por detrás e tocou-lhe a borla do manto — e no mesmo instante cessou o fluxo de sangue.

⁴⁵"Quem me tocou?", perguntou Jesus. Negaram todos. Ao que Pedro e seus companheiros observaram: "Mestre, a multidão te atropela *e comprime*[comprime, e perguntas: 'Quem me tocou?']".

⁴⁶Jesus, porém, insistiu: "Alguém me tocou; senti que saiu de mim uma força".

⁴⁷Vendo-se a mulher descoberta, veio, toda trêmula, prostrou-se-lhe aos pés e declarou perante todo o povo por que o tocara e como imediatamente ficara curada. ⁴⁸Disse-lhe Jesus: "Minha filha, a tua fé te curou; vai-te em paz".

⁴⁹Ainda não acabara de falar, quando veio alguém da casa do chefe da sinagoga com o recado: "Tua filha acaba de morrer: não incomodes mais o Mestre". ⁵⁰Ouvindo Jesus essas palavras, disse-lhe: "Não temas; é só teres fé, e ela será salva".

⁵¹Chegado à casa, não permitiu que alguém entrasse com ele, afora Pedro, Tiago e João, como também o pai e a mãe da menina. ⁵²Todos choravam e lamentavam-na. Jesus, porém, disse: "Não choreis! *Ela*[A menina] não está morta, dorme apenas". ⁵³Riram-se dele, porque sabiam que ela estava morta. ⁵⁴Então Jesus a tomou pela mão e bradou: "Menina, levanta-te!" ⁵⁵Nisso voltou-lhe o espírito, e ela se levantou imediatamente. Mandou que lhe dessem de comer. ⁵⁶Os

pais estavam fora de si de assombro. Jesus, porém, ordenou que a ninguém falassem do ocorrido.[40-56: Mt 9,18; Mc 5,21]

9 Missão dos apóstolos. [1]Convocou Jesus os *doze*[doze apóstolos] e deu-lhes poder e autoridade sobre todos os demônios e a virtude de curar enfermidades. [2]Em seguida, enviou-os a anunciar o reino de Deus e curar os enfermos. [3]Disse-lhes: "Não leveis coisa alguma para o caminho: nem bordão, nem bolsa, nem pão, nem dinheiro, nem tenhais duas túnicas. [4]Quando entrardes em alguma casa, ficai nela até seguirdes viagem. [5]Mas onde não vos receberem, deixai a cidade e sacudi até o pó dos vossos pés em testemunho contra eles".

[6]Puseram-se eles a caminho e foram de povoado em povoado, pregando a boa nova e curando os enfermos por toda a parte.[1-6: Mt 10,1; Mc 6,7]

Inquietação de Herodes. [7]Chegou aos ouvidos do tetrarca Herodes a notícia de tudo isso. Inquietou-se ele, porque uns diziam: "João Batista ressurgiu dentre os mortos". [8]Outros: "Apareceu Elias". Outros ainda: "Ressuscitou um dos antigos profetas". [9]Herodes, porém, dizia: "João? Mandei-o degolar. Quem, é pois, esse de quem ouço semelhantes coisas?" E ansiava por vê-lo.[7-9: Mt 14,1; Mc 6,14]

Multiplicação dos pães. [10]Regressaram os apóstolos e referiram-lhe tudo o que tinham feito. Ao que Jesus os tomou à parte e retirou-se com eles a uma solidão no território da cidade de Betsaida. [11]As multidões, porém, deram pelo fato e foram-lhe no encalço; ele recebeu-os amigavelmente e falava-lhes do reino de Deus e restituía a saúde a todos que necessitavam de cura.

[12]Ia declinando o dia. Chegaram-se então a ele os doze e disseram: "Despede o povo, para que vá às aldeias e fazendas circunvizinhas em busca de pousada e comida; porque estamos em região inóspita". [13]Ao que Jesus lhes replicou: "Dai-lhes vós de comer".

Responderam eles: "Não temos senão cinco pães e dois peixes; teríamos de comprar, pois, mantimento para todo esse povo". [14]Eram uns cinco mil homens.

Disse ele a seus discípulos: "Mandai que se sentem em ranchos de cinqüenta pessoas".

[15]Foi o que fizeram: mandaram todos sentar-se. [16]Ao que Jesus tomou os cinco pães e os dois peixes, ergueu os olhos ao céu e

abençoou-os; em seguida, partiu-os e deu-os aos discípulos para que os servissem ao povo. ¹⁷Comeram todos e ficaram fartos e recolheram ainda doze cestos dos pedaços que sobraram.[10-17: Mt 14,13; Mc 6,30; Jo 6,1]

Confissão de Pedro. ¹⁸Certa vez, quando Jesus estava orando a sós e se achavam com ele tão-somente seus discípulos, perguntou-lhes: "Quem diz a gente que eu sou?"
¹⁹Responderam eles: "Dizem uns que és João Batista; outros, Elias; outros ainda opinam que ressuscitou um dos antigos profetas".
²⁰Continuou Jesus: "E vós, quem dizeis que eu sou?"
Respondeu Pedro: "O Ungido de Deus". ²¹Jesus, porém, lhes proibiu severamente que o dissessem a pessoa alguma.[18-21: Mt 16,13; Mc 8,27]

Jesus prediz a sua paixão. ²²E acrescentou: "É necessário que o Filho do homem passe por muitos sofrimentos; será rejeitado e morto pelos anciãos, príncipes dos sacerdotes e escribas; mas no terceiro dia ressurgirá".[Mc 8,31]

Em seguimento de Cristo. ²³E dizia a todos: "Quem quiser ser meu companheiro, renuncie a si mesmo, carregue a sua cruz, dia por dia, e siga-me. ²⁴Pois quem quiser salvar a sua vida perdê-la-á; mas quem perder a sua vida por amor de mim salvá-la-á. ²⁵Que aproveita ao homem ganhar o mundo inteiro, se perder a si mesmo e perecer? ²⁶Porquanto quem se envergonhar de mim e das minhas palavras, desse tal se envergonhará também o Filho do homem, quando vier na sua glória, na glória do Pai e dos santos anjos. ²⁷Em verdade, vos digo que há entre os presentes alguns que não provarão a morte sem que vejam o reino de Deus".[22-27: Mt 16,27]

Transfiguração de Jesus. ²⁸Uns oito dias depois dessas palavras, tomou Jesus consigo a Pedro, Tiago e João, e subiu ao monte para orar. ²⁹Enquanto orava, mudou-se-lhe a expressão do semblante, e as suas vestes tornaram-se de resplendente alvura. ³⁰Vieram falar com ele dois varões: Moisés e Elias. ³¹Apresentavam aspecto majestoso e falavam da morte que Jesus ia padecer em Jerusalém.
³²Pedro e seus companheiros tinham sido dominados pelo sono; ao despertar, viram a glória de Jesus e os dois varões que com ele estavam. ³³Quando estes se iam retirar, disse Pedro a Jesus: "Mestre,

que bom que é estarmos aqui! Vamos armar três tendas; uma para ti, outra para Moisés, e outra para Elias!"

Não sabia o que dizia.

³⁴Estava ainda falando, quando veio uma nuvem e os envolveu. Aterraram-se quando aqueles entraram na nuvem. ³⁵De dentro da nuvem, porém, ecoou uma voz: "Este é meu filho, meu eleito; ouvi-o!"

³⁶Mal soara essa voz, estava Jesus sozinho. Calaram-se eles e naqueles dias não falaram a ninguém dessa visão.[28-36: Mt 17,1; Mc 9,2]

O menino possesso. ³⁷Ao descerem do monte, no dia seguinte, veio-lhe ao encontro grande multidão de gente. ³⁸Clamou um homem do povo: "Mestre, suplico-te que atendas a meu filho, que é o único que tenho; ³⁹apodera-se dele um espírito e fá-lo soltar gritos; atira com ele para cá e para lá, fazendo-o espumar; só a custo o larga e deixa-o todo exausto. ⁴⁰Pedi a teus discípulos que o expulsassem mas não o puderam".

⁴¹Respondeu Jesus: "Ó raça descrente e perversa! Até quando estarei convosco e vos suportarei? — Traze cá teu filho".

⁴²Enquanto ele vinha chegando, maltratava-o e agitava-o violentamente o demônio. Jesus ameaçou ao espírito impuro, curou o menino e restituiu-o a seu pai.

⁴³Pasmaram todos da grandeza de Deus.[37-43: Mt 17,14; Mc 9,14]

Jesus torna a predizer a sua paixão. Enquanto todos estavam cheios de admiração sobre tudo quanto Jesus fazia, disse ele a seus discípulos: ⁴⁴"Gravai bem *nos ouvidos*[no coração] estas palavras: o Filho do homem vai ser entregue às mãos dos homens".

⁴⁵Eles, porém, não atinaram com o sentido dessa palavra; era para eles obscura e incompreensível. Mas tinham medo de interrogá-lo a respeito.[44-45: Mt 17,22; Mc 9,30]

Questão de precedência. ⁴⁶Passou-lhes pela mente a idéia: quem deles era o maior. ⁴⁷Como Jesus lhes conhecesse os pensamentos do coração, tomou um menino, colocou-o ao pé de si ⁴⁸e disse-lhes: "Quem acolher este menino em meu nome, a mim me acolhe; mas quem acolhe a mim acolhe àquele que me enviou. Pois quem dentre todos vós for o menor, este é que *é grande*[é o maior]".
[46-48: Mt 18,1; Mc 9,33]

Zelo imprudente. ⁴⁹Disse-lhe João: "Mestre, vimos um homem que expulsava demônios em teu nome, e lho proibimos; porque não é da nossa companhia".

⁵⁰Respondeu-lhe Jesus: "Não lho proibais; pois quem não é contra vós é por vós".[49-50: Mc 9,38]

Jesus a caminho de Jerusalém

Primeira viagem a Jerusalém

Repulsa da parte dos samaritanos. ⁵¹Quando se aproximavam os dias do seu passamento, encarou Jesus resolutamente a sua ida a Jerusalém, ⁵²e despachou mensageiros adiante de si. Partiram e chegaram a uma povoação dos samaritanos a fim de lhe preparar pousada. ⁵³Mas não o receberam, porque ia rumo a Jerusalém. ⁵⁴A essa notícia observaram os discípulos Tiago e João: "Senhor, queres que mandemos cair fogo do céu para devorá-los?"

⁵⁵Jesus, porém, voltando-se, *repreendeu-os*[repreendeu-os, dizendo: "Não sabeis que espírito vos anima; pois o Filho do homem não veio para perder as almas, mas, sim, para salvá-las]. ⁵⁶E foram em demanda de outra povoação.

Discípulos imperfeitos. ⁵⁷Quando prosseguiam caminho, disse-lhe alguém: "Seguir-te-ei aonde quer que fores". ⁵⁸Respondeu-lhe Jesus: "As raposas têm cavernas e as aves do céu têm ninhos; mas o Filho do homem não tem onde reclinar a cabeça".

⁵⁹A outro disse: "Segue-me!"

Ao que este pediu: "Permite-me, Senhor, que vá primeiro sepultar a meu pai".

⁶⁰Tornou-lhe Jesus: "Deixa aos mortos sepultar os seus mortos; tu, porém, vai e proclama o reino de Deus".

⁶¹Ainda outro disse: "Seguir-te-ei, Senhor; mas permite que vá primeiro à casa despedir-me".

⁶²Respondeu-lhe Jesus: "Quem empunha o arado e torna a olhar para trás não é idôneo para o reino de Deus".[57-62: Mt 8,19]

10 Os setenta discípulos. ¹Depois disso designou o Senhor mais *setenta*[setenta e dois] outros discípulos e mandou-os, dois a dois, adiante de si, a todas as cidades e povoações que ele mesmo ia visitar. ²Dizia-lhes: "A messe é grande, mas os operários são poucos. Rogai, portanto, ao senhor da seara para que mande operários à sua messe.

³Ide, pois! Eis que vos mando como cordeiros ao meio de lobos. ⁴Não leveis alforje, nem bolsa, nem calçado, nem saudeis a pessoa alguma pelo caminho. ⁵Toda a vez que entrardes em uma casa, dizei primeiro: 'A paz seja com esta casa!' ⁶E, se aí houver um filho da paz, repousará sobre ele a vossa paz; se não, tornará a vós. ⁷Ficai nessa casa, comendo e bebendo do que eles tenham; porque o operário bem merece o seu sustento. Não andeis de casa em casa. ⁸E, quando entrardes em uma cidade onde vos recebam, comei o que vos servirem; ⁹curai os doentes que aí houver e dizei: 'Chegou a vós o reino de Deus'. ¹⁰Mas, se entrardes numa cidade onde não vos recebam, saí à rua e dizei: ¹¹'Sacudimos contra vós até o pó da vossa cidade que se nos pegou aos pés; entretanto, ficai sabendo que chegou o reino de Deus'. ¹²Digo-vos que sorte melhor caberá a Sodoma, naquele dia, do que a uma cidade assim.[1-12: Mt 10,7]

As cidades impenitentes. ¹³Ai de ti, Corozaim! Ai de ti, Betsaida! Porque, se em Tiro e Sidônia se tivessem realizado as obras poderosas que em vós se realizaram, desde há muito se teriam convertido, em cilício e cinzas. ¹⁴Entretanto, Tiro e Sidônia terão sorte mais benigna, no dia do juízo, do que vós.

¹⁵E tu, Cafarnaum, elevar-te-ás até ao céu? Até ao inferno serás abismada.

¹⁶Quem vos ouve, a mim me ouve; quem vos despreza, a mim me despreza; mas quem me despreza, despreza aquele que me enviou".
[13-16: Mt 11,21]

Regresso dos discípulos. ¹⁷Regressaram os *setenta*[setenta e dois] discípulos, cheios de alegria, e referiram: "Senhor, até os demônios se nos submetem, em teu nome".

¹⁸Respondeu-lhes ele: "Vi a Satanás cair do céu como um raio. ¹⁹Eis que vos dei o poder de calcar serpentes e escorpiões, e poder sobre todas as potências inimigas; coisa nenhuma vos fará mal. ²⁰Entretanto, não seja esta a vossa alegria, que se vos submetam os espíritos; alegrai-vos antes porque os vossos nomes estão escritos nos céus".

Exultação de Jesus. ²¹Naquela hora exultou Jesus no Espírito Santo e disse: "Glorifico-te, Pai, Senhor do céu e da terra, porque ocultaste estas coisas aos doutos e entendidos, e as revelaste aos pequeninos. Sim, meu Pai, assim foi do teu agrado. [22]Tudo me foi entregue por meu Pai. Ninguém senão o Pai sabe quem é o Filho; e ninguém sabe quem é o Pai senão o Filho e a quem o Filho o quiser revelar".

[23]Em seguida, voltando-se especialmente aos seus discípulos, disse: "Ditosos os olhos que vêem o que vós vedes! [24]Pois declaro--vos que muitos profetas e reis desejaram ver o que vós vedes, e não o viram; desejaram ouvir o que vós ouvis, e não o ouviram".
[21-24: Mt 11,25]

O bom samaritano. [25]E eis que se levantou um doutor da lei para o pôr à prova, com esta pergunta: "Mestre, que hei de fazer para alcançar a vida eterna?"
[26]Respondeu-lhe Jesus: "Que está escrito na lei? Como é que lês?"
[27]Tornou aquele: "Amarás o Senhor, teu Deus, de todo o teu coração, de toda a tua alma, com todas as tuas forças e de toda a tua mente; e a teu próximo como a ti mesmo"[Dt 6,5; Lv 19,18].
[28]"Respondeste bem", disse-lhe Jesus. "Faze isso e terás a vida."[25-28: Mt 22,34; Mc 12,28]
[29]Ele, porém, quis justificar-se e perguntou a Jesus: "E quem é meu próximo?"
[30]Ao que Jesus tomou a palavra e disse: "Descia um homem de Jerusalém a Jericó, e caiu nas mãos dos ladrões, que o despojaram, cobriram de feridas e, deixando-o meio morto, se foram embora. [31]Casualmente, descia um sacerdote pelo mesmo caminho; viu-o — e passou para o outro lado. [32]Igualmente, chegou ao lugar um levita; viu-o — e passou para o outro lado. [33]Chegou perto dele também um samaritano, que ia de viagem; viu-o — e moveu-se à compaixão; [34]aproximou-se, deitou-lhe óleo e vinho nas chagas e ligou-as; em seguida, fê-lo montar no seu jumento, conduziu-o a uma hospedaria e teve cuidado dele. [35]No dia seguinte, tirou dois denários e deu-os ao hospedeiro, dizendo: 'Tem-me cuidado dele, e o que gastares a mais pagar-to-ei na volta'.
[36]Qual desses três se houve como próximo daquele que caíra nas mãos dos ladrões?"
[37]"Aquele que lhe fez misericórdia", respondeu o doutor.
Tornou-lhe Jesus: "Vai e faze tu o mesmo".

Marta e Maria. ³⁸Certa vez, por ocasião de uma jornada, entrou Jesus em uma povoação, e uma mulher, chamada Marta, o hospedou em sua casa. ³⁹Tinha ela uma irmã, por nome Maria. Esta sentou-se aos pés do Senhor a escutar-lhe a palavra. ⁴⁰Marta, porém, andava atarefada com muitos serviços. Apresentou-se e disse: "Não te importa, Senhor, que minha irmã me deixe só com o serviço? Dize-lhe, pois, que me ajude".

⁴¹Respondeu-lhe o Senhor: "Marta, Marta, andas inquieta e perturbada com muitas coisas; ⁴²entretanto, uma só é necessária. Maria escolheu a parte *boa*[melhor], que não lhe será tirada".

11 Oração dominical. ¹Uma vez estava Jesus em certo lugar, orando. Ao terminar, disse-lhe um dos seus discípulos: "Senhor, ensina-nos a orar, como também João ensinou a orar aos seus discípulos".

²Ao que ele lhes disse: "Quando orardes, dizei: Pai, santificado seja o teu nome; venha a nós o teu reino; ³o pão nosso de cada dia nos dá hoje; ⁴perdoa-nos os nossos pecados, porque também nós perdoamos a todos os nossos devedores; não nos induzas em tentação".[1-4: Mt 6,9]

Parábola do amigo importuno. ⁵E prosseguiu: "Alguém de vós tem um amigo. Vai ter com ele, à meia-noite, com o pedido: 'Amigo, empresta-me três pães; ⁶porque um amigo meu chegou de viagem à minha casa, e não tenho o que servir-lhe'. ⁷Mas o de dentro responde: 'Não me incomodes! A porta está fechada e meus filhos estão comigo no quarto; não posso levantar-me para *atender-te*'[atender-te'. O outro, porém, continua a bater].

⁸Digo-vos que, embora não se levante e lhe dê por ser seu amigo, não deixará, contudo, de levantar-se por causa da importunação, e dar-lhe quanto houver mister.

Oração perseverante. ⁹Pelo que vos digo: pedi, e recebereis; procurai, e achareis; batei, e abrir-se-vos-á. ¹⁰Porque quem pede recebe, quem procura acha, e a quem bate abrir-se-lhe-á.

¹¹Quando algum dentre vós pede pão a seu pai, será que este lhe dará uma pedra? Ou, quando lhe pede um peixe, lhe dará em vez do peixe uma serpente?[9-11: Mt 7,7] ¹²Ou, quando lhe pede um ovo, lhe dará um escorpião? ¹³Se, pois, vós, apesar de maus, sabeis dar coisas boas aos vossos filhos, quanto mais vosso Pai celeste dará o Espírito Santo aos que lho pedirem".

Injúrias dos fariseus. [14]Expulsou Jesus um demônio que era mudo; e, depois de expulso o demônio, falava o mudo, o que encheu de admiração às turbas. [15]Alguns deles, porém, diziam: "É por *beelzebul*[beelzebub], chefe dos demônios, que ele expulsa os demônios". [16]Outros tentaram pô-lo à prova e pediram-lhe um sinal do céu. [17]Jesus, todavia, conhecedor dos seus pensamentos, lhes disse: "Todo reino desunido em si mesmo será destruído e uma casa cairá sobre a outra. [18]Se, pois, Satanás está em desacordo consigo mesmo, como pode subsistir o seu reino? Dizeis que é por *beelzebul*[beelzebub] que eu expulso os demônios. [19]Ora, se eu expulso os demônios por *beelzebul*[beelzebub], por quem os expulsam então os vossos filhos? Por isso serão eles vossos juízes. [20]Se, porém, é pelo dedo de Deus que expulso os demônios, claro está que chegou a vós o reino de Deus. [21]Quando um poderoso, bem armado, guardar a sua casa, está em segurança toda a sua propriedade. [22]Mas, se outro, mais poderoso, o atacar e vencer, tirar-lhe-á as armas em que confiava, e repartirá os despojos. [23]Quem não está comigo está contra mim; e quem não recolhe comigo dispersa.[14-23: Mt 12,22; Mc 3,22]

Recaída no pecado. [24]Quando o espírito impuro sai do homem, vagueia por lugares sem água em busca de repouso; mas não o acha, pelo que diz: 'Voltarei para minha casa, donde saí'. [25]E, chegando, encontra-a varrida e posta em ordem. [26]Vai então e toma consigo mais sete espíritos, piores que ele e, entrando, se estabelecem nela; e vem o último estado deste homem a ser pior que o primeiro". [24-26: Mt 12,43]

Bem-aventurança de Maria. [27]Enquanto ele assim falava, uma mulher levantou a voz do meio do povo e disse-lhe: "Bem-aventurado o ventre que te trouxe e os seios que te amamentaram!" [28]Jesus, porém, replicou: "Antes bem-aventurados os que ouvem a palavra de Deus e a põem em prática".

O sinal de Jonas. [29]Como o povo afluísse em massa, disse ele: "Raça perversa que é esta raça! Pedem um sinal; mas não lhes será dado outro sinal a não ser o sinal *de Jonas*[do profeta Jonas]. [30]Do mesmo modo que Jonas veio a ser sinal para os ninivitas, assim também o será o Filho do homem para esta raça. [31]A rainha do sul se há de levantar, no dia do juízo, contra os homens desta raça e condená-los; porque ela acudiu das mais longínquas plagas da terra para ouvir a sabedoria de Salomão — e eis que aqui está quem é mais que Salomão. ³²Os habitantes de Nínive se hão de levantar, no dia do juízo, contra esta raça e condená-la; porque eles se converteram com a pregação de Jonas — e eis que aqui está quem é mais que Jonas!

Parábola da luz. ³³Ninguém acende uma luz e a põe em lugar oculto, nem debaixo do alqueire; mas, sim, sobre o candelabro, para que todos os que entram lhe vejam o fulgor. ³⁴Teu olho é a lâmpada do teu corpo. Se teu olho for simples, estará em luz todo o teu corpo; mas, se ele ficar mau, o teu corpo será tenebroso. ³⁵Cuidado, pois, que não se torne em trevas a luz que em ti está! ³⁶Se o teu corpo for todo luminoso, sem nenhum ponto escuro, então, sim, estará tudo em plena luz, como quando a luz te ilumina com seus fulgores". [29-36: Mt 12,38; 5,15; 6,22]

Ai de vós, fariseus! ³⁷Ainda estava Jesus falando quando um dos fariseus o convidou a jantar em sua casa. Foi, e sentou-se à mesa. ³⁸*Reparando o fariseu que não se lavara antes da refeição, admirou-se*[Começou o fariseu a discorrer lá consigo por que razão não se teria ele lavado antes da refeição].

³⁹Ao que o Senhor lhe disse: "Vós, fariseus, limpais a taça e o prato por fora, ao passo que por dentro estais cheios de rapina e iniqüidade. ⁴⁰Insensatos! Acaso quem fez o exterior não fez também o interior? ⁴¹Dai antes de esmola o que está por dentro, e tudo vos será limpo. ⁴²Mas, ai de vós, fariseus, que pagais o dízimo da hortelã, da arruda e de toda a casta de hortaliças, mas não fazeis caso da justiça e do amor de Deus! Uma coisa se deve fazer, e a outra não omitir. ⁴³Ai de vós, fariseus, que gostais de ocupar lugar de honra nas sinagogas e receber cumprimentos nas praças públicas. ⁴⁴Ai de vós, que sois como sepulcros que não aparecem e sobre os quais a gente passa sem o saber!".

Ai de vós, doutores da lei! ⁴⁵Disse-lhe então um doutor da lei: "Mestre, com estas palavras também nos ofendes a nós".

⁴⁶Ele, porém, respondeu: "Ai de vós também, doutores da lei, que onerais os homens de fardos insuportáveis, quando vós mesmos nem com um dedo tocais nesses fardos! ⁴⁷Ai de vós, que levantais mausoléus aos profetas, quando vossos pais foram os que os mataram. ⁴⁸Destarte dais testemunho e aprovais o que fizeram

vossos pais: mataram-nos eles, e vós lhes levantais monumentos. ⁴⁹Foi por isso que disse a sabedoria de Deus: mandar-lhes-ei profetas e apóstolos; e darão morte a uns e perseguirão a outros. ⁵⁰Hão de pedir-se contas a esta raça, do sangue de todos os profetas que foi derramado desde a criação do mundo, ⁵¹a começar pelo sangue de Abel, até ao sangue de Zacarias, morto entre o altar e o templo. Sim, declaro-vos que disso se pedirão contas a esta raça. ⁵²Ai de vós, doutores da lei, que tirastes a chave do conhecimento: não entrastes vós mesmos, e pusestes embargo aos que queriam entrar!"[37-52: Mt 23,13]

⁵³*Saindo Jesus daí*[Dizendo Jesus essas coisas], começaram os fariseus e doutores da lei a invectivá-lo com veemência, cumulando-o de perguntas. ⁵⁴É que lhe armavam ciladas, a ver se apanhavam alguma palavra da sua *boca*[boca por onde o acusassem].

Segunda viagem a Jerusalém

12 Cuidado com o respeito humano. ¹Entrementes, tinha-se ajuntado tamanha multidão de povo que se atropelavam uns aos outros. Disse então Jesus, em primeira linha, para os seus discípulos: "Cuidado com o fermento dos fariseus! — quer dizer: a hipocrisia. — ²Porque nada há secreto que não se torne manifesto, nem nada oculto que não se venha a saber. ³O que dissestes às escuras ouvir-se-á em plena luz; e o que segredastes ao ouvido, no interior dos aposentos, apregoar-se-á de cima dos telhados.[1-3: Mt 16,6; 10,26]

Confissão intrépida. ⁴A vós, meus amigos, advirto: não temais aqueles que matam o corpo, e nada mais podem fazer. ⁵Mostrar-vos--ei a quem é que deveis temer: temei aquele que, depois de matar, pode também lançar ao inferno. Este, sim, temei, digo-vos eu. ⁶Não se compram cinco pardais por dez vinténs? E, no entanto, nenhum deles está em esquecimento perante Deus. ⁷Até os cabelos da vossa cabeça estão todos contados. Não temais, pois; mais valor tendes vós do que numerosos pardais.

⁸Declaro-vos que todo aquele que me confessar diante dos homens, também o Filho do homem o confessará diante dos anjos de Deus. ⁹Mas todo aquele que me negar diante dos homens também será negado diante dos anjos de Deus. ¹⁰Quem proferir uma palavra contra o Filho do homem será perdoado; mas quem injuriar o Espírito Santo não será perdoado.

¹¹Quando vos arrastarem às sinagogas e à presença de magistrados e autoridades, não vos dêem cuidados o modo nem as palavras com que responder, nem o que tiverdes de dizer; ¹²porque o Espírito Santo vos ensinará na mesma hora o que deveis dizer".
[4-12: Mt 10,28; 12,31]

Cuidado com a cobiça! ¹³Disse-lhe então alguém do povo: "Mestre, dize a meu irmão que divida comigo a herança".

¹⁴"Homem!", respondeu-lhe ele, "quem me constituiu juiz ou partidor sobre vós?" ¹⁵E prosseguiu: "Cuidado e cautela com toda a cobiça! Ainda que alguém viva em abundância, não é da sua fortuna que depende a sua vida".

¹⁶E propôs a seguinte parábola: "Um homem rico possuía um campo que lhe produzira fruto abundante. ¹⁷Ao que ele se pôs a pensar consigo mesmo: 'Que farei? Não tenho onde recolher os meus frutos'. ¹⁸'Isto é que farei', disse, 'vou demolir os meus celeiros e construí-los maiores, para abrigar toda a colheita e todos os meus bens. ¹⁹E então direi à minha alma: agora, sim, minha alma, tens em depósito grande quantidade de bens para largos anos; descansa, come, bebe, regala-te!' ²⁰Deus, porém, lhe disse: 'Insensato! Ainda esta noite exigir-te-ão a alma; e as coisas que amontoaste, de quem serão?'

²¹Assim acontece a quem acumula tesouros para si, em vez de enriquecer aos olhos de Deus".

Solicitudes vãs. ²²E disse aos seus discípulos: "Pelo que vos digo: não vos dê cuidados a vida, o que haveis de comer; nem o corpo, o que haveis de vestir. ²³Porque mais vale a vida que o alimento, e mais o corpo que o vestuário.

²⁴Considerai os corvos: não semeiam, nem ceifam, não têm dispensa nem celeiros — Deus é que lhes dá de comer. Quanto mais não valeis vós do que as aves! ²⁵Quem de vós pode, com todos os seus cuidados, prolongar a sua vida por um palmo sequer? ²⁶Se, portanto, nem sois capazes de coisa tão pequenina, por que vos dais cuidados do mais?

²⁷Considerai os lírios, como crescem: não trabalham, nem fiam; e, no entanto, vos digo que nem Salomão, em toda a sua glória, se vestiu jamais como um deles. ²⁸Se, pois, Deus veste assim a erva que hoje está no campo e amanhã será lançada ao forno, quanto mais a vós, homens de pouca fé!

²⁹Não pergunteis, por conseguinte, o que haveis de comer ou de beber, nem vos deis a inquietações. ³⁰Os pagãos é que andam com todos esses cuidados. Vosso Pai bem sabe que disso haveis mister. ³¹*Procurai antes o seu reino, e aquilo vos será vosso também*[Procurai, em primeiro lugar, seu reino e sua justiça, e tudo aquilo vos será dado de acréscimo] [22-31: Mt 6,25]

Tesouros celestes. ³²Não temas, pequenino rebanho! pois que aprouve ao vosso Pai dar-vos o reino. ³³Vendei os vossos haveres e dai esmola. Tratai de adquirir bolsas que não envelheçam, um tesouro imperecível nos céus, onde os ladrões não penetram e que as traças não corrompem; ³⁴porque onde está o vosso tesouro, aí está também o vosso coração.[32-34: Mt 6,19]

Parábola dos servos vigilantes. ³⁵Andai com os rins cingidos e lâmpadas acesas nas mãos. ³⁶Sede como homens que estão à espera de seu senhor, até que volte da festa nupcial, para lhe abrirem logo que chegue e bata. ³⁷Bem hajam esses servos a quem o senhor encontrar vigiando, à sua chegada! Em verdade vos digo que se há de cingir, fará sentarem-se à mesa, e andará aqui e acolá, a servi-los. ³⁸Venha à segunda, venha à terceira vigília; se os encontrar assim — bem hajam esses servos!

³⁹Isto, porém, notai: se o pai de família soubesse em que hora viria o ladrão, decerto ficaria vigiando e não deixaria arrombar a sua casa. ⁴⁰Ficai, pois, alerta também vós; porque o Filho do homem virá numa hora em que não o esperais".

⁴¹Perguntou-lhe Pedro: "Senhor, é só a nós que referes esta parábola ou a todos?"

⁴²Tornou o Senhor: "Quem será o despenseiro fiel e sábio a quem o senhor constituiu sobre seus fâmulos para, a seu tempo, lhes dar o sustento adequado? ⁴³Bem haja o servo a quem o senhor, à sua chegada, encontrar com esse procedimento! ⁴⁴Em verdade, vos digo que lhe confiará a administração de todos os seus bens. ⁴⁵Se, pelo contrário, aquele servo disser consigo mesmo: 'Meu senhor não virá tão cedo', e começar a maltratar os criados e as criadas, a comer e beber e embriagar-se, ⁴⁶aparecerá o senhor desse servo num dia em que ele não o espera, e numa hora que desconhece, e o punirá, e lhe dará lugar entre os infiéis. ⁴⁷O servo que, conhecendo a vontade de seu senhor, não vigiar e se guiar por essa vontade, apanhará muitos açoites. ⁴⁸Quem, todavia, fizer por ignorância o que mereça castigo, receberá poucos açoites. A quem muito foi dado

muito se lhe pedirá; e a quem muito confiaram tanto mais lhe hão de exigir.[35-48: Mt 24,43; Mc 13,33]

Divisão dos espíritos. [49]Eu vim para lançar fogo à terra — e quisera que já ardesse! [50]Mas tenho de passar ainda por um batismo — e como anseio por que se realize! [51]Pensais que vim trazer a paz à terra? Não, digo-vos eu, mas a separação. [52]Daqui por diante haverá discórdia entre cinco que se acharem na mesma casa; três contra dois, e dois contra três; [53]pai contra filho, e filho contra pai; mãe contra filha, e filha contra mãe; sogra contra nora, e nora contra sogra". [49-53: Mt 10,34]

Sinais do tempo. [54]E disse às turbas: "Quando vedes subir uma nuvem ao poente, logo dizeis: 'Vai chover'. E assim acontece. [55]E quando reparais que há vento sul, dizeis: 'Vamos ter calor'. E assim sucede. [56]Hipócritas! Sabeis compreender os sinais do céu e da terra; e como é que não compreendeis o tempo presente? [57]Por que não atinais, por vós mesmos, o que é justo?

[58]Quando fores com teu adversário à autoridade, trata de livrar-te dele ainda em caminho, para que ele não te arraste ao juiz, o juiz te entregue ao oficial da justiça, e o oficial da justiça te lance à cadeia. [59]Digo-te que daí não sairás até que houveres pago o último vintém".
[54-59: Mt 16,1; 5,25]

13 Exortação à conversão. [1]Chegaram, nesse momento, alguns e lhe falaram dos galileus cujo sangue Pilatos mandara derramar, no ato de sacrificarem.

[2]Observou-lhes Jesus: "Pensais que esses galileus eram pecadores maiores do que todos os mais galileus, por terem sofrido aquilo? [3]De modo nenhum, vos digo eu. Mas, se não vos converterdes, perecereis todos também. [4]Ou cuidais que aqueles dezoito que pereceram no desabamento da torre de Siloé eram mais culpados do que todos os outros habitantes de Jerusalém? [5]De modo nenhum, digo-vos eu. Mas, se não vos converterdes, perecereis também todos vós".

A figueira estéril. [6]Passou a propor-lhes a seguinte parábola: "Certo homem tinha plantado uma figueira na sua vinha. Veio procurar-lhe fruto; mas não o achou. [7]Disse então ao viticultor: 'Há três anos que venho procurar fruto nesta figueira, e não encontro. Corta-a; para que ocupa ainda o terreno?'

⁸'Senhor', respondeu-lhe aquele, 'deixa-a ainda este ano. Vou cavar em derredor e deitar estrume; ⁹talvez chegue a dar fruto mais tarde; se não, mandarás cortá-la'".

A mulher encurvada. ¹⁰Estava Jesus ensinando numa sinagoga em dia de sábado. ¹¹E eis aí uma mulher que, havia dezoito anos, tinha um espírito de enfermidade; andava encurvada, sem poder aprumar-se de todo. ¹²Jesus, vendo-a, chamou-a a si e disse-lhe: "Senhora, estás livre da tua enfermidade". ¹³Impôs-lhe as mãos, e logo ela se aprumou, glorificando a Deus.

¹⁴Indignado de que Jesus curara em dia de sábado, disse o chefe da sinagoga ao povo: "Seis dias há para trabalhar; neles vinde e fazei-vos curar; mas não em dia de sábado".

¹⁵Replicou-lhe o Senhor: "Hipócritas! Não solta cada um de vós o seu boi ou burro da manjedoura, em dia de sábado, para levá-lo a beber? ¹⁶E esta mulher, filha de Abraão, que Satanás trazia presa já por dezoito anos, não devia ser libertada desse vínculo, em dia de sábado?"

¹⁷A essas palavras envergonharam-se todos os seus adversários. O povo, porém, alegrava-se de todos os gloriosos feitos que ele realizava.

O grão de mostarda. ¹⁸Disse então: "Com que coisa se parece o reino de Deus? A que o compararei? ¹⁹É semelhante a um grão de mostarda, que um homem tomou e semeou em sua horta; cresceu e fez-se uma grande árvore; e vieram as aves do céu aninhar-se nos seus ramos".

O fermento. ²⁰Continuou dizendo: "Com que hei de comparar o reino de Deus? ²¹Assemelha-se a um fermento que uma mulher tomou e ocultou em três medidas de farinha, até ficar tudo levedado".
[18-21: Mt 13,31; Mc 4,30]

A porta cerrada. ²²Assim percorria ele as cidades e aldeias, ensinando, enquanto seguia rumo a Jerusalém. ²³Perguntou-lhe alguém: "Senhor, são poucos os que se salvam?"

Respondeu ele: ²⁴"Esforçai-vos por entrar pela porta estreita; porque vos digo que muitos procurarão entrar, e não o conseguirão. ²⁵Uma vez que o dono da casa se tenha levantado e cerrado a porta, ficareis vós da parte de fora, batendo à porta e clamando: 'Senhor, abre-nos!' Ele, porém, vos responderá: 'Não sei donde sois vós'.

²⁶Então direis: 'Mas nós comemos e bebemos contigo, e tu andaste ensinando pelas nossas ruas'. ²⁷Ele, todavia, *responderá*[vos responderá]: 'Digo-vos, não sei donde sois vós; apartai-vos de mim, todos vós, malfeitores!' ²⁸Então haverá choro e ranger de dentes, quando virdes no reino de Deus a Abraão, Isaac e Jacó e todos os profetas, e vós expulsos. ²⁹Virão do oriente e do ocidente, do norte e do sul, e sentar-se-ão à mesa no reino de Deus. ³⁰E eis que haverá últimos que serão primeiros, e primeiros que serão últimos".[22-30: Mt 7,13; 25,11; 8,11; 19,30]

Jesus e Herodes. ³¹*Na mesma hora*[No mesmo dia] chegaram alguns dos fariseus e disseram-lhe: "Sai e retira-te daqui; porque Herodes te quer matar".

³²Respondeu-lhes Jesus: "Ide e dizei a essa raposa: eis que vou expulsando demônios e fazendo curas, hoje e amanhã; e só no terceiro dia terminarei. ³³Mas hoje, amanhã e depois de amanhã tenho de caminhar; porque não convém que um profeta pereça fora de Jerusalém.

Queixa sobre Jerusalém. ³⁴Jerusalém, Jerusalém, que matas os profetas e apedrejas os que te são enviados! Quantas vezes tenho querido reunir os teus filhos, assim como a galinha recolhe a sua ninhada debaixo das asas; *vós, porém, não quisestes*[tu, porém, não quiseste]. ³⁵Eis que vos será deixada deserta a casa! Declaro-vos que já não me vereis até que chegue o tempo em que digais: 'Bendito seja o que vem em nome do Senhor!'"[34-35: Mt 23,37]

14 Cura dum hidrópico. ¹Entrando Jesus, num sábado, em casa de um dos mais notáveis fariseus para tomar refeição, estavam eles a observá-lo. ²Apareceu diante dele um homem hidrópico. ³Perguntou Jesus aos doutores da lei e aos fariseus: "É lícito curar em dia de sábado ou não?"

⁴Eles, porém, permaneceram calados. Então tomou Jesus o homem, curou-o e mandou-o embora. ⁵Em seguida, disse-lhes: "Se a algum de vós cair no poço um *jumento ou um boi*[jumento], não o tirará logo, mesmo em dia de sábado?" ⁶Não sabiam que replicar-lhe a isso.

O último lugar no festim. ⁷Reparando como os convidados escolhiam os primeiros lugares, propôs-lhes esta parábola: ⁸"Quando fores convidado por alguém a uma festa nupcial, não ocupes o primeiro lugar; porque pode ser que outra pessoa de mais consideração do que tu tenha sido convidada ⁹e, vindo o teu e seu hospedeiro, te diga: cede o lugar a este; e tu, cheio de vergonha, deverias ocupar o último lugar. ¹⁰Não; quando fores convidado, vai tomar o último lugar. Se então vier o teu hospedeiro e te disser: 'Amigo, passa mais para cima' — será isso uma honra para ti, aos olhos de todos os companheiros de mesa. ¹¹Porque todo o que se exalta será humilhado, e todo o que se humilha será exaltado".

Hóspedes pobres. ¹²Ao hospedeiro, porém, disse: "Quando deres algum jantar ou banquete, não convides os teus amigos, nem teus irmãos, nem teus parentes, nem os vizinhos ricos; para que não te convidem eles, por seu turno, e assim te paguem; ¹³não, quando deres algum banquete, convida os pobres, os aleijados, os coxos e os cegos; ¹⁴feliz de ti! Porque esses não têm com que te retribuir; mas terás a tua retribuição na ressurreição dos justos.

Parábola do grande banquete. ¹⁵Ouvindo isso um dos convivas, disse-lhe: "Feliz de quem se banquetear no reino de Deus!"
¹⁶Tornou-lhe Jesus: "Um homem preparou um grande banquete e convidou muita gente. ¹⁷Chegada a hora do banquete, enviou seu servo a dizer aos convidados: 'Vinde, *está*[está tudo] pronto!' ¹⁸Mas todos à uma começaram a escusar-se. Disse-lhe o primeiro: 'Comprei uma quinta, e preciso ir vê-la: rogo-te me tenhas por escusado'. ¹⁹Outro disse: 'Comprei cinco juntas de bois, e vou experimentá-los; rogo-te me tenhas por escusado'. ²⁰Um terceiro disse: 'Casei-me, e por isso não posso ir'.
²¹Voltou o servo e referiu isso a seu senhor. Indignou-se o dono da casa, e ordenou a seu servo: 'Sai depressa pelas ruas e becos da cidade, e conduze-me aqui os pobres, os aleijados, os cegos e os coxos'.
²²'Senhor', noticiou o servo, 'está cumprida a tua ordem, e ainda há lugar'.
²³Disse o senhor ao servo: 'Sai pelos caminhos e cercados, e obriga a gente a entrar, para que se encha a minha casa. ²⁴Pois declaro-vos que nenhum daqueles homens que tinham sido convidados provará o meu banquete'".

Cristianismo integral. [25]Seguiam-no grandes multidões. Voltou-se Jesus e disse-lhes: [26]"Se alguém vier a mim, mas não odiar seu pai e sua mãe, mulher e filhos, irmãos e irmãs, e ainda a si mesmo, não pode ser meu discípulo. [27]Quem não carregar a sua cruz e me seguir não pode ser meu discípulo.[25-27: Mt 10,37]

[28]Quando algum de vós quer edificar uma torre, não se senta antes para calcular se dispõe dos meios necessários para a obra? [29]Pois, se lançar os alicerces e não puder terminar a obra, toda a gente que o vir zombará dele, dizendo: [30]'Esse homem começou uma construção, e não a pôde levar a termo'.

[31]Ou quando um rei quer empreender uma guerra contra outro rei, não se senta antes para deliberar se com dez mil homens pode sair a campo contra quem vem atacá-lo com vinte mil? [32]No caso contrário, mandará uma embaixada, enquanto o outro ainda está longe, solicitando convênios de paz.

[33]Do mesmo modo, não pode nenhum de vós ser meu discípulo se não renunciar a tudo quanto possui.

[34]O sal é coisa boa. Mas, se o sal se desvirtuar, com que se há de temperá-lo? [35]Não presta nem para terra nem para estrume; mas é lançado fora. Quem tem ouvidos para ouvir, ouça!"[34-35: Mt 5,13; Mc 9,50]

15 Parábola da ovelha desgarrada. [1]Aproximava-se de Jesus toda a espécie de publicanos e pecadores para o ouvir. [2]Murmuravam disso os fariseus e escribas, dizendo: "Este homem acolhe os pecadores e come com eles".

[3]Ao que Jesus lhes propôs a seguinte parábola: [4]"Se um de vós possuir cem ovelhas, e perder uma, não deixa as noventa e nove no deserto e vai no encalço da que se perdeu, até a encontrar? [5]E, tendo-a encontrado, põe-na aos ombros, cheio de alegria; [6]e, de volta a casa, reúne os amigos e vizinhos, dizendo-lhes: 'Congratulai-vos comigo, porque achei a minha ovelha que se perdera'.

[7]Digo-vos que, do mesmo modo, haverá maior júbilo no céu por um pecador que se converte do que por noventa e nove justos, que não necessitam de conversão.[4-7: Mt 18,12]

Parábola da dracma perdida. [8]Ou, se uma mulher possuir dez dracmas, e perder uma, não acende a candeia, não varre a casa e procura com afinco, até encontrá-la? [9]E, tendo encontrado a dracma, convoca suas amigas e vizinhas, dizendo: 'Congratulai-vos comigo; porque achei a dracma que perdera'.

¹⁰Do mesmo modo, digo-vos eu, haverá júbilo entre os anjos de Deus por um pecador que se converte".

Parábola do filho pródigo. ¹¹Prosseguiu, dizendo: "Um homem tinha dois filhos. ¹²Disse o mais novo deles ao pai: 'Pai, dá-me o quinhão dos bens que me toca'. Ao que ele lhes repartiu os bens.

¹³Passados poucos dias, o filho mais moço juntou tudo e partiu para uma terra longínqua. ¹⁴Aí esbanjou a sua fortuna numa vida dissoluta. Depois de tudo dissipado, sobreveio uma grande fome àquele país; e ele começou a sofrer necessidade. ¹⁵Retirou-se então e pôs-se ao serviço de um dos cidadãos daquela terra. Este o mandou para os seus campos guardar os porcos. ¹⁶Ansiava ele por encher o estômago com as vagens que os porcos comiam, mas ninguém lhas dava.

¹⁷Então entrou em si e disse: 'Quantos trabalhadores, em casa de meu pai, têm pão em abundância, e eu aqui morro de fome. ¹⁸Levantar-me-ei e irei ter com meu pai, e lhe direi: pai, pequei contra o céu e diante de ti; ¹⁹já não sou digno de ser chamado teu filho; trata-me tão-somente como um dos teus trabalhadores'.

²⁰Levantou-se, pois, e foi em busca de seu pai.

O pai avistou-o de longe, e, movido de compaixão, correu-lhe ao encontro, lançou-se-lhe ao pescoço e beijou-o. ²¹Disse-lhe o filho: 'Pai, pequei contra o céu e diante de ti; já não sou digno de ser chamado teu filho'. ²²O pai, porém, ordenou a seus servos: 'Depressa, trazei a melhor veste e vesti-lha; ponde-lhe um anel no dedo e calçado nos pés. ²³Buscai também o novilho gordo e carneai-o. Comamos e celebremos um festim; ²⁴porque este meu filho estava morto, e ressuscitou; andava perdido, e foi encontrado'.

E começaram a celebrar um festim.

²⁵Entrementes, estava o filho mais velho no campo. Quando voltou e se aproximou da casa, ouviu música e danças. ²⁶Chamou um dos criados e perguntou-lhe o que era aquilo. ²⁷Respondeu-lhe ele: 'Chegou teu irmão, e teu pai mandou carnear o novilho gordo; porque o recebeu são e salvo'. ²⁸Indignou-se ele e não quis entrar. Saiu então o pai e procurou persuadi-lo. ²⁹Ele, porém, respondeu ao pai: 'Há tantos anos que te sirvo, e nunca transgredi nenhum mandamento teu; e nunca me deste um cabrito para eu me banquetear com os meus amigos. ³⁰Mas, logo que chegou esse teu filho que dissipou os *teus*[seus] bens com meretrizes, lhe mandaste carnear o novilho gordo'.

³¹'Meu filho', tornou-lhe o pai, 'tu estás sempre comigo, e tudo que é meu é teu. ³²Mas não podíamos deixar de celebrar um festim e alegrar-nos; porque este teu irmão estava morto e reviveu; andava perdido e foi encontrado'".

16 Parábola do feitor desonesto. ¹Continuou Jesus a dizer aos seus discípulos: "Havia um homem rico, que tinha um feitor. Este foi acusado perante ele de lhe defraudar os haveres. ²Mandou-o, pois, chamar e lhe disse: 'Que é isto que ouço dizer de ti? Dá conta da tua administração, porque já não poderás ser meu feitor'.

³Disse então consigo o feitor: 'Que farei, pois que meu amo me tira a administração? Cavar a terra não posso, e de mendigar tenho vergonha. ⁴Sei o que vou fazer para que, quando for removido da administração, haja quem me receba em sua casa'.

⁵Mandou, pois, chamar, um após outro, os devedores de seu amo. E perguntou ao primeiro: 'Quanto deves a meu senhor?'

⁶'Cem jarros de azeite', respondeu ele.

'Toma os teus papéis', disse-lhe, 'senta-te aí depressa e escreve cinqüenta'.

⁷Perguntou a outro: 'E tu, quanto deves?'

'Cem alqueires de trigo', respondeu ele.

'Toma os teus papéis', disse-lhe, 'e escreve oitenta'.

⁸E o senhor reconheceu que o feitor desonesto procedera com tino. É que os filhos deste mundo são mais atilados, em sua própria geração, do que os filhos da luz.

⁹Também eu vos digo: granjeai-vos amigos com as riquezas vãs, para que, quando vierdes a falecer, vos recebam nos tabernáculos eternos.

¹⁰Quem é honesto nas coisas mínimas é honesto também no muito; e quem é desonesto em coisas mínimas é desonesto também no muito. ¹¹Se não administrardes fielmente as riquezas vãs, quem vos confiará os bens verdadeiros? ¹²E, se não administrardes fielmente os bens alheios, quem vos entregará o que é vosso? ¹³Nenhum servo pode servir a dois senhores; ou terá ódio a um e amor a outro, ou aderirá a um e não fará caso do outro. Não podeis servir a Deus e às riquezas".

Pseudo-santidade dos fariseus. ¹⁴Ouviam tudo isso os fariseus, amigos do dinheiro, e faziam escárnio de Jesus.

¹⁵Ao que ele lhes disse: "Vós vos dais por justos aos olhos dos

homens; mas Deus conhece os vossos corações. O que parece sublime aos homens é abominação perante Deus. ¹⁶A lei e os profetas vigoraram até ao tempo de João; desde então é anunciado o evangelho do reino de Deus — e todos entram nele com violência. ¹⁷Entretanto, mais fácil é passarem o céu e a terra do que abolir-se um só pontinho da lei. ¹⁸Quem repudiar sua mulher e casar com outra comete adultério; e quem casar com a que foi repudiada pelo marido comete adultério.

Parábola do rico gozador e do pobre Lázaro. ¹⁹Havia um homem rico que se vestia de púrpura e linho finíssimo e se banqueteava esplendidamente todos os dias. ²⁰À sua porta jazia um mendigo, de nome Lázaro, todo coberto de úlceras. ²¹De bom grado se fartara com as migalhas que caíam da mesa do *rico*[rico, mas ninguém lhas dava]. Vinham até os cães e lambiam-lhe as úlceras. ²²Faleceu o mendigo, e foi levado pelos anjos ao seio de Abraão. Morreu também o rico, e foi *sepultado*. ²³*No inferno ergueu*[sepultado no inferno. Ergueu] os olhos, do meio dos tormentos, e avistou ao longe a Abraão, e Lázaro no seio dele. ²⁴E pôs-se a clamar: 'Pai Abraão, tem piedade de mim e manda a Lázaro para que molhe na água a ponta do dedo e me refrigere a língua; porque sofro grandes tormentos nestas chamas'.

²⁵Replicou-lhe Abraão: 'Lembra-te, meu filho, que passaste bem durante a vida, enquanto Lázaro passou mal. Agora é ele consolado aqui, e tu atormentado. ²⁶Além disso, medeia entre nós e vós um grande abismo, de maneira que ninguém pode passar daqui para vós, nem daí para cá, ainda que quisesse'.

²⁷Tornou aquele: 'Rogo-te, pai, que o mandes à minha casa paterna; ²⁸tenho cinco irmãos; que os previna para que não venham também eles parar neste lugar de tormentos'.

²⁹Respondeu-lhe Abraão: 'Eles têm Moisés e os profetas: que os ouçam'.

³⁰'Não, pai Abraão', replicou ele, 'mas, se um dos defuntos for ter com eles, hão de converter-se'.

³¹Disse-lhe Abraão: 'Se não dão ouvido a Moisés e aos profetas, tampouco acreditarão quando alguém ressuscitar dentre os mortos'".

17 Exortações aos discípulos. ¹Disse Jesus a seus discípulos: "É inevitável que venham incitamentos ao pecado; mas ai do homem por quem vêm! ²Melhor lhe fora que lhe atassem ao pescoço uma mó e o lançassem ao mar, do que ser ele ocasião de pecado a um desses pequeninos.[1-2: Mt 18,6; Mc 9,42]

³Tende cuidado de vós mesmos! ⁴Se teu irmão *pecar*[pecar contra ti], repreende-o; e, se se arrepender, perdoa-lhe. E, se pecar contra ti sete vezes por dia, e vier ter contigo sete vezes, dizendo: 'Estou arrependido' — perdoa-lhe".[3-4: Mt 18,15]

⁵Pediram os apóstolos ao Senhor: "Aumenta-nos a fé".

⁶Respondeu o Senhor: "Se tiverdes fé como um grão de mostarda e disserdes a esta amoreira: 'Desarraiga-te e transplanta-te para o mar' — obedecer-vos-á.[5-6: Mt 17,20; Mc 11,23]

Parábola do servo. ⁷Quem de vós dirá a seu servo de lavoura ou rebanho, quando volta do campo: 'Vem cá depressa e senta-te à mesa'? ⁸Não lhe dirá antes: 'Prepara-me o jantar, cinge-te, e serve-me enquanto como e bebo; depois tu comerás e beberás'? ⁹Será que fica devendo obrigações ao servo, porque este lhe cumpriu as *ordens*?[ordens? Creio que não.] ¹⁰Assim também vós, depois de cumprirdes tudo o que vos for mandado, dizei: 'Somos servos inúteis; fizemos apenas o que era da nossa obrigação'".

Terceira viagem a Jerusalém

Os dez leprosos. ¹¹De caminho para Jerusalém, passou Jesus entre a Samaria e a Galiléia. ¹²Ao entrar em certa aldeia, saíram-lhe ao encontro dez leprosos. Pararam ao longe ¹³e bradaram: "Jesus, Mestre, tem piedade de nós!"

¹⁴Ao vê-los, disse-lhes Jesus: "Ide e mostrai-vos aos sacerdotes". E aconteceu que, pelo caminho, ficaram limpos. ¹⁵Mas só um deles, vendo-se limpo, voltou atrás, louvando a Deus em altas vozes. ¹⁶Veio prostrar-se de face em terra, aos pés de Jesus, agradecendo-lhe. Era samaritano.

¹⁷Perguntou Jesus: "Não foram dez os que ficaram limpos? E os nove, onde estão? ¹⁸Não houve quem voltasse e desse glória a Deus, senão só este estrangeiro?" ¹⁹E disse-lhe: "Levanta-te e vai; a tua fé te salvou".

O advento do reino de Deus. ²⁰Perguntaram os fariseus quando viria o reino de Deus. Respondeu-lhes: "O reino de Deus não vem com aparato exterior; ²¹não se pode dizer: 'Ei-lo aqui ou acolá!' O reino de Deus está dentro de vós".

²²Em seguida, disse a seus discípulos: "Dias virão em que desejareis ver um só dos dias do Filho do homem, e não o vereis. ²³Dir-vos-ão: 'Ei-lo aqui! Ei-lo acolá!' Não vades lá, nem os sigais. ²⁴Porque, do mesmo modo que o relâmpago brilha duma extremidade do céu até à outra, assim será também com o Filho do homem em seu dia. ²⁵Mas importa que ele primeiro sofra muito e seja rejeitado por esta geração.

²⁶Como aconteceu nos dias de Noé, assim será também nos dias do Filho do homem: ²⁷comiam e bebiam, casavam e davam em casamento, até ao dia em que Noé entrou na arca; veio o dilúvio e perdeu-os todos. ²⁸Da mesma forma aconteceu nos dias de Ló: comiam e bebiam, compravam e vendiam, plantavam e edificavam. ²⁹Mas, no dia em que Ló saiu de Sodoma, caiu fogo e enxofre do céu e perdeu-os todos. ³⁰Bem assim há de ser no dia em que aparecer o Filho do homem.[22-30: Mt 24,23; Mc 13,15] ³¹Quem, nesse dia, se achar no telhado e tiver em casa os seus utensílios não desça para buscá-los. Do mesmo modo, quem se achar no campo não volte atrás. ³²Lembrai-vos da mulher de Ló. ³³Quem procurar salvar sua vida, perdê-la-á; mas quem a perder, conservá-la-á. ³⁴Digo-vos que, naquela noite, de dois que estiverem num leito, um será tomado, e o outro deixado; ³⁵de duas mulheres que estiverem moendo juntas, será tomada uma e deixada a *outra*[outra. (36) De dois que estiverem no campo, um será tomado e o outro deixado]".

³⁷Perguntaram-lhe: "Onde será isso, Senhor?"

Respondeu-lhes Jesus: "Onde houver carniça, aí se ajuntam as águias".

18 Parábola do juiz iníquo. ¹Fez-lhes ver, numa parábola, que importa orar sempre, e não desfalecer. Disse: ²"Vivia numa cidade um juiz que não temia a Deus nem respeitava homem algum. ³Havia na mesma cidade uma viúva. Foi ter com ele e disse-lhe: 'Reivindica os meus direitos contra meu adversário'. ⁴Negou-se ele a atendê-la por muito tempo. No fim de contas, porém, disse consigo mesmo: 'Verdade é que não temo a Deus nem respeito homem algum; ⁵mas essa viúva tanto me importuna que lhe farei justiça, para que não acabe por meter-me as mãos na cara'".

⁶Prosseguiu o Senhor: "Escutai o que diz o juiz iníquo! ⁷E Deus não faria justiça a seus eleitos, quando, dia e noite, clamarem a ele? Deixá-los-ia esperar muito tempo? ⁸Digo-vos que bem depressa lhes fará justiça. Entretanto, quando o Filho do homem vier, encontrará fé sobre a terra?"

Parábola do fariseu e do publicano. [9]Propôs mais esta parábola a alguns que, cheios de si, se tinham em conta de justos e desprezavam os outros: [10]"Dois homens subiram ao templo para orar. Um era fariseu, o outro publicano. [11]O fariseu, em pé, orava assim consigo mesmo: 'Eu te dou graças, meu Deus, por não ser como os outros homens, como os ladrões, injustos e adúlteros, nem como esse publicano. [12]Eu jejuo duas vezes por semana e pago o dízimo de tudo quanto possuo'.

[13]O publicano, porém, conservava-se à distância e não ousava sequer levantar os olhos ao céu; mas batia no peito, dizendo: 'Ó Deus! Tem piedade de mim, pecador!'

[14]Digo-vos que este voltou para casa justificado, e não o outro. Porque quem se exalta será humilhado; e quem se humilha será exaltado".

Jesus e as crianças. [15]Trouxeram-lhe umas criancinhas para que as tocasse. Vendo isso os discípulos, repeliam-nas. [16]Jesus, porém, chamou-as a si, dizendo: "Deixai que venham a mim as crianças, e não lho embargueis; porque de tais é o reino de Deus. [17]Em verdade, vos digo: quem não receber o reino de Deus como uma criança não entrará nele". [15-17: Mt 19,13; Mc 10,13]

O jovem rico. [18]Um homem de posição dirigiu a Jesus esta pergunta: "Bom Mestre, que devo fazer para alcançar a vida eterna?"

[19]Respondeu-lhe Jesus: "Por que me chamas bom? Ninguém é bom a não ser Deus. [20]Conheces os mandamentos: não cometerás adultério, não matarás, não furtarás, não dirás falso testemunho, honrarás pai e mãe[Ex 20,12; Dt 5,16]".

[21]Tornou o outro: "Tudo isso tenho observado desde pequeno".

[22]Ouvindo isso, disse-lhe Jesus: "Uma coisa te falta ainda: vende todos os teus bens, dá-os aos pobres, e terás um tesouro nos céus; depois vem e segue-me".

[23]A essas palavras entristeceu-se ele profundamente; porque era muito rico.

[24]Quando Jesus o viu *assim*[assim tão triste], disse: "Como é difícil entrarem no reino de Deus os que possuem riquezas! [25]Mais fácil é passar um camelo pelo fundo duma agulha do que entrar um rico no reino de Deus".

[26]Ao que os ouvintes observaram: "Quem pode então salvar-se?"

²⁷Respondeu ele: "O que aos homens é impossível é possível a Deus". [18-27: Mt 19,16; Mc 10,17]

Pobreza voluntária. ²⁸Disse então Pedro: "Eis que nós deixamos os nossos bens e te seguimos".

²⁹Tornou-lhes ele: "Em verdade, vos digo: todo aquele que pelo reino de Deus abandonar casa, pais, irmão, mulher ou filhos ³⁰receberá muito mais neste mundo, e no mundo futuro a vida eterna".
[28-30: Mt 19,27; Mc 10,28]

Atividade de Jesus na Judéia e em Jerusalém

Partida para Jerusalém

Jesus prediz pela terceira vez a sua paixão e morte. ³¹Em seguida, chamou à parte os doze e disse-lhes: "Eis que vamos para Jerusalém, e cumprir-se-á tudo quanto os profetas escreveram a respeito do Filho do homem. ³²Vai ser entregue aos pagãos; hão de escarnecê-lo, maltratá-lo e cuspir nele. ³³Depois de o açoitarem, hão de matá-lo. No terceiro dia, porém, ressurgirá".

³⁴Eles, porém, não compreenderam nada disso. Era-lhes obscura essa linguagem, e não atinaram com o sentido das suas palavras.
[31-34: Mt 20,17; Mc 10,32]

O cego de Jericó. ³⁵Quando se aproximava de Jericó, achava-se um cego sentado à beira do caminho, pedindo esmola. ³⁶Ouvindo o tropel da gente que passava, perguntou o que era aquilo. ³⁷Disseram-lhe que vinha passando Jesus de Nazaré. ³⁸Ao que ele se pôs a clamar: "Jesus, Filho de Davi, tem piedade de mim!"

³⁹Os que vinham à frente repreenderam-no para que se calasse. Ele, porém, clamava cada vez mais: "Filho de Davi, tem piedade de mim!"

⁴⁰Então Jesus parou e mandou que lho trouxessem. Tendo chegado, perguntou-lhe: ⁴¹"Que queres que te faça?"

"Senhor, que eu torne a ver", respondeu ele.

⁴²"Torna a ver", disse-lhe Jesus. "A tua fé te curou."

⁴³No mesmo instante via, e o foi seguindo, glorificando a Deus. Também todo o povo que isso presenciara louvava a Deus. [35-43: Mt 20,29; Mc 10,46]

19 Zaqueu. ¹Chegou Jesus a Jericó e atravessou a cidade. ²Havia aí um homem de nome Zaqueu. Era chefe de publicanos e rico. ³Desejava conhecer Jesus de vista; mas não lhe foi possível por causa da multidão; porque era pequeno de estatura. ⁴Pelo que correu adiante e subiu a um sicômoro para vê-lo; porque devia passar por aí.

⁵Chegado ao lugar, Jesus levantou os olhos *e disse-lhe*[viu-o e disse-lhe]: "Desce depressa, Zaqueu; porque hoje tenho de ficar em tua casa".

⁶Desceu ele a toda a pressa e recebeu-o com satisfação.

⁷Todos os que isso viram murmuravam, dizendo: "Hospedou-se em casa dum pecador". ⁸Zaqueu, porém, apresentou-se ao Senhor e disse: "Eis, Senhor, dou aos pobres metade dos meus bens; e, se defraudei alguém, restituo o quádruplo".

⁹Disse-lhe Jesus: "Hoje entrou a salvação nesta casa; porque também ele é filho de Abraão. ¹⁰Pois o Filho do homem veio para procurar e salvar o que se perdera".

Parábola das dez minas. ¹¹Como estava perto de Jerusalém, a gente pensava que o reino de Deus estivesse prestes a manifestar-se. Pelo que propôs Jesus a seus ouvintes mais uma parábola, ¹²dizendo:

"Um homem de nobre linhagem partiu para um país longínquo a fim de obter a dignidade real, e depois regressar. ¹³Mandou por isso vir à sua presença os seus dez servos e entregou-lhes dez minas, dizendo-lhes: 'Negociai com isto até que eu volte'.

¹⁴Os seus concidadãos, porém, odiavam-no, e enviaram-lhe no encalço uma embaixada com esta declaração: 'Não queremos que este seja nosso rei'. ¹⁵Ele, todavia, obteve a dignidade real, e regressou. E mandou chamar os servos a quem entregara o dinheiro, para saber que negócio fizera cada qual.

¹⁶Veio o primeiro e disse: 'Senhor, a tua mina rendeu mais dez minas'.

¹⁷'Muito bem, servo bom', respondeu ele, 'porque foste fiel no pouco, serás governador de dez cidades'.

¹⁸Veio o segundo e disse: 'Senhor, a tua mina rendeu cinco minas'.

¹⁹Respondeu igualmente a este: 'Terás poder sobre cinco cidades'.

²⁰Veio um terceiro e disse: 'Eis aqui, Senhor, a tua mina; guardei-a num lenço; ²¹porque tinha medo de ti, que és homem severo; tiras

o que não colocaste, e colhes o que não semeaste'. ²²Disse-lhe o senhor: 'Servo mau, por tua própria boca te condenarei. Sabias que sou homem severo, que tiro o que não coloquei, e colho o que não semeei; ²³por que, pois, não colocaste o meu dinheiro no banco, para que, ao voltar, o recebesse eu com juros? ²⁴Tirai-lhe a mina', ordenou aos circunstantes, 'e entregai-a a quem tem dez minas'.

²⁵'Senhor', retrucaram-lhe, 'ele já tem dez minas'.

²⁶'Pois eu vos declaro que ao que tem *dar-se-lhe-á*[dar-se-lhe-á, e terá em abundância]; mas ao que não tem, tirar-se-lhe-á até aquilo que possui. ²⁷Quanto a esses meus inimigos que não me quiseram como rei, trazei-mos cá e matai-os na minha presença'".

²⁸Dito isso, continuou a subir, rumo a Jerusalém.

Feitos messiânicos

Entrada em Jerusalém. ²⁹Quando chegou perto de Betfagé e de Betânia, ao chamado monte das Oliveiras, enviou dois dos seus discípulos com esta ordem: ³⁰"Ide à aldeia que tendes em frente. À entrada da mesma encontrareis um jumentinho amarrado, no qual ainda ninguém montou; desatai-o e conduzi-mo aqui. ³¹Se alguém vos perguntar por que o soltais, respondei-lhe: 'Porque o Senhor precisa dele'".

³²Partiram os enviados e encontraram como lhes *dissera*[dissera; o jumentinho lá estava]. ³³Quando iam desatando o jumentinho, perguntaram os donos do mesmo: "Por que soltais o jumentinho?" ³⁴Responderam: "Porque o Senhor precisa dele". ³⁵E conduziram-no a Jesus.[29-34: Mt 21,1; Mc 11,1]

Em seguida, lançaram as suas vestes sobre o jumentinho e fizeram Jesus montar nele.

³⁶À sua passagem, a gente estendia os seus mantos sobre o caminho. ³⁷Já vinha chegando à descida do monte das Oliveiras, quando toda a multidão dos seus discípulos, em transportes de alegria, começou a louvar a Deus em altas vozes, por causa de todas as obras poderosas que tinha presenciado. ³⁸Clamava:

"Bendito seja o rei que vem em nome do Senhor! Paz no céu e glória nas alturas!"

³⁹Disseram-lhe então alguns dos fariseus que se achavam no meio da multidão: "Mestre, chama à ordem os teus discípulos".

⁴⁰Respondeu-lhes ele: "Digo-vos que, se eles se calarem, clamarão as pedras".

Queixumes de Jesus. ⁴¹Aproximando-se e vendo a cidade, chorou sobre ela, dizendo: ⁴²"Ah! Se também tu conhecesses, e neste teu dia, o que te poderia trazer a paz! Entretanto, está oculto a teus olhos. ⁴³Virão dias sobre ti em que teus inimigos te cercarão de trincheiras, te hão de assediar e apertar de todos os lados; ⁴⁴derribar-te-ão por terra, a ti e a teus filhos que em ti estão, e não deixarão em ti pedra sobre pedra; porque não reconheceste o tempo da tua visitação".

Purificação do templo. ⁴⁵Em seguida entrou no templo e começou a expulsar os que aí *vendiam*[vendiam e compravam], ⁴⁶dizendo-lhes: "Está escrito: 'Minha casa é casa de oração'[Is 56,7]; vós, porém, fizestes dela um covil de ladrões".

⁴⁷Ensinava todos os dias no templo. Os príncipes dos sacerdotes, os escribas e chefes do povo procuravam matá-lo; ⁴⁸mas não acharam o que fazer-lhe, porque todo o povo estava fascinado das suas palavras.[45-48: Mt 21,12; Mc 11,15]

Discussões no templo

20 Autoridade de Jesus. ¹Certo dia, quando Jesus estava a ensinar o povo, no templo, anunciando-lhe a boa nova, chegaram-se a ele os príncipes dos sacerdotes e os escribas em companhia dos anciãos ²e fizeram-lhe esta pergunta: "Dize-nos com que autoridade fazes estas coisas? Quem te deu esse direito?"

³Respondeu-lhes Jesus: "Também eu vos farei uma pergunta: dizei-me se ⁴o batismo de João era do céu ou dos homens".

⁵Puseram-se eles a discorrer entre si: "Se dissermos que era do céu, replicar-nos-á: por que, pois, não lhe destes fé? ⁶Se dissermos que era dos homens, todo o povo nos há de apedrejar; porque está convencido de que João é um profeta". ⁷Responderam, pois, que não sabiam donde era.

⁸Tornou-lhes Jesus: "Pois, então, nem eu vos digo com que autoridade faço isto".[1-8: Mt 21,23; Mc 11,27]

Os lavradores perversos. ⁹Propôs ao povo a seguinte parábola: "Um homem plantou uma vinha e arrendou-a a uns lavradores; e ausentou-se do país por muito tempo. ¹⁰Chegado o tempo, mandou aos lavradores um servo para que lhe entregassem o quinhão dos frutos da vinha. Os lavradores, porém, espancaram-no e o despediram de mãos vazias. ¹¹Enviou mais outro servo; mas espancaram também a este, cobriram-no de afrontas, e despediram-no de mãos vazias. ¹²Enviou ainda um terceiro; mas feriram também a este e lançaram-no fora. ¹³Disse então o dono da vinha: 'Que farei? Mandarei meu filho querido; a esse não deixarão de *respeitar*[respeitar, quando o virem]'.

¹⁴Mas quando os lavradores o avistaram, disseram entre si: 'Este é o herdeiro. Vamos matá-lo, e será nossa a herança'. ¹⁵Lançaram-no, pois, fora da vinha e o mataram.

Ora, que lhes fará o dono da vinha?

¹⁶Virá e dará cabo daqueles lavradores, e arrendará a sua vinha a outros".

Ouvindo isso, disseram eles: "Tal não permita Deus!" ¹⁷Jesus, porém, os fitou e disse: "Que quer, pois, dizer a palavra da Escritura: 'A pedra que os arquitetos rejeitaram, essa se tornou pedra angular'[Sl 118(117),22]? ¹⁸Quem cair sobre essa pedra será espedaçado; e sobre quem ela cair, será esmagado".

¹⁹Ainda na mesma hora procuraram os escribas e príncipes dos sacerdotes deitar-lhe as mãos; mas temiam o povo. É que tinham reparado que a parábola se referia a eles.[9-19: Mt 21,33; Mc 12,1]

A questão do tributo. ²⁰Não perdiam de vista Jesus, e enviaram espiões que se dessem ares de homens de bem, a ver se o apanhariam em alguma palavra para entregá-lo à autoridade e jurisdição do governador. ²¹Disseram-lhe, pois: "Mestre, sabemos que falas e ensinas o que é reto, não fazes acepção de pessoas, mas ensinas na verdade o caminho de Deus. ²²É-nos lícito dar tributo a César, ou não?"

²³Jesus, porém, percebendo a astúcia deles, respondeu-lhes: ²⁴"*Mostrai-me*[Por que me tentais? Mostrai-me] um denário. De quem é a imagem e a inscrição que leva?" "De César", responderam-lhe. Tornou-lhes ele: ²⁵"Dai, pois, a César o que é de César, e a Deus o que é de Deus".

²⁶Não conseguiram apanhá-lo em palavra alguma diante do povo. E calaram-se, cheios de admiração pela resposta que dera.[20-26: Mt 22,15; Mc 12,13]

A questão da ressurreição. ²⁷Chegaram então alguns dos saduceus — que negam a ressurreição — ²⁸e lhe propuseram a questão: "Mestre, Moisés nos prescreveu: 'Se morrer o irmão de alguém e deixar mulher sem filhos, case com ela seu irmão e dê descendentes ao irmão'[Dt 25,5]. ²⁹Ora, havia sete irmãos. Casou-se o primeiro, e morreu sem filhos. ³⁰Casou o segundo com a *mulher;* ³¹*depois o terceiro*[mulher; e morreu sem filhos; depois casou com ela o terceiro]. E assim todos os sete. Morreram sem deixar descendentes. ³²Por fim, faleceu também a mulher. ³³A quem pertencerá a mulher, na ressurreição, pois que todos os sete a tiveram por esposa?"

³⁴Respondeu-lhes Jesus: "Os filhos deste mundo casam e dão em casamento; ³⁵mas os que forem julgados dignos daqueloutro mundo e da ressurreição dos mortos não casam nem dão em casamento; ³⁶porque já não podem morrer; são semelhantes aos anjos e são filhos de Deus, por serem filhos da ressurreição. ³⁷Mas, que os mortos hajam de ressuscitar, indicou-o igualmente Moisés, a propósito da sarça, quando chama ao Senhor: 'Deus de Abraão, Deus de Isaac e Deus de Jacó'[Ex 3,6]. Ora, ³⁸Deus não é Deus dos mortos, mas, sim, dos vivos; porque para ele todos são vivos".

³⁹Disseram então alguns dos escribas: "Mestre, falaste bem". ⁴⁰E não mais ousavam fazer-lhe perguntas.[27-40: Mt 22,23; Mc 12,18]

O Filho de Davi. ⁴¹Propôs-lhes então esta questão: "Por que dizem que o Cristo é Filho de Davi, ⁴²quando o próprio Davi diz no livro dos Salmos: 'Diz o Senhor a meu Senhor: senta-te à minha direita, ⁴³até que eu reduza os teus inimigos a escabelo dos teus pés'[Sl 110(109),1]? ⁴⁴Se, pois, Davi lhe chama Senhor, como é seu filho?"[41-44: Mt 22,41; Mc 12,35]

Cuidado com os escribas. ⁴⁵Estava ainda todo o povo a escutar, quando Jesus disse aos seus discípulos: ⁴⁶"Cuidado com os escribas, que se comprazem em andar por aí em amplas roupagens, querem ser cumprimentados nas praças, e gostam de ocupar os primeiros assentos nas sinagogas e lugar de honra nos banquetes. ⁴⁷Devoram os bens das viúvas, sob pretexto de recitarem longas orações. Tanto mais rigoroso será o juízo que os aguarda".[45-47: Mt 23,6; Mc 12,38]

21 O óbolo da viúva. ¹Levantou Jesus os olhos e viu que os ricos lançavam as suas oferendas no cofre. ²Viu também uma pobre viúva a oferecer duas moedas de cobre. ³Disse Jesus: "Em verdade, vos digo que esta pobre viúva deu mais que todos; ⁴porque todos esses fizeram a Deus oferta do que lhes sobrava, ao passo que ela deu da sua indigência tudo o que tinha para seu sustento".[1-4: Mc 12,41]

*Profecia sobre a destruição de Jerusalém
e o fim do mundo*

Ocasião. [5]Falavam alguns do templo, lembrando as belas pedras e os preciosos donativos de que estava ornado. Ao que Jesus observou: [6]"Dias virão em que destas coisas que aí vedes não ficará pedra sobre pedra — será tudo arrasado".
[7]Perguntaram-lhe eles: "Mestre, quando será isso? E por que sinal se conhecerá o princípio desses acontecimentos?"[5-7: Mt 24,1; Mc 13,1]

Grandes tribulações. [8]Respondeu ele: "Cuidado que ninguém vos iluda. Muitos virão com o meu nome, dizendo: 'Sou eu; é chegado o tempo'. Não andeis atrás deles. [9]Quando ouvirdes falar de guerras e revoluções, não vos aterreis; é necessário que primeiro aconteçam essas coisas; mas não virá logo o fim".
[10]E prosseguiu: "Levantar-se-á nação contra nação, e reino contra reino. [11]Haverá grandes terremotos por toda a parte, peste e fome; aparecerão no céu fenômenos terríficos e sinais estupendos.
[12]Antes de tudo, porém, vos hão de deitar as mãos; hão de perseguir-vos, entregar-vos às sinagogas e aos cárceres, arrastando-vos à presença de reis e governadores por causa do meu nome. [13]Então é dardes testemunho. [14]Não vos preocupeis, pois, de antemão com a resposta a dar; [15]porque eu vos darei eloqüência e sabedoria a que não poderão contradizer nem resistir todos os vossos adversários. [16]Sereis entregues até pelos próprios pais e irmãos, pelos parentes e amigos, e farão morrer muitos de vós. [17]Por causa de meu nome é que sereis odiados de todos. [18]Entretanto, não se perderá um só fio de cabelo da vossa cabeça. [19]Se perseverardes, salvareis as vossas almas.[8-19: Mt 24,4; Mc 13,5]

Prenúncios da destruição de Jerusalém. [20]Quando virdes Jerusalém cercada de exércitos, sabei que está próxima a sua ruína. [21]Fujam então para as montanhas os que estiverem na Judéia; saia quem se achar na cidade; e quem se encontrar no campo não entre na cidade. [22]Esses são os dias da retribuição, em que se há de cumprir tudo o que está nas Escrituras. [23]Ai das mulheres que nesses dias andarem grávidas ou com filhinho ao peito! Porque haverá grande angústia sobre a terra, e o juízo da ira virá sobre esse povo. [24]Uns perecerão ao fio da espada, outros serão levados cativos a todas as nações. Jerusalém será calcada pelos gentios, até expirarem os tempos dos pagãos.[20-24: Mt 24,15; Mc 13,14]

Vinda de Cristo. ²⁵Haverá sinais no sol, na lua e nas estrelas. Na terra, reinarão angústia e consternação entre os povos, por causa do confuso bramido das vagas do mar. ²⁶Desfalecerão os homens de ansiosa expectação das coisas que virão sobre o mundo inteiro; porque serão abaladas as energias do firmamento. ²⁷Então se verá o Filho do homem vindo sobre uma nuvem com grande poder e majestade. ²⁸Quando, pois, começarem a suceder essas coisas, erguei-vos e levantai a cabeça; porque se avizinha a vossa redenção".[25-28: Mt 24,29; Mc 13,24]

Parábola da figueira. ²⁹Propôs-lhes uma parábola: "Considerai a figueira e as demais árvores. ³⁰Quando as vedes brotar, sabeis que se aproxima o verão. ³¹Da mesma forma, quando virdes suceder isso, sabei que se aproxima o reino de Deus. ³²Em verdade, vos digo que não passará esta geração sem que tudo isso aconteça. ³³Passarão o céu e a terra, mas não passarão as minhas palavras.[29-33: Mt 24,32; Mc 13,28]

Vigilância. ³⁴Guardai-vos, pois, de não carregardes os vossos corações com demasias de comer e beber e com os cuidados terrenos, para que aquele dia não vos colha de improviso. ³⁵Virá como um laço sobre todos os habitantes da terra. ³⁶Vigiai, portanto, e orai a todo o tempo, para que possais fugir a tudo quanto há de acontecer e subsistir ante o Filho do homem".[34-36: Mt 24,42; Mc 13,33]

Últimos dias de Jesus. ³⁷De dia ensinava Jesus no templo; de noite, porém, saía e passava no monte chamado das Oliveiras. ³⁸E todo o povo madrugava para ir ter com ele e ouvi-lo no templo.

Paixão, morte e ressurreição de Jesus

A última ceia

22 Resolução do sinédrio. ¹Aproximava-se a festa dos pães ázimos, que se chama páscoa. ²Procuravam os príncipes dos sacerdotes e escribas ensejo para matar a Jesus. É que temiam o povo.[1-2: Mt 26,1; Mc 14,1]

Plano de Judas. ³Entrou então Satanás em Judas, por sobrenome Iscariotes, um dos doze. ⁴Foi tratar com os príncipes dos sacerdotes e as autoridades sobre o modo de lho entregar. ⁵Alegraram-se eles e concordaram em lhe oferecer dinheiro. ⁶Ele aceitou e foi procurando oportunidade de entregá-lo sem amotinar o povo.[3-6: Mt 26,14; Mc 14,10]

A ceia pascal. ⁷Chegou o dia dos pães ázimos, em que se devia imolar o cordeiro pascal. ⁸Enviou Jesus a Pedro e João com esta ordem: "Ide e preparai-nos a ceia pascal".

⁹"Onde queres que a preparemos?", perguntaram-lhe.

¹⁰Respondeu-lhes ele: "Vede, ao entrardes na cidade encontrareis um homem com um cântaro d'água. Segui-o até a casa onde entrar, ¹¹e dizei ao dono da casa: 'O Mestre manda perguntar-te: onde é a sala em que hei de comer a ceia pascal com os meus discípulos?' ¹²E ele vos mostrará uma sala espaçosa, guarnecida de almofadas. Aí fazei os preparativos".

¹³Foram, e encontraram como lhes dissera; e prepararam a ceia pascal.

¹⁴Chegada a hora, pôs-se ele à mesa com os doze apóstolos. ¹⁵E disse-lhes: "Ansiosamente tenho desejado comer convosco esta ceia pascal, antes que padeça. ¹⁶Pois digo-vos *que*[que desde agora] não mais a comerei até que ache o seu cumprimento no reino de Deus". ¹⁷Em seguida tomou um cálice, deu graças e disse: "Tomai e distribuí-o entre vós; ¹⁸porque vos digo que doravante não mais beberei do fruto da videira, até que venha o reino de Deus".[7-18: Mt 26,17; Mc 14,12]

Instituição da Eucaristia. ¹⁹Depois tomou o pão, deu graças, partiu-o, e deu-lho, dizendo: "Isto é o meu corpo, que é entregue por vós; fazei isto em memória de mim". ²⁰Da mesma forma, depois da ceia, tomou o cálice e disse: "Este cálice é o novo testamento com o meu sangue, *que é derramado*[que será derramado] por vós.[19-20: Mt 26,26; Mc 14,22; 1Cor 11,23]

²¹Mas eis que a mão do meu traidor está comigo sobre a mesa. ²²O Filho do homem vai, segundo está decretado: mas ai do homem por quem for entregue!" ²³Ao que eles começaram a perguntar entre si quem deles seria que tal coisa havia de fazer.[21-23: Mt 26,21; Mc 14,18; Jo 13,21]

Questão de precedência. ²⁴Suscitou-se também entre eles uma questão sobre quem deles seria o maior.

[25]Disse-lhes Jesus: "Os reis dos gentios são dominadores deles, e os seus poderosos se intitulam benfeitores. [26]Entre vós, porém, não há de ser assim. Quem dentre vós for o maior faça-se como o mais pequenino; e quem for chefe seja como servo. [27]Pois, quem é maior: quem está sentado à mesa ou quem serve? Não é quem está sentado à mesa? [28]Ora, eu estou no meio de vós como um servo. Vós permanecestes comigo nas minhas tribulações. [29]Pelo que vos disponho o reino, assim como meu Pai mo dispôs a mim. [30]Comereis e bebereis à minha mesa, no meu reino, e vos sentareis em tronos e julgareis as doze tribos de Israel".

Oração por Pedro. [31]E prosseguiu o Senhor: "Simão, Simão! Eis que Satanás pediu para vos joeirar como trigo. [32]Eu, porém, roguei por ti para que não desfaleça a tua fé; e tu, quando convertido, confirma teus irmãos".

[33]"Senhor", respondeu-lhe Pedro, "estou pronto a ir contigo para o cárcere, e para a morte".

[34]Tornou-lhe Jesus: "Digo-te, Pedro, que hoje, antes que o galo cante, três vezes negarás conhecer-me".

Com ou sem espada? [35]Disse-lhes mais: "Quando vos enviei sem bolsa, sem alforje, sem calçado, faltou-vos alguma coisa?"

"Nada", responderam eles.

[36]"Agora, porém", prosseguiu Jesus, "quem tiver uma bolsa, leve-a consigo. Do mesmo modo, quem tiver um alforje; mas, quem não tiver, venda o seu manto e compre uma espada. [37]Porque vos digo que agora se cumprirá em mim a palavra da Escritura: 'Foi contado entre os malfeitores'[Is 53,12]. Vai se cumprir tudo o que me diz respeito".

[38]"Senhor", exclamaram eles, "eis aqui duas espadas!"

"Basta!", tornou-lhes ele.

Getsêmani e Gólgota

Agonia de Jesus. [39]Em seguida, saiu Jesus, como de costume, para o monte das Oliveiras. Acompanharam-no os seus discípulos. [40]Chegado aí, disse-lhes: "Orai para não cairdes em tentação". [41]Arrancou-se deles, cerca de um tiro de pedra, pôs-se de joelhos e orou: [42]"Pai, se for da tua vontade, aparta de mim este cálice; contudo, não se faça a minha, mas, sim, a tua vontade". [43]Nisso apareceu-lhe um anjo do céu e confortou-o.

⁴⁴Então entrou em agonia. E orou ainda com maior instância. Tornou-se-lhe o suor como gotas de sangue que corriam por terra. ⁴⁵Levantou-se da oração e foi ter com os seus discípulos; mas achou--os adormecidos de tristeza. ⁴⁶"Como?", disse-lhes, "estais dormindo? Levantai-vos e orai, para não entrardes em tentação".[39-46: Mt 26,36; Mc 14,32; Jo 18,1]

Prisão de Jesus. ⁴⁷Ainda estava Jesus falando, quando chegou um tropel de gente. À frente ia Judas, um dos doze. Aproximou-se de Jesus e beijou-o. ⁴⁸Disse-lhe Jesus: "Judas, com um beijo atraiçoas o Filho do homem?"

⁴⁹Quando os seus companheiros viram o que ia suceder, exclamaram: "Senhor, batemo-los a espada?" ⁵⁰E um deles vibrou um golpe contra um servo do príncipe dos sacerdotes e cortou-lhe a orelha direita.

⁵¹"Deixai! Basta!", disse Jesus, e, tocando a orelha, sarou-a. ⁵²Em seguida, disse Jesus aos príncipes dos sacerdotes, autoridades do templo e anciãos que avançavam sobre ele: "Como se fora a um ladrão, saístes com espadas e varapaus. ⁵³Dia a dia estava eu convosco, no templo, e não me deitastes as mãos. Esta, porém, é a vossa hora e o poder das trevas".[47-53: Mt 26,47; Mc 14,43; Jo 18,2]

Negação de Pedro. ⁵⁴Prenderam Jesus e conduziram-no à casa do príncipe dos sacerdotes. Pedro seguia-o de longe. ⁵⁵Tinham acendido uma fogueira no meio do pátio e sentaram-se à roda. Pedro sentou--se no meio deles. ⁵⁶Viu-o uma criada sentado ao fogo, fitou nele um olhar e disse: "Este também estava com ele".

⁵⁷Mas ele o negou, dizendo: "Não, senhora, não o conheço".

⁵⁸Daí a pouco, viu-o outro e disse: "Tu também és dos tais".

"Homem, não sou", respondeu Pedro.

⁵⁹Passada quase uma hora, afirmou outro: "Realmente, este também estava com ele; pois, é galileu".

⁶⁰"Homem", replicou Pedro, "não sei o que estás a dizer".

E no mesmo ponto, quando ainda estava falando, cantou o galo. ⁶¹Nisso voltou-se o Senhor e pôs os olhos em Pedro. E Pedro lembrou-se da palavra que o Senhor lhe dirigira: "Antes que o galo cante, três vezes me negarás". ⁶²Saiu e chorou amargamente.[54-62: Mt 26,69; Mc 14,66; Jo 18,15]

Jesus diante do Sinédrio. ⁶³Os homens que traziam preso a Jesus faziam escárnio dele e maltratavam-no. ⁶⁴Vendavam-lhe os *olhos*[olhos, davam-lhe no rosto] e diziam: "Adivinha quem foi que te deu?" ⁶⁵E muitas outras afrontas lhe faziam.

⁶⁶Ao clarear do dia, reuniram-se os anciãos do povo, os príncipes dos sacerdotes e escribas e mandaram-no comparecer à sua assembléia. ⁶⁷Disseram: "Se tu és o Cristo, dize-no-lo".

Tornou-lhes ele: "Se vo-lo disser, não me dareis fé; ⁶⁸e, se vos fizer uma pergunta, não me *respondereis*[respondereis nem me poreis em liberdade]. ⁶⁹Doravante, porém, estará o Filho do homem sentado à direita do poder de Deus".

⁷⁰"Logo, tu és o Filho de Deus?", acudiram todos.

"É como dizeis, eu o sou", respondeu ele.

⁷¹Ao que todos bradaram: "Que necessidade temos ainda de testemunho? Pois que da sua própria boca acabamos de ouvi-lo!"[63-71: Mt 26,57; Mc 14,53; Jo 18,19]

23 Jesus diante de Pilatos. ¹Levantou-se a assembléia em peso e conduziu-o a Pilatos. ²Começaram a acusá-lo, dizendo: "Verificamos que este homem amotina o nosso povo, proíbe de dar tributo a César e diz que é o Cristo, o Rei".

³Interrogou-o Pilatos: "És tu o rei dos judeus?" Respondeu-lhe Jesus: "É como dizes". ⁴Ao que Pilatos declarou aos príncipes dos sacerdotes e ao povo: "Não acho crime neste homem".

⁵Eles, porém, insistiram: "Amotina o povo com a sua doutrina, em toda a Judéia, a começar pela Galiléia até aqui".

⁶Ouvindo *isso*[falar da Galiléia], Pilatos perguntou se o homem era galileu; ⁷e, informado de que era da jurisdição de Herodes, remeteu-o a Herodes, que naqueles dias também se achava em Jerusalém.[1-7: Mt 27,2; Mc 15,2; Jo 18,23]

Jesus diante de Herodes. ⁸Herodes folgou muito de ver a Jesus; porque desde longo tempo desejava vê-lo, por ter ouvido falar muito dele, e esperava vê-lo fazer algum prodígio. ⁹Fez-lhe, pois, muitas perguntas; Jesus, porém, não lhe deu resposta.

¹⁰Estavam presentes os príncipes dos sacerdotes e escribas, acusando-o sem cessar. ¹¹Herodes, com os da sua guarda, fez dele ludíbrio, cobrindo-o duma veste deslumbrante. E reenviou-o a Pilatos. ¹²Nesse mesmo dia tornaram-se amigos Herodes e Pilatos, quando antes eram inimigos um do outro.

Jesus ou Barrabás. ¹³Em seguida, convocou Pilatos os príncipes dos sacerdotes, os membros do Sinédrio e o povo, e disse-lhes: ¹⁴"Apresentastes-me este homem como sendo amotinador do povo. Ora, submeti-o a um interrogatório em vossa presença, e não achei fundada nenhuma das acusações que fazeis a este homem. ¹⁵Nem tampouco Herodes, pois que *no-lo remeteu*[vos mandei ter com ele]. Vede que nada se apurou contra ele que merecesse a morte. ¹⁶Mandá-lo-ei, pois, castigar e pôr em liberdade".

¹⁷Era obrigado a soltar-lhes um preso por ocasião da festa. ¹⁸A multidão em peso pôs-se a clamar: "Fora com este! Solta-nos Barrabás!" ¹⁹Estava este tal preso por causa de um motim que houvera na cidade, e de um homicídio.

²⁰Mais uma vez lhes falou Pilatos; porque queria pôr Jesus em liberdade.

²¹Eles, porém, gritaram: "Crucifica-o! Crucifica-o!"

²²Perguntou-lhes Pilatos pela terceira vez: "Pois, que mal fez ele? Eu não lhe acho crime que mereça a morte. Mandá-lo-ei, pois, castigar e pôr em liberdade".

²³Mas eles exigiam, com clamores cada vez mais impetuosos, que fosse crucificado — e prevaleceram os seus clamores. ²⁴Decidiu Pilatos que se lhes fizesse a vontade. ²⁵Soltou-lhes o homem que estava preso por causa dum motim e dum homicídio, conforme reclamavam; e abandonou Jesus ao arbítrio deles.[17-25: Mt 27,15; Mc 15,6; Jo 18,39]

Caminho do Calvário. ²⁶Enquanto o iam conduzindo, angariaram um tal Simão de Cirene, que vinha do campo, e puseram-lhe a cruz às costas para que a levasse no encalço de Jesus. ²⁷Acompanhava-o grande multidão de povo, entre eles também mulheres, que o pranteavam e lamentavam. ²⁸Voltou-se Jesus para elas e disse: "Filhas de Jerusalém, não choreis sobre mim; chorai sobre vós e sobre vossos filhos. ²⁹Eis que chegarão dias em que se dirá: 'Felizes as estéreis, cujas entranhas não geraram e cujos seios não amamentaram!' ³⁰Então se dirá aos montes: 'Caí sobre nós!', e aos outeiros: 'Cobri-nos!' ³¹Pois se tal acontece ao lenho verde, que será do seco?"

³²Juntamente com ele levaram dois malfeitores para a execução.
[26-32: Mt 27,32; Mc 15,20; Jo 19,16]

Crucifixão. ³³Chegados ao lugar que se chama Calvário, aí o pregaram na cruz. Igualmente os malfeitores, um à direita, outro à esquerda.

³⁴Jesus, porém, orava: "Pai, perdoa-lhes; porque não sabem o que fazem". Em seguida, repartiram as suas vestes, deitando sortes.

Impropérios. ³⁵O povo lá estava a olhar. Escarneciam-no os membros do Sinédrio, dizendo: "Salvou a outros; pois que se salve a si mesmo, se é que é o Ungido de Deus, o Eleito". ³⁶Também o insultavam os soldados. Chegando-se a ele, ofereceram-lhe vinagre, ³⁷dizendo: "Se és o rei dos judeus, salva-te a ti mesmo".

³⁸Sobre ele estava uma *inscrição*[inscrição, em letra grega, latina e hebraica]: "ESTE É O REI DOS JUDEUS".

³⁹Um dos malfeitores, que estava suspenso na cruz, injuriava-o, dizendo: "Não és tu o Cristo? Pois salva-te a ti e a nós". ⁴⁰O outro, porém, o repreendia, dizendo: "Nem tu temes a Deus, quando sofres o mesmo suplício? ⁴¹Nós, é verdade, sofremos o que é justo, porque estamos recebendo o castigo merecido das nossas obras; este, porém, não fez mal algum". ⁴²*E dizia: "Jesus, lembra-te*[E dizia a Jesus: "Senhor, lembra-te] de mim quando entrares no teu reino".

⁴³Respondeu-lhe ele: "Em verdade te digo, ainda hoje estarás comigo no paraíso".[33-43: Mt 27,33; Mc 15,22; Jo 19,18]

Morte de Jesus. ⁴⁴Era por volta do meio-dia, quando todo o país se cobriu de trevas, que duraram até às três horas da tarde. ⁴⁵Escureceu o sol, e rasgou-se pelo meio o véu do templo. ⁴⁶Jesus deu um grande brado, dizendo: "Pai, em tuas mãos entrego o meu espírito!"

Com essas palavras expirou.

⁴⁷Quando o centurião viu o que acontecia, glorificou a Deus, dizendo: "Em verdade, este homem era justo!" ⁴⁸E todo o povo que presenciava o espetáculo e via o que se passava batia no peito e voltava para casa. ⁴⁹A certa distância estavam todos os seus conhecidos, e as mulheres que desde a Galiléia o haviam seguido, observando essas coisas.[44-49: Mt 27,45; Mc 15,33; Jo 19,28]

Sepultura de Jesus. ⁵⁰Um dos membros do Sinédrio, por nome José, homem reto e justo, ⁵¹natural de Arimatéia, cidade da Judéia, aguardava o reino de Deus e não aprovara o plano e procedimento deles. ⁵²Foi ter com Pilatos e requereu o corpo de Jesus. ⁵³Desceu-o, amortalhou-o num lençol e colocou-o num sepulcro aberto em rocha, no qual ainda ninguém fora depositado.

⁵⁴Era o dia de preparativos, e ia começando o sábado. ⁵⁵Assistiram também as mulheres que tinham vindo da Galiléia com Jesus; observaram o túmulo e o sepultamento do corpo dele. ⁵⁶Depois regressaram e prepararam aromas e ungüentos. E descansaram no sábado, conforme a lei.[50-56: Mt 27,57; Mc 15,42; Jo 19,38]

Ressurreição e ascensão

24 As mulheres ao sepulcro. ¹No primeiro dia da semana, bem de madrugada, foram elas ao sepulcro, levando os aromas que tinham preparado. ²Encontraram a pedra revolvida do sepulcro. ³Entraram. Mas não acharam o corpo do Senhor Jesus. ⁴Consternadas pelo fato — eis que viram diante de si dois homens em vestes radiantes. ⁵Aterradas, baixaram os olhos.

Aqueles, porém, lhes disseram: "Por que procurais entre os mortos o vivo? ⁶Não está aqui; ressuscitou. Lembrai-vos do que vos disse, quando ainda na Galiléia: ⁷'O Filho do homem deve ser entregue às mãos dos pecadores e crucificado; mas ressurgirá ao terceiro dia'".

⁸Então se recordaram elas das suas palavras, ⁹voltaram do sepulcro e contaram tudo isso aos onze e a todos os mais. ¹⁰As que levaram esse recado aos apóstolos foram Maria Madalena, Joana, Maria, mãe de Tiago, e outras companheiras delas. ¹¹A eles, porém, pareceu essa notícia como uma fábula, e não lhes deram fé.

¹²Pedro, todavia, se pôs a caminho e correu ao sepulcro. Debruçando-se, só viu aí colocados os lençóis. E voltou para casa, pasmado do que acontecera.[1-12: Mt 28,1; Mc 16,1; Jo 20,1]

Os discípulos de Emaús. ¹³No mesmo dia iam dois deles para uma aldeia de nome Emaús, distante de Jerusalém sessenta estádios. ¹⁴Vinham conversando um com o outro sobre tudo o que acabava de acontecer. ¹⁵Enquanto assim falavam e conferenciavam entre si, aproximou-se deles o próprio Jesus e foi com eles. ¹⁶Eles, porém, estavam com os olhos tolhidos, de maneira que não o reconheceram. ¹⁷Perguntou-lhes ele: "Que conversas são estas que entretendes um com o outro, pelo caminho?"

Calaram-se eles, tristes. ¹⁸Um deles, de nome Cléofas, respondeu: "És tu o único forasteiro em Jerusalém e ignoras o que aí se passou nestes dias?"

¹⁹"Que foi?", inquiriu ele.

"Aquilo de Jesus, o Nazareno", responderam-lhe. "Era um profeta, poderoso em obras e palavras, diante de Deus e de todo o povo. [20]Mas os sumos sacerdotes e os nossos magistrados entregaram-no à pena de morte e crucificaram-no. [21]Nós, porém, esperávamos que fosse ele o salvador de Israel. De mais a mais, já é agora o terceiro dia depois que se deu tudo aquilo. [22]Verdade é que algumas das nossas mulheres nos aterraram; tinham ido ao sepulcro, mui de madrugada, [23]mas não acharam o corpo. E voltaram com a notícia de terem visto uns anjos que declararam que ele estava vivo. [24]Ao que alguns dos nossos foram ao sepulcro, e encontraram confirmado o que as mulheres tinham dito; a ele mesmo, porém, não o viram."

[25]Respondeu-lhes ele: "Ó homens sem critério! Quão tardos de coração para crer tudo o que os profetas disseram! [26]Não devia então o Cristo padecer aquilo e assim entrar em sua glória?"

[27]E, principiando por Moisés, discorreu por todos os profetas, explicando-lhes o que a respeito dele se diz em todas as Escrituras.

[28]Iam chegando à aldeia que demandavam. Ele fez menção de passar adiante. [29]Eles, porém, insistiram com ele, dizendo: "Fica conosco; já declinou o dia; vai anoitecendo".

Entrou com eles. [30]Enquanto estava com eles à mesa, tomou o pão, benzeu-o, partiu-o e deu-lhos. [31]Nisso abriram-se-lhes os olhos e reconheceram-no. Ele, porém, desapareceu dos seus olhos. [32]Diziam um para o outro: "Não se abrasava o coração dentro de nós quando, pelo caminho, nos falava e nos explicava as Escrituras?"

[33]Ainda na mesma hora fizeram-se de partida e regressaram a Jerusalém, e encontraram reunidos os onze com seus companheiros, [34]que lhes declararam: "O Senhor ressuscitou realmente e apareceu a Simão". [35]Então referiram eles o que acontecera no caminho e como o tinham reconhecido ao partir do pão.

Jesus aparece aos apóstolos. [36]Ainda estavam comentando os fatos quando se apresentou Jesus no meio deles, e disse-lhes: "A paz seja *convosco*[convosco; sou eu; não temais]". [37]Tomados de medo e terror, cuidavam ver um espírito.

[38]Jesus, porém, lhes disse: "Por que esse medo? E por que essa dúvida nos vossos corações? [39]Vede as minhas mãos e os meus pés; sou eu mesmo; apalpai e vede; espírito não tem carne e osso como vedes que eu tenho". [40]Com essas palavras mostrou-lhes as mãos e os pés.

[41]Eles, todavia, de tão contentes e admirados, não acabavam ainda

de crer. Pelo que Jesus lhes perguntou: "Tendes aqui alguma coisa que se coma?"

⁴²Ofereceram-lhe uma posta de peixe assado e um favo de mel. ⁴³Ele tomou-o e comeu-o à vista *deles*[deles, e restituiu-lhes o resto]. [36-43: Jo 20,19]

Palavras de despedida. ⁴⁴Disse-lhes: "As palavras que vos disse quando ainda estava convosco foram estas: importa que se cumpra tudo o que está escrito, a meu respeito, na lei de Moisés, nos profetas e nos salmos".

⁴⁵E passou a abrir-lhes o entendimento para a compreensão das Escrituras, ⁴⁶e prosseguiu: "Assim é que está escrito: o Cristo deve sofrer, e ressurgir dentre os mortos ao terceiro dia. ⁴⁷Em seu nome se há de pregar a conversão e remissão dos pecados a todos os povos, principiando por Jerusalém. ⁴⁸Vós sois testemunhas disso. ⁴⁹E eis que eu vos enviarei aquele que meu Pai prometeu. Ficai na cidade até que sejais munidos da força do alto".

Ascensão. ⁵⁰Conduziu-os para fora, rumo a Betânia, levantou as mãos e abençoou-os. ⁵¹E, enquanto os abençoava, apartou-se *deles*[deles, e subiu ao céu]. ⁵²Prostraram-se eles em adoração, e, com grande júbilo, voltaram para Jerusalém. ⁵³Estavam continuamente no templo, louvando e bendizendo a *Deus*[Deus. Amém]. [50-53: Mc 16,19; At 1,6]

Notas explicativas

(cf. notas para Mateus)

1 ¹⁻⁴Enquanto os outros evangelistas, consoante os seus fins peculiares, apresentam apenas uma seleção de palavras e obras do Senhor, promete Lucas dar uma narração cronológica, historiando com mais ordem e integridade a vida de Jesus.

⁵Desde os tempos de Davi existiam 24 turmas de sacerdotes que funcionavam sucessivamente no templo de Jerusalém; aos sábados se revezavam os turnos.

⁹A turma da respectiva semana costumava distribuir entre si, por meio de sortes, as diversas funções litúrgicas, que se realizavam de manhã e à tarde; delas fazia parte o sacrifício de incenso.

²⁵A esterilidade era, entre os judeus, considerada ignominiosa e como privação da bênção que Deus prometera a seu povo, excluindo

o casal da possibilidade de figurar entre os ascendentes do futuro Messias.

[26]Nazaré era uma modesta aldeia nas montanhas da Galiléia.

[27]A lei judaica não conhecia diferença jurídica entre o noivado e o matrimônio. Maria era já esposa de José, mas ainda estava em casa de seus pais ou parentes.

[34-35]Maria não duvida das palavras do anjo, como o fizera Zacarias, mas deseja saber como se coaduna essa maternidade com a virgindade que votara a Deus e que sabia por ele aceita. O mensageiro celeste lhe faz ver que se tornará mãe de um modo sobrenatural, permanecendo intacta a sua virgindade; a conceição de Jesus será efetuada por virtude de Deus.

[39]Montanha (ou serra) chamava-se toda aquela zona, cuja metrópole era Jerusalém. A tradição cristã dá como lugar da residência de Zacarias e Isabel a aldeia serrana que ainda hoje vem com o nome de "São João da Montanha", situada em Ain Karim, cerca de légua e meia para o oeste de Jerusalém.

[44]É provável que, nessa ocasião, o Precursor, ainda no seio materno, tenha pressentido a presença do Redentor nascituro.

[46-55]Neste grandioso cântico (*Magnificat*), dá Maria entusiástica expressão à alegria intensa que lhe vai na alma, por causa das graças singulares que Deus lhe concedera (46-48); celebra os atributos divinos que mais se manifestam no mistério da encarnação (49-50); enaltece a Providência divina, que se manifesta na história da humanidade em geral (51-53); e remata com um brado de jubilosa gratidão pela misericórdia que Deus dispensara a Israel e pelo cumprimento das promessas feitas aos patriarcas (54-55).

[68-79]Neste cântico (*Benedictus*), exprime Zacarias a sua gratidão pelo advento do Salvador (68-75) e sua alegria pela missão sublime de seu filho (76-79).

[78]Já no Antigo Testamento é Jesus apelidado de "sol nascente" (Is 9,1-2), e ele próprio se intitula "luz do mundo".

[80]Desde a mocidade habitava João nas regiões inóspitas que se estendem nas proximidades do Mar Morto, entregue a exercícios de espiritualidade.

2 [14]A obra da redenção dá a Deus a maior glória que imaginar se possa, pondo em forte relevo todos os atributos da Divindade. Tanto no texto grego como na versão latina da Vulgata, a expressão "de boa vontade" (*eudokias*, *bonae voluntatis*) se refere a Deus, e

não aos homens; significa a "benevolência", o "beneplácito" que Deus manifesta aos homens, graças à redenção por Jesus Cristo. A tradução vernácula tradicional "homens de boa vontade" não reproduz o sentido exato do texto sacro, razão por que a abandonamos.

[22]Segundo a lei mosaica (Lv 12,3ss), passava a mulher por impura durante sete dias, depois de dar à luz um filho; e pelo dobro de tempo, depois do nascimento duma filha. Nos 33 (ou 66) dias subseqüentes não lhe era permitido aparecer em público, nem tocar em coisa santa. Terminado esse prazo, tinha de oferecer no templo o sacrifício da purificação, isto é, um cordeiro e um filhote de pomba, ou, no caso que fosse pobre, um par de filhotes de pomba, ou duas rolas. Mandava ainda a lei que o primogênito de sexo masculino fosse apresentado no templo e consagrado a Deus, e, depois, resgatado mediante um donativo de cinco ciclos de prata.

[39]Após a circuncisão e apresentação de Jesus no templo, regressou a sagrada família para Nazaré. Mais tarde, porém, por ocasião da vinda dos magos, encontramo-la novamente em Belém.

[42]A partir do 12º ano completo estava todo israelita obrigado a assistir, em Jerusalém, às três solenidades principais do ano litúrgico, a saber: às festas da Páscoa, de Pentecostes e dos Tabernáculos.

[49]Com seu procedimento e suas palavras dá Jesus a entender que fora só por obediência à vontade do Pai celeste que ficara no templo.

[52]Jesus, dotado de verdadeira natureza humana, estava também em condições de adquirir novos conhecimentos por via experimental.

3 [1]O 15º ano do reinado do imperador romano Tibério coincide com o ano 781 após a fundação de Roma, ou seja, o ano 28 da era cristã. O evangelista especifica tão minuciosamente a época do aparecimento de João Batista porque esse acontecimento marca o início da vida pública de Jesus. Ituréia, Traconítide e Abilene são regiões situadas ao nordeste da Palestina. Arquelau, filho de Herodes I, o Grande, foi deposto do governo no ano 6 da nossa era. Desde então eram a Judéia e a Samaria governadas por procuradores romanos, com dependência do governador da Síria. O quinto foi Pôncio Pilatos, que regeu os destinos da Judéia de 26 a 36 da era cristã. Ao mesmo tempo, continuava Herodes Antipas, filho de Herodes I e irmão de Arquelau, a governar como tetrarca, ou príncipe, a Galiléia e a Peréia, até ao ano 39.

²Caifás foi sumo sacerdote de 18 a 36; seu sogro, Anás, o fora de 6 a 15, e, ainda depois de despojado do pontificado, conservava grande prestígio no sinédrio, cuja presidência vinha anexa ao sumo sacerdócio.

²³⁻²⁴Lc enumera os antepassados de Jesus em linha ascendente; Mt em linha descendente. De Abraão até Davi coincidem as duas genealogias, ao passo que de Davi até José divergem quase completamente; enquanto Lc dá Heli como pai de José, Mt indica Jacó. Segundo Santo Agostinho, era José filho carnal de Jacó e filho adotivo de Heli. Em resumo: Mt dá a filiação natural de José; Lc, a filiação legal. Não é nada raro esse caso, no Antigo Testamento.

²³⁻³⁰Jesus não quer alimentar a curiosidade frívola dos nazarenos. Nos seguintes exemplos tirados da história de Israel traça o Mestre um luminoso paralelo entre a descrença daquela gente e a dos nazarenos — verdade essa que melindrou os orgulhosos patrícios de Jesus.

5 ⁸Simão Pedro, deslumbrado com o estupendo milagre, sente-se como que aniquilado em face dum poder divino, reconhecendo-se indigno de estar em presença do taumaturgo.

³⁹Parece que Jesus desculpa, com certa graça, o escândalo que os adversários tomavam da liberdade dele e de seus discípulos; pois quem está com o paladar afeito às práticas antigas dificilmente achará saboroso o espírito novo do Evangelho.

²⁰⁻²³Lc não oferece senão um ligeiro resumo das bem-aventuranças.

²⁴⁻²⁶Às quatro bem-aventuranças opõe o evangelista outros tantos ais, fulminados contra os que consideravam como seu deus as riquezas, os prazeres sensuais, as vãs honrarias e as futilidades mundanas.

⁴¹O argueiro simboliza uma falta leve; a trave, uma falta grave.

7 ¹¹⁻¹⁷Naim era uma pequena cidade ao sudoeste de Nazaré, distante algumas léguas.

³⁸Segundo os costumes da época, achava-se Jesus reclinado à mesa sobre um sofá, com os pés descalços voltados para trás, de maneira que eram facilmente acessíveis à penitente de Mágdala.

⁴⁷A penitente tem grande amor a Jesus, porque muito lhe foi perdoado; o fariseu tem pouco amor, porque pouco lhe foi perdoado. A contrição traz o perdão e o perdão gera na alma uma amorosa gratidão.

Aquela mulher tão desprezada pelo fariseu já não era pecadora, era mais santa do que ele.

8 [21]Jesus não despreza os seus parentes, mas coloca a afinidade espiritual muito acima do parentesco material. Quem acolhe e pratica decididamente a palavra de Deus é mais "parente" de Jesus do que sua mãe e seus irmãos.

9 [4]*Daí não saiais* — isto é, não mudeis de casa antes de seguirdes viagem.

[32]A transfiguração de Jesus se deu de noite, ou ao anoitecer.

[45]As palavras de Jesus eram claríssimas, mas a opinião geral esperava um Messias glorioso, e não doloroso; também os apóstolos se achavam imbuídos dessa idéia errônea — e a inteligência dificilmente compreende o que o coração recusa abraçar.

[53]Os samaritanos, que reconheciam como único lugar de culto legítimo o monte Garizim, hostilizavam os judeus, que peregrinavam para o templo de Jerusalém.

[57-62]Os apóstolos de Cristo devem dedicar-se de corpo e alma à causa do Evangelho, sacrificando, de vez, todos os interesses mundanos.

10 [4]Não convém que o apóstolo de Cristo perca o seu tempo precioso cumprimentando circunstanciadamente os transeuntes; há de viver todo e inteiro para a sua grande vocação. Convém notar que as saudações dos orientais são, geralmente, muito prolixas e complicadas.

[20]Maior motivo de alegria é para os discípulos serem herdeiros dos céus do que dominadores dos demônios.

[22]Só a revelação é que nos pode dar idéia exata do Pai e do Filho.

[30-37]Havia muitos dentre os judeus que restringiam o amor do próximo aos parentes, amigos e patrícios. — O caminho que leva das alturas de Jerusalém (700 metros acima do nível do mar) para Jericó (250 metros de altitude), cheio de gargantas e quebradas, era famigerado valhacouto de ladrões e salteadores. O viajante da parábola era judeu, e, por isso mesmo, inimigo nacional e religioso dos samaritanos.

[38-42]Jesus não repreende o trabalho de Marta, tão bem intencionada, mas reprova a sua falta de sossego e tranqüilidade nas ocupações exteriores.

11 [2-4]Lc, como no caso das bem-aventuranças, se limita a dar um resumo da oração dominical.

[5-7]Nesta parábola simboliza o Senhor, com espírito e graça, que a nossa oração, quando persistente, não deixará de ser atendida por Deus. Às vezes, Deus parece surdo às nossas petições; mas é só para aumentar a nossa humildade e perseverança.

[52]Os escribas roubaram ao povo a chave do conhecimento, isto é, a noção genuína da revelação messiânica, falando apenas num Messias temporal, e não num libertador da culpa moral.

12 [35]Os orientais usavam vestes talares, que, durante o trabalho, arregaçavam e cingiam à altura dos rins. Os servos iam diante dos seus senhores com tochas ou lâmpadas acesas. Com ambas as parábolas quer o Senhor significar a prontidão do servo à espera do seu senhor — isto é, a vigilância do homem em aguardar a vinda do divino juiz.

[50]Como o Precursor batizava os penitentes, submergindo-os nas águas do Jordão, assim deve Jesus submergir num mar de sangue para lavar os pecados do mundo.

[56]Pela pregação do Batista e atividade pública de Jesus podiam os judeus ter conhecido perfeitamente que era chegado o tempo do Messias prometido.

13 [4]Siloé é uma fonte ao oeste de Jerusalém, cujas águas o rei Ezequias canalizara para o interior da cidade.

[6-9]Essa figueira estéril, apesar de tratada com tantos desvelos, era Israel, que, no ano 70, veio a ser derribada por Deus mediante os exércitos romanos.

[10]A pobre mulher padecia de paralisia muscular relacionada com influências de ordem moral.

[30]Os primeiros a serem chamados ao banquete messiânico tinham sido os judeus; os últimos iam ser os pagãos.

[32-33]Quer Jesus dizer: "Ainda me resta um pouco de tempo, depois disso me entregarei à morte, segundo a vontade de meu Pai, e não impelido pela astúcia ou violência de algum homem. O lugar da minha morte será Jerusalém".

14 [7-11]Tomando por ponto de partida uma simples regra de bom-tom e prudência natural, passa Jesus a inculcar a virtude da humildade.

15-24 O grande banquete é o reino messiânico neste mundo, riquíssimo festim de verdades e graças divinas. Os judeus, porém, recusaram, em grande parte, comparecer a esse banquete, pelo que, em lugar deles, serão convidados os que eles têm por mendigos, cegos, aleijados e homens de categoria inferior, e estes atenderão ao convite, abraçando o Evangelho de Deus.

29-33 Querem as duas parábolas inculcar a necessidade que temos de considerar bem os sacrifícios que o seguimento de Cristo reclama, para não desfalecermos a meio caminho, em face de surpresas dolorosas.

15 [8] A dracma era uma moeda grega, que valia cerca de cinqüenta reais nossos.

[12] Segundo o código judaico, podia o filho mais novo reclamar a terça parte dos bens paternos.

[16] Entendem-se as vagens da alfarrobeira, árvore muito comum na Palestina e que produz um fruto duro e indigesto, que se dá aos animais.

4-32 Querem essas três parábolas — a da ovelha desgarrada, da dracma perdida e do filho pródigo — ilustrar o muito que Deus se interessa pela conversão do pecador e frisar a misericórdia com que o acolhe quando o vê arrependido.

11-32 No plano místico, simboliza a parábola do filho pródigo a história do gênero humano.

16 5-7 Parece que esses devedores eram arrendatários de terras, pagando ao dono das mesmas uma renda anual em gêneros.

6-7 Cem jarros de azeite eram uns 4.000 litros; cem alqueires de trigo, outro tanto.

[8] O senhor não louva a deslealdade do feitor, senão a prudência e o tino com que se houve, tratando de garantir o seu futuro. Jesus lamenta que os filhos da luz não tenham a mesma circunspecção e prudência no tocante ao mundo espiritual.

10-12 Quem não souber administrar devidamente os bens caducos desta terra não é digno de possuir os bens eternos do céu.

[31] Não muito depois, ressuscitou dentre os mortos outro Lázaro, irmão de Marta e Maria, bem como o próprio Cristo — e os judeus, não obstante, perseveraram na sua incredulidade. O que lhes faltava não eram argumentos, mas a boa vontade.

17 ²⁰⁻²¹Inculca Jesus o caráter espiritual do reino messiânico, de encontro às idéias correntes de um domínio temporal.

18 ¹⁻⁸Quando se aproximarem aqueles dias terríveis devem os homens redobrar de persistente oração, ainda que Deus pareça surdo às suas súplicas e cruel como aquele juiz iníquo. Para essa oração perseverante requer-se grande espírito de fé, que nem todos possuem.

¹⁷Quem não se tornar por virtude o que a criança é por natureza — isto é, grandemente receptivo — não entrará no reino dos céus.

19 ⁹Os judeus excluem a Zaqueu do número dos filhos de Abraão, em atenção à profissão que exerce; Jesus, porém, o inclui, em vista da sua grande fé e humildade.

¹¹⁻²²A viagem de Jesus rumo a Jerusalém deve ter sido muito gloriosa, tanto assim que o povo e os discípulos cuidavam chegado o momento da inauguração do reino messiânico. Jesus, porém, torna a inculcar-lhes o caráter espiritual do seu reino. Na seguinte parábola prediz a rebeldia, contra o "rei dos judeus" e o desfecho final (cf.: "Não temos outro rei senão a César!").

¹³Uma mina equivalia a uns 5.000 reais.

20 ⁹⁻¹⁹Esta parábola descreve a reprovação de Israel, que não somente rejeitou os profetas de Deus, mas até ia assassinar o seu Filho Unigênito. Por isso, o reino messiânico passará para os gentios.

³⁴⁻³⁶Depois da ressurreição, já não haverá relações sexuais, que têm que ver com o corpo material; não haverá mais nascimento nem morte.

21 ⁵O templo de Jerusalém era uma maravilha arquitetônica, construído de mármore branco, com magníficas colunatas do mesmo material, esplêndidos mosaicos e embutidos de ouro; encerrava grande número de preciosos donativos e ex-votos, entre eles uma enorme videira de ouro de lei, à entrada do templo, oferecida por Herodes I.

22 ¹¹Jesus deixa de mencionar o nome do dono da casa talvez em atenção à inconfidência de Judas, que poderia vir a perturbar de antemão a ceia pascal.

¹⁷As palavras de Lc diferem um pouco das de Mt e Mc; mas convém notar que os evangelistas dão apenas um resumo das palavras de Jesus, referindo uns estas, outros aquelas.

³⁶Aproxima-se, para os apóstolos, o tempo das grandes provações; por isso é necessário premunirem-se com a espada das forças sobrenaturais. Os apóstolos, porém, entenderam a advertência em sentido literal, apresentando duas espadas. Jesus deixa de esclarecê-los, porque os acontecimentos imediatos bem valiam por uma explicação.

⁴⁴O suor de sangue faz ver a veemência da angústia que oprimia o coração de Jesus, rompendo os vasos de sangue e expelindo-o pelos poros.

23 ²⁻⁴Deriva esta acusação errônea da idéia que os judeus formavam da realeza do Messias, dando-o como soberano político, quando as profecias realçam sem cessar o caráter espiritual do seu domínio. Jesus afirma ser rei dos judeus, isto é, o Messias, no sentido em que fora profetizado, mas não na acepção errônea dos seus acusadores.

³¹O lenho verde simboliza o justo (Sl 1,3); o lenho seco, o pecador. Se tal castigo cabe a quem não tinha pecado, que será de quem cometeu grandes crimes como o povo judaico?

⁴⁴*Hora sexta* — pelo meio-dia. *Hora nona* — pelas 15 horas.

24 ¹³Emaús fica ao oeste de Jerusalém uns 12 km.

44-49Lc resume em poucas palavras o que Jesus fez e disse nos quarenta dias depois da sua ressurreição, desenvolvendo mais amplamente esse período nos Atos dos Apóstolos (1,4-14).

◻

Evangelho segundo João

Introdução

1. João era filho do pescador Zebedeu e de Salomé, parenta da mãe de Jesus (Mt 27,56; Mc 15,40), irmão mais novo de Tiago Maior. Natural de Betsaida, sobre o lago de Genesaré, exercia, na juventude, a profissão de pescador. A princípio discípulo de João Batista, seguiu ao Mestre juntamente com André (Jo 1,35-40). No colégio apostólico ocupava João o lugar mais saliente depois de Simão Pedro (Lc 8,51; Mt 17,1; 26,37); era o discípulo predileto de Jesus (Jo 13,23; 19,26) e foi pelo Mestre moribundo recomendado a Maria, mãe de Jesus (Jo 19,25-27).

Depois da ascensão do Senhor, ficou em Jerusalém até a morte de Maria, pregando o Evangelho na Judéia e na Samaria (At 3,4; 8,14-25); mais tarde, talvez depois da morte de São Paulo, vivia em Éfeso, onde formou os seus discípulos, entre eles os bispos Papias de Hierápolis, Inácio de Antioquia e Policarpo de Esmirna. Sob o reinado de Domiciano foi desterrado para a ilha de Patmos, donde regressou para Éfeso durante o governo de Nerva, vindo a falecer no tempo de Trajano, na idade de cerca de 100 anos. Festa no dia 27 de dezembro.

2. É ao apóstolo São João que a antiqüíssima tradição atribui a autoria do quarto evangelho. Já o conheciam Inácio de Antioquia († 107), Justino mártir († c. 165) e o fragmento muratoriano (século II). Santo Irineu, discípulo de São Policarpo, refere: "Depois destes [isto é, dos três primeiros evangelistas], também João, discípulo do Senhor, que reclinou sobre o peito dele, editou um evangelho, quando vivia em Éfeso". Clemente de Alexandria informa-nos que João, atendendo à circunstância de terem os outros evangelistas desenvolvido mais o lado humano da pessoa de Jesus, escreveu um evangelho "espiritual", a pedido de seus amigos.

Concorda com isso a índole interna do quarto evangelho, que não pode deixar de ter por autor um cristão de origem judaica. É o que se depreende do seu modo de dizer, bem como do muito que se mostra familiarizado com as solenidades e os usos dos judeus (2,6.13; 4,27; 7,2). O autor é oriundo da Palestina, pois conhece por miúdo a topografia do país (1,28; 3,23; 4,6; 5,2) e está perfeitamente a par dos fatos da história. É um contemporâneo de Cristo, testemunha presencial da sua história e pertence ao número dos apóstolos. Conhece os pormenores e as particularidades mais insignificantes (1,39; 4,6; 6,9); pinta tão ao vivo certos acontecimentos como só o pode uma testemunha ocular (1,35-51; 4,11). É o discípulo predileto de Jesus (13,23; 19,26; 21,7.20.24). Não pode ser São Pedro esse discípulo predileto, por isso que em 21,20 vem designado como pessoa diversa daquele; nem tampouco é Tiago Maior, que já fora morto por Herodes Agripa, no ano 42. Outro apóstolo não entra em questão. Logo, trata-se de São João.

3. A autenticidade da perícope 7,53–8,11 (episódio da adúltera) tem sofrido muitas dúvidas e veementes impugnações. O fato é que essa passagem falta nos códices gregos mais antigos, bem como em muitas versões dos primeiros tempos. Contém-na, porém, a Vulgata e algumas outras traduções. Santo Agostinho e Santo Ambrósio atribuem essa omissão a motivos de conveniência tendentes a evitar o perigo de interpretações ambíguas da parte de certos leitores.

4. Segundo a antiga tradição eclesiástica, eram os cristãos da Ásia Menor os primitivos leitores do quarto evangelho. O apóstolo não se apresenta aos seus leitores como estranho, mas fala-lhes como quem de longa data lhes é conhecido, na qualidade de pastor da província da Ásia (cf. 19,35; 20,31). À luz dessa suposição, compreende-se o porquê da refutação de diversos erros que o autor faz, ao menos indiretamente, erros como sejam as doutrinas dos cerintianos, dos ebionitas, dos nicolaítas, que, pelos fins do primeiro século, perturbavam os fiéis da Ásia Menor. São esses os cristãos que o evangelista procura confirmar na fé, fazendo-lhes ver que Jesus é o Messias e o Filho unigênito de Deus, para que por meio dessa fé alcancem a vida eterna. Acha-se esse objetivo nitidamente declarado na passagem 20,21, como também ressumbra de todas as partes do evangelho. Mediante a narração de alguns milagres insignes e pela reprodução de numerosos discursos e discussões de Jesus, pretende o evangelista esboçar uma imagem da glória do Unigênito do Pai, cheio de graça e de verdade (1,14). Procura ao mesmo tempo completar a relação dos sinóticos, razão por que refere, geralmente, fatos que àqueles passaram em silêncio, sobretudo em se tratando da atividade de Jesus na Judéia; ou acontecimentos que lancem nova luz sobre alguma perfeição característica do Messias. Haja vista, mormente, a história da paixão.

5. Consoante a tradição antiga, foi o quarto evangelho escrito depois dos sinóticos. É certo que São João demandou a Ásia só depois da morte de São Paulo (ano 67); sendo que, por outro lado, o evangelho supõe um apostolado de maior duração entre os cristãos daquela província, teremos de buscar a origem deste documento sacro lá pelo ano 90 do primeiro século. Também o tópico 21,20-23 faz entrever que São João era homem de avançada idade quando compôs o seu evangelho. Como lugar de origem indica a tradição a cidade de Éfeso.

6. O evangelho de São João difere notavelmente dos três primeiros, quer quanto ao conteúdo, quer quanto à forma. Os sinóticos limitam-se a referir quase exclusivamente as doutrinas e os milagres que Jesus realizou na Galiléia, ao passo que o evangelho de São João, que supõe conhecidos os sinóticos, tem por fim completar esses documentos históricos e descrever de preferência o apostolado de Jesus em Jerusalém. Além disso, contém o quarto evangelho grande número de discursos que o divino Mestre proferiu diante de seus discípulos e judeus de posição e mais apurada cultura intelectual. São muito sublimes esses discursos, abstratos e de difícil compreensão, versando principalmente sobre a existência eterna do Filho de Deus, a sua encarnação e a sua identidade com o Pai — ao passo que os sermões referidos pelos sinóticos se ocupam, de preferência, com o reino messiânico, as condições de entrada nele e os bens que oferece; são exposições populares adaptadas ao alcance de todos, proferidas que foram diante das massas populares.

7. São João faz preceder o seu evangelho de uma introdução à história da vida pública de Jesus (1,1-51). Passa, em seguida, a descrever o apostolado público do divino Mestre, que tem por principal cenário a cidade de Jerusalém (2,1–12,50). Segue-se a história da paixão, morte e ressurreição de Cristo (13,1–21,23).

A Comissão Bíblica, em data de 29 de maio de 1907, declarou que os testemunhos históricos externos e a índole interna do evangelho constituem suficiente garantia da autenticidade do mesmo; que esse documento não é apenas uma coleção de símbolos e alegorias doutrinários; e que principalmente os discursos do Senhor não se reduzem a simples composições teológicas do evangelista.

Evangelho de Jesus Cristo segundo João

Prólogo

1 O Verbo eterno: Deus e Criador. ¹No princípio era o Verbo, e o Verbo estava com Deus, e o Verbo era Deus. ²Este estava com Deus, no princípio. ³Por ele foram feitas todas as coisas; e nada do que foi feito, foi feito sem ele.

⁴Nele estava a vida, e a vida era a luz dos homens, ⁵e a luz brilha nas trevas, mas as trevas não a prenderam.

Entrada do Verbo eterno no mundo. ⁶Havia um homem, enviado por Deus, cujo nome era João. ⁷Este veio para dar testemunho, testemunho pela luz, para que todos cressem por meio dele. ⁸Não era ele a luz, mas veio para dar testemunho pela luz.

⁹Era a luz verdadeira, que ilumina a todo homem que vem ao mundo. ¹⁰Estava ele no mundo; o mundo foi feito por ele; mas o mundo não o conheceu. ¹¹Veio ao que era seu, mas os seus não o receberam. ¹²A todos, porém, que o receberam deu-lhes o poder de se tornarem filhos de Deus — os que crêem no seu nome, ¹³que não nasceram do sangue, nem do desejo da carne, nem do desejo do varão, mas, sim, de Deus.

O Verbo eterno, doador da graça e da verdade. ¹⁴E o Verbo se fez carne e habitou entre nós. E nós vimos a sua glória, a glória como do Unigênito do Pai, cheio de graça e de verdade.

¹⁵João deu testemunho dele, clamando: "Este é o de quem eu disse: aquele que vem após mim é maior do que eu; porque era antes de mim". ¹⁶Da sua plenitude todos nós temos recebido graça sobre graça.

¹⁷Por Moisés foi dada a lei — por Jesus Cristo é que veio a graça e a verdade. ¹⁸Nunca ninguém viu a Deus: o Unigênito, que é Deus e está no seio do Pai, esse é que o revelou.

Preparação imediata

Primeiro testemunho do Batista. ¹⁹Foi este o testemunho que João deu, quando os judeus lhe enviaram sacerdotes e levitas de Jerusalém com a pergunta: "Quem és tu?" ²⁰Confessou sem negar, declarando: "Eu não sou o Cristo".

²¹Perguntaram-lhe eles: "Quem és, pois? És Elias?"

"Não sou", respondeu.

"És o profeta?"

"Não", tornou ele.

²²Responderam eles: "Quem és, pois, para podermos dar resposta aos que nos enviaram? Que dizes de ti mesmo?"

²³Tornou ele: "Eu sou a voz que clama no deserto: 'Preparai o caminho do Senhor'[Is 40,3], conforme disse o profeta Isaías".

²⁴Ora, os embaixadores pertenciam aos fariseus. ²⁵E continuaram a interrogá-lo: "Por que batizas, pois, se não és o Cristo, nem Elias, nem o profeta?"

²⁶Respondeu-lhes João: "Eu batizo com água; mas no meio de vós está, desconhecido de vós, ²⁷aquele que virá após *mim*[mim; e que, todavia, é anterior a mim]. Eu nem sou digno de lhe desatar as correias do calçado".

²⁸Deu-se isso em Betânia, para além do Jordão, onde João batizava.

Segundo testemunho do Batista. ²⁹No dia seguinte, viu João a Jesus aproximando-se dele, e disse: "Eis o Cordeiro de Deus que tira o pecado do mundo. ³⁰Este é de quem eu dizia: 'Após mim vem um que é maior que eu; porque existia antes de mim'. ³¹Não o conhecia eu; mas para o tornar conhecido em Israel é que vim com o batismo d'água".

³²Mais ainda testificou João: "Vi o Espírito descer do céu, em forma de pomba, e permanecer sobre ele. ³³Não o conhecia eu; mas quem me mandou batizar com água disse-me: 'Sobre quem vires descer e permanecer o Espírito, esse é que batiza com o Espírito Santo'. ³⁴Eu o vi: e dou testemunho de que este é o Filho de Deus".

Vocação de João e André. ³⁵No dia seguinte, estava João outra vez com dois dos seus discípulos. ³⁶Quando viu passar a Jesus, disse: "Eis o Cordeiro de Deus!" ³⁷Ouvindo os dois discípulos as suas palavras, logo foram em seguimento de Jesus. ³⁸Voltou-se Jesus e, vendo que o seguiam, perguntou-lhes: "Que procurais?"

Ao que lhe responderam: "Rabi — que quer dizer: Mestre —, onde moras?"

³⁹Tornou-lhes ele: "Vinde e vede".

Acompanharam-no e viram onde morava; e ficaram com ele esse dia. Era pelas quatro horas da tarde.

Vocação de Simão Pedro. ⁴⁰Um dos dois que, às palavras de João, o seguiram era André, irmão de Simão Pedro. ⁴¹Este encontrou primeiro a seu irmão Simão, e disse-lhe: "Encontramos o Messias" — que significa: o Ungido. ⁴²E conduziu-o a Jesus. Jesus, fixando nele o olhar, disse: "Tu és Simão, filho de João, e serás chamado Cefas" — que quer dizer: pedra.

Vocação de Filipe e Natanael. ⁴³No dia imediato, ia Jesus partir para a Galiléia, quando se lhe deparou Filipe; e disse-lhe: "Segue-me!"

⁴⁴Era Filipe natural de Betsaida, pátria de André e de Pedro. ⁴⁵Filipe encontrou a Natanael e disse-lhe: "Acabamos de encontrar aquele de quem escreveram Moisés, na lei, e os profetas: Jesus de Nazaré, filho de José".

⁴⁶Respondeu-lhe Natanael: "Poderá sair coisa boa de Nazaré?"

"Vem e vê", disse Filipe.

⁴⁷Vendo Jesus chegar a Natanael, observou a respeito dele: "Eis aí um israelita de verdade, no qual não há falso".

⁴⁸"Donde é que me conheces?", perguntou Natanael.

Tornou-lhe Jesus: "Antes que Filipe te chamasse, te via eu, debaixo da figueira".

⁴⁹"Mestre!", exclamou Natanael, "tu és o Filho de Deus; tu és o Rei de Israel".

⁵⁰Respondeu-lhe Jesus: "Crês porque te disse que te vira debaixo da figueira? Verás coisa maior que isso". ⁵¹E prosseguiu, dizendo: "Em verdade, em verdade vos digo que doravante vereis o céu aberto e os anjos de Deus subirem e descerem sobre o Filho do homem".
[35-51: Mt 4,18; Mc 1,15]

Vida pública de Jesus

Primeira estada em Jerusalém

2 As bodas de Caná. [1]Três dias depois, celebravam-se umas bodas em Caná da Galiléia. Estava presente a mãe de Jesus. [2]Também Jesus e seus discípulos foram convidados às bodas.

[3]Quando chegou a faltar o vinho, disse-lhe a mãe de Jesus: "Não têm vinho".

[4]Respondeu-lhe Jesus: "Senhora, que tem isso comigo e contigo? Ainda não chegou a minha hora".

[5]Disse então a mãe de Jesus aos serventes: "Fazei tudo que ele vos disser".

[6]Ora, estavam aí seis talhas de pedra, destinadas às purificações usadas pelos judeus, cabendo em cada uma duas ou três medidas. [7]Ordenou-lhes Jesus: "Enchei de água as talhas". Encheram-nas até em cima. [8]Então lhes disse: "Tirai agora e levai ao mestre-sala". Levaram-na. [9]O mestre-sala provou a água feita vinho e não sabia donde era; só o sabiam os serventes que tinham tirado a água. O mestre-sala chamou o esposo [10]e disse-lhe: "Toda a gente serve primeiro o vinho bom e, depois que os convidados beberam bastante, apresenta o que é inferior; tu, porém, reservaste o vinho bom até agora".

[11]Com isso deu Jesus princípio a seus feitos poderosos, em Caná da Galiléia; manifestou a sua glória e os seus discípulos creram nele.

Purificação do templo. [12]Em seguida, desceu a Cafarnaum, em companhia de sua mãe, seus irmãos e seus discípulos[Mt 12,46]. Demoraram-se aí uns poucos dias.

[13]Estava próxima a festa pascal dos judeus; e Jesus subiu a Jerusalém. [14]No templo encontrou gente a vender bois, ovelhas e pombas; e cambistas, que lá se tinham estabelecido. [15]Fez um azorrague de cordas e expulsou-os todos do templo, juntamente com as ovelhas e os bois; arrojou ao chão o dinheiro dos cambistas e derribou-lhes as mesas. [16]Aos vendedores de pombas disse: "Tirai daqui essas coisas e não façais da casa de meu Pai casa de mercado". [17]Recordaram-se então os discípulos do que diz a Escritura: "O zelo pela tua casa me devora"[Sl 69(68),10].

[18]Os judeus, porém, protestaram, dizendo-lhe: "Com que feito poderoso provas que tens autoridade para fazer isto?"

¹⁹Respondeu-lhes Jesus: "Destruí este templo, e em três dias o reedificarei".

²⁰Disseram os judeus: "Quarenta e seis anos levou a construção deste templo, e tu pretendes reedificá-lo em três dias?" ²¹Ele, porém, se referia ao templo de seu corpo. ²²Depois de ressuscitado dentre os mortos, lembraram-se os discípulos do que dissera, e creram na Escritura e nas palavras que Jesus proferira.

Situação em Jerusalém. ²³Durante a sua permanência em Jerusalém, por ocasião da festa pascal, muitos creram em seu nome, porque viam as obras poderosas que realizava. ²⁴Jesus, porém, não se fiava neles; porque os conhecia a todos, ²⁵nem havia mister que alguém lhe desse esclarecimentos sobre pessoa alguma. Sabia por si mesmo o que vai no íntimo do homem.

3 Jesus e Nicodemos. ¹Havia entre os fariseus um homem, por nome Nicodemos, um dos principais entre os judeus. ²Foi este ter com Jesus, de noite, e disse-lhe: "Mestre, sabemos que vieste de Deus para ensinar; porque ninguém pode fazer essas obras poderosas que tu realizas, a não ser que Deus esteja com ele".

³Respondeu-lhe Jesus: "Em verdade, em verdade te digo: quem não nascer de novo não pode ver o reino de Deus".

⁴Tornou-lhe Nicodemos: "Como pode um homem nascer de novo, sendo velho? Poderá, porventura, voltar ao seio de sua mãe e tornar a nascer?"

⁵Replicou-lhe Jesus: "Em verdade, em verdade te digo: quem não nascer de novo pela água e pelo *espírito*[Espírito Santo] não pode entrar no reino de Deus. ⁶O que nasceu da carne é carne; mas o que nasceu do espírito é espírito. ⁷Não te admires de eu te dizer: é necessário nascerdes de novo. ⁸O sopro sopra onde quer; bem lhe ouves a voz; mas não sabes donde vem nem para onde vai. O mesmo se dá com todo aquele que nasceu do espírito".

⁹"Como é isto possível?", perguntou Nicodemos.

¹⁰Respondeu-lhe Jesus: "Tu és mestre em Israel, e não compreendes estas coisas? ¹¹Em verdade, te digo: nós dizemos o que sabemos, e testemunhamos o que vimos — e, no entanto, não aceitais o nosso testemunho. ¹²Se nem credes quando vos falo de coisas da terra, como haveis de crer, quando vos falar de coisas do céu? ¹³Ninguém subiu ao céu, a não ser aquele que desceu do céu, o Filho do *homem*[homem que no céu está]. ¹⁴Do mesmo modo que Moisés exaltou a serpente no deserto,

assim deve ser exaltado também o Filho do homem, ¹⁵para que todo o que nele *crer*[crer não pereça, mas] tenha a vida eterna.

¹⁶Pois a tal ponto amou Deus o mundo que entregou o seu Filho unigênito, para que todo o que nele crer não pereça, mas tenha a vida eterna. ¹⁷Porquanto Deus não enviou seu Filho ao mundo para julgar o mundo, mas para que o mundo se salve por ele. ¹⁸Quem nele crer não será julgado; mas quem não crer, já está julgado, por não crer no nome do Filho unigênito de Deus. ¹⁹Nisto é que está o juízo: a luz veio ao mundo, mas os homens amaram mais as trevas do que a luz, porque as suas obras eram más. ²⁰Pois quem pratica o mal odeia a luz, e não se chega à luz para que não sejam reveladas as suas obras. ²¹Mas quem pratica a verdade chega-se à luz, para que se manifeste que suas obras são feitas em Deus".

Jesus e João Batista. ²²Depois disso, chegou Jesus com seus discípulos ao território da Judéia, onde se demorou em companhia deles, batizando. ²³Também João batizava ainda em Enon, perto de Salim; porque havia aí muitas águas. Para lá concorria o povo e fazia--se batizar. ²⁴É que João ainda não fora lançado ao cárcere.

²⁵Suscitou-se então uma contenda sobre a purificação, entre os discípulos de João e *um judeu*[uns judeus]. ²⁶Foram ter com João e disseram-lhe: "Mestre, aquele que estava contigo na outra margem do Jordão e a quem deste testemunho — ei-lo a batizar! E toda a gente vai ter com ele".

²⁷Respondeu João: "Nenhum homem pode receber coisa alguma que não lhe seja dada do céu. ²⁸Vós mesmos sois testemunhas de que eu disse: 'Não sou o Cristo, mas fui enviado apenas como precursor'. ²⁹Quem tem a esposa, esse é que é o esposo. O amigo do esposo, que o acompanha, alegra-se intimamente quando ouve a voz do esposo. Pois essa alegria me coube abundante. ³⁰Convém que ele cresça, e que eu diminua.

³¹Quem vem do alto está acima de todos; quem vem da terra é terreno e de coisas terrenas fala. Quem vem do céu está acima de todos. ³²Testifica o que viu e ouviu; mas não há quem lhe aceite o testemunho. ³³Quem, todavia, lhe aceita o testemunho confirma que Deus é verdadeiro. ³⁴Porque o enviado de Deus profere as palavras de Deus, pois que Deus lhe prodigaliza sem medida o espírito. ³⁵O Pai ama ao Filho e tudo lhe entregou nas mãos. ³⁶Quem crê no Filho tem a vida eterna; quem, pelo contrário, descrê do Filho não verá a vida; porém pesa sobre ele a ira de Deus".

4 Jesus ao poço de Jacó. ¹Quando o Senhor soube que se noticiara aos fariseus que ele, Jesus, granjeava maior número de discípulos e batizava mais do que João — ²embora não fosse Jesus mesmo quem batizava, mas os seus discípulos —, ³deixou a Judéia e voltou para a Galiléia.

⁴Ora, tinha de atravessar a Samaria; ⁵e chegou a uma cidade da Samaria, por nome Sicar, vizinha ao prédio que Jacó dera a seu filho José. ⁶Achava-se aí o poço de Jacó. Fatigado da jornada, sentou-se Jesus sem mais à beira do poço. Era por volta do meio-dia.

Colóquio com a samaritana. ⁷Nisso veio uma samaritana para tirar água. Jesus pediu-lhe: "Dá-me de beber".

⁸Pois os seus discípulos tinham ido à cidade comprar mantimentos.

⁹Respondeu-lhe a samaritana: "Como? Tu, que és judeu, me pedes de beber a mim, que sou samaritana?" É que os judeus não se dão com os samaritanos.

¹⁰Tornou-lhe Jesus: "Se conhecesses o dom de Deus e aquele que te diz: 'Dá-me de beber', pedir-lhe-ias que te desse água viva".

¹¹"Senhor", replicou-lhe a mulher, "não tens com que tirar e o poço é fundo. Donde tiras tu essa água viva? ¹²És, acaso, maior do que nosso pai Jacó, que nos deu este poço, do qual bebeu ele mesmo, e beberam seus filhos e rebanhos?"

¹³Volveu-lhe Jesus: "Quem bebe desta água tornará a ter sede; ¹⁴mas quem beber da água que eu lhe der não mais terá sede eternamente. A água que eu lhe der se tornará nele uma fonte que jorra para a vida eterna".

¹⁵Pediu-lhe a mulher: "Senhor, dá-me essa água para que não tenha mais sede nem precise vir cá tirar água".

¹⁶Disse-lhe Jesus: "Vai, chama teu marido e volta cá".

¹⁷"Não tenho marido", respondeu a mulher.

Tornou-lhe Jesus: "Disseste bem: 'Não tenho marido'. ¹⁸Cinco maridos tiveste, e o que agora tens não é teu marido. Nisto falaste verdade".

¹⁹"Senhor", exclamou a mulher, "vejo que és um profeta. ²⁰Nossos pais adoraram a Deus sobre esse monte, e vós dizeis que em Jerusalém é o lugar onde se deve adorar a Deus".

²¹Respondeu-lhe Jesus: "Acredita-me, senhora, virá a hora em que nem nesse monte nem em Jerusalém adorareis ao Pai. ²²Vós adorais o que desconheceis; nós adoramos o que conhecemos;

porque a salvação vem dos judeus. ²³Mas chegará a hora — e já chegou — em que os verdadeiros adoradores adorarão ao Pai em espírito e verdade. Pois são esses os adoradores que o Pai procura. ²⁴Deus é espírito, e em espírito e verdade é que o devem adorar os que o adoram".

²⁵Tornou a mulher: "Sei que virá o Messias, que é chamado o Cristo; e, quando vier, anunciar-nos-á todas as coisas".

²⁶Disse-lhe Jesus: "Sou eu, que estou falando contigo".

Jesus e os discípulos. ²⁷Nesse momento chegaram os seus discípulos e admiraram-se de que estivesse falando com uma mulher. Mas ninguém perguntou: "Que queres dela?" ou: "Que falas com ela?"

²⁸A mulher abandonou o seu cântaro, correu à cidade, e disse à gente: ²⁹"Vinde e vede um homem que me disse tudo o que tenho feito! Não será ele o Cristo?"

³⁰Saíram da cidade e foram ter com ele.

³¹Entrementes, insistiam com ele os discípulos: "Come, Mestre". ³²Ele, porém, lhes respondeu: "Eu tenho um manjar que vós não conheceis".

³³Ao que os discípulos disseram uns aos outros: "Será que alguém lhe trouxe de comer?"

³⁴Declarou-lhes Jesus: "O meu manjar é cumprir a vontade daquele que me enviou para levar a termo a sua obra. ³⁵Porventura, não dizeis: 'Ainda quatro meses, e vem a colheita'? Ora, digo-vos: levantai os olhos e contemplai os campos; já estão lourejando para a colheita. ³⁶Já o ceifador vai recebendo o salário e recolhendo fruto para a vida eterna, para que se alegrem juntamente o semeador e o ceifador. ³⁷Vem a propósito o ditado: 'Um semeia e outro colhe'. ³⁸Enviei-vos para colherdes onde não trabalhastes; foram outros os que trabalharam, e vós entrastes no seu trabalho".

Jesus e os samaritanos. ³⁹Muitos samaritanos daquela cidade creram nele, porque a mulher lhes asseverava: "Disse-me tudo o que tenho feito". ⁴⁰Foram, pois, ter com ele os samaritanos e rogaram-lhe que ficasse com eles. E ficou lá dois dias. ⁴¹Em virtude da sua doutrina creu nele ainda maior número. ⁴²E diziam à mulher: "Já não é por causa das tuas falas que cremos; mas porque nós mesmos o ouvimos e sabemos que este é realmente o Salvador do mundo".

Jesus na Galiléia. ⁴³Passados dois dias, partiu dali a caminho da Galiléia. ⁴⁴Jesus mesmo deu testemunho de que um profeta não é estimado em sua pátria. ⁴⁵Chegando à Galiléia, receberam-no de boa mente os galileus; porque tinham visto tudo que fizera em Jerusalém, por ocasião da festa; pois também eles haviam comparecido à solenidade.

⁴⁶Chegou, pois, novamente a Caná da Galiléia, onde convertera água em vinho.

Ora, havia em Cafarnaum um funcionário real cujo filho jazia doente. ⁴⁷À notícia de que Jesus regressara da Judéia para a Galiléia, foi ter com ele, suplicando-lhe que descesse e lhe curasse o filho; porque estava prestes a morrer.

⁴⁸Respondeu-lhe Jesus: "Vós, quando não vedes sinais e prodígios, não credes".

⁴⁹"Senhor", rogou o funcionário real, "desce antes que meu filho morra".

⁵⁰Tornou-lhe Jesus: "Vai, que teu filho vive".

Creu o homem na palavra que Jesus lhe dissera e partiu. ⁵¹E, de caminho para casa, vieram-lhe ao encontro os criados com a notícia de que seu filho vivia. ⁵²Informou-se ele da hora em que começara a melhorar; ao que lhe disseram: "Ontem, à uma hora, a febre o deixou". ⁵³Reconheceu o pai que era a mesma hora em que Jesus lhe dissera: "Teu filho vive". E creu ele com toda a sua casa.

⁵⁴Foi esse o segundo milagre que Jesus operou, depois de voltar da Judéia para a Galiléia.

Segunda estada em Jerusalém

5 O doente à piscina de Betesda. ¹Depois disso, ocorria uma festa dos judeus. Subiu Jesus a Jerusalém. ²Ora, há em Jerusalém, *próxima à porta das ovelhas, uma piscina que em hebraico se chama Betesda*[a piscina das ovelhas, que em hebraico se chama Betsaida]. Tem cinco pórticos, ³nos quais jazia grande número de enfermos: cegos, coxos, tísicos, que esperavam pelo movimento da água. ⁴Porque, de tempo a tempo, descia à piscina um *anjo*[anjo do Senhor] e agitava a água; e quem primeiro descesse à piscina, para dentro da água agitada, saía curado, fosse qual fosse o seu mal.

⁵Ora, achava-se aí um homem, doente havia trinta e oito anos. ⁶Jesus, vendo-o prostrado e sabendo que desde longo tempo sofria, perguntou-lhe: "Queres ser curado?"

⁷"Senhor", respondeu o enfermo, "não tenho homem algum que me desça, quando se agita a água; e, enquanto vou, desce outro antes de mim".

⁸Disse-lhe Jesus: "Levanta-te, toma o teu leito e anda". ⁹No mesmo instante, o homem ficou são, tomou o seu leito e pôs-se a andar.

Era, porém, sábado esse dia. ¹⁰Pelo que os judeus disseram ao que fora curado: "É sábado; não te é lícito carregar teu leito".

¹¹Respondeu-lhes ele: "Aquele que me curou disse-me: 'Toma teu leito e anda'".

¹²Perguntaram-lhe: "Quem é esse homem que te disse: 'Toma o teu leito e anda'?"

¹³Mas o que fora curado não sabia quem ele era: porque Jesus se retirara, por ser grande a multidão que lá estava. ¹⁴Mais tarde, encontrou-o Jesus no templo, e disse-lhe: "Olha, que foste curado: não tornes a pecar, para que não te aconteça coisa pior". ¹⁵Ao que o homem se foi e comunicou aos judeus que era Jesus que lhe restituíra a saúde.

Cristo igual ao Pai. ¹⁶Por isso os judeus perseguiam a Jesus, porque fizera aquilo em dia de sábado.

¹⁷Declarou-lhes Jesus: "Meu Pai opera até agora — e também eu opero".

¹⁸Por essa razão procuravam os judeus ainda com maior empenho matá-lo; porque não somente profanava o sábado, mas também chamava a Deus seu Pai, igualando-se assim a Deus.

¹⁹Jesus, porém, lhes disse: "Em verdade, em verdade vos digo: o Filho não pode por si mesmo fazer coisa alguma, mas somente o que vê fazer o Pai; porque tudo o que faz o Pai fá-lo do mesmo modo o Filho, ²⁰porque o pai ama ao Filho e mostra-lhe tudo o que ele mesmo faz. E maiores obras do que estas lhe há de mostrar, de maneira que haveis de pasmar. ²¹Pois, do mesmo modo que o Pai ressuscita os mortos e lhes dá vida, assim também o Filho dá vida a quem ele quer. ²²Também o Pai não julga a ninguém; mas entregou todo o julgamento ao Filho, ²³para que todos honrem ao Filho assim como honram ao Pai. Quem não honra ao Filho também não honra ao Pai que o enviou.

²⁴Em verdade, em verdade vos digo: quem ouve a minha palavra e tem fé naquele que me enviou, esse tem a vida eterna e não incorre no juízo; mas passou da morte para a vida. ²⁵Em verdade, em verdade,

vos digo: chegará a hora — e já chegou — em que os mortos ouvirão a voz do Filho de Deus; e os que a ouvirem viverão. ²⁶Porque, do mesmo modo que o Pai tem a vida em si mesmo, assim concedeu também ao Filho ter a vida em si mesmo. ²⁷Deu-lhe também o poder de julgar, por ser o Filho do homem. ²⁸Não vos admireis disso; porque virá a hora em que todos os que estão nos sepulcros ouvirão a voz *dele*[do filho de Deus], ²⁹e ressurgirão para a vida os que praticaram o bem, e ressurgirão para o juízo os que praticaram o mal. ³⁰Não posso de mim mesmo fazer coisa alguma: julgo segundo o que ouço. É justo o meu julgamento, porque não sigo a minha vontade, mas, sim, a vontade daquele que me enviou.

Testemunho do Pai a favor de Jesus. ³¹Se eu desse testemunho de mim mesmo, não seria verdadeiro o meu testemunho. ³²Outro é quem dá testemunho de mim, e sei que é verdadeiro o testemunho que ele dá de mim. ³³Mandastes uma embaixada a João, e ele deu testemunho da verdade. ³⁴Eu, porém, não preciso do testemunho de homem: mas digo-vos estas coisas para que encontreis salvação. ³⁵Aquele era o luzeiro que ardia e espargia claridade; vós, porém, quisestes apenas por algum tempo gozar-lhe os fulgores.

³⁶Ora, eu tenho um testemunho superior ao de João: as obras que o Pai me incumbiu de levar a efeito — estas mesmas obras que estou fazendo — me são testemunho de que o Pai me enviou. ³⁷Assim é que o Pai que me enviou deu testemunho de mim. Nunca lhe ouvistes a voz, nem lhe vistes a figura, ³⁸nem guardais no íntimo a sua palavra, porque não credes naquele que ele enviou.

³⁹Esquadrinhais as Escrituras, porque nelas julgais ter a vida eterna. Pois são elas que dão testemunho de mim. ⁴⁰Mas não quereis vir a mim para terdes a vida.

Motivo de incredulidade. ⁴¹Não aceito honras da parte dos homens; ⁴²porque sei que vós não tendes no coração o amor de Deus. ⁴³Eu vim em nome de meu Pai, e não me recebeis; mas venha qualquer outro em seu próprio nome, e logo o recebeis. ⁴⁴Como podeis ter fé, vós, que vos glorificais uns aos outros, sem procurardes a glória aos olhos do único Deus? ⁴⁵Não penseis que eu vá acusar-vos perante o Pai. Quem vos acusa é Moisés, no qual pondes as vossas esperanças. ⁴⁶Pois, se tivésseis fé em Moisés, também teríeis fé em mim; porque foi de mim que ele escreveu. ⁴⁷Mas, se não credes no que ele escreveu, como haveis de dar crédito às minhas palavras?"

6 Multiplicação dos pães. [1]Depois disso, passou Jesus para a outra margem do lago da Galiléia, chamado lago de Tiberíades. [2]Seguiu-o grande multidão de povo, porque viam os sinais que fazia aos doentes. [3]Subiu então Jesus ao monte, onde se sentou em companhia dos seus discípulos. [4]Estava próxima a festa pascal dos judeus.

[5]Erguendo os olhos e vendo que numerosa multidão o vinha procurar, disse Jesus a Filipe: "Onde compraremos pão, para que a gente tenha que comer?" [6]Mas isso dizia apenas no intuito de pô-lo à prova; porque bem sabia o que havia de fazer.

[7]Respondeu-lhe Filipe: "Duzentos denários de pão não chegariam para que cada um deles recebesse um bocadinho".

[8]Ao que lhe observou um dos seus discípulos, André, irmão de Simão Pedro: [9]"Está aqui um menino com cinco pães de cevada e dois peixes; mas que é isso para tanta gente?"

[10]Disse Jesus: "Mandai a gente sentar-se". É que havia muita relva no lugar. Sentaram-se, pois, os homens, em número de uns cinco mil. [11]Tomou Jesus os pães, deu graças e mandou-os distribuir a todos que estavam sentados; da mesma forma os peixes, quanto queriam.

[12]Depois de todos fartos, disse a seus discípulos: "Recolhei as sobras, para que não se percam". [13]Recolheram e encheram doze cestos com os pedaços dos cinco pães de cevada, que sobraram aos que tinham comido.[1-13: Mt 14,13; Mc 6,32; Lc 9,10]

[14]Vendo o povo o feito poderoso que Jesus acabava de realizar, exclamou: "Este é realmente o profeta que deve vir ao mundo".

[15]Reparou Jesus que queriam vir e levá-lo à força para proclamá-lo rei. Pelo que tornou a retirar-se para o monte, ele sozinho.

Jesus caminha sobre as águas. [16]Ao anoitecer, desceram os discípulos ao lago, [17]embarcaram e dirigiram-se para a outra margem, rumo a Cafarnaum. Já era escuro, e ainda Jesus não fora ter com eles. [18]Iam as vagas empoladas com forte ventania. [19]Tinham remado uns vinte e cinco a trinta estádios, quando avistaram Jesus a andar sobre as águas e aproximar-se da embarcação. Encheram-se de terror. [20]Jesus, porém, lhes disse: "Sou eu; não temais!"

[21]Queriam recebê-lo no barco — mas logo o barco tocou na praia que demandavam.[16-21: Mt 14,22; Mc 6,45]

Introdução à promessa do pão celeste. [22]No dia seguinte, o povo que ficara na outra margem do lago percebeu que lá não ficara senão um único barco e que Jesus não embarcara com seus discípulos, mas que os discípulos tinham partido sozinhos. ²³Entrementes, chegaram de Tiberíades outras embarcações perto do lugar onde o Senhor proferira a ação de graças e onde eles haviam comido o pão. ²⁴Ora, vendo eles que Jesus e seus discípulos já não estavam lá, embarcaram e foram a Cafarnaum, em busca de Jesus. ²⁵Deram com ele, na outra margem, e perguntaram-lhe: "Mestre, quando foi que chegaste aqui?"

²⁶Respondeu-lhes Jesus: "Em verdade, em verdade vos digo: andais à minha procura, não porque vistes sinais, mas porque comestes dos pães e ficastes fartos. ²⁷Não vos afadigueis por um manjar perecedor, mas, sim, pelo manjar que dura para a vida eterna e que o Filho do homem vos dará: pois a ele é que Deus Pai muniu do seu sigilo".

²⁸Perguntaram-lhe: "Que nos cumpre fazer para praticarmos as obras de Deus?"

²⁹Respondeu-lhes Jesus: "A obra de Deus está em que tenhais fé naquele que ele enviou".

³⁰Replicaram-lhe eles: "Que sinal nos dás para que o vejamos e te demos fé? Qual a tua obra? ³¹Nossos pais comeram o maná, no deserto, conforme está escrito: 'Do céu lhes deu pão a comer'[Ex 16,13; Sl 78(77),24]".

³²Respondeu-lhes Jesus: "Em verdade, em verdade vos digo: não foi Moisés que vos deu o pão do céu; meu Pai é que vos dará o verdadeiro pão do céu. ³³Porque o pão de Deus é aquele que desce do céu e dá a vida ao mundo".

³⁴Disseram-lhes eles: "Senhor, dá-nos sempre esse pão".

Jesus, verdadeiro pão da vida. ³⁵Tornou-lhes Jesus: "Eu sou o pão da vida. Quem vem a mim jamais terá fome; e quem crê em mim jamais terá sede. ³⁶Bem vos dizia eu que não credes, ainda que me tenhais visto. ³⁷Tudo quanto o Pai me dá vem a mim; e eu não repelirei a quem vier ter comigo; ³⁸porque desci do céu, não para cumprir a minha vontade, mas, sim, a vontade daquele que me enviou. ³⁹É esta a vontade de quem me enviou: que não deixe perecer nada de quanto me confiou; mas que o ressuscite no último dia. ⁴⁰Sim, é esta a vontade de meu *Pai*[Pai, que me enviou]: que todo homem que vir o Filho e crer nele tenha a vida eterna, e eu o ressuscite no último dia".

⁴¹Murmuraram dele os judeus por ter dito: "Eu sou o *pão*[pão vivo] que desceu do céu". ⁴²Diziam: "Não é este, porventura, Jesus, filho de José, cujo pai e mãe conhecemos? Como diz, pois: 'Eu desci do céu'?"

⁴³Tornou-lhes Jesus: "Não murmureis entre vós. ⁴⁴Ninguém pode vir a mim, se não o atrair o Pai que me enviou; e eu o ressuscitarei no último dia. ⁴⁵Está escrito nos profetas: 'Serão todos ensinados por Deus'. Quem ouve o Pai e lhe aceita a doutrina vem a mim. ⁴⁶Não que alguém tenha visto ao Pai; somente quem é de Deus viu ao Pai. ⁴⁷Em verdade, em verdade vos digo: quem *crê*[crê em mim] tem a vida eterna.

Jesus, o pão celeste. ⁴⁸Eu sou o pão da vida. ⁴⁹Vossos pais comeram o maná, no deserto, porém morreram. ⁵⁰Mas o pão que desce do céu é tal que quem dele come não morre. ⁵¹Eu sou o pão vivo que desceu do céu. Quem comer deste pão viverá eternamente. O pão que eu darei para a vida do mundo é a minha carne".

⁵²Disputaram então entre si os judeus, dizendo: "Como pode este dar-nos a comer a sua carne?"

⁵³Replicou-lhes Jesus: "Em verdade, em verdade vos digo: se não comerdes a carne do Filho do homem e não beberdes o seu sangue, não *tendes*[tereis] a vida em vós. ⁵⁴Quem come a minha carne e bebe o meu sangue tem a vida eterna, e eu o ressuscitarei no último dia; ⁵⁵porque a minha carne é *verdadeiro*[verdadeiramente] manjar, e o meu sangue é *verdadeira*[verdadeiramente] bebida. ⁵⁶Quem come a minha carne e bebe o meu sangue fica em mim, e eu nele. ⁵⁷Do mesmo modo que o Pai vivo me enviou, e como eu vivo pelo Pai, assim também viverá por mim quem me receber em alimento.

⁵⁸Este é o pão que desceu do céu; não é *como*[como o maná] o que vossos pais comeram, porém morreram. Quem come este pão viverá eternamente".

Epílogo da promessa do pão celeste. ⁵⁹Essas palavras disse Jesus, ensinando na sinagoga de Cafarnaum.

⁶⁰Muitos dos seus discípulos que o tinham ouvido disseram: "Dura é esta linguagem; quem a pode ouvir?"

⁶¹Sabia Jesus que disso murmuravam seus discípulos; pelo que lhes disse: "Isso vos é motivo de tropeço? ⁶²E quando virdes subir o Filho do homem para onde estava antes? ⁶³O espírito é que vivifica; a carne nada vale. As palavras que acabo de dizer-vos são espírito e são vida. ⁶⁴Mas há entre vós alguns que não crêem".

É que Jesus sabia desde o princípio quem eram os descrentes e quem o havia de entregar.

⁶⁵E prosseguiu: "Por isso é que vos disse que ninguém pode vir a mim, se não lhe for dado *pelo Pai*[por meu Pai]".

⁶⁶A partir daí, muitos dos seus discípulos se retiraram e não andavam mais com ele. ⁶⁷Perguntou Jesus aos doze: "Quereis também vós retirar-vos?"

⁶⁸"Senhor", respondeu-lhe Simão Pedro, "a quem havíamos de ir? Tu tens palavras de vida eterna; ⁶⁹e nós cremos e sabemos que és o *Santo de Deus*[Cristo, Filho de Deus]".

⁷⁰Tornou-lhes Jesus: "Não vos escolhi a vós doze? E, no entanto — um de vós é um diabo".

⁷¹Referia-se a Judas, filho de Simão, de Cariot. Este, um dos doze, o havia de entregar.

Terceira estada em Jerusalém

7 Jesus vai à festa dos tabernáculos. ¹Depois disso, andava Jesus pela Galiléia. Não queria mais andar na Judéia, porque os judeus procuravam matá-lo. ²Entrementes, se aproximava a festa judaica dos tabernáculos. ³Disseram-lhe então seus irmãos: "Retira-te daqui e vai para a Judéia, a fim de que também os teus discípulos vejam as obras que fazes; ⁴pois ninguém que deseja ser conhecido em público trabalha às ocultas. Se de tais coisas és capaz, mostra-te abertamente ao mundo". ⁵É que nem seus irmãos criam nele.

⁶Respondeu-lhes Jesus: "Ainda não chegou o meu tempo. Para vós, sim, sempre é tempo. ⁷A vós não vos pode o mundo odiar. A mim, porém, me odeia, porque eu dou testemunho de que as suas obras são más. ⁸Subi vós à festa; eu não subo ainda à presente festa, porque ainda não chegou meu tempo".

⁹Destarte lhes falou, e ficou na Galiléia. ¹⁰Mas, depois que seus irmãos subiram à festa, subiu também ele, não em público, porém despercebido.

¹¹Por ocasião da solenidade procuravam-no os judeus, e inquiriam: "Onde está ele?" ¹²Muito se falava nele entre o povo. "Ele é bom", diziam uns. "Qual!", tornavam outros, "engana o povo". ¹³Mas não havia quem dele ousasse falar às claras, com medo dos judeus.

Jesus por ocasião da festa. ¹⁴Já andavam em meio as solenidades, quando Jesus subiu ao templo e pôs-se a ensinar. [15]Admirados, diziam os judeus: "Como ele conhece as letras, sem ter estudado?"

[16]Tornou-lhe Jesus: "O que ensino não é doutrina minha, mas, sim, daquele que me enviou. [17]Quem quiser cumprir a vontade dele reconhecerá se a minha doutrina vem de Deus ou se falo de mim mesmo. [18]Quem fala de si mesmo procura a própria glória, mas quem procura a glória daquele que o enviou fala a verdade, e não há nele falsidade. [19]Não vos deu Moisés a lei? E, no entanto, nenhum de vós cumpre a lei. Por que razão quereis matar-me?"

[20]Respondeu-lhe o povo: "Estás endemoninhado! Quem procura matar-te?"

[21]Replicou-lhes Jesus: "Uma só coisa fiz, e todos estais pasmados. [22]Moisés vos deu a circuncisão — não como sendo de Moisés, mas vinda dos patriarcas — e vós circuncidais também em dia de sábado. [23]Ora bem: se o homem pode ser circuncidado no sábado, sem se violar a lei de Moisés, por que vos indignais de ter eu curado em dia de sábado um homem todo? [24]Não julgueis pelas aparências, mas formai juízo justo".

[25]Observaram então alguns dos de Jerusalém: "Não é este aquele que procuram matar? [26]Ei-lo a falar em público, e não há quem lho proíba! Será que os chefes conheceram de fato que ele é o Cristo? [27]Entretanto, sabemos donde é este, ao passo que, quando vier o Cristo, ninguém saberá donde ele seja".

[28]E Jesus, ensinando no templo, bradou: "Bem me conheceis e sabeis donde sou. Não vim de mim mesmo, mas fui enviado por aquele que é verdadeiro. Vós não o conheceis; [29]eu, porém, o conheço, porque venho dele e foi ele que me enviou".

[30]Então procuravam prendê-lo; mas ninguém lhe deitou as mãos, porque ainda não chegara a hora dele.

[31]Muitos dentre o povo creram nele e diziam: "Quando vier o Cristo, fará sinais maiores do que ele faz?" [32]Ouviram os fariseus que tal coisa dizia dele o povo. Pelo que os príncipes dos sacerdotes e fariseus despacharam servos para o prenderem.

[33]Disse Jesus: "Ainda um pouco de tempo estou convosco; e vou para aquele que me enviou. [34]Haveis de procurar-me, mas não me achareis; porque onde estou, lá não podeis vós chegar".

[35]Disseram os judeus uns aos outros: "Aonde pretende ir, que o não encontraremos? Irá, porventura, para os que se acham dispersos entre os gentios e ensinará aos pagãos? [36]Que quer isto dizer: 'Haveis

de procurar-me, e não me encontrareis'? E isto: 'Onde eu estou, lá não podeis vós chegar'?"

Último dia da festa. [37]No último dia, na grande solenidade, estava Jesus em pé e clamava: "Quem tiver sede venha a mim e beba! [38]Quem crer em mim, brotar-lhe-ão do interior torrentes de águas vivas, como diz a Escritura[Is 58,11]". [39]Com isso aludia ao Espírito que haviam de receber os que nele cressem; pois ainda não viera o Espírito Santo, porque Jesus ainda não fora glorificado.

[40]Alguns dentre o povo, ouvindo essas palavras, diziam: [41]"Este é realmente o profeta". Outros afirmavam: "Este é o Cristo". Alguns, porém, ponderavam: "Vem, porventura, o Cristo da Galiléia? [42]Não diz a Escritura que o Cristo vem da família de Davi e da povoação de Belém, donde proveio Davi?" [43]Assim se originou uma dissensão entre o povo por causa dele. [44]Alguns deles queriam prendê-lo; mas ninguém lhe deitou as mãos.

[45]Voltaram os servos para os príncipes dos sacerdotes e fariseus, os quais perguntaram: "Por que não o trouxestes?"

[46]Responderam os servos: "Nunca ninguém falou como este homem".

[47]Replicaram-lhes os fariseus: "Também vós vos deixastes seduzir? [48]Há porventura, entre os chefes ou fariseus, quem creia nele? [49]É só essa plebe, que nada entende da lei — maldita seja!"

[50]Observou então um deles, Nicodemos, o mesmo que outrora o *procurara*[procurara, de noite]: [51]"Acaso a nossa lei condena um homem antes de ouvir e inquirir o que fez?"

[52]Replicaram-lhe: "És também tu galileu? *Examina*[examina as Escrituras] e verás que da Galiléia não vem profeta".

[53]E com isso voltou cada qual para sua casa.

8 A adúltera. [1]Dirigiu-se Jesus para o monte das Oliveiras. [2]Bem de madrugada, voltou ao templo. Todo o povo afluía a ele. Ele, sentando-se, ensinava-os.

[3]Nisso trouxeram os escribas e fariseus uma mulher apanhada em adultério. Colocaram-na ao meio e disseram-lhe: [4]"Mestre, esta mulher acaba de ser apanhada em adultério. [5]Ora, na lei ordenou-nos Moisés que apedrejássemos semelhantes mulheres. E tu, que dizes?" [6]Com essas palavras queriam pô-lo à prova para terem de que acusá-lo.

Inclinou-se Jesus e escreveu com o dedo no chão. [7]E, como

eles continuassem a insistir com perguntas, ergueu-se e disse-lhes: "Quem de vós for sem pecado lance-lhe a primeira pedra". [8]E, tornando a inclinar-se, escrevia no chão. [9]Eles, porém, ouvindo isso, retiraram-se um após outro, os mais velhos à frente. Ficou ele só com a mulher, que estava no meio. [10]Erguendo-se então Jesus, perguntou-lhe: "Mulher, onde estão *eles*[os que te acusavam]? Ninguém te condenou?"

[11]"Ninguém, Senhor", respondeu ela.

Disse-lhe Jesus: "Nem eu te condenarei; vai e não tornes a pecar".

Jesus, a luz do mundo. [12]Continuou Jesus a falar-lhes, dizendo: "Eu sou a luz do mundo; quem me segue não anda em trevas, mas terá a luz da vida".

[13]Ao que lhe disseram os fariseus: "Dás testemunho de ti mesmo — não é verdadeiro o teu testemunho".

[14]Respondeu-lhes Jesus: "Ainda que eu dê testemunho de mim mesmo, é verdadeiro o meu testemunho; porque sei donde vim e para onde vou, ao passo que vós não sabeis donde venho nem para onde vou. [15]Vós julgais pelas aparências; eu não julgo a ninguém. [16]Mas, ainda que julgasse, seria verdadeiro o meu julgamento; porque não estou só; comigo está *o que*[o Pai, que] me enviou. [17]Está escrito na vossa lei que o testemunho de dois homens é válido. [18]Ora, sou eu que dou testemunho de mim, e dá testemunho de mim o Pai que me enviou".

[19]"Onde está teu pai?", inquiriram eles.

Respondeu-lhes Jesus: "Não me conheceis nem a mim, nem a meu Pai. Se me conhecêsseis a mim, também conheceríeis a meu Pai".

[20]Proferiu Jesus essas palavras no tesouro, quando ensinava no templo. E ninguém o prendeu; porque ainda não chegara a sua hora.

Castigo da descrença. [21]Disse-lhes ainda: "Eu partirei. Procurar--me-eis; mas morrereis no vosso pecado. Aonde eu vou vós não podeis ir".

[22]Observaram os judeus: "Será que vai suicidar-se, uma vez que diz: 'Aonde eu vou vós não podeis ir'?"

[23]Disse-lhes ele: "Vós sois cá de baixo, eu sou lá de cima; vós sois deste mundo, eu não sou deste mundo. [24]Disse-vos que morreríeis

nos vossos pecados; sim, se não crerdes que sou eu, morrereis nos vossos pecados".

²⁵"Pois quem és tu?", perguntaram-lhe eles.

Respondeu-lhes Jesus: *"Por que afinal estou a falar-vos?*[O princípio, que também vos falo.] ²⁶Muitas coisas teria que dizer-vos ainda e muito que julgar. Mas quem me enviou é verdadeiro, e eu anuncio ao mundo o que dele ouvi".

²⁷Não atinaram que lhes falava do Pai. ²⁸Prosseguiu Jesus: "Quando tiverdes suspendido o Filho do homem, conhecereis que sou eu e nada faço de mim mesmo; mas digo o que o Pai me ensinou. ²⁹Está comigo aquele que me enviou; não me deixou só, porque faço sempre o que é do seu agrado".

³⁰Com essas palavras muitos chegaram a crer nele.

Filhos de Abraão. ³¹Então disse Jesus aos judeus que criam nele: "Se ficardes fiéis à minha palavra, sereis em verdade discípulos meus. ³²Conhecereis a verdade, e a verdade vos libertará".

³³"Nós somos filhos de Abraão", redargüiram eles, "e nunca fomos escravos de ninguém. Como é que dizes: 'Sereis livres'?"

³⁴Tornou-lhes Jesus: "Em verdade, em verdade vos digo: quem comete pecado é escravo do pecado. ³⁵O escravo não fica sempre na casa; o filho, sim, fica para sempre. ³⁶Se, pois, o filho vos tornar livres, sereis verdadeiramente livres. ³⁷Bem sei que sois filhos de Abraão; entretanto, procurais matar-me, porque a minha palavra não encontra eco em vós. ³⁸Eu vos digo o que vi junto de meu Pai; e vós fazeis o que *ouvistes*[vistes] junto de vosso pai".

³⁹"Nosso pai é Abraão", volveram eles.

Respondeu-lhes Jesus: "Se é que sois filhos de Abraão, praticai as obras de Abraão. ⁴⁰Entretanto, procurais matar-me, a mim, que vos anunciei a verdade que ouvi de Deus. Assim não procedeu Abraão. ⁴¹Praticais as obras de vosso pai".

"Não somos filhos de adultério", replicaram eles. "Temos por pai a Deus somente."

⁴²Disse-lhes Jesus: "Se Deus fosse vosso pai, amar-me-íeis, porque saí e vim de Deus; não vim por mim mesmo, mas foi ele que me enviou. ⁴³Por que não compreendeis o que vos estou dizendo? É porque não podeis ouvir a minha palavra. ⁴⁴Vós tendes por pai o diabo, e quereis guiar-vos pelos desejos de vosso pai. Esse era homicida desde o princípio. Não persistiu na verdade, porque não há verdade nele. Quando mente fala do que lhe é próprio;

porque é mentiroso e pai da mentira. ⁴⁵Mas, quando eu *vos falo verdade*[vos falo], não me dais crédito. ⁴⁶Quem de vós me argüirá de pecado? Se, pois, falo verdade, por que não me credes? ⁴⁷Quem é de Deus escuta a palavra de Deus; vós não a escutais, porque não sois de Deus".

Jesus, anterior a Abraão. ⁴⁸Ao que lhe replicaram os judeus: "Não temos nós razão em dizer que és samaritano e estás endemoninhado?"

⁴⁹"Não estou endemoninhado", tornou Jesus. "Honro a meu Pai, ao passo que vós me desonrais. ⁵⁰Não procuro a minha glória; há quem a procure, e exerça justiça. ⁵¹Em verdade, em verdade vos digo: quem guardar a minha palavra não verá a morte eternamente".

⁵²Exclamaram então os judeus: "Agora sabemos que estás endemoninhado. Abraão morreu, morreram os profetas, e tu dizes: 'Quem guardar a minha palavra não provará a morte eternamente'? ⁵³És, porventura, maior que nosso pai Abraão, que morreu? E que os profetas, que morreram? Quem pretendes ser?"

⁵⁴Tornou Jesus: "Se eu me glorifico a mim mesmo, é vã a minha glória; mas quem me glorifica é meu Pai, que vós chamais vosso Deus, ⁵⁵sem o conhecerdes. Eu, porém, o conheço, e, se afirmasse não o conhecer, seria mentiroso, como vós. Sim, conheço-o e guardo a sua palavra. ⁵⁶Vosso pai Abraão exultou por ver o meu dia; viu-o, e alegrou-se".

⁵⁷Ao que lhe disseram os judeus: "Ainda não tens cinqüenta anos, e viste Abraão?"

⁵⁸Respondeu-lhes Jesus: "Em verdade, em verdade vos digo: antes que Abraão existisse, eu sou".

⁵⁹Nisto pegaram em pedras para lhe atirar. Jesus, porém, ocultou-se e saiu do templo.

9 O cego de nascença. ¹Ao passar, deparou-se-lhe um homem que era cego de nascença. ²"Mestre", perguntaram-lhe os discípulos, "quem pecou para ele nascer cego: ele ou seus pais?"

³Respondeu-lhes Jesus: "Nem ele nem seus pais pecaram; mas é para que nele se manifestem as obras de Deus. ⁴*Temos*[Tenho] de levar a efeito as obras de quem me enviou, enquanto é dia. Vem a noite, quando ninguém mais pode trabalhar. ⁵Enquanto estou no mundo, sou a luz do mundo".

⁶Dito isso, cuspiu na terra, fez um lodo com a saliva, untou com

o lodo os olhos do cego [7]e disse-lhe: "Vai e lava-te no tanque de Siloé" — que quer dizer "Enviado".

Foi, lavou-se e voltou vendo.

[8]Disseram então os vizinhos e os que outrora o tinham visto mendigar: "Não é este o mesmo que estava sentado a pedir esmolas?"

[9]"Sim, é ele", diziam uns. Outros: "Não é; apenas se parece com ele".

Ele, porém, declarou: "Sou eu mesmo".

[10]Ao que lhe perguntaram: "Como foi que se te abriram os olhos?"

[11]Respondeu ele: "O homem que se chama Jesus fez um lodo, untou-me os olhos, e disse-me: 'Vai e lava-te no tanque de Siloé'. Fui, lavei-me e vejo".

[12]"Onde está o homem?", perguntaram-lhe.

"Não sei", respondeu.

Exame do prodígio. [13]Levaram então aos fariseus o homem que fora cego. [14]Ora, era sábado quando Jesus fizera lodo e lhe abrira os olhos. [15]E novamente inquiriram dele os fariseus como é que recuperara a vista.

Disse-lhes ele: "Pôs-me um lodo sobre os olhos, lavei-me e vejo".

[16]Observaram então alguns fariseus: "Esse homem não é de Deus, pois não guarda o sábado". Outros, porém, diziam: "Como pode um pecador fazer semelhantes prodígios?" E havia dissensão entre eles. [17]Pelo que tornaram a interrogar o cego: "E tu, que dizes dele, pois que te abriu os olhos?..."

"É um profeta", respondeu ele.

[18]Então os judeus não acreditaram mais que ele estivera cego e recuperara a vista, enquanto não chamassem os pais do que fora curado. [19]Fizeram-lhes esta pergunta: "É este vosso filho que dizeis ter nascido cego? Como é, pois, que agora vê?"

[20]Responderam os pais: "Sabemos que este é nosso filho que nasceu cego; [21]mas de que modo agora vê é que não sabemos; tampouco sabemos quem foi que lhe abriu os olhos; interrogai-o a ele mesmo; tem idade para dar informações de si". [22]Assim falaram os pais, com medo dos judeus; porque já tinham os judeus decretado expulsar da sinagoga a quem o confessasse como sendo o Cristo. [23]Por essa razão disseram os pais: "Tem idade: interrogai-o a ele mesmo".

[24]Ao que tornaram a chamar o homem que fora cego e disseram-lhe: "Dá glória a Deus. Nós sabemos que esse homem é pecador".

[25]Tornou-lhes ele: "Se é pecador, não sei; uma coisa, porém, sei: que eu era cego e agora vejo".

[26]Inquiriram eles: "Que foi, pois, que te fez? Como te abriu os olhos?"

[27]"Já vo-lo disse", respondeu-lhes ele. "Não o ouvistes? Por que quereis ouvi-lo mais uma vez? Acaso quereis também vós ser discípulos dele?"

[28]Ao que o cobriram de injúrias, dizendo: "Discípulo dele sejas tu! Nós somos discípulos de Moisés. [29]Sabemos que Deus falou a Moisés: mas quanto a esse tal, não sabemos donde vem".

[30]"Pois é estranho", tornou o homem, "que não saibais donde ele vem, quando me abriu os olhos. [31]Ora, sabemos que Deus não atende os pecadores; mas quem teme a Deus e lhe cumpre a vontade, a esse é que atende. [32]Desde que o mundo existe, nunca se ouviu que alguém abrisse os olhos a um cego de nascença. [33]Se este não fosse de Deus, não poderia fazer coisa alguma".

[34]"Nasceste todo em pecados", revidaram-lhe eles, "e pretendes dar-nos lições a nós?"

E expulsaram-no.

Cegueira dos fariseus. [35]Soube Jesus que acabavam de expulsá-lo e, encontrando-se com ele, perguntou-lhe: "Crês no filho *do homem*[de Deus]?"

[36]"Quem é, Senhor", respondeu o outro, "para eu crer nele?"

[37]Tornou-lhe Jesus: "Estás a vê-lo; quem fala contigo, este é".

[38]"Creio, Senhor!", exclamou ele, prostrando-se-lhe aos pés.

[39]Disse Jesus: "Para exercer juízo é que vim ao mundo, a fim de que os cegos vejam, e os que vêem se tornem cegos".

[40]Ouviram isso alguns dos fariseus que o cercavam e perguntaram: "Porventura, também nós somos cegos?"

[41]"Se fôsseis cegos", respondeu-lhes Jesus, "não teríeis pecado; mas, como afirmais: 'Nós vemos' — subsiste o vosso pecado.

10 Jesus, o bom pastor. [1]Em verdade, em verdade vos digo: quem não entrar no aprisco das ovelhas pela porta, mas penetrar por outra parte, é ladrão e salteador. [2]Mas quem entrar pela porta, esse é pastor de ovelhas; [3]a ele o porteiro lhe abre, e as ovelhas lhe escutam a voz. Chama pelo nome as suas ovelhas e as conduz para fora. ⁴E, depois de fazer sair todas as suas, vai diante delas; e as ovelhas seguem-no, porque lhe conhecem a voz. ⁵Mas não seguem o estranho, antes fogem dele, porque não conhecem a voz de estranhos".

⁶Essa parábola propôs-lhes Jesus; eles, porém, não atinaram com o sentido das suas palavras.

⁷Prosseguiu Jesus: "Em verdade, em verdade vos digo! Eu sou a porta para as ovelhas. ⁸Todos os que antes de mim vieram são ladrões e salteadores, e as ovelhas não lhes deram ouvido. ⁹Eu sou a porta; quem entrar por mim será salvo; entrará e sairá, e encontrará pastagens. ¹⁰O ladrão não vem senão para roubar, matar e perder. Eu vim para que elas tenham a vida e a tenham abundante.

¹¹Eu sou o bom pastor. O bom pastor dá a própria vida pelas suas ovelhas. ¹²O mercenário, porém, que não é pastor e a quem não pertencem as ovelhas, abandona as ovelhas e foge, quando vê chegar o lobo. E o lobo rouba e dispersa as ovelhas. O mercenário foge, ¹³porque é mercenário, e não se importa com as ovelhas.

¹⁴Eu sou o bom pastor. Conheço as minhas e as minhas me conhecem, ¹⁵assim como o Pai me conhece e eu conheço ao Pai. Dou a própria vida pelas minhas ovelhas. ¹⁶Tenho ainda outras ovelhas, que não são deste aprisco; também a essas devo conduzi-las; darão ouvido à minha voz e haverá um só rebanho e um só pastor.

¹⁷É por isso que o Pai me ama: porque dou a minha vida, para recuperá-la; ¹⁸ninguém ma tira, eu é que a dou de livre vontade. Tenho o poder de a dar e o poder de a recuperar. É esse o mandato que recebi de meu Pai".

¹⁹Por causa dessas palavras se originou novamente uma dissensão entre os judeus. ²⁰Muitos deles diziam: "Está endemoninhado e perdeu o juízo; por que ainda o escutais?" ²¹Outros observavam: "Estas palavras não são de quem está endemoninhado. Pode, acaso, o demônio abrir os olhos aos cegos?"

Quarta estada em Jerusalém

Festa da dedicação do templo. ²²Celebrava-se em Jerusalém a festa da dedicação do templo. Era inverno. ²³Passeava Jesus no templo, no pórtico de Salomão. ²⁴Rodearam-no os judeus e disseram-lhe: "Até quando nos trazes na incerteza? Se és o Cristo, dize-no-lo abertamente".

²⁵Respondeu-lhes Jesus: "Bem vo-lo disse, mas não credes. As

obras que faço em nome de meu Pai dão testemunho de mim. ²⁶Vós, porém, não credes, porque não sois do número das minhas ovelhas. ²⁷As minhas ovelhas prestam ouvido à minha voz; eu as conheço e elas me seguem; ²⁸dou-lhes a vida eterna, e não se perderão eternamente e ninguém as arrebatará da minha mão. ²⁹Meu Pai, que mas deu, é mais poderoso que todos, e ninguém as pode arrebatar das mãos de meu Pai. ³⁰Eu e o Pai somos um".

³¹Tornaram os judeus a pegar em pedras para o apedrejar. ³²Disse-lhes Jesus: "Muitas boas obras tenho realizado entre vós, pela virtude de meu Pai; por qual dessas obras quereis apedrejar-me?"

³³Replicaram-lhe os judeus: "Não é por nenhuma boa obra que te apedrejamos, mas, sim, por causa da blasfêmia, porque tu, sendo homem, te fazes Deus".

³⁴Tornou-lhes Jesus: "Não está escrito na vossa lei: 'Disse eu: vós sois deuses'[Sl 82(81),6]? ³⁵Ora, se a Escritura chama deuses àqueles a quem foi dirigida a palavra de Deus — e a Escritura não pode falhar —, ³⁶por que dizeis àquele que o Pai santificou e enviou ao mundo: 'Blasfemas!'? Porque eu vos disse: 'Sou o filho de Deus'? ³⁷Se não faço as obras de meu Pai, não me deis crédito; ³⁸mas, se as faço, e não quiserdes crer em mim, crede nas obras para que vejais e conheçais que o Pai está em mim e eu no Pai".

³⁹Mais uma vez procuraram prendê-lo; ele, porém, fugiu-lhes das mãos.

Jesus na Peréia. ⁴⁰Tornou a passar para além do Jordão, ao sítio onde João tinha começado a batizar. E lá ficou. ⁴¹Muitos vinham ter com ele e diziam: "Verdade é que João não fez prodígio; mas tudo o que João disse a seu respeito comprovou-se verdadeiro". ⁴²E muitos aí creram nele.

Última vez em Jerusalém

11 Morte de Lázaro. ¹Estava doente um homem, chamado Lázaro, de Betânia, povoação de Maria e sua irmã, Marta. ²Maria era a mesma que ungira o Senhor com ungüento e lhe enxugara os pés com os cabelos.

Estava, pois, doente seu irmão Lázaro. ³Pelo que as irmãs lhe mandaram dizer: "Senhor, eis que está enfermo aquele que amas".

⁴Ouvindo isso, disse Jesus: "Essa enfermidade não é para a morte; mas é pela glória de Deus, para que por ela seja glorificado o Filho

de Deus". ⁵Ora, amava Jesus a Marta, a sua *irmã*[irmã, Maria,] e a Lázaro. ⁶Entretanto, sabendo-o enfermo, deixou-se ficar ainda dois dias no lugar onde estava. ⁷Em seguida, disse a seus discípulos: "Voltemos para a Judéia".

⁸"Mestre", disseram-lhe os discípulos, "ainda há pouco queriam os judeus apedrejar-te, e vais lá outra vez?"

⁹Respondeu-lhes Jesus: "Não são doze as horas do dia? Quem caminha de dia não tropeça, porque vê a luz deste mundo; ¹⁰mas quem caminha de noite tropeça, porque lhe falta a luz". Assim dizia. ¹¹E acrescentou: "Nosso amigo Lázaro dorme; mas vou para despertá-lo do sono".

¹²"Senhor", acudiram os discípulos, "se dorme, vai ser curado".

¹³Jesus falara da morte dele; eles, porém, entenderam que se referia ao repouso do sono.

¹⁴Pelo que Jesus lhes declarou abertamente: "Lázaro morreu; ¹⁵e folgo por causa de vós de não ter estado presente, para que tenhais fé. Mas vamos ter com ele".

¹⁶Disse então Tomé, cognominado o Gêmeo, aos outros discípulos: "Vamos também nós e morramos com ele!"

Jesus com Maria e Marta. ¹⁷Ao chegar, Jesus o encontrou já com quatro dias de sepultura. ¹⁸Betânia ficava perto de Jerusalém, distante uns quinze estádios. ¹⁹Muitos judeus tinham ido visitar Marta e Maria para as consolar da morte de seu irmão. ²⁰Assim que Marta soube da chegada de Jesus, saiu-lhe ao encontro, enquanto Maria estava sentada em casa.

²¹"Senhor", disse Marta a Jesus, "se estiveras aqui, não teria morrido meu irmão. ²²Mas também agora sei que Deus te concederá tudo que lhe pedires".

²³Respondeu-lhe Jesus: "Teu irmão ressurgirá".

²⁴"Bem sei", tornou Marta, "que ressurgirá na ressurreição do último dia".

²⁵Disse-lhe Jesus: "Eu sou a ressurreição e a vida; quem crê em mim viverá, ainda que tenha morrido; ²⁶e todo aquele que em vida crê em mim não morrerá eternamente. Crês isto?"

²⁷"Sim, Senhor", respondeu-lhe ela, "eu creio que tu és o Cristo, o Filho de *Deus*[Deus vivo], que devia vir ao mundo". ²⁸Dito isso, retirou-se e foi chamar sua irmã, Maria, dizendo-lhe baixinho: "Está aí o Mestre e chama-te".

²⁹Ouvindo isso, levantou-se Maria com presteza e foi ter com ele;

pois ³⁰Jesus ainda não entrara na povoação, mas achava-se no ponto em que Marta lhe saíra ao encontro. ³¹Quando os judeus que com ela estavam em casa a consolá-la viram que Maria se levantava pressurosa e saía, cuidaram que fosse ao sepulcro chorar, e seguiram-na. ³²Assim que Maria chegou aonde estava Jesus e o viu, prostrou-se-lhe aos pés, dizendo: "Senhor, se estiveras aqui não teria morrido meu irmão".

³³Vendo-a Jesus em pranto, e em pranto também os judeus que a acompanhavam, sentiu-se profundamente comovido e abalado, ³⁴e perguntou: "Onde o pusestes?"

"Vem, Senhor, e vê", disseram-lhe.

³⁵E Jesus chorou.

³⁶Disseram então os judeus: "Vede como o amava". ³⁷Alguns, porém, observaram: "Não podia ele, que abriu os olhos ao cego de nascença, impedir que este homem morresse?"

Ressurreição de Lázaro. ³⁸Tornou Jesus a comover-se profundamente e foi ao sepulcro. Era uma caverna com uma pedra sobreposta.

³⁹"Tirai a pedra", ordenou Jesus.

"Senhor", disse-lhe Marta, irmã do defunto, "já cheira mal; está com quatro dias..."

⁴⁰Tornou-lhe Jesus: "Não te disse eu que verás a glória de Deus, se creres?"

⁴¹Tiraram, pois, a pedra. Jesus levantou os olhos ao céu e disse: "Pai, graças te dou, porque me atendeste; ⁴²bem sabia eu que sempre me atendes, mas por causa do povo em derredor é que o disse, para que creiam que tu me enviaste".

⁴³Dito isso, bradou: "Lázaro, vem para fora!"

⁴⁴Saiu o que estivera morto, trazendo os pés e as mãos ligados com ataduras, e o rosto envolto num sudário. Ordenou-lhes Jesus: "Desenleai-o e deixai-o andar".

O sinédrio decreta a morte de Jesus. ⁴⁵Muitos judeus que tinham vindo visitar *Maria*[Maria e Marta] e presenciado o que Jesus fizera creram nele. ⁴⁶Alguns deles, porém, foram ter com os fariseus e lhes contaram o que Jesus acabava de fazer. ⁴⁷Pelo que os pontífices e os fariseus convocaram o conselho e disseram: "Que faremos, pois que esse homem faz tantos prodígios? ⁴⁸Se o deixarmos nesse andar, acabarão todos por crer nele; e então virão os romanos e nos tirarão a nossa terra e a gente".

⁴⁹Um deles, porém, Caifás, que era pontífice naquele ano, disse-lhes: "Vós não sabeis nada, ⁵⁰nem considerais que é melhor para vós morrer um homem pelo povo do que perecer a nação toda". ⁵¹Isso não disse ele de si mesmo, mas antes, na qualidade de pontífice daquele ano, profetizou que Jesus havia de morrer pelo povo; ⁵²e não somente pelo povo, mas também para congregar os filhos de Deus que andavam dispersos.

⁵³A partir desse dia, estavam resolvidos a matá-lo.

Jesus em Efraim. ⁵⁴Por essa razão já não aparecia Jesus em público entre os judeus; mas retirou-se daí para uma região vizinha ao deserto, a uma cidade por nome Efraim. Lá ficou com seus discípulos.

⁵⁵Aproximava-se a páscoa dos judeus. Muita gente do campo subia a Jerusalém, antes da festa pascal, para se santificar. ⁵⁶Andavam à procura de Jesus e, reunidos no templo, diziam uns aos outros: "Que pensais? Não comparecerá à festa?" ⁵⁷É que os pontífices e os fariseus tinham dado ordem de que qualquer pessoa que soubesse do paradeiro dele o denunciasse para que o pudessem prender.

12 Jesus ungido em Betânia. ¹Seis dias antes da páscoa, veio Jesus a Betânia, onde residia Lázaro, que Jesus ressuscitara dentre os mortos. ²Aí lhe ofereceram um banquete. Marta servia, enquanto Lázaro fazia parte dos convivas. ³Tomou Maria uma libra de precioso ungüento de nardo genuíno, ungiu com ele os pés de Jesus e enxugou-os com os seus cabelos. Encheu-se toda a casa com o perfume do ungüento.

⁴Observou então um dos discípulos, Judas Iscariotes, que havia de entregá-lo: ⁵"Por que não se vendeu este ungüento por trezentos denários para distribuí-los aos pobres?" ⁶Isso dizia ele, não porque lhe interessassem os pobres, mas porque era ladrão e, de posse da bolsa, furtava o que entrava.

⁷Replicou Jesus: "Deixai-a! Que ela guarde o ungüento para o dia da minha sepultura. ⁸Pobres sempre os tendes convosco; a mim, porém, nem sempre me tendes".[1-8: Mt 26,6; Mc 14,3]

Entrada solene em Jerusalém. ⁹Crescido número de judeus chegou a saber da presença dele. E afluíram, não somente por causa de Jesus, mas também para ver a Lázaro, a quem ressuscitara dentre os mortos. ¹⁰Pelo que os príncipes dos sacerdotes assentaram matar também a Lázaro, ¹¹porque muitos dos judeus iam embora por causa dele e criam em Jesus.

¹²No dia seguinte, as multidões populares vindas para a festa souberam que Jesus entraria em Jerusalém. ¹³Empunharam ramos de palmeira e saíram-lhe ao encontro, clamando: "Hosana! Bendito seja o que vem em nome do Senhor, o rei de Israel!"

¹⁴Encontrou Jesus um jumentinho e montou nele, conforme está escrito: ¹⁵"Não temas, filha de Sião; eis que vem o teu rei montado em um jumentinho"[Zc 9,9].

¹⁶A princípio, não atinaram os discípulos com o sentido disso; mas, quando Jesus foi glorificado, recordaram-se de que dele foram escritas essas coisas e que eles mesmos tinham contribuído para o seu cumprimento.

¹⁷Disso dava testemunho o povo que se tinha achado presente quando ele chamara do sepulcro a Lázaro e o ressuscitara dentre os mortos. ¹⁸Por essa razão foi o povo ao encontro dele, por ter conhecimento do prodígio que realizara.

¹⁹Os fariseus, porém, diziam uns aos outros: "Estais vendo que nada *aproveitais*[aproveitamos]? Lá vai todo o mundo atrás dele!"[12-19: Mt 21,1; Mc 11,1; Lc 19,29]

Jesus e os pagãos. ²⁰Entre os que tinham subido a Jerusalém para adorar, no dia da festa, encontravam-se também alguns gregos. ²¹Dirigiram-se a Filipe, natural de Betsaida, na Galiléia, e lhe fizeram este pedido: "Senhor, quiséramos ver a Jesus". ²²Filipe foi e falou com André; ao que Filipe e André informaram a Jesus.

²³Respondeu-lhes Jesus: "É chegada a hora em que o Filho do homem vai ser glorificado. ²⁴Em verdade, em verdade vos digo: se o grão de trigo não cair em terra e morrer, fica a sós consigo; mas, se morrer, produzirá muito fruto. ²⁵Quem ama a sua vida perdê-la--á; mas quem neste mundo odeia a sua vida, salvá-la-á para a vida eterna. ²⁶Quem quiser servir-me siga-me; onde eu estiver, aí estará também meu servidor. Quem me serve será glorificado por meu Pai. ²⁷Agora está minha alma abalada. Que direi? Pai, salva-me desta hora? Mas foi precisamente para isto que me sobreveio esta hora. ²⁸Pai, glorifica o teu nome".

Ecoou então uma voz do céu: "Tenho-o glorificado e tornarei a glorificá-lo".

²⁹O povo que estava presente e ouvira isso dizia: "Foi um trovão". Outros afirmavam: "Um anjo lhe falou".

³⁰Jesus, porém, disse: "Não foi por causa de mim que essa voz se fez ouvir, mas, sim, por causa de vós. ³¹Agora é que o mundo entrará em juízo; agora será lançado fora o príncipe deste mundo. ³²E eu, quando for suspenso acima da terra, atrairei todos a mim".

³³Com essas palavras designava ele de que morte havia de morrer.

³⁴Replicou-lhe o povo: "Nós temos ouvido na lei que o Cristo permanece eternamente; como é, pois, que tu dizes: 'Importa que o Filho do homem seja suspenso'? Que Filho do homem é esse?"

³⁵Tornou-lhe Jesus: "Ainda um pouco de tempo estará convosco a luz; andai na luz, enquanto a tendes, para que não vos envolvam as trevas. Quem anda em trevas não sabe para onde vai. ³⁶Enquanto tendes a luz crede na luz, para que sejais filhos da luz".

Dito isso, retirou-se Jesus e ocultou-se deles.

Incredulidade dos judeus. ³⁷Apesar de ter realizado tantos prodígios a seus olhos, não creram nele. ³⁸Destarte devia cumprir-se a palavra do profeta Isaías: "Senhor, quem dá crédito à nossa mensagem? E a quem se revelou o braço do Senhor?"[Is 53,1]

³⁹Por isso é que não podiam crer; porque Isaías também disse: ⁴⁰"Cegou-lhes os olhos e endureceu-lhes o coração, de modo que não vêem com os olhos nem compreendem com o coração, nem se convertem nem eu lhes dou saúde"[Is 6,9].

⁴¹Isso dizia Isaías, quando lhe contemplava a glória e falava dele.

⁴²Contudo, também entre os chefes havia muitos que criam nele, embora não o confessassem em público, por causa dos fariseus, para não serem expulsos da sinagoga. ⁴³É que tinham em maior conta a glória perante os homens do que a glória aos olhos de Deus.

Missão divina de Jesus. ⁴⁴Exclamou Jesus: "Quem crê em mim não crê em mim, mas, sim, naquele que me enviou; ⁴⁵e quem vê a mim vê aquele que me enviou. ⁴⁶Eu vim ao mundo como sendo a luz, para que ninguém que crer em mim fique nas trevas. ⁴⁷Quem ouve as minhas palavras, mas não as observa, a esse não julgo eu, porque não vim para julgar o mundo, senão para salvar o mundo. ⁴⁸Quem me despreza e não aceita as minhas palavras tem quem o julgue: a palavra que anunciei, essa é que há de julgá-lo no último dia; ⁴⁹porque eu não falei de mim mesmo, mas o Pai que me enviou ordenou-me o que devo dizer e o que devo anunciar. ⁵⁰E eu sei que o seu mandamento é a vida eterna. As coisas, pois, que digo, digo-as assim como o Pai me ordenou".

Paixão, morte e ressurreição de Jesus

A última ceia

13 O lava-pés. ¹Era na véspera da festa pascal. Sabia Jesus que era chegada a hora de passar deste mundo para o Pai e, como amava aos seus que estavam no mundo, até ao extremo os amou. ²Fizeram a ceia. Já o diabo insinuara no coração de Judas Iscariotes, filho de Simão, que o entregasse. ³Conquanto Jesus soubesse que o Pai lhe entregara tudo nas mãos, e que de Deus saíra e para Deus tornaria, ⁴levantou-se da ceia, depôs o manto, tomou uma toalha e cingiu-se com ela; ⁵depois deitou água numa bacia e principiou a lavar os pés aos discípulos, enxugando-os com a toalha com que estava cingido.

⁶Veio a Simão Pedro. Este, porém, lhe disse: "Senhor, tu me lavas os pés?"

⁷Respondeu-lhe Jesus: "O que eu faço, ainda agora não o compreendes; mais tarde, porém, o compreenderás".

⁸Tornou-lhe Pedro: "Não me lavarás os pés eternamente".

Disse-lhe Jesus: "Se não te lavar, não terás parte comigo".

⁹Respondeu Pedro: "Senhor, não somente os pés, mas também as mãos e a cabeça".

¹⁰Replicou-lhe Jesus: "Quem tomou banho não precisa senão de lavar os pés, e todo ele está limpo. Vós também estais limpos, mas nem todos".

¹¹É que conhecia o seu traidor; por isso disse: "Nem todos estais limpos".

Exemplo aos discípulos. ¹²Depois de lhes lavar os pés, retomou o seu manto, tornou a sentar-se à mesa, e disse: "Compreendeis o que vos acabo de fazer? ¹³Vós me chamais Mestre e Senhor, e dizeis bem; porque eu o sou. ¹⁴Se, pois, eu, o Senhor e Mestre, vos lavei os pés, deveis também vós lavar-vos os pés uns aos outros. ¹⁵Dei-vos exemplo, para que também vós façais como eu vos fiz. ¹⁶Em verdade, em verdade vos digo: não está o servo acima de seu senhor, nem o enviado acima de quem o enviou. ¹⁷Felizes de vós se isso compreenderdes e o puserdes em prática.

¹⁸Não digo isso de todos vós; sei a quem escolhi. Entretanto, força é que se cumpra a Escritura: 'Quem come o pão comigo levantou contra mim o calcanhar'[Sl 41(40),10]. ¹⁹Já agora, antes de

sucedido, vo-lo digo, para que, quando suceder, creiais que isso se refere a mim. [20]Em verdade, em verdade vos digo: quem recebe a um enviado meu, a mim é que me recebe; e quem recebe a mim recebe àquele que me enviou".

Retirada do traidor. [21]Dito isso, abalou-se Jesus em espírito, e protestou: "Em verdade, em verdade vos digo: um de vós me há de entregar".

[22]Entreolharam-se os discípulos, sem saber a quem se referia. [23]Ora, um dos seus discípulos, a quem Jesus amava, achava-se reclinado ao peito de Jesus. [24]A este fez Simão Pedro sinal e disse-lhe: "Pergunta de quem é que fala". [25]Inclinou-se aquele ao peito de Jesus e inquiriu: "Quem é, Senhor?"

[26]Respondeu Jesus: "A quem eu der o bocado embebido, esse é". E, embebendo o bocado, deu-o a Judas Iscariotes, filho de Simão. [27]E, logo depois do bocado, entrou nele Satanás. Jesus ainda lhe disse: "O que estás para fazer, faze-o já".

[28]Entretanto, nenhum dos companheiros de mesa percebeu por que lhe dizia isso. [29]Sendo que Judas guardava a bolsa, cuidaram alguns que Jesus lhe dissera: "Vai comprar as coisas que havemos mister para a festa"; ou que desse alguma coisa aos pobres. [30]Logo que Judas tomou o bocado, saiu. Era noite.[21-30: Mt 26,21; Mc 14,18; Lc 22,21]

Glorificação de Jesus. [31]Depois da saída dele, disse Jesus: "Agora é glorificado o Filho do homem, e Deus é glorificado nele. [32]Se Deus for glorificado nele, Deus também o glorificará em si mesmo, e glorificá-lo-á em breve.

O novo mandamento. [33]Filhinhos, ainda um pouco de tempo estou convosco. Procurar-me-eis; mas o que disse aos judeus, também a vós o digo agora: aonde eu vou, aí vós não podeis ir.

[34]Um novo mandamento vos dou: amai-vos uns aos outros. Amai-vos mutuamente assim como eu vos tenho amado. [35]Nisto conhecerão todos que sois discípulos meus: em que vos ameis uns aos outros".

Perguntas de Simão Pedro. [36]Perguntou-lhe Simão Pedro: "Aonde vais, Senhor?"

Respondeu Jesus: "Aonde eu vou não me podes seguir agora; mais tarde, porém, me seguirás".

³⁷"Senhor", tornou-lhe Pedro, "por que não posso seguir-te agora? Dou a minha vida por ti!"

³⁸Tornou-lhe Jesus: "Darás a tua vida por mim? Em verdade, em verdade te digo: antes que o galo cante, negar-me-ás três vezes.[36-38: Mt 26,33; Mc 14,29; Lc 22,31]

Palavras de despedida

14 Perspectivas celestes. ¹Não se perturbe o vosso coração. Tende fé em Deus, e tende fé em mim. ²Em casa de meu Pai há muitas moradas. Se assim não fosse, vo-lo teria dito. Pois eu vou para vos preparar um lugar. ³Depois de partir e preparar-vos um lugar, voltarei e vos levarei comigo, para que vós estejais onde eu estou. ⁴Aonde vou? — conheceis o caminho".

⁵"Senhor", disse-lhe Tomé, "não sabemos aonde vais; e como podemos conhecer o caminho?"

⁶Respondeu-lhe Jesus: "Eu sou o caminho, a verdade e a vida; ninguém vai ao Pai senão por mim. ⁷Se me conhecêsseis a mim, também conheceríeis a meu Pai. Doravante conhecereis, pois que o vistes".

⁸"Senhor", acudiu Filipe, "mostra-nos o Pai, e isso nos basta".

⁹Tornou-lhe Jesus: "Há tanto tempo que estou convosco, e ainda não me conheces, Filipe? Quem me *viu a mim viu*[vê a mim vê] também o Pai. Como é, pois, que dizes: 'Mostra-nos o Pai'? ¹⁰Não crês então que eu estou no Pai, e que o Pai está em mim? As palavras que vos digo não as digo de mim mesmo; e as obras, quem as executa é o Pai, que permanece em mim. ¹¹Crede que eu estou no Pai e que o Pai está em mim; crede ao menos em atenção às obras.

Promessa do Espírito Santo. ¹²Em verdade, em verdade vos digo: quem crê em mim fará as obras que eu faço, e fará obras maiores que estas; porque eu vou para o Pai. ¹³Tudo quanto *pedirdes*[pedirdes ao Pai] em meu nome, eu o farei, para que o Pai seja glorificado no Filho. ¹⁴Se me pedirdes em meu nome eu o farei.

¹⁵Se me amais, guardai os meus mandamentos. ¹⁶Então rogarei ao Pai, e ele vos dará outro Consolador, para que permaneça convosco eternamente: ¹⁷o Espírito da verdade, que o mundo não pode receber, porque não o vê nem o conhece; vós, porém, o conheceis, porque habita convosco e permanecerá em vós.

União com Cristo. ¹⁸Não vos deixarei órfãos; tornarei a vós.

¹⁹Ainda um pouco de tempo, e o mundo já não me verá. Vós, porém, me vereis, porque eu vivo, e também vós vivereis. ²⁰Naquele dia, sim, compreendereis que eu estou em meu Pai, que vós estais em mim e eu em vós. ²¹Quem tem os meus mandamentos e os guarda, esse é que me ama. Mas quem me ama será amado por meu Pai, e também eu o amarei e me manifestarei a ele".

²²Perguntou-lhe então Judas, não o Iscariotes: "Como é isso, Senhor, que pretendes manifestar-te só a nós, e não ao mundo?"

²³Respondeu-lhe Jesus: "Quem me ama guardará a minha palavra; meu Pai o amará, e viremos a ele e faremos nele habitação. ²⁴Quem não me ama não guarda as minhas palavras. E a palavra que acabais de ouvir não é minha, mas, sim, do Pai, que me enviou.

A paz de Cristo. ²⁵Isso vos disse enquanto estou convosco; ²⁶mas o Consolador, o Espírito Santo, que o Pai enviará em meu nome, vos ensinará todas as coisas, e vos recordará tudo quanto vos tenho dito.

²⁷Deixo-vos a paz, dou-vos a minha paz; não vo-la dou assim como a dá o mundo. Não se perturbe nem se atemorize o vosso coração. ²⁸Ouvistes que vos disse: vou, e torno a vós. Se me amásseis, folgaríeis de que vou ter com o Pai; porque o Pai é maior que eu. ²⁹Disse-vo-lo agora, antes de acontecer, para que, depois de acontecido, creiais. ³⁰Já não falarei muito convosco; porque vem o príncipe deste mundo. Sobre mim não tem poder algum; ³¹mas há de o mundo conhecer que amo o Pai e que procedo assim como o Pai me ordenou.

Levantai-vos! Vamos!

15 A vide e as varas. ¹Eu sou a vide verdadeira, e meu Pai é o jardineiro. ²Corta toda a vara que em mim estiver sem produzir fruto; mas toda a que der fruto limpa-a para que produza fruto ainda mais abundante. ³Vós já estais limpos em virtude da palavra que vos falei. ⁴Permanecei em mim, e eu permanecerei em vós. Do mesmo modo que a vara não pode produzir fruto de si mesma, se não ficar na videira, assim nem vós, se não ficardes em mim. ⁵Eu sou a videira, vós sois as varas. Quem fica em mim e no qual eu fico produz muito fruto; porque sem mim nada podeis fazer. ⁶Quem não ficar em mim será lançado fora como a vara e secará; recolhe-se e deita-se ao fogo para queimar.

⁷Se ficardes em mim e se minhas palavras ficarem em vós, pedi o

que quiserdes e alcançá-lo-eis. ⁸Nisto é glorificado meu Pai: em que deis muito fruto e proveis ser discípulos meus.

⁹Como meu Pai me amou, assim vos tenho eu amado. Permanecei no meu amor. ¹⁰Se guardardes os meus mandamentos, permanecereis no meu amor, assim como eu também permaneço no amor de meu Pai, guardando-lhe os mandamentos. ¹¹Disse-vos isso para que minha alegria esteja em vós e seja perfeita a vossa alegria.

O preceito do amor. ¹²Este é o meu mandamento: amai-vos uns aos outros assim como eu vos tenho amado. ¹³Ninguém tem maior amor do que aquele que dá a própria vida por seus amigos. ¹⁴Vós sois meus amigos, se fizerdes o que vos mando. ¹⁵Já não vos chamo servos, porque o servo não sabe o que faz seu senhor; amigos é que vos chamei, porque vos dei a conhecer tudo quanto ouvi de meu Pai. ¹⁶Não fostes vós que me escolhestes, mas eu é que vos escolhi e vos encarreguei de irdes e produzirdes fruto, para que seja duradouro o vosso fruto. Então o Pai vos concederá tudo o que pedirdes em meu nome. ¹⁷O meu mandamento é este: amai-vos uns aos outros.

O ódio do mundo. ¹⁸Se o mundo vos odeia, sabei que, primeiro que a vós, me odiou a mim. ¹⁹Se fôsseis do mundo, amaria o mundo o que era seu; mas, como não sois do mundo — antes eu vos escolhi do mundo —, por isso é que o mundo vos odeia.

²⁰Lembrai-vos da palavra que vos disse: não está o servo acima de seu senhor. Se me perseguiram a mim, também vos perseguirão a vós; e, se guardarem a minha palavra, guardarão também a vossa. ²¹Ora, tudo isso vos farão por causa do meu nome, porque não conhecem aquele que me enviou. ²²Se eu não viera e lhes falara, não teriam culpa; agora, porém, não têm desculpa para o seu pecado. ²³Quem me odeia a mim odeia também a meu Pai. ²⁴Não realizara eu, no meio deles, obras que nenhum outro fez, estariam sem culpa; agora, porém, viram-nas e contudo me odeiam, a mim e a meu Pai. ²⁵Entretanto, convinha se cumprisse a palavra que está escrita em sua lei: 'Odiaram-me sem motivo'[Sl 35(34),19].

²⁶Quando vier o Consolador, que eu vos enviarei do Pai — o Espírito da verdade, que do Pai procede —, dará testemunho de mim; ²⁷e também vós dareis testemunho, porque desde o princípio estais comigo.

16 ¹Disse-vos estas coisas para que não sofrais decepção. ²Expulsar-vos-ão das sinagogas, e chegará a hora em que todo homem que vos matar julgará prestar um serviço a Deus. ³Isso *farão*[vos farão] porque não conhecem nem ao Pai nem a mim. ⁴Digo-vos essas coisas para que, quando chegar à hora, vos lembreis de que vo-las predisse. Não vo-las disse desde o princípio, porque estava convosco.

Consolação do Espírito Santo. ⁵Agora vou ter com aquele que me enviou; e nenhum de vós me pergunta: 'Aonde vais?' — ⁶de tão pesaroso que trazeis o coração pelo que vos disse. ⁷Entretanto, digo-vos a verdade: é-vos conveniente que eu vá; porque, se não for, não virá a vós o Consolador; mas, se for, vo-lo enviarei. ⁸E, quando vier, fará saber ao mundo que há pecado, justiça e juízo — ⁹pecado, porque não crêem em mim; ¹⁰justiça, porque vou ter com o Pai, e já não me vereis; ¹¹juízo, porque o príncipe deste mundo já está julgado.

¹²Muitas coisas tenho ainda que vos dizer; mas não as podeis suportar agora. ¹³Quando, porém, vier aquele, o Espírito da verdade, iniciar-vos-á em toda a verdade. Pois não falará de si próprio; mas dirá o que ouve, e anunciar-vos-á o que está por vir. ¹⁴Glorificar-me-á, porque tomará do que é meu e vo-lo anunciará. ¹⁵Tudo o que o Pai tem é meu. Por isso é que vos disse: tomará do que é meu e vo-lo anunciará.

Tornaremos a ver-nos. ¹⁶Ainda um pouco de tempo, e já não me vereis; e mais um pouco de tempo, e tornareis a *ver-me*[ver-me, porque vou para junto do Pai]"

¹⁷Perguntaram entre si alguns dos discípulos: "Que quer dizer com estas palavras: 'Ainda um pouco de tempo, e já não me vereis; e mais um pouco de tempo, e tornareis a ver-me'? E isto: 'Vou para junto do Pai'?" ¹⁸Diziam, pois: "Que quer dizer com estas palavras: 'Ainda um pouco de tempo'? Não compreendemos o que diz".

¹⁹Reparou Jesus que queriam interrogá-lo, e disse-lhes: "Estais a perguntar uns aos outros por que é que vos disse: 'Ainda um pouco de tempo, e já não me vereis; e mais um pouco de tempo, e tornareis a ver-me'? ²⁰Em verdade, em verdade vos digo que haveis de chorar e gemer, ao passo que o mundo estará alegre; andareis tristes, sim, mas a vossa tristeza se converterá em alegria. ²¹Quando a mulher está para dar à luz se entristece, porque chegou a sua hora; mas, depois de dar à luz um filho, já não se lembra das angústias, pela satisfação que sente de ter nascido ao mundo um homem. ²²Assim também vós

andais aflitos agora; mas tornarei a ver-vos e alegrar-se-á o vosso coração, e já ninguém vos tirará a vossa alegria. ²³Naquele dia já não me perguntareis coisa alguma.

Em verdade, em verdade vos digo: se pedirdes alguma coisa ao Pai em meu nome, vo-la dará. ²⁴Até agora nada pedistes em meu nome. Pedi e recebereis — e será completa a vossa alegria.

Conclusão das palavras de despedida. ²⁵Disse-vos isto em parábolas; tempo virá em que não vos falarei mais em parábolas, mas vos falarei abertamente de meu Pai. ²⁶Naquele dia, sim, pedireis em meu nome, e digo-vos que já não terei de rogar ao Pai por vós. ²⁷Porque o Pai mesmo vos ama, porque me amastes e crestes que saí de Deus. ²⁸Sim, saí do Pai e vim ao mundo. Deixo agora o mundo e torno para junto do Pai".

²⁹Observaram então os discípulos: "Eis que agora falas claro e não te serves mais de parábolas. ³⁰Agora sabemos que sabes tudo e não necessitas das perguntas de ninguém. Por isso cremos que saíste de Deus".

³¹Respondeu-lhes Jesus: "Agora credes? ³²Eis que vem a hora — e já chegou — em que vos espalhareis, cada qual para sua parte, deixando-me só. Mas eu não estou só, porque comigo está o Pai. ³³Disse-vos isto para que tenhais a paz em mim. No mundo passareis tribulações: mas tende confiança; eu venci o mundo".

Oração solene de Jesus

17 Oração por si mesmo. ¹Depois dessas palavras, levantou Jesus os olhos ao céu e disse: "Pai, é chegada a hora. Glorifica teu Filho, para que teu Filho te glorifique. ²Deste-lhe poder sobre todos os homens, a fim de que dê a vida eterna a todos os que lhe confiaste. ³A vida eterna, porém, é esta: conhecerem-te a ti, o único Deus verdadeiro, e a Jesus Cristo, que enviaste. ⁴Glorifiquei-te sobre a terra. Levei a termo a obra que me deste a fazer. ⁵Glorifica-me, pois, agora contigo, Pai, com aquela glória que eu tinha em ti, antes que houvesse mundo.

Oração pelos apóstolos. ⁶Tenho manifestado o teu nome aos homens que do mundo me deste. Eram teus, tu mos confiaste, e guardaram a tua palavra. ⁷Agora sabem eles que vem de ti tudo quanto me deste, ⁸porque lhes dei as palavras que tu me deras, e aceitaram-nas e em verdade conheceram que saí de ti, e creram que tu me enviaste.

⁹Por eles é que rogo. Não rogo pelo mundo, mas pelos que me deste; porque são teus. ¹⁰Tudo o que é meu é teu, e tudo o que é teu é meu. Neles é que sou glorificado. ¹¹Já não fico no mundo — eles, porém, ficam no mundo — porque vou ter contigo. Pai santo, *guarda-os em teu nome, o qual me deste*[guarda em teu nome os que me deste] para que sejam um, assim como nós. ¹²Enquanto estava com eles, *guardei-os em teu nome, o qual me deste*[guardei em teu nome os que me deste]; tenho-os amparado, e nenhum deles se perdeu, a não ser o filho da perdição, para que se cumprisse a Escritura. ¹³Agora, porém, vou para ti. Digo isto para que eles, no mundo, tenham em si a plenitude do meu gozo. ¹⁴Dei-lhes a tua palavra; mas o mundo lhes teve ódio, porque eles não são do mundo, assim como também eu não sou do mundo. ¹⁵Não rogo que os tires do mundo, mas que os guardes do mal. ¹⁶Eles não são do mundo, assim como também eu não sou do mundo. ¹⁷Santifica-os para a verdade. A tua palavra é a verdade. ¹⁸Assim como tu me enviaste ao mundo, também eu os enviei ao mundo. ¹⁹Por eles é que me santifico, para que sejam santificados na verdade.

Oração pela Igreja. ²⁰Mas não rogo somente por eles, senão também pelos que por sua palavra chegarem a crer em mim, ²¹para que sejam todos um. Assim como tu, Pai, estás em mim e eu em ti, assim também eles sejam um em nós, para que o mundo creia que me enviaste. ²²Dei-lhes a glória que me deste, para que sejam um, assim como também nós somos um: ²³eu neles e tu em mim. Assim sejam também eles perfeitamente um, para que o mundo conheça que me enviaste e os amaste, assim como me amaste a mim. ²⁴Pai, quero que os que me deste estejam onde eu estou, para contemplarem a minha glória que me deste; pois que me amaste antes da criação do mundo.

²⁵Pai justo, o mundo não te compreendeu; eu, porém, te compreendi, e também estes compreenderam que me enviaste. ²⁶Manifestei-lhes o teu nome, e continuarei a manifestá-lo, para que o amor com que me tens amado esteja neles, e eu neles".

Do Getsêmani ao Gólgota

18 Prisão de Jesus. ¹Depois dessas palavras saiu Jesus com seus discípulos para além do ribeiro de Cedron. Havia aí um horto, onde entrou, acompanhado dos seus discípulos. ²Também Judas, o seu traidor, conhecia o lugar; porque muitas vezes lá fora Jesus com seus discípulos. ³Tomou Judas um destacamento de soldados e servos da parte dos pontífices e fariseus, e dirigiu-se para lá com lanternas, archotes e armas.

⁴Jesus, sabendo tudo o que estava para acontecer-lhe, adiantou-se e perguntou-lhes: "A quem procurais?"

⁵"A Jesus de Nazaré", responderam-lhe.

Disse-lhes Jesus: "Sou eu".

Também Judas, o traidor, estava com eles. ⁶Assim que Jesus lhes disse: "Sou eu", recuaram e caíram por terra.

⁷Tornou a perguntar-lhes: "A quem procurais?"

"A Jesus de Nazaré", responderam.

⁸"Já vos disse", replicou Jesus, "que sou eu. Se, pois, me procurais a mim, deixai ir a esses". ⁹Devia assim cumprir-se a palavra que proferira: 'Não perdi nenhum dos que me deste'".

¹⁰Simão Pedro puxou da espada que trazia consigo e vibrou-a contra o servo do pontífice, e cortou-lhe a orelha direita. O servo chamava-se Malco.

¹¹Disse Jesus a Pedro: "Mete a espada na bainha. Não hei de beber o cálice que o Pai me ofereceu?"

Diante de Anás. ¹²Então o destacamento, o tribuno e os guardas dos judeus prenderam a Jesus e ligaram-no. ¹³Conduziram-no primeiramente à presença de Anás. Era sogro de Caifás, pontífice naquele ano. ¹⁴Fora Caifás quem aconselhara aos judeus que convinha morresse um homem pelo povo.[1-14: Mt 26,36; Mc 14,32; Lc 22,39]

¹⁵Simão Pedro, mais outro discípulo, seguiram a Jesus. Era esse discípulo conhecido do pontífice, e entrou com Jesus no pátio do pontífice, ¹⁶enquanto Pedro ficou de fora, à porta. Saiu então o outro discípulo, conhecido do pontífice, falou com a porteira e fez entrar a Pedro. ¹⁷Ao que a criada porteira perguntou a Pedro: "Não és também tu um dos discípulos desse homem?"

"Não sou", respondeu ele.

¹⁸Estavam os criados e guardas a aquecer-se a uma fogueira, porque fazia frio. Também Pedro estava com eles, aquecendo-se.
[15-18: Mt 26,69; Mc 14,66; Lc 22,54]

¹⁹O pontífice interrogou a Jesus sobre os seus discípulos e sobre a sua doutrina. ²⁰Respondeu-lhe Jesus: "Tenho falado em público a todo o mundo. Tenho ensinado sempre nas sinagogas e no templo,

aonde concorrem todos os judeus, e não falei coisa alguma às ocultas. ²¹Por que me interrogas a mim? Interroga os que ouviram o que lhes disse. Eles bem sabem o que disse".

²²A essas palavras, um dos servos assistentes deu uma bofetada em Jesus, dizendo: "É assim que respondes ao pontífice?"

²³Tornou-lhe Jesus: "Se falei mal, dá prova do mal; mas, se falei bem, por que me feres?"

Diante de Caifás. ²⁴Anás remeteu-o ligado ao pontífice Caifás.

²⁵Simão Pedro ainda lá estava aquecendo-se. Perguntaram-lhe: "Não és também tu dos discípulos dele?" Negou ele, dizendo: "Não sou".

²⁶Um dos servos do pontífice, parente daquele a quem Pedro cortara a orelha, *observou*[observou-lhe]: "Pois não te vi com ele no horto?"

²⁷Pedro tornou a negar. E logo cantou o galo.[25-27: Mt 26,69; Mc 14,66; Lc 22,56]

Jesus entregue a Pilatos. ²⁸Da presença de Caifás conduziram Jesus para o pretório. Era de manhã cedo. Eles mesmos não entraram no pretório para não se contaminarem e poderem comer o cordeiro pascal. ²⁹Pelo que Pilatos saiu a ter com eles e perguntou: "Que acusação apresentais contra este homem?"

³⁰Responderam-lhe: "Se ele não fosse um malfeitor, não to entregaríamos".

³¹Disse-lhes Pilatos: "Tomai-o vós e julgai-o segundo a vossa lei".

Replicaram-lhe os judeus: "Não nos é permitido matar alguém".
³²Devia assim cumprir-se a palavra com que Jesus indicara o gênero de morte que ia ter.

Primeiro interrogatório. ³³Tornou Pilatos a entrar no pretório, chamou a Jesus e perguntou-lhe: "És tu o rei dos judeus?"

³⁴Respondeu Jesus: "É de ti mesmo que perguntas isto, ou foram outros que to disseram de mim?"

³⁵Replicou Pilatos: "Sou eu, porventura, judeu? O teu povo e os pontífices entregaram-te às minhas mãos. Que fizeste?"

³⁶Respondeu Jesus: "O meu reino não é deste mundo. Se deste mundo fosse o meu reino, os meus servos, certamente, pelejariam para que eu não fosse entregue aos judeus; porém, o meu reino não é daqui".

³⁷Inquiriu Pilatos: "Logo, tu és rei?"

Tornou Jesus: "É como dizes, eu sou rei. Para isto nasci, e por isto vim ao mundo: para dar testemunho à verdade. Todo homem que é da verdade dá ouvidos à minha voz".

³⁸Disse-lhe Pilatos: "Que coisa é a verdade?" E, dito isso, voltou a ter com os judeus e declarou-lhes: "Eu não encontro nele crime. ³⁹É, porém, costume vosso que pelo tempo da páscoa vos solte um prisioneiro. Quereis que vos solte o rei dos judeus?"

⁴⁰Gritaram *eles*[todos eles]: "Não, este não, mas Barrabás!"

Ora, Barrabás era um ladrão.

19 Jesus apresentado ao povo. ¹Mandou Pilatos levar Jesus e açoitá-lo.

²Teceram os soldados uma coroa de espinhos e puseram-lha sobre a cabeça e vestiram-lhe um manto de púrpura. ³Chegavam-se a ele, dizendo: "Salve, rei dos judeus!", e davam-lhe bofetadas.

⁴Tornou Pilatos a sair e disse-lhes: "Eis que vo-lo apresento, para que saibais que não encontro nele crime".

⁵Saiu, pois, Jesus, trazendo a coroa de espinhos e o manto de púrpura. Disse-lhes Pilatos: "Eis o homem".

⁶Mas, logo que os pontífices e os seus servos o viram, clamaram: "Crucifica-o! Crucifica-o!"

Disse-lhes Pilatos: "Tomai-o vós e crucificai-o. Eu não encontro nele crime".

⁷Bradaram os judeus: "Nós temos uma lei e segundo a lei deve morrer, porque se fez Filho de Deus".

Segundo interrogatório. ⁸Ouvindo Pilatos essa palavra, temeu ainda mais. ⁹Tornou a entrar no pretório e perguntou a Jesus: "Donde és tu?" Jesus, porém, não lhe deu resposta. ¹⁰Disse-lhe Pilatos: "Não me respondes? Não sabes que tenho poder de crucificar-te e poder de pôr-te em liberdade?"

¹¹Respondeu-lhe Jesus: "Não terias poder algum sobre mim, se não te fosse dado do alto. Por isso, quem me entregou a ti tem maior pecado".

A sentença. ¹²A partir daí, procurava Pilatos soltá-lo. Os judeus, porém, clamaram: "Se soltares a esse, não és amigo de César; porque todo aquele que se faz rei é adversário de César".

¹³Quando Pilatos ouviu essas palavras, mandou conduzir Jesus

para fora e sentou-se no tribunal, no lugar chamado Litóstrotos — em hebraico: Gábata. [14]Era o dia dos preparativos da páscoa, por volta do meio-dia. Disse então aos judeus: "Eis o vosso rei!" [15]Eles, porém, clamaram: "Fora, fora com ele! Crucifica-o!"

Volveu-lhes Pilatos: "Pois hei de crucificar o vosso rei?"

Responderam os pontífices: "Não temos outro rei senão a César!"[18,28-19,15: Mt 27,2; Mc 15,1; Lc 23,1]

[16]Ao que lhes entregou Jesus para ser crucificado.

Crucifixão. Tomaram, pois, a Jesus[Jesus, e conduziram-no fora]. [17]Carregava ele mesmo a sua cruz para um lugar que se chama Calvário — em hebraico: Gólgota. [18]Aí o crucificaram, e com ele outros dois, um de cada lado. A Jesus, porém, no meio.

[19]Mandara também Pilatos compor um letreiro e colocou-o sobre a cruz. Dizia: JESUS NAZARENO, REI DOS JUDEUS. [20]Muitos dos judeus leram esse letreiro; porque o lugar onde Jesus foi crucificado ficava perto da cidade. Estava escrito em hebraico, latim e grego. [21]Disseram os pontífices dos judeus a Pilatos: "Não escrevas: 'Rei dos judeus', mas que ele disse: 'Eu sou rei dos judeus'".

[22]Replicou Pilatos: "O que escrevi escrito está".

Distribuição das vestiduras. [23]Depois de crucificarem a Jesus, os soldados lançaram mão das suas vestiduras e fizeram delas quatro partes, uma para cada soldado; além disso, a túnica. A túnica, porém, era sem costura, toda tecida de alto a baixo. [24]Pelo que disseram entre si: "Não a cortemos, mas lancemos sortes, a ver a quem toca". Cumpriu-se assim o que diz a Escritura: "Repartem entre si as minhas vestiduras, e lançam sortes sobre a minha túnica"[Sl 22(21),19].

Foi o que fizeram os soldados.

Última vontade. [25]Junto à cruz de Jesus estavam sua mãe, a irmã de sua mãe, Maria, mulher de Cléofas, e Maria Madalena. [26]Vendo Jesus sua mãe e ao lado dela o discípulo a quem amava, disse a sua mãe: "Senhora, eis aí teu filho". [27]Depois disse ao discípulo: "Eis aí tua mãe". Desde essa hora o discípulo a levou em sua companhia.

Morte de Jesus. [28]Sabia Jesus que agora estava tudo consumado. Pelo que, para dar cumprimento à Escritura, disse: "Tenho sede"[Sl

69(68),22]. ²⁹Havia ali um vaso cheio de vinagre. Ensoparam no vinagre uma esponja e, prendendo-a em uma cana de hissope, chegaram-lha à boca. ³⁰Jesus provou o vinagre e disse: "Está consumado". E, inclinando a cabeça, entregou o espírito.[16-30: Mt 27,31; Mc 15,20; Lc 23,26]

Traspasse do lado de Jesus. ³¹Era dia de preparativos. Para que os corpos não ficassem na cruz durante o sábado — porque era de grande solenidade aquele sábado —, foram os judeus pedir a Pilatos que se lhes quebrassem as pernas e se tirassem daí.

³²Vieram, pois, os soldados e quebraram as pernas a um e a outro que tinham sido crucificados com ele. ³³Chegando, porém, a Jesus e verificando que já estava morto, não lhe quebraram as pernas; ³⁴mas um dos soldados abriu-lhe o lado com uma lança, e imediatamente saiu sangue e água.

³⁵Quem isso presenciou dá testemunho do fato, e o seu testemunho é verídico. Ele sabe que diz a verdade para que também vós creiais. ³⁶E isso aconteceu para que se cumprisse a Escritura: "Não se lhe há de quebrar osso algum"[Ex 12,46; Sl 34(33),21]; ³⁷diz em outro lugar a Escritura: "Contemplarão aquele que traspassaram"[Zc 12,10].

Sepultura de Jesus. ³⁸Em seguida, José de Arimatéia — que era discípulo de Jesus, porém, às ocultas, com medo dos judeus — foi requerer permissão a Pilatos para tirar o corpo de Jesus. Pilatos permitiu-o. Foi, pois, e tirou o corpo de Jesus. ³⁹Apareceu também Nicodemos — que outrora visitara a Jesus, de noite — e trouxe uma mistura de mirra e aloés, pesando quase cem libras. ⁴⁰Tomaram o corpo de Jesus e envolveram-no em lençóis de linho, juntamente com os aromas, segundo a maneira de sepultar usada entre os judeus. ⁴¹Havia no lugar onde Jesus foi crucificado um horto, e nesse horto um sepulcro novo, no qual ainda ninguém fora sepultado. ⁴²Aí depositaram o corpo de Jesus, por ser dia de preparativos dos judeus; porque o sepulcro se achava a pouca distância.[38-42: Mt 27,57; Mc 15,42; Lc 23,50]

Ressurreição e aparições de Jesus

20 Pedro e João ao sepulcro. ¹Na madrugada do primeiro dia da semana, ainda noite, dirigiu-se Maria Madalena ao sepulcro, e viu que a pedra estava revolvida do sepulcro. ²Foi às pressas ter com Simão Pedro e o outro discípulo a quem Jesus amava, e disse-lhes: "Tiraram o Senhor do sepulcro, e não sabemos onde o puseram".

³Ao que Pedro e outro discípulo saíram e foram ao sepulcro. ⁴Corriam os dois à porfia, mas aquele outro discípulo corria mais depressa que Pedro, e chegou primeiro ao sepulcro. ⁵Inclinando-se, viu os lençóis aí colocados; mas não entrou. ⁶Veio em seguida Simão Pedro, entrou no sepulcro e viu os lençóis aí colocados, ⁷como também o sudário que estivera sobre a cabeça de Jesus; não estava com os outros lençóis, mas dobrado num lugar à parte. ⁸Nisto entrou também o discípulo que chegara primeiro ao sepulcro; viu, e creu. ⁹É que ainda não tinham compreendido a Escritura, segundo a qual devia ele ressuscitar dentre os mortos.

¹⁰Voltaram os discípulos para casa.[1-10: Mt 28,1; Mc 16,1; Lc 24,1]

Jesus aparece a Maria Madalena. ¹¹Estava Maria ao pé do sepulcro, do lado de fora, a chorar. E, enquanto chorava, inclinou-se e olhou para dentro do sepulcro — ¹²e viu dois anjos em alvejantes vestes, sentados onde estivera o corpo de Jesus, um à cabeceira e outro aos pés. ¹³Disseram-lhe: "Por que choras, senhora?"

Respondeu ela: "É que tiraram o meu Senhor, e não sei onde o puseram". ¹⁴A essas palavras, voltou-se e viu, em pé, a Jesus, mas não sabia que era Jesus.

¹⁵"Senhora", disse-lhe Jesus, "por que choras? A quem procuras?"

Ela, cuidando que fosse o jardineiro, disse-lhe: "Senhor, se tu o tiraste, dize-me onde o puseste; e eu o levarei".

¹⁶Disse-lhe Jesus: "Maria".

Voltou-se ela e *disse-lhe em hebraico*[disse-lhe] "Raboni!" — que quer dizer: Mestre.

¹⁷Tornou-lhe Jesus: "Não me segures, porque ainda não subi para meu Pai; mas vai ter com meus irmãos e dize-lhes que subirei para meu Pai e vosso Pai, para meu Deus e vosso Deus".

¹⁸Foi Maria Madalena e noticiou aos discípulos: "Vi o Senhor e ele me disse isto".[14-18: Mc 16,9]

Jesus aparece aos apóstolos. ¹⁹Pela tarde daquele dia, estavam os discípulos reunidos, de portas fechadas, com medo dos judeus. Apareceu Jesus no meio deles e disse-lhes: "A paz esteja convosco". ²⁰Dito isso, mostrou-lhes as mãos e o lado. Alegraram-se os discípulos de verem o Senhor. ²¹Disse-lhes Jesus pela segunda vez: "A

paz esteja convosco. Assim como meu Pai me enviou, também eu vos envio". ²²Depois dessas palavras, soprou sobre eles, dizendo: "Recebei o Espírito Santo; ²³a quem vós perdoardes os pecados, são-lhes perdoados; a quem vós os retiverdes, são-lhes retidos".
[19-23: Mc 16,14; Lc 24,36]

Jesus aparece a Tomé. ²⁴Ora, Tomé, um dos doze, chamado o Gêmeo, não estava com eles quando veio Jesus. ²⁵Disseram-lhe, pois, os outros discípulos: "Vimos o Senhor". Ele, porém, lhes respondeu: "Se não lhe vir nas mãos a marca dos cravos, se não meter o dedo no lugar dos cravos, e não lhe introduzir a mão no lado, não acreditarei".

²⁶Passados oito dias, achavam-se os discípulos outra vez portas adentro, e Tomé com eles. Entrou Jesus, de portas fechadas, colocou-se no meio deles e disse: "A paz seja convosco". ²⁷Depois disse a Tomé: "Chega aqui teu dedo e vê minhas mãos; vem com tua mão e mete-a em meu lado; e não sejas descrente, mas crente".

²⁸"Meu Senhor e meu Deus!", disse-lhe Tomé.

²⁹Disse-lhe Jesus: "*Creste, porque me viste*[Creste, Tomé, porque me viste], bem-aventurados os que não viram e contudo crêem".

Conclusão. ³⁰Ainda muitos outros milagres fez Jesus aos olhos dos seus discípulos, que não se acham escritos neste livro. ³¹Estes, porém, foram escritos para que vós creiais que Jesus é o Cristo, o Filho de Deus, e para que, mediante a fé, tenhais a vida em seu nome.

21 Aparição de Jesus à margem do lago de Tiberíades. ¹Mais tarde, tornou Jesus a manifestar-se aos discípulos à margem do lago de Tiberíades. Foi do seguinte modo que apareceu: ²achavam-se reunidos Simão Pedro, Tomé, cognominado o Gêmeo, Natanael, natural de Caná da Galiléia, os filhos de Zebedeu, mais outros dois dos seus discípulos. ³Disse-lhes Simão Pedro: "Vou pescar".

Responderam-lhe os outros: "Vamos também nós contigo". Saíram, pois, e embarcaram. Mas não apanharam coisa alguma naquela noite.

⁴Ao romper do dia estava Jesus na praia. Os discípulos, porém, não sabiam que era Jesus. ⁵Disse-lhes Jesus: "Filhos, não tendes nada que comer?"

"Nada", responderam-lhe.

⁶Disse-lhes ele: "Lançai a rede à direita do barco, e apanhareis alguma coisa".

Lançaram, pois, a rede, e já não a podiam tirar para fora, de tantos que eram os peixes. ⁷Observou então a Pedro o discípulo a quem Jesus amava: "É o Senhor!" Assim que Pedro ouviu que era o Senhor, cobriu-se com o manto — pois estava nu — e lançou-se ao mar. ⁸Os outros discípulos foram seguindo no barco, arrastando a rede com os peixes; não estavam distantes da terra, senão uns duzentos côvados. ⁹Saltaram em terra, e viram um braseiro com um peixe em cima, e pão. ¹⁰Disse-lhes Jesus: "Trazei dos peixes que acabais de apanhar".

¹¹Entrou Simão Pedro no barco e puxou à terra a rede repleta de cento e cinqüenta e três grandes peixes; e, com serem tantos, não se rompeu a rede.

¹²"Vinde almoçar", disse-lhes Jesus. Nenhum dos discípulos ousou perguntar-lhe quem era; porque sabiam que era o Senhor. ¹³Tomou Jesus o pão e serviu-lho, e igualmente o peixe.

¹⁴Foi esta a terceira vez que Jesus apareceu aos seus discípulos, depois de ressuscitado dentre os mortos.

O primado de Pedro. ¹⁵Terminado o almoço, perguntou Jesus a Simão Pedro: "Simão, filho de João, amas-me mais do que estes?" Respondeu-lhe ele: "Sim, Senhor, tu sabes que te amo". Disse-lhe Jesus: "Apascenta os meus cordeiros".

¹⁶Tornou a perguntar-lhe: "Simão, filho de João, amas-me?" Respondeu-lhe: "Sim, Senhor, tu sabes que te amo". Disse-lhe Jesus: "Apascenta os meus cordeiros".

¹⁷Perguntou-lhe pela terceira vez: "Simão, filho de João, amas-me?" Entristeceu-se Pedro por lhe perguntar pela terceira vez: "Amas-me?" E respondeu-lhe: "Senhor, tu sabes todas as coisas; sabes também que eu te amo". Disse-lhe Jesus: "Apascenta as minhas ovelhas.

Profecia sobre Pedro e João. ¹⁸Em verdade, em verdade te digo: quando eras moço, tu mesmo te cingias e andavas onde querias; mas, quando fores velho, estenderás as mãos, e outro te cingirá e te levará para onde tu não queres".

¹⁹Com essas palavras aludia ao gênero de morte com que Pedro havia de glorificar a Deus. Depois dessas palavras disse-lhe: "Segue-me!"

²⁰Voltando-se Pedro, reparou que o seguia o discípulo a quem Jesus amava — o mesmo que na ceia reclinara ao seu peito e perguntara: "Senhor, quem é que te há de entregar?" ²¹Ora, vendo Pedro a esse, perguntou a Jesus: "E que será deste, Senhor?"

²²Respondeu-lhe Jesus: "*Se eu quero que fique*[Quero que fique assim] até à minha volta, que tens tu com isso? Quanto a ti, segue-me!"

²³Daí se originou entre os irmãos a opinião de que aquele discípulo não morreria. Jesus, todavia, não lhe dissera que não havia de morrer; mas, sim: "Se eu quero que fique[Quero que fique assim] até à minha volta, que tens tu com isso?"

Remate. ²⁴É este o discípulo que dá testemunho e consignou estes fatos; e nós sabemos que é verdadeiro seu testemunho.

²⁵Ainda muitas outras coisas fez Jesus. Se todas elas fossem escritas por miúdo — creio que nem caberiam no mundo os livros que se deveriam escrever.

Notas explicativas

1 ¹⁻¹⁸Neste prólogo remonta a "águia" dentre os evangelistas às mais excelsas alturas, celebrando a existência eterna do Filho de Deus, as suas relações com o mundo e o seu aparecimento no meio dos homens.

A expressão "Verbo" (em grego: Logos) ocorre já nos livros sapienciais do Antigo Testamento, onde significa a eterna Sabedoria; encontramo-la também na filosofia grega, máxime nas obras de Heráclito de Éfeso, e Filo de Alexandria, onde tem o sentido aproximativo de Razão Cósmica, Espírito Universal. O evangelista, de encontro às deturpações panteísticas dos filósofos da época, restitui o sentido exato e genuíno ao termo "Verbo" ou "Logos", identificando-o com o Filho de Deus.

⁴A vida designa a vida sobrenatural da graça e da glória, que Jesus Cristo possui por virtude própria e vinha comunicar aos homens pela encarnação. É também a luz da eterna verdade — "eu sou a luz do mundo".

⁹João Batista não passava de um como reflexo daquela luz divina.

¹¹Jesus veio ao que era seu, isto é, à humanidade e, sobretudo, ao povo de Israel.

¹³Insiste o evangelista em que não é suficiente a vida natural comunicada pela geração carnal, mas é necessária a vida sobrenatural da graça e da fé. É o mesmo que Jesus faz ver, no colóquio noturno com Nicodemos, dizendo: "O que nasceu da carne é carne; o que nasceu do espírito é espírito; quem não nascer da água e do Espírito Santo não pode entrar no reino de Deus".

Tanto o texto grego quanto a Vulgata latina dizem: "que não nasceram dos sangues", isto é, da fusão do elemento do homem com o elemento da mulher, na união sexual.

¹⁸Nenhum homem viu a Deus em sua divindade; mas o Homem-Deus nos veio dar notícias do Pai Eterno.

²⁸A única Betânia que hoje em dia conhecemos fica perto de Jerusalém; mas o evangelista, filho da Palestina, conhecia outra além do Jordão, a que alguns códices bíblicos dão o nome de Betábara, isto é, lugar de passagem.

²⁹No dia seguinte, isto é, depois da volta de Jesus do deserto, pouco antes da Páscoa, talvez em março, o evangelista dá a Jesus o nome de Cordeiro de Deus em atenção às palavras de Isaías (53,1ss), que compara o Messias a um manso cordeiro levado ao matadouro.

³⁰O Cristo (Deus) é anterior a João; o Jesus (homem) nascera depois dele.

⁴⁰Um dos dois discípulos era André, e o outro, provavelmente, o próprio evangelista João, que ainda na extrema anciania se recordava com satisfação da hora ditosa da sua vocação apostólica: era pelas quatro horas da tarde.

⁴⁵Jesus, filho de José, segundo a lei e na opinião pública.

⁴⁶Natanael é, provavelmente, idêntico ao apóstolo São Bartolomeu.

⁵¹Alusão à escada misteriosa de Jacó (Gn 28,12).

2 ¹No terceiro dia após a partida da Judéia, Caná era uma aldeia situada para o nordeste de Nazaré, à distância de légua e meia.

⁵Maria compreendeu perfeitamente as palavras de Jesus, algum tanto obscuras para nós; por sinal que logo deu os competentes avisos aos servos.

⁶Costumavam os judeus recorrer a diversas abluções antes da refeição (cf. Mt 15,2; Mc 7,3s; Lc 11,38). Uma medida oriental comportava uns 35 a 40 litros.

3 ⁵⁻⁸Jesus não considera suficiente para a entrada no reino dos céus a descendência natural de Abraão, mas exige uma regeneração espiritual por meio da graça. Assim como ignoramos o ponto de partida e o termo de chegada do vento, cuja presença bem percebemos pelo sussurro da atmosfera, de modo análogo acontece também com o espírito de Deus: ainda que misterioso e incompreensível seja o seu *donde* e *para onde*, não deixam de ser palpáveis os efeitos que ele produz no homem.

[13-21] O evangelista não dá senão um resumo do colóquio noturno que Jesus teve com Nicodemos, colóquio que deve ter sido longo e profundo; daí a obscuridade que caracteriza algumas frases do mesmo, entremeadas, além disso, de reflexões do autor sacro. Nicodemos, é certo, tirou real proveito dessa instrução, tanto assim que, de tímido que fora, se tornou desassombrado defensor de Jesus no Sinédrio (7,50-51) e, depois da morte dele, se confessa sem rebuços discípulo do crucificado (19,39).

O "sopro" (em grego: *pneuma*, em latim: *spiritus*) significa tanto o sopro material, ou vento, como também o sopro espiritual, ou espírito.

[20-21] Quem leva vida pecaminosa aborrece a luz da fé, porque a fé lhe condena os atos; mas quem vive conforme a verdade e a santidade de Deus não tem motivo para fugir da luz da fé.

[25] Discutiam eles a questão se tinha maior virtude purificativa o batismo de João ou o de Jesus, isto é, o que era administrado pelos discípulos dele.

[31-36] Reflexões do evangelista bordadas em torno das palavras do precursor.

4 [5-6] Existem ainda as ruínas de Sicar, que hoje em dia se chama An-Askar. À distância de 1 km para o sudoeste da aldeia, ao sopé do monte Garizim, acha-se ainda o poço de Jacó, com 33 metros de fundo.

[9] Os samaritanos eram descendentes de hebreus mesclados com colonos pagãos e, por isso, desprezados pelos judeus como gente impura.

[10] Água viva significa, na boca de Jesus, a verdade e a graça do Evangelho, ao passo que a samaritana entende água corrente, em oposição à água estagnada.

[20] Existia entre judeus e samaritanos uma questão religiosa sobre o lugar do culto divino; enquanto aqueles davam o templo de Jerusalém como o único lugar legítimo, os samaritanos adoravam a Deus nas

alturas do monte Garizim. Jesus não dá importância ao lugar externo, mas, sim, à disposição interna.

²³Os judeus, pela maior parte, não adoravam a Deus em espírito ("este povo me honra com os lábios"); os samaritanos não o adoravam em verdade, porque o seu culto vinha mesclado de muitos erros. Jesus alude a um culto que seja ao mesmo tempo verdadeiro e espiritual, sem deixar por isso de externar-se por sinais sensíveis — tal é o culto do Novo Testamento.

²⁷Não se permitia aos doutores da lei travarem longas discussões com mulheres. Por isso se admiraram os discípulos; mais ainda, por ser aquela mulher samaritana.

³⁵*Do semear ao colher vão quatro meses* — era uma espécie de provérbio. Jesus, porém, faz ver que nessa lavoura evangélica se segue a colheita quase imediatamente ao plantio da divina semente, porque os samaritanos mostravam ótimas disposições de espírito e coração. Os patriarcas tinham amanhado o terreno; Jesus é o semeador; os apóstolos são os ceifadores. Da colheita riquíssima dizem os Atos dos Apóstolos (8,4-25).

⁴⁶O pai era alto funcionário do rei Herodes.

⁵²Ontem, dizem os servos, porque com o pôr-do-sol terminava o dia dos judeus.

5 ¹Não consta qual fosse essa festa; pode ter sido a da Páscoa, de Pentecostes ou, mais provavelmente, a dos Tabernáculos.

²Betesda quer dizer casa da graça, e vem bem a propósito a denominação, dados os favores extraordinários que Deus concedia aí aos enfermos. Outros códices bíblicos escrevem Betsaida, isto é, casa da pesca. A porta das ovelhas ficava para o norte do templo.

¹¹Quer dizer: se esse homem tem o poder de me restituir a saúde por meio dum milagre, terá poder também sobre o sábado e pode permitir-me carregar o meu leito neste dia.

¹⁷Um descanso sabatino, no sentido exagerado dos fariseus, é impossível; nem o próprio Deus o observa.

¹⁹⁻²³Jesus se identifica com o Pai segundo a natureza divina.

²⁴⁻³⁰O poder de ressuscitar mortos, espiritual e corporalmente, compete da mesma maneira ao Filho como ao Pai.

³⁶A vida de Jesus dá testemunho da sua missão divina.

6 ¹Passaram para a margem oriental do lago de Genesaré.

¹⁹25 a 30 estádios são uns 5 a 6 km.

[26-71]Os judeus entendiam, sim, as palavras de Cristo, mas em sentido grosseiramente material. Jesus apela para a sua futura ascensão, mostrando que seu corpo voltaria aos céus e não seria, portanto, objeto de manducação no sentido dos judeus; mas que o objeto do banquete eucarístico seria o seu corpo espiritualizado, depois da ascensão; não a carne material, como entendiam os ouvintes, mas aquele mesmo Cristo assimilado pela fé; é nesse sentido espiritual que Jesus quer ver interpretadas as suas palavras; é por isso que afirma que a sua revelação é espírito e vida, e não apenas matéria inanimada.

[71-72]Judas chegou, mais tarde, a entregar o divino Mestre, porque era homem sem fé; é por isso que Jesus lhe chama diabo.

7 [5]Os parentes de Jesus não formavam ainda idéia exata dele, esperando, como quase todos os judeus, um reino messiânico temporal.

[8-10]Não quis Jesus associar-se publicamente à caravana de peregrinos que subiam a Jerusalém, porque resolvera ir sozinho, quase às ocultas.

[16]Declara Jesus que não ensina por conta própria, senão por ordem e autorização do Pai Celeste.

[27-30]De encontro às profecias, diziam os escribas que o Messias viria do céu, subitamente; ao passo que Jesus viera de Nazaré. Nosso Senhor distingue nitidamente duas procedências suas: uma, "ab aeterno", do seio do Pai; a outra, temporal, do seio de Maria.

[37-39]O último (sétimo dia da festa dos tabernáculos) vinha revestido de solenidades especiais: por ocasião do sacrifício matutino dirigia-se o povo, em luzida procissão, à fonte de Siloé, onde um sacerdote hauria água com uma taça de ouro e a levava ao templo; aí a misturava com vinho e a derramava sobre o altar dos holocaustos. Dessa tocante cerimônia tomou Jesus ensejo para falar das águas vivas da redenção, isto é, da graça de Deus que seria derramada abundantíssima sobre os homens pelo Espírito Santo.

[46]Nem sequer os inimigos de Jesus, que tinham vindo para prendê-lo, valeram resistir à estranha fascinação que irradiava da pessoa dele e vibrava nas suas palavras.

[52]Em parte alguma diz a Escritura que da Galiléia não viria profeta; Jonas, Naum, como também Débora, eram galileus. De resto, Jesus não era natural da Galiléia, mas da Judéia, como bem podiam saber os seus adversários.

8 ⁵A lei de Moisés (Lv 20,10; Dt 22,22ss) decretava a morte para a mulher que violasse a fidelidade conjugal e a morte crudelíssima do apedrejamento para a noiva que se esquecesse da palavra empenhada.

⁶⁻⁸Jesus, escrevendo na areia do pavimento, parece querer dar tempo de reflexão aos acusadores e relegar a causa aos tribunais legítimos; pois não desconhecia as intenções malévolas dos fariseus.

¹¹Jesus condena o pecado, mas tem compaixão da pecadora.

¹³⁻¹⁴A lei mosaica (Dt 17,6; 19,15) não admitia testemunho em causa própria, mas exigia duas ou três testemunhas para a validade jurídica do depoimento. Jesus faz ver que esse princípio não tem aplicação nele, uma vez que tem a seu favor o testemunho divino, que excede todos os depoimentos humanos.

¹⁷⁻¹⁸De resto, Jesus não está só, mas com ele está o Pai que testifica por ele.

³¹⁻³⁶A liberdade moral é mais preciosa que a liberdade física: verdadeiramente livre é aquele que pratica o Evangelho; escravo é quem vive em pecado.

⁴³O Antigo Testamento costuma chamar "adultério" à idolatria; porque Javé fizera uma aliança sagrada com Israel, que era como que sua esposa mística (cf.: a Igreja, esposa de Cristo); a idolatria, ou culto de deuses alheios, equivalia, por isso, a uma espécie de infidelidade conjugal.

⁴⁸Na opinião dos judeus, os samaritanos, semipagãos, eram possessos do demônio.

⁵⁰Abraão rejubilara ao contemplar de longe, por meio de alguma visão profética, o advento do Salvador.

⁵¹Acabava o Cristo de afirmar claramente a sua eternidade e, com isso, a sua divindade; pelo que os judeus o tomaram por blasfemo e tentaram apedrejá-lo. Conhecem a Jesus, e ignoram o Cristo.

9 ²Os discípulos de Jesus, imbuídos das idéias de seu tempo, cuidavam que todo o infortúnio fosse necessariamente castigo de algum pecado do homem, ou de seus pais. É o que Jesus nega.

⁶Jesus recorre a estas cerimônias para despertar sentimentos de fé no coração do cego e dar-lhe ensejo para a humildade e a obediência.

⁴¹Se fôsseis cegos, se laborásseis numa ignorância inculpável, não teríeis pecado; mas, como sois homens instruídos e tendes a luz da ciência, é culpável a vossa cegueira.

10 ¹⁻⁵Os fariseus se tinham mostrado mercenários para com o cego de nascença, expulsando-o da sinagoga; Jesus se prova bom pastor — é este o ponto de partida da belíssima parábola.

⁸Falta aos fariseus a missão divina. Ladrões e salteadores apelida Jesus, não os antigos pastores de Israel, os patriarcas e profetas legítimos, mas aos chefes espirituais que naquele tempo governavam o povo de Israel.

¹⁶Há de o divino pastor arrasar as barreiras que se erguiam entre os judeus e gentios, congregando-os num só rebanho.

²²A festa de dedicação do templo celebrava-se em meados de dezembro; destinava-se ela a comemorar a purificação do santuário e subseqüente consagração feita por Judas Macabeu, em 165 antes de Cristo. Durava essa solenidade uma semana.

²³O pórtico de Salomão era uma bela galeria, que corria ao longo do lado oriental do templo.

³⁴⁻³⁶Se o Antigo Testamento (Sl 82) não hesita em chamar deuses a homens divinamente autorizados a ocupar algum cargo proeminente em Israel, representando, assim, a suprema autoridade de Deus, com quanto mais razão poderá Jesus chamar-se Deus, sem incorrer em pecado de blasfêmia!

11 ¹Betânia — aldeia ao sopé do monte das Oliveiras, a 3 km de Jerusalém.

⁴Bem sabia Jesus que a moléstia de Lázaro era mortífera, mas sabia também que dentro de poucos dias o defunto tornaria à vida.

⁹⁻¹⁰O dia era o período de peregrinação terrestre de Jesus: a noite o fim da mesma. Enquanto durava o dia da sua vida marcado pelo Pai celeste, nenhum inimigo lhe podia fazer mal. Mais tarde, consoante a vontade do Pai, permitiria Jesus que o viessem envolver o crepúsculo do sofrimento e a noite da morte.

¹⁸15 estádios são uns 3 km.

²²Marta não tinha ainda uma fé perfeita e esclarecida; julgava necessário que Jesus pedisse a Deus a virtude taumaturga; Jesus lhe faz ver que ele mesmo é a ressurreição e a vida.

⁴⁹Não diz o evangelista que Caifás fosse pontífice só para aquele ano — pois que o foi nos anos 18 até 36 depois de Cristo —, mas quer acentuar que o era precisamente naquele ano tão memorável.

⁵⁵Quem fosse ritualmente impuro tinha de purificar-se antes de tomar parte nas solenidades pascais.

12 ³Uma libra romana equivalia a 327 gramas e meio. Segundo Mt e Mc, Maria ungiu também a cabeça de Jesus, o que era prova especial de amor e veneração.

⁴Judas foi o primeiro a murmurar; alguns dos outros discípulos, sugestionados pelo mau exemplo, lhe fizeram coro.

⁷Maria como que antecipava a embalsamação do corpo de Jesus, cuja morte já estava decretada.

²³Com a morte de Jesus principiaria a sua glorificação, sobretudo no mundo pagão.

²⁴O grão de trigo que devia morrer e ser enterrado para frutificar era o próprio Cristo, cuja morte redentora daria a todos os homens graças riquíssimas e a possibilidade de entrarem no reino da glória.

²⁷Jesus tinha verdadeira natureza humana e não podia deixar de horrorizar-se ante a perspectiva duma morte crudelíssima. Submeteu-se, porém, à vontade do Pai, como, pouco depois, se submeteria à mesma no horto das Oliveiras.

³⁴Ser suspenso era sinônimo de morrer na cruz, como os ouvintes bem compreenderam; mas, ainda aferrados aos seus conceitos errôneos sobre o reino messiânico, não quiseram conformar-se com a idéia de um Cristo padecente.

³⁹O coração que resiste obstinadamente à voz da graça fica cada vez mais empedernido, de maneira que, finalmente, já não poderá crer; e, assim, o não querer se transforma em não poder.

⁴⁰Permitiu Deus, para castigo deles, que se lhes endurecesse o coração, o que, todavia, não os exime da culpa.

13 ⁶Alude Jesus ao costume dos orientais de tomarem banho antes da refeição; ao entrarem na sala de jantar, já não era necessário senão limpar ligeiramente os pés do pó que desde o banheiro se lhes houvesse apegado.

¹⁴⁻¹⁵Com esta cerimônia simbólica e subseqüente recomendação quer Jesus inculcar aos seus discípulos a mais profunda humildade, e significar ao mesmo tempo a pureza espiritual, que deve ter quem se aproxima do mistério do pão e do vinho.

14 ⁷Os discípulos viam o Pai celeste porque viam a Jesus, que, quanto à divindade, é idêntico ao Pai. A dificuldade dos apóstolos provém do mistério profundíssimo de Deus uno em sua essência, e trino em suas manifestações ou pessoas.

¹²A pregação e os milagres de Cristo se limitavam à Palestina,

ao passo que os apóstolos iam pregar o Evangelho a todos os povos, confirmando-o com estupendos prodígios.

²⁸O Pai é maior que Jesus-homem, porém igual ao Cristo-Deus.

15 ¹⁻⁸A parábola da videira e das varas simboliza expressivamente a união íntima que deve reinar entre Jesus e os seus.

16 ⁸⁻¹¹O Espírito Santo mostrará ao mundo que é grande pecado não crer em Jesus Cristo, apesar de tantos argumentos; fará ver que Jesus era homem justo e inocente; mostrará ainda que foi quebrado, pela morte de Jesus, o poder de Satanás.

¹⁶Ainda um pouco de tempo, e Jesus desaparecerá no abismo da morte; mais um pouco de tempo e reaparecerá vivo e não tardará a subir ao Pai.

²³Depois da ressurreição e, sobretudo, depois da vinda do Espírito Santo, os discípulos compreenderiam todos os ensinamentos do divino Mestre, que até aí lhes pareciam tão obscuros.

17 ⁶⁻¹⁹Na oração pelos apóstolos implora Jesus a conservação da unidade, a proteção nos perigos da parte do mundo e a santificação pelo Espírito Santo.

⁹Nesta hora solene, prescinde Jesus do resto do mundo, concentrando as suas súplicas nos seus apóstolos e continuadores da sua obra.

¹⁷⁻¹⁹Consagra os seus apóstolos ao serviço da verdade evangélica, declarando que ele mesmo se imolará em sacrifício por eles.

²⁰⁻²⁴Pede também pelos cristãos em geral para que vivam em harmonia e fraternidade.

²⁶Com esse retrospecto ao passado e essa perspectiva para o futuro, encerra Jesus a sua vida pública, indo ao encontro da morte.

18 ¹⁵Não consta ao certo quem fosse esse outro discípulo; talvez o próprio evangelista.

¹⁹Foi Anás que presidiu a este interrogatório. Já não era sumo sacerdote, mas, consoante o costume, ficava ainda com esse título.

²⁸Durante as solenidades pascais costumava Pilatos achar-se em Jerusalém, a fim de atalhar qualquer desordem ou motim, que eram assaz freqüentes nessa ocasião. Residia então no castelo Antônia, perto do templo. Contíguo a uma das portas do castelo, ficava o pretório ou tribunal.

O israelita que pusesse o pé na casa do pagão era considerado impuro e não podia tomar parte em atos religiosos, sem primeiro se purificar.

[38]Pilatos era da escola dos cépticos, que têm por impossível o conhecimento da verdade.

19 [9]Seria trabalho e tempo perdido falar àquele pagão da origem divina de Jesus; Pilatos não o teria compreendido; por isso, o acusado se cala.

[11]*Quem me entregou às tuas mãos* — isto é, Judas e os chefes da sinagoga.

[13]Achava-se colocada a curul do juiz numa ligeira elevação do foro, calçada de ladrilhos ou mosaicos, em grego "Litóstrotos".

[29]Era vinho azedo, ou misturado com vinagre, com que os soldados costumavam matar a sede. Hissope é uma planta que produz umas hastes compridas e delgadas.

[31]Pedia a lei mosaica que os corpos dos supliciados fossem enterrados antes do sábado, que principiava com o pôr-do-sol da sexta-feira; por esse motivo foram os judeus rogar a Pilatos que mandasse quebrar as pernas aos crucificados.

[34]Com a morte, ajuntara-se o sangue no pericárdio, onde se descompôs, segundo as leis orgânicas, na fibrina e no sérum aquoso, líquidos esses que, ao retirar a lança, jorraram da ferida aberta. O evangelista não vê nisso milagre, mas achou necessário mencionar expressamente essa circunstância para rebater a objeção dos hereges docetas daquele tempo, que negavam a verdadeira humanidade de Cristo, admitindo apenas um corpo aparente.

[36-37]Era proibido quebrar um osso ao cordeiro pascal, que era tipo de Cristo. Com esse fato e a lançada no peito de Jesus se cumpriram profecias do Antigo Testamento.

[39]Costumavam os judeus embalsamar os corpos dos defuntos, deitando aromas e essências fortes entre o corpo e as faixas que o envolviam. Entretanto, esse processo não impedia a putrefação do corpo, como o embalsamento egípcio.

[41-42]O sepulcro de Jesus achava-se numa esplanada do Calvário, a uns trinta metros do lugar da crucifixão.

20 [9]Custava aos apóstolos crerem no fato da ressurreição, a despeito das repetidas predições do divino Mestre; era fato virgem em toda a história da humanidade. Só acabaram de convencer-se da realidade histórica da ressurreição à força de argumentos irrefragáveis.

[16]Raboni era o título que se dava a algum rabi (mestre) muito estimado e querido, equivalendo, pois, a "meu querido Mestre".

[17]Maria, no seu amor ardentíssimo, quer unir-se inseparavelmente ao divino Mestre, o qual, porém, lhe faz ver que esse desejo só lhe será satisfeito mais tarde, após a ascensão dele, na visão beatífica.

21 Com o fim do capítulo 20 rematava, primitivamente, o evangelho de São João. O capítulo 21 foi acrescentado mais tarde pelo próprio evangelista.

[7]O discípulo a quem Jesus amava, isto é, amava particularmente, é o autor do presente evangelho.

[15]Três vezes protestara Pedro não conhecer a Jesus, e três vezes devia protestar-lhe o seu amor. Fá-lo, mas com toda a modéstia e humildade e apelando para a onisciência do próprio Mestre.

[22-23]O evangelista corrige a opinião errônea dos irmãos, acentuando que Jesus só dera o caso como possível, mas não como real.

24-25 Estes dois versículos não são da autoria de São João; mas foram acrescentados mais tarde por seus discípulos, os quais, provavelmente, tinham sido testemunhas oculares da vida de Jesus Cristo, tanto assim que afirmam: "Nós sabemos que é verdadeiro o seu testemunho".

Atos dos Apóstolos

Introdução

1. Desde os tempos mais remotos vem este livro intitulado "Atos dos Apóstolos", ainda que essa epígrafe não corresponda integralmente ao conteúdo; pois não contém a história completa de cada um dos apóstolos. Trata quase exclusivamente dos príncipes dos apóstolos, Pedro e Paulo; e nem mesmo destes oferece uma biografia completa.

2. A Antiguidade nunca deixou de atribuir os Atos dos Apóstolos à autoria de São Lucas. Diz, por exemplo, o fragmento muratoriano (século II): "A história de todos os apóstolos vem condensada numa só obra; é São Lucas quem a escreveu no livro Atos dos Apóstolos". Também Santo Irineu, Clemente de Alexandria, Tertuliano, Orígenes e outros citam os Atos com o nome de São Lucas. De resto, o autor se notifica a si mesmo por certas particularidades muito suas. No prólogo (1,1) designa o presente livro como sendo a segunda parte do seu evangelho. Em ambas as obras reina o mesmo estilo e a mesma riqueza de expressões. O autor revela-se companheiro de São Paulo; narra diversos episódios com o pronome "nós" (16,10-17; 20,5-15; 21,1-18; 27,1–28,16), por sinal de que ele mesmo tomou parte. Não pode ser outro senão Lucas.

3. Entretanto, sendo que Lucas só se dá como testemunha ocular duma parte do seu relatório, surge a questão: de que fontes se serviu ele para o resto? A solução é fácil; pois não lhe faltavam testemunhas presenciais perfeitamente em condições de fornecer ao historiador informações as mais amplas e exatas. A testemunha por excelência era o apóstolo Paulo, do qual o autor foi amigo e companheiro por largos anos. Em Cesaréia residia Lucas em casa do diácono Filipe; em Jerusalém tratou pessoalmente com o apóstolo Tiago Menor; em Roma, com o evangelista Marcos. Outrossim, se encontrou diversas vezes com Timóteo e outros colaboradores de São Paulo.

4. O fim dos Atos dos Apóstolos é quase o mesmo que o do terceiro evangelho: a exposição do progresso ulterior da obra de Jesus Cristo. São Lucas descreve a marcha triunfal do cristianismo, desde Jerusalém até às mais remotas províncias do Império Romano — e tudo isso com o fim de confirmar na alma de Teófilo e nos povos evangelizados por São Paulo a fé na origem divina da religião cristã. Parte bem considerável nessa grande empresa cabe ao incomparável apóstolo do gentilismo.

5. Os Atos dos Apóstolos foram escritos antes do ano 70, por sinal que Jerusalém e diversas localidades da metrópole de Israel — por exemplo, o pórtico de Salomão (3,11) e o castelo Antônia (21,34; 22,24) — neles vêm como ainda existentes. Precisando ainda mais a origem dos Atos, teremos de colocá-los no tempo do primeiro cativeiro de São Paulo em Roma (anos 61 a 63). É o que se depreende claramente do final da obra (28,30-31). O lugar da composição é, provavelmente, Roma, como já admitia São Jerônimo.

6. Divide-se o livro em duas partes principais. Na primeira descreve o autor o período judeu-cristão da Igreja (capítulos 1-9); na segunda, a origem e o desenvolvimento das missões pagãs (capítulos 10-28).

Decisão da Comissão Bíblica de 12 de junho de 1913: "Os Atos dos Apóstolos têm por autor a São Lucas; representam um documento histórico fidedigno, composto pelo fim do primeiro cativeiro romano do apóstolo Paulo".

Atos dos Apóstolos

1 Prólogo. ¹No meu primeiro livro, ó Teófilo, referi tudo quanto Jesus fez e ensinou desde o princípio ²até ao dia em que, pelo Espírito Santo, deu ordem a seus apóstolos eleitos e foi elevado ao céu. ³Dera-lhes ele, depois da sua paixão, numerosas provas de que vivia, aparecendo-lhes por espaço de quarenta dias e falando-lhes do reino de Deus.

A Igreja entre os judeus

Despedida de Jesus. ⁴Estando com eles, ordenou-lhes Jesus que não se retirassem de Jerusalém, mas esperassem a promessa do Pai, "a qual", dizia, "ouvistes da minha boca. ⁵João batizava com água: vós, porém, sereis batizados com o Espírito Santo, dentro de poucos dias".

⁶Estavam, pois, com ele. Então lhe perguntaram: "Senhor, é neste tempo que restabeleces o reino de Israel?"

⁷Respondeu-lhes Jesus: "Não vos compete a vós saber o tempo e o momento que o Pai reservou a seu poder. ⁸Entretanto, recebereis a virtude do Espírito Santo, que descerá sobre vós, e me sereis testemunhas em Jerusalém, em toda a Judéia e Samaria, e até aos confins da terra".

Ascensão de Jesus. ⁹Depois dessas palavras, foi elevado à vista deles, e uma nuvem ocultou-o a seus olhos. ¹⁰Quando eles estavam todos com os olhos fitos no céu, enquanto Jesus ia subindo, eis que apareceram junto deles dois varões vestidos de branco, ¹¹que lhes disseram: "Homens da Galiléia, que estais aí a contemplar o céu? Esse Jesus que do meio de vós acaba de ser elevado ao céu voltará do mesmo modo que ao céu o vistes subir".

¹²Ao que eles regressaram para Jerusalém, do monte que se chama das Oliveiras e fica perto de Jerusalém, à distância de um caminho sabatino. ¹³Chegando aí, dirigiram-se à sala superior, onde ficaram. Eram Pedro, João, Tiago, André, Filipe, Tomé, Bartolomeu, Mateus, Tiago, filho de Alfeu, Simão, o Zelador, e Judas, irmão de Tiago. ¹⁴Todos eles perseveravam unânimes em oração, em companhia das mulheres, de Maria, mãe de Jesus, e dos irmãos dele.

Eleição do apóstolo Matias. ¹⁵Naqueles dias, levantou-se Pedro no meio dos irmãos — compunha-se a assembléia de umas cento e vinte pessoas — e disse: ¹⁶"Meus irmãos. Era necessário que se cumprisse o que o Espírito Santo predissera, na Escritura, por boca de Davi a respeito de Judas, que foi o chefe dos que prenderam a Jesus. ¹⁷Era do número dos nossos e participava do nosso ministério. ¹⁸Adquiriu um terreno com o salário da iniqüidade, *precipitou-se de cabeça para baixo*[enforcou-se], arrebentou pelo meio e derramaram-se-lhe todas as entranhas. ¹⁹Chegou isso ao conhecimento de todos os habitantes de Jerusalém, pelo que veio a chamar-se aquele terreno, na língua deles, Hacéldama, isto é, campo de sangue. ²⁰Pois está escrito no livro dos salmos: 'Fique deserta a sua habitação, nem haja quem nela habite'[Sl 69(68),26]. E ainda: 'Passe para outro o seu ministério'[Sl 109(108),8]

²¹Convém, portanto, que um daqueles homens que têm estado conosco, todo o tempo que o Senhor Jesus vivia no meio de nós — ²²a principiar pelo batismo de João até ao dia da sua ascensão — se torne conosco testemunha da sua ressurreição".

²³Apresentaram dois homens: José, chamado Bársabas e cognominado o Justo; e Matias. ²⁴Oraram com estas palavras: "Senhor, tu, que conheces os corações de todos, mostra qual destes dois escolheste ²⁵para ocupar o ministério, o apostolado que Judas abandonou infiel, seguindo o seu destino".

²⁶Lançaram sortes sobre eles, e caiu a sorte em Matias, que foi associado aos onze apóstolos.

2 Vinda do Espírito Santo. ¹Quando chegou o dia de Pentecostes, estavam todos reunidos no mesmo lugar. ²De repente, veio do céu um ruído semelhante ao soprar de impetuoso vendaval e encheu toda a casa onde estavam congregados. ³E apareceram-lhes umas línguas como que de fogo, que se destacaram e foram pousar sobre cada um deles. ⁴Encheram-se todos do Espírito Santo e começaram a falar em línguas estranhas, conforme o *espírito*[Espírito Santo] os impelia a que falassem.

⁵Habitavam então em Jerusalém judeus religiosos, vindos de todos os povos que há debaixo do céu. ⁶Quando, pois, se fez ouvir aquele ruído, acudiu a multidão, cheia de pasmo, porque cada um os ouvia falar em sua própria língua. ⁷Estupefatos, e fora de si, diziam: "Porventura não são galileus todos esses que estão falando? ⁸Como é, pois, que cada um de nós ouve falar a sua língua materna? ⁹Nós, partos, medos e elamitas; os que habitamos a Mesopotâmia, a Judéia, a Capadócia, o Ponto, a Ásia, ¹⁰a Frígia, a Panfília, o Egito, as plagas da Líbia para as bandas de Cirene, bem como os forasteiros de Roma, ¹¹judeus e prosélitos, cretenses e árabes — ouvimo-los em nossas línguas apregoar as maravilhas de Deus".

¹²Estavam todos atônitos e perplexos, dizendo uns aos outros: "Que vem a ser isto?" ¹³Outros, porém, escarneciam, dizendo: "É porque estão cheios de vinho doce".

Discurso de Pedro. ¹⁴Nisso se apresentou Pedro acompanhado dos onze e, erguendo a voz, assim lhes falou: "Homens da Judéia e habitantes todos de Jerusalém, tomai conhecimento disto e atendei às minhas palavras. ¹⁵Estes homens não estão ébrios, como pensais; pois é apenas a hora terceira do dia. ¹⁶Mas é que se está realizando o que foi dito pelo profeta Joel: ¹⁷'Acontecerá nos últimos dias, diz Deus, que derramarei o meu Espírito sobre toda a carne; hão de profetizar vossos filhos e vossas filhas; terão visões vossos jovens; e vossos anciãos hão de ter revelações em sonhos; ¹⁸até sobre meus servos e minhas servas derramarei o meu espírito, naqueles dias, e hão de profetizar. ¹⁹Hei de operar prodígios em cima no céu e sinais embaixo na terra, em sangue, fogo e vapores de fumo; ²⁰o sol se converterá em trevas, a lua em sangue, antes que venha o grande e terrível dia do Senhor. ²¹Mas todo aquele que invocar o nome do Senhor será salvo'[Jl 3,1].

²²Homens de Israel, ouvi as minhas palavras! Jesus de Nazaré foi entre vós acreditado por Deus com prodígios, milagres e sinais, que Deus operou por meio dele entre vós, como bem sabeis. ²³Segundo decreto certo e consoante a presciência de Deus, o entregastes às mãos de ímpios e crucificastes e o matastes. ²⁴Deus, porém, rompeu

os grilhões da morte e o ressuscitou; não conseguiu a morte retê-lo em seu poder. ²⁵Dele diz Davi: 'Sempre trago o Senhor diante dos olhos; está à minha direita para que eu não vacile; ²⁶por isso se alegra o meu coração e exulta a minha língua; e também a minha carne repousa com esperança, ²⁷porque não deixarás a minha alma no reino dos mortos, nem permitirás que o teu Santo experimente a corrupção. ²⁸Tu me ensinas o caminho da vida, e me enches de delícias ante a tua face'[Sl 16(15),8].

²⁹Meus irmãos, permiti que vos fale desassombradamente a respeito do patriarca Davi. Morreu, foi sepultado, e o seu túmulo se acha entre nós até o presente dia. ³⁰Na qualidade de profeta, sabia que Deus lhe jurara elevar sobre seu trono um dos descendentes naturais dele. ³¹Pelo que, na qualidade de vidente, falou da ressurreição de Cristo, dizendo que não ficaria no reino dos mortos, nem a sua carne experimentaria a corrupção.

³²Ora, esse mesmo Jesus ressuscitou-o Deus; disso somos nós testemunhas. ³³E, depois de exaltado pela direita de Deus, derramou o Espírito Santo prometido pelo Pai, conforme estais vendo e ouvindo.

³⁴Porquanto Davi, ainda que ele mesmo não subisse ao céu, assim se exprime: 'Diz o Senhor ao meu Senhor: senta-te à minha direita ³⁵até que eu reduza os teus inimigos a escabelo de teus pés'[Sl 110(109),1].

³⁶Saiba, portanto, toda a casa de Israel com certeza que a esse mesmo Jesus, que vós crucificastes, Deus o constituiu Senhor e Messias".

³⁷A essas palavras, sentiram eles o coração despedaçado, e disseram a Pedro e aos demais apóstolos: "Que faremos, irmãos?"

³⁸Respondeu-lhes Pedro: "Convertei-vos e seja cada um de vós batizado em nome de Jesus Cristo, e recebereis o perdão de vossos pecados e o dom do Espírito Santo. ³⁹Pois é a vós e a vossos filhos que visa a promessa, bem como a todos os que ainda andam longe — todos quantos forem chamados pelo Senhor, nosso Deus".

⁴⁰Ainda com muitas outras palavras os conjurava e exortava, dizendo: "Salvai-vos desta geração perversa".

⁴¹Aqueles, pois, que lhe aceitaram a palavra foram batizados, de modo que naquele dia houve um acréscimo de umas três mil almas.

Vida dos primeiros cristãos. ⁴²Perseveravam na doutrina dos apóstolos, *na comunhão, na fração do pão*[na comunhão da fração do pão] e na oração. ⁴³Apoderou-se o temor de todas as almas. Operavam-se pelas mãos dos apóstolos muitos sinais e *prodígios*[prodígios em Jerusalém, e reinava em todos grande temor]. ⁴⁴Os crentes, porém, estavam unidos e tinham todas as coisas em comum. ⁴⁵Vendiam as suas propriedades e bens e distribuíam o dinheiro por todos, conforme as necessidades de cada um. ⁴⁶Freqüentavam todos os dias o templo, em perfeita harmonia, iam pelas casas partindo o pão, e tomavam as suas refeições com alegria e simplicidade do coração. ⁴⁷Louvavam a Deus e eram benquistos de toda a gente. E o Senhor fazia crescer cada dia o número dos que se haviam de salvar.

3 Pedro cura um coxo. ¹Pedro e João subiram ao templo para a oração da hora nona. ²Nisso alguns carregavam para ali um homem que era coxo de nascença; punham-no todos os dias à porta do templo chamada Formosa, para que pedisse esmola aos que visitavam o templo. ³Ora, vendo ele a Pedro e João entrando no templo, pediu-lhes uma esmola. ⁴Pedro o encarou, como também João, e disse: "Olha para nós!" ⁵Ele os olhava atentamente, esperando receber deles alguma coisa. ⁶Pedro, porém, disse: "Ouro e prata não os tenho, mas o que tenho isto te dou: em nome de Jesus Cristo, o Nazareno, *anda*[levanta-te e anda]!" ⁷E, tomando-o pela mão direita, o ergueu — e imediatamente sentiu ele penetrados de força os pés e as juntas; ⁸de um salto se pôs em pé e andava; entrou com eles no templo, correndo e saltando e louvando a Deus.

⁹Todo o povo o via andando e bendizendo a Deus. ¹⁰Reconheceram que era o mesmo que estivera sentado à porta Formosa do templo a esmolar, e encheram-se de pasmo e estupefação pelo que acabava de lhe suceder.

Sermão de Pedro. ¹¹Ora, como o homem se prendesse a Pedro e João, afluía a eles todo o povo, estupefato, ao chamado pórtico de Salomão. ¹²À vista disso dirigiu-se Pedro às turbas nestes termos: "Varões de Israel, por que vos admirais disto? Ou por que estais a olhar-nos estupefatos, como se nós por própria virtude ou *piedade*[poder] tivéssemos feito andar este homem? ¹³O Deus de Abraão, de Isaac e de Jacó, o Deus de nossos pais glorificou a seu *servo*[filho] Jesus, o qual vós entregastes e negastes diante de Pilatos, que o queria pôr em liberdade; ¹⁴negastes o santo e o justo, e pedistes que vos fosse agraciado um homicida; ¹⁵matastes o autor da vida. Deus, porém, o ressuscitou dentre os mortos: disso somos nós testemunhas. ¹⁶E foi a fé em seu nome que deu vigor a este homem, que vedes e que vos é conhecido; sim, foi a fé que nos veio por Jesus que deu perfeita saúde a este homem, aos olhos de todos vós.

[17]Entretanto, meus irmãos, bem sei que agistes por ignorância, como também os vossos chefes. [18]Deus, porém, cumpriu desse modo o que predissera por boca de todos os profetas acerca da paixão de seu Ungido. [19]Arrependei-vos, pois, e convertei-vos para que vos sejam perdoados os pecados. [20]Então vos concederá o Senhor tempos de refrigério e enviará o Cristo que vos foi predeterminado, Jesus, [21]que ficará no alto dos céus até que sejam restauradas todas as coisas, conforme Deus revelou desde o princípio por meio de seus santos profetas. [22]Pois assim disse Moisés: 'Suscitar-vos-á o Senhor, *nosso*[vosso] Deus, um profeta semelhante a mim, do meio de vossos irmãos; ouvi-o em tudo que vos disser. [23]Quem não ouvir a esse profeta será exterminado do povo'[Dt 18,15]. [24]Também todos os mais profetas que falaram, de Samuel em diante, todos eles anunciaram estes dias. [25]Ora, vós sois filhos dos profetas e fazeis parte da aliança que Deus estabeleceu com vossos pais, dizendo a Abraão: 'Num descendente teu serão abençoadas todas as nações da terra'[Gn 12,3]. [26]Para vós em primeiro lugar é que Deus ressuscitou e enviou seu *servo*[filho] para que vos abençoasse, contanto que cada qual se converta das suas iniqüidades".

4 Prisão de Pedro e João. [1]Enquanto eles estavam falando ao povo, sobrevieram os sacerdotes com o comandante da guarda do templo, bem como os saduceus, [2]descontentes de que ensinassem o povo e anunciassem na pessoa de Jesus a ressurreição dentre os mortos. [3]Prenderam-nos, por isso, e os encarceraram até ao dia seguinte; pois já era tarde. [4]Muitos dos que tinham ouvido o sermão abraçaram a fé, elevando-se o número dos homens a uns cinco mil.

Perante o Sinédrio. [5]No dia imediato reuniram-se em Jerusalém os chefes, os anciãos e escribas, [6]bem como os pontífices Anás e Caifás, João, Alexandre e todos os que pertenciam à linhagem sacerdotal; [7]mandaram-nos vir à sua presença e lhes perguntaram: "Com que autoridade ou em nome de quem fizestes isto?"

[8]Respondeu-lhes Pedro, repleto do Espírito Santo: "Chefes do povo e *anciãos*[anciãos, escutai]! [9]Se hoje nos pedem conta do benefício que prestamos a um homem enfermo, e de que modo foi curado, [10]ficai sabendo, todos vós, e todo o povo de Israel, que é em nome

de nosso Senhor Jesus Cristo, o Nazareno, que vós crucificastes, mas que Deus ressuscitou dentre os mortos — por meio dele é que este homem está de saúde diante de vós. ¹¹Jesus é a pedra que foi rejeitada por vós, os arquitetos, mas que veio a tornar-se pedra angular. ¹²Não há salvação senão nele; porque debaixo do céu não foi dado aos homens outro nome em que possamos alcançar a salvação".

¹³Em face desse desassombro de Pedro e João, admiraram-se eles, pois sabiam que eram homens simples e sem preparo; reconheceram-nos como antigos discípulos de Jesus. ¹⁴Quando viram em pé, junto deles, o homem que fora curado, não sabiam que replicar. ¹⁵Deram-lhes, pois, ordem de se retirarem da assembléia. Em seguida, conferenciaram entre si, dizendo: ¹⁶"Que faremos destes homens? Pois é sabido de todos os habitantes de Jerusalém que acabam de fazer um milagre; é coisa notória, e não a podemos negar. ¹⁷Mas, para evitar que isto se divulgue mais ainda no meio do povo, demo-lhes rigorosa proibição de continuarem a falar neste nome a quem quer que seja".

¹⁸Mandaram-nos, pois, chamar e os intimaram a que de modo nenhum falassem mais nem ensinassem em nome de Jesus.

¹⁹Responderam-lhes, porém, Pedro e João: "Julgai por vós mesmos se é justo perante Deus obedecermos mais a vós do que a Deus; ²⁰pois é impossível que deixemos de falar das coisas que temos visto e ouvido".

²¹Eles, então, reiterando as ameaças, puseram-nos em liberdade, pois não havia meio de castigá-los, devido ao povo, porque todos bendiziam a Deus pelo que acontecera; ²²é que o homem que fora objeto da cura milagrosa contava mais de quarenta anos.

Oração dos fiéis. ²³Depois de postos em liberdade foram os apóstolos ter com os seus e lhes contaram tudo o que os príncipes dos sacerdotes e anciãos lhes tinham dito. ²⁴A essa notícia, todos unânimes levantaram a voz a Deus e disseram:

"Senhor, criador do céu e da terra, do mar e de tudo o que nele existe: ²⁵tu disseste pelo Espírito Santo, por boca de nosso pai Davi, teu servo: 'Por que se enfurecem os pagãos? E por que planejam coisas vãs os povos? ²⁶Por que se revoltam os reis da terra? E por que conspiram os príncipes contra o Senhor e contra o seu Ungido?'[Sl 2,1]

²⁷Pois, em verdade, se coligaram, nesta cidade, contra teu santo

servo Jesus, teu Ungido, Herodes e Pôncio Pilatos, juntamente com os pagãos e as tribos de Israel ²⁸e executaram o que a tua potente vontade decretara. ²⁹Atende, Senhor, às suas ameaças; assiste a teus servos para que desassombradamente anunciem a tua palavra; ³⁰estende a tua mão para que se operem curas, sinais, prodígios, em nome de teu santo *servo*[filho] Jesus".

³¹Depois dessa oração, tremia o lugar onde estavam reunidos. Ficaram todos repletos do Espírito Santo e apregoaram destemidamente a palavra de Deus.

Harmonia fraternal dos fiéis. ³²A multidão dos crentes era um só coração e uma só alma. Ninguém considerava propriedade sua nenhuma das coisas que possuía, mas tudo era comum entre eles. ³³Com grande valor davam os apóstolos testemunho da ressurreição do Senhor *Jesus*[Jesus Cristo]. Todos eles possuíam a graça em abundância. ³⁴Não havia entre eles quem sofresse necessidade. Porque os que possuíam casas ou campos vendiam-nos, traziam o dinheiro ³⁵e o colocavam aos pés dos apóstolos; e distribuía-se a cada um segundo a sua necessidade. ³⁶Assim, o levita José, natural de Chipre, ao qual os apóstolos apelidavam Barnabé — que quer dizer: filho da consolação —, ³⁷possuía um terreno; foi vendê-lo, trouxe o dinheiro e o depositou aos pés dos apóstolos.

5 Ananias e Safira. ¹Certo homem, por nome Ananias, com sua mulher, Safira, vendeu um terreno ²mas, de acordo com a esposa, reservou parte do dinheiro, levando o resto e colocando-o aos pés dos apóstolos.

³Disse-lhe Pedro: "Ananias, por que se apoderou Satanás do teu coração a ponto de mentires ao Espírito Santo, reservando para ti parte do preço do campo? ⁴Acaso não ficava teu, se o não vendesses? E, ainda depois de vendido, não podias dispor do lucro a teu bel-prazer? Como, pois, assentaste tal coisa em teu coração? Não foi aos homens que mentiste, mas a Deus". ⁵A essas palavras caiu Ananias e expirou. Vivo terror se apoderou de todos os que tal ouviram. ⁶Levantaram-se uns jovens, *cobriram-no*[removeram-no] e, levando-o para fora, o sepultaram.

⁷Decorridas cerca de três horas, entrou também sua mulher, sem saber do sucedido. ⁸Disse-lhe Pedro: "*Dize-me*[Dize-me, senhora,] se vendeste o terreno por tal preço".

"Sim, foi por este preço", afirmou ela.

⁹Tornou-lhe Pedro: "Por que combinastes entre vós tentar o Espírito do Senhor? Eis que estão à porta os pés daqueles que enterraram teu marido e te levarão também a ti".

¹⁰No mesmo instante caiu ela a seus pés e expirou. Entraram os jovens e encontraram-na morta; levaram-na para fora e sepultaram-na ao lado de seu marido. ¹¹Apoderou-se grande terror de toda a comunidade e de quantos ouviram essas coisas.

Milagres dos apóstolos. ¹²Entretanto, eram feitos pelas mãos dos apóstolos muitos sinais e milagres entre o povo. Reuniam-se todos unânimes no pórtico de Salomão. ¹³Nenhum dos outros ousava associar-se a eles; o povo, porém, lhes votava grande estima. ¹⁴Crescia cada vez mais o número dos homens e das mulheres que abraçavam a fé no Senhor, ¹⁵a ponto de se trazerem os doentes para as ruas, estendidos em leitos e macas, para que, ao passar Pedro, cobrisse ao menos sua sombra alguns *deles*[deles e ficassem livres das suas enfermidades]. ¹⁶Afluía também muita gente das cidades vizinhas a Jerusalém, trazendo doentes e vexados de espíritos impuros, e eram todos curados.

Prisão dos apóstolos. ¹⁷Levantou-se então o príncipe dos sacerdotes com todo o seu partido, isto é, a seita dos saduceus e, tomados de inveja, ¹⁸mandaram prender os apóstolos e lançá-los na cadeia pública. ¹⁹De noite, porém, um anjo do Senhor abriu as portas do cárcere e os conduziu para fora, dizendo: ²⁰"Ide, apresentai-vos no templo e pregai ao povo todas as palavras desta vida". ²¹A essas palavras, foram eles ao templo, de madrugada, e puseram-se a ensinar.

Chegou então o príncipe dos sacerdotes com a sua gente. Convocaram o Sinédrio e todos os anciãos dos filhos de Israel e deram ordem para que fossem trazidos do cárcere. ²²Foram-se os *servos*[servos e abriram o cárcere], mas não os encontraram no cárcere; pelo que voltaram com este recado: ²³"Encontramos o cárcere devidamente fechado, e os guardas de plantão diante da porta; mas, ao abrir, não achamos ninguém dentro". ²⁴A essa notícia, o comandante do templo e os príncipes dos sacerdotes perguntaram, perplexos, como isso acontecera.

²⁵Nisso apareceu alguém e disse: "Eis que os homens que lançastes ao cárcere estão no templo a ensinar o povo!"

Intrepidez de Pedro. [26]Saiu então o comandante com os servos e foi buscá-los, mas sem nenhuma violência, porque receavam ser apedrejados pelo povo. [27]Trouxeram-nos, pois, e apresentaram-nos ao Sinédrio. Incriminou-os o príncipe dos sacerdotes, dizendo: [28]"Expressamente vos proibimos que ensinásseis neste nome e, não obstante, enchestes Jerusalém com a vossa doutrina e quereis tornar--nos responsáveis pelo sangue desse homem".

[29]Responderam Pedro e os demais apóstolos: "Cumpre obedecer mais a Deus que aos homens. [30]O Deus de nossos pais ressuscitou a Jesus, a quem vós suspendestes no madeiro e matastes. [31]Deus, porém, o exaltou à sua direita como soberano e salvador, a fim de conceder a Israel a conversão e o perdão dos pecados. [32]Desses acontecimentos somos nós testemunhas, bem como o Espírito Santo, que Deus tem dado àqueles que lhe obedecem".

[33]A essas palavras enfureceram-se eles e queriam matá-los.

Conselho de Gamaliel. [34]Levantou-se então no Sinédrio um fariseu, por nome Gamaliel, que era doutor da lei e gozava de grande prestígio aos olhos de todo o povo. Mandou que por um pouco de tempo saíssem aqueles homens. [35]Em seguida disse-lhes: "Varões de Israel, considerai bem o que estais para fazer a esses homens. [36]Porque, não há muito tempo, surgiu Teudas, arvorou-se em personagem extraordinário e conseguiu formar um partido de uns quatrocentos homens; mas foi morto, e todos os seus adeptos acabaram dispersos e aniquilados. [37]Apareceu depois dele, nos dias do recenseamento, Judas da Galiléia, e teve numerosos partidários; mas também este pereceu, e foram dispersos todos os seus sequazes. [38]Pelo que vos dou este conselho: não vos metais com esses homens e ponde-os em liberdade; porque, se esse cometimento ou essa obra vem dos homens, não tardará a ser destruída; se, [39]porém, vem de Deus, não a podereis destruir — a menos que queirais opor-vos ao próprio Deus".

Concordaram com ele. [40]Em seguida, chamaram os apóstolos, mandaram-nos açoitar e intimaram-nos a que não falassem mais no nome de Jesus. E puseram-nos em liberdade.

[41]Retiraram-se eles do Sinédrio cheios de júbilo por terem sido dignos de sofrer afrontas pelo *nome*[nome de Jesus]. [41]E não cessavam de ensinar todos os dias no templo e pelas casas, anunciando a boa nova de Jesus Cristo.

6 Instituição de diáconos. ¹Naqueles dias, crescendo o número dos discípulos, murmuravam os helenistas contra os hebreus por serem as viúvas deles menosprezadas na distribuição diária das esmolas. ²Pelo que convocaram os doze uma reunião de discípulos e declararam: "Não é justo que nós deixemos de parte a pregação da palavra de Deus para servir às mesas. ³Escolhei, portanto, irmãos, sete homens do vosso meio que gozem de boa reputação e sejam repletos *de espírito*[do Espírito Santo] e de sabedoria; vamos encarregá-los desta obra, ⁴ao passo que nós continuaremos a dedicar-nos à oração e ao ministério da palavra".

⁵Agradou a proposta a toda a assembléia. Escolheram a Estêvão, homem cheio de fé e do Espírito Santo; também a Filipe, Próoro, Nicanor, Timão, Pármenas e Nicolau, prosélito de Antioquia. ⁶Apresentaram-nos aos apóstolos, os quais oraram e lhes impuseram as mãos.

⁷Difundia-se cada vez mais a palavra de Deus, e tomava grande incremento o número dos discípulos em Jerusalém. Também entre os sacerdotes houve muitos que abraçaram a fé.

Acusação de Estêvão. ⁸Ora, Estêvão, cheio de graça e de virtude, operava grandes prodígios e milagres entre o povo. ⁹Levantaram-se então alguns da sinagoga chamada dos libertos, dos cireneus, dos alexandrinos e dos da Cilícia e da Ásia, e disputaram com Estêvão. ¹⁰Mas não podiam resistir à sabedoria e ao espírito com que falava. ¹¹Pelo que subornaram uns homens que dissessem: "Ouvimo-lo proferir blasfêmias contra Moisés e contra Deus". ¹²Amotinaram assim o povo, os anciãos e os escribas: arrebataram a Estêvão e o arrastaram à presença do Sinédrio. ¹³Apresentaram falsas testemunhas, que depuseram: "Este homem não cessa de falar contra o lugar santo e contra a lei; ¹⁴ouvimo-lo dizer que Jesus de Nazaré destruiria este lugar e mudaria as tradições que Moisés nos legou".

¹⁵Todos os membros do Sinédrio estavam com os olhos fitos em Estêvão, cujo semblante se lhes afigurava como o de um anjo.

7 Discurso de Estêvão. Tempo dos patriarcas. ¹Perguntou-lhe o príncipe dos sacerdotes: "É isto exato?"

²Respondeu Estêvão: "Irmãos e pais, ouvi-me. O Deus da glória apareceu a nosso pai Abraão, quando residia na Mesopotâmia, antes de se estabelecer em Harã, ³e disse-lhe: 'Abandona a tua terra e a tua parentela e vai à terra que eu te mostrar'[Gn 12,1]. ⁴Saiu, pois, do país

dos caldeus e foi habitar em Harã. Daí o tirou Deus depois da morte de seu pai e o fez residir na terra que agora ocupais. ⁵Mas não lhe deu propriedade aí, nem sequer um palmo de terra; prometeu, todavia, que lha daria em posse, mais tarde, a ele e a seus descendentes, embora Abraão ainda não tivesse filho. ⁶*Disse*[Disse-lhe] Deus que seus descendentes viriam habitar como estranhos em terra estranha; que seriam reduzidos à escravidão e maltratados por espaço de quatrocentos anos. ⁷'O povo, porém, a quem eles servirem', disse Deus, 'hei de julgá-lo'[Gn 15,13]. Mais tarde partirão daí e me servirão neste lugar. ⁸Deu-lhe como penhor de aliança a circuncisão. Assim gerou Abraão a Isaac, circuncidando-o no oitavo dia. Isaac gerou a Jacó, e Jacó se tornou pai dos doze patriarcas.

⁹Os patriarcas, movidos de inveja, venderam a José para o Egito. Deus, porém, estava com ele; ¹⁰livrou-o de todas as suas tribulações e lhe deu graça e sabedoria aos olhos de Faraó, rei do Egito, o qual o constituiu soberano do Egito e de toda a sua casa. ¹¹Sobreveio então uma carestia a todo o Egito e a Canaã; era grande a miséria, e nossos pais não encontravam alimento. ¹²Ouvindo, então, Jacó que no Egito havia trigo, lá mandou nossos pais pela primeira vez. ¹³Da segunda vez, deu-se José a conhecer a seus irmãos, e destarte chegou Faraó a saber da origem de José. ¹⁴Mandou, então, José que viesse seu pai Jacó e toda a parentela, em número de setenta e cinco pessoas. ¹⁵Partiu, pois, Jacó para o Egito, onde morreram, ele e nossos pais. ¹⁶Foram trasladados para Siquém e postos no sepulcro que Abraão tinha comprado por uma soma de dinheiro aos filhos de Hemor, em Siquém.

Tempo de Moisés. ¹⁷Entrementes, aproximava-se o tempo da promessa que Deus fizera a Abraão; multiplicava-se o povo no Egito, tornando-se muito numeroso. ¹⁸Assumiu então o governo do Egito outro rei, que nada sabia de José. ¹⁹Este tratou com astúcia a nossa raça e oprimiu nossos pais, ordenando que enjeitassem seus filhos para que perdessem a vida. ²⁰Nesse tempo nasceu Moisés, que foi agradável a Deus. Foi criado três meses em casa do pai; ²¹depois, enjeitado, foi recolhido pela filha de Faraó, que o criou como filho. ²²Moisés foi instruído em toda a sabedoria dos egípcios, e era poderoso em palavras e obras. ²³Completando quarenta anos, veio-lhe a idéia de visitar os filhos de Israel, seus irmãos. ²⁴Viu então que um deles sofria injúria; tomou a defesa e vingou o oprimido, matando o egípcio. ²⁵Cuidava que seus irmãos haviam de compreender que Deus, por mão dele, os queria salvar; eles, porém, não o compreenderam. ²⁶No dia seguinte, apareceu-lhes no momento em que eles contendiam entre si; exortou-os à paz, dizendo: 'Homens, vós sois irmãos; por que vos maltratais uns aos outros?' ²⁷Mas aquele que fizera injúria a seu próximo o repeliu, dizendo: 'Quem te constituiu senhor e árbitro entre nós? ²⁸Queres acaso matar-me também a mim, como ontem mataste ao egípcio?' ²⁹A essas palavras Moisés fugiu e foi viver como estrangeiro, na terra de Madiã, onde gerou dois filhos. ³⁰Decorridos quarenta anos, apareceu-lhe, no deserto do monte Sinai, um anjo na chama duma sarça em fogo. ³¹Cheio de admiração, ficou-se Moisés a contemplar a sarça e, quando se aproximava para examinar, ouviu a voz do Senhor, que dizia: ³²'Eu sou o Deus de teus pais, o Deus de Abraão, de Isaac e de Jacó'. Moisés, aterrado, não ousava levantar os olhos. ³³Disse-lhe então o Senhor: 'Tira o calçado dos pés; porque o lugar em que estás é terra santa. ³⁴Eu vi a opressão do meu povo no Egito: ouvi os seus gemidos, e desci para libertá-los. Vem, pois, que te enviarei ao Egito'.

³⁵Esse Moisés, que eles tinham repelido com as palavras: 'Quem te constituiu senhor e árbitro entre nós?', enviou-o Deus como guia e libertador, sob a proteção do anjo que lhe aparecera na sarça. ³⁶Conduziu-os para fora, fazendo milagres e prodígios na terra do Egito, no Mar Vermelho e no deserto, por espaço de quarenta anos. ³⁷É esse o Moisés que disse aos filhos de Israel: 'Deus vos suscitará do meio de vossos irmãos um profeta como *eu*[eu; ouvi-o]'[Dt 18,15]. ³⁸Foi ele que no meio da multidão do povo no deserto tratou com o anjo, que falou no monte Sinai, e com nossos pais; que recebeu palavras da vida para vo-las comunicar. ³⁹Nossos pais, porém, não lhe quiseram obedecer, mas rejeitaram-no e nos seus corações se voltaram para o Egito. ⁴⁰Disseram a Aarão: 'Faze-nos deuses que vão adiante de nós, porque não sabemos que foi feito desse Moisés, que nos tirou da terra do Egito'. ⁴¹Fabricaram, pois, naqueles dias, um bezerro, ofereceram sacrifícios ao ídolo e compraziam-se na obra das suas mãos. ⁴²Pelo que Deus se retirou deles e os abandonou à idolatria das estrelas do firmamento, conforme está escrito no livro dos profetas: 'Casa de Israel, porventura me oferecestes vítimas e holocaustos durante os quarenta anos no deserto? ⁴³Andastes carregando o tabernáculo de Moloc, e a constelação do deus Renfã, figuras que fizestes para adorá-las. Desterrar-vos-ei para além da Babilônia'[Am 5,25].

Tempo de Moisés e Salomão. ⁴⁴No deserto tinham nossos pais o tabernáculo da aliança, conforme Deus ordenara, dizendo a Moisés que o construísse segundo o modelo que vira. ⁴⁵Foi esse tabernáculo recebido e levado por nossos pais, quando, sob o governo de Josué, tomaram posse da terra dos pagãos, que Deus expeliu ante a face de nossos pais. Assim foi até aos dias de Davi. ⁴⁶Este achou graça diante de Deus e solicitou o favor de providenciar um habitáculo para o Deus de Jacó. ⁴⁷Entretanto, foi Salomão quem lhe edificou um templo. ⁴⁸Mas o Altíssimo não habita em edifícios arquitetados por mãos humanas; tanto assim, que o profeta diz: ⁴⁹'Meu trono é o céu, e a terra escabelo dos meus pés; que casa me edificareis?', diz o Senhor, 'e qual o lugar do meu repouso? ⁵⁰Não foi, porventura, minha mão que fez tudo isto?'[Is 66,1]

Tempo presente. ⁵¹Ó homens de dura cerviz, e incircuncisos de ouvidos e coração! Sempre resistis ao Espírito Santo, como vossos pais, assim também vós! ⁵²Qual o profeta que vossos pais não tenham perseguido? Mataram aqueles que vaticinavam o advento do justo. E vós vos tornastes traidores e assassinos dele, ⁵³vós, que recebestes a lei pelo ministério dos anjos, mas não a guardastes!"

Apedrejamento de Estêvão. ⁵⁴Ouvindo tais coisas, indignaram-se nos seus corações e rangeram os dentes contra Estêvão. ⁵⁵Ele, porém, repleto do Espírito Santo, ergueu os olhos ao céu e viu a glória de Deus e Jesus à direita de Deus, ⁵⁶e exclamou: "Eis que vejo o céu aberto, e o Filho do homem à direita de Deus!"

⁵⁷Ao que eles levantaram um grande clamor, taparam os ouvidos e todos juntos arremeteram contra ele; ⁵⁸expulsaram-no da cidade e o apedrejaram. As testemunhas depuseram as suas vestes aos pés dum jovem, que se chamava Saulo. ⁵⁹Apedrejaram, pois, a Estêvão, que orava, dizendo: "Senhor Jesus, recebe o meu espírito". ⁶⁰E, caindo de joelhos, bradou em altas vozes: "Senhor, não lhes imputes este pecado!"

E, dizendo isso, *adormeceu*[adormeceu no Senhor].

8 ¹E Saulo consentiu na sua morte.

Perseguição dos cristãos. Naquele dia rompeu uma grande perseguição da igreja em Jerusalém. Todos, à exceção dos apóstolos, dispersaram-se pelas regiões da Judéia e Samaria. ²Uns homens tementes a Deus foram sepultar a Estêvão com grandes prantos. ³Saulo, porém, perseguia ferozmente a igreja, penetrando nas casas, tirando homens e mulheres e arrastando-os ao cárcere.

Transferência da Igreja para os gentios

Filipe em Samaria. ⁴Entretanto, os que andavam dispersos percorriam os arredores, anunciando a *palavra*[palavra de Deus]. ⁵Desceu Filipe à cidade de Samaria, pregando a Cristo. ⁶As multidões escutavam, unânimes, as palavras de Filipe, à vista dos milagres que operava; ⁷pois de muitos que estavam possessos saíam os espíritos impuros, soltando grandes gritos; numerosos paralíticos e coxos foram curados; ⁸pelo que reinava grande alegria naquela cidade.

⁹Ora, desde muito vivia na cidade um homem por nome Simão, que praticava a magia e iludia o povo de Samaria, arvorando-se num ente superior. ¹⁰Toda a gente lhe dava ouvidos, desde o menor até ao maior, dizendo: "Este é a virtude de Deus, que se chama grande". ¹¹Aderiram a ele porque os fascinara, por largo tempo, com as suas artes mágicas. ¹²Quando, porém, apareceu Filipe pregando a boa nova do reino *de Deus e do nome de Jesus, homens e mulheres abraçaram a fé e foram batizados*[de Deus, homens e mulheres abraçaram a fé e foram batizados em nome de Jesus Cristo]. ¹³Creu também Simão, recebeu o batismo e aderiu a Filipe, não cabendo em si de pasmo e estupefação, à vista dos grandes milagres e prodígios que aconteciam.

Pedro e João em Samaria. ¹⁴À notícia de que Samaria recebera a palavra de Deus, os apóstolos que estavam em Jerusalém para lá enviaram Pedro e João. ¹⁵Esses, pois, desceram e oraram por eles para que recebessem o Espírito Santo; ¹⁶porque ainda não viera sobre nenhum deles, mas somente tinham sido batizados em nome do Senhor Jesus. ¹⁷Impuseram-lhes as mãos, e eles receberam o Espírito Santo.

¹⁸Quando Simão viu que pela imposição das mãos dos apóstolos se dava o *espírito*[Espírito Santo], ofereceu-lhes dinheiro, ¹⁹dizendo: "Dai-me também a mim este poder, para que toda a pessoa a quem eu impuser as mãos receba o Espírito Santo".

²⁰Replicou-lhe Pedro: "Vá contigo à perdição o teu dinheiro, porque julgaste poder comprar com dinheiro o dom de Deus! ²¹Não tens parte nem jus a ele, porque o teu coração não é reto aos olhos de Deus. ²²Converte-te da tua maldade e roga ao Senhor; talvez que

seja perdoado este desvario do teu coração. ²³Vejo que estás cheio de fel amargoso e enredado de iniqüidades".

²⁴Respondeu Simão: "Rogai ao Senhor por mim para que não me suceda nada daquilo que acabais de dizer".

²⁵Eles, depois de terem dado testemunho e pregado a palavra do Senhor, voltaram para Jerusalém, anunciando o evangelho em muitas povoações dos samaritanos.

Conversão dum etíope. ²⁶Disse um anjo do Senhor a Filipe: "Levanta-te e vai, ao meio-dia, pelo caminho que de Jerusalém conduz a Gaza; está deserto o caminho".

Levantou-se ele e partiu.

²⁷E eis que um etíope, camareiro e dignitário de Candace, rainha de Etiópia, tesoureiro-mor da mesma, tinha ido a Jerusalém para adorar a Deus. ²⁸Ia voltando, sentado no seu carro e lendo o profeta Isaías. ²⁹Disse então o espírito a Filipe: "Adianta-te e chega-te a esse carro". ³⁰Filipe aproximou-se correndo e ouviu o camareiro ler o profeta Isaías. Perguntou: "Compreendes o que lês?"

³¹"Como me seria possível", respondeu o outro, "se não há quem me explique?" E convidou a Filipe para subir e tomar lugar ao lado dele. ³²Ora, a passagem da Escritura que estava lendo dizia assim: "Qual ovelha levada ao matadouro, qual cordeiro que permanece mudo ante aquele que o tosquia — assim não abre ele a sua boca. ³³Do meio da tribulação e do julgamento foi arrebatado. Quem lhe descreverá a geração? A sua vida será exterminada da face da terra"[Is 53,7].

³⁴Disse o camareiro a Filipe: "Por favor, de quem é que o profeta diz isso? De si ou de algum outro?"

³⁵Ao que Filipe abriu os lábios e, tomando por ponto de partida essa passagem da Escritura, lhe anunciou a boa nova de Jesus. ³⁶Enquanto iam seguindo caminho, chegaram a uma fonte. "Eis água!", exclamou o camareiro, "que obsta a que eu seja *batizado?*"[batizado?

(37) Respondeu Filipe: "Se crês de todo o coração é possível". Confessou aquele: "Creio que Jesus Cristo é o Filho de Deus".]

³⁸Mandou parar o carro; e ambos, Filipe e o camareiro, desceram à água e aquele o batizou. ³⁹Mal saíram da água, o Espírito do Senhor arrebatou a Filipe; o camareiro não o viu mais e foi seguindo viagem, cheio de alegria. ⁴⁰Filipe, porém, encontrava-se em Azoto, percorrendo a região e pregando o evangelho em todas as cidades, até chegar a Cesaréia.

9 Conversão de Saulo. ¹Entretanto, ardia Saulo por perseguir e trucidar os discípulos do Senhor. Foi ter com o príncipe dos sacerdotes ²e lhe pediu documentos para as sinagogas de Damasco, a fim de levar presos para Jerusalém a quantos adeptos dessa doutrina lá encontrasse, homens e mulheres.

³Seguindo caminho, aproximava-se de Damasco — quando subitamente o cercou uma luz do céu. ⁴Caiu por terra e ouviu uma voz que lhe dizia: "Saulo, Saulo, por que me persegues?"

⁵Perguntou ele: "Quem és tu, Senhor?"

Respondeu aquele: "Eu sou Jesus, a quem *persegues*.[persegues. Duro te é recalcitrar contra o aguilhão". Tremendo e cheio de pasmo, perguntou Saulo: "Que queres, Senhor, que eu faça?"

Tornou-lhe o Senhor:]

⁶Levanta-te e entra na cidade; aí te será dito o que te cumpre fazer".

⁷Os seus companheiros de viagem se quedavam, estupefatos; ouviam a voz, mas não viam ninguém. ⁸Saulo levantou-se da terra e, de olhos abertos, não via *coisa alguma*[ninguém]. Tomaram-no, pois, pela mão e o introduziram em Damasco. ⁹Aí esteve três dias, cego, sem comer nem beber.

¹⁰Ora, vivia em Damasco um discípulo por nome Ananias. ¹¹Disse-lhe o Senhor em visão: "Ananias!" Respondeu ele: "Eis-me aqui, Senhor!" Tornou-lhe o Senhor: "Põe-te a caminho e vai à rua chamada Direita e procura em casa de Judas um tal Saulo, de Tarso; está orando". ¹²Teve Saulo uma visão: um homem chamado Ananias entrava e lhe impunha as mãos, para que recuperasse a vista.

¹³"Senhor", replicou Ananias, "desse homem tenho ouvido de muitas partes quanto mal tem feito a teus santos em Jerusalém. ¹⁴E aqui tem poder dos príncipes dos sacerdotes para prender a todos os que invocam o teu nome".

¹⁵Respondeu-lhe o Senhor: "Vai, porque esse homem é um instrumento por mim escolhido para levar o meu nome diante de pagãos e reis e dos filhos de Israel. ¹⁶Eu lhe mostrarei quanto lhe cumpre sofrer por meu nome".

¹⁷Ananias pôs-se a caminho, entrou na tal casa e impôs-lhe as mãos, dizendo: "Irmão Saulo, o Senhor Jesus, que te apareceu pelo caminho que seguias, enviou-me para que recuperes a vista e sejas repleto do Espírito Santo".

¹⁸Imediatamente, era como se dos olhos lhe caíssem escamas, e recuperou a vista; levantou-se e foi batizado. ¹⁹Tomou alimento e recobrou forças.

Primeira apresentação de Saulo. Ficou ainda alguns dias com os discípulos em Damasco. [20]Sem tardança, foi pregar nas sinagogas que Jesus era o Filho de Deus. [21]Todos os que o ouviam pasmavam e diziam: "Não é este, porventura, o mesmo homem que em Jerusalém perseguia os que invocavam esse nome? E não veio aqui para prendê-los e levá-los aos príncipes dos sacerdotes?" [22]Saulo, porém, se impunha cada vez mais, confundindo os judeus de Damasco, demonstrando que Jesus era o Cristo.

[23]Muito tempo depois, resolveram os judeus matá-lo. [24]Mas Saulo teve notícia das suas maquinações. Dia e noite estavam eles de sentinela às portas para o eliminarem. [25]Os seus discípulos, porém, o desceram, de noite, pela muralha, dentro dum cesto.

Paulo em Jerusalém. [26]Depois da sua chegada a Jerusalém, procurava Saulo juntar-se aos discípulos; mas todos o temiam, porque não criam que fosse discípulo.

[27]Então Barnabé o levou consigo, apresentou-o aos apóstolos e lhes contou como Saulo tinha visto o Senhor pelo caminho, o que lhe dissera e como em Damasco pregara destemidamente em nome de Jesus. [28]Assim, pois, passou com eles em Jerusalém, entrando e saindo, e pregando com desassombro, em nome do Senhor.

[29]Falava também e discutia com os helenistas. Eles, porém, procuravam matá-lo. [30]Ouvindo isso os irmãos, acompanharam-no até Cesaréia e enviaram-no para Tarso.

Pedro em Lida. [31]Gozava então a igreja paz em toda a Judéia, Galiléia e Samaria. Consolidava-se e andava no temor de Deus e tomava incremento pela graça do Espírito Santo.

[32]Pedro andava por toda a parte, em visitas, e foi ter também com os santos que habitavam em Lida. [33]Aí encontrou um homem por nome Enéas, que, havia oito anos, estava de cama, paralítico. [34]Disse-lhe Pedro: Enéas, *Jesus Cristo*[o Senhor Jesus Cristo] te restitui à saúde; levanta-te e compõe o teu leito". Levantou-se ele imediatamente. [35]Todos os habitantes de Lida e Saron o viram, e se converteram ao Senhor.

Pedro em Jope. [36]Vivia em Jope uma discípula por nome Tabita, que quer dizer gazela. Praticava muitas boas obras e dava fartas esmolas. [37]Ora, naqueles dias caiu doente e morreu. Levaram-na e colocaram-na no compartimento superior. [38]Como Jope fica perto de

Lida, chegou a notícia de que Pedro aí se achava, e enviaram a ele dois homens com o pedido: "Vem ter conosco sem demora".

³⁹Pedro pôs-se a caminho e foi com eles. Assim que chegou, levaram-no ao compartimento superior. Cercaram-no todas as viúvas, chorando e mostrando-lhe as túnicas e os vestidos que Tabita lhes *fizera*[fizera, quando vivia entre elas]. ⁴⁰Pedro deu ordem que saíssem todos; em seguida, pondo-se de joelhos, orou. E voltando-se para o corpo, disse: "Tabita, levanta-te". Ela abriu os olhos, cravando-os em Pedro, e sentou-se. ⁴¹Pedro estendeu-lhe a mão e levantou-a. Chamou os santos e as viúvas e lha apresentou viva.

⁴²Espalhou-se a notícia desse fato por toda Jope e muitos abraçaram a fé no Senhor. ⁴³Ficou Pedro em Jope por mais tempo, em casa de um curtidor, chamado Simão.

10 Visão de Cornélio. ¹Vivia em Cesaréia um homem por nome Cornélio, comandante do destacamento chamado itálico. ²Era religioso e temente a Deus com toda a sua família; fazia muitas esmolas ao povo e orava a Deus assiduamente.

³Certo dia, pelas três horas da tarde, contemplou claramente, em visão, um anjo de Deus que se lhe apresentava, dizendo: "Cornélio!" ⁴Ele, fitando-o ansioso, perguntou: "Que há, Senhor?"

Respondeu-lhe aquele: "As tuas orações e esmolas subiram à presença de Deus e ele as atende. ⁵Envia agora homens a Jope e manda vir cá um tal Simão, por sobrenome Pedro; ⁶está hospedado em casa de um curtidor Simão, que mora à *beira-mar*[beira-mar. Ele te dirá o que deves fazer]".

⁷E desapareceu o anjo que lhe falara.

Mandou Cornélio vir dois dos seus servos e um soldado temente a Deus e da sua confiança, ⁸explicou-lhes tudo e os enviou a Jope.

Visão de Pedro. ⁹No dia seguinte, quando eles seguiam caminho e se aproximavam da cidade, subiu Pedro ao terraço da casa para orar. Era pelo meio-dia. ¹⁰Estava com fome e desejava comer. Enquanto lhe preparavam alguma coisa, sobreveio-lhe um êxtase. ¹¹Via o céu aberto e descendo uma espécie de vaso, semelhante a um grande lençol, que, suspenso pelas quatro extremidades, vinha baixando à terra. ¹²Continha toda a casta de animais quadrúpedes, reptis da terra e aves do céu. ¹³E uma voz lhe dizia: "Eia, Pedro, mata e come".

¹⁴"De modo nenhum, Senhor", respondeu Pedro, "porque jamais comi coisa profana e impura".

¹⁵Tornou a voz a falar-lhe, dizendo: "Não chames impuro o que Deus declarou puro".

¹⁶Repetiu-se isso por três vezes. Depois, foi o vaso prontamente recolhido ao céu.

Mensagem de Cornélio a Pedro. ¹⁷Enquanto Pedro refletia, incerto, consigo mesmo o que significava a visão que se lhe descortinara, eis que os mensageiros mandados por Cornélio já tinham acertado com a casa de Simão e estavam à porta, ¹⁸e em altas vozes perguntavam se aí estava hospedado um tal Simão por sobrenome Pedro. ¹⁹Ainda estava Pedro meditando sobre a visão, quando o Espírito lhe disse: "Eis que aí estão três homens à tua procura. ²⁰Levanta-te e desce e vai ter com eles sem hesitação; porque fui eu que os enviei".

²¹Desceu, pois, Pedro, foi ter com os homens e disse: "Sou eu a quem procurais: que vos traz aqui?"

²²Responderam eles: "O comandante Cornélio, homem reto e temente a Deus e credor de grande prestígio em toda a nação judaica, teve ordem de um santo anjo para te chamar à sua casa a fim de receber instruções tuas".

²³Mandou-os Pedro entrar e os hospedou.

Pedro em casa de Cornélio. No dia seguinte, pôs-se a caminho e foi com eles. Acompanharam-no de Jope alguns dos irmãos. ²⁴No dia imediato entrou em Cesaréia. Cornélio esperava-os e tinha convidado os seus parentes e amigos mais íntimos. ²⁵Quando Pedro ia entrar, saiu-lhe Cornélio ao encontro e prostrou-se, reverente, a seus pés. ²⁶Pedro, porém, o ergueu, dizendo: "Levanta-te, que também eu sou homem". ²⁷Conversando com ele, entrou em casa, onde encontrou muita gente reunida. ²⁸E disse-lhes: "Como sabeis, é proibido ao judeu tratar com um pagão ou aproximar-se dele. A mim, porém, Deus me fez ver que a nenhum homem se deve chamar profano ou impuro. ²⁹Por isso vim sem hesitar, logo que fui por vós chamado. Pergunto, pois, por que motivo me chamastes".

Respondeu Cornélio: ³⁰"Faz hoje quatro dias que eu me achava orando em minha casa, pelas três horas da tarde, quando, de repente, apareceu à minha frente um homem em alvejantes vestes, ³¹que me disse: 'Cornélio, foi ouvida a tua oração e Deus atendeu às tuas esmolas. ³²Manda recado a Jope e faze vir um tal Simão, que tem por sobrenome Pedro. Acha-se hospedado em casa de Simão, curtidor, à beira-mar'. ³³Sem demora, te mandei recado; e fizeste bem em vir. Agora, pois, estamos *na presença de Deus*[em tua presença] para ouvir tudo o que o Senhor te ordenou".

Discurso de Pedro. ³⁴Então abriu Pedro os lábios e disse: "Em verdade, reconheço que Deus não faz acepção de pessoas, ³⁵mas que em qualquer povo lhe é agradável aquele que o teme e procede corretamente. ³⁶Dirigiu a sua palavra aos filhos de Israel, anunciando a paz por Jesus Cristo, Senhor de todos. ³⁷Sabeis o que aconteceu, depois do batismo pregado por João, em toda a Judéia, começando pela Galiléia; ³⁸como Deus ungiu a Jesus de Nazaré com o Espírito Santo e com virtude taumaturga; como ele andou de lugar em lugar, espalhando benefícios e curando a todos os endemoninhados, porque Deus era com ele. ³⁹Nós somos testemunhas de tudo quanto fez na terra dos judeus e em Jerusalém. Mataram-no, suspendendo-o no madeiro; ⁴⁰Deus, porém, o ressuscitou no terceiro dia e o fez aparecer visível, ⁴¹não a todo o povo, senão às testemunhas predeterminadas por Deus, a nós, que, depois da sua ressurreição dentre os mortos, temos comido e bebido com ele. ⁴²Deu-nos ordem de pregar ao povo e testificar que ele é por Deus constituído juiz dos vivos e dos mortos. ⁴³Dele dão testemunho todos os profetas, afirmando que todo homem que nele crer receberá em seu nome a remissão dos pecados".

Infusão do Espírito Santo. ⁴⁴Enquanto Pedro falava, veio o Espírito Santo sobre todos os que lhe ouviam a palavra. ⁴⁵Admiraram-se os fiéis circuncisos, companheiros de Pedro, de que os dons do Espírito Santo fossem derramados também sobre os pagãos; ⁴⁶pois ouviam-nos falar em línguas diversas e glorificar a Deus. Disse então Pedro: ⁴⁷"Pode-se, porventura, recusar a água do batismo a esses que como nós receberam o Espírito Santo?"

⁴⁸Mandou, pois, que fossem batizados em nome *de Jesus Cristo*[do Senhor Jesus]. Pediram-lhe então que ainda *ficasse*[ficasse com eles] alguns dias.

11 Impressão em Jerusalém. ¹Ouviram os apóstolos e irmãos na Judéia que também os pagãos acabavam de aceitar a palavra de Deus. ²Mas, quando Pedro subiu a Jerusalém, os da circuncisão puseram-se a disputar com ele, ³dizendo: "Por que entraste em casa de incircuncisos e comeste com eles?"

⁴Começou então Pedro a expor-lhes, com toda a exatidão, o que se passara, dizendo: ⁵"Estava eu orando na cidade de Jope, quando caí em êxtase e tive uma visão. Uma espécie de vaso parecido com um grande lençol baixava do céu, suspenso pelas quatro pontas, e veio até onde eu estava. ⁶Quando fitei nele os olhos com toda a atenção, vi dentro animais quadrúpedes da terra, feras, reptis e aves do céu. ⁷Percebi também uma voz, que me dizia: 'Eia, Pedro, mata e come'. ⁸'De modo nenhum, Senhor!', respondi; 'porque nunca me entrou na boca coisa profana e impura'. ⁹Ao que me respondeu pela segunda vez a voz do céu: 'Não chames impuro ao que Deus declarou puro'. ¹⁰Repetiu-se isso três vezes e tudo tornou a recolher-se ao céu. ¹¹E eis que nesse momento chegaram três homens à casa onde estávamos; tinham sido enviados a mim de Cesaréia. ¹²Ordenou-me o Espírito que fosse com eles, sem hesitação alguma. Acompanharam-me também estes seis irmãos e entramos na casa daquele homem. ¹³Referiu-nos este que vira aparecer em sua casa um anjo, que lhe dissera: 'Manda recado a Jope e chama Simão, que tem por sobrenome Pedro; ¹⁴ele há de ensinar-te como alcançar a salvação com toda a tua casa'. ¹⁵Apenas tinha eu começado a falar, quando veio sobre eles o Espírito Santo, como viera sobre nós, a princípio. ¹⁶Lembrei-me então da palavra do Senhor: 'João batizou com água; vós, porém, sereis batizados com Espírito Santo'. ¹⁷Portanto, se Deus concedeu a eles a mesma graça que a nós, que cremos no Senhor Jesus Cristo, como ousaria eu opor-me a Deus?"

¹⁸Ouvindo isso, tranqüilizaram-se eles e glorificaram a Deus, dizendo: "Logo, Deus concedeu também aos gentios a conversão que conduz à vida".

Fundação da primeira Igreja étnico-cristã. ¹⁹Chegaram até a Fenícia, Chipre e Antioquia alguns daqueles que andavam dispersos em conseqüência da perseguição suscitada por causa de Estêvão. Não pregaram a *palavra*[palavra de Deus] senão aos judeus.

²⁰Alguns deles, todavia, homens de Chipre e Cirene, depois de sua chegada a Antioquia, anunciavam também aos gentios o evangelho do Senhor Jesus. ²¹A mão do Senhor era com eles e bom número abraçou a fé e converteu-se ao Senhor.

²²Chegou a notícia dessas coisas aos ouvidos da igreja, em Jerusalém; enviaram Barnabé para Antioquia. ²³Este, quando lá chegou e viu a obra da graça de Deus, alegrou-se e exortava a todos a que perseverassem no Senhor de coração sincero. ²⁴É que era um homem

de bem, cheio do Espírito Santo e de fé; pelo que se converteu ao Senhor grande multidão.

²⁵Dirigiu-se Barnabé a Tarso, em busca de Saulo; ²⁶encontrou-o e levou-o para Antioquia. Passaram todo o ano nessa igreja e instruíram grande número de pessoas. Foi em Antioquia que aos discípulos, pela primeira vez, foi dado o nome de cristãos.

²⁷Por aqueles dias desceram profetas de Jerusalém para Antioquia. ²⁸Um deles, por nome Ágabo, surgiu e, por impulso do Espírito Santo, anunciou que viria uma grande fome sobre todo o mundo. Veio ela, de fato, no reinado de Cláudio. ²⁹Pelo que resolveram os discípulos mandar socorros aos irmãos na Judéia, cada um segundo as suas posses. ³⁰Realizaram, efetivamente, o seu plano e enviaram os socorros aos anciãos por mãos de Barnabé e de Saulo.

12 Milagrosa salvação de Pedro. ¹Naquele tempo mandou o rei Herodes prender e maltratar alguns dos membros da igreja. ²Fez executar à espada a Tiago, irmão de João. ³Vendo que isso agradava aos judeus, mandou prender também a Pedro. Era nos dias dos pães ázimos. ⁴Fê-lo, pois, prender, lançar ao cárcere e guardar por quatro piquetes, de quatro soldados cada um; depois da páscoa tencionava apresentá-lo ao povo. ⁵Estava, pois, Pedro guardado na prisão. A igreja, porém, não cessava de fazer orações a Deus por ele.

⁶Ora, na noite antes que Herodes o apresentasse, dormia Pedro entre dois soldados, preso com duas cadeias, enquanto os guardas estavam de plantão diante da porta. ⁷E eis que apareceu um anjo do Senhor, e uma luz resplandeceu no recinto. Tocou no lado de Pedro, despertou-o e disse: "Levanta-te depressa". E caíram-lhe das mãos as cadeias. ⁸Disse-lhe ainda o anjo: "Põe o teu cinto e calça as sandálias". Foi o que ele fez. Prosseguiu a dizer-lhe: "Cobre-te com tua capa e segue-me". ⁹Acompanhou-o e foi saindo; mas não sabia que era realidade o que acontecia por meio do anjo; julgava estar sonhando.

¹⁰Passaram pela primeira e segunda sentinela, e chegaram à porta de ferro que conduz à cidade. Abriu-se-lhes por si mesma. Saíram e passaram uma rua, quando de súbito o anjo desapareceu do seu lado. ¹¹Então voltou Pedro a si e disse: "Agora sei em verdade que o Senhor enviou seu anjo e me livrou das mãos de Herodes e de toda a expectativa do povo dos judeus".

¹²Depois de se dar conta da situação, dirigiu-se à casa de Maria, mãe de João, com o sobrenome de Marcos. Aí se achavam muitas

pessoas reunidas em oração. ¹³Bateu ao portão do pátio. Acudiu uma criada, chamada Rode, para escutar: ¹⁴reconheceu a voz de Pedro; mas, de contente, deixou de abrir o portão; e correu para dentro com a notícia de que Pedro estava ao pé do portão. Responderam-lhe os outros: ¹⁵"Estás louca!" Ela, porém, persistia em afirmar que era assim. Ao que eles disseram: "De certo é o anjo dele". ¹⁶Entretanto, continuava Pedro a bater. Abriram, viram-no — e pasmaram. ¹⁷Ele, porém, fez-lhes sinal com a mão para que se calassem. Em seguida, lhes contou como o Senhor o livrara do cárcere e acrescentou: "Fazei saber isto a Tiago e aos demais irmãos". E, pondo-se a caminho, foi para outro lugar.

¹⁸Logo de madrugada houve não pequena consternação entre os soldados. Que era feito de Pedro? ¹⁹Herodes mandou proceder a uma busca, mas não o descobriu. Fez um inquérito sobre os guardas e mandou levá-los embora. Depois passou da Judéia para a Cesaréia, onde fixou residência.

Fim de Herodes. ²⁰Estava Herodes muito irado contra os habitantes de Tiro e Sidônia. De comum acordo, foram ter com ele e, com o favor de Blasto, camareiro real, solicitaram a paz; porque a sua terra recebia víveres da do rei. ²¹Em dia marcado, sentou-se Herodes, em trajos régios, no trono e lhes dirigiu a palavra. ²²O povo o aplaudiu, bradando: "É voz de Deus, e não de homem!" ²³No mesmo instante, o feriu um anjo do Senhor, por não ter tributado a honra a Deus. Roído de vermes foi morrendo.

²⁴Entretanto, progredia e se espalhava cada vez mais a palavra de Deus. ²⁵Barnabé e Saulo, porém, depois de haverem cumprido a sua missão, partiram de Jerusalém, levando em sua companhia a João, cognominado Marcos.

A Igreja entre os gentios

Paulo, apóstolo dos gentios

13 Excursão apostólica de Barnabé e Paulo. ¹Havia na igreja de Antioquia profetas e mestres; entre eles Barnabé e Simão, cognominado o Negro; Lúcio de Cirene e Manaém, colaço do tetrarca Herodes; e ainda Saulo. ²Enquanto cultuavam o Senhor e jejuavam, disse o Espírito Santo: "Segregai-me a Barnabé e Saulo para a obra a que os destinei". ³Ao que eles jejuaram e oraram, lhes impuseram as mãos e os despediram.

Primeira expedição missionária. Em Chipre. ⁴Enviados, pois, pelo Espírito Santo, desceram eles a Selêucia e dali navegaram para Chipre. ⁵Chegados que foram a Salamina, pregaram a palavra de Deus nas sinagogas judaicas. Tinham consigo, como auxiliar, a João. ⁶Percorreram a ilha toda até Pafos, onde encontraram um judeu, feiticeiro e falso profeta, que se chamava Barjesus. ⁷Estava com o procônsul Sérgio Paulo, homem criterioso. Mandou este chamar a Barnabé e Saulo e desejava ouvir a palavra de Deus. ⁸Elimas, porém, o feiticeiro — pois é assim que se traduz o seu nome — se lhes opôs procurando apartar da fé o procônsul. ⁹Então Saulo, que também se chama Paulo, repleto do Espírito Santo, encarou Elimas ¹⁰e disse: "Ó filho do demônio, cheio de toda a falsidade e malícia, inimigo de toda a justiça, não cessas de perverter os caminhos retos do Senhor? ¹¹Eis que vem sobre ti a mão do Senhor; serás cego e não verás o sol por certo tempo".

Imediatamente o envolveram trevas espessas; e ele, tateando em derredor, procurava quem lhe desse a mão. ¹²O procônsul, à vista desse acontecimento, abraçou a fé, de tão empolgado da doutrina do Senhor.

Em Antioquia. ¹³Paulo e seus companheiros fizeram-se à vela de Pafos e chegaram a Perge, na Panfília. João apartou-se deles e voltou para Jerusalém. ¹⁴Eles, porém, deixaram Perge e chegaram a Antioquia, na Pisídia, onde, em dia de sábado, entraram na sinagoga e tomaram assento. ¹⁵Depois da leitura da lei e dos profetas, mandaram-lhes dizer os chefes da sinagoga: "Irmãos, se quiserdes dirigir alguma palavra edificante ao povo, falai".

Benefícios divinos a Israel. ¹⁶Então se levantou Paulo, fez sinal com a mão e disse: "Varões de Israel e os que temeis a Deus, ouvi-me! ¹⁷O Deus deste povo de Israel escolheu a nossos pais e, em terra estranha, no Egito, fez deles um grande povo. Com braço poderoso os tirou daí, ¹⁸e por uns quarenta anos lhes suportou o gênio no deserto. ¹⁹Depois destruiu sete povos na terra de Canaã e distribuiu-lhes o território deles; ²⁰tinham decorrido quase quatrocentos e cinqüenta anos. Em seguida, constituiu juízes até ao profeta Samuel. ²¹Então pediram um rei e Deus lhes deu a Saul, filho de Cis, da tribo de Benjamim, por espaço de quarenta anos. ²²Depois de reprovar a este, mandou-lhes como rei a Davi, do qual testificou: 'Achei a Davi, filho de Jessé, homem segundo o meu coração, que em tudo cumprirá a minha vontade'[Sl 90(89),21; 1Sm 13,14]. ²³Da linhagem dele, conforme prometera, fez Deus sair um Salvador a Israel — Jesus. ²⁴Antes do aparecimento dele, pregara João o batismo de penitência a todo o povo de Israel. ²⁵Terminando a sua carreira, declarou João: 'Eu não sou aquele por quem me tomais; mas eis que após mim vem aquele de quem eu nem sou digno de desatar o calçado dos pés'.

Jesus, o verdadeiro Messias. ²⁶Homens, meus irmãos! Filhos da estirpe de Abraão e os que temeis a Deus! A *nós*[vós] é que se dirige esta mensagem de salvação. ²⁷Porque os habitantes de Jerusalém e seus chefes não reconheceram a Jesus; mas, pela sentença que deram, cumpriram as palavras dos profetas, que se lêem todos os sábados. ²⁸Embora não encontrassem nele nenhum crime de morte, pediram a Pilatos que o matasse. ²⁹Depois de tudo cumprido o que dele estava escrito, depuseram-no do madeiro e o puseram no sepulcro. ³⁰Deus, porém, o ressuscitou dentre os *mortos*[mortos no terceiro dia]. ³¹E por muitos dias foi aparecendo àqueles que com ele tinham subido da Galiléia a Jerusalém; esses são agora testemunhas dele perante o povo. ³²E nós vos anunciamos a boa nova que Deus ³³cumpriu em nós, filhos deles, a promessa que fez a nossos pais, ressuscitando a Jesus. Assim é que se lê no salmo segundo: "Meu filho és tu, hoje te gerei"[Sl 2,7].

³⁴E que o haja ressuscitado da morte, e que não cairia jamais vítima da corrupção, assim o exprimiu: 'Dar-vos-ei fielmente os favores divinos prometidos a Davi'[Is 55,3].

³⁵Pelo que ainda diz em outro lugar: 'Não permitirás que teu Santo experimente a corrupção'[Sl 16(15),10]. ³⁶Ora, Davi morreu, depois de ter a seu tempo servido à vontade de Deus; foi depositado junto a seus pais e experimentou a corrupção. ³⁷Aquele, porém, a quem Deus *ressuscitou*[ressuscitou dentre os mortos], esse não experimentou a corrupção.

Oferecimento da salvação. ³⁸Sabei, portanto, meus irmãos, que é por este que vos é anunciado o perdão dos pecados. E de todas as coisas de que não vos podia absolver a lei de Moisés ³⁹será absolvido por ele todo o homem que crer. ⁴⁰Cuidado, portanto, que não caiba em vós a palavra do profeta: ⁴¹'Vede, desprezadores, pasmai e aniquilai-

-vos! Eu levo a efeito uma obra em vossos dias, e não crereis quando vô-la contarem'[Hab 1,5]".

Êxito feliz. ⁴²Quando iam saindo, a gente lhes rogava que no sábado seguinte tornassem a falar sobre o mesmo assunto. E com isso dissolveu-se a assembléia. ⁴³Muitos judeus e prosélitos tementes a Deus seguiram a Paulo e Barnabé, os quais os exortavam e animavam a que perseverassem na graça de Deus.

⁴⁴No sábado seguinte acudiu quase a cidade em peso para ouvir a palavra de Deus. ⁴⁵À vista dessa multidão, encheram-se os judeus de inveja, contradiziam as palavras de Paulo e proferiam injúrias. ⁴⁶Paulo e Barnabé, porém, declararam resolutamente: "A vós é que tinha de ser anunciada em primeiro lugar a palavra de Deus; mas, como a rejeitais e não vos julgais dignos da vida eterna, passamos para os gentios. ⁴⁷Pois assim nos ordenou o Senhor: 'Eu te constituo luz dos gentios, para que lhes sirvas de salvação até aos confins da terra'[Is 49,6]".

⁴⁸Ouvindo isso, alegraram-se os pagãos e glorificaram a palavra do Senhor; e creram todos os que eram destinados à vida eterna. ⁴⁹Foi-se espalhando a palavra do Senhor por toda a região. ⁵⁰Os judeus, porém, instigaram mulheres religiosas e nobres e os homens mais conspícuos da cidade e suscitaram uma perseguição contra Paulo e Barnabé, expulsando-os do seu território. ⁵¹Ao que estes, sacudindo contra eles o pó dos seus pés, partiram para Icônio. ⁵²Os discípulos, porém, estavam cheios de alegria e do Espírito Santo.

14 Em Icônio. ¹Em Icônio entraram juntos na sinagoga judaica e pregaram de tal modo que grande número de judeus e pagãos abraçou a fé. ²Mas os judeus que permaneceram incrédulos excitaram e irritaram os ânimos dos gentios contra os irmãos. ³Eles, todavia, se demoraram ali ainda por largo tempo, pregando desassombradamente, confiados no Senhor, o qual confirmava a palavra da sua graça por meio de milagres e prodígios, que por mãos deles operava.

⁴E dividiu-se a população da cidade em dois partidos: uns estavam a favor dos judeus, outros a favor dos apóstolos. ⁵Quando estes ouviram que os gentios e os judeus com os seus chefes se dispunham a maltratá-los e apedrejá-los, ⁶fugiram para Listra e Derbe, cidades da Licaônia e arredores, ⁷onde começaram a pregar o evangelho.

Em Listra e Derbe. [8]Vivia em Listra um homem tolhido dos pés; paralítico desde a nascença, era incapaz de andar. [9]Ouviu a pregação de Paulo; este o encarou fixamente e, vendo que tinha fé na possibilidade da cura, [10]ordenou-lhe em alta voz: "Levanta-te direito sobre os teus pés!" Ergueu-se ele dum salto e pôs-se a caminhar.

[11]Quando as turbas viram o que Paulo acabava de fazer, bradaram em língua licaônica: "São deuses que em forma humana baixaram a nós!" [12]A Barnabé chamaram Júpiter e a Paulo, Mercúrio, porque era ele que manejava o verbo. [13]O sacerdote de Júpiter, à entrada da cidade, apareceu às portas com touros e grinaldas, a fim de oferecer sacrifícios juntamente com o povo.

[14]Logo que os apóstolos Barnabé e Paulo souberam disso, rasgaram as suas vestes, precipitaram-se ao meio do povo e bradaram: [15]"Que estais a fazer, ó homens? Também nós somos homens frágeis como vós. Viemos trazer-vos a boa nova para que destes ídolos vãos vos convertais ao Deus vivo que fez o céu e a terra e o mar e tudo que neles existe. [16]Nos séculos passados permitiu ele a todos os povos que trilhassem os seus caminhos. [17]Não deixou, todavia, de dar testemunho de si, dispensando benefícios: mandando-vos chuvas das alturas do céu, concedendo estações de fertilidade, dando alimento e enchendo de mantimento e alegria os *vossos*[nossos] corações". [18]Com essas palavras conseguiram, a custo, persuadir o povo a que não lhes oferecesse sacrifícios.

[19]Em seguida, porém, sobrevieram judeus de Antioquia e de Icônio e levaram o povo a seu partido. Apedrejaram a Paulo e arrastaram-no para fora da cidade, porque o davam por morto. [20]Mas, quando os discípulos se reuniram em torno dele, levantou-se e entrou na cidade. No dia imediato partiu com Barnabé para Derbe. [21]Nessa cidade pregaram o evangelho e ganharam muitos discípulos.

Regresso para Antioquia. Depois voltaram para Listra, Icônio e Antioquia. [22]Animaram os discípulos, exortando-os a perseverarem na fé, porque através de muitas tribulações é que havíamos de entrar no reino de Deus. [23]Em cada cristandade constituíam presbíteros, por entre orações e jejuns, e os recomendavam ao Senhor, no qual tinham fé. [24]Em seguida, cruzando a Pisídia, demandaram a Panfília, [25]anunciando a *palavra*[palavra do Senhor] em Perge. Daí demandaram a Atália, [26]donde navegaram para Antioquia; aí tinham sido recomendados à graça de Deus a favor do cometimento que acabavam de levar a efeito.

²⁷Depois da sua chegada, convocaram a cristandade e referiram tudo que Deus tinha operado por meio deles e como abrira aos gentios as portas da fé. ²⁸Detiveram-se bastante tempo com os discípulos.

15 Concílio apostólico. Ocasião. ¹Desceram uns homens da Judéia e ensinaram aos irmãos: "Se não vos fizerdes circuncidar segundo o rito de Moisés, não podeis alcançar a salvação".

²Com esses tais entraram Paulo e Barnabé em grande conflito e discussão. Foi então resolvido que Paulo e Barnabé, com mais alguns do seu meio, subissem a Jerusalém e fossem ter com os apóstolos e os presbíteros por causa dessa questão. ³Acompanhados, pois, pela cristandade por um trecho de caminho, passaram pela Fenícia e Samaria, e contaram a conversão dos gentios, o que deu grande alegria a todos os irmãos. ⁴Chegando a Jerusalém, foram recebidos pela cristandade, pelos apóstolos e presbíteros, e falaram das maravilhas que Deus realizara por meio deles. ⁵Ao que se levantaram alguns da seita dos fariseus, que tinham abraçado a fé, e disseram: "É necessário circuncidar os gentios e obrigá-los a observar a lei de Moisés".

Assembléia. ⁶Reuniram-se então os apóstolos e presbíteros para tratar dessa questão. ⁷Depois de longa discussão, levantou-se Pedro e disse-lhes: "Meus irmãos, há muito tempo, como sabeis, Deus me escolheu entre vós para que os pagãos ouvissem o evangelho da minha boca e aceitassem a fé. ⁸E Deus, que conhece os corações, deu testemunho por eles, concedendo-lhes o Espírito Santo, assim como a nós. ⁹Não fez diferença alguma entre nós e eles, purificando-lhes os corações pela fé. ¹⁰Por que, pois, tentais a Deus, impondo à cerviz dos discípulos um jugo que nem nossos pais nem nós pudemos suportar?! ¹¹Mas pela graça do Senhor *Jesus*[Jesus Cristo] é que julgamos alcançar a salvação do mesmo modo que eles". ¹²Calou-se toda a assembléia. Escutavam a Barnabé e a Paulo, que referiam quão grandes prodígios e milagres operara Deus por meio deles entre os gentios. ¹³Depois de terminarem, tomou Tiago a palavra, e disse:

"Meus irmãos, ouvi-me! ¹⁴Simão contou como Deus deu o primeiro passo para fazer dos gentios um povo para seu nome. ¹⁵Concordam com isso as palavras dos profetas; pois está escrito: ¹⁶'Depois disto tornarei a levantar o tabernáculo de Davi, que caiu; levantarei o que ruiu e o restabelecerei; ¹⁷para que os outros homens busquem o Senhor, todos os povos sobre os quais é invocado o meu nome. Assim diz o Senhor que faz estas coisas'[Am 9,11].

¹⁸É esse o *desígnio*[desígnio do Senhor] desde a eternidade. ¹⁹Pelo que sou de opinião que não se imponham obrigações aos gentios que se converterem a Deus, ²⁰mas, sim, que se lhes prescreva se abstenham da contaminação dos ídolos, da luxúria, de carnes sufocadas e do sangue. ²¹Porque Moisés tem, desde tempos antigos, pregadores em cada cidade, onde em todos os sábados é lido nas sinagogas".

Resolução. ²²Resolveram então os apóstolos e os presbíteros, juntamente com toda a cristandade, eleger varões dentre eles e enviá-los com Paulo e Barnabé a Antioquia. Eram Judas, por sobrenome Bársabas, e Silas, varões que gozavam de grande prestígio entre os irmãos. ²³Mandaram, por mãos deles, esta carta: "Os apóstolos e presbíteros saúdam fraternalmente seus irmãos de origem pagã, em Antioquia, na Síria e na Cilícia.

²⁴Fomos informados de que alguns do nosso meio, sem ordem alguma da nossa parte, vos têm perturbado e desnorteado o espírito com as suas doutrinas. ²⁵Pelo que resolvemos, de comum acordo, escolher varões e enviá-los a vós, juntamente com os nossos queridos Barnabé e Paulo, ²⁶homens que têm exposto a sua vida pelo nome de Nosso Senhor Jesus Cristo. ²⁷Enviamo-vos, portanto, Judas e Silas, que de viva voz vos hão de referir o mesmo. ²⁸Porquanto aprouve ao Espírito Santo e a nós não vos impor mais obrigações além das que são necessárias, a saber: ²⁹que vos abstenhais dos sacrifícios oferecidos aos ídolos, do sangue, das carnes sufocadas e da luxúria. Se disso vos guardardes, procedeis bem. Adeus".

³⁰Os embaixadores desceram para Antioquia, reuniram a cristandade e fizeram entrega da carta. ³¹Leram-na eles e alegraram-se com palavras tão consoladoras. ³²Judas e Silas, que eram profetas, animaram e fortaleceram os irmãos com numerosas alocuções. ³³Só ao cabo de largo tempo foram reenviados pelos irmãos, com votos de paz, para os que os tinham *mandado*[mandado. (34) Silas, porém, resolveu ficar aí; só Judas partiu para Jerusaléml]. ³⁵Paulo e Barnabé demoraram-se em Antioquia, ensinando e anunciando, em companhia de muitos outros, a palavra do Senhor.

Segunda expedição apostólica. De Antioquia a Trôade. ³⁶Decorrido algum tempo, disse Paulo a Barnabé: "Tornemos a visitar os irmãos a ver como vão, em todas as cidades onde temos pregado a palavra do Senhor". ³⁷Barnabé queria levar consigo também a João, por sobrenome Marcos; ³⁸mas Paulo não achou aconselhável admiti-lo, porque os abandonara na Panfília e não tomara parte nos seus trabalhos. ³⁹Nasceu daí um desacordo, de modo que se separaram um do outro; Barnabé navegou para Chipre em companhia de Marcos, ⁴⁰ao passo que Paulo escolheu a Silas e partiu, recomendado à graça de Deus pelos irmãos. ⁴¹Percorreu a Síria e a Cilícia, confirmando as *cristandades*[cristandades e insistindo em que observassem os preceitos dos apóstolos e presbíteros].

16 ¹Chegou a Derbe e Listra. Vivia aí um discípulo, por nome Timóteo, filho duma judia convertida à fé e de pai gentio. ²Ora, como os irmãos em Listra e Icônio dessem bom testemunho dele, ³manifestou Paulo o desejo de o levar por companheiro. Em atenção aos judeus que viviam naquelas regiões, fez circuncidá-lo, porque todos sabiam que o pai dele era gentio. ⁴Em todas as cidades que perlustravam entregaram-lhes, para a observância, as resoluções tomadas pelos apóstolos e presbíteros em Jerusalém. ⁵Assim se confirmavam na fé as cristandades e tomavam maior incremento, de dia a dia.

⁶Foram atravessando as regiões da Frígia e da Galácia, porque lhes fora vedado pelo Espírito Santo pregarem a *palavra*[palavra de Deus] na Ásia. ⁷Assim chegaram à Mísia e tentaram ir à Bitínia; mas o espírito de Jesus não lho permitiu. ⁸Pelo que atravessaram a Mísia e desceram a Trôade. ⁹De noite teve Paulo uma visão; estava diante dele um macedônio que lhe rogava: "Vem à Macedônia e ajuda-nos". ¹⁰Depois dessa visão procuramos sem demora partir para a Macedônia, pois concluímos daí que Deus nos chamava para lá pregarmos o evangelho.

Em Filipos. ¹¹Partimos, pois, de Trôade e navegamos em linha reta à Samotrácia, no dia seguinte a Neápolis ¹²e, daí, a Filipos, que é a primeira cidade daquela região da Macedônia, uma colônia. Detivemo-nos alguns dias nessa cidade.

¹³No sábado saímos porta afora, em direção ao rio, onde cuidávamos haver um lugar de oração. Sentamo-nos e falamos com as mulheres que tinham afluído. ¹⁴Escutava-nos uma mulher temente a Deus, da cidade de Tiatira, por nome Lídia, que negociava em púrpu-

ras. E o Senhor lhe abriu o coração para prestar atenção às palavras de Paulo. ¹⁵Fez-se batizar com toda a família e formulou este pedido: "Se é que me considerais discípula do Senhor, vinde à minha casa e habitai nela". E insistia conosco.

¹⁶De caminho para o lugar de oração deparou-se-nos uma escrava que tinha espírito de adivinha, e com as suas adivinhações dava grande lucro a seus senhores. ¹⁷Deitou a correr no encalço de Paulo e de nós, gritando: "Estes homens são servos do Deus altíssimo e vos anunciam o caminho da salvação". ¹⁸Fazia isso por muitos dias. Paulo, aborrecido, voltou-se e disse ao espírito: "Eu te ordeno em nome de Jesus Cristo que saias dela!" E na mesma hora saiu.

¹⁹Ora, vendo seus senhores que se lhes desvanecera a esperança do lucro, prenderam a Paulo e Silas e os arrastaram ao mercado à presença das autoridades. ²⁰Apresentaram-nos aos magistrados, dizendo: "Estes homens amotinam a nossa cidade. São judeus ²¹e anunciam um modo de vida que nós, romanos, não podemos aceitar nem praticar". ²²Insurgiu-se o povo contra eles, e os magistrados lhes mandaram arrancar as vestes e açoitá-los com varas.

²³Abundantemente flagelados, foram lançados à prisão e o carcereiro teve ordem de os guardar rigorosamente. ²⁴Este, recebendo semelhante ordem, levou-os a um cárcere interior e lhes cerrou os pés num cepo.

²⁵Era meia-noite; Paulo e Silas oravam e cantavam louvores a Deus, enquanto os companheiros de prisão escutavam. ²⁶Subitamente se sentiu um terremoto tão forte que abalou os alicerces do cárcere. No mesmo instante se abriram todas as portas e caíram os grilhões de todos. ²⁷O carcereiro despertou do sono e, vendo abertas as portas da prisão, desembainhou a espada e queria matar-se, na persuasão de que os presos se tivessem evadido. ²⁸Paulo, porém, bradou: "Não te faças mal algum! Pois estamos aqui todos!" ²⁹Ao que ele pediu luz e entrou e, todo a tremer, lançou-se aos pés de Paulo e de Silas. ³⁰Conduziu-os para fora e perguntou: "Que devo fazer, senhores, para me salvar?" ³¹Responderam-lhe eles: "Crê no Senhor Jesus e serás salvo, tu com a tua família". ³²E passaram a pregar-lhe a palavra do Senhor, a ele e a todos os da sua casa. ³³Ainda naquela mesma hora noturna o carcereiro lavou-lhes as feridas e fez-se batizar com toda a sua família. ³⁴Em seguida, conduziu-os à sua casa e serviu-lhes uma refeição, cheio de alegria por ter abraçado a fé em Deus com a sua família.

³⁵De madrugada, enviaram os magistrados oficiais da justiça com a ordem de porem em liberdade aqueles homens. ³⁶Foi o carcereiro transmitir a Paulo este recado: "Os magistrados mandaram ordem que fôsseis postos em liberdade. Saí, portanto, e ide-vos em paz".

³⁷Paulo, porém, mandou-lhes dizer: "Sem processo algum nos mandaram açoitar publicamente e lançar ao cárcere, a nós, que somos cidadãos romanos, e agora querem despedir-nos às ocultas? De modo nenhum! Que venham eles mesmos e nos conduzam para fora!"

³⁸Os oficiais da justiça referiram essa resposta aos magistrados, os quais, ouvindo que eram cidadãos romanos, tiveram medo. ³⁹Foram ter com eles, apaziguaram-nos e conduziram-nos para fora, rogando que abandonassem a cidade. ⁴⁰Saíram, pois, da prisão e foram à casa de Lídia, onde encontraram os irmãos; consolaram-nos e partiram.

17 Em Tessalônica. ¹Passando por Anfípolis e Apolônia, chegaram a Tessalônica, onde os judeus tinham uma sinagoga. ²Segundo o seu costume, foi Paulo ter com eles e durante três sábados discorreu com os mesmos sobre as Escrituras. ³Declarou-lhes e demonstrou que fora necessário que o Cristo padecesse e ressuscitasse dentre os mortos. "Este Jesus que eu vos anuncio", dizia, "que é o Cristo". ⁴Alguns deles abraçaram a fé e aderiram a Paulo e Silas, bem como numerosos gentios tementes a Deus, e não poucas mulheres nobres.

⁵Foi o que despertou a inveja dos judeus. Buscaram homens perdidos da rua, suscitaram tumultos e amotinaram a cidade. Dirigiram-se à casa de Jasão, no intuito de os apresentar ao povo; ⁶mas não os encontraram. Pelo que arrastaram Jasão e alguns irmãos à presença dos magistrados da cidade, clamando: "Estes homens põem em desordem o mundo inteiro; agora chegaram aqui, ⁷e Jasão os hospedou. Todos eles são rebeldes aos decretos de César, afirmando que há outro rei, que é Jesus". ⁸Com isso amotinaram o povo e as autoridades da cidade que tal ouviam. ⁹Estas, porém, depois de recebidas garantias de Jasão e dos outros, os puseram em liberdade.

Em Beréia. ¹⁰Ainda de noite, os irmãos enviaram Paulo e Silas para Beréia. Eles, aí chegados, entraram na sinagoga dos judeus. ¹¹Estes eram de sentimentos mais nobres que os de Tessalônica; receberam a palavra com toda a boa vontade e todos os dias examinavam as Escrituras, a ver se as coisas eram assim mesmo. [12]Muitos deles abraçaram a fé, como também grande número de distintas mulheres gentias e muitos homens.

[13]Entretanto, chegaram os judeus de Tessalônica ao saber que Paulo pregava a palavra de Deus também em Beréia, e logo apareceram ali, perturbando e amotinando a população. [14]Pelo que os irmãos se deram pressa em levar Paulo até ao mar, enquanto Silas e Timóteo ficavam em Beréia. [15]Os companheiros de Paulo conduziram-nos até Atenas. Aí receberam ordem dele para Silas e Timóteo, no sentido de virem também eles o mais depressa possível.

Em Atenas. [16]Enquanto Paulo os esperava em Atenas, confrangia-se-lhe dolorosamente a alma ao ver a cidade repleta de ídolos. [17]Falava nas sinagogas, aos judeus e a homens de sentimentos religiosos, e na praça discorria todos os dias com os que lá encontrava. [18]Depararam-se-lhe também uns filósofos epicureus e estóicos. Alguns observaram: "Que quer esse palrador?" Outros diziam: "Parece que é pregoeiro de novos deuses". É que Paulo lhes anunciava a boa nova de Jesus e da ressurreição. [19]Conduziram-no, em seguida, ao Areópago e lhe perguntaram: "É permitido saber que nova doutrina é essa que vens apregoando? [20]Pois falas-nos de coisas bem estranhas; desejaríamos saber o que vem a ser isso". [21]É que todos os atenienses, como também os forasteiros aí domiciliados, não se interessam por outra coisa que não seja contar e ouvir novidades.

Discurso no Areópago. [22]Apresentou-se, pois, Paulo em pleno Areópago e assim falou: "Atenienses! Estou a ver que sob todos os respeitos sois de uma grande religiosidade. [23]Tanto assim que, passando pelos arredores e contemplando os vossos santuários, deparou-se-me um altar com esta inscrição: 'Ao deus desconhecido'. Ora, o que cultuais sem o conhecer, isto é que vos venho anunciar. [24]Deus, que fez o mundo e tudo o que nele existe, o Senhor do céu e da terra, não habita em templos fabricados por mãos humanas, [25]nem é servido por mãos de homem, como se de alguma coisa houvesse mister; pois é ele que dá a todos a vida, a respiração e tudo o mais. [26]De um só homem fez proceder todo o gênero humano, para habitar sobre toda a face da terra; marcou-lhes a ordem dos tempos e os limites das suas habitações; [27]quis que procurassem a Deus e às apalpadelas o achassem, a ele, que não está longe de cada um de nós. ²⁸Pois nele vivemos, nos movemos e existimos. A propósito, disseram também alguns dos vossos poetas: 'Somos da sua estirpe'.

²⁹Se, portanto, somos de estirpe divina, não devemos pensar que a Divindade seja semelhante ao ouro, à prata ou à pedra, obras de arte ou indústria humana. ³⁰Deus, porém, não levando em conta os tempos em que era desconhecido, faz agora saber a todos os homens que por toda a parte se convertam; ³¹porque determinou um dia em que há de julgar o mundo conforme a justiça, por meio dum varão que para isso destinou, legitimando-o aos olhos de todos pela ressurreição dentre os mortos".

³²Quando ouviram falar da ressurreição dos mortos, mofavam uns; outros diziam: "Sobre este ponto te ouviremos em outra ocasião".

³³Assim se retirou Paulo do meio deles. ³⁴Alguns, porém, aderiram a ele e abraçaram a fé; entre eles Dionísio, membro do Areópago, uma mulher chamada Dâmaris e mais alguns outros.

18 Em Corinto. ¹Depois disso, deixou Paulo Atenas e foi em demanda de Corinto. ²Ali encontrou um judeu, por nome Áquila, natural do Ponto, que, pouco antes, viera da Itália, com Priscila, sua mulher; pois Cláudio decretara que todos os judeus saíssem de Roma. Foi Paulo ter com eles ³e, como exercessem o mesmo ofício — eram fabricantes de tendas —, hospedou-se nessa casa e aí trabalhava.

⁴Todos os sábados falava na *sinagoga*[sinagoga, interpondo o nome do Senhor Jesus] e procurava convencer a judeus e gentios. ⁵Havendo chegado da Macedônia Silas e Timóteo, dedicou-se Paulo todo à pregação, provando aos judeus que Jesus era o Messias. ⁶Mas, como eles se lhe opusessem e o injuriassem, sacudiu as suas vestes e lhes disse: "O vosso sangue caia sobre a vossa cabeça; eu não tenho culpa; daqui por diante vou ter com os gentios".

⁷Retirou-se e dirigiu-se à casa dum homem temente a Deus, chamado Tito Justo, cuja vivenda ficava contígua à sinagoga. ⁸Entretanto, Crispo, chefe da sinagoga, abraçou a fé no Senhor com toda a sua família. Ainda muitos outros coríntios que o ouviam creram e se fizeram batizar.

⁹Numa visão noturna disse o Senhor a Paulo: "Não temas; continua a falar e não te cales. ¹⁰Eu estou contigo, e ninguém te tocará

para te fazer mal; porque tenho muito povo nesta cidade". ¹¹Pelo que ficou Paulo um ano e seis meses pregando a palavra de Deus no meio deles.

Galião e Paulo. ¹²Quando Galião era governador de Acaia, levantaram-se os judeus de comum acordo contra Paulo e o levaram às barras do tribunal dele, ¹³dizendo: "Este homem persuade a gente a que renda culto a Deus de um modo contrário à lei". ¹⁴Estava Paulo para replicar, quando Galião disse aos judeus: "Se de fato houvesse agravo ou crime, ó judeus, bem vos ouvira eu, conforme o direito; ¹⁵mas como se trata de questões de doutrina, de nomes ou da vossa lei, lá vos avinde! Que eu não quero ser juiz dessas coisas". ¹⁶E despachou-os do seu tribunal. ¹⁷Nisso se lançaram todos os gentios a Sóstenes, chefe da sinagoga, e o espancaram diante do tribunal, sem que Galião fizesse caso.

Regresso para Antioquia. ¹⁸Demorou-se Paulo ainda bastante tempo. Depois se despediu dos irmãos e navegou para a Síria, em companhia de Priscila e Áquila. — Em Cencréia mandara cortar o cabelo, porque fizera um voto. — ¹⁹Partiu para Éfeso, onde deixou aqueles, ao passo que ele mesmo, entrando na sinagoga, pregou aos judeus. ²⁰Rogaram-lhe que ficasse por mais tempo, mas ele não aceitou. ²¹Despediu-se com as palavras: "Tornarei a ter convosco, se Deus quiser". Partiu de Éfeso ²²e tomou rumo a Cesaréia, donde subiu a Jerusalém e saudou a cristandade, descendo em seguida para Antioquia.

Terceira expedição apostólica. Apolo em Éfeso. ²³Tendo passado ali algum tempo, partiu, percorrendo sucessivamente as regiões da Galácia e da Frígia, animando todos os discípulos.

²⁴Entrementes, chegara a Éfeso um judeu, por nome Apolo, natural de Alexandria, homem eloqüente e bem versado nas Escrituras. ²⁵Fora instruído na doutrina do Senhor, falava com ardente entusiasmo e dava ensinamentos explícitos a respeito de Jesus, ainda que não conhecesse senão o batismo de João. ²⁶Começou a falar na sinagoga com grande desassombro. Quando Priscila e Áquila o ouviram, levaram-no consigo e lhe expuseram mais por miúdo a doutrina do Senhor. ²⁷Como tencionava seguir para Acaia, animaram-no os irmãos e escreveram aos discípulos daí que o recebessem. Depois da sua chegada aí, prestou excelentes serviços

aos fiéis, graças aos seus talentos; ²⁸porque rebatia vigorosamente os judeus, demonstrando em público pelas Escrituras que Jesus era o Messias.

19 Paulo em Éfeso. ¹Enquanto Apolo estava em Corinto, cruzava Paulo as regiões montanhosas e chegou a Éfeso, onde encontrou alguns discípulos. Perguntou-lhes: ²"Recebestes o Espírito Santo quando abraçastes a fé?"

Responderam eles: "Do Espírito Santo nem sequer ouvimos falar".

³Perguntou ele: "Que batismo, pois, recebestes?"

"O batismo de João", responderam eles.

⁴Ao que Paulo lhes expôs: "João administrava o batismo de penitência, exortando o povo a crer naquele que viria depois dele, isto é, Jesus".

⁵Ouvindo isso, fizeram-se batizar em nome do Senhor Jesus. ⁶Paulo impôs-lhes as mãos, e desceu sobre eles o Espírito Santo; falavam em diversas línguas e profetizavam. ⁷Eram ao todo uns doze homens.

⁸Em seguida, entrou na sinagoga, falou destemidamente durante três meses, discorrendo com grande convicção sobre o reino de Deus. ⁹Como, porém, alguns se obstinassem na sua incredulidade, maldizendo a *doutrina*[doutrina do Senhor] diante do povo, apartou-se deles, segregou os discípulos e pôs-se a discorrer, dia por dia, no recinto escolar de *um*[um certo] Tirano. ¹⁰Durou isso uns dois anos, de maneira que todos os habitantes da Ásia, judeus e gentios, chegaram a ouvir a palavra do Senhor.

Milagres de Paulo. ¹¹Deus operava milagres extraordinários por meio de Paulo. ¹²Até lenços e aventais que ele usara eram aplicados aos enfermos, e as moléstias fugiam deles e os espíritos malignos saíam. ¹³Também alguns dos exorcistas judeus, que percorriam o país, tentaram invocar o nome do Senhor Jesus sobre os endemoninhados, dizendo: "Esconjuro-vos por Jesus, a quem Paulo anuncia". ¹⁴Quem isso praticava eram os sete filhos de um tal Ceva, sumo sacerdote judeu. ¹⁵O espírito maligno, porém, replicou-lhes: "Conheço a Jesus, e sei quem é Paulo; mas vós, quem sois?" ¹⁶E com isso o homem possesso do espírito maligno investiu contra eles, subjugou dois deles e a tal ponto lhes fez sentir o seu poder que, nus e feridos, tiveram de fugir daquela casa.

¹⁷Chegou esse fato ao conhecimento de todos os judeus e gen-

tios em Éfeso, e despertou terror universal, ao mesmo tempo que o nome do Senhor Jesus adquiria grande lustre. [18]Muitos dos crentes se apresentavam, confessando e declarando publicamente o que haviam cometido. [19]Outros muitos, que tinham praticado artes mágicas, trouxeram os seus livros e os queimaram aos olhos de todos; calculou-se o valor deles em cinqüenta mil dracmas de prata. [20]Destarte crescia e se firmava poderosamente a palavra do Senhor.

[21]Depois disso, assentou Paulo em espírito dirigir-se a Jerusalém, passando pela Macedônia e Acaia. "Depois de ter estado ali", dizia consigo mesmo, "tenho de visitar também Roma". [22]Enviou à Macedônia dois dos seus auxiliares, Timóteo e Erasto, ao passo que ele mesmo se demorou ainda algum tempo na Ásia.

Sedição de Demétrio. [23]Naquele tempo, levantou-se grande tumulto por causa da *doutrina*[doutrina do Senhor]. [24]Certo ourives, por nome Demétrio, fabricava de prata uns templozinhos de Diana e dava com isso não pouco lucro aos artífices.

[25]Convocou, pois, esses tais e outros trabalhadores da mesma profissão e disse-lhes: "Homens, não ignorais que esta indústria é a fonte da nossa prosperidade. [26]Ora, estais vendo e ouvindo que, não só em Éfeso, mas em quase toda a Ásia, esse Paulo tem persuadido e feito desertar muita gente, ensinando que não há deuses feitos por mãos humanas. [27]Pelo que não somente a nossa indústria corre perigo de levar prejuízo, senão também o santuário da grande deusa Diana cairá em descrédito e, ela mesma, a quem toda a Ásia e o mundo inteiro venera, acabará por sofrer diminuição na sua majestade".

[28]A essas palavras, encheram-se de furor e puseram-se a clamar: "Grande é a Diana de Éfeso!"

[29]A excitação empolgou a cidade; todos em massa acudiram ao teatro, arrastando consigo a Gaio e Aristarco, da Macedônia, companheiros de Paulo. [30]Paulo quis sair ao meio do povo, mas os discípulos não o deixaram. [31]Também alguns dos altos funcionários, seus amigos, mandaram pedir-lhe que não fosse ao teatro. [32]Aí uns gritavam isto, outros aquilo; o ajuntamento era uma confusão, e a maior parte deles nem sabia por que motivo tinha acudido. [33]Nisso tiraram do meio da multidão a Alexandre, que os judeus empurraram para a frente. Alexandre fez sinal com a mão e queria dar ao povo uma justificação; [34]mas assim que conheceram que ele era judeu, gritaram todos a uma voz quase por espaço de duas horas: "Grande é a Diana de Éfeso!"

Discurso do escriba. [35]Então o escriba acalmou a multidão com estas palavras: "Varões de Éfeso! Haverá no mundo quem ignore que a cidade de Éfeso é a protetora do templo da grande Diana e da sua imagem descida do céu? [36]Pois que isso é incontestável, convém que guardeis a calma e nada façais inconsideradamente. [37]Os homens que aqui trouxestes não são nem sacrílegos nem blasfemadores da nossa deusa. [38]Se Demétrio e seus colegas de profissão têm queixa contra alguém, temos audiências públicas e temos juízes; que lá discutam entre si. [39]Se tendes mais algum agravo, poderá resolver-se isso em legítima assembléia. [40]Pois corremos perigo de ser acusados de sedição pelos acontecimentos de hoje, uma vez que não há motivo algum para este tumulto popular".

[41]Com essas palavras dissolveu a reunião.

20 Viagem a Trôade. [1]Depois de cessar o tumulto, chamou Paulo os discípulos, deu-lhes exortações, despediu-se e partiu para a Macedônia. [2]Durante a travessia por aquelas terras, animou freqüentemente os discípulos e dirigiu-se à Grécia, [3]onde ficou três meses. Quando se dispunha a partir para a Síria, os judeus lhe armaram ciladas, pelo que Paulo resolveu voltar pela Macedônia. [4]Acompanharam-no para a Ásia Sópatro, filho de Pirro, de Beréia; Aristarco e Secundo, de Tessalônica; Gaio, de Derbe; Timóteo, bem como Tíquico e Trófimo, da Ásia. [5]Tomaram estes a dianteira e nos esperaram em Trôade. [6]Nós, porém, nos fizemos de vela de Filipos nos dias dos pães ázimos, e cinco dias mais tarde os encontramos em Trôade, onde nos detivemos sete dias.

Despedida de Trôade. [7]Quando, no primeiro dia da semana, estávamos reunidos a fim de partir o pão, fez Paulo um discurso. Sendo que no dia imediato pretendia seguir viagem, prolongou o sermão até à meia-noite. [8]Ardiam numerosas lâmpadas na sala superior onde estávamos reunidos. [9]Um jovem, por nome Êutico, estava sentado sobre o peitoril da janela. Como Paulo se alargasse a discorrer, o moço adormeceu profundamente e, levado pelo sono, caiu do terceiro andar abaixo e foi levantado morto. [10]Paulo desceu, debruçou-se sobre ele, cingiu-o nos braços e disse: "Não vos perturbeis; ainda está com vida". [11]Tornou a subir, partiu o pão e comeu. Falou ainda largo tempo até ao romper do dia; em seguida partiu. [12]Ao jovem, porém, trouxeram-no vivo, sentindo-se não pouco consolados.

De Trôade a Mileto. ¹³Tomando a dianteira, embarcamos num navio e velejamos em direção a Assos, onde íamos receber a Paulo; pois assim o determinara ele, que queria fazer a viagem por terra. ¹⁴Quando se reuniu conosco em Assos, fomos em companhia dele até Mitilene. ¹⁵Daí continuamos a navegar, passando, no dia seguinte, à altura de Quio. No dia imediato aportamos a Samos e, no outro dia, a Mileto.

¹⁶É que Paulo resolvera passar de largo a Éfeso, para não perder tempo na Ásia; pois tinha pressa e tencionava celebrar Pentecostes em Jerusalém, se possível fosse.

Palavras de despedida em Mileto. ¹⁷De Mileto mandou recado a Éfeso, chamando a si os presbíteros da igreja. ¹⁸Tendo eles chegado, assim lhes falou: "Sabeis de que modo tenho andado no meio de vós, desde o primeiro dia que pus pé na Ásia. ¹⁹Servia ao Senhor com toda a humildade, entre lágrimas e tribulações, que me couberam pelas ciladas dos judeus. ²⁰Não deixava de vos anunciar e ensinar tudo que pudesse ser útil, publicamente como também de casa em casa. ²¹Conjurava os judeus e os gentios para que se convertessem a Deus e cressem em Nosso Senhor *Jesus*[Jesus Cristo].

²²Agora, porém, eis que me sinto irresistivelmente impelido para ir a Jerusalém. Não sei o que ali me acontecerá; ²³só uma coisa me assegura o Espírito Santo, de cidade em cidade: que me esperam algemas e tribulações. ²⁴*Mas não faço conta da minha vida*[Mas não temo nenhuma dessas coisas], contanto que termine a minha carreira e cumpra a missão que recebi do Senhor Jesus, de anunciar a boa nova da graça de Deus. ²⁵E eis agora: sei que nenhum de vós, no meio dos quais tenho passado como pregador do *reino*[reino de Deus], tornará a ver minha face. ²⁶Pelo que vos asseguro, no dia de hoje, que estou limpo do sangue de todos; ²⁷porque não deixei de vos anunciar todos os desígnios de Deus.

²⁸Tende cuidado de vós e de todo o rebanho, sobre o qual o Espírito Santo vos constituiu pastores para regerdes a igreja de Deus, que adquiriu com o seu sangue. ²⁹Sei que, depois da minha partida, se introduzirão entre vós lobos roubadores, que não pouparão o rebanho. ³⁰Do vosso próprio meio se levantarão homens que, com doutrinas perversas, procurarão levar a seu partido os discípulos. ³¹Pelo que vigiai e lembrai-vos de que, por espaço de três anos, noite e dia, não cessei de admoestar com lágrimas a cada *um*[um de vós]. ³²E agora vos recomendo a Deus e à palavra da sua graça; ele, que é poderoso para

vos edificar e conceder a herança com todos os santos. ³³A ninguém pedi ouro, nem prata nem veste; ³⁴bem sabeis que estas minhas mãos me forneceram o sustento, a mim e aos meus companheiros. ³⁵Em tudo vos tenho mostrado como convém trabalhar e acudir aos fracos, recordando a palavra do Senhor Jesus, que disse: 'Maior felicidade há em dar que em receber'".

³⁶Depois dessas palavras, pôs-se de joelhos, orando, com todos eles. ³⁷Romperam todos em pranto desfeito, lançando-se ao pescoço de Paulo e beijando-o. ³⁸O que mais os afligia era a palavra de que já não tornariam a vê-lo pessoalmente. E acompanharam-no até ao navio.

21 De Mileto a Tiro. ¹Depois de nos arrancarmos deles, fizemo-nos de vela e tomamos em linha reta para Cós. No dia seguinte, passando por Rodes, chegamos a Pátara. ²Encontramos um navio que partia para a Fenícia; embarcamos e seguimos mar em fora. ³Avistamos Chipre, que deixamos à esquerda, aproamos para a Síria e atracamos em Tiro, onde o navio ia fazer descarga. ⁴Fomos visitar os discípulos e nos detivemos ali sete dias. Iluminados pelo Espírito, aconselharam eles a Paulo a que não subisse a Jerusalém. ⁵Decorridos aqueles dias, nos fizemos contudo de partida, enquanto todos, com mulheres e filhos, nos acompanhavam até fora da cidade. Na praia nos pusemos de joelhos e fizemos oração. ⁶Depois de nos despedirmos uns dos outros, embarcamos, ao passo que os outros voltaram para casa.

De Tiro a Jerusalém. ⁷Terminamos a última parte da travessia e fomos de Tiro a Ptolemaida. Aí cumprimentamos os irmãos e ficamos com eles um dia. ⁸No dia seguinte, prosseguimos até Cesaréia. Fomos à casa de Filipe, arauto do evangelho e que fazia parte dos sete. Hospedamo-nos com ele. ⁹Tinha ele quatro filhas solteiras que possuíam o dom da profecia. ¹⁰Enquanto nos demorávamos ali alguns dias, desceu um profeta da Judéia, por nome Ágabo. ¹¹Entrou onde estávamos, tomou o cinto de Paulo, atou-se com ele de pés e mãos e disse: "Isto diz o Espírito Santo: assim atarão os judeus em Jerusalém ao homem a quem pertence este cinto, entregando-o ao poder dos gentios".

¹²Ouvindo tal coisa, nós e os naturais do lugar lhe rogamos que não subisse a Jerusalém. ¹³Paulo, porém, replicou: "Que estais a chorar? Por que me acabrunhais o coração? Estou pronto não

somente a deixar-me atar em Jerusalém pelo nome do Senhor Jesus, mas até a sofrer a morte por ele". [14]Não podendo persuadi-lo, deixamos de insistir, dizendo: "Seja feita a vontade do Senhor". [15]Em seguida, nos preparamos e subimos a Jerusalém. [16]Acompanharam-nos ainda uns discípulos de Cesaréia, levando consigo um certo Mnason, de Chipre, antigo discípulo, em cuja casa nos havíamos de hospedar.

Com Tiago em Jerusalém. [17]À nossa chegada a Jerusalém, os irmãos nos receberam com satisfação. [18]No dia seguinte, foi Paulo em nossa companhia ter com Tiago, onde se congregaram todos os presbíteros. [19]Cumprimentou-os e referiu minuciosamente tudo que Deus operara, por seu ministério, entre os gentios. [20]Ouvindo isso, glorificaram a Deus. Em seguida, porém, disseram: "Bem vês, irmão, quantos milhares de judeus abraçaram a fé e são todos fervorosos zeladores da lei. [21]Ora, eles têm ouvido dizer que tu ensinas a todos os judeus dispersos entre os gentios a abandonarem a Moisés; que lhes recomendas que não mandem circuncidar seus filhos, nem vivam segundo as tradições. [22]Que convém, pois, fazer? Hão de, *certamente*,[certamente, afluir em grande numero quando chegarem a] saber da tua chegada. [23]Aceita, pois, o nosso conselho: há entre nós quatro homens que fizeram voto. [24]Vai em sua companhia, santifica-te com eles e paga por eles as despesas para que mandem rapar o cabelo. Destarte, compreenderão todos que são falsos os boatos que correm a teu respeito, mas que, pelo contrário, és fiel observador da lei. [25]No tocante aos fiéis vindos do gentilismo, já lhes escrevemos ordenando que se abstenham do que foi sacrificado aos ídolos, do sangue, das carnes sufocadas e da luxúria".

[26]Foi Paulo em companhia daqueles homens, santificou-se com eles e, no dia seguinte, entrou no templo. Ali anunciou o termo dos dias de santificação, devendo para cada um deles ser oferecido o sacrifício.

Paulo, vítima do seu apostolado

Prisão de Paulo. [27]Estavam a expirar os sete dias, quando os judeus vindos da Ásia o viram no templo. Amotinaram todo o povo e prenderam-no, [28]clamando: "Varões de Israel, acudi! Este é o homem que por toda a parte e diante de toda a gente faz propaganda contra o povo, contra a lei e contra este lugar; chegou a ponto de introduzir pagãos no templo, profanando este recinto sagrado". ²⁹É que o tinham visto na cidade acompanhado de Trófimo de Éfeso e cuidavam que Paulo o tivesse introduzido no templo. ³⁰Abalou-se a cidade em peso e formou-se um motim popular; Paulo foi preso e arrastado para fora do templo; e logo se fecharam as portas.

³¹Já se dispunham a matá-lo quando foi comunicado ao comandante da guarnição que toda Jerusalém estava em desordem. ³²Este acudiu logo ao lugar com soldados e oficiais. À vista do comandante e seus soldados, cessaram de espancar a Paulo. ³³Chegou-se a ele o comandante, deu-lhe voz de prisão e mandou-o ligar com duas cadeias. Perguntou-lhe quem era e o que tinha feito. ³⁴Naquele tumulto popular uns gritavam isto, outros aquilo; e, como, de tanta vozearia, não lhe fosse possível averiguar algo de certo, mandou levá-lo à fortaleza. ³⁵Quando chegou às escadas, foi necessário que os soldados o carregassem, por causa da violência da multidão, ³⁶pois a massa popular avançava aos gritos de: "Abaixo com ele!" ³⁷Quando estava para transpor o limiar da fortaleza, disse Paulo ao comandante: "É-me permitido dizer-te algumas palavras?"

"Sabes o grego?", perguntou ele. ³⁸"Não és tu aquele egípcio que, há pouco, amotinou e levou ao deserto quatro mil bandidos?"

³⁹Respondeu Paulo: "Eu sou judeu, natural de Tarso, cidade nada obscura da Cilícia. Rogo-te me permitas falar ao povo". ⁴⁰Permitiu-lho.

Paulo colocou-se sobre os degraus e fez sinal ao povo com a mão. Fez-se grande silêncio. Falou-lhes então em língua hebraica, dizendo:

22 Defesa de Paulo. ¹"Irmãos e pais, ouvi o que tenho a dizer-vos em minha defesa".

²Quando ouviram que lhes falava em hebraico, escutaram ainda com maior silêncio.

Prosseguiu ele: ³"Eu sou judeu, nascido em Tarso da Cilícia, mas educado aqui nesta cidade e instruído aos pés de Gamaliel no rigor da lei de nossos pais. Fui zelador *de Deus*[da lei], assim como o sois todos vós, ainda hoje. Como tal ⁴perseguia de morte essa doutrina, mandando prender e lançar ao cárcere homens e mulheres. ⁵Disso são testemunhas o príncipe dos sacerdotes e todo o Sinédrio. Dele também recebi cartas aos irmãos em Damasco e ia de caminho a fim de trazer presos a Jerusalém e mandar castigar os que ali residiam.

⁶Aconteceu, porém, que, quando seguia viagem e me aproximava de Damasco, pelo meio-dia, fulgurou subitamente em torno de mim uma luz vivíssima do céu. ⁷Caí por terra e ouvi uma voz que me dizia: 'Saulo, Saulo, por que me persegues?' ⁸Perguntei: 'Quem és tu, Senhor?' Respondeu-me: 'Eu sou Jesus de Nazaré, a quem persegues'. ⁹Os meus companheiros viam a luz, mas não entendiam a voz que me falava. ¹⁰Perguntei ainda: 'Senhor, que devo fazer?' Respondeu-me o Senhor: 'Levanta-te e vai para Damasco; ali te será dito tudo o que deves fazer'.

¹¹Ora, como eu, pelo intenso clarão daquela luz, nada enxergava, fui conduzido pela mão por meus companheiros, e cheguei a Damasco. ¹²Veio ter comigo um certo Ananias, observador da lei, que gozava de ótima reputação entre todos os judeus do lugar. ¹³Chegou-se a mim e disse-me: 'Irmão Saulo, torna a ver'. E no mesmo instante eu o enxergava. ¹⁴Prosseguiu ele, dizendo: 'O Deus de nossos pais destinou-te para lhe conheceres a vontade, veres o Justo e ouvires a palavra da sua boca. ¹⁵Hás de dar testemunho diante de todos os homens das coisas que viste e ouviste. ¹⁶Por que ainda hesitas? Levanta-te, invoca o seu nome, recebe o batismo e purifica-te dos teus pecados'.

¹⁷Ora, regressando eu a Jerusalém e orando no templo, fui arrebatado em espírito. ¹⁸Vi-o, e ele me disse: 'Apressa-te a sair de Jerusalém, porque não aceitarão o testemunho que deres de mim'. ¹⁹Repliquei: 'Senhor, eles sabem que era eu que lançava ao cárcere e açoitava nas sinagogas os teus fiéis. ²⁰E quando se derramava o sangue de tua testemunha, Estêvão, assistia eu com satisfação e guardava as vestes dos seus assassinos'. ²¹Ele, porém, me tornou: 'Vai, porque eu te enviarei para longe, aos gentios'".

Paulo no castelo Antônia. ²²Até aí tinham escutado em silêncio; mas então começaram a clamar em altas vozes: "Tira do mundo esse homem! Não deve viver por mais tempo!" ²³Enquanto assim vociferavam, agitando os mantos e lançando pó aos ares, ²⁴mandou o comandante que Paulo fosse levado para o interior da fortaleza, e deu ordem de ser flagelado, a fim de lhe extorquir a razão por que assim clamavam contra ele. ²⁵Já estava Paulo ligado com correias, quando se dirigiu ao oficial presente, observando: "Ser-vos-á permitido flagelar um cidadão romano, e ainda sem sentença de juiz?"

²⁶Ouvindo isso, foi o oficial ter com o comandante e o avisou, dizendo: "Que estás a fazer? Pois esse homem é cidadão romano".

²⁷Aproximou-se então o comandante e perguntou: "Dize-me: és cidadão romano?" "Sou", respondeu ele. ²⁸Tornou o comandante: "Eu adquiri este foro de cidadão por uma grande soma de dinheiro". Replicou Paulo: "Pois eu o possuo de nascimento".

²⁹Imediatamente desistiram da planejada tortura. O comandante, porém, estava cheio de medo, por saber que mandara algemar um cidadão romano.

Diante do sinédrio. ³⁰Queria o comandante saber com certeza quais as queixas que os judeus tinham contra Paulo. Pelo que, no dia imediato, mandou lhe tirar as algemas e convocou os sumos sacerdotes e todos os membros do Sinédrio. Em seguida, fez vir Paulo e lho apresentou.

23 ¹Cravou Paulo os olhos no Sinédrio e disse: "Homens, meus irmãos, até ao presente dia tenho andado diante de Deus com toda a boa consciência".

²Mandou o príncipe dos sacerdotes, Ananias, aos circunstantes que lhe batessem na boca. ³Respondeu-lhe Paulo: "Deus te há de ferir, parede branqueada! Ocupas esse lugar para me julgar segundo a lei, e contra a lei mandas que me firam?"

⁴"Injurias ao sumo sacerdote de Deus?", acudiram os presentes.

⁵Replicou Paulo: "Não sabia, meus irmãos, que era o sumo sacerdote. Pois está escrito: 'Não farás injúria ao chefe do teu povo'".

⁶Ora, sabendo Paulo que uma parte eram saduceus e outra fariseus, exclamou na assembléia: "Homens, meus irmãos! Eu sou fariseu, filho de fariseus. Por causa da esperança na ressurreição dos mortos é que estou às barras do tribunal". ⁷A essas palavras originou-se uma grande dissensão entre os fariseus e saduceus, dividiu-se a assembléia em partidos. — ⁸Pois os saduceus negam a ressurreição, bem como a existência de anjos e espíritos, ao passo que os fariseus admitem uma e outra coisa. — ⁹Foi grande o vozerio. Levantaram-se alguns escribas do partido dos fariseus e altercaram calorosamente, declarando: "Não encontramos mal algum neste homem. Quem sabe se lhe falou algum espírito ou um anjo?"

¹⁰Em face do enorme tumulto, receava o comandante que Paulo fosse por eles despedaçado; pelo que mandou chamar os seus soldados para que o tirassem do meio deles e levassem à fortaleza.

¹¹Na noite seguinte, apareceu-lhe o Senhor e disse-lhe: "Tem confiança! Assim como deste testemunho de mim em Jerusalém, também em Roma darás testemunho".

Conspiração contra Paulo. ¹²Na manhã seguinte, coligaram-se os judeus e juraram que não haviam de comer nem beber enquanto não matassem a Paulo.
¹³Eram mais de quarenta os que tinham feito esse juramento. ¹⁴Foram ter com os sumos sacerdotes e os anciãos e disseram: "Fizemos santo juramento de não tocarmos em comida até que matemos a Paulo. ¹⁵Ide, pois, em companhia do Sinédrio, ao comandante e pedi que mande Paulo à vossa presença, sob pretexto de examinardes melhor a causa dele; nós estaremos à espreita para o matar antes que chegue".

¹⁶Mas um filho da irmã de Paulo teve notícia dessa conspiração; entrou na fortaleza e avisou a Paulo. ¹⁷Paulo mandou chamar um dos oficiais e lhe pediu: "Leva este moço ao comandante, porque tem alguma coisa a comunicar-lhe". ¹⁸Conduziu-o, pois, ao comandante, dizendo-lhe: "O preso Paulo mandou-me chamar e pediu-me que levasse à tua presença este moço, porque tem alguma coisa a comunicar-te". ¹⁹O comandante tomou-o pela mão, levou-o à parte e perguntou-lhe: "Que é que tens a comunicar-me?" ²⁰Respondeu ele: "Os judeus combinaram entre si rogar-te que amanhã mandes apresentar Paulo ante o Sinédrio, sob o pretexto de abrirem um inquérito mais minucioso sobre ele. ²¹Não lhes faças a vontade; porque mais de quarenta homens estão à espreita dele; fizeram juramento de não comerem nem beberem enquanto não o matarem. Já estão preparados, e só esperam por tua decisão".

²²O comandante despediu o moço, inculcando-lhe que a ninguém dissesse que lhe tinha dado esse aviso.

Transferência para Cesaréia. ²³Em seguida, chamou dois dos seus oficiais e lhes deu esta ordem: "Trazei prontos desde a terceira hora da noite, para marcharem a Cesaréia, duzentos soldados a pé, setenta cavaleiros e duzentos lanceiros". ²⁴Que aprontassem, outrossim, umas cavalgaduras, para fazer montar a Paulo e levá-lo, são e salvo, à presença do governador *Félix*[Félix. É que temia que os judeus o arrebatassem, e ele caísse na suspeita de ter aceitado dinheiro].

²⁵Escreveu ainda uma carta nestes termos: ²⁶"Cláudio Lísias apresenta saudações ao excelentíssimo governador Félix. ²⁷Este homem foi apreendido pelos judeus e estava a ponto de ser morto por eles, quando intervim eu com o meu destacamento e o libertei, por saber que era cidadão romano. ²⁸No intuito de averiguar o motivo da acusação mandei levá-lo à presença do Sinédrio, ²⁹e achei que era acusado

por questões da lei deles, mas não cometera crime que merecesse morte ou prisão. ³⁰Mas, como fui informado de que se planeja um atentado contra ele, remeti-o logo a ti. Ao mesmo tempo, intimei os acusadores a que se explicassem em tua presença. Adeus".

³¹Os soldados, pois, conforme a ordem recebida, levaram a Paulo de noite a Antipátrida. ³²No dia seguinte, deixaram os cavaleiros partir com ele, enquanto eles mesmos voltavam para a fortaleza.

³³Depois da sua chegada a Cesaréia, entregaram aqueles a carta ao governador e lhe apresentaram Paulo. ³⁴O governador leu o escrito e perguntou de que província era Paulo. Ouvindo que era da Cilícia, respondeu: ³⁵"Ouvir-te-ei quando chegarem os teus acusadores". E mandou que fosse guardado no castelo de Herodes.

24 Paulo acusado perante Félix. ¹Decorridos cinco dias, veio o sumo sacerdote Ananias, com alguns dos anciãos e um advogado, por nome Tertulo, a fim de apresentar queixa contra Paulo diante do governador.

²Foi citado Paulo, e Tertulo começou a formular a sua acusação, dizendo:

³"Excelentíssimo Félix, graças a ti é que gozamos de muita paz e é à tua providência que este povo deve não poucos melhoramentos. É o que, com profunda gratidão, reconhecemos sempre e em toda a parte.

⁴Entretanto, para não te roubar mais tempo, rogo-te que por uns momentos nos prestes a tua benévola atenção.

⁵Achamos que esse homem é uma peste, um desordeiro entre todos os judeus do mundo e um dos principais caudilhos da seita dos Nazarenos.

⁶Tentou até profanar o templo; pelo que o *prendemos*[prendemos e queríamos julgá-lo segundo a nossa lei, (7) quando interveio o comandante Lísias e nô-lo arrebatou à viva torça; e ordenou que os seus acusadores comparecessem à tua presença] . ⁸Abre, pois, inquérito sobre ele, e certificar-te-ás de todas as queixas que temos contra ele".

⁹Apoiaram-no os judeus, afirmando que de fato assim era.

Discurso de Paulo perante Félix. ¹⁰A um sinal do governador, tomou Paulo a palavra e replicou:

"Sei que há largos anos és juiz sobre este povo; pelo que confiadamente inicio a minha defesa. ¹¹Conforme poderás verificar, não passa de doze dias que subi a Jerusalém a fim de adorar o Senhor. ¹²Mas

nem no templo, nem nas sinagogas, nem na cidade fui encontrado a altercar com pessoa alguma, nem a promover motins populares. [13]Não te podem provar as acusações que ora me assacam. [14]O que, todavia, te confesso é que sirvo *ao Deus de meus pais*[a meu Pai e Deus] segundo a doutrina a que eles chamam seita. Creio em tudo que está escrito na lei e nos profetas, [15]e tenho esperança em Deus de que há de haver uma ressurreição dos justos e dos injustos, esperança que estes aqui partilham comigo.
[16]Por isso procuro ter sempre a minha consciência sem mácula diante de Deus e dos homens.
[17]Depois de vários anos vim para entregar ao meu povo uma esmola, e para oferecer *sacrifícios*[sacrifícios e votos]. [18]Quando, nesta ocasião, me submetia a uma santificação no templo, sem tumulto nem motim, [19]encontrei-me com alguns judeus da Ásia — esses é que deviam comparecer diante de ti e acusar-me, se é que sabem alguma coisa contra mim. [20]Ou então digam estes aqui de que delito me acharam réu, quando compareci ao Sinédrio, [21]salvo fosse aquela palavra que lancei no meio deles: 'Por causa da ressurreição dos mortos é que hoje estou diante de vós como réu!'"

Protelação do processo. [22]Ainda que Félix estivesse informado da doutrina em questão, adiou o processo, dizendo: "Quando vier o comandante Lísias, examinarei a vossa causa". [23]Deu ordem ao oficial para que o levassem à prisão com sala livre, nem proibisse que os seus lhe prestassem serviços.
[24]Alguns dias depois, apareceu Félix com sua esposa Drusila, que era judia. Mandou chamar a Paulo e o ouviu discorrer sobre a fé em Jesus Cristo. [25]Mas, quando ele começou a falar em justiça, castidade e no juízo futuro, Félix se atemorizou e disse: "Por esta vez basta; oportunamente tornarei a chamar-te". [26]Ao mesmo tempo nutria a esperança de receber dinheiro de Paulo; pelo que o mandava chamar freqüentemente, entretendo-se com ele.
[27]Depois de dois anos teve Félix um sucessor na pessoa de Pórcio Festo. Félix, para ser agradável aos judeus, deixou Paulo na prisão.

25 Paulo diante de Festo. [1]Três dias depois de pôr pé na província, subiu Festo de Cesaréia a Jerusalém. [2]Os sumos sacerdotes e os judeus mais conspícuos foram ter com ele e formularam queixas contra Paulo, [3]pedindo-lhe o favor de o mandar vir a Jerusalém. É que lhe queriam armar ciladas e assassiná-lo em caminho. ⁴Respondeu-lhes Festo que Paulo estava preso em Cesaréia, e que ele não tardaria a partir para lá. ⁵"Então", prosseguiu, "poderão pessoas autorizadas do vosso meio descer comigo e apresentar as suas acusações, no caso que esse homem seja réu de algum crime."

⁶Ficou com eles apenas oito ou dez dias, e desceu para Cesaréia. No dia imediato, ocupou o tribunal e mandou trazer Paulo. ⁷Mal aparecera este, quando os judeus vindos de Jerusalém o rodearam, fazendo-lhe carga de muitos e graves delitos, mas que não podiam provar.

⁸Paulo, porém, respondeu em sua defesa: "Em nada faltei nem contra a lei judaica, nem contra o templo nem contra César".

⁹Festo, no intuito de granjear as boas graças dos judeus, perguntou a Paulo: "Queres subir a Jerusalém e ali ser julgado por mim sobre estas coisas?"

¹⁰Replicou Paulo: "Estou diante do tribunal de César; aqui é que tenho de ser julgado; nenhum mal fiz aos judeus, como muito bem sabes. ¹¹Se faltei, se cometi algum crime digno de morte, não recuso morrer. Se, porém, são sem fundamento as acusações que esses me levantam, ninguém me pode entregar às mãos deles. Apelo para César!"

¹²Em seguida, depois de conferenciar com os seus conselheiros, declarou Festo: "Para César apelaste — para César irás!"

Festo e Agripa. ¹³Decorridos alguns dias, chegaram a Cesaréia o rei Agripa e Berenice, a fim de saudar a Festo. ¹⁴Como ali se demorassem mais dias, propôs Festo a causa de Paulo ao rei, dizendo: "Temos aqui um preso ainda do tempo de Félix. ¹⁵Por ocasião da minha visita a Jerusalém, vieram ter comigo os sumos sacerdotes e anciãos dos judeus, exigindo a sua condenação. ¹⁶Respondi-lhes que não era costume dos romanos condenarem um homem antes que o acusado fosse acareado com os seus acusadores e tivesse tido ocasião para se defender das acusações.

¹⁷Quando, pois, compareceram aqui, não tardei a subir ao tribunal, logo no dia seguinte, e mandei vir o homem. ¹⁸Apresentaram-se os acusadores, mas não o culparam de nenhum crime, como eu suspeitava; ¹⁹vieram apenas com algumas questões relativas à sua religião, e falaram de um tal Jesus, que morreu, mas que Paulo dá como vivo. ²⁰Ora, como eu não estivesse em condições de resolver questões dessa natureza, perguntei-lhe se não queria ir a Jerusalém e ali ser julgado

sobre essas coisas. ²¹Paulo, porém, recorreu à apelação, exigindo que fosse submetido à sentença de César. Mandei, pois, que fosse guardado até que o enviasse a César".
²²Observou Agripa a Festo: "Desejaria ouvir esse homem". Respondeu o outro: "Amanhã o ouvirás".

Sessão em Cesaréia. ²³No dia seguinte, apareceram Agripa e Berenice com grande aparato e, em companhia dos comandantes e próceres da cidade, entraram na sala de audiências.

Por ordem de Festo foi apresentado Paulo. ²⁴Disse Festo: "Rei Agripa, e mais presentes, aqui tendes o homem contra o qual os judeus em peso, tanto em Jerusalém como também aqui, me fizeram recurso e insistiram com clamores dizendo que não convinha vivesse por mais tempo. ²⁵Eu, porém, cheguei a apurar que ele não cometeu nenhum crime digno de morte. Mas, uma vez que apelou para César, resolvi remetê-lo a ele. ²⁶Entretanto, não tenho nenhuma coisa certa que escrever ao soberano sobre Paulo. Por isso, vo-lo apresento e, principalmente, a ti, ó rei Agripa, a fim de que, em virtude do interrogatório, tenha o que escrever. ²⁷Porque me parece irrazoável remeter um preso sem mencionar de que delito é acusado".

26 Discurso de Paulo diante de Agripa. ¹Disse Agripa a Paulo: "Tens a permissão de falar em tua defesa".

Ao que Paulo estendeu a mão e principiou a sua defesa, dizendo: ²"Rei Agripa, sinto-me feliz em poder defender-me hoje em tua presença de todas as acusações que me assacam os judeus; ³porque tu és exímio conhecedor de todos os costumes e questões judaicas. Pelo que te rogo me ouças com paciência.

⁴Quanto à vida que tenho levado entre os meus patrícios em Jerusalém, desde a minha mocidade, é ela notória a todos os judeus. ⁵Conhecem-me de longa data, e, querendo, podem dar testemunho de que eu, como fariseu, seguia a orientação mais rigorosa da nossa religião. ⁶E eis-me agora às barras do tribunal por causa da esperança que tenho na promessa que Deus fez a nossos pais. ⁷É nela que as nossas doze tribos esperam, servindo a Deus, sem cessar, dia e noite. É por causa dessa esperança, ó rei, que eu sou acusado pelos judeus. ⁸Por que é que vós tendes por incrível que Deus ressuscite os mortos?

⁹Também eu cuidava, um dia, dever assumir atitude hostil em face do nome de Jesus Nazareno. ¹⁰Foi o que fiz em Jerusalém;

obtive autorização dos sumos sacerdotes e fiz lançar ao cárcere numerosos santos, consentindo na sua execução. ¹¹Andei por todas as sinagogas, obrigando-os, muitas vezes à força de castigos, a blasfemar e, levado de desmedido furor, perseguia-os nas cidades estrangeiras.

¹²Assim foi que, com permissão e poder dos sumos sacerdotes, me dirigi a Damasco. ¹³Eis senão quando, ó rei, em plena estrada, ao meio-dia, vi uma luz do céu mais brilhante que o sol, que me cercou de fulgores, a mim e aos meus companheiros de viagem. ¹⁴Todos caímos por terra, e eu ouvi uma voz que me dizia em língua hebraica: 'Saulo, Saulo, por que me persegues? Duro te é recalcitrar contra o aguilhão!'

¹⁵'Quem és tu, Senhor?', perguntei.

Respondeu o Senhor: 'Eu sou Jesus, a quem tu persegues. ¹⁶Mas levanta-te e põe-te em pé; porque te apareci para te fazer ministro e testemunha das coisas que viste e das que ainda te hei de revelar. ¹⁷Livrar-te-ei do povo e dos pagãos aos quais te enviarei. ¹⁸Abrir-lhes-ás os olhos para que se convertam das trevas à luz, e do poder de Satanás a Deus; para que pela fé em mim alcancem o perdão dos pecados e a herança em companhia dos santos'.

¹⁹Pelo que, ó rei Agripa, não pude deixar de obedecer à visão celeste, ²⁰e fui pregar primeiramente aos habitantes de Damasco e Jerusalém, em seguida, a toda a terra da Judéia, e, por fim, entre os gentios, para que se convertessem, se voltassem a Deus e produzissem frutos de verdadeira conversão. ²¹Foi só por essa razão que me prenderam os judeus, quando estava no templo, e procuraram matar-me. ²²Graças, porém, à assistência divina, estou vivo até hoje e dou testemunho diante de pequenos e grandes. Não anuncio outra coisa senão o que vaticinaram os profetas e Moisés: ²³que Cristo havia de padecer, que seria o primeiro a ressuscitar dentre os mortos e que anunciaria a luz ao povo e aos gentios".

Efeito do discurso. ²⁴Assim se defendia ele, quando Festo exclamou: "Estás louco, Paulo! Os teus muitos estudos te fazem perder o juízo".

²⁵"Não estou louco, excelentíssimo Festo", replicou Paulo, "mas o que digo é verdade e bem ponderado. ²⁶O rei sabe destas coisas; por isso é que falo diante dele com toda a liberdade; pois não posso crer que ignore algum destes fatos, que não se passaram em algum recanto obscuro. ²⁷Rei Agripa, crês nos profetas? Sei que crês!"

²⁸Disse Agripa a Paulo: "Quase que me persuades a fazer-me cristão".

²⁹"Prouvera a Deus", exclamou Paulo, "que, mais dia, menos dia, não somente tu, mas todos os meus ouvintes de hoje, se fizessem o que eu sou, abstração feita destes grilhões".

³⁰Em seguida, se levantaram o rei, o governador, Berenice e os demais presentes. ³¹Enquanto se retiravam diziam uns aos outros: "Esse homem não faz nada que mereça morte nem prisão". ³²Observou Agripa a Festo: "Podia ser posto em liberdade se não tivesse apelado para César".

27 De Cesaréia a Creta. ¹Quando estava marcado o nosso embarque para a Itália, entregaram Paulo com mais outros presos a um comandante do destacamento imperial, chamado Júlio. ²Embarcamos num navio de *Adramítio*[Adrumeto], que fazia escala pelos portos asiáticos e levantamos ferro. Conosco vinha o macedônio Aristarco, de Tessalônica. ³No dia seguinte chegamos a Sidônia. Júlio tratava Paulo com humanidade e lhe permitiu visitar os amigos e prover-se do necessário. ⁴Zarpamos dali e costeamos Chipre, porque tínhamos vento pela proa. ⁵Destarte cruzamos o mar de Cilícia e Panfília e chegamos a *Mira*[Listra], na Lícia. ⁶Aí, o comandante encontrou um navio alexandrino com destino à Itália, e fez-nos baldear para o mesmo. ⁷Com muito vagar vencemos esse trecho e só ao cabo de diversos dias e com grandes trabalhos atingimos as proximidades de Cnido; mas, como o vento não nos permitisse avançar, fomos costeando Creta rumo a Salmone. ⁸Ao cabo de penosa viagem rente ao litoral, chegamos a um lugar denominado Belos Portos, perto da cidade de *Lasaia*[Talassa].

⁹Entrementes, decorrera muito tempo e já se tornava perigosa a navegação, porque já tinha passado o tempo do jejum. Pelo que Paulo os preveniu: ¹⁰"Homens, estou a ver que a travessia começa a ser perigosa e de notável prejuízo, não somente para a carga e o navio, como ainda para a nossa própria vida". ¹¹O comandante, porém, deu mais crédito ao piloto e ao dono do navio do que às palavras de Paulo. ¹²Como o porto não era próprio para invernar, resolveu a maioria que se prosseguisse viagem até alcançar Fênix, a fim de passar aí a estação invernosa. É um porto de Creta, abrigado pelo sudoeste e noroeste.

Tormenta. ¹³Soprava um ligeiro vento sul, razão por que se julgou possível a execução do plano. Levantaram *ferro*[ferro, de Assos,] e foram costeando rente a Creta. ¹⁴Mas não tardou que, da parte da ilha, se levantasse um tufão de vento, que é chamado nordeste. ¹⁵Empolgou o navio, que não lhe valeu resistir; pelo que o entregamos e nos deixamos levar à mercê do vendaval. ¹⁶Passamos por uma pequena ilha chamada Cauda, onde a custo conseguimos recolher o escaler. ¹⁷Depois de o recolher, lançaram mão de todos os meios e cingiram o navio. Com medo de darem na Sirte ferraram as velas e se deixaram levar. ¹⁸A tormenta redobrava de veemência, pelo que, no dia seguinte, alijaram parte da carga ¹⁹e, no terceiro dia, arrojaram ao mar com as próprias mãos também os aparelhos do navio. ²⁰Por diversos dias não se viam nem sol nem estrelas. A procela continuava com o mesmo furor. Já não nos restava esperança de salvação.

²¹Havia muito tempo que ninguém comia. Então se apresentou Paulo no meio deles e disse: "Homens! Tomara que tivessem seguido o meu conselho de não sair de Creta, e teríamos evitado este perigo e estes prejuízos. ²²Entretanto, mesmo agora, recomendo-vos que não descoroçoeis; porque não perecerá nenhuma vida humana, senão somente o navio. ²³Porquanto esta noite me apareceu um anjo do Senhor, a quem pertenço e ao qual sirvo, ²⁴e disse-me: 'Não temas, Paulo; importa que compareças diante de César; eis que Deus te deu todos os que navegavam contigo'. ²⁵Pelo que, ó homens, tende confiança; pois eu tenho fé em Deus que há de suceder assim como me foi dito. ²⁶Havemos de ser lançados a alguma ilha".

Naufrágio. ²⁷Quando, na décima quarta noite, navegávamos pelo Mar Adriático, por volta da meia-noite, suspeitaram os marinheiros proximidade de terra. ²⁸Lançaram a sonda, e encontraram uma profundidade de vinte braças. E, um pouco mais adiante, encontraram quinze braças. ²⁹Com medo de darmos em recifes, lançaram da popa do navio quatro âncoras, e suspiravam pela madrugada. ³⁰Nisso, os tripulantes tentaram escapulir-se de bordo; já estavam baixando o bote ao mar, sob pretexto de lançarem âncoras também da proa. ³¹Paulo, porém, declarou ao comandante e aos soldados: "Se esses homens não ficarem a bordo, é impossível a vossa salvação". ³²Então os soldados cortaram as amarras e fizeram o escaler cair ao mar.

³³Mal clareava o dia, quando Paulo convidou a todos a que co-

messem alguma coisa. "Há quatorze dias", disse, "que estais à espera, em jejum, sem alimento. ³⁴Pelo que vos convido a alimentar-vos, que isso convém à vossa salvação. Nenhum de vós perderá um cabelo sequer da sua cabeça". ³⁵Dito isso, tomou pão, deu graças a Deus aos olhos de todos e, partindo-o, começou a comer. ³⁶E todos cobraram ânimo e principiaram também a comer. ³⁷Éramos ao todo duzentas e setenta e seis pessoas a bordo. ³⁸Depois de fartos, aliviaram o navio, alijando o trigo ao mar.

³⁹Finalmente, fez-se dia. Não conheciam a terra, mas descobriram uma enseada com uma praia de areia; ali resolveram encalhar o navio, se possível fosse. ⁴⁰Soltaram as âncoras e as lançaram ao mar, largando ao mesmo tempo as amarras dos lemes, içaram a vela do artemão à feição do vento e foram rumo à praia. ⁴¹Deram numa língua de terra e fizeram encalhar o navio. A proa encravou--se e ficou imóvel, enquanto a popa, sob o embate das vagas, se desconjuntava. ⁴²Os soldados queriam matar os presos para que ninguém fugisse a nado. ⁴³Mas o comandante desejava salvar a Paulo e impediu que executassem o seu intento. ⁴⁴Deu ordem que os que soubessem nadar fossem os primeiros a lançar-se às águas e procurassem ganhar a terra. Quanto aos mais, foram uns sobre pranchas, outros nos destroços do navio. Destarte, chegaram todos salvos à terra.

28 Em Malta. ¹Depois de salvos, chegamos a saber que a ilha se chamava Malta. ²Os indígenas nos trataram com extraordinária humanidade. Acenderam uma fogueira e nos convidaram todos, em vista do frio e da chuva que caía abundantemente.

³Paulo reuniu um punhado de gravetos e os lançou ao fogo — e eis que, fugindo do calor, saltou fora uma víbora e se lhe prendeu à mão. ⁴Quando os indígenas viram a bicha pendente da mão dele, disseram uns aos outros: "Este homem, certamente, é algum assassino; escapou do mar, mas a deusa da vingança não o deixa viver". ⁵Paulo, porém, sacudiu a bicha no fogo, sem sofrer mal nenhum. ⁶A gente julgava que viesse a inchar ou subitamente caísse morto. Mas depois de esperarem muito tempo e, vendo que nenhum mal lhe sucedia, mudaram de parecer e o tomaram por um deus.

⁷Possuía terras nessa zona o homem principal da ilha, que se chamava Públio. Esse nos agasalhou e por espaço de três dias nos dispensou caridosa hospitalidade. ⁸O pai de Públio estava de cama, doente de febre e disenteria. Foi Paulo ter com ele, orou, impôs-lhe

as mãos e o curou. ⁹Com isso acudiram também os demais enfermos da ilha, e foram curados. ¹⁰Pelo que nos cumularam de honras e, ao nosso embarque, nos proveram do necessário.

De Malta a Roma. ¹¹Passados três meses, seguimos viagem a bordo dum navio alexandrino, que invernara na ilha e levava por emblema os Dióscuros. ¹²Arribamos a Siracusa, onde ficamos três dias. ¹³Daí seguimos pela costa e chegamos a Régio e, como no dia seguinte soprasse vento sul, com mais dois dias alcançamos Putéoli. ¹⁴Aí encontramos uns irmãos que nos pediram ficássemos com eles sete dias. Em seguida, nos encaminhamos para Roma. ¹⁵Os irmãos de lá tinham notícia de nós e saíram-nos ao encontro até ao Foro de Ápio e às Três Tavernas. À vista deles, Paulo deu graças a Deus e criou alma nova.

Paulo em Roma. ¹⁶Chegando a Roma, foi permitido a Paulo morar em casa alugada, com um soldado por guarda.

¹⁷Decorridos três dias, convidou os principais dentre os judeus, e, quando todos reunidos, assim lhes falou: "Meus irmãos, não cometi nada contra o meu povo, nem contra os costumes dos nossos pais. No entanto, fui preso e desde Jerusalém entregue às mãos dos romanos. ¹⁸Esses, depois do inquérito, quiseram pôr-me em liberdade, uma vez que não me podiam argüir de crime que merecesse a morte. ¹⁹Os judeus, porém, protestaram, e assim me vi obrigado a apelar para César, sem contudo querer acusar a minha nação. ²⁰Foi por essa razão que vos convidei, a fim de vos ver e falar; pois é por causa da esperança de Israel que me vejo preso a esta cadeia".

²¹Ao que eles responderam: "Não recebemos da Judéia nenhuma informação por escrito a teu respeito, nem tampouco chegou algum dos irmãos que nos referisse ou falasse mal de ti. ²²Entretanto, desejaríamos conhecer mais de perto a tua opinião; o que sabemos desta seita é que é impugnada por toda a parte".

Conferência religiosa. ²³Num dia marcado, compareceram eles em maior número ao lugar onde Paulo residia. Explicava-lhes ele minuciosamente, da manhã até à noite, a doutrina do reino de Deus, e, tomando por base a lei de Moisés e os profetas, procurava ganhá-los para Jesus. ²⁴Uns davam crédito às suas palavras, ao passo que outros permaneciam incrédulos. ²⁵Discordes entre si, se retiraram,

enquanto Paulo ainda lhes dizia esta palavra: 'Bem falou o Espírito Santo, pelo profeta Isaías, a vossos pais:
[26]'Vai ter com este povo e dize-lhe: sempre ouvireis, e não entendereis; sempre vereis e não compreendereis; [27]obstinado está o coração deste povo; os seus ouvidos são moucos, cerram os olhos, para não verem com a vista, nem ouvirem com o ouvido, nem compreenderem com o coração, nem se converterem e encontrarem salvação comigo'[Is 6,9].

[28]Sabei, portanto, que a salvação de Deus será enviada aos gentios; e eles lhe prestarão ouvidos".

[29]Depois dessas palavras, se retiraram os judeus, altercando calorosamente entre si.

Conclusão. [30]Paulo, porém, permaneceu dois anos completos na casa que alugara, e recebia a todos que o visitavam. [31]Pregava, com desassombro e liberdade, o reino de Deus e a doutrina sobre o Senhor Jesus Cristo.

Notas explicativas

1 [1]O primeiro livro de São Lucas, autor dos Atos dos Apóstolos, é o evangelho dele; o segundo é este. Teófilo, destinatário de ambos os escritos, parece ter sido um personagem distinto na sociedade romana. Entretanto, essa dedicatória é antes um título honorífico, que não exclui a circunstância de ser o livro destinado aos fiéis em geral.

[5]Jesus compara a efusão do Espírito Santo com um batismo, porque no dia de Pentecostes iam as almas dos apóstolos ser como que submersas numa torrente de graças divinas.

[6]Ainda depois da ressurreição do Senhor continuavam os apóstolos a esperar um reino messiânico temporal, ilusão essa que se lhes dissipou só com a vinda do Espírito da verdade.

[12]Um caminho de sábado regulava por 2.000 passos, ou 1 km, distância essa que, segundo as prescrições rabínicas, não podia o viajante judaico ultrapassar sem violar o descanso sabatino.

[20]Refere-se o salmista, nestas palavras, a seus adversários, que eram, mediante o protótipo, os inimigos de Cristo, simbolizado pela pessoa do profeta. Lucas aplica essas expressões ao traidor.

2 ¹⁷Os últimos dias significam a plenitude dos tempos, ou seja, o período entre a primeira e a segunda vinda de Cristo.

²⁹⁻³⁵Quer o apóstolo dizer que essas palavras não se podem referir à pessoa de Davi, que morreu, foi sepultado e não subiu ao céu em corpo; mas referem-se a Jesus Cristo, do qual profetizou o salmista.

⁴⁴Não negavam o direito de propriedade particular, mas, espontaneamente, sob o impulso da caridade fraterna, punham à disposição de todos os seus haveres.

3 ¹Era precisamente na hora do sacrifício vespertino.

²A porta Formosa, trabalhada em bronze de lei, formava a entrada principal para os átrios do templo, abrindo para o oriente e dando ingresso imediato ao átrio das mulheres.

¹³Servo de Deus é a expressão clássica com que Isaías (capítulos 42-53) designa o Messias padecente.

¹⁶A fé é condição indispensável para a realização do milagre.

¹⁹⁻²⁰Trata-se da conversão dos judeus antes da vinda de Jesus ao juízo universal.

4 ¹O comandante da guarda do templo era um dos sacerdotes.

¹²*Nome* — quer dizer: pessoa.

5 ³Mentir aos apóstolos equivalia a querer enganar o Espírito Santo, que os iluminava.

²⁸Quereis tornar-nos responsáveis pela morte desse homem e invocar sobre nós os castigos de Deus.

³⁶⁻³⁹Assim como Teudas e Judas, juntamente com suas doutrinas e seus adeptos, acabaram por desaparecer da face da terra, assim também há de acontecer com a obra do Nazareno, caso não seja de origem divina.

6 ¹*Helenistas* — judeu-cristãos que, vindos de fora, falavam o grego.

⁹Libertos chamavam-se os descendentes dos judeus que o general romano Pompeu, no ano 60 ou 61 antes de Cristo, deportara como escravos para Roma, e que, mais tarde alforriados por seus senhores, regressaram para a Palestina.

¹⁴Estêvão fizera ver, sem dúvida, que a lei mosaica e o culto no templo eram instituições transitórias, que Jesus levaria à perfeição definitiva. Os adversários, porém, lhe interpretaram mal as palavras.

7 ⁵⁻²³Estêvão dá um resumo da história de Israel para frisar a admirável providência e o amor que Deus dispensara a seu povo, mas que este pagara com negra ingratidão.

⁴³Moloc era a suprema divindade solar dos povos semitas. Renfã (Refã ou Ronfa) designa, provavelmente, o deus Saturno dos romanos, simbolizado pela respectiva constelação. Tempo houve em que os israelitas adoravam esses ídolos pagãos.

⁵¹Era incircunciso de coração e de ouvidos quem se obstinava conscientemente no erro.

⁵²*O justo* — é Jesus.

8 ⁵Trata-se do diácono Filipe, não do apóstolo.

⁴⁰*Azoto* — antiga cidade dos filisteus, perto do Mar Mediterrâneo.

Cesaréia — ainda mais para o norte, ao sul do monte Carmelo.

9 ¹Saulo era natural de Tarso, na Cilícia, província romana da Ásia Menor. Nasceu, provavelmente, no ano 3 depois de Cristo, filho de pais hebreus, com foros de cidadão romano. A sua conversão milagrosa incide talvez no ano 35, isto é, no segundo ano após a ascensão do Senhor.

²*Damasco* — cidade opulenta, nas fraldas do Antilíbano, antiga capital da Síria, possuía uma colônia judaica muito numerosa e várias sinagogas.

⁵Saulo resistia ao estímulo da graça divina, que o impelia a abraçar o cristianismo.

²²Depois de pregar em Damasco (v. 19), retirou-se Paulo para a Arábia (Gl 1,17), onde passou três anos em profunda solidão, preparando-se para a sua missão apostólica; depois, regressou para Damasco (v. 22; Gl 1,17).

³²Santos chamavam-se os cristãos santificados pelo sacramento do batismo. Lida, hoje Ludd, era uma povoação entre Jerusalém e Jope.

³⁵Saron era uma planície fertilíssima, que se estendia desde Lida e Jope até ao pé do monte Carmelo.

³⁶Jope, hoje Jafa, à beira-mar, é o porto mais próximo de Jerusalém.

10 ¹Havia nesse destacamento muitos soldados vindos da Itália; daí o nome: itálico.

⁹⁻¹⁶Com esta visão quis Deus ensinar a Pedro que já não havia distinção entre manjares leviticamente puros e impuros, nem diferença entre judeus e pagãos.

³⁷Pedro supõe conhecidos dos ouvintes os fatos principais da vida de Jesus.

11 ²⁻³Os judeu-cristãos, ainda imbuídos de preconceitos judaicos, censuram o procedimento de Pedro em ter tratado familiarmente com gentios e havê-los recebido na Igreja sem os obrigar a passarem primeiro pelo judaísmo.

²⁸Também os historiadores profanos referem que, sob o reinado do imperador Cláudio (4-54), diversas províncias do Império Romano foram, repetidas vezes, assoladas pela fome. Sobre a carestia na Palestina escreve também Flávio Josefo.

12 ²A morte de Tiago Maior, apóstolo e irmão de João Evangelista, ocorreu no ano 41 ou 42.

³Pedro foi preso pelo tempo da Páscoa do ano 42.

¹⁷Trata-se de Tiago Menor, apóstolo e bispo de Jerusalém. Foi assassinado no ano 62.

13 ⁴A primeira viagem do apóstolo Paulo incide nos anos 45-48, tendo por destino o sul da Ásia Menor.

⁹Tinha o apóstolo, desde pequeno, dois nomes, um hebraico (Saulo) e outro romano (Paulo).

¹⁶Homens tementes a Deus são os pagãos que sinceramente procuram agradar a Deus.

³⁶O salmo não se refere a Davi, que experimentou a corrupção, mas ao Messias, cujo corpo permaneceu incorrupto.

¹⁷O Messias há de anunciar o Evangelho ao mundo por intermédio de seus apóstolos.

14 ¹¹Júpiter e Mercúrio eram duas divindades pagãs. Imbuídos de fábulas mitológicas — como, por exemplo, as refere o poeta Ovídio (*Metamorfoses* VIII, 818ss), acerca dos deuses baixados à terra em forma humana —, julgavam os ouvintes terem diante de si dois desses seres preternaturais.

15 ¹⁻¹¹Tinham aparecido em Antioquia, centro das missões pagãs, certos mestres vindos da Judéia com a pretensão de imporem aos neófitos cristãos a observância da lei mosaica. Pedro declara a desnecessidade dessa medida, proclamando a liberdade evangélica. O que é decisivo, tanto para judeus como para pagãos, é a graça de Deus apreendida pela fé em Jesus Cristo.

[20]Com o fim pedagógico de facilitar o congraçamento dos cristãos de origem judaica e os de procedência pagã, recomenda Tiago que também estes últimos, além dos preceitos morais (abstenção da idolatria e da luxúria), obedeçam também a um ou outro preceito ritual do Antigo Testamento (abstenção de alimentos feitos com sangue ou de carne que contivesse sangue).

[36]A segunda viagem missionária de Paulo (49-52) o levou pela Macedônia e Acaia.

16 [3]São Paulo faz circuncidar a Timóteo em atenção à susceptibilidade dos judeus e para desembargar a aceitação do Evangelho.

[10]A partir daqui, São Lucas, autor dos Atos dos Apóstolos, é companheiro de São Paulo, por sinal que fala em "nós".

[37]A flagelação era considerada castigo tão infame que poderia vir a prejudicar grandemente a pregação do Evangelho, razão por que o apóstolo exige desagravo.

17 [18]Os epicureus eram sensualistas e desbragados gozadores; os estóicos eram orgulhosos racionalistas. Não admira que a esses filósofos faltassem as disposições interiores para abraçarem o Evangelho da pureza e da humildade.

[23]O Areópago era uma colina situada ao norte da Acrópole de Atenas; aí costumava o tribunal fazer as suas sessões ao ar livre. Era ao mesmo tempo lugar favorito de reuniões dos filósofos.

[19]Os atenienses, além dos numerosos altares dedicados aos deuses conhecidos, tinham um altar para algum deus cuja existência ignorassem, mas cujos favores não queriam dispensar.

[28]A frase citada encontra-se nas obras do poeta cilício Arato (270 a.C.), bem como nas do filósofo estóico Cleantes (260 a.C.) e do célebre poeta tebaico Píndaro (480 a.C.); é exata e sem erro panteístico, no sentido de que Deus é o nosso primeiro princípio.

[32]A sabedoria dos pretensos filósofos gregos não ultrapassava o estreito horizonte da vida presente; a idéia duma existência futura lhes parecia absurda e ridícula.

18 [2]No ano 49 ou 50, o imperador Cláudio baniu de Roma os judeus, em atenção aos freqüentes conflitos que entre eles havia "por causa dum tal Cristo", como diz o historiador romano Suetônio.

³Paulo aprendera, na mocidade, o ofício de fazer tecidos de pelos de cabras destinados à armação de tendas ou barracas.

¹²⁻¹⁷Esta narração não passa de um ligeiro episódio dos 18 meses que Paulo se deteve em Corinto (outono de 50 até primavera de 52). Júnio Galião, irmão do célebre filósofo Sêneca, foi procônsul da Acaia, nos anos 50-52, como diz uma inscrição em Delfos.

¹⁸Costumava o judeu, quando colocado em situação aflitiva, fazer um voto ou uma promessa a Deus, abstendo-se de bebidas inebriantes e deixando crescer o cabelo; era então *nazireu* (Nm 6,1ss). O prazo desse voto abrangia geralmente 30 dias, findos os quais o nazireu oferecia o sacrifício prescrito e cortava o cabelo, às portas do santuário, lançando-o nas chamas da hóstia pacífica. Foi em Cencréia, porto de Corinto, antes de fazer o voto, que Paulo mandou cortar o cabelo, começando a contar daí os dias do nazireato.

¹⁹⁻²³A terceira excursão missionária (53-58) levou o apóstolo até Éfeso e, daí, à Macedônia e à Grécia.

19 ¹⁹50.000 dracmas de prata equivalem a cerca de 2,5 milhões de reais.

²⁴Os templozinhos de Diana eram uns artefatos que imitavam a estátua da deusa e que os devotos da mesma armavam em casa ou levavam consigo nas viagens, à guisa de amuletos ou talismãs.

20 ⁵Nestas alturas, torna Lucas a associar-se ao apóstolo, prosseguindo a narração na primeira pessoa do plural (nós).

⁷Faz ver este texto que já naquele tempo os cristãos celebravam o primeiro dia da semana (domingo), em vez do sábado. A referida reunião se fez em vésperas de domingo. Partir o pão queria dizer celebrar um ágape fraternal, ligado, talvez, com a recepção do mistério eucarístico.

²⁶Quer dizer: sou livre de qualquer culpa; fiz o que estava da minha parte.

²⁸A palavra grega "epíscopos" que aqui se encontra quer dizer intendente, guarda, pastor (cf. v. 17). A princípio, ainda se usavam promiscuamente os termos "presbíteros" (ancião), e "epíscopos" (bispo); mais tarde, veio este último a tornar-se o título oficial para designar os detentores dum múnus superior.

³⁵Não se encontram no evangelho estas palavras de Jesus; São

Paulo, porém, as conhecia pela tradição oral, pois os evangelhos não são senão um resumo dos ditos e feitos do Salvador.

21 ²⁰⁻²⁶O que os chefes da Igreja jerosolimitana aconselham a Paulo, e o que este aceita, é uma medida de prudência pastoral, não de obrigação moral. As asserções dos descontentes (v. 21) não eram, naturalmente, a expressão da verdade.

²⁸Era vedado aos gentios, sob pena de morte, o ingresso nos átrios internos do templo; só podiam entrar no átrio dos pagãos.

Ao norte do templo se erguia o castelo Antônia, quartel militar da guarnição romana; daí conduziam duas escadarias para a praça do santuário.

³⁹Alusão a um judeu egípcio que, não muito antes, fizera um motim para sacudir o jugo romano; derrotado, porém, pelo governador Félix, se evadira para o deserto com muitos dos seus adeptos.

22 ¹*Em hebraico* — quer dizer: no dialeto aramaico falado pelo povo.

²⁵Flagelar um cidadão romano e ainda não realizar o devido inquérito sobre a sua culpabilidade eram duas infrações da lei.

23 ⁵Paulo tomava aquele ofensor por um membro qualquer do Sinédrio.

⁶No interesse da difusão do Evangelho, não hesita Paulo em lançar mão dum expediente de prudência humana: sabendo que o Sinédrio se compunha de saduceus e fariseus, discordes em diversos pontos doutrinários, se declara publicamente fariseu, lançando, assim, o germe da desunião no meio dos seus acusadores gratuitos.

²⁴O governador romano residia em Cesaréia.

24 ¹⁰⁻¹³Paulo acha escusado responder às acusações gerais e vagas que o dão como peste e amotinador, limitando-se a replicar a dois pontos mais concretos, a saber: o de ser fervoroso adepto de Jesus Nazareno (14-16) e a acusação de ter profanado o templo (17-21).

²⁴Félix vivia em adultério com Drusila, filha de Agripa I, e esposa de Azizo, rei de Emesa. Paulo soube, pois, adaptar magistralmente o seu discurso às circunstâncias.

25 ⁹⁻¹⁰Paulo tinha bastas razões para não aceitar a proposta de ser julgado pelo Sinédrio de Jerusalém. Em vez disso, faz valer os seus foros de cidadão romano, apelando para o supremo tribunal de César, em Roma. Contribuiu sem dúvida para essa resolução o desejo que tinha de visitar a metrópole do império (cf. 19,21), bem como a aparição que tivera pouco antes (23,11).

[18]Trata-se de Agripa II, filho de Agripa I, que recebeu do imperador Cláudio os antigos domínios de Filipe e Lisânias (cf. Lc 3,1).

26 [2-23]Prova o apóstolo, nesta defesa, que longe de infringir a lei de Moisés procura cumpri-la com perfeição à luz da ordem divina que recebera às portas de Damasco.

27 [9]*O tempo do jejum* — quer dizer: os dias da expiação, fins de setembro ou princípios de outubro. Por esse tempo, com os primeiros prenúncios do inverno, começavam a soprar fortes vendavais, e suspendia-se a navegação.

[17]A grande Sirte — isto é, os baixios — se achava na costa setentrional da África, sendo muito temida pelos mareantes.

[28]Uma braça romana media 1,85 m; 20 braças — 37 m, 15 braças — 27,75 m.

28 [11]Isto é, em fevereiro ou princípios de março. Os Dióscuros ou Castores eram os gêmeos Cástor e Pólux, filhos de Júpiter, segundo a mitologia, transferidos ao firmamento, após a morte (constelação dos gêmeos!), de onde protegiam os navegantes.

[13]Em Putéoli (hoje Pozzuoli), perto de Nápoles, existia uma colônia judaica bastante forte. Três Tavernas distava de Roma uns 48 km.

[16]Paulo não ficou no pretório, mas teve permissão de alugar uma casa, continuando, todavia, em custódia militar, isto é, com o braço esquerdo acorrentado ao braço direito do guarda.

30-31 Paulo chegou a Roma em março de 61, ficando preso até o ano 63. Em seguida, posto em liberdade, reencetou o seu ministério apostólico pela Europa e pela Ásia. Mais tarde, novamente preso, voltou a Roma, onde morreu mártir.

Lucas termina aqui a sua narração porque o resto era conhecido de Teófilo, que residia em Roma.

Vida e epístolas de São Paulo

1. Vida do apóstolo

1. Nasceu Paulo em Tarso, na Cilícia (Ásia Menor), filho de pais judeus, da tribo de Benjamim (At 9,11; 21,39; 22,3). Nos Atos dos Apóstolos, aparece a princípio com o nome de Saulo, em seguida, Paulo, como se intitula nas epístolas. É que, segundo o costume judaico, tinha dois nomes; mas, por motivos de prudência, nos seus trabalhos entre os pagãos, começou a usar somente o nome romano Paulo, omitindo o nome hebraico Saulo. Sendo que, por ocasião do apedrejamento de Santo Estêvão, era ainda jovem (At 7,58), ao passo que na epístola a Filêmon, escrita no ano 63, ele se chama velho (v. 9), parece ter nascido lá pelo ano 3 depois de Cristo.

2. A educação que recebeu na casa paterna foi rigorosamente farisaica (At 23,6), o que, todavia, não obstava a que Paulo tirasse real proveito da cultura helênica, que então florescia em Tarso, como bem prova a destreza que, mais tarde, revela no manejo da língua grega. Embora destinado, como parece, a doutor da lei, teve de aprender um ofício, conforme pediam os costumes da raça. Tornou-se fabricante de tendas, o que quer dizer que confeccionava certa espécie de tecidos de pêlo de cabra, destinados a servirem de toldas para barracas ou tendas, como então se usavam em grande escala. Mais de uma vez recorreu, mais tarde, a esse trabalho para ganhar o pão de cada dia, como referem os livros sagrados (At 18,3; 20,34s; 1Cor 4,12; 1Ts 2,9; 2Ts 3,8).

Ainda moço, foi enviado a Jerusalém para aperfeiçoar a sua cultura científica; tinha ele na capital uma irmã casada (At 22,3; 23,16). Na escola do festejado doutor da lei Gamaliel, foi iniciado nos mistérios da ciência dos rabinos, aprendendo a pautar a sua vida rigorosamente pelos dispositivos da lei. Parece, entretanto, que deixou Jerusalém antes do início da vida pública de Jesus; porque em parte nenhuma das suas epístolas se encontra alusão a um conhecimento pessoal do Senhor.

3. Era Paulo de gênio fogoso e apaixonado, e a educação lhe acendera na alma um zelo ardente pelas tradições paternas, o que veio fazer do jovem fariseu um fanático perseguidor da nascente Igreja de Jesus Cristo. Tomou parte na morte violenta do protomártir Estêvão, bem como na perseguição dos cristãos que, pouco depois, rompeu (At 7,58; 8,3; 26,9-11; Gl 1,13). Autorizado pelo sumo sacerdote, dirigiu-se a Damasco, a fim de prender os cristãos e levá-los a Jerusalém. Pelo caminho apareceu-lhe Jesus glorioso e lhe fez revelações que transformaram milagrosamente o ferrenho perseguidor da Igreja em ardentíssimo defensor e pregoeiro do Evangelho (At 9,2-19; 22,6-16; 26,12-18).

4. Após a sua conversão, retirou-se Paulo para a Arábia (Gl 1,17), preparando-se, no silêncio da solidão e pelo trato íntimo com Deus, para a sua grande missão. De regresso a Damasco, anunciou o Evangelho aos judeus; mas viu-se obrigado a fugir clandestinamente para não sucumbir às ciladas de seus patrícios (At 9,23-25; 2Cor 11,32s). Dirigiu-se então a Jerusalém, onde travou relações com Simão Pedro (Gl 1,18). Não tardou, porém, a voltar para Tarso, seu torrão natal, onde foi convidado por Barnabé para acompanhá-lo a Antioquia (At 9,29s; 11,22). Por ocasião de uma carestia foram os dois a Jerusalém para entregar aos cristãos necessitados daí o fruto de uma coleta (At 11,27-30). Em seguida, regressaram para Antioquia.

5. Pouco depois disso, empreendeu São Paulo, em companhia de Barnabé, a sua primeira excursão apostólica (45-48), cruzando Chipre, a Panfília, a Pisídia e a Licaônia, fundando cristandades em Antioquia, na Pisídia, em Icônio, em Listra e em Derbe (At 13,14).

6. Depois do concílio apostólico de Jerusalém, empreendeu a segunda viagem em companhia de Silas (49-52), perlustrando a Síria, a Cilícia, a Licaônia, a Frígia e a Galácia. Por inspiração divina, dirigiu-se à Europa, passando por Filipos, Tessalônica, Beréia, Atenas e Corinto. De lá voltou por Éfeso e Jerusalém para Antioquia (At 15,36–18,22).

7. Na terceira excursão missionária (53-58), atravessou Paulo a Galácia e a Frígia, chegando a Éfeso, onde se deteve quase três anos, passando daí pela Macedônia e Acaia até Corinto, onde se demorou pouco tempo. Resolveu então demandar a capital do Império Romano; o seu plano era empreender uma expedição evangélica para a Espanha, passando por Jerusalém e Roma. Os judeus, porém, frustraram a execução desse desígnio. Só depois de preso dois anos em Cesaréia chegou a Roma, onde foi guardado no cárcere mais dois anos (At 18,23–28,31).

8. Nesta altura, emudecem subitamente as notícias que os Atos dos Apóstolos fornecem do grande arauto do Evangelho. A tradição, porém, refere que, terminados os dois anos de prisão em Roma, foi São Paulo posto em liberdade e empreendeu uma viagem para a Espanha (Rm 15,24.28); regressou para o Oriente e, tornando a Roma, foi preso pela segunda vez, morrendo pela espada, como cidadão romano, no ano 67.

2. Epístolas paulinas em geral

1. São 14 as epístolas que devemos ao amor paternal e à incansável solicitude que São Paulo votava às cristandades da época. Entretanto, é certo que o apóstolo escreveu mais cartas desse gênero. Assim, por exemplo, alude em 1Cor 5,9 a uma carta aos coríntios, anterior à que hoje intitulamos a primeira aos coríntios; em Cl 4,16 faz menção de uma epístola aos laodicenses; a julgar por Fl 3,1, parece que São Paulo escreveu ainda outra carta aos filipenses anterior à que possuímos.

2. Algumas das epístolas se dirigem a uma ou mais Igrejas, outras a pessoas particulares. A sucessão que ostentam no cânon da Igreja não obedece à ordem cronológica da sua origem, mas antes ao prestígio de que gozavam as respectivas cristandades ou pessoas.

Faz exceção dessa regra a epístola aos hebreus, que, a princípio, não era universalmente reconhecida na Igreja ocidental.

3. É riquíssimo o conteúdo doutrinário das epístolas paulinas. São Crisóstomo compara-as a grandes minas que contêm inesgotável abundância dos mais preciosos metais; diz ainda que são como outras tantas fontes perenes, maravilhosos mananciais que tanto mais água fornecem quanto mais se lhes tira. Santo Tomás de Aquino encontra condensada nas epístolas de São Paulo "quase toda a teologia". A idéia fundamental que passa por todas as cartas é o pensamento da universalidade do cristianismo, cujas bênçãos quer Deus fazer reverter em benefício de toda a humanidade, tanto judeus como pagãos.

4. Todas as epístolas de São Paulo foram redigidas em grego. Ainda que o apóstolo conhecesse perfeitamente essa língua, contudo, devido à escassez do tempo e à multiplicidade dos trabalhos, não lhe era possível prestar a necessária atenção à forma estilística. Costumava ditar as suas missivas (Rm 16,22; 1Cor 16,21; Gl 6,11; 2Ts 3,17); mas a pena do amanuense não valia seguir a extraordinária vivacidade do espírito de Paulo; no meio da frase acudiam, não raro, idéias novas à mente do autor e às vezes conclui o período com imagens diversas das que formam o princípio. A facilidade e a rapidez de concepção e a torrente riquíssima de grandes idéias a brotarem impetuosamente da alma do apóstolo nem sempre favoreciam um desenvolvimento sereno e harmônico da forma exterior. Daí essas frases obscuras e dificilmente inteligíveis que freqüentemente se nos deparam nas epístolas paulinas (cf. 2Pd 3,16).

Mas, ainda assim, não há quem não sinta, nessas cartas, uma eloqüência espontânea que tudo empolga e arrebata. A cada passo recorre o autor a figuras e alegorias muito apropriadas, não regateia perguntas e exclamações cheias de vida, lança mão de freqüentes jogos de contrastes, graduações e outros recursos retóricos (1Cor 9,1-13; 13,1-3; 2Cor 4,8-12; 4,5-10). O que mais que tudo caracteriza o estilo de São Paulo é um extraordinário vigor e energia de expressão. "Toda vez que leio São Paulo", diz São Jerônimo, "julgo ouvir, não palavras, mas trovões." A agudeza daquele espírito privilegiado, e a riqueza daquele coração de fogo emprestam à linguagem de Paulo incomparável veemência e fascinante beleza.

5. A forma exterior das epístolas obedece às formalidades gerais da época: a princípio se lê o nome do remetente, o destinatário e a competente fórmula de bênção. Seguem-se, por via de regra, umas palavras de agradecimento e de intercessão. Vem depois o corpo da epístola, que, geralmente, abrange duas partes, ocupando-se a primeira com a exposição e demonstração de alguma verdade dogmática, enquanto a segunda parte tira conseqüências práticas para a vida religiosa e moral.

Rematam a carta algumas comunicações pessoais, saudações e votos de felicidade.

Epístola aos Romanos

Introdução

1. Roma recebeu o Evangelho da Palestina, ou melhor, de Jerusalém. As primeiras notícias da redenção aí chegaram bem cedo, não muito após a vinda do Espírito Santo sobre os apóstolos (At 2,1). Como fundador da Igreja romana dá-nos a antiguidade cristã o apóstolo Pedro, o qual, em face da perseguição movida por Herodes Agripa, abandonou a Palestina no ano 42 (At 12,17). Compunha-se a cristandade romana, a princípio, de judeu e étnico-cristãos; mas não tardou a cortar as relações com a sinagoga de Israel, razão por que não foi atingida pelo edito de expulsão do imperador Cláudio, nos anos 50-51. A partir dessa data, predominava o elemento étnico-cristão. É devido a essa circunstância que São Paulo, na qualidade de apóstolo dos gentios, vê na Igreja romana uma esfera de ação que lhe dizia respeito, e saúda os leitores como neófitos vindos do paganismo (Rm 1,5s; 11,13; 15,14-16).

Enquanto a Galácia e Corinto se viam freqüentemente perturbadas pelas doutrinas dos judaizantes, florescia em Roma uma cristandade tão tranqüila e bem organizada, que São Paulo não hesita em associar-se ao hino de louvor que todo o mundo cantava aos cristãos da capital do império; agradece a Deus por aquela vida exemplar e exalta a dedicação que os discípulos testemunhavam à causa do Evangelho (Rm 1,8; 15,14; 16,17-19).

2. Qual a ocasião desta epístola? Antes de tudo, queria São Paulo apresentar-se à cristandade de Roma, preparar a sua próxima chegada à metrópole e despertar nos leitores o interesse pela planejada excursão apostólica para a Espanha (Rm 1,10-13; 15,21-33). Mas visava ainda um fim superior: tencionando demorar-se pouco tempo em Roma, achou conveniente expor em carta o programa do seu evangelho, realçando principalmente a doutrina que tão ardentemente advogava, a saber: a justificação do homem pela fé em Jesus Cristo. De maneira que a epístola aos romanos nasceu, a bem dizer, da missão característica do Apóstolo das Gentes. É também essa missão tão sua que ele a alega como desculpa ou justificativa da liberdade que toma em escrever aos cristãos de Roma e confirmá-los na fé recebida de São Pedro e seus discípulos (15,15).

3. No tempo em que São Paulo escrevia esta carta, acabava de ultimar os seus labores no Oriente e estava prestes a partir para Jerusalém e levar aos cristãos daí o resultado das coletas feitas na Macedônia e na Acaia (15,19-26). Ora, sendo que a carta foi escrita em Corinto (cf. Rm 16,23 com 1Cor 1,14), temos de localizar a sua composição no fim da permanência do apóstolo em Corinto, isto é, por volta do ano 58.

4. A autenticidade do documento está fora de dúvida. Dele já se servia Clemente Romano; Justino, Irineu, Clemente de Alexandria, Tertuliano e outros citam-no sob o título de *Epístola de São Paulo aos Romanos*.

Epístola de São Paulo aos Romanos

1 ¹Paulo, servo de Jesus Cristo, chamado a ser apóstolo, escolhido para o ²evangelho, que Deus prenunciara pelos profetas nas sagradas Escrituras ³sobre seu Filho — o qual, segundo a carne, é descendente de Davi, mas, ⁴segundo o Espírito Santo, pela ressurreição dentre os mortos, foi poderosamente demonstrado como Filho de Deus — Jesus Cristo, Senhor nosso. ⁵Por seu intermédio é que recebemos a graça do apostolado, a fim de sujeitar à fé, pela glória de seu nome, todos os povos gentios, ⁶de que fazeis parte também vós, chamados por Jesus Cristo.

⁷A todos os de Roma, queridos de Deus e chamados a ser santos, a graça e a paz vos sejam dadas por Deus, nosso Pai, e pelo Senhor Jesus Cristo.

Agradecimento e petição. ⁸Antes de tudo, dou graças a meu Deus, mediante Jesus Cristo, por todos vós, porque a vossa fé é preconizada em todo o mundo. ⁹Deus, a quem sirvo em meu espírito pela evangelização de seu filho, me é testemunha de que sem cessar vos trago na lembrança, ¹⁰e não deixo de suplicar em minhas orações me seja concedido, finalmente, visitar-vos, se Deus quiser.

¹¹É que estou com saudade de vos ver, a fim de vos comunicar algum dom espiritual que vos fortaleça, ¹²ou melhor: para nos fortalecermos mutuamente pela nossa fé comum, tanto vossa como minha. ¹³Quero que não ignoreis, meus irmãos, que já muitas vezes tenho tido intenção de vos visitar; mas até agora não me tem sido possível. Pois quisera colher algum fruto no meio de vós, assim como entre outras nações. ¹⁴Porquanto sou devedor a gregos e bárbaros, e sábios

e ignorantes. ¹⁵Da minha parte estou pronto a anunciar o evangelho também a vós, em Roma.

¹⁶Pois não me envergonho do evangelho, porque é virtude divina para dar salvação a todo homem que crê, em primeiro lugar para o judeu, mas também para o gentio. ¹⁷Pois nele se patenteia que Deus justifica pela fé e para a fé, conforme está escrito: "O justo vive da fé"[Hab 2,4].

Justificação por Jesus Cristo

Necessidade universal da justificação

Estado moral dos gentios. Idolatria pagã. ¹⁸Toda a impiedade e injustiça dos homens, que com a sua injustiça oprimem a *verdade*[verdade de Deus], faz descer do céu a ira divina.

¹⁹Pois, o que de Deus se pode conhecer, bem o conhecem eles; Deus lho manifestou. ²⁰Com efeito, desde a criação do mundo, pode a inteligência contemplar-lhe visivelmente nas obras o ser invisível: o seu eterno poder como a sua divindade. De maneira que eles não têm escusa; ²¹pois, embora conhecessem a Deus, não o glorificaram como Deus, nem lhe renderam graças. Antes se entregaram a pensamentos fúteis, e obscureceu-se-lhes o coração insensato; ²²pretenderam ser sábios, e tornaram-se estultos. ²³Trocaram a glória de Deus imperecível por imagens de homens perecedores, de aves, de quadrúpedes e de répteis.

Luxúria pagã. ²⁴Por isso os entregou Deus à impureza pelos apetites dos seus corações; a ponto de cometerem infâmias nos corpos uns dos outros. ²⁵Trocaram o Deus verdadeiro por ídolos falsos, prestando culto e adoração às criaturas em vez do Criador, que é bendito para sempre. Amém.

²⁶Por essa razão os entregou Deus a paixões infames. As suas mulheres converteram as relações naturais em relações contra a natureza. ²⁷Da mesma forma, abandonaram também os homens o comércio natural com a mulher, e se abrasaram de volúpia uns para com os outros; homens praticaram torpezas com homens; e chegaram a experimentar em si mesmos o justo castigo dos seus desvarios.

²⁸E, uma vez que se negaram a reconhecer a Deus, entregou-os Deus aos seus sentimentos depravados de modo que cometeram

inconveniências, ²⁹repletos de toda a injustiça, *malícia*[malícia, luxúria], avareza, perversidade; cheios de inveja, homicídios, discórdias, dolo, astúcia; são murmuradores, ³⁰caluniadores, ímpios, escarnecedores, soberbos, fanfarrões; inventores de maldades, insubmissos aos pais; ³¹insensatos, homens sem palavra, sem caridade nem piedade. *³²Embora conheçam os preceitos de Deus, que declaram réus de morte aos que tais coisas praticam, contudo não somente as cometem eles mesmos, senão ainda aplaudem os que assim procedem.*[Embora conheçam a justiça de Deus, não compreenderam que são réus de morte os que tais coisas praticam; e não somente os que tal cometem, mas também os que aplaudem aos que assim procedem.]

2 Estado moral dos judeus. Bitola divina. ¹Por isso és inescusável, ó homem, quem quer que sejas, se te arvoras em juiz; porque pelo fato de julgares o próximo condenas-te a ti mesmo, uma vez que cometes aquilo mesmo que condenas. ²Ora, sabemos que Deus julgará segundo a verdade aos que tais coisas praticam. ³Cuidas, porventura, escapar ao juízo de Deus, ó homem, que cometes o mesmo que aqueles que condenas? ⁴Ou desprezas a riqueza da sua bondade, paciência e longanimidade? Ignoras, acaso, que a bondade de Deus quer levar-te à conversão?

⁵Mas com essa dureza e esse coração impenitente vais acumulando ira para o dia da ira e da revelação do justo juízo de Deus, ⁶que a cada um retribuirá segundo as suas obras: ⁷a vida eterna aos que perseverarem na prática do bem e aspirarem à glória, à honra e à incorruptibilidade; ⁸a ira, porém, e a indignação aos obstinados, aos que contradisserem a verdade e se guiarem pela injustiça. ⁹Tribulação e angústia sobrevêm à alma de todo homem que praticar o mal, primeiramente ao judeu, mas também ao gentio; ¹⁰ao passo que aos que praticarem o bem lhes caberá glória, honra e paz, em primeiro lugar ao judeu, e depois ao gentio. ¹¹Porque Deus não conhece acepção de pessoas.

A posse da lei. ¹²Os que pecarem sem a lei, fora da lei perecerão; e os que pecarem sob a lei, à luz da lei serão julgados. ¹³Porquanto não serão justos perante Deus os que ouvem a lei, mas, sim, os que cumprem a lei, esses é que serão declarados justos. ¹⁴Quando os gentios, que não possuem a lei, fazem de modo natural o que pede a lei, então eles, que não têm a lei, servem de lei a si mesmos; ¹⁵por sinal que mostram levar gravada no coração a essência da lei. É o que lhes testificam a consciência e os pensamentos, a se acusarem ou defenderem mutuamente — ¹⁶no dia em que Deus há de julgar, por Jesus Cristo, os segredos humanos, consoante o meu evangelho.

Jactância dos judeus. ¹⁷Dizes que és judeu, confias na lei e te ufanas de Deus; ¹⁸conheces a sua vontade, e, instruído pela lei, sabes o que é bom e o que é mau; ¹⁹tens-te em conta de guia dos cegos, luzeiro dos que vivem em trevas, ²⁰doutor dos ignorantes, mestre dos pequeninos, de homem que na lei possui a expressão do conhecimento e da verdade — ²¹e tu, que ensinas a outrem, não te ensinas a ti mesmo? Pregas que não se deve furtar — e furtas? ²²Dizes que não se deve cometer adultério — e cometes adultério? Detestas os ídolos — e cometes sacrilégio? ²³Glorias-te da lei — e desrespeitas a Deus pela transgressão da lei? ²⁴Pois é por tua culpa que se ultraja o nome de Deus entre os gentios[Is 52,5], como diz a Escritura.

Valor da circuncisão. ²⁵A circuncisão é de proveito, sim, no caso que observes a lei; mas, desde que te constituas transgressor da lei, a circuncisão se te mudou em incircuncisão. ²⁶Se, pelo contrário, um incircunciso observar os dispositivos da lei, porventura não valerá por circuncisão o seu estado de incircunciso? ²⁷E assim, quem é por natureza incircunciso, mas observa a lei, te há de julgar a ti, que a despeito da letra e da circuncisão, és transgressor da lei. ²⁸Porquanto não é judeu quem o é apenas no exterior, nem é circuncisão a que se faz apenas exteriormente, na carne; ²⁹mas judeu é aquele que o é no seu interior; e circuncisão é a que está no coração, no espírito, e não segundo a letra; e, embora esse não tenha elogio dos homens, tem-no da parte de Deus.

3 Privilégios dos judeus. ¹Que vantagem tem, pois, o judeu? Que proveito traz a circuncisão? ²Muito, em todo o sentido. Em primeira linha, porque lhes foram confiados os oráculos de Deus. ³Que importa que *alguns*[alguns deles] tenham recusado crer? Será que a sua descrença anula a fidelidade de Deus? ⁴Certo que não. Deus há de provar-se verdadeiro, seja embora todo o homem mentiroso, conforme está escrito: "Que apareças justo em tuas palavras, e vencedor, quando contraditado"[Sl 51(50),6].

⁵Mas, se a nossa injustiça põe em relevo a justiça de Deus, que diremos a isso? Que Deus é injusto — humanamente falando — em executar a sentença da sua ira? ⁶Não, por certo. Do contrário,

como havia Deus de julgar o mundo? ⁷Mas, se a veracidade de Deus aparece maior e mais gloriosa em face da minha falsidade, por que ainda me condenam como pecador? ⁸E por que não diríamos então o que alguns, caluniosamente, nos põem na boca: "Pratiquemos o mal para que dele nasça o bem?" Mas esses tais terão o castigo merecido.

Miséria universal. ⁹Que se segue, pois, daí? Que nós levamos vantagem sobre eles? De forma alguma. Acabamos de demonstrar que todos, tanto judeus como gentios, estão sujeitos ao pecado. ¹⁰Diz a Escritura: "Ninguém é justo, nem um só; ¹¹não há quem ande com critério, não há quem procure a Deus. ¹²Todos se extraviaram, todos juntos se perderam. Não há quem pratique o bem, não há um sequer. ¹³As suas fauces são sepulcro aberto, cometem fraude com a língua, trazem veneno de serpente nos lábios; ¹⁴a sua boca está cheia de maldição e aspereza; ¹⁵velozes são os seus pés para derramar sangue; ¹⁶perdição e desgraça assinalam seus caminhos; ¹⁷ignoram o caminho da paz, ¹⁸e o temor de Deus é desconhecido a seus olhos"[Sl 14(13),1; 5,10; 140(139),4; 10(9),7; Is 59,7; Sl 36(35),2]

¹⁹Ora, nós sabemos que tudo quanto a lei diz di-lo para os que estão sob a lei, a fim de que se cale toda a boca e todo o mundo se sujeite ao juízo de Deus; ²⁰porque a seus olhos nenhum homem será justificado pelas obras da lei. A lei serve apenas para conhecer o pecado.

Processo da justificação

A fé em Jesus Cristo. ²¹Agora, porém, se tornou patente que somos justificados por Deus, sem a lei — justificação essa indigitada pela lei e pelos profetas — ²²a justificação que vem de Deus, graças à fé em Jesus Cristo, *para todos os que crerem*[para todos e sobre todos os que nele crerem]. Não há distinção alguma. ²³Todos pecaram e estão privados da glória de Deus. ²⁴Mas são justificados gratuitamente pela sua graça, mediante a redenção de Jesus Cristo, ²⁵a quem Deus constituiu, pela fé, vítima de propiciação, em virtude do seu sangue, no intuito de patentear a sua justiça. ²⁶É que na sua longanimidade tolerara os pecados anteriores, para manifestar, no tempo presente, a sua justiça; porque queria mostrar-se justo, e também tornar justo a todo o homem que tivesse fé em *Jesus*[Jesus Cristo].

²⁷Que é, pois, da ufania? Está excluída. Em virtude de que lei?

Das obras? Não; em virtude da lei da fé. [28]Pois estamos convencidos de que o homem é justificado pela fé, sem as obras da lei. [29]Acaso é Deus apenas Deus dos judeus, e não dos gentios? Também dos gentios, é certo. [30]Porque há um só Deus, que, em atenção à fé, justifica os circuncisos; e, pela fé, os incircuncisos. [31]Suplantamos, pois, a lei pela fé? De modo nenhum; antes confirmamos a lei.

4 Exemplo de Abraão. [1]Que diremos? Que alcançou Abraão, nosso pai segundo a carne? [2]Se Abraão se justificasse pelas obras, teria de que gloriar-se. Mas não é o que acontece. [3]Com efeito, que diz a Escritura? "Abraão creu em Deus, e isso lhe foi tido em conta de justificação."[Gn 15,6] [4]Quem pratica obras, a esse não se lhe atribui a recompensa como graça, mas, sim, como merecimento. [5]Quem, pelo contrário, não tem obras, mas crê naquele que justifica o pecador, a este é imputada a fé como *justificação*[justificação segundo o desígnio da graça de Deus]. [6]Tanto assim que Davi chama bem-aventurado ao homem a quem Deus concede a justificação independentemente das obras: [7]"Bem-aventurado aquele cujas iniqüidades foram perdoadas, e cujos pecados foram cobertos. [8]Bem-aventurado o homem cujo pecado o Senhor não toma em conta"[Sl 32(31),1].

[9]Ora, valerá essa bem-aventurança tão-somente para os circuncidados? Ou também para os incircuncisos? Pois dizemos que a fé foi imputada a Abraão como justificação. [10]De que modo lhe foi imputada? Depois de circuncidado, ou antes de circuncidado? Não foi depois da circuncisão, mas antes da mesma; [11]tanto assim que só recebeu o sinal da circuncisão como sigilo da justificação — justificação que alcançara antes de circuncidado, em virtude da fé. Destarte devia ele tornar-se o pai de todos os crentes incircuncisos, para que também a eles lhes fosse levada em conta a justificação. [12]Devia, outrossim, ser pai dos circuncidados, dos que não somente têm a circuncisão, mas também seguem as veredas da fé, que nosso pai Abraão já possuía antes de circuncidado.

A promessa e a fé. [13]Não foi em virtude da lei que a Abraão e a seus descendentes coube a promessa de serem herdeiros do mundo; mas, sim, pela justificação mediante a fé; [14]pois, se só os adeptos da lei fossem os herdeiros, seria desvirtuada a fé, e sem valor a promessa, [15]tanto assim que a lei não é senão causa de castigo. Mas onde não há lei não há transgressão. [16]Logo, em virtude da fé e, portanto, pela graça. Assim é que a promessa é garantida para todos os descendentes, e não somente para os adeptos da lei, mas também para os que possuem a fé que teve Abraão, o pai de todos nós — ¹⁷conforme está escrito: "Destinei-te para pai de muitos povos"[Gn 17,5] — pai de todos nós perante Deus, no qual teve fé, Deus, que dá vida aos mortos e chama à existência o que não existe.

Abraão e a fé. ¹⁸Contra toda a esperança esperou e creu que seria pai de numerosos povos, porque isto lhe fora dito: "Assim será a tua descendência"[Gn 15,5]. ¹⁹Não vacilou na fé, embora visse esmorecer-se-lhe o corpo — tinha quase cem anos — e definhar o seio de Sara. ²⁰Não descreu da promessa de Deus, antes se mostrou forte na fé, e glorificou a Deus, ²¹na firme convicção de que ele é poderoso para cumprir o prometido. ²²Por isso lhe foi levado em conta de justificação.

²³Mas não somente por causa dele mesmo está escrito que lhe foi levado em *conta*[conta de justificação], senão também por causa de nós; ²⁴porque também a nós nos será levado em conta, se crermos naquele que ressuscitou dentre os mortos a nosso Senhor *Jesus*[Jesus Cristo], ²⁵o qual por nossos pecados foi entregue e foi ressuscitado para nossa justificação.

Efeitos da justificação

5 Reconciliação com Deus. ¹Justificados pela fé temos paz com Deus, por nosso Senhor Jesus Cristo. ²Por ele é que, em virtude da fé, temos acesso à graça em que estamos firmes, e nos ufanamos, esperando a *glória*[glória dos filhos] de Deus. ³E não somente isso: ufanamo-nos até na tribulação, certos de que a tribulação produz a paciência, ⁴a paciência, a prova, a prova, a esperança. ⁵A esperança, porém, não ilude; porque a caridade de Deus está derramada em nosso coração pelo Espírito Santo, que nos foi dado. ⁶Quando éramos ainda fracos, em boa hora morreu Jesus Cristo pelos pecadores. ⁷Dificilmente haverá quem se entregue à morte por um justo; e, ainda que alguém se anime a morrer por um homem de bem, ⁸Deus prova a caridade para conosco pelo fato de ter Cristo morrido por *nós*[nós, em boa hora,] quando éramos ainda pecadores. ⁹Ora, justificados por seu sangue, ainda muito mais seremos por ele preservados da ira. ¹⁰Se pela morte de seu Filho fomos reconciliados com Deus, quando inimigos, muito mais seremos salvos por sua vida, depois de reconciliados. ¹¹E não somente isso: também nos gloriamos em

Deus por nosso Senhor Jesus Cristo, pelo qual acabamos de alcançar a reconciliação.

Adão e Cristo. [12]Portanto, por um só homem entrou no mundo o pecado, e, pelo pecado, a morte; e assim passou a morte a todos os homens, porque todos pecaram. [13]Já antes da lei havia pecado no mundo, mas onde não havia lei não era imputado o pecado. [14]Reinava a morte desde Adão até Moisés, e também sobre os que não tinham como Adão pecado pela transgressão da lei. É esse Adão uma figura do que estava por vir.

[15]Entretanto, com a graça de Deus não se dá o mesmo que com o pecado. Se pelo delito de um só se tornaram réus de morte esses muitos, pela graça de um só homem, Jesus Cristo, se derramou sobre esses muitos abundâncias do dom gratuito de Deus. [16]Com a graça não acontece o mesmo que com o pecado de um homem: se a sentença sobre um só levou todos à condenação, a graça leva, através de muitos pecados, à justificação.

[17]Porque, se, pelo delito de um, e por causa de um só reinou a morte, muito mais reinará a vida naqueles que por um só, Jesus Cristo, receberam abundância do dom gratuito da justificação.

[18]Por conseguinte, assim como, pelo pecado de um só, todos os homens se tornaram réus de condenação, assim, por um só, que era justo, veio a justificação e a vida. [19]E como, pela desobediência de um só homem, se tornaram pecadores esses muitos, assim, pela obediência de um só, esses muitos se tornarão justos.

[20]Sobreveio a lei para que abundassem os pecados; mas, onde abundava o pecado, superabundava a graça. [21]Assim, pois, como o pecado ostentava o seu poder pela morte, assim também a graça, em virtude da justificação para a vida eterna, ostentará o seu poder por Jesus Cristo, nosso Senhor.

6 Morto para o pecado. [1]Que diremos, pois? Continuaremos a viver em pecado para que tanto mais abunde a graça? Decerto que não. [2]Uma vez que morremos para o pecado, como continuaríamos a viver nele? [3]Ignorais, acaso, que todos nós, que fomos submersos na água batismal em Cristo Jesus, fomos submersos na sua morte? [4]Pelo que, submersos no batismo da morte, fomos com ele sepultados. E assim como Cristo ressuscitou dentre os mortos pela glória do Pai, assim vivamos também nós vida nova. [5]Se temos, por assim dizer, íntima união vital com a sua morte, tê-la-emos igualmente com a sua ressurreição. ⁶Porquanto sabemos que foi crucificado em nós o homem velho, para que pereça o corpo pecaminoso, e doravante não mais sirvamos ao pecado. ⁷Pois quem morreu está livre do pecado.

⁸Ora, uma vez que com Cristo morremos, temos fé que também com Cristo viveremos. ⁹Pois sabemos que Cristo, ressuscitado da morte, não torna a morrer; a morte já não tem poder sobre ele. ¹⁰Morrendo, morreu uma só vez pelo pecado; vivendo, porém, vive só para Deus. ¹¹Semelhantemente, considerai-vos também vós como mortos para o pecado, mas vivos para Deus, em Cristo *Jesus*[Jesus, nosso Senhor].

¹²Não há de, portanto, reinar o pecado em vosso corpo mortal, para obedecerdes às suas paixões. ¹³Não entregueis ao pecado vossos membros, como instrumentos de iniquidade; mas entregai-vos a Deus, como quem passou da morte para a vida; e oferecei os vossos membros a Deus, como instrumentos de justiça. ¹⁴Pois o pecado não deve mais ter poder sobre vós, uma vez que não vos achais sob o regime da lei, mas, sim, da graça.

Vivo para Deus. ¹⁵Que se segue daí? Que podemos pecar, por não vivermos sob o regime da lei, mas da graça? De forma alguma! ¹⁶Não sabeis que como escravos tereis de obedecer a quem como escravos vos entregardes — quer seja ao pecado, que leva à morte, quer seja à obediência, que leva à justificação? ¹⁷Graças a Deus, escravos, outrora, do pecado, abraçastes de todo o coração a doutrina em que fostes iniciados; ¹⁸e, livres do pecado, passastes a servir à justiça. ¹⁹Falo à maneira dos homens, em atenção à fraqueza da vossa carne. Do mesmo modo que pusestes vossos membros ao serviço da impureza e da iniquidade, vivendo iniquamente, assim ponde agora os vossos membros ao serviço da justiça, vivendo santamente. ²⁰Enquanto éreis escravos do pecado, estáveis privados da justiça. ²¹Que fruto tirastes das coisas de que agora vos envergonhais? Pois o fim delas é a morte. ²²Agora, porém, livres do pecado e feitos servos de Deus, possuís como fruto a santidade, e como termo final a vida eterna. ²³Porque o salário do pecado é a morte; a graça de Deus, porém, é a vida eterna, em Cristo Jesus, Senhor nosso.

7 Libertação da lei mosaica. ¹Não sabeis, irmãos — falo a quem conhece a lei — que a lei só tem poder sobre o homem enquanto ele vive? ²Assim, a mulher casada está obrigada à lei enquanto o marido vive; morrendo o marido, não está mais ligada ao marido pela lei. ³Se em vida do marido se entregasse a outro homem, seria chamada adúltera. Mas, falecido o marido, está livre em face da lei, e não será adúltera, se se entregar a outro homem.

⁴Assim também vós, meus irmãos, pelo corpo de Cristo estais mortos para a lei, e pertenceis a outrem, àquele que ressurgiu dentre os mortos. Produzamos, pois, fruto para Deus. ⁵Enquanto vivíamos ao sabor da carne, as paixões despertadas pela lei nos faziam produzir fruto para a morte; ⁶agora, porém, somos livres da lei, e pela morte libertos das suas algemas; pelo que servimos segundo um espírito novo, e não mais segundo a letra antiga.

A lei e o pecado. ⁷Que diremos, pois? Que a lei é pecado? De modo algum! Mas é que eu não cheguei a conhecer o pecado senão mediante a lei. Pois nada saberia da concupiscência, se a lei não dissesse: "Não cobiçarás"[Ex 20,17]. ⁸De modo que o mandamento serviu de ensejo ao pecado, para despertar em mim toda a espécie de concupiscência. Onde não há lei está morto o pecado. ⁹Outrora, vivia eu sem a lei; mas, assim que veio o mandamento, despertou o pecado; ¹⁰e eu morri. Assim foi que o mandamento, em vez de levar à vida, me levou à morte. ¹¹Pois o pecado, encontrando ensejo no mandamento, iludiu-me e precipitou-me na morte. ¹²A lei, por conseguinte, é santa. O mandamento é santo, justo e bom.

¹³De maneira que uma coisa boa se me tornou causa de morte? De modo algum. Antes devia o pecado revelar-se como pecado, levando-me à morte por meio daquilo que era bom; devia o pecado revelar, à luz do mandamento, o quanto encerra de excessivamente pecaminoso.

A lei e o homem. ¹⁴A lei, como sabemos, é espiritual, ao passo que eu sou carnal, vendido ao pecado. ¹⁵Não compreendo o meu modo de agir; pois não faço aquilo que *quero*[quero, o bem], mas, sim, aquilo que *aborreço*[aborreço, o mal]. ¹⁶Ora, se faço o que não quero, dou razão à lei. ¹⁷Mas, neste caso, já não sou eu quem age, age o pecado que em mim habita. ¹⁸Pois sei que em mim — isto é, em minha carne — não habita o que seja bom. Está em mim o "querer" o bem, mas não o "executar". ¹⁹Com efeito, não faço o bem que quero, mas faço o mal que não quero. ²⁰Ora, se faço o que não quero, já não sou eu quem age, mas, sim, o pecado que em mim habita.

²¹Encontro, pois, esta lei: quando quero fazer o bem sinto-me mais inclinado ao mal. ²²Segundo o homem interior, acho satisfação na lei de Deus; ²³mas percebo nos meus membros outra lei, que se opõe à lei do meu espírito e me traz cativo sob a lei do pecado, que reina nos meus membros.

²⁴Infeliz de mim! Quem me libertará deste corpo mortífero? ²⁵*Graças a Deus*[A graça de Deus], por Jesus Cristo nosso Senhor.

De maneira que, segundo o espírito, sirvo à lei de Deus; segundo a carne, porém, à lei do pecado.

8 Felicidade do estado da graça. ¹Assim, já não se encontra nada de condenável naqueles que estão em Cristo *Jesus*[Jesus e não vivem segundo a carne]; ²porque a lei do espírito, que dá a vida em Jesus Cristo, te livrou da lei do pecado e da morte. ³Pois o que era impossível à lei, porque desvirtuada pela carne, isto fez Deus enviando seu Filho na figura da carne pecadora e, por causa do pecado, condenando na carne dele o pecado, ⁴a fim de que as justas exigências da lei achassem cumprimento em nós, que já não vivemos ao sabor da carne, mas segundo o espírito. ⁵Os que vivem segundo a carne apetecem o que é carnal; os que vivem segundo o espírito apetecem o que é espiritual. ⁶O que a carne apetece é morte, o que o espírito apetece é vida e paz. ⁷Pois o apetite da carne é inimigo de Deus; não se sujeita à lei de Deus, nem o pode. ⁸Os que andam ao sabor da carne não podem agradar a Deus. ⁹Vós, porém, não andais segundo a carne, mas segundo o espírito — se é que o espírito de Deus habita em vós. Mas quem não possui o espírito de Cristo não pertence a ele. ¹⁰Se, porém, Cristo habitar em vós, morra embora o corpo, em conseqüência do pecado, o espírito vive, graças à justificação. ¹¹Se habitar em vós o espírito daquele que ressuscitou a Jesus dentre os mortos, então esse mesmo que ressuscitou dentre os mortos a Cristo Jesus há de vivificar também o vosso corpo mortal, por meio do seu espírito, que em vós habita.

Filhos de Deus. ¹²Pelo que não devemos à carne vivermos segundo a carne. ¹³Se viverdes segundo a carne, morrereis. Mas, se pelo espírito mortificardes os apetites da carne, vivereis. ¹⁴Porque todos os que se guiam pelo espírito de Deus são filhos de Deus. ¹⁵Porquanto não recebestes o espírito da escravidão para andardes novamente com temor; mas recebestes o espírito da filiação adotiva, que nos faz exclamar: "Abba, Pai"! ¹⁶Esse mesmo espírito é que diz ao nosso espírito que somos filhos de Deus. ¹⁷Ora, se somos filhos, também somos herdeiros — herdeiros de Deus e co-herdeiros de Cristo —, contanto que padeçamos com ele para sermos com ele glorificados.

Glória celeste. ¹⁸Pois eu tenho para mim que os padecimentos do tempo presente não se comparam com a glória futura que se há de revelar em nós. ¹⁹Porquanto os anseios da criação são anseios pela revelação dos filhos de Deus. ²⁰A criação foi sujeita à corruptibilidade, não por vontade própria, mas por aquele que a sujeitou. ²¹Mas a criação tem esperança de ser libertada da escravidão do corruptível e alcançar a gloriosa liberdade dos filhos de Deus. ²²Com efeito, sabemos que toda a criação geme e sofre dores de parto até ao presente. ²³E não somente ela, como também nós, que possuímos as primícias do espírito, gememos em nosso interior, ansiando pela filiação divina, a redenção do nosso corpo. ²⁴Pois nesta esperança é que somos salvos. O que se vê cumprido não mais se espera. Pois como se pode esperar o que se tem visível diante de si?

²⁵Mas o que não vemos, isso é que esperamos e aguardamos com paciência.

²⁶Do mesmo modo, vem também o espírito em auxílio da nossa fraqueza; porque não sabemos o que seja pedir às direitas. Por isso é que o espírito intercede por nós com gemidos súplices, que não se exprimem por palavras. ²⁷Mas aquele que perscruta os corações sabe o que o espírito deseja, porque intercede pelos santos, segundo a vontade de Deus.

²⁸Sabemos que todas as coisas redundam em benefício dos que amam a Deus, porque segundo os seus desígnios são *chamados*[chamados a ser santos]. ²⁹Porque, aos que Deus de antemão conheceu, também os predestinou a se assemelharem à imagem de seu Filho, para que este seja o primogênito entre muitos irmãos, ³⁰e aos que predestinou, também os chamou. E aos que chamou justifica-os. E aos que justifica condu-los à glória.

Exaltação da graça divina. ³¹Que diremos a isso? Se Deus é por nós, quem será contra nós? ³²Se nem poupou ao próprio Filho, mas o entregou por todos nós, como não nos daria tudo juntamente com ele? ³³Quem acusaria os eleitos de Deus? Deus é que os justifica. ³⁴Quem os condenaria? Cristo Jesus lá está. Morreu, e até ressuscitou e está sentado à direita de Deus, intercedendo por nós. ³⁵Quem nos separaria do amor de Cristo? A tribulação? A angústia? A perseguição? A fome? A desnudez? O perigo? A espada? ³⁶Pois está escrito: "Por tua causa estamos sendo trucidados, dia a dia; somos quais ovelhas de matadouro"[Sl 44(43),23]. ³⁷Mas de tudo isso somos soberanos vencedores pela virtude daquele que nos amou. ³⁸Estou certo de que nem a morte, nem a vida, nem anjos, nem *potestades*[potestades, nem virtudes], nem coisas presentes, nem futuras, nem potências, ³⁹nem o que há nas alturas, nem nas profundezas, nem criatura alguma será capaz de nos separar do amor de Deus, que está em Cristo, nosso Senhor.

Israel e a justificação

9 Interesse do apóstolo pela sorte de Israel. ¹Digo a verdade — por Cristo, que não minto! —; a consciência me dá testemunho pelo Espírito Santo de que ²é grande a minha tristeza, incessante a dor do meu coração. ³Quisera eu mesmo carregar a maldição, ser banido de Cristo, em lugar de meus irmãos, patrícios meus segundo a carne. ⁴São israelitas. Deles é que são a filiação adotiva, a glória, as alianças, a legislação, o culto, as promessas. ⁵Deles são os patriarcas. Deles descende Cristo segundo a carne, ele, que está acima de tudo, Deus bendito para sempre. Amém.

Israel e a promessa divina. ⁶Não falha a palavra de Deus. Mas nem todos os que descendem de Israel são israelitas, ⁷como nem todos os descendentes de Abraão são filhos seus. Pois foi dito: "De Isaac tomarão nome os teus descendentes"[Gn 21,12]. ⁸Quero dizer que não os filhos carnais são filhos de Deus, mas os filhos da promessa é que passarão por descendentes. ⁹Porque a palavra da promessa dizia: "Por esse tempo voltarei; e Sara terá um filho"[Gn 18,10]. ¹⁰E isso se deu não somente com Sara, senão também com Rebeca, que teve filhos de um só varão, nosso pai Isaac. ¹¹Ainda não eram nascidos, nem tinham cometido nem bem nem mal, e já fizera Deus a escolha, segundo o seu desígnio inabalável. Porque não são as obras que decidem, mas, sim, aquele que chama; ¹²tanto assim que Rebeca teve este recado: "O mais velho servirá ao mais novo"[Gn 25,23]. ¹³Assim também está escrito: "Amei a Jacó e odiei a Esaú"[Ml 1,2].

A liberdade de Deus na distribuição das graças. [14]Que diremos, pois? Que há injustiça em Deus? De modo algum. [15]Porque a Moisés diz ele: "Terei misericórdia com quem me aprouver ter misericórdia; e terei piedade com quem me aprouver ter piedade"[Ex 33,19].

[16]Pelo que não depende do querer, nem do correr, mas, sim, do compadecimento de Deus. [17]Pois diz a Escritura a Faraó: "Para isto é que te chamei: para manifestar em ti o meu poder, a fim de que em todo o mundo seja revelado o meu nome"[Ex 9,16]. [18]Compadece-se, portanto, de quem quer, e deixa na obstinação a quem quer.

[19]Objetar-me-ás: "Por que, pois, censura ele? Quem pode lá resistir à sua vontade?" [20]Quem és tu, ó homem, para contenderes com Deus? Pode acaso o artefato dizer ao artífice: "Por que me fizeste assim?", [21]ou não tem o oleiro poder sobre a argila e não pode fazer da mesma massa um vaso precioso ou um vaso de uso ordinário? [22]E se Deus, depois de suportar com muita paciência os vasos da ira, votados à perdição, quis neles manifestar a sua ira e mostrar o seu poder, [23]ao passo que nos vasos de misericórdia, que destinou à glória, quis patentear a riqueza da sua glória? [24]Para isso é que nos chamou, não só de entre os judeus, mas também de entre os gentios.

O povo eleito. [25]Diz ele por boca de Oséias: "Chamarei povo meu a quem não era meu povo, e querida minha a quem não era minha *querida*[querida; e agraciada a quem não era agraciada].[Os 2,25] [26]E, em vez de lhes dizer: 'Não sois meu povo', serão chamados: 'Filhos de Deus vivo'"[Os 2,1].

[27]Isaías exclama sobre Israel: "Se o número dos filhos de Israel for como as areias do mar, só um resto será salvo; [28]porque o Senhor cumprirá a sua palavra na terra, cabalmente e em *breve*[breve e com eqüidade; sim, em breve a cumprirá]"[Is 10,22].

[29]Predisse ainda Isaías: "Se o Senhor dos exércitos não nos deixara um resto, seríamos como Sodoma e semelhantes a Gomorra"[Is 1,9].

Culpa de Israel. [30]Que diremos, pois? Os gentios, que não procuravam a justificação, alcançaram a justificação, e a justificação pela fé; [31]ao passo que Israel, alvejando a justificação, não atingiu o alvo.

[32]E por que não? Porque pretendia atingi-lo, não pela fé, mas pelas

obras. Tropeçou na pedra de tropeço, [33]conforme está escrito: "Eis que ponho em Sião uma pedra de tropeço, uma rocha de escândalo. Mas quem crer nele não será confundido"[Is 28,16; 8,14].

10 [1]Meus irmãos, o desejo do meu coração e a súplica que a Deus dirijo é por eles, pela sua salvação. [2]Dou-lhes o testemunho de que têm zelo por Deus, mas falta de compreensão. [3]Negam-se a reconhecer a justificação por Deus, e pretendem estabelecer a sua própria, recusando sujeitar-se à justificação de Deus. [4]Pois o termo final da lei é Cristo, que justifica a todo homem que crê.

A fé, indispensável para a justificação. [5]Com efeito, Moisés escreve sobre a justificação mediante a lei: "Só o homem que a cumprir terá a vida por meio dela"[Lv 18,5]; [6]ao passo que a justificação pela fé diz: "Não digas em teu coração: 'Quem subirá ao céu?'" — a saber: para fazer descer a Cristo — [7]"ou: 'Quem descerá ao abismo?'"[Dt 30,12] — a saber: para revocar a Cristo dentre os mortos. [8]Que diz, pois, a Escritura? "Perto de ti está a palavra; está em tua boca e em teu coração"[Dt 30,14]; quer dizer: a palavra da fé que pregamos. [9]Se com a boca confessares que Jesus é o Senhor, e se em teu coração creres que Deus o ressuscitou dentre os mortos, serás salvo. [10]Pois com o coração é que se crê — e isso conduz à justificação; com a boca se confessa — e isso conduz à salvação. [11]Tanto assim que a Escritura diz: "Ninguém que nele crê será confundido"[Is 28,16]. [12]Não há diferença entre judeu e gentio; um e o mesmo é senhor de todos, enriquecendo a todos os que o invocam. [13]Sim, "quem invocar o nome do Senhor será salvo"[Jl 3,5].

Culpável incredulidade de Israel. [14]Mas, como invocarão aquele em quem não crêem? Como crerão naquele de que não ouviram? Como ouvirão dele, se não há arauto? [15]E como haverá arautos, se não forem mandados? Diz a Escritura: "Quão formosos são os pés *dos que anunciam a boa nova*[dos que vêm pregar a paz]"[Is 52,7]. [16]Mas nem todos obedecem à boa nova; pois diz Isaías: "Senhor, quem dará fé ao que pregamos?"[Is 53,1] [17]A fé, portanto, vem da pregação; a pregação, porém, é mandamento de Cristo.

[18]Entretanto, pergunto: porventura não a ouviram? Decerto. Pois "por toda a terra se espalhou a sua voz, e até aos confins do orbe a sua palavra"[Sl 19(18),5]. [19]Mas pergunto ainda: Israel acaso não o compreendeu? Já diz Moisés: "Far-vos-ei ciumentos de um povo que não é povo e exasperar-vos-ei sobre um povo insensato"[Dt 32,21].

²⁰E Isaías se abalança a dizer: "Fiz-me encontrar pelos que não me procuravam; revelei-me aos que não perguntavam por mim"[Is 65,1].

²¹A Israel, porém, diz: "Todo o dia estou com as mãos estendidas para um povo teimoso e rebelde"[Is 65,2].

11 O escol de Israel. ¹Ora, pergunto eu: rejeitou Deus porventura o seu povo? Certo que não. Pois também eu sou israelita, descendente de Abraão, da tribo de Benjamim. ²Não, Deus não rejeitou o seu povo, que outrora escolheu. Não sabeis o que diz a Escritura a respeito de Elias, quando ele acusava o povo perante Deus: ³"Mataram os teus profetas, Senhor, derribaram os teus altares; fiquei apenas eu, e também a mim me querem matar?"[3Rs 19,10] — ⁴que resposta teve ele de Deus? "Reservei para mim sete mil homens, que não dobraram o joelho a Baal"[3Rs 19,18]. ⁵Assim também no tempo presente ficou um resto, escolhido pela graça. ⁶Mas, se foi pela graça, não foi pelas obras. Do contrário, a graça já não seria graça.

Vocação dos gentios, estímulo para Israel. ⁷Que diremos, pois? Que Israel não conseguiu o que pretendia; somente o conseguiu o escol, enquanto os restantes ficaram obcecados, ⁸segundo o que está escrito: "Deu-lhes Deus até ao presente dia um espírito de torpor, olhos para não verem, ouvidos para não ouvirem"[Is 29,10]. ⁹Diz ainda Davi: "Torne-se-lhes a mesa em laço e cilada, em armadilha e justo castigo. ¹⁰Obscureçam-se-lhes os olhos, para que não vejam, e andem sempre de costas encurvadas"[Sl 69(68),23].

¹¹Ora, pergunto: se tropeçaram, foi para cair? De modo algum! Antes foi pela sua queda que a salvação coube aos gentios, para rivalizarem com eles. ¹²Ora, se a sua queda reverteu em riqueza para o mundo, e a sua falência representa uma riqueza para os gentios, quanto mais o seu número, quando completo. ¹³A vós, gentios, vos digo: na qualidade de apóstolo dos pagãos, hei de fazer honra ao meu ministério, ¹⁴a ver se consigo estimular à emulação os meus patrícios para salvar alguns deles. ¹⁵Pois, se a sua reprovação trouxe reconciliação ao mundo, que será o seu acolhimento senão vida do meio da morte? ¹⁶Se forem santas as primícias, sê-lo-á a massa toda; e, se for santa a raiz, sê-lo-ão também os ramos.

Israel, oliveira de lei. ¹⁷Ora, se quebraram alguns desses ramos, e tu, oliveira silvestre, passaste a ser enxertada no meio deles, participando da raiz e da seiva da oliveira de lei, ¹⁸não te vanglories contra os outros ramos. Se te vangloriares, lembra-te de que não és tu que sustentas a raiz, mas, sim, a raiz que te sustenta a ti. ¹⁹Dirás, porém: 'Quebraram-se os ramos para que eu fosse enxertada'. ²⁰Muito embora! Foram quebrados por causa da sua incredulidade, ao passo que tu foste enxertada graças à tua fé. Não te ensoberbeças, por isso, mas enche-te de temor; ²¹porque, se Deus não poupou os ramos naturais, também não te há de poupar a ti. ²²Considera por isso a bondade de Deus, como também o seu rigor: o rigor para com aqueles que caíram, a bondade de Deus para contigo — suposto que continues fiel à sua bondade; do contrário, também tu serás cortada.

²³Entretanto, também aqueles serão reenxertados se não persistirem na sua incredulidade; porque Deus tem o poder de os enxertar novamente. ²⁴Pois, se tu foste cortada de oliveira silvestre, a que por natureza pertences, e, contra a natureza, foste enxertada numa oliveira de lei, quanto mais facilmente não se enxertarão na própria oliveira os ramos que por natureza a ela pertencem!

Salvação final de Israel. ²⁵Meus irmãos, não quero que ignoreis o seguinte mistério, para que aos vossos olhos não vos tenhais por sábios. É que a cegueira duma parte de Israel durará somente até que se complete o número dos gentios. ²⁶E então Israel em peso será salvo, como está escrito: "De Sião virá o Salvador e porá termo à impiedade de Jacó; ²⁷é esta a aliança que com eles faço, para quando lhes tirar os pecados"[Is 59,20; 27,9].

²⁸Quanto ao evangelho, é verdade que eles são inimigos, para proveito vosso; mas, segundo a eleição, são eles muito queridos por causa de seus pais. ²⁹Porque os dons de Deus e a vocação são irrevogáveis. ³⁰Do mesmo modo que vós, um dia, éreis rebeldes contra Deus, e agora, porém, encontrastes misericórdia em atenção à rebeldia deles, ³¹assim também se rebelaram eles, a fim de alcançarem piedade pela misericórdia que vos coube a vós. ³²Assim Deus fez cair a todos em rebeldia, para usar de misericórdia para com todos.

Exaltação de Deus. ³³Ó profundidade das riquezas, da sabedoria e do conhecimento de Deus! Quão incompreensíveis são os seus desígnios! Quão imperscrutáveis os seus caminhos! ³⁴Pois quem conhece os pensamentos do Senhor? Quem é conselheiro dele? ³⁵Quem lhe dá primeiro para que tenha de receber em troca?[Is 40,13;

Jó 41,3l ³⁶Dele, por ele e para ele são todas as coisas. A ele seja glória pelos séculos. Amém.

Deveres morais do cristão

Deveres gerais

12 Vida santa. ¹Meus irmãos, rogo-vos pela misericórdia de Deus que ofereçais vosso corpo em holocausto vivo, santo e agradável a Deus; assim será espiritual o vosso culto. ²Não vos conformeis com este mundo, mas reformai-vos pela renovação do vosso espírito, a fim de conhecerdes qual seja a vontade de Deus, o que seja bom, agradável e perfeito.

Vida eclesiástica. ³Em virtude da graça que me foi dada, admoesto cada um de vós a que não tenha de si mesmo idéia mais alta do que é justo; tenha de si idéia modesta. Depende da fé com que Deus aquinhoou cada um. ⁴Porque, do mesmo modo que num só corpo temos muitos membros, mas nem todos os membros têm a mesma função, ⁵assim constituímos todos nós um só corpo em Cristo, ao passo que entre nós somos membros, ⁶diversamente dotados, segundo a graça que nos foi concedida. Quem tiver o dom da profecia use dele em harmonia com a fé; ⁷quem tiver algum múnus, desempenhe esse múnus; quem tiver de ensinar, ensine; ⁸quem tiver de exortar, exorte; quem der esmola, dê com simplicidade; quem é superior, seja-o com solicitude; quem exerce a misericórdia, exerça-a alegremente.

Caridade do próximo. ⁹Seja a caridade sem fingimento. Odiai o mal e abraçai o bem. ¹⁰Amai-vos mutuamente com caridade fraterna, porfiando em provas de estima um para com o outro. ¹¹Não desfaleçais no zelo; sede fervorosos de espírito; servi ao Senhor. ¹²Sede alegres na esperança; pacientes nos sofrimentos, perseverantes na oração. ¹³Acudi às necessidades dos santos; esmerai-vos na hospitalidade. ¹⁴Abençoai aos que vos perseguem; abençoai-os e não os amaldiçoeis. ¹⁵Alegrai-vos com os alegres, e chorai com os que choram. ¹⁶Cultivai a harmonia entre vós; não tenhais grandes pretensões, mas condescendei com o que é humilde. Não vos tenhais em conta de sábios.

Espírito pacífico. [17]Não pagueis a ninguém mal por mal. Procurai fazer o *bem*[bem, não somente perante Deus, mas também] perante todos os homens. [18]Vivei em paz com toda a gente, quanto possível e enquanto depende de vós. [19]Não vos vingueis por vós mesmos, caríssimos, mas dai lugar à ira; porque está escrito: "A mim me pertence a vingança; eu é que retribuirei"[Dt 32,35], diz o Senhor. [20]Pelo contrário, "se teu inimigo estiver com fome, dá-lhe de comer; se estiver com sede, dá-lhe de beber; se assim fizeres, acumularás brasas vivas sobre a sua cabeça"[Pv 25,21]. [21]Não te deixes vencer pelo mal, mas vence o mal com o bem.

13 Obediência à autoridade. [1]Esteja cada qual sujeito ao poder da autoridade; porque não há autoridade que não venha de Deus, e as que existem foram instituídas por Deus. [2]Pelo que quem se revolta contra a autoridade revolta-se contra a ordem de Deus; os rebeldes, porém, atraem sobre si próprios a condenação. [3]Os governos não são motivo de temor aos homens de bem, mas, sim, aos que praticam o mal. Se não quiseres ter de recear a autoridade, pratica o bem e merecer-lhe-ás louvor; [4]porque ela é auxiliadora de Deus para teu bem. Se, porém, praticares o mal, teme-a; pois não é sem razão que ela leva a espada; é que é auxiliadora de Deus para infligir o castigo aos malfeitores. [5]Pelo que é necessário prestar-lhe sujeição, não somente pelo temor do castigo, mas também por motivos de consciência. [6]É também esta a razão por que pagais tributo; pois os encarregados desse serviço são ministros de Deus. [7]Dai a cada um o que lhe compete: tributo a quem tributo, imposto a quem imposto, temor a quem temor, honra a quem honra compete.

Santidade universal. [8]A ninguém fiqueis devendo coisa alguma, a não ser a caridade mútua; quem ama o próximo cumpre a lei; [9]pois os mandamentos "não cometerás adultério, não matarás, não *furtarás*[furtarás, não levantarás falso testemunho], não cobiçarás"[Ex 20,14], como também outro mandamento qualquer, todos se resumem neste único: "Amarás o teu próximo como a ti mesmo"[Dt 5,17]. [10]A caridade não pratica o mal contra o próximo. De modo que pela caridade se cumpre cabalmente a lei.

[11]Assim procedei, conhecedores do tempo. É chegada a hora de *vos levantardes*[nos levantarmos] do sono; porque agora está mais próxima a nossa salvação do que outrora, quando abraçamos a fé. [12]Vai adiantada a noite e vem despontando o dia. Despojemo-nos, pois,

das obras das trevas e revistamo-nos das armas da luz! [13]Vivamos honestamente, como em pleno dia; não em glutonarias e bebedeiras, não em volúpias e luxúrias, não em contendas e rivalidades; [14]mas revesti-vos do Senhor Jesus Cristo e não ceveis a carne para as concupiscências.

Deveres para com os cristãos fracos

14 Juízos temerários. [1]Acolhei a quem é fraco na fé, sem lhe criticar as intenções. [2]Este crê que pode comer de tudo; o fraco, porém, só come vegetais. [3]Quem come não despreze a quem deixa de comer; e quem não come não condene a quem come; porque Deus o acolheu. [4]Quem és tu, que proferes sentença contra um servo alheio? Que ele esteja em pé ou caia — isto é com o seu senhor. Entretanto, há de ficar de pé, porque o Senhor é assaz poderoso para o sustentar.

[5]Este faz diferença entre dia e dia, ao passo que aquele considera iguais todos os dias. Fique, pois, cada qual com o seu modo de ver. [6]Quem guarda o tal dia guarda-o por causa do Senhor; quem come, come por causa do Senhor, pois que dá graças a Deus; e quem se abstém de comer, abstém-se por causa do Senhor, e também ele agradece a Deus. [7]Nenhum de nós vive para si, nem morre para si mesmo. [8]Vivendo, vivemos para o Senhor; morrendo, morremos para o Senhor. Vivamos, pois, ou morramos — ao Senhor é que pertencemos. [9]Porque foi precisamente por isso que Cristo morreu e tornou à vida: para reinar sobre os vivos e os mortos. [10]Por que proferes sentença contra teu irmão ou por que desprezas a teu irmão, quando todos temos de comparecer ante o tribunal de Deus? [11]Pois está escrito: "Por minha vida, diz o Senhor, diante de mim se dobrará todo joelho, e toda língua louvará a Deus"[Is 45,23].

[12]Assim, cada um de nós há de dar contas a Deus de si mesmo.

Evitar o escândalo. [13]Deixemos, pois, de nos julgar uns aos outros. Esforçai-vos antes por não ofender nem escandalizar a nenhum irmão. [14]Sei, e estou convencido no Senhor Jesus de que nada há impuro em si mesmo; somente é impuro aos olhos de quem o considera impuro. [15]Mas, se teu irmão se ofende com o que comes, o teu procedimento não corresponde à caridade. Não deites a perder com o teu manjar um homem por quem Cristo morreu. [16]Não exponhais à injúria o bem que *possuís*[possuímos]. [17]Pois o reino de Deus não consiste em comida e bebida, mas, sim, na justiça, na paz e na alegria do Espírito Santo. ¹⁸Quem deste modo serve a Cristo é agradável a Deus e agradável aos homens. ¹⁹Aspiremos, portanto, ao que promove a paz e a edificação mútua. ²⁰Não destruas a obra de Deus por amor a uma comida. Todas as coisas são puras, mas quem escandaliza comendo, para este é pecado. ²¹Convém então não comer carne, nem tomar vinho nem outra coisa com que teu irmão se *ofenda*[ofenda, escandalize ou fraqueje]. ²²Guarda contigo mesmo e aos olhos de Deus a tua convicção. Bem haja quem não tem remorsos sobre o que considera justo! ²³Quem, pelo contrário, duvida e não obstante come, já está julgado; porque não procede de boa-fé. Tudo o que não procede de boa-fé é pecado.

15 Indulgência com os fracos. ¹Ora, nós, que somos fortes, devemos suportar as fragilidades dos fracos e não agir a nosso bel--prazer. ²Seja cada um de *nós*[vós] amável para com seu próximo, a fim de edificá-lo no bem. ³Também Cristo não viveu a seu bel-prazer, mas está escrito: "Caem sobre mim as injúrias dos que te injuriam"[Sl 69(68),10]. ⁴Tudo o que foi escrito antigamente, para ensinamento nosso é que foi escrito, a fim de que colhamos paciência e consolação nas Escrituras, para guardarmos a esperança. ⁵O Deus da paciência e da consolação vos conceda harmonia entre vós, segundo a vontade de Jesus Cristo, ⁶para que, unânimes e a uma só voz, glorifiqueis a Deus, Pai de nosso Senhor Jesus Cristo.

⁷Pelo que socorra um ao outro, assim como também Cristo vos socorreu, pela glória de Deus. ⁸Digo que *Cristo*[Cristo Jesus] se submeteu à circuncisão por causa da veracidade de Deus, a fim de cumprir as promessas feitas aos pais. ⁹Os gentios, porém, glorificam a Deus pela sua misericórdia. Pois está escrito: "*Por isso*[Por isso, Senhor], hei de glorificar-te entre os gentios e cantarei louvores a teu nome"[Sl 17,50]. ¹⁰E mais: "Alegrai-vos, gentios, em companhia de seu povo!"[Dt 32,43] ¹¹E ainda: "Louvai o Senhor, gentios todos! Glorifiquem-no todos os povos"[Sl 117(116),1].

¹²Diz mais Isaías: "Brotará um rebento de Jessé para dominar sobre todos os gentios; nele têm as nações posta a sua esperança"[Is 11,10].

¹³O Deus da esperança vos encha de toda a alegria, de paz na fé, para que sejais riquíssimos de esperança pela virtude do Espírito Santo.

Conclusão

Motivos da epístola. ¹⁴Estou firmemente convencido, meus irmãos, de que estais cheios de boa vontade, repletos de todo o conhecimento e bem capazes de vos exortar uns aos outros. ¹⁵Ainda assim *vos escrevi*[vos escrevi, meus irmãos] — e em parte com bastante franqueza —, a fim de vos revocar à memória algumas coisas, e fi-lo em atenção à graça que me foi dada por Deus. ¹⁶Pois tenho a missão de ministro de Cristo Jesus entre os gentios, e o múnus sagrado de anunciar o evangelho de Deus, para que os gentios se tornem holocausto agradável, santificado pelo Espírito Santo. ¹⁷Nas coisas de Deus tenho, pois, motivo de me gloriar em Cristo Jesus; ¹⁸porque não ousaria falar de coisas que Cristo não tivesse operado por mim, no intuito de levar os gentios à obediência, por palavras e obras, ¹⁹à força de milagres e prodígios e pela virtude do Espírito Santo. Destarte fui espargindo largamente a pregação do evangelho de Cristo por todas aquelas regiões, desde Jerusalém até a Ilíria; ²⁰timbrava em não anunciar o evangelho onde já se conhecia o nome de Cristo; pois não queria edificar sobre fundamento alheio; ²¹porquanto está escrito: "Vê-lo-ão aqueles a quem ainda não fora anunciado; e ouvi-lo-ão os que dele ainda não tinham notícia"[Is 52,15].

Planos de viagem. ²²Foi esse o motivo que, de preferência, me impediu de vos *visitar*[visitar, e não me foi possível até hoje]. ²³Agora, porém, não tenho mais campo de atividade cá por estas bandas, e desde largos anos estou com desejo de vos visitar. ²⁴Nutro esperanças de vos ver quando aí passar de viagem para a Espanha, acompanhado por vós, depois de ter gozado um pouco da vossa companhia.

²⁵Primeiramente, porém, vou em demanda de Jerusalém a serviço dos santos. ²⁶É que a Macedônia e a Acaia resolveram espontaneamente fazer uma coleta em favor dos pobres que há entre os santos de Jerusalém. ²⁷Fizeram-no de bom grado; pois são devedores deles, tanto assim que, se os gentios participam dos bens espirituais dos judeus, convém que a estes acudam com bens materiais. ²⁸Quando, pois, tiver cumprido isso e lhes tiver feito entrega do resultado, hei de visitar-vos por ocasião da minha viagem para a Espanha. ²⁹Estou certo de que, se for ter convosco, vos levarei abundantes *bênçãos*[bênçãos do Evangelho] de Cristo.

³⁰Rogo-vos, meus irmãos, por nosso Senhor Jesus Cristo e pelo

amor do *espírito*[Espírito Santo], que com as vossas orações a Deus me assistais na luta, ³¹para que seja livre dos infiéis da Judéia e que o serviço de caridade em prol de Jerusalém encontre acolhimento favorável da parte dos santos. ³²Então irei visitar-vos com satisfação, se Deus quiser, e cobrarei novo alento no meio de vós.

³³O Deus da paz seja com todos vós. Amém.

16 Recomendações e saudações. ¹Recomendo-vos nossa irmã Febe, que se acha ao serviço da igreja de Cencréia. ²Acolhei-a no Senhor, assim como convém a santos. Acudi-lhe com todas as coisas em que necessitar de vós; ela tem acudido a muitos, e a mim também.

³Saudações a Prisca e Áquila, auxiliares meus em Cristo Jesus ⁴que arriscaram a cabeça por minha vida, o que não somente eu, mas também todas as igrejas do gentilismo lhes agradecemos. ⁵Saudações também à cristandade que se acha em casa deles. Saudações a meu querido Epêneto, primícias que a Ásia deu a Cristo. ⁶Saudações a Maria, que tanto se afadigou por vós. ⁷Saudações a Andrônico e Júnias, patrícios meus e companheiros de prisão, tão estimados dos apóstolos, e cristãos já antes de mim. ⁸Saudações a Amplíato, a quem tanto quero no Senhor. ⁹Saudações a Urbano, nosso companheiro de trabalho em Cristo, como também a meu amigo Estáquis. ¹⁰Saudações a Apeles, provado em Cristo. Saudações aos da família de Aristóbulo. ¹¹Saudações a meu patrício Herodião. Saudações aos da família de Narciso, que vivem no Senhor. ¹²Saudações a Trifena e Trifosa, que se afadigam no Senhor. Saudações à querida Pérside, que há tempo trabalha pelo Senhor. ¹³Saudações a Rufo, eleito do Senhor, e a sua mãe, que também é minha. ¹⁴Saudações a Asíncrito, a Flegonte, a Hermes, a Pátrobas, a Hermas, e aos outros irmãos aí. ¹⁵Saudações a Filólogo e Júlia, a Nereu e sua irmã, a Olimpas e a todos os santos que com eles se acham. ¹⁶Saudai-vos uns aos outros no ósculo santo. Saúdam-vos todas as igrejas de Cristo.

Cuidado com os hereges. ¹⁷Rogo-vos, meus irmãos, que tomeis cuidado com os que provocam dissensões e escândalos, em contradição com a doutrina que aprendestes. Fugi desses tais! ¹⁸Essa gente não serve a nosso Senhor Jesus Cristo, mas ao próprio ventre, e com belas e piedosas frases seduzem as almas simples. ¹⁹A vossa obediência se tornou notória em toda a parte. Por isso me encheis de alegria. O que quero é que sejais sábios no bem, mas simples no tocante ao mal. ²⁰O Deus da paz não tardará a esmagar Satanás debaixo dos vossos pés. A graça de nosso Senhor Jesus Cristo seja convosco.

Saudações de Corinto. ²¹Saudações de Timóteo, companheiro meu de trabalhos; bem como dos meus patrícios Lúcio, Jasão e Sosípatro.

²²Também eu, Tércio, que escrevi esta carta, vos saúdo no Senhor.

²³Saudações de Gaio, hospedeiro meu e de toda a igreja.

Saudações de Erasto, prefeito da cidade e do irmão *Quarto*[Quarto.

(24) A graça de Nosso Senhor Jesus Cristo seja com todos vós. Amém].

Glória a Deus. ²⁵A ele, que é poderoso para vos confirmar, segundo meu evangelho, pregação de Jesus Cristo — revelação do mistério que desde a eternidade andou oculto, ²⁶mas agora, graças às Escrituras dos profetas e por ordem do eterno Deus, se revelou a todos os povos para os levar à obediência da fé —, ²⁷a ele, o único Deus sábio, seja por Jesus Cristo *glória*[honra e glória] pelos séculos dos séculos. Amém.

Notas explicativas

1 ³⁻⁴Segundo a sua geração humana, é Jesus filho de Davi; segundo a geração eterna, é o Cristo Filho de Deus, como prova à evidência a sua gloriosa ressurreição.

¹⁶⁻¹⁷Encerra o Evangelho uma virtude divina, que a todos os homens — quer judeus, quer pagãos — pode dar a graça da justificação e, com isso, a eterna salvação. Mas para isso é necessária a fé como condição indispensável.

¹⁸⁻³²Antes de principiar a cantar as glórias da redenção, expõe o apóstolo a profunda miséria moral, primeiramente dos pagãos, e depois dos judeus. Os gentios não se ajudavam devidamente da luz da razão natural para chegarem ao conhecimento de Deus, entregando-se à mais absurda idolatria (19-23) e caindo no abismo de hedionda imoralidade.

2 ¹⁻¹⁰Depois de historiar a decadência moral dos pagãos, passa o apóstolo a demonstrar que os judeus, a despeito da revelação divina, se entregaram aos mesmos vícios que aqueles. Se Deus é longânimo para dar tempo de penitência ao pecador, é também justo e há de retribuir a cada qual segundo as suas obras (4-10).

[17-29]O judeu não será salvo pelo fato de conhecer a lei, se a não puser por obra. Nem tampouco o salvará a simples cerimônia da circuncisão, se não viver conforme o espírito da mesma.

3 [1-4]No intuito de atalhar equívocos, afirma o apóstolo que, apesar de tudo, o judaísmo leva grande vantagem ao paganismo, pois foi ele o depositário das revelações divinas (1-2); nem será anulado esse privilégio pelo fato de terem os israelitas recusado abraçar a fé em Jesus Cristo (3-4).

[5-8]Se, não obstante os numerosos abusos, Deus não tirou a religião revelada aos judeus, não se segue daí que não castigue o pecado, que, em última análise, reverterá em maior glória de Deus; do contrário, não poderia Deus castigar pecado algum.

[9-18]Por mais que o apóstolo conceda a superioridade do judaísmo sobre o paganismo, não deixa de frisar que tanto uns como outros são pecadores e não se podem salvar por forças próprias.

[21-26]Depois de esclarecer devidamente o estado moral da humanidade e frisar a impossibilidade da salvação por virtude própria, passa o apóstolo a mostrar que pela fé em Jesus Cristo, o qual, com sua vida, morte e ressurreição, satisfez à divina justiça, podem todos os homens alcançar a salvação.

[25-27]Pela morte de Cristo patenteou Deus a gravidade do pecado. Deus é justo, isto é, santo por natureza, e torna justo, por participação, a todo o homem que crer na virtude justificante da morte e ressurreição de Jesus.

[28]Torna o apóstolo a realçar a absoluta necessidade da fé, porque "a fé é o princípio da salvação, o fundamento e a raiz de toda a justificação, uma vez que sem ela é impossível agradar a Deus e alcançar a filiação divina". As obras do Antigo Testamento, independentemente de Cristo, nada podiam contribuir para a justificação.

4 [1-8]Mostra o apóstolo, pelo exemplo de Abraão e pelas palavras de Davi, que a justificação interior não é devida às obras do homem, como indivíduo, senão à graça que Deus lhe concede, em atenção à fé em Jesus Cristo.

[13-17]A Abraão e seus descendentes prometeu-lhes Deus em

herança o reino celeste; quem crê nessa promessa terá parte na recompensa. Portanto, não é a observância da lei ritual que justifica, mas a fé; e todos os que têm fé são filhos espirituais de Abraão, sejam da estirpe natural do patriarca, sejam oriundos do paganismo. — Note-se que São Paulo não estabelece confronto entre a fé e as obras simplesmente, mas entre as *obras rituais* do Antigo Testamento e a *fé cristã* do Novo Testamento, estando, assim, de perfeito acordo com a epístola de São Tiago, que tanto encarece a necessidade das boas obras.

5 [2-5]O homem de fé não perde a paciência nas tribulações, mas sai delas grandemente aproveitado, graças ao espírito de Deus que nele habita.

[12-14]Em conseqüência do pecado, entrou no mundo a morte corporal, que abrange também aqueles que não têm pecado pessoal (as crianças), porquanto em Adão todos pecaram (pecado original) — assim como em Cristo todos serão justificados. É essa a doutrina de São Paulo.

[15-17]Se Adão foi causa de ruína para todos os homens, foi Jesus Cristo causa de ressurreição para todos, e a reparação se provou muito mais rica e abundante do que a destruição; porque a morte do Redentor nos liberta não somente do pecado original, que contraímos em Adão, senão ainda dos pecados pessoais, em que incorrermos por culpa própria.

[20]A lei mosaica não estava em condições de destruir nem diminuir os pecados, concorrendo antes para realçar ainda mais o contraste entre o bem e o mal. Mas, depois de o pecado tocar o auge, veio, mais poderosa ainda, a graça do Redentor.

6 [1-2]Entretanto, do que vai dito não se deve inferir que convém pecar a fim de fazer resplandecer em luz mais viva a graça de Deus; porque seria absurdo querer entregar-se ao pecado e ao mesmo tempo participar da graça santificante.

[3-6]Costumava-se, geralmente, naquele tempo, administrar o batismo por imersão, razão por que o apóstolo o compara a um sepultamento. A submersão do batizando nas águas simboliza a descida do corpo de Cristo ao seio da terra; a emersão do batizado das águas significa a ressurreição de Cristo das trevas do sepulcro. Ora, do mesmo modo que Jesus Cristo, após a ressurreição, não mais torna a morrer, assim deve também o discípulo de Cristo,

depois de batizado, preservar-se da morte moral do pecado, levando uma vida imortal pela graça santificante, agora, e, um dia, pela glória celeste.

[7-14] Assim como o defunto já não é atingido pelos dispositivos da lei, de modo análogo quem, pelo batismo, morreu com Cristo para o mundo, deve estar imune do poder do pecado. É essa a gloriosa liberdade do Evangelho.

[15-18] Torna o apóstolo a rebater a idéia de que a abolição da lei mosaica equivalha a uma abolição da lei moral (15). Quem se entrega ao serviço de qualquer soberano tem de lhe obedecer (16); ora, pela justificação foi o cristão libertado da escravidão do pecado e colocado ao serviço de Cristo (17); tem, pois, obrigação de servir, não ao pecado, mas à virtude (18).

7 [1-6] Passa o apóstolo a ilustrar a idéia do tópico 6,14, "já não estamos sob o domínio da lei, mas, sim, da graça", recorrendo a uma comparação tirada da vida social: um acordo entre duas pessoas — como, por exemplo, o contrato matrimonial — só tem vigor enquanto vivem os dois contratantes; morrendo um deles, fica desobrigado o outro. Assim, morreu o cristão com Cristo pela submersão na água batismal e, com isso, ficou livre da obrigação da lei, e deve servir a Deus numa vida nova e espiritual.

[7-8] A lei não é pecado; mas nem por isso deixa de vigorar certa relação entre uma e outra coisa, porquanto a lei leva o homem ao conhecimento do "pecado", quer dizer, da concupiscência inata na natureza humana e que nos induz à transgressão da lei.

[9-11] Antes do uso da razão, ignora o homem a lei; mais tarde, chega a conhecer a lei e ao mesmo tempo sente despertar em si a concupiscência, que o põe em conflito com a lei e o leva à morte moral.

[13] Não é a lei que nos leva à morte moral, mas, sim, a concupiscência, que se revolta contra a lei, patenteando, destarte, toda a sua maldade.

[14-23] O homem sente em si dois princípios antagônicos: um, que o impele para o alto; outro, que o arrasta para baixo, tornando-se ele, assim, um enigma para si mesmo.

[24] O corpo é chamado mortífero por ser a sede da concupiscência, que dá ocasião à morte moral.

8 [1-9] Os que foram espiritualmente regenerados estão livres da lei, do poder do pecado e da morte — vitória essa que é devida, não à lei mosaica, mas unicamente à morte redentora de Cristo (1-3), que nos dá a força moral de cumprirmos a lei divina (4), contanto que o homem coopere sinceramente com a graça da redenção, resista aos apetites carnais e siga os impulsos do espírito (5-9).

[15]Graças à justificação, somos filhos de Deus; pelo que devemos servir ao Senhor com amor filial e não com temor servil.

[18-25]Tão grande é a glória que aguarda os filhos de Deus, que a própria natureza irracional, sujeita à corrupção pelo pecado do homem, suspira por esse momento libertador; o pecado será eliminado, e restabelecido o reino dos filhos de Deus, em que também a natureza inferior terá parte. Mais ainda do que a natureza irracional, anseia o mundo espiritual por essa hora ditosa.

[31-39]O apóstolo remata a sua doutrina sobre a redenção e a justificação com a afirmação de que nada existe no céu nem na terra, nem no inferno que possa tornar infelizes os que são felizes e confirmados no amor de Jesus Cristo.

9 [3-16]Ainda que boa parte do povo de Israel tenha frustrado as graças da redenção, nem por isso deixará Deus de ser fiel às suas promessas, que mais visam um Israel espiritual — isto é, os crentes em geral — do que os descendentes naturais de Abraão. É o que está a provar a história dos filhos de Abraão e de Isaac.

[14-18]Faz São Paulo ver que Deus é livre na distribuição das suas graças; não comete injustiça alguma em deixar os judeus na sua obstinação voluntária, nem lesa direitos alheios quando convida os pagãos a serem herdeiros das promessas messiânicas.

[19-24]Não se segue daí que a perdição do homem corra por conta de Deus, uma vez que a todos dá graça suficiente; se a este dá mais do que àquele — quem teria o direito de incriminá-lo por causa dessa liberalidade? Deus é longânimo para com os seus inimigos e magnânimo para com seus amigos.

10 [2-10]Ainda que os judeus mostrem grande zelo religioso, falta-lhes a compreensão de que, com o advento do Messias, expirou a lei antiga (2-4), como já indicara o próprio Moisés, apelando para a justificação pela fé. Não faltam motivos de credibilidade, pois Jesus Cristo já desceu do céu, assumindo a natureza humana, e já ressuscitou da morte, provando o seu poder divino. É indispensável abraçar e professar essa fé.

[14-21]Nada deixou Deus de fazer para salvar os homens, mandando

pregar o Evangelho a todos os povos; mas os judeus resistiram à superabundância das graças divinas, quando numerosos pagãos se resolveram a abraçar a fé em Jesus Cristo.

11 ¹⁻¹⁰Entretanto, não se segue daí que o povo de Israel seja rejeitado por completo; tanto assim que o próprio apóstolo é filho de Israel, como o foram também muitos outros que chegaram à salvação pela fé no Messias (1-6), ainda que a maior parte persistisse na sua obstinação.

⁹⁻¹⁰Davi era protótipo de Cristo; pelo que os inimigos dele simbolizavam os adversários do Salvador. *Mesa* — quer dizer, alimento, isca, engodo; a comparação é tomada da armadilha ou do laço do caçador; assim como a ave ou o animal incauto cai vítima da morte por causa de um bocado apetitoso, assim acabarão por perecer os pecadores entregues a seus gozos materiais.

¹¹⁻¹⁶A queda de Israel reverteu em bênçãos para os povos pagãos, que acolheram os arautos do Evangelho expulsos por aqueles. Se tantos bens produziu a queda de Israel, quantos não causará a sua ressurreição!

¹⁷⁻¹⁸Israel é o tronco; o paganismo representa os ramos que nele foram enxertados.

12 ³⁻⁸Procure cada qual preencher cabalmente o cargo peculiar que lhe coube na Igreja de Deus, e não se preocupe com planos ambiciosos.

13 ¹¹⁻¹⁴À medida que se vai aproximando o fim da noite da ignorância, e despontando o dia do conhecimento, deve o homem desfazer-se dos vícios e dedicar-se à prática das virtudes cristãs.

14 ¹⁻¹³Havia duas classes de fiéis: uns, de consciência mais larga; outros, mais estreita; uns desprezavam certos ritos exteriores, que a outros pareciam indispensáveis. Recomenda o apóstolo que, por essas coisas, ninguém forme juízo temerário do próximo, e proceda cada qual conforme os ditames da sua consciência.

¹³⁻²¹Acautele-se cada qual que com o seu procedimento, no tocante à observância de certos ritos exteriores, não dê escândalo ao próximo, de consciência mais delicada ou escrupulosa.

¹⁶Este bem é a liberdade quanto a certos manjares proibidos pela lei mosaica.

15 ¹⁻²⁴Jesus Cristo ofereceu o seu evangelho e suas graças aos judeus circuncisos, aos quais tinham sido feitas as promessas, que deviam cumprir-se para que Deus se provasse fiel e veraz. É por isso que os judeus convertidos glorificam antes de tudo a fidelidade de Deus, ao passo que os pagãos que abraçaram o cristianismo enaltecem a misericórdia do Senhor, que os chamou também a eles ao reino messiânico.

16 ¹⁻²⁴Faz esta extensa lista ver o florescimento do apostolado leigo entre os cristãos de Roma.
¹*Febe* era, provavelmente, portadora da epístola aos romanos. *Cencréia* era o porto de Corinto.
³⁻⁴*Prisca* (ou Priscila) e *Áquila* era o casal judeu-cristão de que falam At 18,2.3.18.26. Os demais personagens nos são desconhecidos.
¹³*Rufo* é, provavelmente, idêntico ao que menciona Mc 15,21 como sendo filho de Simão Cireneu. *Gaio*, batizado por mãos de São Paulo (1Cor 1,14), e o tesoureiro *Erasto eram cidadãos de Corinto*.

Primeira Epístola aos Coríntios

Introdução

1. Corinto, reconstruída por Júlio César, no ano 44 antes de Cristo, sobre as ruínas duma cidade antiga, foi pelo imperador Augusto criada capital da província da Acaia. Com a crescente opulência, tomaram grande incremento não só as ciências e artes, mas também o luxo e a imoralidade.

2. Foi por ocasião da sua segunda excursão missionária que São Paulo chegou a Corinto. Ao cabo de um ano e meio de indefessos labores, deixou aí constituída uma grande e próspera cristandade, que era fadada a tornar-se a Igreja-mãe da Grécia (At 18,1-18). Depois da partida do apóstolo, chegou a Corinto um sábio de Alexandria, por nome Apolo, homem de grande eloqüência e ótimo conhecedor das Escrituras. Não tardou a granjear numerosos amigos e admiradores, graças ao brilho e à amenidade das suas conferências. Pouco depois, apareceram uns judeu-cristãos da Palestina, que se diziam intimamente relacionados com Simão Pedro e pretendiam deslustrar o prestígio de São Paulo. Havia, nessa cristandade, ainda outra facção, que se ufanava de partidária de Cristo e não queria saber de intermediário humano.

Tal era o estado das coisas em Corinto: quatro partidos, que proclamavam como seus respectivos chefes a Paulo, a Apolo, a Pedro ou a Cristo (1Cor 1,12). Dessas dissensões tivera o apóstolo notícia por meio dos amigos duma certa Cloé (1Cor 1,11).

Conhecia ele, outrossim, o estado moral da Igreja de Corinto. Não tinham os cristãos saído incólumes do contágio daquela Sodoma pagã; um dos neófitos vivia até em relações escandalosas com sua madrasta, e os outros toleravam no seu meio esse incestuoso. Pendências entre cristãos eram submetidas à autoridade pagã. Além disso, tinham os emissários da Igreja de Corinto cientificado oralmente ao apóstolo da desenvoltura de costumes no mundo feminino, das desordens ocorridas nos ágapes e das dúvidas que alguns suscitavam, no tocante à ressurreição dos mortos. Finalmente, enviara a cristandade uma missiva a São Paulo, solicitando esclarecimentos sobre o estado matrimonial e virginal, bem como sobre a liceidade da manducação dos sacrifícios oferecidos aos deuses, sobre o valor dos carismas, etc.

Não faltava, pois, ao apóstolo ocasião nem motivo para intervir. Escreveu uma epístola aos coríntios, a fim de restabelecer a ordem alterada e responder às perguntas propostas.

3. Foi essa epístola composta em Éfeso (1Cor 16,8) pelo fim da permanência de São Paulo nessa cidade, provavelmente pela Páscoa de 55-56 (1Cor 5,6-8).

A autenticidade da carta tem a seu favor os melhores testemunhos da antiguidade cristã. Já a menciona São Clemente de Roma († 97?) na carta que ele mesmo dirigiu aos coríntios, dando-a como produção de São Paulo. São Policarpo († 155) apela para a autoridade do Apóstolo das Gentes, citando as palavras que se lêem em 1Cor 6,2.

Primeira Epístola de São Paulo aos Coríntios

1 ¹Paulo, pela vontade de Deus chamado a ser apóstolo de Jesus Cristo, e o irmão Sóstenes, ²à igreja de Deus em Corinto, aos que foram santificados em Cristo Jesus e chamados a ser santos, juntamente com todos os que com eles ou conosco, por toda a parte, invocam o nome de Nosso Senhor Jesus Cristo.
³Seja convosco a graça e a paz de Deus, nosso Pai, e do Senhor Jesus Cristo.

Ação de graças. ⁴Não deixo de agradecer a meu Deus, por vossa causa, pela graça de Deus que vos foi concedida em Cristo Jesus. ⁵Por ele é que fostes enriquecidos de tudo: em toda a doutrina e em todo o conhecimento. ⁶Agora lançou raízes entre vós o testemunho sobre Cristo. ⁷De maneira que em nenhum dom da graça sofreis míngua, enquanto aguardais a revelação de nosso Senhor Jesus Cristo. ⁸Ele vos dará perseverança até ao fim, para que apareçais sem culpa no *dia*[dia do advento] de nosso Senhor Jesus Cristo. ⁹Deus é fiel, e ele vos chamou à sociedade de seu Filho, nosso Senhor Jesus Cristo

Repressão de abusos diversos

Espírito partidário

O fato. ¹⁰Em nome de Nosso Senhor Jesus Cristo, vos rogo, irmãos: sede todos unânimes; não haja dissensões entre vós; sede perfeitamente unidos em vosso sentir e julgar. ¹¹Pois fui informado, meus irmãos, pela gente de Cloé, de que reinam desavenças entre vós. ¹²Refiro-me ao fato de dizer um de vós: "Eu sou de Paulo"; outro: "Eu, de Apolo"; outro ainda: "Eu sou de Cefas"; e mais outro: "Eu sou de Cristo".

¹³Será que Cristo está dividido? Acaso foi Paulo crucificado por vós? Ou fostes batizados em nome de Paulo? ¹⁴Graças a Deus que, à exceção de Crispo e Gaio, não batizei nenhum de vós! ¹⁵Assim, ninguém poderá afirmar que fostes batizados em meu nome. ¹⁶É verdade, batizei também a família de Estéfanas; não me consta ter batizado mais alguém. ¹⁷Pois não me enviou Cristo para batizar, mas, sim, para pregar o evangelho, e isso não com altissonante sabedoria, para não desvirtuar a cruz de Cristo.

A pregação da cruz. ¹⁸Verdade é que a palavra da cruz é loucura para os que se perdem; para nós, porém, que nos salvamos, virtude de Deus. ¹⁹Pois está escrito: "Aniquilarei a sabedoria dos sábios, e rejeitarei a prudência dos prudentes"[Is 29,14].

²⁰Onde está o sábio? Onde o escriba? Onde o retórico deste mundo? Acaso não declarou Deus loucura a sabedoria deste mundo? ²¹Uma vez que o mundo, com a sua sabedoria, não conheceu a Deus em sua divina sabedoria, aprouve a Deus salvar os crentes por uma mensagem que é tida por loucura. ²²Os judeus reclamam prodígios, os gregos procuram a sabedoria — ²³nós, porém, pregamos a Cristo crucificado, escândalo para os judeus, loucura para os gentios; ²⁴mas, para os que são chamados — quer judeus, quer gentios —, Cristo virtude de Deus e sabedoria de Deus! ²⁵Porque a "loucura" de Deus é mais sábia que os homens; e a "fraqueza" de Deus é mais forte que os homens.

Eleição dos humildes. ²⁶Vede, meus irmãos, os que foram chamados entre vós; não são muitos os sábios segundo os padrões mundanos, nem muitos os poderosos, nem muitos os nobres. ²⁷Não, o que passa por estulto aos olhos do mundo, isso escolheu Deus para confundir os sábios; e o que passa por fraco aos olhos do mundo, isso escolheu Deus para confundir o que é forte; ²⁸e o que o mundo tem em conta de vil, de desprezível e de nada, isso escolheu Deus para aniquilar aquilo que é tido por valioso; ²⁹para que ninguém se glorie em face de Deus; ³⁰é por ele que estais em Cristo Jesus, o qual por Deus se tornou para nós sabedoria, justificação, santificação e redenção. ³¹"Quem quiser gloriar-se, glorie-se no Senhor"[Jr 9,23], como diz a Escritura.

2 Pregação do missionário. ¹Meus irmãos, quando fui ter convosco, para vos dar testemunho de *Deus*[Cristo], não me apresentei com ares de sábio nem palavras altissonantes. ²Pois entendia que não convinha ostentar entre vós outra ciência a não ser Jesus Cristo — o Crucificado. ³Foi com sentimento de fraqueza, de temor e de grande hesitação que apareci no meio de vós; ⁴e o que vos disse e vos preguei não consistia em palavras persuasivas de *sabedoria*[humana sabedoria], mas na demonstração de espírito e poder, ⁵para que a vossa fé não se baseasse em sabedoria humana, mas, sim, no poder de Deus.

Sabedoria cristã. ⁶Verdade é que também nós pregamos a sabedoria, mas só para os que aspiram à perfeição, porém não a sabedoria deste mundo, nem dos príncipes deste mundo, que hão de perecer; ⁷mas o que anunciamos é a sabedoria de Deus, misteriosa e oculta, sabedoria que Deus trazia reservada para a nossa glorificação, antes que o mundo existisse. ⁸Mas nenhum dos príncipes deste mundo a compreendeu; pois, se a houvessem compreendido, não teriam crucificado o Senhor da glória. ⁹Vem a propósito o que diz a Escritura: "Nem olhos viram, nem ouvidos ouviram, nem jamais penetrou em coração humano o que Deus preparou àqueles que o amam"[Is 64,3].

¹⁰A nós, porém, a revelou Deus por seu espírito; porque o espírito penetra todas as coisas, mesmo as profundezas de Deus. ¹¹Quem sabe o que vai no interior do homem, a não ser o espírito, que dentro do homem está? Assim também ninguém conhece o íntimo de Deus, senão o espírito de Deus. ¹²Não recebemos o espírito do mundo, mas o espírito que vem de Deus, para que conheçamos os dons que nos foram prodigalizados por Deus. ¹³E é o que anunciamos, com palavras ditadas, não pela sabedoria humana, mas pelo espírito, declarando o que é espiritual a homens espirituais. ¹⁴O homem natural não compreende o que é do espírito de Deus; tem-no em conta de estultícia; nem o pode compreender, porque é em sentido espiritual que deve ser entendido. ¹⁵O homem espiritual, pelo contrário, compreende tudo, ao passo que ele mesmo não é por ninguém compreendido. ¹⁶"Pois quem compreende a mente do Senhor, que o possa ensinar?"[Is 40,13] Nós temos o espírito de Cristo.

3 Rivalidades. ¹Meus irmãos, não vos pude falar como a homens espirituais, mas, sim, como a homens carnais, como a crianças em Cristo. ²Dei-vos leite em alimento, e não comida sólida, porque não estáveis em condições de suportá-la; nem agora estais em condições, porque sois ainda carnais. ³Pois, enquanto reinarem entre vós rivalidades e discórdias, não será por serdes carnais e viverdes de modo todo humano? ⁴Porquanto se um diz: "Eu sou de Paulo", e outro: "Eu, de Apolo", não é isso muito humano?

⁵Pois quem é Apolo? Quem é Paulo? Servos apenas, que vos levaram à fé, cada qual segundo o modo que o Senhor lhe deu. ⁶Eu plantei, Apolo regou, mas quem deu o crescimento foi Deus. ⁷Por isso o que vale não é quem planta, nem quem rega, mas, sim, aquele que faz crescer, que é Deus. ⁸Quem planta vai de acordo com aquele que rega; e cada um terá a sua recompensa, segundo o trabalho que houver prestado; ⁹pois nós somos cooperadores de Deus, e vós sois lavoura de Deus, arquitetura de Deus.

¹⁰Na qualidade de prudente arquiteto, lancei o alicerce, auxiliado pela graça de Deus; outro levantará sobre ele o edifício. Mas veja cada qual como leva adiante a construção. ¹¹Pois ninguém pode lançar fundamento diverso do que foi lançado, que é Jesus Cristo. ¹²Mas, se alguém levanta sobre esse fundamento um edifício de ouro, de prata e de pedras preciosas, ou então de madeira, de feno e de palha, ¹³não tardará a manifestar-se na obra de cada um; há de revelá-lo o *dia*[dia do Senhor], porque se há de patentear no fogo. Pois há de o fogo provar o que vale a obra de cada um. ¹⁴Se a construção resistir, será ele premiado; ¹⁵se, porém, a sua obra for consumida pelo fogo, sofrerá dano; ele mesmo será salvo, mas somente como que pelo fogo.

Espírito de soberba. ¹⁶Não sabeis que sois templo de Deus que o espírito de Deus habita em vós? ¹⁷Quem destruir o templo de Deus será por Deus destruído; porque o templo de Deus é santo — e isso sois vós.

Orgulho partidário. ¹⁸Ninguém se iluda! Quem se julga sábio aos olhos do mundo torne-se estulto, a fim de ser sábio; ¹⁹porquanto a sabedoria deste mundo passa por estultícia diante de Deus; tanto assim que está escrito: "Apanha ele os sábios na sua própria astúcia"[Jó 5,13]; ²⁰e mais ainda: "Sabe o Senhor que são vãos os pensamentos dos sábios"[Sl 94(93),11]. ²¹Pelo que ninguém se glorie num homem; pois que tudo vos pertence: ²²Paulo, Apolo e Cefas, o mundo, a vida e a morte;

o presente e o futuro — tudo é vosso. ²³Vós, porém, sois de Cristo, e Cristo é de Deus.

4 ¹Considerem-nos, portanto, os homens como servos de Cristo e administradores dos mistérios de Deus. ²Ora, o que se requer do administrador é que seja fiel. ³Quanto a mim, não me importa o juízo que de mim fazeis, ou faça outro juiz humano; nem sequer importa o juízo que eu formo de mim mesmo. ⁴E, ainda que de nada me acuse a consciência, nem por isso me tenho por justificado — ⁵quem me julga é o Senhor. Não julgueis, pois, antes do tempo, enquanto não apareça o Senhor; ele porá às claras o que se acha oculto, revelando até os sentimentos dos corações. E então cada um terá de Deus o seu louvor.

⁶O que aí vai, meus irmãos, foi por vossa causa que o referi a mim e a Apolo, para que em nossa pessoa aprendais a máxima: "Não passar além do que está escrito!" Não haja, pois, entre vós quem se enalteça em favor de um com prejuízo de outro. ⁷Pois quem é que te dá distinção? Que possuís que não tenhas recebido? Mas, se o recebeste, por que te ufanas como se o não receberas? ⁸Vós já estais fartos; estais ricos, já estais reinando sem nós — oxalá reinásseis, de fato, que também nós reinaríamos convosco!

Quinhão do apóstolo. ⁹Creio que Deus designou a nós, apóstolos, o último lugar, como condenados à morte; porquanto nos tornamos espetáculo para o mundo, para os anjos e os homens.

¹⁰Nós somos estultos por amor de Cristo — e vós, sábios em Cristo; nós somos fracos — e vós, fortes; vós, estimados — e nós, desprezados. ¹¹Até à presente hora, andamos sofrendo fome, sede e desnudez; somos maltratados, vivemos sem casa ¹²e nos afadigamos com o trabalho das nossas mãos; lançam-nos maldições — e nós espargimos bênçãos; perseguem-nos — e nós o sofremos; ¹³caluniam-nos — e nós consolamos; até esta hora somos considerados como o lixo do mundo e a escória de todos.

Pai da comunidade. ¹⁴Escrevo-vos isto, não para vos envergonhar, mas para vos admoestar, como a filhos meus caríssimos. ¹⁵Ainda que tivésseis milhares de preceptores em Cristo, não tendes, todavia, muitos pais. Ora, pela pregação do evangelho eu me tornei vosso pai em Cristo Jesus. ¹⁶Pelo que vos exorto a que me tomeis por *modelo*[modelo, assim como eu tomo por modelo a Cristo]. ¹⁷Foi por essa razão que vos enviei Timóteo, filho meu caríssimo e fiel no Senhor, para que ele vos revocasse à memória o caminho que trilho, em *Cristo*[Cristo Jesus], conforme ensino por toda a parte, em todas as igrejas. ¹⁸Há entre vós alguns que se enfatuam como se eu não mais tornasse a ir ter convosco. ¹⁹Hei de visitar-vos, porém, em breve, se o Senhor quiser; e desejaria ver então, não as palavras desses enfatuados, mas, sim, a sua virtude; ²⁰porquanto o reino de Deus não consiste em palavras, porém na virtude. ²¹Que quereis? Que eu vá visitar-vos com a vara, ou no espírito de caridade e de mansidão?

Misérias morais

5 Caso escandaloso. ¹Ouve-se dizer constantemente que reina entre vós a luxúria, e uma luxúria tal que nem mesmo entre pagãos se encontra, a ponto de haver quem viva com a mulher de seu próprio pai. ²E ainda andais enfatuados, em vez de mostrardes pesar, para eliminar do vosso meio semelhante malfeitor. ³Eu, embora corporalmente ausente, presente estou em espírito; e, como se convosco estivesse, já proferi sentença sobre aquele malfeitor: ⁴reuni-vos comigo em espírito, em nome de nosso Senhor *Jesus*[Jesus Cristo], e, pelo poder do Senhor Jesus, ⁵entregai esse homem a Satanás, para a perdição da carne, a fim de que se salve seu espírito, no dia do Senhor *Jesus*[Jesus Cristo].

⁶Não é nada bela a vossa jactância. Ignorais, porventura, que o fermento, embora pouco, leveda a massa toda? ⁷Fora, pois, com esse fermento velho! Sede massa nova, pois que sois massa sem fermento. Também foi imolado Cristo, vosso cordeiro pascal. ⁸Celebremos, portanto, a nossa festa, não mais no fermento velho, nem no fermento da malícia e da iniqüidade, mas no pão ázimo da sinceridade e da verdade.

Trato com impuros. ⁹Escrevi-vos naquela carta que não tivésseis relações com os impuros. ¹⁰Com isso me referia, não aos impuros deste mundo em geral, os avarentos, os ladrões ou idólatras; senão tereis de sair do mundo; ¹¹mas escrevi-vos no sentido de não manterdes relações com um homem que, dizendo-se irmão, é impuro, avarento, idólatra, blasfemador, beberrão ou ladrão — a um tal não deveis tolerá-lo nem como companheiro de mesa. ¹²Pois com que direito havia eu de julgar os que estão de fora? Não é que julgais os que são do número dos de dentro? ¹³Os que estão de fora serão julgados por Deus. Eliminai do vosso meio o malfeitor!

6 Processos perante juízes gentios. ¹Ousará algum de vós, implicado num processo contra outro, solicitar justiça aos iníquos e não aos santos? ²Não sabeis, porventura, que os santos hão de julgar o mundo? Se, portanto, o mundo será julgado por vós, não seríeis competentes para julgar essas coisas insignificantes? ³Acaso ignorais que havemos de julgar os anjos? Quanto mais essas coisas de cada dia! ⁴Quando, pois, tiverdes qualquer litígio sobre coisas da vida cotidiana, constituí juízes aqueles que aliás nenhuma cotação têm na igreja! — ⁵para vergonha vossa é que digo isso. É possível que não haja entre vós um único homem entendido, capaz de funcionar como árbitro entre irmãos? ⁶Mas o que se vê são processos entre irmão e irmão — e isso perante incrédulos. ⁷O simples fato de existirem discórdias entre vós é mau sinal. Por que não preferis sofrer injustiça? Por que não tolerais antes a fraude? ⁸Em vez disso, vós mesmos cometeis injustiça e fraude, e isso até contra irmãos. ⁹Não sabeis que os injustos não terão parte no reino de Deus? Não vos iludais! Os impuros, os idólatras, os adúlteros, os luxuriosos, os sodomitas, ¹⁰os ladrões, os avarentos, os beberrões, os blasfemadores, os salteadores não terão parte no reino de Deus. ¹¹E tais fostes vós em parte. Agora, porém, fostes purificados, fostes santificados, fostes justificados em nome do Senhor Jesus Cristo e pelo espírito de nosso Deus.

O corpo, templo de Deus. ¹²Tudo me é permitido, mas nem tudo convém. Tudo me é permitido, mas não convém que eu me deixe escravizar por coisa alguma. ¹³As comidas são para o estômago e o estômago para as comidas; e Deus deixará perecer um e outro. O corpo, porém, não é para a luxúria, mas para o Senhor, e o Senhor para o corpo. ¹⁴Deus, que ressuscitou o Senhor, há de também ressuscitar-nos a nós pelo seu poder. ¹⁵Não sabeis que os vossos corpos são membros de Cristo? E eu tomaria os membros de Cristo e os faria membros duma meretriz? Nunca! ¹⁶Ou ignorais que quem se entrega a uma meretriz se torna um só corpo com ela? Pois foi dito que serão dois em uma só carne[Gn 2,24]. ¹⁷Mas quem se entrega ao Senhor fica um só espírito com ele. ¹⁸Fugi da luxúria! Todo o outro pecado que o homem comete não lhe atinge o corpo; mas quem se entrega à luxúria peca contra seu próprio corpo. ¹⁹Não sabeis que vosso corpo é templo do Espírito Santo, que habita em vós e que de Deus recebestes, de maneira que já não pertenceis a vós mesmos? ²⁰Fostes comprados por alto preço; pelo que *glorificai*[glorificai e trazei] a Deus no vosso corpo.

Respostas diversas

Matrimônio e virgindade

7 Sociedade matrimonial. ¹A propósito daquilo de que me escrevestes, digo que é bom para o homem não se aproximar de mulher. ²Entretanto, em vista do perigo da luxúria, tenha cada homem sua mulher e cada mulher seu marido. ³O marido conceda à mulher o que lhe deve; e da mesma maneira também a mulher ao marido. ⁴A mulher não pode dispor do seu corpo, senão o marido; do mesmo modo, não pode o marido dispor do seu corpo, mas a mulher. ⁵Não vos negueis um ao outro, senão de comum acordo, e por algum tempo, a fim de vos entregardes à oração; em seguida, porém, tornai a conviver, para que Satanás não vos arme ciladas por faltares à continência. ⁶Digo isso como concessão, e não como preceito; ⁷porque desejaria que *todos os homens fossem*[todos vós fôsseis] como eu. Entretanto, cada um recebeu de Deus um dom especial, um este, outro aquele. ⁸Aos solteiros e às viúvas digo que lhes é conveniente conservarem-se assim como eu. ⁹Se, porém, não puderem viver continentes, casem; pois é melhor casarem do que arderem de volúpia.

Vínculo conjugal. ¹⁰Aos casados preceitua o Senhor — e não eu — que a mulher não se separe do marido. ¹¹No caso, porém, que se separe, fique sem casar, ou se reconcilie com o marido. Pela mesma forma não abandone o marido sua mulher. ¹²Aos demais digo eu — e não o Senhor — que, se algum irmão tiver uma mulher descrente que de boa vontade viva com ele, não a abandone. ¹³E, se uma *mulher*[mulher crente] tiver um marido descrente que de boa vontade viva com ela, não abandone o marido. ¹⁴Porque o marido descrente é santificado pela mulher; como também a mulher descrente é santificada pelo marido; do contrário, os vossos filhos seriam impuros, quando de fato são santos. ¹⁵Mas, se a parte descrente quiser separar-se, separe-se; pois, nesse caso, o irmão ou a irmã não estão ligados, uma vez que Deus vos chamou para a paz. ¹⁶Mulher, sabes tu se salvarás teu marido? Homem, sabes tu se salvarás tua mulher?

Mudança de estado. ¹⁷Viva cada um de modo como o Senhor lho concedeu, segundo a vocação que tem de Deus. É esta uma recomendação que dou a todas as igrejas. ¹⁸Quem foi chamado como circuncidado não procure disfarçá-lo; quem foi chamado como incircunciso, não se faça circuncidar. ¹⁹O que importa não é ser circuncidado ou incircunciso, mas a observância dos mandamentos de Deus. ²⁰Fique cada qual no estado no qual recebeu a vocação. ²¹Se foste chamado como servo, não te dê isso cuidados; e, ainda que possas ser livre, prefere servir; ²²pois quem como servo foi chamado ao Senhor é um liberto do Senhor; do mesmo modo, quem foi chamado como livre não deixa de ser servo de Cristo. ²³Por alto preço fostes comprados; não vos torneis escravos dos homens. ²⁴Meus irmãos, fique cada qual diante de Deus, no estado em que recebeu a vocação.

Recomendação da virgindade. ²⁵Quanto às virgens, não tenho mandamento do Senhor; dou, porém, um conselho como quem merece confiança por ser agraciado do Senhor. ²⁶Entendo que, por causa da presente tribulação, é bom ficarem assim — como é bom para outro qualquer. ²⁷Se estás ligado a uma mulher, não procures separação; se estás solteiro, não procures mulher. ²⁸Entretanto, se casares, não pecas. E se a virgem casar não peca. Estes, todavia, padecerão tribulação da carne, de que eu quisera preservar-vos. ²⁹O que vos digo, meus irmãos, é que o tempo é breve. Pelo que convém que os casados vivam como se casados não fossem; ³⁰os tristes, como se não andassem tristes; os alegres, como se não estivessem alegres; os que adquirem, como se nada possuíssem; ³¹e os que se ocupam de coisas mundanas, como se delas não se ocupassem; porque passa a figura deste mundo. ³²Quisera ver-vos sem cuidados. Quem não é casado cuida das coisas do Senhor e procura agradar *ao Senhor*[a Deus]; ³³mas quem é casado cuida das coisas do mundo e procura agradar à mulher — ³⁴e está dividido. A mulher não casada e a virgem cuidam das coisas do Senhor e procuram ser santas de corpo e alma; ao passo que a casada pensa nas coisas do mundo e procura agradar ao marido.

³⁵Digo isto para vosso bem, e não para vos armar um laço; mas porque me interesso pelos bons costumes e por uma desimpedida entrega ao Senhor.

Casamento da filha. ³⁶Entretanto, se alguém acha desairoso que uma filha donzela passe da idade, e se tem conveniência, faça como entender; não peca, *podem casar*[se ela casar]. ³⁷Mas quem possui coração firme e não tem de ceder a nenhuma necessidade, quem é senhor da sua vontade e assentou consigo conservar virgem a sua filha, faz bem. ³⁸Quem, por conseguinte, casa a sua virgem faz bem; quem não a casa faz melhor.

Atitude da viúva. ³⁹A mulher está ligada enquanto o marido vive; mas, se ele morrer, está livre e pode casar com quem quiser, contanto que seja no Senhor. ⁴⁰Contudo, será mais feliz se ficar como está. Isso é meu conselho, e creio que também eu tenho o espírito de Deus.

Participação na idolatria

8 Consideração para com os fracos. ¹Quanto às carnes sacrificadas aos ídolos, creio que todos temos a necessária ciência — a ciência, é verdade, incha, mas a caridade edifica; ²quem se ufana de seu saber, nem sequer sabe de que modo convém saber; ³quem ama a Deus, este é conhecido dele. ⁴No que, pois, toca aos comestíveis sacrificados aos ídolos, sabemos que não existem ídolos no mundo, e que não há senão um só Deus. ⁵Por mais numerosos que sejam, no céu e na terra, os chamados deuses — pois há tantos deuses quantos senhores — ⁶mas para nós existe um só Deus, o Pai, do qual provêm todas as coisas e que é o nosso destino; e um só Senhor, Jesus Cristo, por quem tudo foi criado, e por ele também nós.

⁷Entretanto, nem todos possuem a verdadeira compreensão; alguns, ainda imbuídos da idéia de ídolos, comem da carne como sendo sacrifício de ídolos, e saem com a consciência manchada, porque é fraca. ⁸Não é a comida que nos dá valor aos olhos de Deus; não valemos mais por comermos, nem valemos menos por não comermos. ⁹Vede, porém, que essa vossa liberdade não venha a ser ocasião de escândalo para os fracos.

¹⁰Porque, se alguém te vir à mesa num templo de ídolos, a ti, que és instruído, não se sentirá ele, quando de consciência fraca, induzido a comer das carnes sacrificadas aos ídolos? ¹¹De maneira que o fraco poderá perecer por causa do teu conhecimento, ele, o irmão, pelo qual Cristo morreu. ¹²Mas, se pecardes contra os irmãos, ofendendo-lhes a consciência fraca, é contra Cristo que pecais. ¹³Se, portanto, uma comida serve de escândalo a meu irmão, não quisera jamais comer carne, para não escandalizar a meu irmão.

9 Paulo, como modelo. ¹Não sou, porventura, livre? Não sou apóstolo? Não vi eu nosso Senhor *Jesus*[Jesus Cristo]? Não sois vós obra minha no Senhor? ²Se para outros não sou apóstolo, para vós, certamente, não deixo de o ser; pois que vós sois o sigilo do meu apostolado no Senhor. ³É esta a defesa que apresento aos que me fazem recriminações.

⁴Não temos nós, porventura, o direito de aceitar comida e bebida? ⁵Não temos o direito de nos fazer acompanhar por uma mulher irmã, a exemplo dos demais apóstolos, irmãos no Senhor, e Cefas? ⁶Ou será que eu e Barnabé somos os únicos sem o direito de *abrir mão do trabalho*[fazer isso]? ⁷Quem há por aí que vá à guerra a sua custa? Quem planta uma vinha e não come do seu fruto? Quem apascenta um rebanho e não se alimenta do leite do rebanho? ⁸Será que não passa de costume humano o que estou dizendo? Ou não diz o mesmo também a lei? ⁹Pois está escrito na lei de Moisés: "Não porás mordaça ao boi que pisa o trigo"[Dt 25,4]. Será que Deus só se interessa pelos bois? ¹⁰Não será principalmente por causa de nós que assim fala? Com efeito, é por nossa causa que está escrito: "Quem lavra a terra lavre com esperança. Quem debulha o cereal faça-o com a esperança de perceber o seu quinhão". ¹¹Ora, se semeamos entre vós bens espirituais, será demais colhermos dos bens materiais que vos pertencem? ¹²Se outros têm direito sobre vós, quanto mais nós! Entretanto, não temos feito uso desse direito; pelo contrário, tomamos tudo sobre nós mesmos, para não criar nenhum obstáculo ao evangelho de Cristo.

¹³Não sabeis que os que trabalham no santuário, do santuário se alimentam? E quem serve ao altar, no altar tem parte? ¹⁴Do mesmo modo, ordenou o Senhor que os que pregam o evangelho, do evangelho vivam.

Renúncia heróica. ¹⁵Eu, porém, não tenho feito uso de nenhum desses direitos. Não escrevo isto para que daqui por diante assim se faça comigo; prefiro morrer a renunciar a esta minha glória. ¹⁶A pregação do evangelho não me redunda em glória, uma vez que é minha obrigação — ai de mim se não pregasse o evangelho! ¹⁷Se o faço de livre vontade, tenho direito a prêmio; se, porém, o faço obrigado, apenas me desincumbo de um cargo que me foi confiado. ¹⁸Em que consiste, pois, o meu merecimento? No fato de pregar de livre vontade o evangelho sem fazer valer o direito que me dá o evangelho. ¹⁹Ainda que livre em todo o sentido, fiz-me escravo de todos, a fim de ganhar o maior número possível. ²⁰Para os judeus me fiz como judeu, a fim de ganhar os judeus; para os que estão sujeitos à lei me fiz como quem está sob a lei — embora não mais esteja sob a lei — a fim de ganhar os súditos da lei. ²¹Para os que vivem sem a lei me fiz como quem vive sem a lei — ainda que não esteja isento da lei de Deus, mas ligado pela lei de Cristo — a fim de ganhar os que vivem sem a lei. ²²Com os fracos me fiz fraco, a fim de ganhar os fracos. Fiz-me tudo para todos, a fim de *salvar ao menos alguns*[salvar a todos]. ²³Faço tudo isso por causa do evangelho, para ter parte nele.

Salvar a alma. ²⁴Ignorais, porventura, que no estádio todos correm, mas um só recebe o prêmio? Correi, pois, de tal modo que o alcanceis. ²⁵Todo atleta pratica abstinência em todas as coisas; ele o faz para conquistar uma coroa perecível; nós, porém, por causa de uma coroa imperecível. ²⁶Assim corro também eu, mas não à toa; pelejo também eu, mas não como quem fustiga o ar; ²⁷antes mantenho em disciplina o meu corpo e o obrigo à sujeição, para que, depois de ter pregado a outros, não venha eu mesmo a ser indigno do prêmio.

10 Para escarmento. ¹⁰Quisera, meus irmãos, que não ignorásseis que nossos pais estiveram todos sob a nuvem; que todos passaram o mar; que todos, ²na nuvem e no mar, receberam o batismo em Moisés; ³que todos comeram o mesmo manjar espiritual ⁴e beberam a mesma bebida espiritual — pois bebiam da pedra espiritual que os acompanhava, pedra que era Cristo. ⁵Entretanto, da maior parte deles não se agradou Deus, pelo que sucumbiram no deserto. ⁶Ora, aconteceu isso para nos servir de exemplo, para que não cobicemos o mal, como aqueles cobiçaram. ⁷Nem vos entregueis à idolatria, como alguns deles; porquanto está escrito: "Sentava-se o povo para comer e beber, e levantava-se para folgar e dançar"[Ex 32,6]. ⁸Não pratiquemos luxúria, como alguns deles praticaram, e pereceram vinte e três mil num só dia. ⁹Não tentemos *ao Senhor*[a Cristo], como alguns deles o tentaram, e foram mortos pelas serpentes. ¹⁰Nem murmureis, como alguns deles murmuraram, e foram arrebatados pelo anjo exterminador. ¹¹Tudo isso que lhes aconteceu vale como exemplo; e foi escrito para escarmento nosso, que presenciamos a plenitude dos tempos. ¹²Quem, pois, julga estar em pé, tome cuidado que não venha a cair. ¹³Não vos sobreveio nenhuma tentação que não fosse humana; Deus é fiel; não permitirá que sejais tentados acima das vossas forças; antes levará a bom termo a tentação para que possais suportá-la.

Manjares cultuais. ¹⁴Pelo que, queridos meus, fugi da idolatria. ¹⁵Falo como a pessoas de critério; avaliai por vós mesmos o que estou dizendo. ¹⁶O cálice da bênção que consagramos não é a comunhão do sangue de Cristo? E o pão que partimos não é a participação do corpo *de Cristo*[do Senhor]? ¹⁷Ora, como é um só pão, assim também nós, muitos que somos, formamos um só corpo; pois todos participamos de um só pão. ¹⁸Considerai o Israel terreno: não é verdade que os que comem das vítimas têm parte no altar do sacrifício?

¹⁹Que quero dizer com isso? Que um sacrifício feito aos ídolos seja alguma coisa? Ou que o ídolo seja alguma coisa? ²⁰Não; o que os pagãos sacrificam é sacrifício oferecido aos demônios e não a Deus. Mas não quero que tenhais sociedade com os demônios; ²¹não podeis beber o cálice do Senhor e o cálice dos demônios; não podeis tomar parte na mesa do Senhor e na mesa dos demônios. ²²Queremos, acaso, provocar o Senhor? Somos mais fortes que ele?

Avisos práticos. ²³Tudo *é permitido*[me é permitido], mas nem tudo convém. Tudo *é permitido*[me é permitido], mas nem tudo edifica. ²⁴Ninguém procure os seus interesses, mas o bem do próximo.

²⁵Comei de tudo o que se vende no mercado, sem inquirirdes, por escrúpulos de consciência. ²⁶"Pois ao Senhor pertence a terra e tudo quanto ela contém."[Sl 24(23),1] ²⁷Se, portanto, fordes convidados por um descrente e tiverdes vontade de lá ir, comei de tudo o que vos for servido, sem nada indagardes por escrúpulos de consciência. ²⁸Mas se alguém vos advertir: "Isto é carne sacrificada aos ídolos", não a comais, em atenção àquele que vos advertiu, por motivo de consciência — ²⁹quero dizer, não da consciência própria, mas da do outro. Por que sujeitaria eu a minha liberdade ao critério da consciência de outrem? ³⁰Se com gratidão como uma coisa, por que havia de merecer censura por aquilo que tomo com ação de graças?

³¹Portanto, quer comais, quer bebais, ou façais outra coisa qualquer, fazei tudo pela glória de Deus. ³²Não deis motivo de escândalo nem a judeus nem a gentios, nem à igreja de Deus; ³³assim como também eu procuro em tudo agradar a todos, não buscando os meus interesses, mas os interesses dos muitos, para que se salvem.

11 ¹Sede imitadores meus, assim como eu sou imitador de Cristo.

Inconveniências no culto divino

Mulheres veladas. ²Acho *louvável*[louvável, meus irmãos,] que em tudo vos lembreis de mim e guardeis as minhas instruções, assim como vo-las dei. ³Quisera, porém, chamar-vos à memória que Cristo é o chefe de todo homem, que o chefe da mulher é o homem, e que Deus é o chefe de Cristo. ⁴Todo homem que orar ou profetizar de cabeça coberta desonra a seu chefe. ⁵E toda mulher que orar ou profetizar de cabeça descoberta desonra a seu chefe, nivelando-se à mulher de cabelo rapado. ⁶A mulher que não velar a cabeça vá cortar o cabelo. Ora, se é vergonhoso para a mulher cortar o cabelo ou rapar-se, vele a cabeça. ⁷O homem não precisa cobrir a cabeça, por ser imagem e resplendor de Deus; ao passo que a mulher é o resplendor do homem; ⁸pois o homem não provém da mulher, mas a mulher provém do homem; ⁹nem o homem foi feito por causa da mulher, mas, sim, a mulher por causa do homem. ¹⁰Por isso, deve a mulher levar na cabeça um distintivo de que está sob o poder — por causa dos anjos. ¹¹Entretanto, no Senhor, nem a mulher é independente do homem, nem o homem é independente da mulher; ¹²pois, como a mulher provém do homem, assim o homem deve a sua origem à mulher — mas tudo vem de Deus.

¹³Julgai por vós mesmos se é conveniente que uma mulher ore a Deus não tendo véu. ¹⁴Não vos ensina a própria natureza que para o homem é desonroso usar cabelo comprido, ¹⁵ao passo que para a mulher o cabelo comprido é um ornamento? A cabeleira lhe foi dada como véu. ¹⁶Entretanto, se alguém fizer questão de defender a sua opinião, não temos nós esse costume, nem tampouco *as igrejas de Deus*[a igreja].

Reuniões eucarísticas. ¹⁷Ao dar-vos estas exortações, não posso louvar que as vossas reuniões redundem, não em proveito, mas em prejuízo vosso. ¹⁸Em primeiro lugar, ouço que, quando vos reunis, há dissensões entre vós, e em parte o creio. ¹⁹Nem pode deixar de haver dissensões entre vós, para que se manifestem dentre vós aqueles que são de virtude comprovada. ²⁰Quando, pois, vos reunis, não é mais para celebrardes a ceia do Senhor; ²¹porque cada qual, ao comer, antecipa a sua ceia — e um sofre fome, enquanto outro está ébrio. ²²Não tendes casas onde comer e beber? Ou desprezais a igreja de Deus e melindrais os indigentes? Que vos direi? Hei de louvar-vos? Nesse ponto não vos louvo.

²³Porquanto recebi do Senhor o que vos ensinei, a saber: que o Senhor Jesus, na noite em que foi entregue, tomou o pão ²⁴e, havendo dado graças, o partiu e disse: "*Isto é o meu corpo*[Tomai e comei, isto é o meu corpo], que é entregue por vós; fazei isto em memória de mim". ²⁵Da mesma forma, depois da ceia, tomou o cálice, dizendo: "Este cálice é o novo testamento em meu sangue; fazei isto em memória de mim todas as vezes que o beberdes". ²⁶Porque, todas as vezes que comerdes este pão e beberdes o cálice, anunciareis a morte do Senhor, até que ele venha. ²⁷Pelo que quem comer indignamente *o pão*[este pão] ou beber o cálice do Senhor será réu do corpo e do sangue do Senhor. ²⁸Examine-se, pois, o homem e assim coma do pão e beba do cálice. ²⁹Porque quem come e *bebe*[bebe indignamente] come e bebe a própria condenação, não fazendo discernimento do *corpo*[corpo do Senhor]. ³⁰Por isso é que há entre vós tantos fracos e enfermos, e alguns já adormeceram. ³¹Mas, se nos examinássemos a nós mesmos, não seríamos julgados. ³²Se, porém, somos julgados pelo Senhor, é para correção nossa, a fim de não sermos condenados com o mundo.

³³Portanto, meus irmãos, quando vos reunis para a refeição, esperai uns pelos outros. ³⁴Se alguém estiver com fome, coma em casa, para que a vossa reunião não reverta em condenação vossa.

Quanto ao mais, hei de regularizá-lo quando aí for.

12 Dons divinos. ¹A propósito dos dons espirituais, meus irmãos, não quero deixar-vos na ignorância. ²Sabeis que, quando pagãos, vos deixáveis levar cegamente aos ídolos mudos. ³Ora, faço-vos saber que ninguém que fala pelo espírito de Deus diz mal de Jesus; e ninguém pode proclamar a Jesus como Senhor, senão pelo Espírito Santo.

⁴São diversos os dons espirituais, mas o espírito é um só; ⁵diversos são os ministérios, mas um só é o Senhor; ⁶há operações diversas, mas um só Deus que tudo opera em todos. ⁷É para utilidade que a cada um se concede a manifestação do espírito. ⁸A um é concedido pelo espírito o dom da sabedoria; a outro, o dom da ciência, pelo mesmo espírito; ⁹a outro, o dom da fé, pelo mesmo espírito; a outro, o dom de curar doenças, pelo mesmo espírito; ¹⁰a outro, a virtude de fazer milagres; a outro, a profecia; a outro, o discernimento dos espíritos; a outro, o dom das línguas; a outro, a interpretação dos idiomas. ¹¹Tudo isso faz um e o mesmo espírito, que distribui os seus dons a cada um como quer.

A Igreja, corpo de Cristo. ¹²Do mesmo modo que o corpo é um só, mas tem muitos membros, e todos esses membros, apesar da sua multiplicidade, formam um só corpo, assim também acontece com Cristo. ¹³Todos nós fomos, pelo batismo, por um só espírito, unidos em um só corpo — judeus e gentios, escravos e livres —; todos fomos imbuídos de um só espírito. ¹⁴Pois também o corpo não consta de um só membro, senão de muitos. ¹⁵Se o pé dissesse: "Porque não sou mão, não pertenço ao corpo", nem por isso deixaria de fazer parte do corpo. ¹⁶E, se o ouvido dissesse: "Porque não sou vista, não pertenço ao corpo", nem por isso deixaria de fazer parte do corpo. ¹⁷Se o corpo fosse todo vista, onde ficaria o ouvido? E, se fosse todo ouvido, onde ficaria o olfato? ¹⁸Deus marcou a cada membro a sua função no corpo, segundo a sua vontade. ¹⁹Se tudo fosse apenas um membro, que seria então do corpo? ²⁰Entretanto, são muitos os membros, e um só o corpo. ²¹Não pode a vista dizer à mão: "Não preciso de ti"; nem tampouco pode a cabeça dizer aos pés: "Não necessito de vós". ²²Pelo contrário, justamente os membros do corpo que mais fracos parecem é que são os mais necessários. ²³Os membros do corpo que temos em conta de menos nobres, tratamo-los com tanto maior respeito; ²⁴os menos decentes são recatados com maior decência, ao passo que os decentes não necessitam disso. ²⁵Deus organizou assim o corpo, distinguindo mais os membros menos nobres, para que não houvesse desordem no corpo, mas que os membros, harmonicamente, tivessem solicitude uns dos outros. ²⁶Se um membro sofre, todos sofrem com ele; se um membro é honrado, todos os membros se alegram com ele.

²⁷Ora, vós sois o corpo de Cristo e, cada um da sua parte, membro dele. ²⁸A alguns constitui Deus na igreja como apóstolos; a outros como profetas, a outros como doutores; ainda a outros para operar milagres, para curar doentes, para prestar socorros, para governar cargos, para diversas *línguas*[línguas e interpretação de idiomas]. ²⁹São todos, porventura, apóstolos? Todos profetas? Todos doutores? Todos taumaturgos? ³⁰Será que todos têm o dom de curas milagrosas? Falam todos em línguas diversas? Têm todos o dom da interpretação de idiomas?

³¹Não deixeis de aspirar aos dons superiores.

Entretanto, eu vos mostrarei um caminho ainda mais excelente.

13 Apoteose da caridade. ¹Se eu falasse a língua dos homens e dos anjos, mas não tivesse a caridade, não passaria dum metal sonoro ou duma campainha a tinir. ²E, se tivesse o dom da profecia, se penetrasse todos os mistérios e possuísse todos os conhecimentos, se tivesse toda a fé a ponto de transportar montanhas, mas não tivesse a caridade — nada seria. ³E, se distribuísse entre os pobres todos os meus haveres, e entregasse o meu corpo à fogueira, mas não possuísse a caridade — de nada me serviria. ⁴A caridade é paciente, a caridade é benigna; a caridade não é ciumenta, não é *indecorosa*[ambiciosa]; não é orgulhosa, ⁵não é enfatuada, não é interesseira, não se irrita, não guarda rancor; ⁶não folga com a injustiça, mas alegra-se com a verdade; ⁷tudo suporta, tudo crê, tudo espera, tudo sofre — a caridade jamais acaba.

⁸Terão fim as profecias, expirará o dom das línguas, perecerá a ciência; ⁹porque imperfeito é o nosso conhecer, imperfeito o nosso profetizar; ¹⁰mas, quando vier o que é perfeito, acabará o que é imperfeito.

¹¹Quando eu era criança falava como criança, pensava como criança, ajuizava como criança; mas, quando me tornei homem, despojei-me do que era pueril. ¹²Vemos agora como que em espelho e enigma; então, porém, veremos face a face; agora conheço apenas em parte; então, porém, conhecerei assim como eu mesmo sou conhecido. ¹³Por ora, ficam a fé, a esperança e a caridade, estas três — a maior delas, porém, é a caridade. Aspirai à caridade!

14 O dom da profecia e das línguas. ¹Esforçai-vos por alcançar os dons espirituais; mormente, porém, o dom da profecia. ²Pois quem faz uso do dom das línguas não fala aos homens, mas a Deus; ninguém o entende, porque fala coisas misteriosas ditadas pelo espírito. ³Mas quem profetiza fala aos homens, edificando, exortando, consolando. ⁴Quem fala pelo dom das línguas edifica-se apenas a si mesmo; mas quem profetiza edifica a *igreja*[igreja de Deus]. ⁵Quisera que todos tivésseis o dom das línguas; porém, ainda mais, que tivésseis o dom da profecia; porque quem profetiza é superior àquele que fala em línguas, salvo se também as interpreta para edificação da igreja.

⁶Meus irmãos, suposto que a vós me dirigisse com o dom das línguas, que proveito havíeis de tirar se não vos dissesse palavras de revelação, de conhecimento, de profecia ou doutrina? ⁷Se instrumentos inanimados, como a flauta ou a cítara, emitissem sons que não fossem nitidamente distintos, como se entenderia o que se toca na flauta ou na cítara? ⁸E, se a trombeta desse apenas um ruído confuso,

quem se prepararia para a luta? ⁹O mesmo acontece convosco: se, ao falardes em línguas, não proferirdes palavras inteligíveis, como se há de entender o que dizeis? É o mesmo que falar ao vento. ¹⁰Há no mundo tantas línguas, e cada uma consta de sons; ¹¹mas, se ignoro a significação do som, fico alheio àquele que fala, assim como ele me fica alheio a mim.

¹²Já que tanto vos esforçais por alcançar os dons espirituais, procurai enriquecer-vos dos que sirvam de edificação à igreja. ¹³Quem, por conseguinte, possui o dom das línguas, peça o dom da interpretação. ¹⁴Pois, se eu orar numa língua, o meu espírito ora, sim, mas o meu entendimento fica sem fruto. ¹⁵Que se segue daí? Que hei de orar com o espírito, e orar com a inteligência; cantarei com o espírito, e cantarei com a inteligência. ¹⁶Se cantares só em espírito, como é que um inexperiente responderá amém à tua ação de graças, se não compreende o que dizes? ¹⁷Pode ser ótima a tua ação de graças, mas o outro não se edifica. ¹⁸Graças a Deus que possuo o dom das línguas em grau superior a todos vós; ¹⁹e, no entanto, quero antes proferir numa assembléia cinco palavras que se entendam, para instruir os outros, do que dez mil palavras em língua estranha. ²⁰Meus irmãos, não sejais crianças no modo de pensar; quanto à malícia, sim, sede crianças; mas no modo de pensar sede homens maduros.

²¹Está escrito na lei: "Em línguas estranhas e por lábios alheios falarei a este povo; nem assim me atenderá, diz o Senhor"[Is 28,11]. ²²Portanto, o dom das línguas é sinal, não para os crentes, mas para os descrentes; ao passo que o dom da profecia serve aos crentes e não aos descrentes. ²³Ora, se a comunidade dos fiéis se reunisse e todos falassem em línguas diversas, e entrassem não-iniciados ou descrentes — não diriam que estais loucos? ²⁴Se, porém, todos profetizarem, e entrar um descrente ou um não-iniciado, todos lhe falam à consciência, todos lhe proferem sentença, ²⁵revelam-se os segredos do seu coração; e ele acabará por se prostrar de face em terra, adorando a Deus e confessando que Deus está realmente no meio de vós.

Normas litúrgicas. ²⁶Que importa, pois, fazer, meus irmãos? Nas vossas reuniões tenha *um*[um de vós] algum cântico, outro uma doutrina, outro uma revelação, um dom de línguas, uma interpretação; mas sirva tudo isso para a edificação. ²⁷Se houver quem tenha o dom das línguas, não falem mais de dois ou, quando muito, três, e sucessivamente, e um dê a interpretação. ²⁸Não havendo intérprete, calem-se na assembléia aqueles; falem consigo mesmos ou com Deus. ²⁹Quanto aos profetas, falem apenas dois ou três; os outros dêem parecer. ³⁰No caso que algum daqueles que estão sentados tenha uma revelação, cale-se o primeiro. ³¹Todos podeis profetizar, mas um após outro, para que todos recebam doutrina e exortação. ³²Os espíritos dos profetas estão sujeitos aos profetas. ³³Deus não é de confusão, mas de paz. *Assim é*[Assim ensino] em todas as igrejas dos santos.

Mulheres na liturgia. ³⁴Fiquem as mulheres caladas, na assembléia não lhes compete falar; têm de subordinar-se, conforme prescreve a lei[Gn 3,16]. ³⁵Se quiserem saber alguma coisa, perguntem em casa a seus maridos; pois não convém que a mulher fale na assembléia. ³⁶Partiu de vós, porventura, a palavra de Deus? Ou foi só a vós que chegou?

³⁷Quem se tem em conta de profeta ou favorecido de dons espirituais, reconheça que o que estou escrevendo é preceito do Senhor. ³⁸Se, porém, não o reconhecer, nem ele seja reconhecido.

³⁹Aspirai, pois, meus irmãos, ao dom da profecia; mas não ponhais embargo ao dom das línguas. ⁴⁰Tudo se faça com decência e boa ordem.

Ressurreição dos mortos

15 Ressurreição de Cristo. ¹Meus irmãos, venho explicar-vos o evangelho que vos preguei. Vós o abraçastes e nele perseverais firmes. ²É nele que está a vossa salvação, se o guardardes assim como vo-lo preguei; do contrário, em vão teríeis abraçado a fé.

³Antes de tudo, vos ensinei o que eu mesmo recebi; que Cristo morreu pelos nossos pecados, segundo a Escritura; ⁴que foi sepultado e, segundo a Escritura, ressuscitou no terceiro dia; ⁵apareceu a Cefas e, depois, aos doze. ⁶Em seguida, apareceu a mais de quinhentos irmãos reunidos, a maior parte dos quais ainda vive, ao passo que alguns morreram. ⁷Depois apareceu a Tiago; mais tarde, a todos os apóstolos e, por último de todos, ⁸apareceu-me também a mim, que nem ainda estava maduro. ⁹Pois eu sou o menor dentre os apóstolos, nem sou digno de ser chamado apóstolo, porque persegui a igreja de Deus. ¹⁰Mas pela graça de Deus sou o que sou; a sua graça não tem sido estéril em mim; pelo contrário,

tenho trabalhado mais que todos os outros; quer dizer, não eu, mas a graça de Deus comigo.

¹¹Eu ou eles — é esta a nossa pregação, e foi destarte que abraçastes a fé.

Se Cristo não ressuscitara. ¹²Ora, quando se prega que Cristo ressuscitou dentre os mortos, como é que alguns de vós afirmam que nem há ressurreição dos mortos? ¹³Se não há ressurreição dos mortos, também Cristo não ressuscitou. ¹⁴Mas, se Cristo não ressuscitou, então é vã a nossa pregação, vã também é a vossa fé; ¹⁵e nós aqui estamos como falsas testemunhas de Deus, porque contra Deus depusemos que ressuscitou a Cristo, quando de fato não o ressuscitou — se é que os mortos não ressuscitam. ¹⁶Se os mortos não ressuscitam, também Cristo não ressuscitou. ¹⁷Mas, se Cristo não ressuscitou, então é vã a vossa fé e ainda estais nos vossos pecados, ¹⁸e estão perdidos também os que em Cristo morreram. ¹⁹Se tão-somente para esta vida temos esperança em Cristo, somos os mais deploráveis de todos os homens.

Cristo, primícias dos ressuscitados. ²⁰Entretanto, Cristo ressuscitou dentre os mortos, primícias dos que repousaram. ²¹Por um só homem veio a morte, por um só homem vem a ressurreição dos mortos. ²²Pois, assim como todos morreram em Adão, assim todos serão vivificados em Cristo; ²³cada qual quando chegar a sua vez; Cristo foi o primeiro; em seguida, os que pertencerem a Cristo na sua vinda. ²⁴Depois vem a consumação, quando ele entregar o reino a Deus Pai, após haver destruído todo o principado, dominação e poder; ²⁵pois importa que ele reine até que reduza todos os inimigos debaixo de seus pés. ²⁶O último inimigo a ser derrotado é a morte. ²⁷Porquanto "submeteu tudo a seus pés"[Sl 8,7]. Ora, quando diz que tudo *está*[lhe está] sujeito, naturalmente se excetua aquele que tudo lhe sujeitou. ²⁸Mas, quando tudo lhe estiver sujeito, então o próprio Filho se submeterá àquele que tudo lhe sujeitou. E será Deus tudo em todas as coisas.

Ponderações humanas. ²⁹E que pretendem aqueles que se fazem batizar a favor dos mortos? Se os mortos de fato não ressuscitam, por que então se fazem batizar em prol deles? ³⁰E por que nos expomos também nós a perigos a toda a hora? ³¹Dia por dia, estou em perigo de morte, tão certo como vós, meus irmãos, sois a minha glória em Jesus

Cristo, nosso Senhor. ³²Se, em Éfeso, eu tivesse lutado com as feras só como homem, de que me serviria? Se os mortos não ressuscitam, então "comamos e bebamos, porque amanhã morreremos!"[Is 22,13] ³³Não vos iludais! Más companhias corrompem os bons costumes. ³⁴Andai com toda a sobriedade e não pequeis. Alguns não têm idéia de Deus — para vergonha vossa o digo.

Possibilidade da ressurreição. ³⁵Mas perguntará alguém: "Como hão de os mortos ressuscitar? Com que corpo virão?"

³⁶Insensato! O que semeias não chega a viver sem que primeiro morra. ³⁷O que semeias não é a planta que se há de formar, mas é o simples grão, por exemplo de trigo ou outro qualquer. ³⁸Deus, porém, lhe dá a forma que lhe apraz, e a cada semente a sua forma peculiar.

O corpo redivivo. ³⁹Nem todos os corpos são da mesma espécie; outro é o corpo do homem, outro o dos quadrúpedes, outro o das aves, outro o dos peixes. ⁴⁰Há também corpos celestes e corpos terrestres, mas uma é a glória dos celestes e outra a dos terrestres; ⁴¹diverso é o brilho do sol, diverso o da lua, e diverso o das estrelas — e até vai diferença de claridade de estrela a estrela.

⁴²É o que se dá com a ressurreição dos mortos. O que se semeia é corruptível — o que ressuscita é incorruptível; ⁴³o que se semeia é humilde — o que ressuscita é glorioso; o que se semeia é fraco — o que ressuscita é forte; ⁴⁴o que se semeia é um corpo material — o que ressuscita é um corpo espiritual.

Se há corpo material, há também corpo espiritual. ⁴⁵Pois está escrito: "Foi feito o primeiro homem, Adão, organismo vivo"[Gn 2,7]; o segundo Adão, porém, espírito vivificante. ⁴⁶O que há primeiro não é o espiritual, senão o material; em seguida vem o espiritual. ⁴⁷O primeiro homem é formado da terra, é terrestre; o segundo homem vem do *céu*[céu, é celeste]. ⁴⁸Qual o terrestre, tais os terrestres; qual o celeste, tais os celestes. ⁴⁹Assim como representamos em nós a imagem do que é terrestre, assim também representaremos em nós a imagem do que é celeste. ⁵⁰O que vos declaro, meus irmãos, é que a carne e o sangue não podem herdar o reino de Deus, nem a corruptibilidade partilhará a incorruptibilidade.

⁵¹Eis que vos revelo um mistério: *nem todos havemos de morrer, mas todos seremos transformados*[todos havemos de ressuscitar, mas nem todos seremos transformados]. ⁵²Será repentinamente, num instante, ao último som da trombeta. Soará a trombeta, e ressuscitarão os mortos, in-

corruptíveis, e nós seremos transformados. ⁵³Importa que este ser corruptível revista a incorruptibilidade, que este ser mortal revista a imortalidade.

Triunfo sobre a morte. ⁵⁴Ora, quando este ser corruptível tiver revestido a incorruptibilidade, quando este ser mortal tiver revestido a imortalidade, então se cumprirá a palavra da Escritura: "Foi a morte tragada na vitória. ⁵⁵Que é da tua vitória, ó morte? Que é do teu aguilhão, ó morte?"[Is 25,8; Os 13,14] ⁵⁶O aguilhão da morte é o pecado; a força do pecado, porém, está na lei.

⁵⁷Graças a Deus, que nos dá a vitória por Jesus Cristo, nosso Senhor!

⁵⁸Pelo que, irmãos meus caríssimos, permanecei firmes e inabaláveis; trabalhai com zelo na obra do Senhor, na certeza de que não é baldado o vosso esforço no Senhor.

16 Conclusão. ¹Quanto às coletas em benefício dos santos, guiai-vos pelo que ordenei às igrejas da Galácia: ²no primeiro dia da semana, cada um de vós ponha de parte alguma coisa para si, quanto quiser, para que a coleta não se faça só por ocasião da minha chegada. ³Quando aí estiver, hei de enviar a Jerusalém, com carta de recomendação, homens de vossa confiança, para que levem o vosso óbolo. ⁴Se for conveniente que vá também eu, podem eles acompanhar-me.

⁵Irei ter convosco pelo caminho da Macedônia, pois pela Macedônia só vou de passagem. ⁶Convosco, porém, ficarei mais tempo, talvez o inverno todo. Podeis então acompanhar-me à despedida, quando seguir viagem. ⁷Não quisera ver-vos apenas de passagem; espero demorar-me algum tempo no meio de vós, se o Senhor o permitir. ⁸Até Pentecostes ficarei em Éfeso, ⁹onde se me abriu uma porta larga e auspiciosa, embora não sejam poucos os adversários.

¹⁰Quando chegar Timóteo, providenciai para que possa estar convosco sem temor; trabalha como eu na obra do Senhor. ¹¹E que ninguém o menospreze! Acompanhai-o antes pacificamente para que venha ter comigo; espero-o com os irmãos. ¹²Quanto ao irmão Apolo, pedi-lhe encarecidamente que fosse visitar-vos em companhia dos irmãos; mas não houve meio de movê-lo a empreender a viagem agora; irá, todavia, mais tarde, oportunamente.

¹³Sede vigilantes! Estai firmes na fé! Sede homens, sede fortes! ¹⁴Tudo quanto fizerdes, fazei-o com caridade. ¹⁵Mais um pedido,

meus irmãos: conheceis a família de *Estéfanas*[Estéfanas, Fortunato e Acaico]. São as primícias da Acaia, que se consagraram ao serviço dos santos. ¹⁶Mostrai-vos dedicados a tais homens, como em geral a todos os que trabalham e se afadigam. ¹⁷Estou satisfeito pela chegada de Estéfanas, Fortunato e Acaico; porque supriram a vossa ausência, ¹⁸confortando a minha alma e a vossa. Mostrai-vos reconhecidos a tais homens.

¹⁹Enviam-vos lembranças as igrejas da Ásia. Muitas saudações no Senhor, de Áquila e Priscila, bem como da cristandade que se acha em sua *casa*[casa, onde me acho hospedado]. ²⁰Lembranças de todos os irmãos. Saudai-vos uns aos outros no ósculo santo.

²¹Aí vai a minha saudação, de próprio punho: Paulo.

²²Quem não ama ao *Senhor*[Senhor Jesus Cristo], maldito seja! Maran-
-atha!

²³A graça do Senhor *Jesus*[Jesus Cristo] seja convosco.

²⁴A todos vós o meu amor, em Cristo *Jesus*[Jesus. Amém].

Notas explicativas

1 ²⁰⁻²⁵Não quiseram os sábios do mundo conhecer a Deus, embora não lhes escasseassem provas da sua existência (cf. Rm 1,19s); por isso deixou Deus de parte a sabedoria humana e serviu-se da ignomínia da cruz para salvar a humanidade.

²⁶⁻²⁸A cruz e o sofrimento, que parecem loucura aos mundanos, são suprema sabedoria aos olhos de Deus.

Também entre os cristãos de Corinto havia maior número de humildes que de poderosos.

2 ¹⁴⁻¹⁵O homem, confiado nas suas faculdades meramente naturais, não pode atingir as verdades sobrenaturais do cristianismo, que até lhe parecem absurdas; ao passo que o homem espiritual, iluminado pela fé, as compreende e abraça, tornando-se com isso uma espécie de enigma para o profano.

3 ¹²⁻³⁴São Paulo, com a sua pregação, lançara os fundamentos da igreja de Corinto; outros, após a partida dele, levariam adiante a construção. No dia do juízo se verá com que material cada um trabalhou: se com o ouro, a prata e as pedras preciosas de doutrinas sólidas e virtudes acrisoladas, se com a madeira, o feno e a palha do palavreado vão e exemplos ambíguos.

²¹⁻²³Ninguém ponha a sua confiança em mestre humano, como se dele dependesse a sua salvação; pois todos os mestres não passam de instrumentos nas mãos de Deus, para utilidade espiritual dos fiéis.

4 ⁶O que vale de todos os mestres exemplificou-o São Paulo na sua pessoa e na de Apolo, para que os coríntios aprendessem a não enaltecer um homem mais do que convém, segundo os ditames dos livros sacros.

⁸⁻¹³Aos olhos do mundo é o apostolado a mais triste condição do homem, mas aos olhos de Deus é sublime privilégio.

5 ⁴⁻⁵Na qualidade de representante de Jesus Cristo, exclui São Paulo da comunidade eclesiástica o pecador impenitente e escandaloso, entregando-o ao reino de Satanás, isto é, ao mundo dominado pelo príncipe das trevas, para que esse castigo o faça cair em si.

⁶⁻⁸Alusão às cerimônias pascais dos judeus. O fermento significa o mau exemplo daquele homem.

¹²⁻¹³Os pagãos não estão sujeitos à jurisdição eclesiástica do apóstolo.

6 ¹⁷⁻²¹Nem tudo convém fazer, embora seja moralmente lícito, para não ofender o próximo. Nem é justo deixar-se dominar por qualquer inclinação viciosa. A manducação deste ou daquele alimento é, de per si, coisa indiferente, mas não o é do mesmo modo qualquer gozo sensual; porque, segundo a vontade de Deus, tem o corpo destino superior que não o da satisfação carnal; é membro do corpo místico de Cristo e criado para participar da glória da alma, desde o dia da ressurreição universal.

7 ¹⁰⁻¹⁶O matrimônio entre cristãos é indissolúvel. Havendo, porém, um casal em que uma parte seja cristã, e a outra pagã, se esta última se negar a querer continuar a vida matrimonial, pode a parte cristã requerer separação, com dissolução do vínculo matrimonial; porque, do contrário, correria perigo de perder a fé. No caso, porém, que a parte pagã queira continuar no matrimônio, não se dissolva o vínculo conjugal; porque a convivência pacífica com o cônjuge cristão poderá redundar em bênção espiritual para a parte pagã, dispondo-a, talvez, para a conversão (privilégio paulino).

¹⁷⁻²⁴Convém que o homem, após a sua conversão ao cristianismo,

continue no seu ofício ou profissão de antes; pois o cristão pode santificar-se em qualquer estado de vida que seja honesto.

²¹Recomenda o apóstolo aos escravos das famílias cristãs que, mesmo depois de batizados, continuem a servir de boa vontade, contentando-se com a liberdade espiritual.

³⁶⁻³⁸Refere-se o apóstolo aos pais e tutores.

8 ¹⁻³Comia-se, em parte, nos banquetes rituais, a carne que sobrava dos sacrifícios oferecidos aos deuses; em parte, se vendia no mercado. Agitava-se entre os fiéis a questão sobre a liceidade ou iliceidade da manducação dessas carnes.

9 ¹⁻¹⁴Tomando por ponto de partida o seu próprio exemplo, insiste São Paulo na necessidade da abnegação cristã, mostrando como, muitas vezes, a caridade nos impõe a renúncia aos nossos direitos e à nossa liberdade. Na qualidade de apóstolo, bem podia ele exigir que a cristandade o provesse do necessário, a ele e aos seus colaboradores; como também teria o direito de entregar os trabalhos domésticos a uma auxiliar cristã. Preferiu, porém, renunciar a todos esses privilégios, a fim de não embaraçar a difusão do Evangelho.

10 ¹⁻⁶A despeito dos extraordinários privilégios que Deus concedera aos israelitas no deserto, não atingiram eles o termo da peregrinação, perecendo no ermo, por não terem sabido dominar os seus apetites. Ninguém se dê, pois, por muito seguro da salvação, mesmo que se ache cumulado de favores especiais.

³⁻⁴O manjar e a bebida espirituais (quer dizer, que simbolizavam coisa espiritual) eram o maná e a água do rochedo, protótipo do corpo e sangue de Cristo, o qual, na sua divindade, os acompanhava.

²³⁻¹¹É permitido comer das carnes sacrificadas aos ídolos, contanto que não se tenha intenção idólatra, nem se escandalize o próximo, de consciência escrupulosa.

11 ²⁻¹²Era costume em Corinto que, nas reuniões públicas, os homens se apresentassem de cabeça descoberta, em sinal da sua autoridade, enquanto as mulheres vinham veladas, em prova de sua sujeição ao marido. Parece que algumas mulheres promoviam um movimento de indébita "emancipação feminina", simbolizada pela abolição do véu. O apóstolo reprova semelhante inovação, provando pela natureza humana e pela Escritura sagrada que a mulher deve obedecer ao marido.

[10]Convém que a mulher leve na cabeça um distintivo do poder que o marido tem sobre ela (o véu), por causa dos anjos, isto é, dos espíritos celestes que serviram de intermediários da lei de Deus e, destarte, cooperaram para essa determinação e a sujeição da mulher ao marido, tendo motivo de alegrar-se pela observância da ordem divinamente estabelecida.

[12-31]No intuito de imitarem a santa ceia de Cristo, costumavam os fiéis daquele tempo reunir-se para celebrar o mistério eucarístico. Vinha essa celebração unida a um ágape, ou banquete fraternal, que devia, de preferência, reverter em benefício das classes pobres.

Entretanto, se introduzira o abuso de os cristãos mais remediados fazerem entre si o ágape, deixando os pobres sem nada. E com isso sofria notável detrimento o caráter caritativo e a unção religiosa dessas reuniões.

[30]Entende-se enfermidade e morte moral, conseqüência da indigna recepção da Eucaristia.

12 Havia, na primitiva Igreja, diversas pessoas dotadas de carismas extraordinários destinados à edificação dos fiéis e à conversão dos infiéis. Acontecia, porém, que nas reuniões litúrgicas o uso desses privilégios degenerasse em abuso e desordem; pelo que o apóstolo se apressa a dar esclarecimentos e diretivas práticas sobre esse particular.

[2-3]Quem fala por inspiração divina promove o reino de Cristo; quem lhe põe embargo está sob a influência do espírito maligno.

[12-31]Dissera o apóstolo que, não obstante a multiplicidade dos dons divinos, um só é o Espírito Santo, autor deles; e passa a mostrar essa verdade por meio de um paralelo tirado do corpo humano: assim como cada membro e cada órgão tem a sua função peculiar — ainda que todos tenham por princípio um e o mesmo espírito (a alma), que dirige a um fim harmônico as diversas partes e suas atividades —, de modo análogo acontece também na Igreja de Deus.

13 [1-13]Os próprios carismas do Espírito Santo não tornam o homem mais perfeito e agradável a Deus, se lhe faltar a verdadeira caridade do próximo baseada no amor de Deus.

[12]Na vida presente não conhecemos as coisas de Deus senão de

um modo indireto, como que num espelho, e obscuramente, como que em visão enigmática; no mundo futuro, porém, os conheceremos direta e claramente.

14 [1-4]Na Igreja primitiva, ocupava o dom da profecia a primeira plana. Consistia em falar aos fiéis, sob o impulso do Espírito Santo, de um modo tão claro que já nenhuma interpretação ulterior era necessária. O dom das línguas, em vez disso, se manifestava em palavras estranhas, proferidas sob a atuação do Espírito Santo, mas que não eram inteligíveis aos ouvintes sem a competente interpretação.

15 [8]Quer o apóstolo dizer que, no dia da sua conversão, não estava ainda maduro para o múnus apostólico.
[20]Jesus Cristo é chamado *primícias dentre os mortos* porque primeiro ressuscitou do sepulcro, abrindo-nos, assim, o caminho para a gloriosa ressurreição.
[24-25]No fim do mundo resplandecerá visivelmente o poder de Jesus Cristo sobre todas as potências adversas. A morte será derrotada para sempre, e será restituída a vida aos corpos dos defuntos.
[29]Havia entre os coríntios quem pusesse em dúvida a imortalidade da alma, e a ressurreição dos corpos. Passa o apóstolo a refutar essa dúvida pelas praxes desses mesmos homens, que se faziam batizar em prol dos defuntos não batizados — coisa absurda, no caso que esses defuntos já não existissem nem houvesse esperança de ressurreição. Claro está que o apóstolo não aprova essa cerimônia singular; toma-a tão-somente por ponto de partida para formar um argumento *ad hominem*.
[35-38]Mostra São Paulo o fato da ressurreição dos corpos. Morrer para viver!
[39-49]Expõe as propriedades que terá o corpo ressuscitado. Entre os próprios corpos gloriosos ainda haverá graduações, assim como há diferença de fulgor entre as diversas estrelas.
[45]O corpo mortal de Cristo se transformara em corpo imortal — assim acontecerá também a cada um de nós: Jesus Cristo é o autor da vida imortal do nosso corpo.
[46]O poder sinistro do pecado original foi posto em relevo pela lei de Moisés; porque foi em atenção ao pecado que a lei se tornou tão minaz e tão rigorosa nos seus dispositivos.

16 *Os santos* — são os cristãos de Jerusalém, que eram muito pobres.

²*O primeiro dia da semana* — já nesse tempo celebrava a Igreja o domingo em vez do sábado (cf. At 20,7).

¹⁹Áquila e Priscila (Prisca), que de Corinto se haviam mudado para Éfeso, tinham oferecido a sua casa para igreja, assim como fizeram mais tarde em Roma (cf. Rm 16,3).

²²*Maran-atha* — quer dizer: "Vem, Senhor!" Exprime essa exclamação o vivíssimo anseio que os cristãos tinham do próximo advento de Cristo juiz. Corresponde ao nosso aleluia ou amém.

Segunda Epístola aos Coríntios

Introdução

1. O que moveu São Paulo a dirigir uma segunda epístola aos cristãos de Corinto foram as notícias que daí lhe trouxera Tito. A maioria da cristandade chorara sinceramente o desgosto que tinha causado ao apóstolo (7,7-11) e continuava fiel às doutrinas de seu pastor. O incestuoso, expulso da Igreja, convertera-se (2,5-11).

Entretanto, muitos havia que se mostravam hostis a São Paulo, devido às intrigas que certos mestres, judeu-cristãos, espalhavam, acoimando-o de egoísta, covarde, interesseiro, apoucado de espírito, falto de vocação apostólica, abusador da sua autoridade, etc. (3,5; 4,5; 10,8-10; 12,16ss; 13,1ss). De mais a mais, continuava a vigorar entre os coríntios um forte pendor para o paganismo (6,11ss), e a desejada coleta estava ainda por ser terminada (8,6ss; 9,3-5).

Pelo que o apóstolo mandou Tito a Corinto com uma segunda carta, a fim de compor, até à sua chegada, as desordens ainda existentes, justificar o procedimento do apóstolo, defender-lhe a autoridade e rebater as diatribes dos adversários. Representa esta epístola uma magistral auto-apologia de São Paulo, dados a veemência e o calor da sua linguagem.

2. A autenticidade da carta é universalmente reconhecida. Tanto o conteúdo como a forma vêm cheios de particularidades paulinas.

O tempo da composição cai no ano 57. Segundo At 20,6, celebrou São Paulo as solenidades pascais em Filipos, aonde fora depois de passar em Corinto três meses (At 20,3). Ainda antes desse tempo percorrera a Macedônia por espaço de alguns meses. A carta foi escrita na Macedônia, talvez na cidade de Filipos (2Cor 8,1; 9,2-4).

Segunda Epístola de São Paulo aos Coríntios

1 ¹Paulo, pela vontade de Deus apóstolo de Jesus Cristo, e o irmão Timóteo, à igreja de Deus em Corinto com todos os santos em toda a Acaia. ²A graça e a paz vos sejam dadas da parte de Deus, nosso Pai, e do Senhor Jesus Cristo.

Ação de graças. ³Bendito seja Deus, pai de nosso Senhor Jesus Cristo, pai das misericórdias e Deus de toda a consolação! ⁴É ele que nos consola em toda a adversidade, para que também nós possamos consolar os que estão atribulados, por aquela mesma consolação que de Deus recebemos. ⁵Pois, do mesmo modo que nos couberam em larga escala os sofrimentos de Cristo, assim também nos cabem largamente as consolações por meio de Cristo. ⁶Se sofremos tribulação, é para vossa consolação e proveito; se somos consolados, é igualmente para consolação *vossa*[vossa; se somos confortados, é para conforto e salvação vossa], a fim de que possais suportar com paciência os mesmos sofrimentos que nós padecemos. ⁷Por isso, temos firme esperança em vós; porque sabemos que tendes parte nas consolações, assim como a tendes nos padecimentos.

⁸Não quiséramos, irmãos, que ignorásseis as tribulações que passamos na Ásia. Foram excessivamente grandes, acima das nossas forças, a ponto de já desesperarmos da vida; ⁹já trazíamos dentro de nós a sentença de morte, para que não confiássemos em nós mesmos, mas, sim, em Deus, que ressuscita os mortos. ¹⁰Livrou-nos agora de tamanhos perigos, e nos há de livrar para o futuro. Nele é que temos posto a nossa confiança; há de nos livrar daqui por diante, ¹¹tanto mais que também vós nos ajudais com a vossa oração; assim, por

numerosos lábios, serão dadas muitas graças a Deus, pelo benefício que nos concedeu.

Auto-apologia do apóstolo

Refutação de suspeitas diversas

Nada de ambigüidade. [12]A nossa glória consiste no testemunho da consciência de termos andado pelo mundo em santidade e sinceridade diante de Deus; não em sabedoria humana, mas na graça divina, principalmente entre vós. [13]Pois não vos escrevemos outra coisa senão a que pela leitura possais compreender. [14]Espero que compreendereis de todo o que já em parte compreendestes; que no dia de nosso Senhor *Jesus*[Jesus Cristo] seremos nós a vossa glória, e vós a nossa.

Nada de inconstância. [15]Confiado nisso, já antes pretendia visitar-vos, para que recebêsseis mais outra graça. [16]De vós tencionava dirigir-me então para a Macedônia, regressar da Macedônia até vós e ser acompanhado por vós à Judéia. [17]Terá sido falta de reflexão o que presidiu a esse plano? Ou será que eu tomo propósitos a capricho, de maneira que em mim o "sim, sim" equivalha ao "não, não"? [18]Pela fidelidade de Deus, o que vos dizemos não é "sim" e "não" ao mesmo tempo! [19]Porque o Filho de Deus, Jesus Cristo, que nós — eu, Silvano e Timóteo — vos temos pregado, não era "sim" e "não" ao mesmo tempo; nele só existia o "sim". [20]Todas as promessas de Deus encontraram nele um "sim"; por isso é que lhe cantamos o nosso "amém", pela glória de Deus. [21]Foi Deus que nos firmou em Cristo, a nós e a vós; que nos ungiu; [22]foi ele também que nos assinalou com o seu sigilo, e, como penhor, infundiu o Espírito em nossos corações.

Delicadeza. [23]Por minha vida, tomo a Deus por testemunha de que a razão de não ter ido a Corinto foi para vos poupar. [24]O que pretendemos não é dominar sobre vossa fé, mas contribuir para a vossa alegria, porquanto já estais firmes na fé.

2 [1]Resolvi não tornar a vós por entre tristezas. [2]Pois, se vos causar tristeza, quem me alegrará? Acaso aquele a quem eu dei pesar? [3]Pelo que *liquidei*[liquidei convosco] a questão por escrito, para que, à minha chegada, não sofra pesar da parte daqueles que me deviam dar prazer. Tenho fé em todos vós que a minha alegria seja a alegria de vós todos. ⁴Foi por entre tribulações, angústias d'alma e muitas lágrimas que vos escrevi, não para vos contristar, mas para vos mostrar o muitíssimo que vos quero.

Indulgente caridade. ⁵Se alguém causou pesar, não tanto me contristou a mim, como, em parte — para não exagerar —, a todos vós. ⁶Baste-lhe o castigo que a maior parte lhe infligiu. ⁷Perdoai-lhe agora e consolai-o para que esse tal não seja levado ao desespero por excessiva tristeza. ⁸Pelo que vos exorto a que tenhais caridade para com ele. ⁹Escrevi-vos com o fim de verificar se sois obedientes em tudo. ¹⁰Mas, a quem vós perdoardes, também eu lhe perdoarei. E, se concedi perdão — se é que havia que perdoar — concedi-o por amor de vós, em face de Cristo. ¹¹Não caiamos nos laços de Satanás, pois que lhe conhecemos as tramas.

Graças a Deus. ¹²Quando cheguei a Trôade para pregar o evangelho de Cristo, foi-me aberta uma porta no Senhor; ¹³mas não tinha paz na alma, por não encontrar meu irmão Tito. Por isso me despedi daí e fui em demanda da Macedônia.

¹⁴Mas graças sejam dadas a Deus, que sempre nos dá vitória em *Cristo*[Jesus Cristo] e nos concede difundir por toda a parte o odor do seu conhecimento. ¹⁵Porquanto o odor de Cristo somos nós, para Deus, entre os que se salvam, como os que se perdem; ¹⁶para estes um odor de morte que mata, para aqueles um odor de vida que vivifica. E quem é idôneo para isso? ¹⁷Nós não somos como tantos outros que fazem da palavra de Deus um negócio; mas é com sinceridade e diante de Deus que falamos em Cristo.

Excelência do múnus apostólico

3 Sublimidade do ministério. ¹Começamos de novo a louvar-nos a nós mesmos? Será que, como certa gente, temos mister de carta de recomendação para vós ou de vós? ²Não; a nossa carta de recomendação sois vós mesmos, carta escrita dentro do nosso coração, legível e inteligível a todo o mundo.

³Não há duvida, vós sois uma carta de Cristo, por nós exarada, não com tinta, mas com o espírito de Deus vivo; não em tábua de pedra, mas nas tábuas de carne dos vossos corações. ⁴Esta confiança temos

nós em Deus, por Cristo. ⁵Por virtude própria, não somos capazes de conceber pensamento algum; a nossa capacidade vem de Deus; ⁶foi ele que nos capacitou para ministros do novo testamento, testamento não da letra, mas do espírito; porque a letra mata, o espírito é que vivifica.

⁷Ora, se já o ministério da morte, gravado com letras em pedra, era tão brilhante, que os filhos de Israel não valiam fitar o rosto de Moisés por causa do fulgor do seu semblante — fulgor tão transitório —, ⁸quanto mais brilhante não será o ministério do espírito! ⁹Pois, se o ministério da condenação já era tão glorioso, muito mais glorioso será o ministério da justificação. ¹⁰O esplendor de então empalidece por completo, em face desta glória incomparável. ¹¹Pois, se tão esplêndido era o que se desvanece, quanto mais esplêndido não há de ser o que permanece!

Liberdade apostólica. ¹²Animados desta esperança, apresentamo-nos com grande desassombro. ¹³Não imitamos o exemplo de Moisés, que velava a face, para que os filhos de Israel não contemplassem o fim daquilo que ia perecer. ¹⁴Entretanto, continuaram eles com o sentimento endurecido; e até o presente dia, à leitura do Antigo Testamento, continua a existir esse mesmo véu; fica oculto que em *Cristo*[Cristo Jesus] haja de ter fim. ¹⁵Sim, até hoje, à leitura de Moisés, têm eles um véu sobre o coração; ¹⁶mas, se se converterem ao Senhor, será tirado o véu[Ex 34,34]. ¹⁷O Senhor é o espírito; mas onde reina o espírito do Senhor, aí há liberdade. ¹⁸Todos nós, porém, contemplamos, de face descoberta, a glória do Senhor, e seremos transformados na mesma imagem, de claridade em claridade. É o que provém do espírito do Senhor.

4 Verdade desassombrada. ¹Ora, uma vez agraciados com este ministério, não conhecemos desalento. ²Renunciamos a secretas e infames astúcias; não recorremos a intrigas, nem adulteramos a palavra de Deus; apregoamos a verdade sem rebuços e nos impomos a toda a consciência humana aos olhos de Deus. ³Se, ainda assim, o nosso evangelho é "coisa obscura", é obscura tão-somente para os que se perdem, para os incrédulos, ⁴aos quais o deus deste mundo cegou o entendimento, para que *não*[não lhes] resplandeça a luz do evangelho da glória de Cristo, que é a imagem de Deus. ⁵Pois não é a nós mesmos que pregamos, mas a Jesus Cristo como sendo o Senhor; a nós mesmos, porém, como sendo servos vossos por amor de Jesus.

⁶Deus, que ordenou que das trevas rompesse a luz[Gn 1,3], resplandece também em nossos corações para fazer brilhar o conhecimento da glória divina, em face de Jesus Cristo.

Virtude divina e fraqueza humana. ⁷Entretanto, levamos este tesouro em vasos de barro, para que a sublimidade da virtude não se atribua a nós, mas a Deus.

⁸De todas as partes somos atribulados, porém não esmagados; cheios de angústias, mas não em desespero; ⁹perseguidos, mas não abandonados; oprimidos, mas não aniquilados. ¹⁰Sempre trazemos em nosso corpo a morte de Jesus, para que também a vida de Jesus se manifeste em nosso corpo. ¹¹Em plena vida somos por causa de Jesus entregues à morte, para que também a vida de Jesus se revele em nosso corpo mortal. ¹²Em nós domina a morte; em vós, a vida. ¹³Como possuímos o mesmo espírito de fé de que diz a Escritura: "Creio, por isso é que falo"[Sl 116(115),10], cremos também nós, e por isso é que falamos. ¹⁴Pois sabemos que o mesmo que ressuscitou o Senhor Jesus há de também ressuscitar-nos a nós com Jesus e convosco apresentar-vos ante a sua face. ¹⁵Pois tudo acontece por amor de vós, para que a graça redunde em muitíssimos, e assim se aumente a ação de graças pela glória de Deus.

¹⁶Por isso é que não desfalecemos. Embora se destrua em nós o homem exterior, o interior se renova, de dia para dia. ¹⁷Porquanto a ligeira tribulação que de presente sofremos merece-nos um tesouro eterno de glória incomparável; ¹⁸contanto que cravemos o olhar, não nas coisas visíveis, mas nas invisíveis; pois o visível dura pouco tempo, ao passo que o invisível é eterno.

5 Saudades do céu. ¹Pois sabemos que, quando se desfizer a nossa tenda terrestre, receberemos uma casa eterna no céu, casa edificada não por mãos humanas, mas por Deus. ²Pelo que suspiramos cheios de saudades por vestirmos sobre ela a nossa habitação celeste; ³se dela formos revestidos, não seremos encontrados desnudos. ⁴Enquanto, pois, continuamos a viver na tenda, gememos, angustiados, porque desejaríamos não ser despojados, mas sobrevestidos, para que o que é mortal seja absorvido pela vida. ⁵E Deus, que a isso nos destinou, nos deu como penhor o Espírito. ⁶Pelo que andamos sempre consolados, na certeza de que, enquanto vivermos em corpo, somos peregrinos, e estamos longe do Senhor — ⁷pois que ainda andamos pela fé, e não pela visão. ⁸Entretanto, nos consolamos, ainda que preferíssemos emigrar do habitáculo do corpo e gozar da presença do Senhor. ⁹Por essa razão nos esforçamos por lhe agradar, quer estejamos no habitáculo corpóreo, quer fora dele; ¹⁰porquanto teremos de comparecer todos ante o tribunal de Cristo, para que cada um receba a retribuição do bem e do mal que houver praticado durante a sua vida mortal.

Amor a Cristo. ¹¹Penetrados do temor do Senhor, procuramos ganhar os homens. De Deus somos cabalmente conhecidos, e espero que também a vossa consciência nos reconheça. ¹²Não nos vimos gabar de novo diante de vós, mas damo-vos ensejo para vos ufanardes de nós, para que possais responder àqueles que se gloriam só por fora, mas não por dentro. ¹³Se for verdade que nos arrebatamos em excesso, foi por Deus; se formos comedidos, foi por vós. ¹⁴A caridade de Cristo é que nos impele, quando consideramos que, se um morreu por todos, todos morreram. ¹⁵Por todos morreu ele, para que os que vivem já não vivam para si, mas para aquele que por eles morreu e ressuscitou.

Arauto da Redenção. ¹⁶Por isso é que desde agora já não julgamos a ninguém segundo a carne; e, se outrora julgamos a Cristo segundo a carne, já agora não pensamos desse modo. ¹⁷Pois quem vive em Cristo é criatura nova; passou o que era velho — e eis que se fez o que é novo![Is 43,19] ¹⁸Tudo isto vem de Deus, que por meio de Cristo nos reconciliou consigo e nos outorgou o ministério da reconciliação. ¹⁹Sim, foi por meio de Cristo que Deus reconciliou consigo o mundo; já não lhe imputa os pecados e incumbiu-nos de anunciarmos a reconciliação. ²⁰É, pois, em lugar de Cristo que desempenhamos o ministério. É Deus que por nosso intermédio exorta. Em lugar de Cristo é que pedimos: reconciliai-vos com Deus. ²¹Aquele que de pecado nada sabia fê-lo Deus pecado por nós, para que por ele fôssemos feitos justiça de Deus.

6 ¹Na qualidade de cooperadores seus, vos admoestamos que não recebais em vão a graça de Deus; ²pois que foi dito: "No tempo oportuno te atendo, no dia da salvação te valho"[Is 49,8]. Eis que agora é que é o "tempo oportuno", agora é o "dia da salvação".

Auto-retrato do apóstolo. ³Não damos motivo algum de escândalo para que o nosso ministério não sofra desdouro; ⁴em tudo nos provamos servos de Deus, com muita paciência, nas tribulações, nas necessidades e nas angústias; ⁵por entre açoites, cárceres e sedições; em trabalhos, vigílias e jejuns; ⁶pela castidade e ciência; pela longanimidade e bondade; pelo Espírito Santo e por sincera caridade; ⁷pela veracidade e pela virtude de Deus; pelas armas da justiça, quer ofensivas, quer defensivas; ⁸por entre honras e ignomínias; por entre ultrajes e louvores; tidos por impostores, porém verdadeiros; ⁹ignorados, porém conhecidos; como moribundos, e ainda vivos; castigados, porém não mortos; ¹⁰aflitos, porém sempre alegres; indigentes, porém enriquecendo a muitos; sem posses, mas possuidores de tudo.

Avisos e exortações

Cuidado com os vícios pagãos! ¹¹Coríntios, abriram-se-vos os nossos lábios, dilatou-se-nos o coração. ¹²E não é pequeno espaço que nele ocupais; estreito, porém, é o lugar que vosso coração oferece. ¹³Pagai igual com igual — falo como que a filhos queridos — e dilatai o vosso coração.

¹⁴Não vos sujeiteis ao mesmo jugo que os incrédulos. Pois que tem que ver a justiça com a iniqüidade? Que há de comum entre a luz e as trevas? ¹⁵Em que se harmonizam Cristo e Belial? Que partilha tem o crente com o descrente? ¹⁶Como se coaduna o templo de Deus com os ídolos? Pois que *somos*[sois] templo de Deus vivo, e Deus disse: "Hei de habitar e andar no meio deles; serei o seu Deus, e eles serão o meu povo. ¹⁷Por isso, retirai-vos do meio deles, separai-vos, diz o Senhor; não toqueis em coisa impura! ¹⁸Então vos hei de receber e serei vosso pai, e vós me sereis filhos e filhas, diz o Senhor, o Onipotente"[Lv 26,12; Is 52,11; Jr 32,38].

7 ¹De posse de semelhantes promessas, caríssimos meus, preservemo-nos de toda a mancha do corpo e da alma, e, no temor de Deus, aspiremos a uma santidade cada vez mais perfeita.

Perdão e amor aos coríntios. ²Acolhei-nos dentro de vós! Não temos feito injustiça a ninguém, a ninguém temos prejudicado, a ninguém enganado. ³Não digo isso para vos acusar; pois que já acima dizia que estais conosco unidos em nosso coração para a vida e para a morte. ⁴Grande é a confiança que em vós deposito; grande é o orgulho que sinto por vós; estou cheio de consolação, transbordo de júbilo em todas as nossas tribulações.

Alegria e júbilo do apóstolo. ⁵Pois, quando viemos da Macedônia, não teve o nosso corpo descanso algum, mas padecia toda a espécie de tribulação; lutas por fora e angústias por dentro. ⁶Deus, porém, que consola os acabrunhados, consolou-nos também a nós com a chegada de Tito; ⁷e não somente com sua chegada, como também com a consolação que entre vós experimentou. Falou-nos das vossas saudades, do vosso pranto, da dedicação que me consagrais, e isso aumentou a minha alegria. ⁸Se na minha carta vos contristei, não me arrependo. E se outrora me arrependi — pois vejo que aquela carta vos afligiu, embora por pouco tempo — ⁹agora, contudo, folgo, não por vos ter contristado, mas porque a tristeza vos conduziu ao arrependimento: entristecestes-vos de um modo agradável a Deus, e não sofrestes dano algum por nossa causa. ¹⁰A tristeza agradável a Deus produz uma contrição salutar, que não é objeto de arrependimento; a tristeza do mundo, porém, gera a morte. ¹¹Vede quanta seriedade produziu entre vós essa tristeza grata a Deus: levou-vos a sentimentos de perdão, de pesar, de temor, de saudade, de zelo, de expiação. Destes prova cabal de que não sois culpados nesse particular.

¹²Se, portanto, vos escrevi, não o fiz por causa daquele que cometeu a injúria, nem por causa de quem a padeceu, mas para que se manifestasse a dedicação que nos consagrais diante de Deus. ¹³É o que nos consola.

Fraternidade apostólica. Acresceu a essa consolação a satisfação ainda muito maior causada pela alegria que Tito experimentou ao ser a sua alma confortada por vós. ¹⁴Se em presença dele me ufanei de vós, não passei vergonha; do mesmo modo que tudo que de vós temos dito é a expressão da verdade, assim também se provou verdadeiro o elogio que vos tecemos em face de Tito. ¹⁵Cresceu de ponto o amor que seu coração vos dedica, com a recordação da obediência de todos vós, e do temor e tremor com que o acolhestes. ¹⁶Folgo de poder confiar em vós em todas as coisas.

A coleta em favor dos cristãos em Jerusalém

8 Coleta na Macedônia. ¹Meus irmãos, damo-vos notícias do dom de Deus que se fez às igrejas da Macedônia. ²Ainda que oprimidos de grande tribulação, estão cheios de alegria, e do abismo da sua pobreza derramou-se riquíssima torrente de desinteressada caridade. ³Dou-lhes testemunho de que, na medida das suas posses — e mesmo acima das suas posses — se mostraram liberais; ⁴pediram-nos encarecidamente que, por favor, lhes permitíssemos contribuírem para o subsídio prestado aos santos. ⁵Não somente deram, como esperávamos; deram-se a si mesmos ao Senhor, e depois também a nós, conforme a vontade de Deus.

Coleta em Corinto. ⁶Pelo que recomendamos a Tito que levasse a termo, entre vós, essa obra de caridade, outrora iniciada. ⁷Já que em tudo vos distinguis, na fé e na doutrina, no conhecimento, em toda a espécie de zelo, e no amor para conosco, distingui-vos também nesta obra de caridade. ⁸Não digo isso como quem manda; quisera tão somente provar, no zelo de outros, a sinceridade de vossa caridade. ⁹Porquanto conheceis a caridade de nosso Senhor Jesus Cristo, que, sendo rico, se tornou pobre por vosso amor, para que vós fôsseis ricos por sua pobreza. ¹⁰É apenas um conselho que vos dou, por ser para utilidade vossa; pois que já o ano passado começastes, não somente com a execução, mas também com a vontade. ¹¹Agora, pois, levai a termo a obra, para que à prontidão no querer corresponda o fato real, segundo as posses de cada um. ¹²Porque a boa vontade é agradável a Deus, quando dá segundo as posses, mas não acima das posses. ¹³Naturalmente, não deveis vós mesmos sofrer penúria por aliviardes os outros. Convém que haja compensação: ¹⁴agora supre a vossa abundância a indigência deles, e eles vos acudirão na penúria quando tiverem abundância; assim tudo se compensa; ¹⁵conforme aquilo da Escritura: "Quem muito colhia não tinha abundância, e quem pouco colhia não sofria penúria"[Ex 16,18].

Embaixadores apostólicos. ¹⁶Graças sejam dadas a Deus, que pôs no coração de Tito a mesma solicitude por vós. ¹⁷Pois não só aceitou prontamente o nosso pedido, mas, espontaneamente e cheio de zelo, se faz de partida para vos visitar. ¹⁸Em companhia dele enviamos o irmão cujo louvor pela pregação do evangelho vai por todas as igrejas. ¹⁹Além disso, foi ele destinado pelas igrejas por companheiro nosso, nesta obra de caridade que empreendemos pela glória do Senhor e como prova da nossa boa vontade. ²⁰Assim, queremos evitar que, ao mandarmos tão ricos donativos, recaia suspeita sobre nós; ²¹porque procuramos andar corretos, não somente aos olhos de Deus, mas também aos dos homens. ²²Com eles mandamos ainda nosso irmão cujo zelo temos experimentado em muitas ocasiões, e que agora, dada a grande confiança que tem em vós, se mostra ainda muito mais zeloso. ²³Quanto a Tito, é ele companheiro meu e cooperador junto de vós. Quanto a nossos irmãos, são eles os embaixadores das igrejas e glória de Cristo. ²⁴Dai-lhes, pois, o vosso amor e justificai os elogios que vos temos tecido.

9 Testemunhas da coleta. ¹Acho escusado escrever-vos ainda mais sobre o auxílio a prestar aos santos; ²porque não desconheço a vossa boa vontade, que elogio em face dos macedônios, dizendo: "A Acaia está preparada desde o ano passado". O vosso zelo tem servido de estímulo a muitos. ³Entretanto, mando os irmãos, para que não se desminta o que, nesse particular, dissermos de louvável a vosso respeito; a fim de que, como ia dizendo, estejais preparados. ⁴Do contrário, se fossem comigo alguns macedônios, e vos encontrassem mal preparados, passaríamos — para não dizer passaríeis — vergonha, nesse ponto. ⁵Por esse motivo, achei necessário pedir aos irmãos que para aí partissem antes de mim e ultimassem a coleta que prometestes, para que estivesse tudo em ordem — como donativo de bênção, e não de avareza.

Prêmio da liberalidade. ⁶Mais uma palavra: quem pouco semeia pouco colherá; quem semeia com abundância, com abundância colherá. ⁷Dê cada qual o que houver resolvido em seu coração; mas não a contragosto nem forçadamente; Deus ama a quem dá com alegria. ⁸Deus é assaz poderoso para vos dar abundância de todos os bens, de maneira que, em tudo, tenhais sempre o suficiente, e ainda vos sobre para qualquer obra de caridade, ⁹conforme diz a Escritura: "Distribui e dá aos pobres, a sua justiça permanece eternamente"[Sl 112(111),9]. ¹⁰Ora, quem ao semeador dá a semente e o pão para comer dará também a vós rica sementeira e fará medrar os frutos da vossa justiça. ¹¹Assim vos tornareis ricos para qualquer obra caritativa, que por nosso intermédio reverte em ação de graças a Deus. ¹²Porquanto esse serviço de assistência não somente acode às necessidades dos santos, mas também é fonte de abundantes ações de graças dirigidas a Deus. ¹³Porque, em conseqüência desse ato de caridade, hão de eles louvar a Deus pelo fato de serdes devotados confessores do evangelho de Cristo e de lhes manifestardes, a eles e a todos os outros, sincera solidariedade. ¹⁴Nem deixarão de orar por vós, querendo-vos muito, porque tão extraordinária se revelou em vós a graça de Deus.

¹⁵Graças a Deus por seu dom de inefável grandeza!

Ajuste de contas com os adversários

10 Armas do apóstolo. ¹Eu, Paulo, vos exorto pela mansidão e benignidade de Cristo, eu, que, "quando presente entre vós, sou tímido, mas, quando ausente, sou ousado para convosco". ²Rogo-vos que, quando presente, não tenha de proceder com aquela "ousadia" que julgo necessária para com certa gente, que tem a nossa vida em conta de carnal. ³Vivemos em carne, é verdade, mas não lutamos segundo a carne; ⁴as armas da nossa milícia não são carnais, mas são poderosas armas de Deus, para arrasar baluartes, desfazer sofismas ⁵e tudo quanto se erguer contra o conhecimento de Deus; cativamos todo o pensamento, obrigando-o a servir a Cristo. ⁶Estamos prontos a castigar toda a desobediência, logo que seja perfeita a vossa obediência.

Autoridade do apóstolo. ⁷Atendei ao que está patente diante dos olhos. Se alguém se ufana de pertencer a Cristo, lembre-se de que também nós tão bem como eles pertencemos a Cristo. ⁸E se, além disso, me gloriasse da autoridade que nosso Senhor nos outorgou, para a vossa edificação, e não para a vossa destruição, não passaria vergonha por isso. ⁹Mas não se pense que com as minhas cartas eu queira apenas aterrar-vos. ¹⁰"Essas cartas", dizem eles, "são bem fortes e veementes; mas a sua presença pessoal é mesquinha e o seu modo de falar é sem vigor!" ¹¹Quem assim fala fique sabendo que, quando presente e pelo fato, nos havemos de provar tal qual somos ausente e por escrito.

Presunção dos adversários. ¹²Não ousamos, certamente, comparar-nos ou igualar-nos àqueles que a si mesmos se recomendam. ¹³*Esses, na sua insensatez, só se medem consigo mesmos e se comparam consigo mesmos*[Nós nos medimos conosco mesmos e nos comparamos conosco mesmos]. ¹⁴Nós, porém, quando nos gloriamos não passamos os limites, mas respeitamos os limites do campo que Deus nos assinalou e que se estende até vós. Se até vós não chegássemos, seríamos homens sem critério. Entretanto, até vós chegamos com a pregação do evangelho de Cristo. ¹⁵Nem nos gloriamos desmedidamente de trabalhos alheios; mas nutrimos a esperança de, com o crescer da vossa fé, gozarmos de grande consideração entre vós, dentro da esfera da nossa atividade, [16]e levarmos o evangelho para além das vossas fronteiras, sem nos gloriarmos, em seara alheia, de trabalhos prestados por outrem. [17]"Quem se gloriar, glorie-se no Senhor."[Jr 9,23] [18]Porque não é comprovado aquele que se recomenda a si mesmo, mas, sim, aquele a quem *o Senhor*[Deus] recomenda.

11 Direitos do apóstolo. [1]Tolerai um pouco da minha insensatez. Sim, tolerai-o da minha parte; [2]pois luto por vós com ciúmes divinos; desposei-vos como um homem, a fim de vos apresentar a Cristo como virgem pura. [3]Só o que receio é que, como a serpente enganou a Eva com a sua astúcia, assim venha a corromper-se também o vosso pensar, apartando-se da sincera dedicação a Cristo. [4]Pois quando aparece alguém e prega um Jesus diferente daquele que vos temos pregado; ou quando recebeis outro espírito que não aquele que adotastes; ou outro evangelho que não tendes abraçado — de boa mente o tolerais. [5]Entretanto, estou que em nada sou inferior aos "superapóstolos". [6]Ainda que seja imperito no falar, não o sou na ciência; e desta nunca temos deixado de vos dar provas a cada passo.

Desinteresse do apóstolo. [7]Será que andei mal em me humilhar para vos exaltar a vós, pregando-vos de graça o evangelho de Deus? [8]Cheguei a despojar outras igrejas, aceitando subsídios, a fim de vos servir a vós. [9]E, quando no meio de vós sofria penúria, a ninguém fui pesado; o que me faltava supriram-no os irmãos vindos da Macedônia. Destarte, evitei cuidadosamente ser-vos pesado, e evitá-lo-ei para o futuro. [10]Pela verdade de Cristo que professo: não me será tirada esta glória nas regiões de Acaia! [12]Por quê? Porque não vos amo? Deus o sabe! [12]O que faço não deixarei de o fazer para o futuro, para atalhar pretextos àqueles que, na sua ufania, quiseram parecer semelhantes a nós. [13]Não passam de falsos apóstolos esses tais, operários astutos, que se arvoram em apóstolos de Cristo. [14]Pudera não, pois se o próprio Satanás se apresenta como anjo de luz! [15]Pelo que não é de estranhar que seus servidores se arvorem em servos da justiça. O fim deles corresponderá às suas obras.

Loucuras da jactância. [16]Ninguém — repito — me tenha por insensato; ou, então, tende-me em conta de insensato, para que também eu possa gloriar-me um pouco. ¹⁷O que vou dizer o digo no espírito *do Senhor*[de Deus], mas como um insensato, gloriando-me de tais coisas. ¹⁸Já que tantos se gloriam segundo a carne, também eu me gloriarei; ¹⁹pois, de tão sábios que sois, de boa mente tolerais os insensatos; ²⁰tolerais que vos escravizem, que vos explorem, que vos defraudem, que vos tratem com altivez, que vos firam no rosto.

Lutas e labores. ²¹Nesta parte — com vergonha o confesso — temos sido fracos. Mas daquilo de que outrem se ufana — falo com insensatez — também eu me ufano.

²²São hebreus? — também eu! São israelitas? — também eu! São descendentes de Abraão? — também eu! ²³São ministros de Cristo? — falo como insensato — ainda mais o sou eu: em trabalhos sem conta, em prisões muitíssimas, em maus tratos sem medida, em perigos de morte bem freqüentes. ²⁴Dos judeus recebi cinco vezes quarenta açoites menos um; ²⁵três vezes fui vergastado, uma vez apedrejado; três vezes sofri naufrágio; perdido em alto mar, andei uma noite e um dia. ²⁶Nas jornadas, tenho estado freqüentemente em perigos da parte de rios, perigos da parte de salteadores, perigos da parte dos meus patrícios, perigos da parte dos pagãos; perigos nas cidades, perigos nos desertos, perigos no mar; perigos da parte de falsos irmãos. ²⁷Além disto: trabalhos e canseiras, numerosas vigílias, fome e sede, muitos jejuns, frio e desnudez. ²⁸Prescindindo do mais, pesa sobre mim a afluência cotidiana e a solicitude que tenho por todas as igrejas. ²⁹Quem enfraquece, que eu não enfraqueça? Quem se escandaliza, que eu não me abrase?

³⁰Se é preciso gloriar-se alguém, gloriar-me-ei das minhas fraquezas. ³¹Deus, pai de nosso Senhor *Jesus*[Jesus Cristo] — seja bendito pelos séculos! — sabe que não minto. ³²Em Damasco mandou o governador do rei Aretas guardar a cidade dos damascenos para me prender; ³³mas desceram-me, dentro de um cesto, pela janela, muralha abaixo, e assim escapei das suas mãos.

12 Visões do apóstolo. ¹Já que é preciso gloriar-se alguém — embora não convenha —, passarei às visões e revelações do Senhor. ²Conheço um homem em Cristo que, há quatorze anos, foi arrebatado ao terceiro céu — ³se em corpo, não sei; se fora do corpo, não sei; Deus o sabe —; ⁴o que sei desse homem é que foi arrebatado ao paraíso — dentro ou fora do corpo, não sei, Deus o sabe — e percebeu coisas misteriosas, que a nenhum homem é concedido exprimir. ⁵Disso é que me gloriarei; mas de mim mesmo não me gloriarei, a não ser das minhas fraquezas. ⁶Não seria insensato, ainda que quisesse gloriar-me, porque diria a verdade; mas abstenho-me, para que ninguém me tenha em conta de mais do que vê em mim e ouve de mim. ⁷Mas para que a grandeza das revelações não me levasse ao orgulho, foi-me posto na carne um aguilhão, arauto de Satanás, que me esbofeteia para que eu não me ensoberbeça. ⁸Por isso roguei três vezes ao Senhor que aquele se retirasse de mim; ele, ⁹porém, me disse: "Basta-te a minha graça; na fraqueza é que se aperfeiçoa a força". Pelo que prefiro gloriar-me das minhas fraquezas, para que desça sobre mim a força de Cristo. ¹⁰É por essa razão que me comprazo *em fraquezas*[em minhas fraquezas], ultrajes, necessidades, perseguições e angústias por amor de Cristo; porque quando sou fraco, então é que sou forte.

Disposto a todos os sacrifícios. ¹¹Aí tendes a minha insensatez! Vós é que me obrigastes. Por vós é que eu devia ser recomendado; porquanto em nada sou inferior aos "superapóstolos", ainda que nada seja. ¹²Pois as credenciais da minha missão apostólica foram apresentadas no meio de vós mediante muita paciência, milagres, prodígios e feitos poderosos. ¹³Em que ponto fostes considerados inferiores às outras igrejas? Talvez na circunstância de eu não vos ter sido pesado? Perdoai-me essa injúria. ¹⁴Eis que pela terceira vez estou resolvido a visitar-vos, e sem vos ser pesado; porque eu não procuro o que é vosso, mas a vós mesmos. Pois não são os filhos que devem ganhar tesouros para os pais, mas, sim, os pais para os filhos. ¹⁵Quanto a mim, de boa vontade sacrificarei o que é meu, e me sacrificarei a mim mesmo pelas vossas almas. Se, portanto, vos tenho tão grande amor, será que mereço menos amor da vossa parte?

¹⁶Ora, bem: não vos fui pesado. Mas, como sou "homem astuto", vos "enganei". ¹⁷Porventura vos explorei por algum daqueles que vos enviei? ¹⁸Pedi a Tito, e mandei com ele mais o irmão. Será que Tito vos explorou? Não andamos nós como o mesmo espírito? Não seguimos as mesmas pegadas?

¹⁹Há muito, decerto, já estais pensando que nos queiramos justificar aos vossos olhos. É perante Deus que falamos em Cristo; mas tudo isso, caríssimos, para edificação vossa. ²⁰Só receio que, à minha chegada, eu não vos encontre quais vos desejo, e que vós me encontreis qual não me desejais; que haja entre vós contendas,

rivalidades, discórdias, dissensões, calúnias, murmurações, arrogâncias e desordens; ²¹receio que meu Deus me humilhe por ocasião da minha chegada no meio de vós, e que eu deva chorar sobre aqueles muitos que antes pecaram e não se converteram da luxúria, impureza e dos excessos cometidos.

13 Conclusão. ¹É pela terceira vez que vou ter convosco. "Pelo depoimento de duas ou três testemunhas se há de decidir toda a questão."[Dt 19,15] ²Para aqueles que outrora pecaram, e a todos os mais, digo desde já o que tenho dito outrora — como na minha segunda permanência, assim também agora, ainda ausente —: se outra vez aparecer, não haverá mais perdão. ³Vós me pedis uma prova de que Cristo fala em mim. Ele não é fraco contra vós, mas mostra no meio de vós o seu poder. ⁴Embora crucificado em fraqueza, vive pelo poder de Deus. Também nós, ainda que sejamos fracos nele, com ele, contudo, vivemos por vós pelo poder de Deus.

⁵Examinai-vos se estais na fé, provai-vos a vós mesmos. Ou não sabeis que Jesus Cristo está em vós? Senão, não seríeis comprovados. ⁶Espero, todavia, que reconhecereis que nós não deixamos de ser comprovados. ⁷Rogamos a Deus que não pratiqueis mal nenhum, não para nos darmos por comprovados, mas para que pratiqueis o bem, embora nós pareçamos não comprovados. ⁸Porquanto nada podemos contra a verdade, senão em prol da verdade. ⁹Alegramo-nos de sermos fracos; vós, porém, fortes; é por isso que oramos por vosso aperfeiçoamento.

¹⁰Escrevo-vos isto, estando ausente, para que, quando presente, não tenha de fazer uso da autoridade que o Senhor me concedeu para edificação e não para destruição.

Saudações e bênção. ¹¹Quanto ao mais, meus irmãos, alegrai-vos e sede perfeitos; consolai-vos mutuamente, vivei em paz e harmonia, e estará convosco o Deus da caridade e da paz. ¹²Saudai-vos uns aos outros no ósculo santo.

Lembranças de todos os santos.

¹³A graça do Senhor Jesus Cristo, a caridade de Deus, e a comunicação do Espírito Santo sejam com todos *vós*[vós. Amém].

Notas explicativas

1 ⁶⁻⁷A paciência do apóstolo deve servir de exemplo aos fiéis: se o imitarem, serão consolados por Deus.

⁸Talvez que o apóstolo se refira ao tumulto provocado pelo artífice Demétrio (At 19,23-41).

¹³Tinham os adversários acusado a São Paulo de não serem as suas cartas a expressão lídima dos seus sentimentos pessoais (cf. 10,10).

¹⁵⁻¹⁷Por motivo de força maior tinha o apóstolo modificado o seu itinerário, expresso em 1Cor 16,5, demandando primeiro as regiões da Macedônia e retardando, assim, a sua viagem a Corinto. Pelo que os adversários o acoimam de inconstante nas suas resoluções. Rebate o apóstolo essa insinuação: quem obedece à prudência humana modifica os seus planos segundo as conveniências e interesses do momento, mas quem age sob o impulso do Espírito Santo guia-se por motivos superiores e tem só em vista a maior glória de Deus e salvação das almas.

2 ¹⁻⁴Foi por indulgente caridade que o apóstolo deixou de apresentar-se em Corinto, a fim de não ter de proceder contra certos cristãos descuidados dos seus deveres. De resto, só teria essa visita causado novas tristezas a ele mesmo, à vista de certas indisciplinas.

⁵⁻¹⁴Refere-se o apóstolo ao pecador público que, segundo 1Cor 5, fora excluído da comunidade eclesiástica. Reparado o mal, convinha que o pecador contrito fosse restituído à comunhão da Igreja, para que não se entregasse ao desespero.

¹²Dá o apóstolo aos coríntios mais uma prova do entranhado amor que lhes tem, por sinal que não lhe sofria o coração deixar-se ficar em Trôade, por mais belo e promissor que fosse o campo da sua atividade; mas dirigiu-se ao encontro de Tito, a fim de receber, quanto antes, notícias de Corinto.

¹⁵⁻¹⁷Para os que rejeitam a pregação evangélica vem ela a tornar-se caminho para a morte eterna; para os que a aceitam, caminho para a vida eterna. A palavra de Deus não é como mercadoria venal, que qualquer "mestre" possa adquirir a seu bel-prazer; mas requer-se dos seus arautos grande pureza de intenção, bem como a competente missão da autoridade eclesiástica.

3 ¹⁻³Os adversários acoimam o apóstolo de jactancioso. Declara este que não tem mister de cartas de recomendação, que a melhor recomendação a seu favor é a própria Igreja de Corinto; se, no Antigo Testamento, a lei do rigor foi escrita por Deus em pedra inerte, foi a lei do amor gravada pelo Espírito Santo nos corações dos coríntios.

[6]A letra, isto é, a lei antiga, cominava pena de morte a quem não a observasse; ao passo que a lei nova, que é espírito e vida, desperta na alma a vida sobrenatural pela graça.

[7-11]O serviço da morte é o Antigo Testamento, que representava simbolicamente a morte espiritual (pecado original), empenhado em levar o homem ao conhecimento da mesma ao passo que o Novo Testamento defende e preserva da morte pelo espírito da vida. Chama-se o Antigo Testamento também "serviço de condenação", ou simplesmente "condenação", porque se limitava a fulminar castigos sem poder dar a graça santificante. Por mais brilhante que fosse a lei antiga, não deixava de ser uma preparação para a aliança eterna de Jesus Cristo.

[12-18]Moisés, quando falava com o povo, cobria o rosto com um véu, para impedir o deslumbramento. O rosto coberto de Moisés simboliza que os israelitas se recusavam a reconhecer a cessação do Antigo Testamento, com o advento do novo; ao passo que o rosto descoberto insinuava que os serventuários do culto novo deviam falar com grande desassombro e liberdade apostólica.

4 [6]Deus, que, um dia, fez resplandecer a luz no meio das trevas, esclarece a mente do apóstolo para iluminar as almas dos ouvintes com o conhecimento de Jesus Cristo.

[12]O apóstolo, mesmo nos maiores perigos, é preservado da morte, porque está sob a proteção do corpo glorioso de Jesus; e, ainda em face da morte corporal, gera nas almas dos fiéis a vida espiritual.

5 [1-4]O apóstolo compara o corpo mortal do homem com uma tenda armada de passagem, à beira da estrada, e o corpo glorioso com uma casa construída para a eternidade. Bem desejáramos nós não ver destruída a tenda atual, senão "sobrevestida" pela casa futura; mas não é essa a vontade de Deus.

[6-9]A vida terrestre é um ligeiro período de exílio, que não nos há de entristecer, se não perdermos de vista que estamos de caminho para a pátria celeste.

¹³Se, no dizer dos adversários, o apóstolo se excedeu em trabalhos, a ponto de parecer estar fora de si, foi tudo pela glória de Deus.

¹⁴O que preserva o apóstolo do desfalecimento, no meio dos seus árduos labores, é a consideração do grande amor que Jesus manifestou na obra da redenção. Devem os seus verdadeiros discípulos corresponder a esse amor, procurando aplicar a todos os homens os frutos da redenção.

¹⁶Antes da sua conversão se guiava ele por normas naturais; depois, por ditames sobrenaturais.

6 ³⁻¹¹Sente o apóstolo estuar na alma o incêndio do amor de Cristo; por isso, suporta de bom grado todos os trabalhos e vicissitudes que traz consigo a sua missão.

7 ⁵⁻⁷Dá o apóstolo expressão à sua alegria em face das notícias que Tito lhe trouxera acerca do êxito da sua carta aos coríntios.

8 ¹⁻⁶Comprometera-se o apóstolo (Gl 2,10) a socorrer os cristãos pobres de Jerusalém, e nesse intuito organiza uma coleta em Corinto, apontando para o exemplo edificante dos fiéis da Macedônia, que, não obstante a sua pobreza, se tinham mostrado sumamente generosos para com seus irmãos palestinos.

9 ¹⁻⁵Dissera o apóstolo aos cristãos da Macedônia que a Acaia (da qual faz parte Corinto), desde muito estava contribuindo para o socorro dos pobres de Jerusalém (cf. 8,10). Tão grande foi o efeito que essas palavras produziram nos macedônios, que São Paulo dá esses cristãos como exemplo a ser imitado pelos coríntios.

⁶A esmola é como que uma sementinha que, lançada no terreno da indigência, se multiplica em riquíssima seara de bênçãos divinas para o semeador.

10 ¹⁻⁵Essa invectiva se tinha dirigido contra o apóstolo; ele, porém, a repele, fazendo votos para que não tenha motivo de mostrar o seu rigor, quando presente; é homem, sim, mas o seu procedimento se pauta por normas divinas, na certeza de que a vitória final será de Deus.

¹²⁻¹⁵Os adversários apelam para os seus méritos e têm mister de cartas de recomendação, ao passo que o apóstolo se limita a apontar para a sua missão divina de evangelizador do gentilismo.

11 ¹⁻²O apóstolo considera seu dever prevenir os coríntios contra certos mestres suspeitos. Se, nesse louvável empenho, se vê obrigado a falar nos seus privilégios pessoais, a modo de tolo, merece desculpas, em atenção ao fim que tem em vista; pois, na qualidade de dedicado paraninfo, não pode permitir que a Igreja, que é toda e só de Cristo, venha a tornar-se infiel ao divino Esposo.

⁵Os tais "superapóstolos" eram mestres judeus que desorientavam a cristandade de Cristo, procurando por todos os modos amesquinhar a obra de São Paulo.

⁷Os adversários declaram indigno do apóstolo ganhar o pão de cada dia com o trabalho de suas mãos. São Paulo faz ver o contrário.

¹⁶⁻¹⁷Reconhece mais uma vez o apóstolo que louvar-se a si mesmo é próprio dos tolos; mas a causa do Evangelho a isso o impele, e ele o faz a fim de premunir os coríntios contra os embusteiros, que se dão ares de apóstolos.

²²⁻²³No tocante à descendência natural, é São Paulo igual aos seus contraditores (22); como apóstolo, lhes é superior e sofreu por Jesus Cristo o que nenhum deles sofreu (23-33).

²⁴Permitia a lei de Moisés (Dt 25,3) que se dessem 40 açoites ao condenado, mas, para não incorrer no perigo de transgredir a lei, era costume dar apenas 39 golpes.

12 ²⁻⁵É a humildade do apóstolo que o leva a falar de si mesmo na terceira pessoa. Foi, em espírito, arrebatado acima das regiões atmosféricas e siderais, até ao trono de Deus uno e trino.

⁷Parecem as palavras do apóstolo indicar sofrimentos físicos, que o atormentavam quais espinhos encravados na carne e como bofetadas desferidas pelo espírito infernal.

⁹São precisamente as nossas misérias naturais que mais põem em relevo a força da graça divina.

¹⁶Parece que havia em Corinto quem acusasse o apóstolo, não de ter ele mesmo espoliado a cristandade, mas de ter enviado aí cooperadores interesseiros.

13 ¹⁻²Na terceira visita a Corinto procederá o apóstolo com todo o rigor da lei.

³⁻⁶Acusado de não apresentar as características de um legítimo embaixador de Cristo, recomenda o apóstolo aos coríntios que, no interesse deles mesmos, não queiram provocar semelhante apresentação, à qual não resistiria a fragilidade dos culpados. Sujeito embora

a fraquezas pessoais, contava, todavia, com a assistência de Deus no desempenho do múnus apostólico. Também a aparente fraqueza de Cristo viera culminar no mais estupendo poder. Que os coríntios se examinem a ver se possuem o cristianismo genuíno, que o apóstolo, da sua parte, lhes mostrará o que Jesus Cristo opera nele.

Epístola aos Gálatas

Introdução

1. Eram os gálatas um povo de raça céltica. Cedendo ao embate dos germanos, no seu avanço progressivo às regiões do Reno, pelo ano 300 antes de Cristo, emigraram numerosos celtas para o sul e sudeste, chegando alguns até a Ásia Menor. Aí fundaram uma colônia, que teve o nome de Galácia. Em suas segunda e terceira excursões missionárias tinha o apóstolo Paulo visitado essas terras (At 16; 18,23) e fundado aí algumas cristandades (Gl 4,13-15). Predominava, nessas Igrejas, o elemento étnico-cristão (4,8; 5,2; 6,13), embora não faltassem judeu-cristãos (3,13s; 4,3). Há, todavia, quem opine não ser esta epístola dirigida aos cristãos da parte setentrional, mas, sim, aos habitantes do sul da província romana apelidada Galácia, quer dizer, às Igrejas da Pisídia e Licaônia, que o apóstolo perlustrara em sua primeira viagem.

2. Deixara São Paulo a Galácia e achava-se em Éfeso, quando certos doutores judaizantes vieram causar sérios distúrbios entre os gálatas, semeando doutrinas ambíguas. Tentavam persuadir os neófitos de que só podia participar da plenitude do reino messiânico quem se fizesse circuncidar e adotasse a lei mosaica. Para alcançar mais eficazmente esse seu intento, exageravam desmedidamente o valor da lei antiga e amesquinhavam o prestígio de São Paulo, estrênuo paladino da liberdade do Evangelho. Apelavam para o exemplo dos grandes apóstolos, que tinham sido inseparáveis companheiros de Jesus e continuavam ainda a observar a lei de Moisés. Paulo — diziam —, que admitia os pagãos à Igreja sem a circuncisão, não era apóstolo no sentido próprio da palavra; tinha recebido de homens a sua doutrina e missão; o seu evangelho não concordava com o dos demais apóstolos. A notícia dessas intrigas e o grande perigo que corriam os cristãos da Galácia encheram de profunda aflição a alma do apóstolo. Achou, pois, de urgente necessidade intervir, reivindicar a sua autoridade apostólica (capítulos 1-2) e provar ser verdadeira a sua doutrina sobre a justificação: alcança-se a justificação pela fé viva em Jesus Cristo; está dispensada a circuncisão e a lei mosaica (capítulos 3-6).

3. A carta não foi escrita antes da terceira excursão apostólica, por sinal que o autor alude a duas visitas suas feitas à Galácia (4,13). Deve ter sido composta logo depois da segunda viagem, porque só assim se justifica a estranheza que São Paulo manifesta diante da rápida mudança de sentimentos dos gálatas (1,6). A origem da epístola cai, pois, no princípio da permanência do apóstolo em Éfeso, isto é, no ano 53 ou 54.

Na hipótese de serem os cristãos da Galácia meridional os destinatários da missiva, pode ter ela nascido durante a segunda viagem apostólica do autor (42-52).

A autenticidade da epístola é garantida pelo testemunho unânime da antiguidade cristã. O fragmento muratoriano, Santo Irineu, Tertuliano e Clemente de Alexandria falam dela como sendo uma epístola de São Paulo.

Epístola de São Paulo aos Gálatas

1 ¹Paulo, constituído apóstolo, não pelos homens, nem por intermédio de homem, mas, sim, por Jesus Cristo e por Deus Pai, que o ressuscitou entre os mortos; ²em companhia de todos os irmãos, às igrejas da Galácia.

³A graça e a paz vos sejam dadas por Deus Pai e nosso Senhor Jesus Cristo, ⁴o qual se imolou por nossos pecados, a fim de nos libertar deste mundo perverso, segundo a vontade de Deus, nosso Pai. ⁵A ele seja glória pelos séculos dos séculos. Amém.

Introdução. ⁶Estou admirado de que tão depressa passeis daquele que vos chamou à graça de Cristo para outro evangelho — ⁷quando nem há outro evangelho. O que há é que alguns vos perturbam e adulteram o evangelho de Cristo. ⁸Mas, ainda que nós, ou mesmo um anjo do céu, pregássemos evangelho diferente do que vos temos pregado — maldito seja! ⁹Repito aqui o que já outrora vos dissemos: se alguém vos anunciar um evangelho diferente daquele que recebeste — maldito seja!

¹⁰É, porventura, o favor dos homens que eu procuro agora, ou o favor de Deus? Pretendo eu, acaso, agradar aos homens? Se procurasse agradar aos homens, não seria servo de Cristo.

Origem do evangelho paulino

Paulo, judeu. ¹¹Asseguro-vos, meus irmãos, que o evangelho que vos preguei não é obra de homens: ¹²não o recebi de homem algum, nem o aprendi por estudos; mas foi-me revelado por Jesus Cristo.

¹³Conheceis a vida que eu levava, outrora, no judaísmo, quão desmedidamente perseguia a igreja de Deus e procurava exterminá--la; ¹⁴avantajava-me, no fervor pelo judaísmo, a muitos companheiros de idade do meu povo, pelo excesso com que zelava pelas tradições de meus pais.

Paulo, apóstolo. ¹⁵Aprouve então, àquele que me destinara desde o seio de minha mãe e me chamara por sua graça, ¹⁶revelar em mim seu Filho, para que eu o evangelizasse entre os gentios. Desde aquela hora, não consultei a carne e o sangue, ¹⁷nem subi a Jerusalém para ter com os que antes de mim eram apóstolos; mas parti para a Arábia, e tornei a regressar a Damasco. ¹⁸Só três anos mais tarde é que fui a Jerusalém para ver a Cefas, e estive com ele quatorze dias. ¹⁹Dos outros apóstolos não vi nenhum, a não ser Tiago, irmão do Senhor. ²⁰O que estou a escrever-vos — tomo a Deus por testemunha — não é mentira. ²¹Depois demandei as regiões da Síria e Cilícia; ²²as igrejas cristãs da Judéia não chegaram a conhecer-me pessoalmente; ²³o que tinham ouvido era isto: aquele que outrora nos perseguia anuncia agora a fé que então procurava exterminar. ²⁴E glorificavam a Deus por minha causa.

2 Aprovação do evangelho paulino pelos apóstolos. ¹Decorridos quatorze anos, subi novamente a Jerusalém, em companhia de Barnabé, levando também a Tito. ²Fui em conseqüência de uma revelação; e apresentei-lhes — mormente aos que gozavam de autoridade — o evangelho que prego entre os gentios. É que não quisera andar, nem ter andado à toa. ³Entretanto, nem sequer meu companheiro Tito, que era gentio, foi obrigado a circuncidar-se. ⁴E isso apesar de se terem introduzido sorrateiramente entre nós uns falsos irmãos que estavam a querer roubar-nos a liberdade que temos em Cristo Jesus, para nos reduzirem à escravidão. ⁵A esses tais nem por um momento nos sujeitamos, para que se vos conservasse a verdade do evangelho.

⁶Quanto àqueles que gozavam de autoridade — fossem como fossem, não me importa; Deus não conhece acepção de pessoa —, os que tinham autoridade a nada mais me obrigaram. ⁷Antes pelo contrário, compreenderam que a mim me fora confiada a evangelização dos incircuncisos, assim como a Pedro tocavam os circuncidados. ⁸Pois o mesmo que assistia a Pedro, no apostolado entre os circuncidados, assistia-me também a mim, no meio dos gentios. ⁹Também

compreenderam que, de fato, me coubera a graça. Tiago, Cefas e João, que são considerados como colunas, deram-nos as mãos fraternalmente, a mim e a Barnabé, para que nós pregássemos entre os gentios, e eles entre os da circuncisão. [10]Recomendaram apenas que nos lembrássemos dos pobres, o que também fiz solicitamente.

Paulo em conflito com Pedro. [11]Tendo Cefas chegado a Antioquia, enfrentei-o face a face, porque merecia censura. [12]Pois, antes de chegarem alguns da parte de Tiago, comia ele com os pagãos; mas, depois da chegada deles, retraiu-se e segregou-se — por medo dos circuncidados. [13]Os outros judeus lhe imitaram a simulação; o próprio Barnabé se deixou levar pelo fingimento deles.

[14]Ora, vendo eu que a sua atitude não correspondia à verdade do evangelho, disse afoitamente a Cefas em presença de todos: "Se tu, que és judeu, vives à maneira de gentio, e não de judeu, como é que obrigas os gentios a viverem de modo judaico?"

Isenção da lei. [15]Nós somos judeus de nascença, e não pecadores de origem pagã. [16]Entretanto, sabemos que o homem não se justifica pelas obras da lei, mas, sim, pela fé em Jesus Cristo. Por isso é que abraçamos a fé em Cristo Jesus: para sermos justificados pela fé em Cristo, e não pelas obras da lei. Pois, pelas obras da lei, nenhum homem se justifica. [17]Ora, se nesse empenho de nos justificarmos em Cristo fôssemos encontrados pecadores, não seria então Cristo fautor do pecado? Impossível! [18]Mas, se torno a edificar o que antes arrasei, constituo-me prevaricador. [19]Pois pela lei morri para a lei, a fim de viver para Deus. Com Cristo estou cravado na cruz. [20]Já não sou eu quem vive — Cristo é que vive em mim. Enquanto vivo na carne, vivo na fé no Filho de Deus, que me amou e se imolou por mim. [21]Não falo em desabono da graça de Deus: se houvesse justificação pela lei, em vão morrera Cristo.

Conteúdo do evangelho paulino

3 Experiência dos gálatas. [1]Ó gálatas sem critério, que é que vos *fascinou*[fascinou, para não obedecerdes a verdade] quando vos foi pintado aos olhos Jesus Cristo crucificado? [2]Só uma coisa quisera eu saber de vós: foi pelas obras da lei que recebestes o espírito, ou pela mensagem da fé? [3]Sois assim tão insensatos? Começastes pelo espírito — e acabaríeis agora pela carne? [4]Teríeis experimentado em vão tão grandes coisas?

Se é que foi em vão!... ⁵Aquele que vos comunica o espírito e opera milagres no meio de vós, porventura o faz pelas obras da lei, ou pela aceitação da mensagem da fé?

Exemplo de Abraão. ⁶É o caso de Abraão: "Creu em Deus, e isso lhe foi imputado para justiça"[Gn 15,6]. ⁷Notai que os filhos de Abraão são os que têm fé. ⁸Na previsão de que Deus justificaria os gentios pela fé, prenunciou a Escritura a Abraão: "Em ti serão abençoados todos os povos"[Gn 12,3]. ⁹Logo, são os crentes abençoados juntamente com Abraão, o crente. ¹⁰Todos, porém, que se guiam pelas obras da lei estão sujeitos à maldição; porquanto está escrito: "Maldito quem não cumprir com perseverança tudo o que está escrito no livro da lei"[Dt 27,26]. ¹¹Por onde se evidencia que diante de Deus ninguém é justificado pela lei; porquanto "o justo vive pela fé"[Hab 2,4]. ¹²A lei nada tem que ver com a fé, mas diz: "Quem a observar alcançará por ela a vida"[Lv 18,5].

¹³Cristo livrou-nos da maldição da lei, tomando sobre si a maldição em nosso lugar; pois está escrito: "Maldito seja todo aquele que está suspenso no madeiro"[Dt 21,23].

¹⁴Assim é que, por meio de Cristo Jesus, deviam os gentios ter parte na bênção de Abraão, para que nós recebêssemos pela fé o Espírito prometido.

¹⁵Meus irmãos, vou lembrar o que vai entre os homens. Ninguém declara nulo, nem acrescenta cláusula ao testamento duma pessoa exarado na forma da lei. ¹⁶Ora, a Abraão e a seu descendente foram feitas as promessas. Não se diz: "A seus descendentes", no plural, mas no singular, "a seu descendente", isto é, a Cristo. ¹⁷O que quero dizer é isto: um testamento dado legítimo por Deus não pode ser anulado pela lei, que veio quatrocentos e trinta anos mais tarde; a lei não pode frustrar a promessa. ¹⁸Se a herança proviesse da lei, já não nasceria da promessa. E, no entanto, foi pela promessa que Deus a deu gratuitamente a Abraão.

Escopo da lei. ¹⁹Que fim tem, pois, a lei? Foi dada por causa das transgressões, até que viesse o descendente a quem visava a promessa. Promulgada pelos anjos, passou pelas mãos dum medianeiro. ²⁰Ora, não se requer medianeiro quando se trata de um só — e Deus é um só. ²¹De maneira que a lei contradiz às promessas de Deus? De forma alguma. Se a lei fosse dada como sendo capaz de comunicar a vida, então, sim, a justificação viria da lei. ²²Mas a Escritura declara tudo sujeito ao pecado, para que os crentes participassem da promessa mediante a fé em Jesus Cristo.

²³Antes que viesse a fé, estávamos postos sob a lei e rigorosa observância, até que fosse revelada a fé. ²⁴Destarte devia a lei servir de pedagogo a levar-nos a Cristo, a fim de sermos justificados pela fé. ²⁵Mas, depois que veio a fé, não mais estamos sujeitos ao pedagogo; ²⁶graças à fé em Jesus Cristo, todos sois filhos de Deus. ²⁷Todos os que fostes batizados em Cristo vos revestistes de Cristo. ²⁸Já não há judeu nem grego, não há escravo nem livre, não há homem nem mulher — todos vós sois um só em Cristo Jesus. ²⁹E, se sois de Cristo, sois também descendentes de Abraão e herdeiros segundo a promessa.

4 Fim da lei, a vinda de Cristo. ¹Ora, digo eu: enquanto o herdeiro é menor, em nada difere dum servo, embora seja senhor de tudo. ²Mas está sob tutores e curadores até ao prazo determinado pelo pai. ³Era esta a nossa condição: quando menores, servíamos como escravos aos elementos do mundo. ⁴Chegada, porém, a plenitude dos tempos, enviou Deus seu Filho, formado duma mulher, sujeito à lei, ⁵a fim de que resgatasse os que estavam sob a lei, para que fôssemos adotados como filhos. ⁶E, porque sois filhos, enviou Deus ao vosso coração o espírito de seu Filho, que clama: "Abba, Pai!" ⁷Portanto, já não és servo, senão filho; e, como filho, também herdeiro por Deus.

Vida segundo o evangelho paulino

Cuidado com a escravidão da lei. ⁸Outrora, quando não conhecíeis a Deus, servíeis a deuses, que nem existem na realidade. ⁹Agora, porém, que conheceis a Deus, e, mais ainda, que sois conhecidos de Deus — como tornaríeis a elementos tão pobres e caducos, que de novo lhes queirais servir, ¹⁰pois que ligais importância a dias, meses, festividades e anos? ¹¹Receio que tenha sido em vão o meu trabalho entre vós...

¹²Rogo-vos, meus irmãos, que vos torneis iguais a mim; pois que também eu sou como um de vós. Em nada me ofendestes. ¹³Bem sabeis como, da primeira vez, vos preguei o evangelho em enfermidade corporal, e que grande provação vos exigiu o meu estado físico. ¹⁴Mas nem por isso me desprezastes nem me repudiastes; antes me acolhestes como um mensageiro de Deus; sim, como ao próprio Cristo

Jesus. ¹⁵Que é feito do vosso santo entusiasmo? Asseguro-vos que, possivelmente, vos teríeis arrancado os olhos para mos dar.

¹⁶Tornei-me, acaso, inimigo vosso pelo fato de vos ter pregado a verdade?

¹⁷Aqueles tais que se empenham por vós não o fazem com boas intenções; querem levar-vos à deserção, para que tomeis o partido deles. ¹⁸É muito belo ter zelo, quando é pelo bem e não apenas na minha ausência. ¹⁹Filhinhos meus! Novamente sofro por vós dores de parto, até que Cristo se forme em vós. ²⁰Quem me dera estar agora convosco e usar de outra linguagem! Mas não sei em que tom falar-vos...

Filhos da escravidão, filhos da liberdade. ²¹Dizei-me, vós, que quereis viver debaixo da lei: não *ouvis*[lestes] o que diz a lei? ²²Pois está escrito: Abraão teve dois filhos, um da escrava e outro da mulher livre[Gn 16,15; 21,2]. ²³O da escrava nascera de modo natural; mas o da mulher livre, em virtude da promessa. ²⁴Isso foi dito por alegoria; essas mulheres simbolizam os dois testamentos: ²⁵Agar, o do monte Sinai, que leva à escravidão — pois *Agar significa o monte*[Sinai é um monte] na Arábia, que se assemelha à atual Jerusalém, que é escrava com seus filhos. ²⁶A mulher livre, porém, significa a Jerusalém lá do alto, que é nossa mãe. ²⁷Pois está escrito: "Alegra-te, estéril, que não dás à luz! Exulta e rejubila, tu, que não conheces as dores de parto! Porque mais filhos tem a que estava abandonada do que a que tem marido"[Is 54,1].

²⁸Vós, irmãos, sois filhos da promessa, como Isaac. ²⁹Mas, como naquele tempo, quem nascera de modo natural perseguia ao que nascera segundo o espírito, assim acontece também agora. ³⁰Entretanto, que diz a Escritura? "Despede a escrava com seu filho; porque o filho da escrava não há de ser herdeiro com o filho da mulher livre."[Gn 21,10] ³¹De modo que, irmãos, não somos filhos da escrava, mas, sim, da que é *livre*.

5 A liberdade cristã. ¹*Cristo nos conquistou a liberdade. Ficai*[livre, graças à liberdade que Cristo nos conquistou. Ficai], pois, firmes e não vos dobreis novamente ao jugo da escravidão. ²Eis que eu, Paulo, vos digo: se vos fizerdes circuncidar, de nada vos servirá Cristo. ³Mais uma vez declaro que todo homem que se fizer circuncidar está obrigado a cumprir toda a lei. ⁴Se procurardes a justificação pela lei, estais separados de Cristo e perdestes a graça; ⁵pois é pelo espírito e em virtude da fé que aguardamos a desejada justificação. ⁶Em Cristo Jesus nada vale estar circuncidado ou estar incircunciso; mas, sim, a fé que opera pela caridade.

⁷Andáveis tão bem! Quem vos embargou o passo para deixardes de obedecer à verdade? ⁸A essa mudança não vos persuadiu aquele que vos chamou! ⁹É que um pouco de fermento leveda toda a massa... ¹⁰Entretanto, confio de vós no Senhor que não mudeis de sentimentos. Quem vos perturbar será castigado, seja quem for.

¹¹Meus irmãos, se eu continuasse a pregar a circuncisão, ainda seria perseguido? Pois estaria eliminado o escândalo da cruz.

¹²Oxalá se castrassem de vez os que vos perturbam!

Vida pelo espírito. ¹³Fostes chamados à liberdade, meus irmãos. Não abuseis da liberdade para servirdes aos prazeres carnais. Procurai antes servir uns aos outros em caridade; ¹⁴porque toda a lei acha cumprimento neste único preceito: "Amarás o teu próximo como a ti mesmo". ¹⁵Se, porém, vos mordeis e dilacerais mutuamente — tomai cuidado que não vos devoreis uns aos outros!...

¹⁶O que digo é isto: vivei segundo o espírito e não satisfaçais os apetites da carne. ¹⁷Pois a carne apetece contra o espírito, e o espírito contra a carne; são adversários um do outro. Assim, não fazeis o que quereis. ¹⁸Se vos guiardes pelo espírito, não estejais sujeitos à lei. ¹⁹Entre as obras da carne contam-se manifestamente a *fornicação*[fornicação, a impudicícia], a luxúria, ²⁰a idolatria, a magia, as inimizades, as contendas, os ciúmes, as iras, as rixas, as discórdias, o espírito de partido, ²¹a inveja, o homicídio, a embriaguez, a glutonaria, e coisas semelhantes. Repito o que já vos disse em outra ocasião: os que praticam essas coisas não herdarão o reino de Deus. ²²Os frutos do espírito, porém, são: a caridade, a alegria, a paz, a paciência, a benignidade, a bondade, a fidelidade, ²³a *mansidão, a continência*[mansidão, a modéstia, a continência, a castidade]. Contra essas coisas não há lei. ²⁴Os que são de Cristo Jesus crucificaram a sua carne com as paixões e concupiscências. ²⁵Se recebemos a vida pelo espírito, andemos também segundo o espírito. ²⁶Não cobicemos a glória vã, não nos provoquemos nem invejemos uns aos outros.

6 Indulgência para com os que erram. ¹Meus irmãos, se alguém tiver o descuido de cair numa falta, corrigi-o em espírito de mansidão, vós, que sois homens espirituais. Tem cuidado de ti mesmo para que não caias também tu em tentação. ²Suportai o fardo um do outro; assim cumprireis a lei de Cristo. ³Quem julga ser alguma coisa, quando nada é, engana-se a si mesmo. ⁴Examine cada qual as suas obras — e guardará muito consigo mesmo a sua "ufania", em vez de levá-la a outra gente; ⁵cada um tem fardo bastante consigo mesmo.

Obras boas. ⁶Quem recebe instrução na doutrina, reparta de todos os seus bens com o que instrui.

⁷Não vos enganeis: não se zomba de Deus! O que o homem semear, isso colherá. ⁸Quem semear em sua carne, da carne colherá perdição; mas quem semear no espírito, do espírito colherá a vida eterna. ⁹Não nos cansemos de fazer o bem; porque, se não desfalecermos, a seu tempo colheremos. ¹⁰Façamos, pois, bem a todos; principalmente aos irmãos na fé.

Conclusão. ¹¹Vede as letras grandes que de próprio punho acrescento. ¹²Os que procuram agradar a outra gente vos impõem a circuncisão, unicamente para não sofrerem perseguição por causa da cruz de Cristo. ¹³E, no entanto, esses tais, apesar de circuncidados, nem guardam a lei; mas querem que vós vos mandeis circuncidar para eles se gloriarem em vossa pessoa. ¹⁴Longe de mim, porém, gloriar-me, a não ser na cruz de nosso Senhor Jesus Cristo, por quem o mundo está crucificado para mim, e eu para o mundo. ¹⁵Em Cristo Jesus nada vale circuncisão nem incircuncisão; mas, sim, a nova criatura. ¹⁶Sobre os que se guiarem por essa norma e sobre os verdadeiros israelitas desçam a paz e a misericórdia.

¹⁷Daqui por diante já ninguém venha vexar-me; porque eu trago em meu corpo as cicatrizes *de Jesus*[do Senhor Jesus].

¹⁸A graça de nosso Senhor Jesus Cristo seja com vosso espírito, irmãos. Amém.

Notas explicativas

1 ¹⁻⁵Frisa São Paulo a sua missão apostólica diretamente divina, e dá a morte redentora de Jesus Cristo como única fonte de salvação, pontos esses impugnados pelos mestres judaizantes da Galácia.

¹¹⁻¹²Recebeu São Paulo a sua doutrina diretamente de Deus, e por Deus foi nela instruído. Passa, em seguida, a provar historicamente essa sua asserção.

¹⁸Com este procedimento reconhecia o Apóstolo das Gentes uma autoridade superior na pessoa de São Pedro.

2 ²Não tinha o apóstolo a menor dúvida sobre a verdade e origem divina do evangelho que pregava; mas, para cortar todas as cavilações dos adversários, como se ele discordasse dos demais apóstolos, achou bem avisado solicitar a aprovação destes últimos. A figura do lutador na arena é muito familiar a São Paulo (cf. 1Cor 9,24; Fl 2,16; Tm 4,7).

¹⁴Não cometera São Pedro nenhum erro doutrinário, senão apenas uma imprudência disciplinar; bem sabia o chefe dos apóstolos que os étnico-cristãos não estavam sujeitos à lei de Moisés, nos pontos em questão; mostrara-se, porém, conivente demais para com os judeu-cristãos, incitando com seu poderoso exemplo os outros a enveredarem pelo mesmo caminho. Em face desse inconveniente, o Apóstolo dos Gentios o censura, invocando a liberdade do Evangelho.

¹⁵⁻²¹Dirigem-se estas palavras aos judeu-cristãos, e não já a São Pedro, que não tinha necessidade de semelhante instrução (cf. v. 12). Afirma São Paulo que não é pecado algum abandonar a lei de Moisés; pois, se pecado fora, recairia ele sobre a pessoa de Cristo, por causa do qual abandonamos a lei antiga (15-17).

3 ³Loucura seria crer que a fé em Cristo, principiada pelo Espírito Santo, deva ser aperfeiçoada pela circuncisão carnal, segundo a lei mosaica.

⁶⁻⁹Abraão foi justificado, não em virtude da circuncisão, nem da observância da lei, mas pela fé nas promessas divinas. É também esse o caminho para seus descendentes. Filhos genuínos de Abraão são os crentes, e só eles é que serão herdeiros das promessas.

¹⁰⁻¹⁴A sagrada Escritura declara malditos todos os que não observarem com perseverança todos os dispositivos da lei, mas, como isso é impossível ao homem natural, sem a graça de Deus, segue-se que são malditos todos os que da lei esperam salvação (10-12). Nenhum outro senão só Jesus Cristo estava em condições de tirar essa maldição (13), de maneira que a bênção coube a todos os povos, mas só pelo Messias (14).

¹⁵⁻¹⁸Um testamento exarado na forma da lei não pode ser anulado por qualquer homem; muito menos o testamento de Deus solenemente promulgado. Ora, a promessa messiânica foi feita a Abraão com juramento (15-16), promessa que a lei, vinda muito mais tarde,

não pôde anular; donde se segue que a salvação não deriva da lei de Moisés, mas exclusivamente da promessa de Deus (17-18).

[19-21] Em face das promessas messiânicas não ocupa a lei mosaica senão plano secundário; tinha ela por fim preservar os israelitas da contaminação do paganismo circunvizinho. Além disso, fora dada por intermédio de homem (Moisés), ao passo que as promessas foram feitas a Abraão diretamente por Deus (19-20). Entretanto, a lei não contravinha às promessas, rompendo antes caminho para a conquista das mesmas; era para Israel como que um guarda vigilante contra a invasão de erros pagãos. Destarte, preparou a lei o povo eleito para o caminho da fé, que, na plenitude dos tempos, ia ser aberto por Jesus Cristo.

[25-29] Como o filho adulto já não está sujeito à disciplina do pedagogo, assim, após o advento de Cristo, já não estão os judeu-cristãos sujeitos à lei antiga, nem tampouco os étnico-cristãos, uma vez que todos, na qualidade de filhos de Deus, gozam das mesmas regalias; é o batismo que nos faz todos iguais, filhos do mesmo Deus (27-29).

4 [1-3] O herdeiro, enquanto menor, não se distingue do servo, no tocante ao uso dos bens paternos, que ainda lhe são reservados pelos tutores curadores. Assim, antes do advento de Cristo, se achavam os homens — quer judeus, quer pagãos — na menoridade, tendo por tutores e curadores os elementos do mundo — expressão essa com que o apóstolo designa, provavelmente, as potências espirituais adversas a Deus (demônios), a cuja influência se achava exposta a humanidade irredenta.

[7] Os cristãos, pela morte redentora de Cristo, passaram da condição de servos para a de filhos e herdeiros do reino celeste.

[8-10] Depois destas exposições teórico-dogmáticas, passa o apóstolo a pôr em relevo a insensatez dos gálatas, que, das alturas da filiação divina, se dispõem a voltar às regiões da servidão mosaica.

[13-14] Pelo amor que, em tempos idos, lhe manifestaram os gálatas, lhes suplica o apóstolo que se libertem da observância da lei mosaica, não apenas exterior, senão também interiormente.

[21-22] Estabelece o apóstolo um engenhoso paralelo entre as duas mulheres de Abraão, Agar e Sara, por um lado, e o Antigo e o Novo Testamentos, por outro lado. A escrava Agar, que deu à luz um filho escravo, é o símbolo da lei antiga, fundada no monte Sinai; pois a antiga aliança é como que uma mãe que gera para a escravidão,

obrigando seus filhos à observância da lei; Sara, porém, esposa livre de Abraão, ainda que a princípio estéril, veio a tornar-se mãe fecunda de descendência mais numerosa que Agar. Do mesmo modo, será também a família cristã mais numerosa que a do povo hebreu, embora hostilizada por esse último, assim como Israel, filho de Agar, perseguia a Isaac, filho de Sara. Entretanto, como Agar acabou por ser expulsa da casa juntamente com seu filho, assim serão também excluídos da casa de Deus os judeus descrentes, que não quiseram renunciar à escravidão da lei mosaica. Os crentes, porém, que em Jesus Cristo se libertaram da lei antiga, não devem voltar à escravidão dessa lei.

5 ²Quem põe a sua esperança na circuncisão não pode esperar salvação em Jesus Cristo.

¹¹O fato de o apóstolo dar a fé em Jesus Cristo como causa única da redenção, com exclusão da circuncisão, lhe suscitara numerosos inimigos entre os judeus, os quais, no entanto, apregoavam que, de vez em quando, ele pregava a necessidade da circuncisão, calúnia essa de que São Paulo se defende vigorosamente.

¹³⁻²²Previne o apóstolo que não se entenda mal a liberdade do Evangelho, como sendo carta branca para uma vida sem freio nem lei, quando essa gloriosa liberdade prescreve precisamente o mais perfeito domínio do espírito sobre a carne.

6 ¹⁻⁴Recomenda o apóstolo a humildade e a caridade, em atenção à fragilidade humana; trate cada qual do seu próprio progresso espiritual, e terá motivo de sobra para não se ensoberbecer e criticar o próximo (cf. 2Cor 12,9-19).

⁸O apóstolo compara a conduta moral do homem com a semeadura e a colheita, enquanto a carne e o espírito simbolizam os respectivos campos.

¹¹Por via de regra, ditava o apóstolo as suas epístolas; o que se segue foi acrescentado de próprio punho, a fim de autenticar a genuinidade da carta e frisar a importância da observação final (cf. 2Ts 3,17).

¹⁷Estas chagas são os ferimentos e as cicatrizes que o apóstolo tinha, provenientes das perseguições e dos maus tratos que sofrera por causa do Evangelho de Jesus Cristo.

Epístola aos Efésios

Introdução

1. A epístola aos efésios é, na opinião da maior parte dos exegetas contemporâneos, uma carta circular dirigida, não só aos cristãos de Éfeso, mas a todas as Igrejas filiais que dependiam dessa Igreja-mãe*. É o que faz crer o conteúdo geral da mesma, bem como a circunstância de o escrito não conter saudação para os habitantes de Éfeso, formalidade essa que São Paulo não deixaria de parte, no caso que os destinatários exclusivos fossem os fiéis daquela cristandade — tanto mais que ele tinha trabalhado em Éfeso quase três anos (cf. Ef 1,15; 3,2-4; 4,20-21). Quem, apesar disso, considerasse a epístola como dirigida a uma Igreja em particular não andaria, talvez, enganado em dar como destinatários os fiéis de Laodicéia; porque, segundo Cl 4,16, o apóstolo escreveu uma carta especial a essa cristandade.

2. Deram ocasião a esta carta as notícias que o apóstolo teve das Igrejas da Ásia Menor, fundadas depois da sua partida e que, pela maior parte, se compunham de étnico-cristãos (2,11s.19; 3,1; 4,17). Ouvira o apóstolo da fé e do amor desses neófitos (1,15), da solicitude que tinham por seu pai espiritual (3,13; 4,1; 6,21s); por outro lado, não ignorava as tentações e o pendor que tinham às tradições

---

* Note-se que as palavras "em Éfeso", que a Vulgata traz na primeira frase, não se encontram nos códices mais antigos, como não as conheciam os padres da Igreja prístina, nem os escritores eclesiásticos.

pagãs, bem como a dificuldade que experimentavam em perseverar na comunidade cristã (2,11-22; 4,3-6). Com esses cristãos é que o Apóstolo das Gentes quis travar relações, confirmá-los na fé e na vida cristã, robustecê-los no espírito de unidade, na consciência de perfeita igualdade com os demais filhos da Igreja de Cristo e entusiasmá-los por essa única Igreja verdadeira (2,19-22; 3,1-6).

3. Se traçarmos um paralelo entre Ef 6,21 e Cl 4,7s, e ainda Fm 12, evidencia-se que essas três cartas foram escritas ao mesmo tempo e no mesmo lugar; tendo as duas primeiras como portador Tíquico, ao passo que a última foi entregue por mãos de Onésimo, companheiro daquele. Ora, sendo que, segundo Fm 22, São Paulo prevê como certa a sua libertação do cativeiro, devem as mencionadas epístolas ter sido escritas em Roma, no ano 63, pelo fim da primeira prisão do apóstolo.

4. A autenticidade da epístola aos efésios baseia-se perfeitamente na tradição cristã. Já a cita Santo Irineu, bem como o fragmento de Muratori, encontrando-se também em todas as antigas versões.

Epístola de São Paulo aos Efésios

1 ¹Paulo, pela vontade de Deus apóstolo de Jesus Cristo, aos santos em Éfeso, que têm fé em Cristo Jesus.

²A graça vos seja dada e a paz por Deus, nosso Pai, e pelo Senhor Jesus Cristo.

Benefício da redenção

Exaltação da graça de Deus. ³Bendito seja Deus, pai de nosso Senhor Jesus Cristo, que nos abençoou, em Cristo, com toda a bênção espiritual no céu. ⁴Nele nos escolheu Deus antes da criação do mundo, para que fôssemos santos e irrepreensíveis diante dele; ⁵com caridade nos predestinou, segundo a sua livre vontade, para filhos seus, por Jesus Cristo, ⁶para que enaltecêssemos a magnificência da sua graça, que nos prodigalizou no seu *dileto*[dileto Filho]. ⁷Nele é que temos a redenção, pelo seu sangue, a remissão dos pecados, devido à riqueza da sua graça, ⁸que em torrentes derramou sobre nós, a par de toda a sabedoria e conhecimento. ⁹Revelou-nos o mistério da sua vontade; pois o desígnio que estabelecera e queria executar na plenitude dos tempos era este: ¹⁰fazer convergir para Cristo como cabeça tudo quanto existe no céu e na terra. ¹¹Nele é que fomos chamados para a herança; para isso é que fomos predestinados segundo o decreto daquele que tudo faz conforme os ditames da sua vontade, ¹²a fim de que exaltássemos a sua glória, nós, que há tempo temos posto a nossa confiança em Cristo.

Ouvistes a palavra da verdade, a boa nova da vossa salvação, e abraçastes a fé. ¹³Nele é que fostes assinalados pelo sigilo do Espírito Santo, ¹⁴que é o penhor da nossa herança até ao resgate da sua propriedade, em louvor da sua glória.

Sublimidade da redenção. ¹⁵Desde que soube da vossa fé no Senhor Jesus e do vosso amor para com todos os santos, ¹⁶não deixo de render graças por vós sempre que de vós me lembro nas minhas orações. ¹⁷Queira o Deus de nosso Senhor Jesus Cristo, o Pai da glória, conceder-vos o espírito da sabedoria e da revelação, para que chegueis a conhecê-lo; ¹⁸queira iluminar os olhos do vosso coração, para que compreendais a que esperança fostes chamados, quão rica é a gloriosa herança que dá aos santos, ¹⁹e quão incomparavelmente grande é o poder que manifesta em nós, que abraçamos a fé. ²⁰Com efeito, manifestou-se o seu poder extraordinário na pessoa de Cristo, quando o ressuscitou dentre os mortos e o fez sentar-se à sua direita no céu, ²¹superior a todos os principados e potestades, virtudes e dominações, e que outro nome haja, não só neste mundo, como também no futuro. ²²Submeteu tudo a seus pés e o fez cabeça soberana da igreja; ²³é ela o seu corpo, repleta dele, que de tudo enche o universo inteiro.

2 Dignidade do cristão. ¹Estáveis mortos em conseqüência dos vossos delitos e pecados, ²nos quais andáveis outrora, segundo as máximas deste mundo, à mercê do príncipe dos poderes nos ares, espírito esse que ainda agora opera nos filhos da desobediência. ³No meio deles andávamos também todos nós, um dia, segundo os apetites da carne; obedecíamos aos desejos da carne e dos sentidos, e éramos por natureza filhos da ira, como os outros. ⁴Deus, porém, que é rico em misericórdias, mostrou-nos o seu grande amor, ⁵conduzindo-nos à vida com Cristo, a nós, que estávamos mortos pelos nossos pecados. A vossa salvação é obra de sua graça. ⁶Em Cristo Jesus é que nos ressuscitou e nos designou o lugar no céu, ⁷a fim de mostrar nos tempos futuros a superabundante riqueza de sua graça, pela bondade que nos tem em Jesus Cristo. ⁸Sim, foi pela graça que fostes remidos, em virtude da fé. Não é merecimento vosso, é dádiva de Deus; ⁹não é devido às obras, para que ninguém se glorie. ¹⁰Somos criaturas dele, destinadas por Cristo Jesus a obras boas; para que nelas vivamos nos escolheu Deus, há muito tempo.

Vocação dos gentios. ¹¹Lembrai-vos, pois, de que outrora éreis pagãos de nascença, apelidados incircuncisos pelos chamados circuncidados, aqueles em cujo corpo foi feita a circuncisão por mão humana. ¹²Naquele tempo, vivíeis sem Cristo, excluídos da comunhão de Israel e privados da aliança da promissão; vivíeis neste mundo sem esperança e sem Deus. ¹³Agora, porém, vós, que andáveis longe, chegastes perto em Cristo Jesus — pelo sangue de Cristo. ¹⁴É ele a nossa paz. Foi ele que congraçou as duas partes, arrasando o muro divisório, eliminando, em sua carne, a inimizade ¹⁵e abolindo a lei com seus preceitos e decretos. Pacificador, queria, em sua pessoa, formar das duas partes um homem novo, num só corpo, ¹⁶reconciliar ambos com Deus, destruindo ele mesmo, na cruz, a inimizade. ¹⁷A vós, que andáveis longe, veio anunciar a paz, e a paz também aos que estavam perto. ¹⁸É, pois, por ele que, uns e outros, temos acesso ao Pai, num só espírito. ¹⁹Portanto, já não sois hóspedes, nem peregrinos, mas concidadãos dos santos e membros da família de Deus. ²⁰Fostes edificados sobre o fundamento dos apóstolos e profetas, sendo o próprio Cristo Jesus a pedra angular. ²¹É nele que vem travar-se solidamente o edifício todo e cresce num templo santo no Senhor. ²²Nele sois também vós edificados para serdes habitáculo espiritual de Deus.

3 Ministério do apóstolo. ¹É por isso que intercedo por vós, gentios, eu, Paulo, prisioneiro de Cristo Jesus. ²Certamente ouvistes do ministério da graça que entre vós me foi outorgado. ³Pois foi por uma revelação que cheguei a conhecer o mistério, que acabo de descrever em poucas palavras. ⁴Se o lerdes, podeis compreender qual o conhecimento que tenho do mistério de Cristo, ⁵mistério que, em outros tempos, não foi assim manifestado aos filhos dos homens como agora é revelado pelo Espírito aos seus santos apóstolos e profetas: ⁶que os gentios são co-herdeiros em Cristo Jesus, membros e participantes das promessas. ⁷É o que se depreende do evangelho do qual sou ministro pela graça que Deus me concedeu em virtude de seu poder. ⁸A mim, o menor dentre todos os santos, me coube a graça de anunciar aos gentios as inescrutáveis riquezas de Cristo ⁹e patentear como se realizou esse mistério, oculto desde a eternidade em Deus, Criador do universo, ¹⁰mas revelado agora pela igreja aos principados e às potestades nos céus como sendo a sabedoria de Deus, que tudo abrange. ¹¹Foi esse o seu eterno desígnio, que executou em Cristo, Senhor nosso. ¹²Nele nos podemos confiadamente aproximar de Deus, pela fé que nele temos. ¹³Pelo que vos suplico não desfaleçais por causa das tribulações que por vós padeço; pois que redundam em glória vossa.

Intercessão do apóstolo. ¹⁴Pelo que dobro o joelho diante do $Pai^{[Pai\ de\ nosso\ Senhor\ Jesus\ Cristo]}$, ¹⁵do qual deriva toda a paternidade no céu e na terra. ¹⁶Queira ele conceder-vos, segundo as riquezas da sua glória, que por seu espírito vos robusteçais interiormente; ¹⁷que Cristo habite em vossos corações pela fé, e que sejais bem arraigados e consolidados na caridade. ¹⁸Então estareis em condições de compreender, com todos os santos, a largura, o comprimento, a altura e a profundidade, ¹⁹e conhecer o amor de Cristo, que excede toda a compreensão. Sereis então repletos da plenitude de Deus; ²⁰a ele, porém, que, por sua eficaz virtude dentro de nós, vale fazer incomparavelmente mais do que possamos pedir ou imaginar, ²¹a ele seja glória na igreja e em Cristo Jesus, por todas as gerações, pelos séculos dos séculos. Amém.

Exortações e preceitos morais

4 União e harmonia. ¹Prisioneiro no Senhor, exorto-vos a que vos porteis dignos da vocação que vos coube, ²com toda a humildade, mansidão e paciência. Suportai-vos uns aos outros com caridade. ³Sede solícitos em guardar a unidade do espírito pelo vínculo da paz. ⁴Um só corpo e um só espírito, assim como também a vossa vocação vos deu uma só esperança; ⁵um só Senhor, uma só fé, um só batismo; ⁶um só Deus, e Pai de todos, que opera acima de todos, por todos e em *todos*[todos nós].

Múnus eclesiásticos. ⁷A cada um de nós foi concedida a graça segundo a medida com que Cristo a distribuiu. ⁸Por isso foi dito: "Subiu às alturas, levando em seu poder os cativos e distribuindo dons aos homens"[Sl 68(67),19]. ⁹Ora, que supõe esse subir senão que primeiro tenha descido às baixadas da terra? ¹⁰Quem desceu é o mesmo que subiu aos céus, para levar o universo à perfeição. ¹¹Assim foi que destinou uns para apóstolos, outros para profetas, outros para arautos do evangelho, ou para pastores e mestres, ¹²a fim de aperfeiçoarem os santos para o desempenho do seu ministério, em ordem a edificar o corpo de Cristo, ¹³até chegarmos todos à unidade da fé e do conhecimento do Filho de Deus, à perfeita virilidade, à plenitude da idade de Cristo. ¹⁴Então não seremos mais crianças, balouçadas e impelidas por qualquer sopro de doutrina, pela fraudulência dos homens e pelas astúcias do erro. ¹⁵Pelo contrário, abraçaremos a verdade, e em caridade cresceremos naquele que é a cabeça: Cristo. ¹⁶Partindo dele, se organiza e se mantém firme o corpo todo, por meio de cada junta que exerce a sua função segundo a capacidade de cada membro. Destarte se vai completando o crescimento do corpo e se edifica pela caridade.

O homem novo. ¹⁷Digo-vos, portanto, e conjuro-vos no Senhor: não vos porteis mais como pagãos, que andam à mercê dos seus sentimentos perversos. ¹⁸Têm o entendimento obscurecido, e são alheios à vida em Deus; porque são vítimas da ignorância e dureza de coração; ¹⁹baldos de todo o sentimento, entregam-se à luxúria, praticando, insaciáveis, toda espécie de impureza. ²⁰Não foi isso que aprendestes de Cristo, ²¹vós que dele ouvistes e estais instruídos a seu respeito. Em Jesus é que está a verdade. ²²Renunciai à vida antiga e despojai-vos do homem velho, que perece por causa dos seus apetites falazes. ²³Renovai-vos no vosso modo de sentir, ²⁴e revesti-vos do homem novo, que é criado segundo Deus, em verdade, justiça e santidade.

Deveres para com o próximo. ²⁵Abandonai, pois, a mentira. Fale cada um a verdade a seu próximo, pois que somos membros entre nós. ²⁶Quando vos irardes, não queirais pecar; não se ponha o sol sobre a vossa ira. ²⁷Não deis entrada ao demônio. ²⁸Quem foi ladrão não torne a furtar, mas procure ganhar honestamente pelo trabalho das suas mãos com que possa socorrer ainda aos necessitados. ²⁹Não passe por vossos lábios palavra má, mas só palavra boa e, quando mister, *edificante*[edificante na fé]; assim fará bem aos que a ouvirem. ³⁰Não contristeis o Espírito Santo de Deus, que recebestes como sigilo para o dia da redenção. ³¹Longe de vós toda a aspereza e violência, toda a cólera, vociferação e blasfêmia, como qualquer maldade! ³²Sede antes benignos e misericordiosos uns para com os outros; perdoai-vos mutuamente, assim como Deus vos perdoou em Cristo.

5 ¹Sede imitadores de Deus, como filhos diletos dele, ²e andai no amor como também Cristo *vos*[nos] amou e por nós se imolou — sacrifício de grato odor para Deus.

Filhos da luz. ³A luxúria, como toda a espécie de impureza ou cobiça, nem sequer se nomeie entre vós, como convém a santos. ⁴Nem tampouco haja conversa indecente, tola ou leviana; tais coisas não convêm. Tanto mais convém ação de graças. ⁵Convencei-vos disto: que nenhum escravo da luxúria, nenhum impuro, nenhum avarento — quer dizer, idólatra — tem parte no reino de Cristo e de Deus. ⁶Ninguém vos iluda com palavreado vão; por causa disso é que a ira de Deus vem sobre os filhos da desobediência. ⁷Não façais causa comum com eles. ⁸Um dia éreis trevas; agora, porém, sois luz no Senhor. ⁹Andai como filhos da luz. O fruto da luz se revela em pura bondade, justiça e verdade. ¹⁰Examinai o que é agradável ao Senhor. ¹¹Não tomeis parte nas obras infrutíferas das trevas, antes desmascarai-as. ¹²O que eles praticam às ocultas é por demais vergonhoso até nomeá-lo. ¹³Tudo que se expõe à luz é por ela iluminado; ¹⁴sim, quando iluminado, se torna em luz. Por onde se diz: "Desperta, tu, que dormes! Levanta-te dentre os mortos, e Cristo te iluminará!" ¹⁵*Pelo que*[Pelo que, irmãos meus,] vede solicitamente como andais! Não como insensatos, mas como sábios. ¹⁶Tirai bom proveito do tempo, que os dias são maus. ¹⁷Por isso, não sejais insensatos, mas aprendei a compreender qual seja a vontade *do Senhor*[de Deus]. ¹⁸Não vos embriagueis de vinho — que isso leva à luxúria — mas enchei-vos do *espírito*[Espírito Santo]. ¹⁹Entretende-vos com salmos, hinos e cânticos espirituais; cantai de coração e salmodiai ao Senhor. ²⁰Dai graças sem cessar a Deus Pai, por tudo, em nome de nosso Senhor Jesus Cristo.

Deveres de estado. ²¹Sujeitai-vos uns aos outros no temor de Cristo. ²²Mulheres, submetei-vos a vossos maridos como ao Senhor; ²³porque o marido é o chefe da mulher, assim como Cristo é o chefe da igreja, ele, salvador de seu corpo. ²⁴Ora, como a igreja está sujeita a Cristo, assim o sejam em tudo as mulheres a seus maridos.

²⁵Maridos, amai a vossas mulheres, assim como Cristo amou a igreja e por ela se entregou, ²⁶a fim de santificá-la, purificando-a no batismo d'água pela *palavra*[palavra da vida]; ²⁷assim quis preparar uma igreja gloriosa, sem mácula, nem ruga, nem coisa semelhante; mas santa e imaculada. ²⁸Assim amem também os maridos suas mulheres, como a seu próprio corpo. Quem ama a sua mulher ama a si mesmo. ²⁹Nunca ninguém odiou a sua própria carne; antes a nutre e trata. É o que Cristo faz à sua igreja; ³⁰pois nós somos membros do seu *corpo*[corpo, carne da sua carne, osso do seu osso]. ³¹"Por isso é que o homem deixa pai e mãe e se une à sua mulher, e se tornam esses dois uma

só carne."[Gn 2,24] ³²Vai nisso um mistério sublime, quero dizer, com relação a Cristo e à igreja. ³³Assim ame cada um de vós a sua mulher como a si mesmo; a mulher, porém, tenha reverência a seu marido.

6 ¹Filhos, sede obedientes a vossos pais, no Senhor, porque assim convém. ²O primeiro mandamento que leva uma promessa diz: "Honra teu pai e tua mãe para ³que gozes bem-estar e vida longa sobre a terra"[Ex 20,12].

⁴Pais, não provoqueis à ira vossos filhos; mas educai-os na disciplina e na doutrina do Senhor.

⁵Servos, obedecei a vossos senhores temporais com temor e tremor, mas de coração sincero, como a Cristo. ⁶Não sirvais só quando vistos, para agradar aos homens; sede servos de Cristo que de bom grado cumprem a vontade de Deus. ⁷Servi de boa mente, como ao Senhor, e não aos homens; ⁸pois sabeis que cada um — quer escravo, quer livre — receberá do Senhor a sua recompensa pelo bem que fizer.

⁹E vós, senhores, procedei do mesmo modo com os servos. Abstende-vos de ameaças. Pois sabeis que tanto vós como eles tendes no céu o mesmo Senhor, que não conhece acepção de pessoas.

Armadura espiritual. ¹⁰*Finalmente*[Finalmente, meus irmãos], sede fortes no Senhor, por sua poderosa virtude. ¹¹Revesti-vos da armadura de Deus, para que possais resistir às ciladas do demônio. ¹²A nossa luta não é contra a carne e o sangue, mas contra os principados e as potestades, contra os sinistros dominadores deste mundo, contra os espíritos malignos nas alturas do céu. ¹³Revesti-vos, pois, da armadura de Deus, para que no dia mau possais debelar tudo e afirmar o campo. ¹⁴Ficai, pois, firmes, cingidos da verdade, cobertos da couraça da justiça, ¹⁵os pés calçados de prontidão para anunciar o evangelho da paz. ¹⁶Por cima de tudo embraçai o escudo da fé, com que extinguir possais todos os projéteis ígneos do maligno. ¹⁷Lançai mão do capacete da salvação e do gládio do espírito, que é a palavra de Deus. ¹⁸Com ardentes preces e súplicas pedi sem cessar em espírito; e vigiai com perseverança e rogai por todos os santos ¹⁹e também por mim, para que me seja dada a verdadeira palavra, quando tiver de abrir os lábios, a fim de anunciar desassombradamente o mistério do evangelho, ²⁰do qual sou defensor, embora algemado. Assim falarei destemidamente, como é meu dever.

Conclusão. ²¹Se quiserdes saber qual a minha situação e como passo, de tudo vos informará Tíquico, irmão querido e servo no Senhor. ²²É por isso mesmo que vo-lo envio, para que saibais o que é feito de nós e para que ele console os vossos corações. ²³A paz seja com os irmãos e a caridade juntamente com a fé por parte de Deus Pai e do Senhor Jesus Cristo. ²⁴A graça seja com todos os que votam amor constante a nosso Senhor Jesus *Cristo*[Cristo. Amém].

Notas explicativas

1 ¹Note-se que as palavras "em Éfeso", que a Vulgata traz na primeira frase, não se encontram nos códices mais antigos.

¹⁰O que o pecado desunira, devia Cristo reuni-lo sob um único princípio, a exemplo do que vai entre os membros do corpo humano, centralizados pelo princípio diretor da cabeça; devia Jesus tornar-se rei e centro de todos os corações, centro de todo o universo material e espiritual.

¹³A posse do Espírito Santo nesta vida é garantia e penhor da eterna bem-aventurança.

²¹⁻²³Jesus ressuscitado foi, segundo a sua natureza humana, exaltado acima de todos os coros angélicos; é ele a cabeça da Igreja, que se acha toda repleta e compenetrada dos seus dons e das suas graças.

2 ¹⁻¹⁶Antes da sua conversão, viviam os cristãos nas trevas da morte espiritual, à mercê dos ditames de Satanás e da carne; Deus, porém, os libertou da morte do pecado pelos merecimentos de Jesus Cristo, predestinando-os para a glória celeste.

¹¹⁻²²Conhecia o código civil da Grécia duas classes de homens: os cidadãos e os hóspedes, ou estrangeiros. Não gozavam estes últimos de foros de cidade, nem tomavam parte na vida oficial da república. Distinção análoga vigorava, outrora, entre judeus e pagãos, sendo aqueles, por assim dizer, os cidadãos do reino de Deus nesta terra, ao passo que os gentios eram considerados apenas como hóspedes adventícios. Jesus Cristo, porém, arrasou o muro divisório, congraçando todos os povos numa só família cristã, com os mesmos direitos e regalias espirituais.

3 ⁹O mistério a que o apóstolo se refere é o da encarnação do Verbo divino.

¹⁰Os próprios anjos do céu ignoravam o mistério da encarnação, até que fosse manifestado pelo Espírito Santo.

¹³Não descoroçoeis em face dos meus sofrimentos! Ufanai-vos, antes, de me verdes tão perseguido no cumprimento da minha missão apostólica entre vós.

¹⁴⁻¹⁵Todas as classes de seres racionais, anjos e homens, fazem parte da grande família do Pai celeste.

4 ⁷⁻¹⁶Ainda que um só seja o espírito que governa a Igreja, contudo são muitas as funções exercidas por esse espírito — assim como também Jesus Cristo é um só, mas reúne em sua pessoa o que há de mais alto e de mais baixo. Reina na Igreja a maior unidade na mais vasta multiplicidade.

5 ³Dia houve em que em vós reinavam as trevas da ignorância; agora, porém, resplandece a luz do conhecimento.

¹⁴Não consta da origem deste tópico; talvez que remonte a um cântico religioso conhecido nas reuniões litúrgicas do tempo.

²⁵⁻²⁶Alude o apóstolo ao batismo, cuja força purificadora provém da morte do Redentor.

6 ¹⁰⁻¹⁸Deve o cristão munir-se de armas sobrenaturais, porque tem de lutar contra os demônios, que, expulsos do céu, vagueiam pelo mundo para perder as almas.

◻

Epístola aos Filipenses

Introdução

1. Filipos, cujo nome deriva de Filipe, pai de Alexandre Magno, era uma das principais cidades da Macedônia. Por ocasião de sua segunda excursão missionária, fundou São Paulo ali a primeira cristandade em terras da Europa (At 16,11-40). Depois de abandonar a cidade, continuou a considerar Filipos como sua Igreja predileta. Só ela tinha o privilégio de poder enviar subsídios pecuniários a seu pai espiritual, como, de fato, enviou para Tessalônica e Corinto, e, depois, para Roma, durante o cativeiro do apóstolo na capital do império (Fl 4,15s; 2,15; 4,10-18; 2Cor 11,8s).

2. O portador da coleta foi Epafrodito, o qual deu parte a Paulo da solicitude que os filipenses tinham pela sorte do apóstolo preso, e não menos pela causa magna do Evangelho (Fl 1,12). Descreveu-lhe também o estado religioso e moral da cristandade, estado que era, no geral, muito satisfatório, abstração feita de umas desavenças e rivalidades que existiam (4,2s). Bem mais graves eram as tribulações e os perigos de fora (1,28s; 3,22.18s). Quando Epafrodito se dispôs a regressar para Filipos, entregou-lhe Paulo uma carta de agradecimento, na qual informa sobre a sua situação e dá algumas admoestações ditadas pela solicitude paternal do seu coração. Esta epístola, mais do que outra qualquer, leva o cunho de uma correspondência pessoal e íntima, verdadeira carta de amizade; escreveu-a o grande apóstolo com o coração nas mãos, como se costuma dizer.

3. Este notável documento foi escrito em Roma, à sombra do cárcere (1,7-13; 4,22). Deve ter sido na primeira prisão romana; porque a liberdade de movimento que esta carta faz entrever não se coaduna com o segundo cativeiro. Parece datar dos fins daquela prisão, quando os inquéritos iam terminando e principiava o processo propriamente dito; seria, pois, pelo ano 63 (cf. 1,12s.20-26; 2,24).

A autenticidade desta epístola é atestada sobejamente pela cristandade, desde os tempos mais remotos. Entre outros, São Policarpo, discípulo de São João, na sua carta aos filipenses, apela para este escrito do Apóstolo das Gentes.

Epístola de São Paulo aos Filipenses

1 ¹Paulo e Timóteo, servos de Cristo Jesus, a todos os santos em Cristo Jesus em Filipos, a par dos seus pastores e diáconos.
²A graça e a paz vos sejam dadas por Deus, nosso Pai, e pelo Senhor Jesus Cristo.

Agradecimento e intercessão. ³Dou graças a Deus, todas as vezes que me lembro de vós, ⁴e em cada uma das minhas orações rogo sempre por todos vós, cheio de alegria ⁵pelo interesse que vos mereceu o *evangelho*[evangelho de Cristo], desde o primeiro dia até agora. ⁶Pelo que nutro a firme confiança de que aquele que em vós iniciou a boa obra também a levará a êxito cabal, até ao dia de Cristo Jesus. ⁷É justo que eu forme de todos vós este conceito, porque vos trago mui dentro do coração, a vós que participais da minha *graça*[alegria], quer esteja em algemas, quer defenda e confirme o evangelho. ⁸Deus me é testemunha das saudades que tenho de todos vós, no mais entranhado amor de Cristo Jesus. ⁹O que rogo é que vossa caridade se enriqueça cada vez mais do conhecimento ¹⁰e de toda a compreensão daquilo que importa; de modo que no dia de Cristo vos possais apresentar puros e irrepreensíveis, ¹¹cheios de frutos de justiça, por Jesus Cristo, para glória e louvor de Deus.

Notícias pessoais do apóstolo

Estado do evangelho. ¹²Quisera fazer-vos saber, meus irmãos, que a situação em que me acho redundou em maior proveito do evangelho; ¹³tanto assim que em todo o pretório e a todos os demais se tornou manifesto que é por amor de Cristo que eu carrego estas algemas. ¹⁴Também as minhas algemas encheram de coragem no

Senhor a maior parte dos irmãos, de maneira que ousam com maior desassombro anunciar a palavra de Deus. ¹⁵Alguns, é verdade, pregam a Cristo por motivo de inveja e ciúmes; outros, porém, com reta intenção. ¹⁶Estes, por amor, na certeza de que eu fui constituído defensor do evangelho; ¹⁷aqueles, movidos de egoísmo e deslealdade, procurando tornar ainda mais pesadas as minhas cadeias. ¹⁸Mas que importa? Contanto que de todos os modos, quer sinceramente, quer com segunda intenção, se anuncie a Cristo. É esta a minha alegria, e alegria minha sempre será.

Situação do apóstolo. ¹⁹Pois tenho para mim que, graças às vossas preces e à assistência do espírito de Jesus Cristo, isso me reverterá em salvação. ²⁰Espero firme e confiadamente não ser confundido de forma alguma; mas que sem reserva venha Cristo a ser glorificado em meu corpo também agora, como o foi sempre, quer na vida, quer na morte. ²¹Porque para mim Cristo é a vida, e a morte me é lucro. ²²Se tenho de continuar a viver, é-me isto trabalho frutuoso; de maneira que não sei o que escolher. ²³Sinto-me impelido para uma e outra parte: anseio por me desprender e estar com Cristo — seria isso sem comparação o melhor. ²⁴Mas continuar a viver é mais necessário por causa de vós. ²⁵Pelo que nutro a confiança de ficar e permanecer ainda em vossa companhia, para proveito vosso e consolação da vossa fé. ²⁶Então será ainda bem maior o vosso júbilo em Cristo Jesus por minha causa, quando tornar a vós.

Encarecimento da harmonia. ²⁷O que importa é que leveis uma vida digna do evangelho de Cristo. Quando vier, quisera ver, ou, ficando longe, quisera ouvir que estais firmes num só espírito, lutando unanimemente pela fé no evangelho, ²⁸sem vos deixardes de modo algum intimidar pelos adversários. Isso lhes servirá de sinal de que eles se perdem, e vós vos salvais; isso provém de Deus. ²⁹Pois a vós foi concedida à graça de não somente crerdes em Cristo, mas também de sofrerdes por ele; ³⁰pois tendes de pelejar o mesmo combate que me vistes pelejar e do qual agora estais ouvindo.

2 ¹Ora, se é que vos merece estima uma exortação em Cristo, se uma carinhosa persuasão, se a comunhão do espírito, e um entranhado amor — ²enchei a medida de minha alegria, e tende um e o mesmo modo de sentir, animados do mesmo amor, do mesmo espírito, ³avessos a todo o espírito de contenda e vanglória. Tenha cada qual a humildade de considerar o próximo superior a si mesmo. ⁴Ninguém tenha em vista só os seus próprios interesses, mas também os do outro.

Exemplo de Cristo. ⁵Compenetrai-vos dos mesmos sentimentos que teve Cristo Jesus, ⁶o qual, subsistindo na forma de Deus, não julgou dever aferrar-se a essa divina igualdade; ⁷mas despojou-se a si mesmo, assumindo forma de servo, tornando-se igual aos homens e aparecendo como homem no exterior. ⁸Humilhou-se a si mesmo, fazendo-se obediente até à morte, e morte na cruz. ⁹Pelo que também Deus o exaltou e lhe deu o nome que está acima de todos os nomes, ¹⁰para que ao nome de Jesus se dobre todo o joelho, dos que estão no céu, na terra, e debaixo da terra, ¹¹e toda a língua *confesse, pela glória de Deus Pai, que Jesus Cristo é o Senhor*[confesse que o Senhor Jesus Cristo está na glória de Deus Pai].

Zelo na prática do bem. ¹²Portanto, caríssimos meus, como sempre tendes sido obedientes, operai a vossa salvação com temor e tremor, não somente em minha presença, mas ainda mais agora na minha ausência. ¹³Pois é Deus que em vós opera tanto o querer como o fazer, conforme o seu agrado.

¹⁴Fazei tudo sem murmurar nem hesitar, ¹⁵para que sejais irrepreensíveis e puros, filhos de Deus imaculados, no meio de uma geração corrupta e perversa, entre a qual brilhareis como os luzeiros no universo. ¹⁶Guardai a palavra da vida, para glória minha no dia de Cristo; então não terei corrido em vão, nem trabalhado em vão. ¹⁷Ainda que tenha de derramar o meu sangue, hei de alegrar-me e congratular-me com todos vós, pelo sacrifício e pelo serviço da vossa fé. ¹⁸Por esse motivo alegrai-vos também vós e congratulai-vos comigo.

Recomendações. ¹⁹Nutro a esperança, no Senhor Jesus, de poder em breve enviar-vos Timóteo, para ter notícias vossas, e ficar contente. ²⁰Não tenho outro homem de idênticos sentimentos, e que por vós se interesse com afeto mais sincero; ²¹todos os mais só procuram os próprios interesses, e não os interesses de Cristo Jesus. ²²Bem sabeis que prova deu de si; como um filho serve ao pai, assim me serviu ele, a bem do evangelho. ²³A este, pois, espero *enviar*[vo-lo enviar] logo que tenha noção exata da minha situação.

²⁴Confio, porém, no Senhor que eu mesmo irei em *breve*[breve ver-vos].

²⁵Além disso, achei necessário reenviar-vos o irmão Epafrodito, companheiro meu de trabalho e lutas, mensageiro vosso, que me

socorreu nas minhas necessidades. ²⁶Estava ele com saudades de todos vós, e andava inquieto, por terdes ouvido de sua enfermidade; ²⁷e, de fato, esteve mortalmente enfermo. Deus, porém, teve compaixão dele, e não somente dele, mas também de mim, para que não me viesse pesar sobre pesar. ²⁸Tanto mais me apresso a mandar-vo-lo, para que tenhais a satisfação de revê-lo e eu me veja com um cuidado a menos. ²⁹Acolhei-o, pois, no Senhor e com toda a alegria, e tende em grande estima a homens desses; ³⁰porque foi por amor à obra de Cristo que ele esteve às portas da morte; pôs em jogo a própria vida para me servir, enquanto vós estais longe de mim.

Avisos e admoestações à cristandade

3 Mestres judaizantes. ¹Quanto ao mais, meus irmãos, alegrai-vos no Senhor. Se vos escrevo o mesmo não me aborrece a mim, e a vós *vos dá segurança*[vos é necessário]. ²Cuidado com os cães! Cuidado com os operários perversos! Cuidado com a mutilação! ³Nós é que somos os verdadeiros circuncidados, nós, que servimos a Deus em espírito, que nos gloriamos em Cristo Jesus, e não confiamos em privilégios externos, ⁴ainda que de privilégios me pudesse eu gabar. Se alguém julga poder gabar-se de privilégios externos, com mais razão o poderia eu. ⁵Fui circuncidado no oitavo dia, sou do povo de Israel, da tribo de Benjamim, hebreu e filho de hebreus; fui fariseu em face da lei; ⁶ardoroso perseguidor da *igreja*[igreja de Deus], e de vida irrepreensível, à luz da justiça legal.

Ideal cristão. ⁷Entretanto, o que se me afigurava lucro passei a considerá-lo como perda por amor de Cristo. ⁸Sim, considero como perda todas as coisas em face do inexcedível conhecimento de meu Senhor Jesus Cristo. Por amor dele é que renunciei a tudo isso e o tenho em conta de lixo, a fim de ganhar a Cristo ⁹e viver nele — e isso não em virtude da minha justiça, que é da lei, mas, sim, daquela que provém da fé em *Cristo*[Cristo Jesus], em virtude da justiça que vem de Deus mediante a fé. ¹⁰Assim quisera eu conhecê-lo cada vez melhor, a virtude da sua ressurreição, e ter parte nos seus sofrimentos; quisera parecer-me com ele também na morte, ¹¹a ver se chego também eu a ressurgir dentre os mortos.

¹²Não que eu tenha já atingido o alvo e a perfeição; mas vou-lhe à conquista e quisera atingi-la; pois que também eu fui atingido por Cristo Jesus.

¹³Meus irmãos, não tenho a pretensão de haver já atingido o alvo. Uma coisa, porém, não deixo de fazer: lanço ao olvido o que fica para trás e atiro-me ao que tenho adiante. ¹⁴Mirando o alvo vou à conquista do prêmio, para o qual Deus no céu me chamou, em Cristo Jesus. ¹⁵Seja esse o modo de pensar de todos os que somos perfeitos. E se, porventura, sois de outro parecer, há de vos Deus esclarecer sobre isso. ¹⁶O que importa é que, no ponto em que estivermos, *prossigamos no mesmo rumo*[sejamos unânimes e andemos segundo a mesma norma].

Inimigos da cruz. ¹⁷Sede imitadores meus, irmãos, e ponde os olhos naqueles que se guiam pelo nosso exemplo. ¹⁸Porque muitos vivem — como freqüentes vezes vos tenho dito, e agora repito entre lágrimas — como inimigos da cruz de Cristo. ¹⁹O fim deles é a perdição, o seu deus é o ventre. Ufanam-se da sua infâmia. Só têm gosto pelas coisas terrenas. ²⁰A nossa pátria, porém, é o céu, donde aguardamos o Salvador, o Senhor Jesus Cristo. ²¹Ele, que tem o poder de sujeitar tudo à sua vontade, transformará o nosso corpo frágil, tornando-o semelhante a seu corpo glorificado.

4 ¹Portanto, irmãos meus caríssimos e mui queridos, alegria minha e coroa minha: ficai firmes no Senhor, caríssimos!

Exortações. ²Exorto a Evódia e admoesto a Síntique a serem unânimes no Senhor. ³Rogo também a ti, fiel companheiro, que lhes prestes auxílio. Trabalharam comigo em prol do evangelho, em companhia de Clemente e dos demais colaboradores meus. Os seus nomes estão no livro da vida.

⁴Alegrai-vos sempre no Senhor. Repito: alegrai-vos! ⁵Mostrai a todos os homens a vossa benignidade. O Senhor está perto. ⁶Não vos inquieteis com coisa alguma, mas apresentai a Deus todas as vossas necessidades, em fervorosa prece e ação de graças; ⁷e a paz de Deus, que excede toda a compreensão, guardará os vossos corações e os vossos pensamentos, em Cristo Jesus.

⁸Finalmente, meus irmãos, ocupai-vos com tudo o que é verdadeiro, digno, justo, santo, amável, atraente, virtuoso ou digno de louvor. ⁹O que aprendestes e herdastes, o que ouvistes e observastes em mim, isso praticai. E o Deus da paz será convosco.

Gratidão do apóstolo. ¹⁰Foi imensa a minha satisfação no Senhor, porque finalmente tivestes ensejo de me acudir; verdade é que sempre estáveis com vontade de me acudir, mas não tínheis oportunidade. ¹¹Digo isso não por causa das privações; aprendi a adaptar-me a todas as circunstâncias: ¹²sei viver na penúria, e sei também como haver-me na abundância, estou familiarizado com toda e qualquer situação: viver saciado, e passar fome; ter abundância, e sofrer necessidade. ¹³Tudo posso naquele que me conforta. ¹⁴Entretanto, fizestes bem em acudir à minha tribulação. ¹⁵Não ignorais, meus filipenses, que, quando comecei a pregar o evangelho e parti da Macedônia, nenhuma igreja estreitou comigo relações de dar e receber, senão vós somente. ¹⁶Também para Tessalônica me enviastes, mais de uma vez, aquilo de que havia mister para o meu sustento. ¹⁷Não é a dádiva que me importa, mas, sim, o lucro que vós daí auferis, riquíssimo. ¹⁸Agora tenho tudo. Tenho em abundância. Tornei-me rico desde que recebi o que por mão de Epafrodito me mandastes — qual perfume suave, qual sacrifício grato e agradável a Deus. ¹⁹Meu Deus, porém, segundo a sua riqueza, há de satisfazer todos os vossos desejos, na glória de Cristo Jesus. ²⁰A Deus, nosso Pai, seja glória pelos séculos dos séculos. Amém.

Conclusão. ²¹Saudai a cada um dos santos em Cristo Jesus. Saúdam-vos os irmãos que estão comigo. ²²Saúdam-vos todos os santos, especialmente os da casa de César.

²³A graça do Senhor Jesus Cristo seja com o vosso espírito. Amém.

Notas explicativas

1 ¹"Epíscopos" — isto é: guardas, pastores — se apelidavam então todos os chefes da Igreja, quer tivessem recebido a sagração episcopal, quer apenas a ordenação sacerdotal (cf. At 20,17.28).

⁷Os filipenses, provendo o sustento material do apóstolo, têm parte nos merecimentos dele. A *graça* (ou *alegria*) significa os sofrimentos de São Paulo encarcerado.

²³⁻²⁵Atendendo a seu desejo pessoal, preferiria o apóstolo morrer e unir-se com Cristo, no céu; mas, por causa dos fiéis confiados a seu cuidado, prefere viver e trabalhar, e nutre a firme confiança de que, para este fim, Deus o conservará em vida ainda por algum tempo.

²⁸A constância dos fiéis no bem é garantia da sua salvação, e motivo de confusão para os pecadores impenitentes.

2 ⁵⁻⁸Não deixará de haver harmonia e caridade entre os fiéis, se eles se guiarem pelo exemplo de humildade, que nos deu Jesus Cristo, o qual longe de se aferrar à majestade celeste, se despojou da mesma, aparecendo entre nós em forma despretensiosa de homem mortal e de servo obediente.

¹⁵⁻¹⁶O mundo pecador se afigura ao apóstolo qual noite tenebrosa, onde, aqui e acolá, cintilam as estrelas das Igrejas cristãs, que no dia do advento de Cristo juiz formarão o mais belo triunfo de seu fundador. O martírio seria motivo de satisfação para o apóstolo mesmo e para os fiéis de Filipos.

3 ¹⁻⁴Certos mestres judeus constituíam grande perigo para as jovens cristandades. O apóstolo compara esses intrusos a cães, desordeiros e mutilados, por ligarem demasiada importância à descendência natural e à mutilação corporal praticada na circuncisão, com flagrante menoscabo do espírito dessa cerimônia; os cristãos é que são os verdadeiros circuncidados, espiritualmente.

⁷⁻¹¹Tempo houve em que o apóstolo teve em grande apreço os privilégios do judaísmo; desde a sua conversão, porém, os têm em pouca conta, prezando tanto mais a vida gloriosa de Cristo e ansiando por tomar parte na paixão dele, a fim de, um dia, chegar à gloriosa ressurreição.

¹²⁻¹³Concede o apóstolo que ainda não é perfeito; mas, desde que Jesus Cristo como que o empolgou, às portas de Damasco, se assemelha ele a um lutador que corre na arena, e não cessa de correr com todas as forças até atingir a meta.

4 ²⁻³Evódia e Síntique, que nos são, aliás, desconhecidas, parecem ter ocupado lugar de destaque na cristandade filipense. O fiel companheiro vem a ser, provavelmente, Epafrodito, portador da epístola. Clemente talvez seja idêntico ao que, mais tarde, se notabilizou como pontífice romano.

¹⁶Não costumava o apóstolo aceitar subsídios materiais dos fiéis, por mais estrenuamente que, em teoria, advogasse esse direito para os operários apostólicos; com os seus queridos filipenses, porém, abriu exceção, aceitando das suas mãos dádivas de caridade.

²²*Os da casa de César* — quer dizer, os empregados e servos do palácio imperial de Roma.

Epístola aos Colossenses

Introdução

1. Colossas, cidade da província asiática da Frígia Maior, fora evangelizada por Epafras, discípulo de São Paulo, no tempo em que este se achava em Éfeso. O apóstolo lá não esteve em pessoa (Cl 2,1); mas nem por isso deixa de se interessar vivamente pela fundação de seu discípulo, dedicando-lhe uma carta especial; porquanto o estado dos neófitos colossenses reclamava uma instrução à parte. É que a aliás florescente cristandade corria perigo de ser desviada do verdadeiro Evangelho pelos hereges que nela se tinham introduzido. Degradavam eles a dignidade de Cristo, nivelando-o com os anjos (2,18s). Juntamente com a pessoa de Cristo, desprestigiavam também a sua obra e tentavam deslumbrar os colossenses com um pretenso conhecimento superior, prometendo-lhes uma perfeição mais alta, contanto que observassem as festas judaicas e se abstivessem de certos manjares (2,16.20s).

É contra esses hereges que o apóstolo escreve a presente epístola, declarando a dignidade pessoal de Cristo e a perfeição da sua obra redentora, terminando por incitar os fiéis a uma vida genuinamente cristã.

2. A carta data do mesmo tempo que as epístolas aos efésios e a Filêmon, isto é, do ano 62. Garantem-lhe a autenticidade o fragmento muratoriano, Santo Irineu, Tertuliano e outros.

Epístola de São Paulo aos Colossenses

1 ¹Paulo, pela vontade de Deus, apóstolo de Cristo Jesus, e o irmão Timóteo, ²aos santos e fiéis irmãos em *Cristo*[Cristo Jesus] em Colossas. A graça e a paz vos sejam dadas por Deus, nosso *Pai*[Pai e pelo Senhor Jesus Cristo].

Agradecimento e intercessão. ³Nas orações que por vós fazemos não cessamos de dar graças a Deus, Pai de nosso Senhor Jesus Cristo, ⁴porque tivemos notícia da vossa fé em Cristo Jesus, e da caridade que votais a todos os santos; ⁵e isso por causa da esperança que vos está reservada no céu. Dela já tendes conhecimento pela palavra da verdade, o evangelho, que chegou até vós. ⁶Como em todo o mundo, assim também entre vós vai ele tomando incremento e produzindo fruto desde o dia em que o ouvistes e de verdade conhecestes a graça de Deus. ⁷Nesse sentido vos instruiu Epafras, nosso caríssimo companheiro de trabalhos, que é por vós fiel servidor de Cristo. ⁸Foi ele também que nos deu notícias do vosso amor espiritual.

⁹A partir do dia em que o soubemos, não cessamos de orar e suplicar por vós, para que o conhecimento da sua vontade vos enriqueça de toda a sabedoria e entendimento espiritual, ¹⁰a fim de levardes uma vida digna e em tudo agradável ao Senhor, frutificardes em todas as boas obras e crescerdes no conhecimento de Deus. ¹¹Que por seu excelso poder sejais armados de toda a fortaleza, para toda a paciência e longanimidade, ¹²agradecendo jubilosos o Pai, que nos tornou maduros para participar da herança dos seus santos na luz.

Excelência única de Cristo

Cristo, criador do universo. ¹³Arrancou-nos ele do poder das trevas, fazendo-nos passar para o reino de seu Filho querido. ¹⁴Nele é que temos a *redenção*[redenção por seu sangue], a remissão dos pecados. ¹⁵É ele a imagem de Deus invisível, o Primogênito, anterior a toda criatura. ¹⁶Nele foram criadas todas as coisas, no céu e na terra, visíveis e invisíveis, tronos e dominações, principados e potestades — tudo foi criado por ele e para ele. ¹⁷Ele está acima do universo. É nele que o universo subsiste.

Cristo, redentor do mundo. ¹⁸É ele a cabeça do corpo, da igreja, é o princípio, o Primogênito dentre os mortos. Pelo que ocupa a primazia em todas as coisas, ¹⁹porque aprouve a Deus que nele residisse toda a sua plenitude, ²⁰e por seu intermédio tudo reconciliasse consigo, tudo quanto existe na terra e no céu, restabelecendo a paz pelo seu sangue na cruz.

²¹Outrora andáveis longe dele e por vossas obras más vos sentíeis inimigos seus. ²²Agora vos reconciliou ele pela morte de seu corpo humano, a fim de vos apresentar santos, imaculados, irrepreensíveis a seus olhos — ²³contanto que permaneçais inabaláveis na fé, firmes e inconcussos na esperança do evangelho que ouvistes. Foi pregado a toda a criatura que existe debaixo do céu. E eu, Paulo, fui constituído ministro dele.

Múnus apostólico. ²⁴Agora, sim, folgo de sofrer por vós, completando, assim, na minha carne o que ainda falta na medida do sofrimento com Cristo. É o que redunda em proveito do seu corpo, a igreja, ²⁵da qual fui constituído ministro, em virtude do cargo que Deus me confiou pelo vosso bem; tenho de apregoar a palavra de Deus. ²⁶O mistério que andou oculto a todas as idades e gerações veio a manifestar-se agora aos seus santos. ²⁷Quis Deus fazer-lhes conhecer as riquezas da glória que este mistério encerra para os gentios: Cristo em vós, a esperança da glória! ²⁸A ele é que anunciamos, admoestando toda a gente e instruindo cada homem em toda a sabedoria, a fim de levarmos todos os homens à perfeição em *Cristo*[Cristo Jesus]. ²⁹É por isso que eu trabalho e luto, por sua força, que opera poderosamente no meu interior.

2 ¹Pois quero que saibais do muito que me preocupo por vós e pelos que estão em Laodicéia, como também por todos os que não me conhecem de vista. ²Que eles, de coração animoso e unidos na caridade, venham a enriquecer-se do conhecimento da compreensão cabal do mistério de *Deus, que é Cristo*[Deus Pai, que é Cristo Jesus]. ³É nele que se ocultam todos os tesouros da sabedoria e da ciência.

Salvador e Medianeiro. ⁴Digo isso para que ninguém venha iludir-vos com artes retóricas. ⁵Pois, embora ausente de corpo, não deixo de estar convosco em espírito, contemplando com satisfação a vossa disciplina e a firmeza de vossa fé em Cristo. ⁶Ora, uma vez que reconhecestes a Cristo Jesus por Senhor vosso, vivei nele, ⁷lançai raízes, sobreedificai-vos nele, sede firmes na fé, conforme fostes ensinados, e dai-lhe abundantes ações de graças.

⁸Cuidado que ninguém vos colha nas malhas de altissonante filosofia e de vãos sofismas, baseado em tradições humanas, nos elementos do mundo, e não em Cristo. ⁹Nele habita substancialmente toda a plenitude da divindade, ¹⁰e pela união com ele é que partilhais dessa plenitude. É ele superior a todo e qualquer principado e potestade.

¹¹Nele também recebestes a circuncisão, não feita pela mão, espoliando a carne do corpo; mas a circuncisão em Cristo. ¹²Com ele fostes sepultados no batismo; nele ressuscitastes pela fé no poder de Deus, que o ressuscitou dentre os mortos.

¹³Vós, que estáveis mortos pelos vossos pecados e pela incircuncisão da vossa carne, Deus vos revocou à vida juntamente com ele; perdoou-*nos*[vos] todos os pecados, ¹⁴anulou o título de dívida que nos acusava com os seus dispositivos, destruiu-o pregando-o na cruz; ¹⁵espoliou os principados e as potestades, exibindo-os em público e derrotando-os por meio dele.

Ascese falsa e verdadeira. ¹⁶Ninguém, pois, vos condene por causa de comida ou de bebida, por causa duma festa, lua nova ou sábado. ¹⁷Essas coisas não passam de sombras daquilo que estava por vir; a realidade disso é Cristo. ¹⁸Ninguém vos roube o galardão, afetando humildade ou culto de anjos, gabando-se de pretensas visões, enfatuado, sem fundamento, no seu sensualismo carnal. ¹⁹Em vez disso adira àquele que é a cabeça, a qual, por meio de tendões e juntas, conserva todo o corpo unido e firme, fazendo-o crescer para Deus.

²⁰Se com Cristo morrestes para os elementos do mundo, por que permitis que vos imponham preceitos, como se ainda vivêsseis

com o mundo? ²¹"Não pegues nisto!" "Não comas aquilo" "Não o toques sequer!" E, no entanto, tudo aquilo, depois de usado, acabará no nada. ²²São preceitos e doutrinas humanas. ²³Têm ares de sabedoria, com toda essa piedade arbitrária, essas humilhações e austeridades corporais; mas não têm valor e não servem senão para lisonjear a carne.

Ideal da vida cristã

3 O homem velho e o homem novo. ¹Se ressuscitastes com Cristo, procurai o que está lá no alto, onde está Cristo, sentado à direita de Deus. ²Aspirai às coisas que estão lá no alto, e não às que estão cá na terra. ³Pois que morrestes, e a vossa vida está com Cristo oculta em Deus. ⁴Mas, quando aparecer Cristo, *nossa*[vossa] vida, aparecereis também vós com ele na glória.

⁵Mortificai, portanto, o que de apetites terrenos há em vossos membros: a libertinagem, a impureza, a paixão, os maus desejos, a cobiça, que é idolatria. ⁶Por causa disso é que a ira de Deus vem sobre os filhos da rebeldia. ⁷Também vós andáveis outrora entregues a essas coisas, quando vivíeis no meio deles. ⁸Agora, porém, despojai-vos de tudo isto: da ira da indignação, da malícia, da blasfêmia e das palavras torpes da vossa boca.

⁹Não mintais uns aos outros, uma vez que despistes o homem velho com as suas obras, ¹⁰e vos revestistes do novo, que leva em si a imagem do Criador e conduz a novos conhecimentos. ¹¹Aí não se trata mais de gentio ou judeu, de circuncidado ou incircunciso, de bárbaro ou cita, de escravo ou livre — Cristo é que é tudo e em todos!

¹²Revesti-vos, pois, como eleitos de Deus, santos e amados, de entranhada misericórdia, de benignidade, de humildade, de mansidão, de paciência.

¹³Suportai-vos uns aos outros e perdoai-vos mutuamente, se alguém tiver motivo de queixa contra outro. Assim como o Senhor vos perdoou, assim perdoai também vós. ¹⁴Acima de tudo isso, tende caridade, que é o vínculo da perfeição. ¹⁵Reine a paz de Cristo em vossos corações. Pois para ela é que fostes chamados como um só corpo. Sede agradecidos. ¹⁶Habite entre vós, em toda a sua plenitude, a palavra de Cristo.

Instruí-vos e exortai-vos uns aos outros com toda a sabedoria. De coração grato cantai a Deus salmos, hinos e cânticos espirituais.

¹⁷Tudo quanto fizerdes por palavra ou por obra, fazei-o em nome do Senhor *Jesus*[Jesus Cristo], dando por ele graças a Deus Pai.

Deveres de estado. ¹⁸Mulheres, sede submissas aos vossos maridos; porque assim convém no Senhor.

¹⁹Maridos, amai a vossas mulheres e não as trateis com aspereza.

²⁰Filhos, obedecei em tudo a vossos pais; porque isso agrada ao Senhor.

²¹Pais, não irriteis vossos filhos, para que não desanimem.

²²Servos, sujeitai-vos em tudo aos vossos senhores temporais, servindo, não só quando vigiados, para agradar aos homens, mas de coração sincero e no temor de Deus. ²³Tudo quanto fizerdes, fazei-o de boa mente; pois é para o Senhor, e não para os homens, ²⁴na certeza de que em recompensa recebereis do Senhor a herança. Servi a Cristo Senhor. ²⁵Quem cometer injustiça, receberá a paga da injustiça, e não há acepção de *pessoa*[pessoa diante de Deus]

4 ¹Senhores, dai aos vossos servos o que é justo e conveniente; lembrai-vos de que também vós tendes um Senhor no céu.

Trato com Deus e com o mundo. ²Sede perseverantes na oração. Sede vigilantes e gratos. ³Orai também por nós, para que Deus abra uma porta à nossa pregação, de maneira que possamos anunciar o mistério de Cristo, por causa do qual estou preso, ⁴e apregoá-lo de tal modo como é da minha obrigação. ⁵Sede sábios no trato com os de fora e aproveitai o tempo. ⁶Seja sempre amável a vossa conversa e temperada com sal; assim sabereis que resposta dar a cada um.

Conclusão. ⁷Quanto à minha situação, dar-vos-á notícia minuciosa o caríssimo irmão Tíquico, servo fiel e companheiro no Senhor. ⁸Por isso mesmo vo-lo envio para *vos informar sobre a nossa situação*[se informar sobre a vossa situação] e alentar os vossos corações. ⁹Com ele segue Onésimo, caríssimo e fiel irmão, e patrício vosso. Eles vos darão notícia de tudo que aqui se passa.

¹⁰Saudações de Aristarco, meu companheiro de prisão; e de Marcos, primo de Barnabé. A respeito dele já recebestes recomendação; acolhei-o bem quando for ter convosco. ¹¹Saudações também de Jesus, apelidado Justo. São estes os únicos dos circuncidados que comigo trabalham pelo reino de Deus, e me dão consolação.

¹²Saudações de vosso patrício Epafras, servo de Cristo Jesus,

que não cessa de lutar por vós em suas orações, para que sejais perfeitos, na plena observância de toda a vontade de Deus.
¹³Asseguro-vos que muito se afadiga por vós e pelos irmãos em Laodicéia e Hierápolis.
¹⁴Saudações de Lucas, o caríssimo médico; como também de Demas.
¹⁵Saudai os irmãos em Laodicéia, mormente a Ninfas e os da casa.
¹⁶Depois de lida entre vós esta carta, providenciai para que seja lida também na igreja dos laodicenses, e procurai ler a de Laodicéia.
¹⁷Dizei a Arquipo que procure desempenhar bem o cargo que recebeu no Senhor.
¹⁸Vai de próprio punho a minha saudação: Paulo.
Lembrai-vos de que estou algemado. A graça seja *convosco*[convosco. Amém]*.*

Notas explicativas

1 ¹⁹A Igreja é o corpo místico de Cristo, cuja cabeça é ele mesmo. Nesta qualidade, em virtude da sua divindade, comunica Jesus todas as graças aos membros da Igreja.
²⁵A prisão e demais sofrimentos do apóstolo redundam em prol dos colossenses e da Igreja em geral, porque ele padece no seu corpo físico parte das tribulações que o corpo místico de Cristo padece na pessoa dos seus fiéis.
²⁵⁻²⁶Foi São Paulo incumbido de pregar aos gentios o mistério, isto é, os desígnios de Deus, no tocante à salvação do gênero humano.

2 ⁸⁻¹²Previne o apóstolo os leitores contra a ciência vã e ilusória de certos filósofos. Jesus é superior aos próprios anjos do céu. A verdadeira circuncisão consiste na mortificação das paixões sensuais, e tem o seu início no batismo, onde é sepultado o homem velho, para ressuscitar o homem novo.
¹³⁻¹⁵O título de dívida dos nossos pecados se achava no poder dos espíritos malignos; Jesus Cristo, porém, arrancou esse documento ao nosso credor infernal e o inutilizou, pregando-o no estandarte vitorioso da cruz.
¹⁷⁻¹⁹Do mesmo modo que o corpo projeta sombras em certa dire-

ção, assim também lançava a lei antiga as sombras das cerimônias rituais. Agora, porém, temos diante de nós, não já a sombra, mas o corpo real de Cristo. Somos membros do corpo místico de Jesus. É, pois, falsa a doutrina dos adversários de que o homem seja por demais indigno para tratar pessoalmente com Deus e que esse trato deva ser feito por intermédio dos anjos.

3 ³⁻⁵Pelo batismo, símbolo da morte de Cristo, morre o homem para o mundo, a fim de viver só para Deus.

¹²⁻¹⁴O cristão batizado, revestido de Cristo, deve apropriar-se também das virtudes dele, cingindo por cima de tudo a caridade, que eleva à suprema perfeição todas as outras virtudes (cf. 1Cor 13).

4 ⁶*Temperada com sal* — acertada e distinta e não grosseira e insípida.

¹⁶Laodicéia e Hierápolis eram duas cidades vizinhas a Colossas. Perdeu-se provavelmente esta outra carta a que se refere o apóstolo, a não ser que seja a epístola aos efésios.

Primeira Epístola
aos Tessalonicenses

Introdução

1. No tempo de São Paulo era Tessalônica — hoje Salônica, sobre o Mar Egeu — um dos mais notáveis empórios comerciais do Império Romano. Passou o apóstolo por essa cidade na sua segunda excursão missionária. O resultado que a sua pregação surtira entre os judeus fora insignificante; tanto maior, porém, entre os étnico-judeus e entre os gentios em geral. A breve trecho, se viu o arauto do Evangelho obrigado a deixar a cidade, em face das perseguições que lhe moviam seus patrícios (At 17,1-10; 1Ts 1,9). No intuito de defender dos perseguidores a nascente cristandade, que não lhe era dado visitar pessoalmente, enviou-lhe de Atenas seu fiel discípulo Timóteo (At 17,15; 1Ts 3,1-5) para que verificasse o estado da Igreja e lhe desse as competentes informações. Timóteo desempenhou-se da incumbência; mas, de volta, já não encontrou a São Paulo em Atenas, senão em Corinto (At 18,5).

2. A ocasião imediata da origem desta epístola foi o regresso de Timóteo e as notícias tão ansiosamente esperadas — notícias em parte bem alvissareiras, em parte muito tristes. Grandemente consoladora era a informação sobre o estado próspero da cristandade de Tessalônica; a firmeza da fé, o ardor da caridade e a tocante dedicação dos fiéis a seu pai espiritual (1Ts 3,6s; 4,9). Menos animador, porém, era o fato de terem os judeus imputado ao apóstolo intenções interesseiras, trabalhando por desprestigiá-lo perante os tessalonicenses e, destarte, solapar-lhes a confiança na doutrina proposta (2,3-6). Acrescia que

alguns cristãos não tinham ainda extirpado devidamente o pendor pagão à luxúria, à deslealdade e à indolência (4,3-6.11; 5,14). Além do mais, não tinha o apóstolo tido ensejo de dar aos neófitos instrução completa sobre o fim do mundo e o juízo final, razão por que muitos aguardavam esses acontecimentos para os dias da sua vida corporal, deplorando que os defuntos se vissem privados de presenciarem o espetáculo do glorioso advento do Senhor (4,13-18).

Impelido pela solicitude paternal que votava a todos os seus filhos espirituais, resolveu São Paulo escrever aos tessalonicenses, tomando por ponto de partida as informações de Timóteo; procura confirmar nos leitores a fé no Evangelho e a dedicação para com seu pastor; exorta-os a uma vida santa e dá-lhes os necessários esclarecimentos sobre a segunda vinda de Cristo.

3. Escreveu São Paulo esta carta imediatamente após o regresso de Timóteo (3,6; At 18,5), quer dizer, no princípio da sua estadia em Corinto, por volta do ano 51.

A origem paulina do documento vem sobejamente atestada por Santo Irineu, Clemente de Alexandria, Tertuliano, o fragmento muratoriano, e outros.

Decreto da Comissão Bíblica, de 18 de junho de 1915: na passagem 1Ts 4,15-17 não se considera tão iminente o segundo advento de Cristo que o apóstolo se inclua a si, e aos leitores, no número dos fiéis que hajam de ir ao encontro do Senhor, sem passarem pela morte.

Primeira Epístola de São Paulo aos Tessalonicenses

1 ¹Paulo, Silvano e Timóteo, à igreja de Tessalônica, que está em Deus Pai e no Senhor Jesus Cristo. A graça e a paz sejam convosco.

Ação de graças e reconhecimento. ²Damos graças a Deus por todos vós, sempre que em nossas preces de vós nos lembramos. ³Trazemos em contínua recordação, aos olhos de Deus, nosso Pai, a vossa fé tão ativa, a vossa tão abnegada caridade e a firme esperança que tendes em nosso Senhor Jesus Cristo. ⁴Sabemos, irmãos queridos de Deus, que sois do número dos eleitos, ⁵porque o nosso evangelho vos foi pregado não somente com palavras, mas com grande poder, no Espírito Santo e com toda a convicção. Não ignorais de que modo temos andado no meio de vós para o vosso bem. ⁶Tornastes-vos imitadores nossos e do Senhor, acolhendo a palavra de Deus com a alegria do Espírito Santo, apesar de numerosas tribulações. ⁷Tornastes-vos modelo para todos os fiéis da Macedônia e da Acaia. ⁸Partindo de vós, se divulgou a palavra do Senhor, não apenas pela Macedônia e Acaia, mas propagou-se por toda a parte a fé que tendes em Deus. É escusado falarmos nisso; ⁹pois eles mesmos contam qual o acolhimento que da vossa parte tivemos, e como vos convertestes dos ídolos a Deus, para servirdes ao Deus vivo e verdadeiro, ¹⁰e esperardes do céu a seu Filho, a quem ele ressuscitou dentre os mortos — Jesus, que nos livra da ira futura.

Relações do apóstolo com os fiéis

2 Pregação em Tessalônica. ¹Bem sabeis, irmãos, que não foi sem vigor o nosso aparecimento entre vós. ²Embora tivéssemos passado, anteriormente, em Filipos, sofrimentos e maus tratos, como estais informados, resolvemos, contudo, confiados em nosso Deus, anunciar-vos o evangelho de Deus, no meio de grandes lutas. ³Porque a nossa pregação nada tem que ver com intuitos enganosos ou impuros, nem com segundas intenções. ⁴Uma vez que Deus nos achou dignos de confiar-nos o evangelho, falamos, não para agradar aos homens, mas, sim, a Deus, que perscruta os nossos corações. ⁵Como sabeis, não viemos com adulações, nem com secreta ganância — Deus é testemunha — ⁶nem tampouco temos procurado a glória dos homens, nem da vossa parte, nem da parte de outros. ⁷Posto que nós, na qualidade de embaixador de Cristo, pudéssemos fazer valer a nossa autoridade, apresentamo-nos, contudo, no meio de vós com tanta suavidade como uma mãe a acarinhar os seus filhinhos. ⁸Tanto bem vos queríamos que era ardente desejo nosso dar-vos, não somente o evangelho de Deus, mas até a própria vida, de tanto amor que vos tínhamos. ⁹Ainda estareis lembrados, meus irmãos, dos nossos trabalhos e fadigas; trabalhamos dia e noite para não sermos pesados a nenhum de vós. Foi assim que vos pregamos o evangelho de Deus. ¹⁰Vós sois testemunhas, e Deus o é igualmente, de quão puro, justo e irrepreensível tem sido o nosso modo de proceder para convosco, quando abraçastes a fé. ¹¹Bem sabeis como exortávamos a cada um de vós, como um pai a seus filhos; ¹²como vos incutíamos ânimo e vos conjurávamos a levardes uma vida digna de Deus, que vos chamou ao seu reino glorioso.

Efeito da pregação. ¹³Por esta razão é que damos sem cessar graças a Deus: por terdes acolhido a palavra divina que de nós ouvistes, não como palavra de homem, mas como palavra de Deus, o que é na verdade, por sinal que está produzindo efeito entre vós, os crentes.

¹⁴Meus irmãos, sois imitadores das igrejas de Deus na Judéia, que estão em Cristo Jesus; pois que da parte dos vossos patrícios tivestes de sofrer o mesmo que aqueles sofreram da parte dos judeus. ¹⁵Mataram o Senhor Jesus e os profetas e nos perseguiram a nós. Desagradam a Deus e são inimigos de toda a gente. ¹⁶Querem impedir-nos de pregarmos aos gentios para que se salvem; e com isso vão enchendo a medida de seus pecados, até que caia sobre eles até ao extremo a *ira*[ira de Deus].

Saudações. ¹⁷Meus irmãos, desde que, por algum tempo, nos achamos separados de vós — não de coração, mas de vista — estamos com grandes e mui vivas saudades de vos tornar a ver. [18]Pelo que, mais de uma vez, tivemos tenção de vos visitar, eu, Paulo; Satanás, porém, nos tem impedido. [19]Pois, que é a nossa esperança, a nossa alegria, a nossa coroa de glória diante do Senhor *Jesus*[Jesus Cristo], quando vier? Não seríeis vós? [20]Sim, vós sois a nossa glória e alegria nossa.

3 [1]Pelo que não podendo suportar por mais tempo, resolvemos ficar sozinhos em Atenas [2]e enviamos a Timóteo, nosso irmão e servo de Deus na pregação do evangelho, [3]com o fim de vos fortalecer e animar na fé, para que ninguém desfalecesse nas presentes tribulações. Sabeis que é esse o nosso destino. [4]Quando da nossa permanência convosco já vos predizíamos que teríamos de passar tribulações. Foi o que aconteceu, como estais cientes. [5]Por isso, não podendo suportar por mais tempo, mandei-o a vós para colher informações a respeito da vossa fé, se o tentador não vos armava ciladas e frustrava o nosso trabalho.

Notícias alvissareiras. [6]Agora, porém, regressou daí para junto de nós Timóteo, trazendo-nos alvissareiras notícias da vossa fé e caridade, e asseverando que nos guardais sempre afetuosa lembrança e que tendes saudades de tornar a ver-nos, assim como nós as temos de vós. [7]É essa vossa fé, meus irmãos, que, no meio da nossa tristeza e angústia, nos enche de consolação. [8]Agora, sim, criamos alma nova, uma vez que estais firmes no Senhor. [9]Como poderíamos agradecer bastante a Deus por vós pela satisfação que nos destes diante de nosso Deus? [10]Noite e dia oramos com instância para que tornemos a ver-vos, a fim de completarmos o que, porventura, falte ainda à vossa fé.

[11]Deus, nosso Pai, e nosso Senhor *Jesus*[Jesus Cristo] dirijam os nossos passos para junto de vós! [12]A vós, porém, vos faça o Senhor crescer e enriquecer na caridade mútua e para com todos os homens, a exemplo do amor que nós vos temos. [13]Queira ele confirmar os vossos corações para que sejais irrepreensíveis e santos aos olhos de Deus, nosso Pai, quando Nosso Senhor *Jesus*[Jesus Cristo] vier com todos os seus *santos*[santos. Amém].

Admoestações e ensinamentos aos fiéis

4 Vida santa. [1]Quanto ao mais, irmãos, rogamo-vos e exortamo-

-vos no Senhor Jesus que, tendo ouvido de nós como deveis viver para agradar a Deus, assim também vivais de fato, a fim de progredirdes cada vez mais. ²Pois conheceis os preceitos que da parte do Senhor Jesus vos temos dado. ³Porquanto é esta a vontade do Senhor: a vossa santificação; que vos abstenhais da luxúria; ⁴que cada qual saiba possuir santa e honestamente sua esposa, ⁵e não com apaixonada concupiscência, como os pagãos que não conhecem a Deus.

⁶Ninguém engane, nem defraude a seu irmão nos negócios; porque o Senhor castiga tudo isso, como já outrora vos temos dito e inculcado. ⁷Pois Deus não nos chamou para a impureza, mas, sim, para a santidade. ⁸Quem despreza essas coisas não despreza um homem, mas a Deus, que *vos*[nos] infundiu o seu Santo Espírito.

Caridade. ⁹Sobre a caridade fraterna escusamos escrever-vos; pois que aprendestes de Deus a amar-vos mutuamente. ¹⁰E é o que fazeis para com todos os irmãos em toda a Macedônia. Entretanto, vos recomendamos, irmãos, que nisso vos afervoreis cada vez mais. ¹¹Timbrai em levar vida tranqüila, ocupar-vos com vossas coisas e trabalhar com vossas mãos, conforme as nossas diretivas; ¹²então, sim, andareis com honra aos olhos dos de fora, e não tereis necessidade de quem quer que seja.

A sorte dos finados. ¹³Meus irmãos, não queremos deixar-vos na ignorância a respeito dos que faleceram, para que não vos entristeçais, como os outros que não têm esperança. ¹⁴Se cremos que Jesus morreu e ressuscitou, aduzirá Deus os defuntos por meio de Jesus e em companhia dele. ¹⁵Pois isto vos declaramos, como palavra do Senhor: que nós, os "sobreviventes", não tomaremos a dianteira, na vinda do Senhor, aos que morreram. ¹⁶Pois quando soar o brado, a voz do arcanjo e a trombeta de Deus, descerá do céu o Senhor. E então ressuscitarão primeiro os que morreram em Cristo; ¹⁷em seguida nós, os "sobreviventes", seremos em companhia deles arrebatados pelos ares, sobre as nuvens, ao encontro do Senhor; e assim estaremos para sempre com o Senhor. ¹⁸Consolai-vos uns aos outros com essas palavras.

5 Vigilância. ¹No tocante ao tempo e ao prazo, é escusado escrever-vos, meus irmãos, ²porque sabeis perfeitamente que o dia do Senhor virá como ladrão de noite. ³Quando os homens disserem:

"Paz e segurança!", então lhes sobrevirá repentina destruição, como as dores sobre a mulher grávida; e não lhe escaparão. ⁴Vós, porém, meus irmãos, não andais em trevas, que esse dia vos surpreenda como um ladrão; ⁵pois que todos sois filhos da luz, filhos do dia. Não somos da noite, nem das trevas. ⁶Portanto, não durmamos, a exemplo dos outros; mas vigiemos e sejamos sóbrios. ⁷Quem dorme, dorme de noite; quem se embriaga, embriaga-se de noite; ⁸nós, pelo contrário, que somos do dia, sejamos sóbrios, armados da couraça da fé e da caridade, e do capacete da esperança da salvação; ⁹porquanto não nos destinou Deus para a ira, mas, sim, para alcançarmos a salvação por Nosso Senhor Jesus Cristo, ¹⁰que morreu por nós, a fim de que nós — quer vigiando, quer dormindo — vivamos em união com ele. ¹¹Consolai-vos, pois, e edificai-vos mutuamente, como já fazeis.

Advertências finais. ¹²Rogamo-vos, irmãos, que vos mostreis reconhecidos para com os que se afadigam por vós e vos são superiores e guias no Senhor. ¹³Tende para com eles especial amor e estima por causa da sua missão. Vivei em paz uns com os outros.

¹⁴Outrossim, vos rogamos, irmãos, que chameis à ordem os desordeiros, consoleis os pusilânimes, acolhais os fracos e tenhais paciência com todos. ¹⁵Vede que ninguém pague mal por mal; procurai fazer sempre bem uns aos outros e a toda a gente. ¹⁶Andai sempre alegres. ¹⁷Orai sem cessar. ¹⁸Dai graças por tudo; pois essa é a vontade de Deus, em Cristo Jesus.

¹⁹Não extingais o espírito, ²⁰nem tenhais em pouca conta as profecias. ²¹Examinai tudo, e ficai com o que é bom. ²²Guardai-vos de toda a espécie do mal.

²³O Deus da paz vos conceda santidade perfeita. Que vosso espírito, vossa alma e vosso corpo se conservem de todo irrepreensíveis na vinda de Nosso Senhor Jesus Cristo. ²⁴Quem vos chamou é fiel, e o levará a efeito.

Conclusão. ²⁵Orai por nós, irmãos. ²⁶Saudai a todos os irmãos no ósculo santo.

²⁷Conjuro-vos pelo Senhor que leiais esta carta a todos os irmãos.

²⁸A graça de Nosso Senhor Jesus Cristo seja *convosco*[convosco. Amém].

Notas explicativas

4 ¹⁵⁻¹⁷*Nós, os "sobreviventes"* — são palavras dos tessalonicenses, citadas pelo apóstolo sem decidir se correspondem à verdade ou não. Não afirma São Paulo que ele e seus contemporâneos de fato viverão até ao segundo advento de Cristo, mas indica tão-somente a possibilidade teórica do caso; e nisso não merece reparo algum, porque, sendo o tempo do fim do mundo segredo privativo de Deus, como afirma Jesus, existe para os homens de qualquer período histórico a possibilidade de virem a ser contemporâneos desse magno acontecimento. Nada avança o apóstolo sobre a proximidade ou a distância do advento de Cristo.

5 ³Quando os homens estiverem descuidosamente entregues aos prazeres da vida, aparecerá o dia do Senhor, colhendo de surpresa os incrédulos.

¹⁹Não se devem desprezar sem mais nem menos os dons do Espírito Santo; mas convém que cada qual faça uso dos carismas para proveito espiritual da Igreja.

²¹É o são critério que a tudo deve presidir; convém que os tessalonicenses aprendam a discernir os carismas verdadeiros de certas ilusões subjetivas ou fraudes diabólicas. Não rejeitar tudo, nem aceitar tudo sem exame prévio!

Segunda Epístola aos Tessalonicenses

Introdução

1. A primeira carta de São Paulo aos tessalonicenses, ao que parece, não surtiu o efeito desejado. Sob a pressão da perseguição, subira a tal ponto a expectação do advento de Cristo juiz, que os neófitos chegaram a aguardá-lo de um dia para outro. Estribava-se essa ilusão em parte numa pretensa profecia, em parte numa suposta afirmação, oral ou escrita, do apóstolo, causando terror e consternação em uns (2Ts 2,11-2), ociosidade e descuido dos seus deveres em outros (3,6.11). Foi o que moveu o apóstolo a escrever nova carta, refutando o erro sobre o advento imediato de Cristo, e censurando o procedimento desregrado de muitos fiéis.

2. Em vista da correlação íntima que vigora entre as duas cartas aos tessalonicenses, deve a segunda ter sido escrita pouco depois da primeira, no tempo em que Silas e Timóteo ainda estavam com o apóstolo em Corinto; seria, pois, pelo ano 51.

A autenticidade está fora de dúvida, atentos os testemunhos de Santo Irineu, Clemente de Alexandria, Tertuliano, do fragmento muratoriano e outros.

Segunda Epístola de São Paulo aos Tessalonicenses

1 ¹Paulo, Silvano e Timóteo, à igreja de Tessalônica, que está em Deus, nosso Pai, e no Senhor Jesus Cristo. ²A graça e a paz vos sejam dadas por Deus Pai e pelo Senhor Jesus Cristo.

Introdução solene. ³Meus irmãos, por vossa causa é que nos sentimos obrigados a dar incessantes graças a Deus. E com razão; porque vai em contínuo aumento a vossa fé, e cada vez maior é a caridade que cada um de vós tem para com os outros. ⁴É por isso que nos ufanamos de vós nas igrejas de Deus, porque em todas as perseguições e tribulações que padeceis mostrais tamanha paciência e espírito de fé.

⁵É nisso que se mostra o justo juízo de Deus em vos tornardes dignos do reino de Deus, pelo qual sofreis. ⁶Justo é que Deus pague com tribulação aos que vos atribulam; ⁷e que a vós, os atribulados, vos dê alívio juntamente conosco, para quando o Senhor Jesus se manifestar, vindo do céu com seus exércitos angélicos, ⁸por entre chamas de fogo. Então retribuirá àqueles que não reconhecem a Deus e que não obedecem ao evangelho de nosso Senhor *Jesus*[Jesus Cristo]. ⁹Serão punidos com penas eternas, banidos da face do Senhor e da sua grande glória, ¹⁰quando vier para ser glorificado por todos os seus santos e admirado de todos os crentes. Pois entre vós encontrou fé o nosso testemunho.

¹¹Pelo que não cessamos de suplicar por vós para que nosso Deus vos faça dignos da vossa vocação e dê vigoroso impulso ao zelo que tendes pelo bem e à obra da vossa fé. ¹²Assim será glorificado em

vós o nome de nosso Senhor *Jesus*[Jesus Cristo] e vós nele, pela graça do nosso Deus e do Senhor Jesus Cristo.

O segundo advento de Cristo

2 Preliminares da vinda. ¹Quanto à vinda de nosso Senhor Jesus Cristo e a nossa reunião com ele, rogamo-vos, irmãos, ²que não percais tão depressa a serenidade de espírito, e não vos deixeis aterrar, nem por algum espírito, nem por uma pretensa palavra ou carta da nossa parte, como se o dia do Senhor já estivesse próximo. ³Não vos deixeis iludir por pessoa alguma nem de modo algum. Deve vir primeiro a apostasia e aparecer o homem sem lei, o filho da perdição, ⁴o adversário que se arvora acima de Deus e tudo que é santo, a ponto de sentar-se no templo de Deus e querer passar por Deus. ⁵Não vos lembrais de que vos dizia isso quando estava convosco? ⁶Sabeis o que é que ainda o impede de aparecer a seu tempo. ⁷O mistério da iniquidade já está trabalhando; mas é necessário que seja eliminado aquele que ainda lhe põe embargo. ⁸Então aparecerá aquele perverso; mas o Senhor Jesus o matará com o sopro de sua boca e o destruirá com o esplendor da sua vinda.

⁹Aparecerá aquele tal na virtude de Satanás com toda a espécie de portentos, sinais e prodígios falazes, ¹⁰procurando por todos os meios seduzir à iniquidade os que se perdem por não amarem e abraçarem a verdade que os salvaria. ¹¹É por isso que Deus lhes manda o poder da sedução, para darem fé à mentira ¹²e serem entregues ao juízo todos os que não deram crédito à verdade, mas antes se comprouveram na iniquidade.

Exortação. ¹³Nós, porém, irmãos queridos do Senhor, devemos dar incessantes graças a Deus por vós; porque desde o princípio vos escolheu Deus para a salvação, mediante a santificação do Espírito e da fé na verdade. ¹⁴Por meio do nosso evangelho vos chamou para tomardes parte na glória de nosso Senhor Jesus Cristo.

¹⁵Portanto, irmãos, ficai firmes; permanecei fiéis às tradições que, oralmente ou por escrito, recebestes de nós. ¹⁶Nosso Senhor Jesus Cristo e Deus, nosso Pai, que nos amou e em sua graça nos deu perene consolação e boa esperança, ¹⁷anime os vossos corações e os robusteça para toda a boa obra e palavra.

Exortações diversas

3 Oração pelo apóstolo. ¹Finalmente, irmãos, orai por nós para que se espalhe rapidamente e seja glorificada a palavra do Senhor, a exemplo do que aconteceu entre vós; ²e para que sejamos livres de homens iníquos e perversos; pois nem todos abraçam a fé. ³O Senhor é fiel e há de fortalecer-vos e guardar-vos do maligno. ⁴Temos confiança em vós no Senhor, que tanto agora como para o futuro vos guieis pelas nossas diretivas. ⁵Que o Senhor dirija os vossos corações para o amor de Deus e a paciência de Cristo.

Dever do trabalho. ⁶Ordenamo-vos, irmãos, em nome de nosso Senhor Jesus Cristo, que eviteis a companhia de todo irmão que leve vida desordeira e não se conforme com a doutrina que de nós recebeu. ⁷Bem sabeis de que modo deveis imitar-nos. Não levamos vida desordeira em vosso meio, ⁸nem comemos de graça o pão de ninguém; antes trabalhamos noite e dia, entre labutas e fadigas, para não sermos pesados a nenhum de vós. ⁹Não que não tivéssemos direito a isso; mas para vos dar exemplo a imitar. ¹⁰Quando estávamos entre vós já vos demos este preceito: quem não quer trabalhar também não há de comer. ¹¹Entretanto, soubemos que alguns dentre vós levam vida à toa; em vez de trabalhar vivem ociosos. ¹²A esses tais ordenamos encarecidamente no Senhor Jesus Cristo que trabalhem sossegadamente e tratem de ganhar o seu pão. ¹³Vós, porém, irmãos, não vos canseis de praticar o bem. ¹⁴Se alguém desobedecer ao que mandamos por carta, notai-o e não tenhais relações com ele, para que fique envergonhado. ¹⁵Não o considereis, todavia, como inimigo, mas procurai corrigi-lo como irmão.

Conclusão. ¹⁶O Senhor da paz vos conceda a paz em todo tempo e lugar. O Senhor seja com todos vós.
¹⁷Vai de próprio punho a minha saudação: Paulo. É esta a minha assinatura em todas as cartas. Aí está a minha letra.
¹⁸A graça de nosso Senhor Jesus Cristo seja com todos *vós*[vós. Amém].

Notas explicativas

1 ⁵⁻⁷Procura o apóstolo consolar os fiéis com a perspectiva da retribuição de Deus, que castigará a injustiça ora triunfante e recompensará a virtude espezinhada.

2 ²Dera origem a esta idéia sobre o advento próximo de Cristo juiz uma tal ou qual revelação superior, que alguns faziam valer, ao passo que outros apelavam para palavras que o apóstolo tivesse proferido de viva voz, ou deixado por escrito.

³⁻⁵Dois acontecimentos devem preceder o fim do mundo: a grande apostasia e o aparecimento do anticristo.

⁶⁻⁷Por maior que fosse já então a impiedade, não podia contudo o anticristo manifestar-se abertamente, por se achar embargado por alguém. Não consta quem seja esse alguém, pois que se trata de eventos vindouros (cf. 2,1).

Primeira Epístola a Timóteo

Introdução

1. As duas epístolas a Timóteo e a carta a Tito ostentam íntima afinidade de caráter e denominam-se geralmente "epístolas pastorais", porque tratam dos deveres e das obrigações do pastor d'almas. Desde os tempos mais remotos consideram-se essas cartas, quer no Oriente, quer no Ocidente, como canônicas, isto é, pertencentes ao rol dos livros sacros. Têm a seu favor o testemunho de Santo Irineu, o fragmento muratoriano, Orígenes, a par das versões mais antigas.

Segundo decisão da Comissão Bíblica de 12 de junho de 1913, é o apóstolo São Paulo o autor das epístolas pastorais, remontando a sua origem ao período que medeia entre o fim do primeiro cativeiro romano e a morte do apóstolo, quer dizer, os anos de 63 a 67.

2. Timóteo converteu-se ao cristianismo em Listra da Licaônia, por ocasião da primeira expedição evangélica de São Paulo (At 16,1-3); e na segunda associou-se-lhe como colaborador. A partir dessa data encontramos a Timóteo companheiro quase inseparável do grande evangelizador dos povos, o qual, desprezando a pouca idade do discípulo, lhe confiava missões nada fáceis (1Ts 3,1-8; 1Cor 4,17; 16,10: Fl 2,19-23; Hb 13,23). Livre do primeiro cativeiro, empreendeu Paulo novas excursões em companhia de Timóteo, acabando por lhe confiar a direção da Igreja de Éfeso (1Tm 1,3). No seu último cativeiro desejava o apóstolo ter a seu lado o dedicado amigo, razão por que o chamou a Roma. Após a morte do mestre, voltou Timóteo para Éfeso, reassumindo o seu múnus pastoral. Diz a tradição que morreu mártir. A Igreja lhe celebra a festa em 24 de janeiro.

3. A epístola supõe na Igreja efésia uma vida cristã de bastante duração, tanto assim que existia uma completa hierarquia eclesiástica, nem faltava bom número de heresias (1Tm 5,17; 3,6-8). Segundo Atos dos Apóstolos 20,29s, não se conheciam aí doutrinas falsas até ao ano 58; pelo que a epístola em questão deve ter nascido no lapso de tempo compreendido entre o primeiro e o segundo cativeiro romano do apóstolo, mais ou menos no ano 65.

4. Os perigos que São Paulo agourava, por ocasião da sua despedida de Mileto, se tinham tornado realidade: hereges audazes caíram, quais lobos famintos, sobre o pequeno rebanho de Cristo. Por mais que o apóstolo, na sua permanência em Éfeso, houvesse trabalhado por atalhar esses males, não lhe sobrara tempo para extirpá-los de todo. Ficou Timóteo sozinho no campo de luta, soldado e arquiteto ao mesmo tempo. Nessa tão crítica situação acudiu o experimentado mestre ao jovem discípulo, transmitindo-lhe por escrito as suas instruções e diretivas.

Primeira Epístola de São Paulo a Timóteo

1 ¹Paulo, apóstolo de Cristo Jesus por ordem de Deus, nosso Salvador, e de Cristo Jesus, nossa esperança, ²a Timóteo, seu filho *genuíno*[querido] na fé.

Graça, misericórdia e paz, da parte de Deus Pai, e de Cristo Jesus, Senhor nosso.

Diretivas pastorais

Luta contra os hereges. ³Pedi-te, por ocasião da minha partida para a Macedônia, que ficasses em Éfeso a fim de inculcar a certa gente que não ensinem doutrinas errôneas, ⁴nem se ocupem com fábulas e intermináveis questões de genealogia, coisas que servem antes para contendas do que para o aproveitamento na fé. ⁵O escopo da nossa pregação deve ser este: que o amor nasça do coração puro, da boa consciência e da fé sincera. ⁶Disso aberraram alguns, entregando-se a palavreado vão, ⁷e arvorando-se em doutores da lei, quando nem entendem o que dizem e com tanta afoiteza afirmam.

⁸Sabemos que a lei é boa, contanto que se aplique como convém, ⁹e se tenha presente que a lei não foi feita para o justo, mas, sim, para os transgressores, os rebeldes, os ímpios, os pecadores, os irreverentes, os profanos, os assassinos de pai e mãe, os homicidas, ¹⁰os fornicadores, os sodomitas, os traficantes de homens, os mentirosos, os perjuros, e o que mais haja contrário à sã doutrina. ¹¹Assim diz o evangelho da glória de Deus bem-aventurado, que me foi confiado.

Doutrina genuína. [12]Dou graças a nosso Senhor Jesus Cristo, que me deu forças, me considerou fiel e me escolheu para seu ministério, [13]a mim, que outrora fui blasfemador, perseguidor e perverso. Mas alcancei *misericórdia*[misericórdia de Deus] porque agi por ignorância, na incredulidade. [14]Tanto mais abundante foi a graça de nosso Senhor, a par da fé e do amor de Cristo Jesus. [15]Verdadeira e merecedora da aceitação de todos é esta doutrina: que Cristo Jesus veio ao mundo para salvar os pecadores, entre os quais sou eu o primeiro. [16]Mas foi por isso mesmo que encontrei misericórdia, para que Cristo Jesus manifestasse de preferência em mim toda a sua longanimidade, a fim de que eu servisse de modelo a todos os que pela fé nele alcançarem a vida eterna. [17]A ele, o Rei dos séculos, Deus imortal, invisível e único, seja honra e glória pelos séculos dos séculos. Amém.

[18]É essa a doutrina que te recomendo, filho meu, Timóteo, em atenção às profecias que te dizem respeito. Em virtude delas peleja o bom combate, [19]conserva a fé e a boa consciência. Alguns desprezaram isso, e sofreram naufrágio na fé, [20]entre eles Himeneu e Alexandre. Entreguei-os *a Satanás*[ao laço do diabo] para que percam o vezo de blasfemar.

2 Intercessão universal. [1]Antes de tudo, te exorto a que se façam preces, intercessão e ações de graças por todos os homens, [2]pelos reis e por todas as autoridades, para gozarmos vida sossegada e tranqüila, em toda a piedade e pureza. [3]Isso é bom e agradável a Deus, nosso Salvador, [4]o qual quer que todos os homens se salvem e cheguem ao conhecimento da verdade. [5]Pois não há senão um só Deus, e um só medianeiro entre Deus e os homens: o homem Cristo Jesus, [6]que se entregou como resgate por todos. E o que em boa hora devia ser apregoado. [7]Disto é que fui constituído arauto e apóstolo — digo a verdade, e não minto —: para ensinar aos povos a fé e a verdade.

Aviso para homens e mulheres. [8]Quero que os homens, onde quer que estejam, isentos de ira e descaridade, levantem mãos puras em oração. [9]Da mesma forma, quero que as mulheres andem com decência, ataviando-se com recato e modéstia, e não com cabeleira frisada, adereços de ouro, pérolas e vestidos de luxo; [10]mas antes ornadas de boas obras, como convém a mulheres que fazem profissão de piedade. [11]A mulher procure ensinamentos em silêncio e submissão. ¹²Não permito que a mulher ensine nem que dê ordens ao marido, mas convém que se conserve em silêncio. ¹³Pois o primeiro a ser criado foi Adão; depois, Eva. ¹⁴Mas não foi Adão que se deixou iludir, senão a mulher que, enganada, caiu em pecado. ¹⁵Pode, todavia, salvar-se pelo cumprimento dos seus deveres de mãe, contanto que persevere na fé, na caridade, e leve a vida santa e recatada.

3 Ministérios eclesiásticos. ¹Palavra verdadeira é esta: quem aspira ao múnus de pastor aspira a um múnus sublime. ²Importa que o pastor seja irrepreensível, marido de uma só mulher, sóbrio, criterioso, de bons costumes, hospitaleiro, versado no ensino; ³que não seja amigo de bebidas, nem violento; mas, sim, modesto, amigo da paz e isento de cobiça; ⁴que saiba governar bem a sua família e traga os filhos em toda a obediência e castidade — ⁵pois quem não sabe governar a sua própria casa, como administrará a igreja de Deus? ⁶Não seja neófito, para que não se ensoberbeça e venha a cair réu do juízo do demônio. ⁷Importa, outrossim, que goze de boa reputação entre os de fora, a fim de não incorrer em difamação e no laço do demônio.

⁸Da mesma forma, sejam também os diáconos honestos, não homens de duas línguas, não dados a muito vinho, nem ávidos de torpe ganância; ⁹que guardem o mistério da fé numa consciência pura. ¹⁰Também é necessário que sejam primeiramente provados, e só depois exerçam o ministério, se forem irrepreensíveis. ¹¹Assim sejam também as mulheres honestas, não maldizentes; mas sóbrias e de confiança em tudo. ¹²Sejam os diáconos maridos de uma só mulher, e governem bem os filhos e a casa. ¹³Pois os que desempenharem bem o seu ministério alcançarão honrosa posição e grande confiança na fé, que é em Cristo Jesus.

Coluna da verdade. ¹⁴Escrevo-te isto, embora tenha esperança de ver-te em breve. ¹⁵Se, todavia, tardar, saberás como deves proceder na casa de Deus, que é a igreja de Deus vivo, coluna e alicerce da verdade. ¹⁶Evidentemente, é sublime o mistério da piedade, aquele que apareceu na carne, autenticado pelo Espírito, manifestado aos anjos, anunciado aos povos, acreditado no mundo, exaltado na glória.

4 Espíritos embusteiros. ¹Diz claramente o Espírito que, em tempos posteriores, uns quantos hão de apostatar da fé, dando ouvidos a espíritos embusteiros e doutrinas de demônios. ²Aderirão à hipocrisia de mestres mentirosos, ferreteados pela própria consciência. ³Proíbem o matrimônio e o uso de certos manjares, que Deus criou para que os fiéis, conhecedores da verdade, os tomem de coração agradecido. ⁴Pois tudo o que Deus criou é bom, e nada há de reprovável, contanto que se use com ação de graças; ⁵é santificado pela palavra de Deus e pela oração.

Diretivas pessoais

Vida exemplar. ⁶Recomenda isto aos irmãos, e serás um bom ministro de Cristo Jesus, nutrindo-se com as palavras da fé e a sã doutrina, que tomaste por norma. ⁷Não dês atenção a fábulas ineptas de velhas. Exercita-te na piedade. ⁸Pois os exercícios corporais pouco proveito trazem, ao passo que a piedade é proveitosa para tudo, tem promessa da vida para o presente e o futuro. ⁹Verdadeira e digna da aceitação de todos é esta palavra. ¹⁰É por isso que trabalhamos e lutamos, porque temos posta a nossa esperança no Deus vivo, que é Salvador de todos os homens, máxime dos fiéis.

¹¹É isto que deves pregar e inculcar.

¹²Ninguém te despreze por seres jovem. Sê modelo para os fiéis, no modo de falar e de viver, na caridade, na fé, na castidade. ¹³Até à minha chegada, aplica-te à leitura, à exortação, ao ensino. ¹⁴Não deixes ficar infecundo em ti o dom da graça, que recebeste em virtude de palavras inspiradas e por ocasião da imposição das mãos de presbíteros. ¹⁵Dedica-te a isso, põe nisso o teu cuidado, para que o teu aproveitamento se torne manifesto a todos. ¹⁶Presta atenção a ti mesmo e à doutrina: conserva-te firme nela. Se isso fizeres, salvar-te-ás a ti mesmo e aos que te ouvirem.

5 Atitude para com diversas classes. ¹Não trates com aspereza a um velho; mas fala-lhe como a um pai. Aos jovens trata-os como a irmãos; ²às mulheres de idade como a mães; às jovens como a irmãs, com a maior honestidade.

Atitude para com as viúvas. ³Ampara as viúvas que vivem sós. ⁴Se uma viúva tem filhos ou netos, aprendam eles antes de tudo a cumprir os deveres de piedade para com a própria família e mostrem-se, destarte, reconhecidos aos genitores. Isso é que é agradável a Deus. ⁵Uma viúva que vive a sós põe a sua esperança em Deus e não cessa de orar e suplicar dia e noite. ⁶Mas, se levar vida dissoluta, está morta em plena vida. ⁷Inculca-lhes isso para que andem irrepreensíveis. ⁸Mas quem se descuida dos seus, principalmente das pessoas de casa, renegou a fé e é pior que um incrédulo.

⁹Não inscrevas no rol das viúvas senão a que tenha ao menos sessenta anos, tenha casado só uma vez ¹⁰e goze da reputação de praticar o bem — quer seja educando bem os filhos, exercendo a hospitalidade, lavando os pés aos santos, acudindo aos atribulados, ou de outro modo qualquer se tenha dedicado à prática das boas obras.

¹¹Não admitas viúvas jovens; porque, quando nelas despertar a sensualidade, contra a vontade de Cristo, quererão casar, ¹²e incorrerão em sentença condenatória, faltando à fidelidade anterior. ¹³Além disso, costumam andar ociosas de casa em casa, e não somente ociosas, mas também faladeiras e amigas de novidades, dizendo o que não convém. ¹⁴Quero, pois, que as jovens tornem a casar, sejam mães, tomem conta do lar e não dêem aos adversários motivo de difamação. ¹⁵Já algumas se perverteram e seguem a Satanás. ¹⁶Se uma mulher fiel tiver viúvas em sua companhia, subministre-lhes o necessário, e não onere a igreja, para que esta possa acudir às viúvas que vivem a sós.

Atitude para com os presbíteros. ¹⁷Presbíteros que desempenham corretamente o seu ministério merecem trato duplamente honroso, mormente os que se afadigam nos labores da palavra e da doutrina. ¹⁸Pois diz a Escritura: "Não amarres a boca ao boi que pisa o grão". E ainda: "O operário bem merece o seu sustento". ¹⁹Não aceites acusação contra um presbítero, a não ser com duas ou três testemunhas. ²⁰Aos que tiverem caído em falta, repreende-os em presença de todos, para que também os outros tenham medo. ²¹Conjuro-te por Deus, por Cristo Jesus e pelos anjos eleitos que nisso procedas sem prevenção nem parcialidade. ²²Não sejas precipitado em impor as mãos a alguém, e não te tornes cúmplice de pecados alheios. Conserva-te casto.

²³Não continues a beber só água, mas toma também um pouco de vinho, por causa do teu estômago e dos teus freqüentes achaques.

²⁴Em alguns homens os pecados são manifestos, mesmo antes do julgamento, ao passo que em outros só se descobrem mais tarde. ²⁵Da mesma forma, são manifestas também as obras boas, e, quando assim não seja, não podem ficar ocultas.

6 Atitude para com os escravos. ¹Todos os que se acham sob o jugo da escravidão considerem os seus senhores dignos de toda a honra, para que o nome de Deus e a doutrina não sofram desdouro. ²Os que têm senhores crentes não lhes mostrem menos estima porque são seus irmãos; antes os sirvam ainda melhor; por serem crentes e amados de Deus, dediquem-se à prática do bem. Isso é que ensina e inculca.

Cuidado com a cobiça. ³Quem ensina de outro modo e não se guia pelas palavras sãs de nosso Senhor Jesus Cristo e sua doutrina ⁴está obcecado; não compreende coisa alguma. Labora de mania de questionar e sofisticar. Daí nascem as invejas, contendas, blasfêmias, suspeitas, ⁵contínuos conflitos entre homens de coração corrupto e avessos à verdade, que consideram a piedade como uma fonte de lucro. ⁶A piedade é, sim, uma fonte de lucro bem grande, quando unida à sobriedade. ⁷Nada trouxemos ao mundo, e nada podemos daqui levar. ⁸Se temos o que comer e com que nos vestir, estejamos contentes. ⁹Os que querem enriquecer caem em tentação e no *laço*[laço do diabo] e em muitos desejos tolos e nocivos, que precipitam os homens à ruína e à perdição; ¹⁰porquanto a cobiça do dinheiro é a raiz de todos os males. Não poucos, pela cobiça de possuir, aberraram da fé e se emaranharam em muitas aflições.

Timóteo como modelo. ¹¹Tu, porém, varão de Deus, foge disso. Aspira tanto mais à justiça, à piedade, à fé, à caridade, à paciência, à mansidão. ¹²Peleja o bom combate da fé, conquista a vida eterna. Para isso é que foste chamado e disso fizeste tão bela profissão de fé diante de numerosas testemunhas. ¹³Em face de Deus, que dá vida a todas as coisas, e em face de Cristo Jesus, que diante de Pôncio Pilatos fez tão bela profissão, eu te ordeno: ¹⁴guarda sem mancha nem falha o mandamento, até o advento de nosso Senhor Jesus Cristo, ¹⁵advento que, a seu tempo, mostrará o bem-aventurado e único Soberano, o Rei dos reis e o Senhor dos senhores, ele, ¹⁶o único imortal, que habita numa luz inacessível, o que nunca foi nem pode ser visto por homem algum — a ele seja honra e poder pelos séculos. Amém.

¹⁷Aos ricos deste mundo manda que não se ensoberbeçam nem ponham a sua esperança nas riquezas tão mal seguras, mas, sim, *em Deus*[no Deus vivo], que nos concede fruirmos tudo em abundância; ¹⁸que pratiquem o bem, se enriqueçam de boas obras, dêem com liberali-

dade, repartam do seu, [19]lançando assim um fundamento sólido para o futuro. Assim alcançarão a vida verdadeira.

Conclusão. [20]Ó Timóteo, guarda o bem que recebeste; foge do mundano e vão palavreado e das questões sobre o que falsamente chamam "conhecimento"; [21]alguns que dele fizeram profissão apostataram da fé. A graça seja *convosco*[contigo. Amém].

Notas explicativas

1 [8-11]A lei visa antes os pecadores do que os justos, porque aqueles necessitam de um freio para as suas paixões, ao passo que estes servem a Deus por amor.

[18]Alude o apóstolo a um fato que nos é desconhecido; parece que havia homens esclarecidos que indigitavam a pessoa de Timóteo como sendo varão mais idôneo para governar a Igreja de Éfeso (cf. At 13,2).

[20]Himeneu parece ser idêntico ao negador da ressurreição de que fala 2Tm 2,17. Alexandre talvez seja o ferreiro que vem mencionado em 2Tm 4,14.

São excluídos da comunidade eclesiástica.

2 [2]Não compete à mulher aparecer oficialmente em funções litúrgicas.

3 [2]Nesse tempo não existia celibato obrigatório.

[11]Entende-se, provavelmente, as esposas dos diáconos, ou então as mulheres piedosas que se dedicavam ao serviço especial da Igreja.

[15-16]São as colunas e os alicerces que sustentam o edifício todo — assim como a Igreja sustenta o templo da revelação divina; donde se conclui que compete à Igreja o dom da infalibilidade doutrinária.

4 [3]Professavam aqueles hereges erros dualistas e doutrinas gnósticas, segundo as quais a matéria é má em si mesma, pelo que convém desfazer-se dela. Por essa mesma razão proibiam também o matrimônio e exigiam a abstenção de certos manjares.

[14]Faz São Paulo recordar a graça da sagração episcopal. O apóstolo impunha as mãos ao sagrando, no que era imitado pelos demais sacerdotes presentes (cf. 2Tm 1,6). Acresciam as vozes inspiradas,

que davam a Timóteo como o pastor divinamente predestinado (cf., acima, a nota 1, 18).

5 [9-12]Trata-se duma categoria de pessoas existentes na Igreja primitiva: as viúvas honoríficas, cujos nomes eram lançados num registro especial. Era condição essencial para esse título contarem certa idade, terem estado casadas só uma vez e haverem levado vida edificante. Não se aceitavam viúvas mais jovens, porque facilmente procurariam contrair segundas núpcias, violando, assim, o voto de abstenção sexual e quebrando a fidelidade a Cristo.

[22]Trata-se da ordenação dos diáconos e presbíteros e da sagração episcopal (cf., acima, a nota 4, 14).

[24-25]O apóstolo impõe ao bispo de Éfeso a obrigação de examinar rigorosamente os candidatos ao apostolado, a ver se levavam vida virtuosa ou viciosa.

6 [1-2]Não podia o cristianismo abolir, desde logo, a escravatura — tanto mais que, perante o Evangelho, os senhores e os escravos eram servos de Cristo e gozavam da liberdade dos filhos de Deus; a Caridade cristã, porém, acabou por suplantar paulatinamente a escravatura.

[20]Com este "conhecimento" designa o apóstolo o que, mais tarde, se chamou *gnosis* ou *gnosticismo*, espécie de teosofia.

Segunda Epístola a Timóteo

Introdução

Foi esta segunda carta a Timóteo exarada durante o segundo cativeiro romano de São Paulo, no ano 66-67, quando o infatigável lutador já via iminente o termo de sua carreira (4,6-8). Às tribulações exteriores acrescia a dor profunda de se ver o apóstolo abandonado de quase todos os seus amigos e discípulos de outrora; apenas ficara com ele São Lucas (4,9-11). Pelo que se lhe avivou o desejo de ter a seu lado o querido discípulo Timóteo. Chamou-o, pois, à capital do Império.

A presente epístola é uma tocante carta de despedida, repassada do mais vivo sentimento; é um maravilhoso testamento, em que o mestre exorta o jovem discípulo ao corajoso desempenho de sua grande missão e lhe explica o melhor modo de se portar em face dos inimigos da verdade.

Segunda Epístola de São Paulo a Timóteo

1 ¹Paulo, pela vontade de Deus, apóstolo de Cristo Jesus, para pregação da vida em Cristo Jesus, ²a Timóteo, filho caríssimo.

Graça, misericórdia e paz, da parte de Deus Pai, e de Jesus Cristo, nosso Senhor.

Ação de graças. ³Dou graças a Deus — a quem sirvo com a consciência pura, desde os meus ascendentes — ao lembrar-me incessantemente de ti nas minhas orações, dia e noite. ⁴A memória das tuas lágrimas me enche de saudades de ver-te, para gozar de perfeita alegria. ⁵É que trago presente ao espírito a tua fé sincera, que já animava tua avó Lóide, e tua mãe, Eunice, e, estou certo, anima também a ti.

Fidelidade no serviço de Deus

Intrepidez apostólica. ⁶Pelo que te exorto a que faças reviver o dom da graça de Deus, que em ti está pela imposição das minhas mãos. ⁷Porquanto não foi o espírito de timidez que Deus nos deu, mas, sim, o espírito da fortaleza, do amor, da prudência. ⁸Não te envergonhes, pois, de dar testemunho de nosso Senhor, nem te envergonhes de mim, prisioneiro por causa dele. Suporta, na virtude de Deus, os trabalhos pelo evangelho. ⁹Porque ele nos salvou e nos agraciou com santa vocação, não em atenção às nossas obras, mas segundo o desígnio da sua graça, destinado a nós, em Cristo Jesus, desde a eternidade, ¹⁰e manifestado agora pelo aparecimento de nosso Salvador Jesus Cristo. Aniquilou ele a morte e, mediante o evangelho, colocou em plena luz a vida na imortalidade — ¹¹e disso fui constituído arauto, apóstolo e *doutor*[doutor dos gentios].

¹²É por isso que eu sofro estas coisas; mas não me envergonho, porque sei a quem presto fé, e estou certo de que ele tem o poder de guardar até àquele dia o bem que lhe confiei. ¹³Toma por modelo os ensinamentos salutares que de mim recebeste, na fé e no amor que temos em Cristo Jesus. ¹⁴Guarda o tesouro que recebeste pela virtude do Espírito Santo, que habita em nós.

¹⁵Bem sabes que todos os da Ásia se retiraram de mim, entre eles Figelo e Hermógenes. ¹⁶À casa de Onesíforo, porém, queira o Senhor conceder-lhe misericórdia; freqüentes vezes me tem dado alívio, sem se envergonhar das minhas cadeias. ¹⁷Quando ele veio a Roma, pôs grande cuidado em procurar-me, até que me encontrou. — ¹⁸Conceda-lhe o Senhor a graça de encontrar misericórdia ante o Senhor naquele dia. — Sabes melhor que ninguém que grandes serviços *prestou*[me prestou] ele em Éfeso.

2 O apostolado e sua recompensa. ¹Sê, pois, forte, meu filho, em virtude da graça de Cristo Jesus. ²O que de mim ouviste, em presença de numerosas testemunhas, isso transmite a homens de confiança e capazes de ensinar a outros. ³Suporta os sofrimentos como bom soldado de Cristo Jesus. ⁴Ninguém que vai à guerra se implica em negócios mundanos, para não desagradar a seu general. ⁵O lutador na arena não é coroado sem que tenha lutado legitimamente. ⁶O lavrador que se afadiga é o primeiro a ter direito aos frutos. ⁷Compreende bem o que digo. O Senhor te fará compreender tudo isso. ⁸Lembra-te de que *Jesus*[o Senhor Jesus] Cristo, descendente de Davi, ressurgiu dentre os mortos, conforme anunciei. ⁹Por isso é que eu sofro e estou algemado como um criminoso; mas a palavra de Deus não está algemada. ¹⁰Suporto tudo por amor aos eleitos, para que também eles alcancem a salvação em Cristo Jesus e a glória *eterna*[celeste]. ¹¹Verdadeira é a palavra: se com ele morrermos, com ele também viveremos; ¹²se com ele perseverarmos, com ele também reinaremos; se, porém, o negarmos, também ele nos negará. ¹³Se formos infiéis, ele continua fiel; não pode desmentir a si mesmo.

Atitude para com os hereges

Os hereges do presente. ¹⁴Isso faze lembrar e conjura-os, em face de Deus, que não se entreguem a contendas, porque de nada servem, senão para a perdição dos ouvintes. ¹⁵Põe todo o empenho em provar-te aos olhos de Deus trabalhador destemido, administrador correto da palavra da verdade. ¹⁶Foge de palavreado profano e vazio. Faz aumentar cada vez mais a impiedade. ¹⁷As suas palavras alastram como o câncer. ¹⁸Assim foi com Himeneu e Fileto, que aberraram da verdade, afirmando que já se realizou a ressurreição. Fazem a muitos perder a fé. ¹⁹Entretanto, está firme o baluarte de Deus, ostentando os dizeres "o Senhor conhece os seus" e "renuncie à impiedade quem invoca o nome do Senhor".

²⁰Numa casa grande não há somente vasos de ouro e de prata, mas também de madeira e de barro: alguns servem para fins honrosos, outros para serviço ordinário. ²¹Ora, quem não tiver relações com essa gente é um vaso honroso e santo, útil ao Senhor, apto para toda a boa obra.

²²Foge das paixões da mocidade. Aspira à justiça, *à fé*[à fé, à esperança], à caridade, e a paz com os que de coração puro invocam o Senhor. ²³Evita questões tolas e disparatadas, na certeza de que somente geram contendas. ²⁴Não convém que o servo do Senhor se dê a contendas, mas que seja afável para com todos, versado no ensino e paciente. ²⁵Repreende com bons modos os *adversários*[adversários da verdade]; talvez que Deus os leve à conversão, de maneira que cheguem ao conhecimento da verdade ²⁶e à conversão, escapando dos laços do demônio, que os traz presos à mercê da sua vontade.

3 Os hereges do futuro. ¹Sabe que nos últimos dias virão tempos perigosos. ²Haverá homens egoístas, amigos do dinheiro, jactanciosos, soberbos, blasfemos, desobedientes aos pais, ingratos, ímpios, ³sem afeição, sem fidelidade, caluniadores, dissolutos, desumanos, vis; ⁴traidores, protervos, enfatuados, mais amantes dos prazeres do que de Deus; ⁵ostentando aparência de piedade, sem lhe possuírem a virtude. Foge desses tais. ⁶Deles fazem parte os que penetram nas casas e aliciam mulheres fracas, mulheres carregadas de pecados e que se deixam levar por toda a espécie de apetites; ⁷que estão sempre querendo aprender sem nunca chegar ao conhecimento da verdade. ⁸Do mesmo modo que Janes e Mambres resistiram a Moisés, assim resistem também eles à verdade — homens de espírito corrupto e malseguros na fé. ⁹Mas não irão longe, porque a sua insensatez se há de tornar manifesta a todos, a exemplo do que se deu com aqueles.

Perseverança no apostolado. ¹⁰Tu, porém, tomaste por norma a minha doutrina, o meu modo de vida, o meu ideal, a minha fé, a minha longanimidade, a minha caridade, a minha paciência, ¹¹as minhas perseguições e os meus sofrimentos, que passei em Antioquia, Icônio e Listra. Que grandes perseguições tive de suportar! ¹²Pois todos os que querem levar vida piedosa em Cristo hão de sofrer perseguição. ¹³Homens perversos e impostores vão indo de mal a pior, enganados e enganadores. ¹⁴Tu, porém, fica com o que aprendeste e de que estás convencido; pois sabes quem foi o teu mestre. ¹⁵Desde pequeno conheces as sagradas Escrituras; delas poderás haurir conhecimento sobre a salvação pela fé em Cristo Jesus. ¹⁶Porquanto toda a escritura divinamente inspirada é útil para ensinar, para argüir, para corrigir e para educar na justiça. ¹⁷Destarte atinge o homem de Deus a perfeição, armado para toda a boa obra.

4 ¹Conjuro-te, em face de Deus e de Cristo Jesus, que há de julgar os vivos e os mortos, por seu advento e por seu reino: ²anuncia a palavra, insiste nela, quer seja oportuno, quer inoportuno, argúi, repreende, admoesta, com toda a paciência e com todo o jeito. ³Porque virá tempo em que acharão insuportável a sã doutrina e, pelo prurido de ouvir, acrescentarão mestres sobre mestres, a seu capricho e talante. ⁴Fecharão os ouvidos à verdade e se deleitarão com fábulas. ⁵Tu, porém, sê prudente em tudo, suporta os trabalhos, prega o evangelho, desempenha com perfeição o teu *ministério*[ministério, sê sóbrio].

⁶Quanto a mim, já estou para ser imolado. Aproxima-se o tempo do meu passamento. ⁷Pelejei o bom combate. Terminei a carreira. Guardei a fé. ⁸No mais, está-me reservada a coroa da justiça, que me dará naquele dia o Senhor, justo juiz; e não somente a mim, mas a todos os que anseiam por seu advento.

Conclusão. ⁹Apressa-te a visitar-me quanto antes. ¹⁰Demas abandonou-me por amor a este mundo, e foi para Tessalônica; Crescente para a Galácia; Tito para a Dalmácia. ¹¹Apenas Lucas está comigo. Leva contigo a Marcos e conduze-o aqui, porque preciso dos seus serviços. ¹²Tíquico, mandei-o para Éfeso. ¹³Quando vieres, traze contigo a capa que deixei em Trôade, em casa de Carpo; também os livros, sobretudo os pergaminhos. ¹⁴Alexandre, o ferreiro, me fez muito mal; o Senhor lhe retribuirá segundo as suas obras. ¹⁵Toma também tu cuidado com ele, porque fez violenta oposição às nossas palavras. ¹⁶Na minha primeira defesa não houve ninguém que me valesse; todos me abandonaram — perdoados sejam! —; ¹⁷o Senhor, porém, me assistiu e me deu forças para que por meu intermédio fosse anunciada a boa nova e chegasse aos ouvidos de todos os povos.

Assim escapei às fauces do leão. ¹⁸O Senhor me há de livrar de todas as tramas perversas e me levará, são e salvo, para o seu reino celeste. A ele seja glória pelos séculos dos séculos. Amém.
¹⁹Saudações a Prisca e Áquila, também à família de Onesíforo. ²⁰Erasto ficou em Corinto; a Trófimo deixei-o doente em Mileto. ²¹Apressa-te a vir antes do inverno.

Saudações de Êubulo, Pudente, Lino, Cláudia e de todos os irmãos.

²²O Senhor *Jesus*[Jesus Cristo] seja com o teu espírito. A graça seja *convosco*[convosco. Amém].

Notas explicativas

1 ³Embora perseguidor da Igreja, a princípio, não o fora Paulo por malícia, senão por ignorância (1Tm 1,13).

2 ³⁻⁸No intuito de animar a seu querido discípulo, põe-lhe o apóstolo diante dos olhos o exemplo do soldado, do lutador da arena e do lavrador, bem como a vida do próprio Cristo, que, através de grandes tribulações, chegou à glória mais excelsa.
¹¹⁻¹³É de supor que se trate de um cântico sacro usado na Igreja primitiva.
¹⁸Identificavam esses hereges a ressurreição dos corpos com a regeneração espiritual pelo batismo.
²⁰Os vasos destinados a fins ignóbeis são os profanos que existem na casa de Deus, a Igreja.

3 ⁸Segundo a tradição hebraica, eram Janes e Mambres aqueles dois feiticeiros que com as suas artes mágicas apoiavam a resistência de Faraó à verdade divina.

4 ⁸Alcançarão a coroa da eterna glória todos os que, mediante uma vida cristã, se prepararem para o segundo advento de Cristo.
¹⁴Identifica-se este Alexandre com o que vem mencionado em 1Tm 1,20; a exclusão da Igreja o fizera inimigo mortal do apóstolo, contra o qual movia intrigas de toda a sorte.

Epístola a Tito

Introdução

1. Tito, filho de pais gentios, acompanhou a Paulo e Barnabé na viagem ao concílio apostólico de Jerusalém (Gl 2,1-3). Depois de incumbido pelo apóstolo de diversas e importantes missões (2Cor 18,8; 6,16), foi nomeado pastor espiritual de Creta (Tt 1,5). Dirigiu-se mais tarde à Dalmácia, por ordem de São Paulo (2Tm 4,10) e, regressando para Creta depois da morte do mesmo, veio a falecer piedosamente nessa mesma ilha.

2. A viagem de São Paulo a Creta (Tt 1,5) não cabe nas vicissitudes da sua vida antes do cativeiro romano; só mais tarde encontramos vaga para intercalar essa digressão. Pelo que parece provável ter-se verificado a visita a Creta, bem como a composição da nossa epístola, entre o primeiro e o segundo cativeiro romano do apóstolo, talvez no ano 65.

3. Bem árdua era a tarefa de Tito em Creta, dado o caráter mentiroso e imoral dos seus habitantes, devido não menos à larga difusão de diversas heresias (Tt 1,10.11.14; 3,9-11). Em vista disso, achou o apóstolo conveniente animar o seu discípulo por meio duma carta, na qual torna a lembrar-lhe os princípios que devia seguir no desempenho do seu múnus, princípios que já anteriormente lhe inculcara de viva voz.

Epístola de São Paulo a Tito

1 ¹Paulo, servo de Deus, apóstolo de Jesus Cristo, encarregado de levar a fé aos eleitos de Deus, o conhecimento da verdade, que gera a piedade, ²e a esperança da vida eterna, que prometeu desde toda a eternidade o Deus infalível; ³e em tempo oportuno manifestou a sua palavra mediante a pregação, que me foi confiada por ordem de Deus, nosso Salvador; ⁴a Tito, seu filho *genuíno*[querido] pela fé comum. A graça e a paz de Deus Pai, e de nosso Salvador Jesus Cristo.

Solicitude pela igreja de Creta

Nomeação de pastores. ⁵Deixei-te em Creta, para regulares o que ainda está por fazer, e instituíres presbíteros em cada cidade como te ordenei. ⁶Importa que o presbítero seja irrepreensível, marido de uma só mulher, que tenha filhos fiéis que não sejam acoimados de dissolutos, nem de insubordinados. ⁷Porquanto é mister que o pastor, na qualidade de despenseiro de Deus, seja irrepreensível; que não seja arrogante, nem iracundo, nem dado ao vinho, nem violento, nem ávido de sórdido lucro; ⁸mas, sim, hospitaleiro, amigo do bem, comedido, justo, piedoso, continente; ⁹que se atenha à palavra fidedigna, conforme foi ensinada, para que esteja em condições de ministrar a sã doutrina e refutar os contraditores.

Luta contra os hereges. ¹⁰Pois há muitos insubordinados, faladores vãos e sedutores, principalmente entre os da circuncisão. ¹¹É preciso fazer calar esses tais, porque transtornam famílias inteiras, propalando doutrinas inconvenientes por causa de sórdida ganância. ¹²Disse um dos seus profetas: "Os cretenses são sempre mentirosos, bestas ruins, ventres preguiçosos". ¹³É exato esse testemunho. Repreende-os, pois, com rigor, que sejam sãos na fé ¹⁴e não dêem ouvidos a fábulas judaicas e preceitos de gente avessa à verdade. ¹⁵Para os puros, tudo é puro; mas para o impuro e descrente nada é puro; estão com a mente e a consciência manchadas; ¹⁶afirmam que conhecem a Deus, ao passo que o negam pelas obras; abomináveis esses homens, rebeldes, são inaptos para qualquer obra boa.

Conselhos pastorais

2 Solicitude pelas diversas classes. ¹Tu, porém, prega o que esteja em harmonia com a sã doutrina. ²Que os homens de idade sejam sóbrios, honestos, comedidos, sãos na fé, na caridade e na paciência. ³Da mesma forma se portem as mulheres idosas com dignidade, não sejam caluniadoras, nem entregues à embriaguez; porém, modelos do bem, ⁴e que ensinem às jovens a amarem seus maridos e quererem bem a seus filhos, ⁵a serem prudentes, *castas*[castas, sóbrias], amigas do lar, benignas, submissas a seus maridos, para que não se diga mal da palavra de Deus.

⁶Também aos jovens exorta-os a que vivam morigerados. ⁷Dá-lhes tu mesmo em tudo exemplo de vida modelar, nas obras boas. Mostra na doutrina pureza e dignidade. ⁸Seja a tua palavra sã e irrefutável, de maneira que o adversário se confunda, e não tenha mal nenhum a dizer de nós.

⁹Sejam os escravos em tudo submissos a seus senhores, procurando contentá-los, sem os contradizer; ¹⁰não cometam fraude alguma, tratando antes de primar pela fidelidade em todas as coisas, a fim de que em tudo façam honra à doutrina de Deus, nosso Salvador.

A graça da Redenção. ¹¹Porquanto apareceu para todos os homens a graça de Deus, portadora da salvação, ¹²ensinando-nos a renunciar à impiedade e aos desejos mundanos, e a levar neste mundo uma vida sóbria, justa e piedosa. ¹³Aguardamos assim, em ditosa esperança, o glorioso aparecimento do grande Deus e Salvador nosso, Jesus Cristo, ¹⁴que se entregou por nós para nos resgatar de toda a iniqüidade, e purificar para si um povo de eleição e zeloso na prática do bem.

¹⁵Desse modo fala, exorta e repreende, com toda a autoridade. E que ninguém te despreze.

3 Vida social. ¹Insiste com eles para que se sujeitem ao poder das autoridades, que lhes obedeçam e se mostrem prontos para qualquer obra boa; ²que não injuriem a ninguém, nem sejam briguentos; porém modestos e cheios de mansidão para com todos os homens. ³Tempo houve em que também nós éramos insensatos, rebeldes, escravos do erro e de toda a espécie de vícios e paixões, levando uma vida de malícia e de inveja — odiados e cheios de ódio uns aos outros. ⁴Apareceu então a benignidade e o amor humanitário de nosso divino Salvador ⁵e nos trouxe a salvação, não em virtude de obras justas que houvéssemos feito, mas segundo a sua misericórdia: pelo banho da regeneração e pela renovação no Espírito Santo, ⁶que derramou abundante sobre nós, por Jesus Cristo, Salvador nosso, ⁷a fim de que, justificados pela sua graça, sejamos herdeiros da vida eterna, que aguardamos.

Cuidado com os hereges. ⁸É verdadeira esta palavra e eu quero que a inculques com firmeza: os que crêem em Deus dedicam-se fervorosamente à prática do bem. É o que é bom e útil aos homens. ⁹Não dês ouvido a parvoíces, questões de genealogia, discussões e contendas sobre a lei; porque são inúteis e vãs.

¹⁰Depois de admoestar uma ou duas vezes a um herege, evita-o, ¹¹na certeza de que esse tal é um perverso, que pelo seu pecado se condena a si próprio.

Conclusão. ¹²Logo que eu te enviar Ártemas e Tíquico, apressa-te a vir ter comigo a Nicópolis, onde tenciono passar o inverno. ¹³Provê devidamente para a viagem a Zenas, o jurisconsulto, e a Apolo, para que nada lhes falte. ¹⁴Convém que a nossa gente aprenda a prestar benefícios por entre penúria e necessidade. Senão, ficam estéreis.

¹⁵Saudações de todos os que estão comigo. Saúda os que nos querem bem na fé.

A graça seja com todos vós.[A graça de Deus seja com todos vós. Amém.]

Notas explicativas

1 ⁵⁻⁷Presbítero e bispo são sinônimos em linguagem bíblica (cf. Fl 1,1).
¹²São palavras do poeta cretense Epimênides (século VI a.C.), ao qual os seus patrícios chamavam "profeta".
¹⁵É da disposição interior do homem que deriva a impureza ou pureza moral dos seus atos exteriores.

2 ¹¹Na pessoa de Jesus Cristo apareceu a graça de Deus, que a todos quer salvar.

3 ⁵O princípio da salvação é a conversão interna, simbolizada pelo ato externo do batismo, conversão, pela qual o homem é renovado interiormente.
⁹Como em 1Tm 1,4, trata-se também aqui de prosápias e árvores genealógicas construídas pelos judeus com fins jactanciosos e nem sempre com fundamento histórico.
¹²⁻¹³Ártemas e Zenas nos são desconhecidos. Tíquico é cooperador de São Paulo (cf. At 20,4; 2Tm 4,12).

Epístola a Filêmon

Introdução

Durante o seu primeiro cativeiro romano ganhara São Paulo para a religião cristã um escravo, por nome Onésimo (v. 9). Figura esse homem a seu senhor, chamado Filêmon, cristão residente em Colossas, na Frígia, e fora ter com São Paulo, em Roma. Ainda que Onésimo pudera prestar ótimos serviços à causa do Evangelho, na capital dos Césares, não quis, contudo, o apóstolo retê-lo consigo, mas, respeitando as leis então vigentes, preferiu remetê-lo a seu amo. Nessa ocasião, entregou-lhe a presente carta de recomendação, a fim de preparar-lhe bom acolhimento e trato em casa de Filêmon.

A autenticidade da epístola, que, em vista de sua exiguidade, não encontrou citação freqüente, vem abonada pela antiga versão latina, pelo fragmento muratoriano, por Tertuliano, Orígenes e outros.

Epístola de São Paulo a Filêmon

¹Paulo, prisioneiro de Jesus Cristo, e o irmão Timóteo: ao querido Filêmon, nosso cooperador, ²à *irmã*[caríssima irmã] Ápia, ao nosso companheiro de lutas, Arquipo, e à igreja em tua casa.

³A graça e a paz vos sejam dadas por Deus, nosso Pai, pelo Senhor Jesus Cristo.

Ação de graças. ⁴Dou graças a Deus todas as vezes que nas minhas orações me lembro de ti; ⁵porque soube da caridade e da fé que manifestas para com o Senhor Jesus e todos os santos. ⁶Que a atividade da tua fé te faça conhecer eficazmente todo o bem que devemos a *Cristo*[Cristo Jesus]. ⁷Muita alegria e consolação me deu a tua caridade, porque os corações dos santos encontraram alívio por teu intermédio, meu irmão.

Intercessão por Onésimo. ⁸Ainda que em *Cristo*[Cristo Jesus] me assistisse o direito de prescrever-te o que convém, ⁹contudo, pelo muito que te quero, prefiro rogar-te. Eu, Paulo, que sou velho, e ainda por cima prisioneiro de Cristo Jesus, ¹⁰venho rogar-te a bem de meu filho Onésimo, que gerei entre algemas. ¹¹Tempo houve em que ele te foi inútil; agora, porém, é útil, tanto a ti como a mim. ¹²Aí to remeto, como se fora o meu coração. ¹³Bem quisera retê-lo comigo, para que na minha prisão me servisse em teu lugar, em prol do evangelho. ¹⁴Entretanto, nada quis fazer sem o teu consentimento, para que o bem que praticares não seja como que forçado, mas, sim, espontâneo.

¹⁵Talvez que ele se separou de ti por algum tempo, a fim de que tornasses a reavê-lo para sempre, ¹⁶não já como escravo, mas como algo de melhor: como irmão caríssimo. É o que ele é para mim, e em alto grau; quanto mais o será para ti, tanto como homem, como também no Senhor.

¹⁷Se, portanto, me tens amizade, recebe-o como se fora eu. ¹⁸Se te causou prejuízo, ou te está devendo alguma coisa, lança isso à minha conta. ¹⁹Eu, Paulo, te escrevo de próprio punho, que o pagarei — para não lembrar de quanto tu me és devedor. ²⁰Sim, meu irmão, quisera ter algum proveito de ti, no Senhor; concede esse prazer a meu coração, em Cristo.

Conclusão. ²¹Confiado em tua docilidade é que te escrevo, certo de que farás mais do que peço. ²²Ao mesmo tempo me prepara pousada; espero ser-vos restituído, em virtude das vossas orações.

²³Saudações de Epafras, preso comigo em Cristo Jesus; ²⁴como também de Marcos, Aristarco, Demas e Lucas, companheiros meus de trabalho.

²⁵A graça do Senhor Jesus Cristo seja com vosso espírito. Amém.

Notas explicativas

²Ápia era a esposa de Filêmon. Arquipo, talvez filho de Filêmon, ocupava cargo eclesiástico (cf. Cl 4,17).

¹²⁻¹⁶O apóstolo remete a Filêmon o escravo fugitivo Onésimo, reconhecendo com isso, consoante o espírito da época, os direitos legais do senhor sobre o servo; ao mesmo tempo, porém, apela para os sentimentos cristãos de Filêmon para com seu irmão na fé.

¹⁹Filêmon é devedor de São Paulo porque este o convertera à fé cristã, que é um bem incomparavelmente maior que os bens materiais que o apóstolo lhe deve.

Epístola aos Hebreus

Introdução

1. Falta na epístola aos hebreus (como nas cartas de São João) a costumada introdução, que, nas cartas paulinas, nomeia o remetente e o destinatário. Alguns códices antigos atribuem esta epístola a São Paulo, como faz também a Vulgata. Sob o nome de hebreus entendem-se os judeu-cristãos e, mui provavelmente, os de Jerusalém e da Palestina; pois eram precisamente estes que corriam risco de recair no judaísmo. São Tiago Menor, chefe e sustentáculo dos cristãos da Terra Santa, sucumbira vítima da perseguição judaica, no ano 62. Revivia naquele tempo, entre os judeus, o mais violento fanatismo nacional-religioso, culminando na guerra aberta contra Roma e subseqüente destruição de Jerusalém. Viver e conservar a fé num ambiente tão desfavorável exigia grandes sacrifícios aos cristãos palestinenses. Cada sinagoga, cada pedra evocava venerandas tradições do Antigo Testamento; e nas alturas de Sião os chamavam ao culto divino as magnificências do mais belo templo do mundo.

Pelo que não vinha fora de propósito uma palavra autorizada que robustecesse os neófitos na fé em Jesus Cristo (Hb 13,22). É nesse intuito que o autor da presente epístola frisa as excelências do Novo Testamento sobre a lei antiga.

2. A carta apresenta diversas particularidades exteriores que a distinguem das epístolas paulinas. Falta a fórmula introdutória, bem como a saudação final. O documento reveste antes a forma de um tratado teológico do que de uma carta. Os pensamentos vêm desenvolvidos muito por extenso; o estilo revela maior esmero e calma do que em geral.

Se perguntarmos à tradição antiqüíssima da Igreja, até ao século IV, sobre a autoria da epístola, chegamos a saber que as Igrejas do Oriente a consideravam desde o princípio como obra do apóstolo Paulo, e, a partir do século IV, também no Ocidente se lhe reconhece o caráter paulino, quando até essa data era em parte desconhecida, em parte atribuída a outro autor.

Quanto às particularidades formais da carta, já os autores antigos as explicavam pela suposição de se ter São Paulo servido dum amanuense ou colaborador, que deu determinada forma literária aos pensamentos do apóstolo. Não consta quem fosse esse auxiliar; Clemente Romano? Lucas ou Barnabé? O judeu-cristão alexandrino Apolo? Ou algum outro.

3. A epístola foi escrita antes da destruição de Jerusalém, e antes do princípio da guerra judaica (67), por sinal que supõe ainda existente o culto israelita, nem alude com palavra alguma àquela tremenda catástrofe, nem tampouco à fuga dos cristãos. A sua origem cai, porém, num tempo posterior à morte de São Tiago († 62), talvez no ano 63 (cf. Hb 13,23). Do tópico 13,24 se depreende que a carta nasceu na Itália, provavelmente em Roma, depois do primeiro cativeiro do apóstolo.

Segundo decisão da Comissão Bíblica de 24 de junho de 1914, representa este documento uma verdadeira e genuína carta de São Paulo, ainda que o apóstolo não a tenha escrito de próprio punho.

Epístola de São Paulo aos Hebreus

1 Introdução. ¹Muitas vezes e de modos diversos falou Deus, antigamente, aos pais pelos profetas; ²nestes últimos dias, porém, falou-nos por meio de seu Filho, a quem constituiu herdeiro do universo e pelo qual também criou o mundo. ³É ele o esplendor de sua glória e a imagem do seu Ser; sustenta o universo com a sua palavra onipotente. Depois de conceder resgate dos pecados, sentou-se à direita da majestade nas alturas. ⁴Tão superior é ele aos anjos quanto o nome que herdou excede o deles.

Sublimidade do Novo Testamento

Excelência de Cristo

Cristo superior aos anjos. ⁵Pois a quem dentre os anjos disse Deus alguma vez: "Tu és meu Filho, hoje te gerei"[Sl 2,7], ou então: "Eu lhe serei Pai, e ele me será Filho"[2Rs 7,14]?

⁶Quando tornar a introduzir no mundo o Primogênito, diz: "Adorem-no todos os anjos de Deus"[Sl 97(96),7].

⁷Dos anjos diz: "Torna em vendavais os seus anjos, e em raios flamejantes os seus ministros"[Sl 104(103),4]; ⁸ao passo que do Filho diz: "O teu trono, ó Deus, subsiste pelos séculos dos séculos: cetro de justiça é o cetro de teu reino. ⁹Porque amaste a justiça e odiaste a injustiça, por isso, ó Deus, te ungiu o teu Deus com o óleo da alegria, como a nenhum dos teus companheiros"[Sl 45(44),7].

¹⁰E ainda: "No princípio, Senhor, tu fundaste a terra, e os céus são

obra das tuas mãos. ¹¹Eles passarão; tu, porém, permaneces; todos envelhecerão como um vestido; ¹²tu os dobrarás como um manto, como um vestuário, e mudar-se-ão; ao passo que tu és o mesmo e os teus anos não terão fim"[Sl 102(101),26]. ¹³A qual dos anjos disse ele jamais: "Senta-te à minha direita até que eu reduza os teus inimigos a escabelo dos teus pés"[Sl 110(109),1]?

¹⁴Porventura, não são todos eles apenas espíritos servidores, enviados ao serviço dos que devem herdar a salvação?

2 Obediência a Cristo. ¹Pelo que importa observarmos tanto mais cuidadosamente a mensagem que ouvimos; senão, poderíamos errar o alvo. ²Pois, se já era inquebrantável a palavra promulgada por intermédio dos anjos, a ponto de se vingar devidamente toda a transgressão e rebeldia, ³como passaríamos nós impunes, se menosprezássemos semelhante mensagem de salvação? Anunciada primeiramente pelo Senhor, chegou depois até nós por via de tradição pelos que a ouviram. ⁴Foi divinamente comprovada por sinais, milagres e prodígios, e pela comunicação do Espírito Santo, segundo a vontade de Deus.

Cristo, rei do universo. ⁵Não foi aos anjos que ele sujeitou o mundo futuro, de que falamos. ⁶Mas algures se diz: "Que é o homem, para que dele te lembres? Um filho do homem, que o contemples? ⁷Fizeste-o pouco inferior aos anjos; de glória e honra o *coroaste*[coroaste e o constituíste sobre as obras das tuas mãos]: submeteste a seus pés todas as coisas"[Sl 8,5]. ⁸Ora, se lhe submeteu todas as coisas, nada excetuou que não lhe esteja sujeito. Por enquanto, é verdade, ainda não vemos que tudo lhe está sujeito; ⁹vemos, todavia, que Jesus, que fora colocado abaixo dos anjos, foi coroado de glória e honra por causa da morte que sofreu; é que, segundo as disposições da graça de Deus, devia ele sofrer a morte por cada um. ¹⁰Pois convinha que aquele por quem e para quem existe o universo atingisse a perfeição por meio do sofrimento, a fim de conduzir à glória numerosos filhos e tornar-se-lhes autor de salvação. ¹¹Porque nós, o Santificador como os santificados, descendemos de um só, razão por que não se envergonha ele de nos chamar irmãos, ¹²dizendo: "Anunciarei o teu nome a meus irmãos e te cantarei louvores em plena assembléia"[Sl 22(21),23].

¹³E mais: "Porei nele a minha confiança"[Is 8,17]. E novamente: "Eis-me aqui, com os filhos que Deus me deu"[Is 8,18]. ¹⁴Ora, sendo

que os filhos assumiram carne e sangue, assumiu-os também ele, a fim de aniquilar pela morte aquele que tem nas mãos o poder da morte — o demônio — ¹⁵e libertar os que, em virtude do temor à morte, passaram a vida toda como escravos. ¹⁶Não andou solícito pelos anjos, mas, sim, pelos filhos de Abraão. ¹⁷Convinha por isso que em tudo se tornasse semelhante aos irmãos, a fim de ser junto a Deus um pontífice misericordioso e fiel e capaz de expiar os pecados do povo. ¹⁸Pois, tendo ele mesmo padecido com as tentações, está em condições de valer aos que se acham tentados.

3 Cristo superior a Moisés. ¹Por conseguinte, meus santos irmãos e companheiros da vocação celeste, considerai a Jesus como embaixador e sumo sacerdote da nossa religião. ²Foi fiel a quem o constituiu, a exemplo do que foi Moisés em toda a sua casa. ³Sim, foi achado digno duma honra tanto maior do que Moisés, quanto um arquiteto merece maior honra do que a casa. ⁴Toda casa tem o seu arquiteto; o arquiteto do universo, porém, é Deus. ⁵Se Moisés foi fiel em toda a sua casa, como servo, indigitando as revelações, ⁶Cristo, na qualidade de filho, está acima de sua casa. Nós é que somos sua casa, contanto que guardemos inabalável até ao fim a confiança e a esperança da glória.

Cuidado com a apostasia. ⁷Ouvi, pois, hoje, a sua voz, como diz o Espírito Santo: ⁸"Não queirais endurecer os vossos corações, como por ocasião da 'exasperação', no dia da tentação, no deserto, ⁹onde vossos pais me tentaram e provocaram, embora vissem as minhas obras ¹⁰por espaço de quarenta anos. Pelo que me indignei contra essa raça, e disse: 'Sempre desvariam no seu coração; não reconhecem os meus caminhos'. ¹¹Por isso jurei na minha ira: 'Não entrarão no meu repouso'"[Sl 95(94),8].

¹²Vede, pois, irmãos, que não haja entre vós quem tenha coração mau e incrédulo, e chegue a apostatar de Deus vivo. ¹³Exortai-vos antes uns aos outros, dia por dia, enquanto ainda for "hoje", para que ninguém de vós se endureça, iludido pelo pecado. ¹⁴Pois nós somos sócios de Cristo, contanto que nos conservemos inabaláveis até ao fim na primitiva confiança. ¹⁵Quando se diz: "Hoje ouvi a sua voz! Não queirais endurecer os vossos corações, assim como na 'exasperação'" — ¹⁶quem eram os ouvintes que o exasperaram? Não eram, porventura, todos os que, chefiados por Moisés, tinham saído do Egito? ¹⁷Contra quem se indignou ele por espaço de quarenta anos?

Não eram, acaso, os que tinham pecado e cujos corpos tombaram no deserto? [18]E a quem jurou ele que não entrariam no seu repouso? Não eram os desobedientes? [19]Vemos, pois, que foi por causa da sua descrença que não puderam entrar.

4 Exortação à fidelidade. [1]Ainda está por ser cumprida a promessa de entrar no seu repouso. Tenhamos, pois, o cuidado de que nenhum entre vós fique atrasado. [2]Pois tanto a nós como a eles coube a boa nova. A eles, porém, de nada lhes serviu o conhecimento da pregação, por não a terem abraçado com fé. [3]Nós, porém, entraremos no repouso, se abraçarmos a fé, segundo o que foi dito: "Assim jurei na minha ira: 'Não entrarão no meu repouso'"[Sl 95(94),11]. E, no entanto, está terminada a obra da criação desde o princípio do mundo; [4]pois lê-se algures sobre o sétimo dia: "No sétimo dia descansou Deus de todas as suas obras"[Gn 2,2]. [5]Ora, o dito "não entrarão no meu repouso" [6]faz crer que outros hão de entrar nele. Aqueles, porém, a quem primeiro fora dirigida a mensagem deixaram de entrar, devido à sua descrença. [7]Pelo que torna Deus a marcar outro dia, um "hoje", dizendo por boca de Davi, após um grande lapso de tempo: "Hoje, ouvi a sua voz! Não queirais endurecer os vossos corações"[Sl 95(94),7]. [8]Se Josué os introduzira no repouso, não se falaria depois de um outro dia. [9]De maneira que ainda fica em perspectiva ao povo de Deus um descanso sabatino; [10]pois quem uma vez entrou no seu repouso descansa das suas obras, assim como Deus descansa das suas.

[11]Empenhemo-nos, portanto, por entrar nesse repouso, para que ninguém incorra em idêntica pena de desobediência; [12]porque a palavra de Deus é viva, eficaz e mais penetrante do que qualquer espada de dois gumes: penetra até separar um do outro a alma, o espírito, a medula e os ossos; exerce juízo sobre os pensamentos e as intenções do coração. [13]Não há criatura que se oculte à sua presença; tudo jaz desnudo e descoberto aos olhos daquele a quem havemos de prestar contas.

Cristo superior aos sacerdotes do Antigo Testamento

Jesus pontífice. [14]Temos, portanto, um pontífice excelso, que atravessou os céus — Jesus, o Filho de Deus. Permaneçamos, pois, firmes na nossa religião! [15]Porque não temos um pontífice incapaz de se condoer das nossas fraquezas, mas um que em tudo foi provado como nós, exceto no pecado. ¹⁶Aproximemo-nos, pois, confiadamente, do trono da graça para alcançarmos misericórdia e graça, no tempo em que houvermos mister.

5 ¹Todo o pontífice é tirado do meio dos homens e constituído a bem dos homens, no tocante às suas relações com Deus, para oferecer dons e sacrifícios pelos pecados deles. ²Deve saber compadecer-se dos que ignoram e erram, porque ele mesmo está sujeito a fraquezas. ³Pelo que tem de oferecer sacrifícios tanto pelos pecados do povo como pelos seus próprios. ⁴Ninguém se arroga essa dignidade; mas deve ser chamado por Deus, como Aarão. ⁵Do mesmo modo também Cristo não se elevou ele mesmo à dignidade de pontífice, mas foi constituído por quem lhe disse: "Tu és meu Filho; hoje te gerei"[Sl 2,7]. ⁶Ou, como em outro lugar: "Tu és sacerdote para sempre, segundo a ordem de Melquisedec"[Sl 110(109),4].

⁷Nos dias de sua vida terrestre apresentou, no meio de veemente clamor e lágrimas, suplicantes preces àquele que o podia preservar da morte; e foi ouvido em atenção à sua reverência. ⁸E, embora fosse *Filho*[Filho de Deus], aprendeu, contudo, obediência pelo sofrimento, ⁹e, depois de consumado, se tornou para todos os que o seguem autor de eterna salvação ¹⁰e foi por Deus designado pontífice segundo a ordem de Melquisedec.

Desejo de perfeição. ¹¹Muita coisa teríamos a dizer deste assunto; mas é de difícil explicação, e vós não estais dispostos a ouvi-lo. ¹²Pelo tempo, já devíeis ser mestres; mas, em vez disso, necessitais de que tornem a ensinar-vos os primeiros rudimentos da palavra de Deus. Como crianças precisais de leite, em lugar de alimento sólido. ¹³Quem não compreende o que se lhe diz em linguagem correta precisa de leite; é criança. ¹⁴Os adultos, porém, que pelo costume trazem as faculdades exercitadas para distinguirem o bem e o mal, recebem alimento sólido.

6 ¹Entretanto, deixemos de parte as primeiras noções da doutrina de Cristo, e voltemos a atenção para coisas mais altas. Não tornemos a lançar os fundamentos, falando da renúncia às obras mortas, da fé em Deus, ²da doutrina sobre o batismo, a imposição das mãos, a ressurreição dos mortos e a eterna retribuição. ³Vamos, pois, a isto, com o favor de Deus. ⁴Porque os que uma vez foram iluminados, os que saborearam o dom celeste, que receberam o Espírito Santo, ⁵que experimentaram as belezas da palavra divina e as virtudes do mundo futuro, ⁶e não obstante apostataram — é impossível reconduzir à conversão esses tais; porque, da sua parte, crucificam novamente o Filho de Deus e fazem-no alvo de escárnio. ⁷O terreno que bebe a chuva que lhe vem abundante, e fornece aos cultivadores o competente fruto, receberá as bênçãos de Deus. ⁸Se, em vez disso, não produzir senão espinhos e abrolhos, será réu da maldição e acabará por ser incendiado.

Jubilosa esperança. ⁹Apesar de usarmos expressões destas, formamos contudo melhor conceito de vós, caríssimos, e estamos convencidos de que alcançareis a salvação. ¹⁰Porque Deus não é injusto, a ponto de se esquecer da vossa tão operosa caridade, que manifestastes por amor a seu nome, servindo aos santos, como continuais a servi-los. ¹¹Ora, o que nós desejaríamos é que cada um de vós desse provas desse mesmo zelo no tocante à esperança, ¹²a fim de a levar à perfeição e não ceder ao desalento. Imitai aos que pela paciência chegam a herdar as promessas.

¹³Quando Deus fez a promessa a Abraão, não podia jurar por um que fosse maior, e jurou por si mesmo, dizendo: ¹⁴"Abençoar-te--ei ricamente e multiplicar-te-ei extraordinariamente"[Gn 22,16]. ¹⁵Ele esperou com paciência, e alcançou o prometido. ¹⁶Os homens juram por alguém que seja maior, e o juramento dá garantia e corta toda a contradição. ¹⁷Ora, no intuito de patentear aos herdeiros da promessa quão irrevogável era a sua resolução, recorreu Deus ao juramento, ¹⁸a fim de que dois fatos irrevogáveis, em que Deus não podia mentir, nos dessem ponto de apoio, a nós, que nos aferramos à esperança em perspectiva. ¹⁹É nela que encontramos arrimo, âncora segura para a alma; penetra até ao interior do santíssimo, ²⁰onde entrou por nós, como precursor, Jesus, o pontífice eterno segundo a ordem de Melquisedec.

7 Jesus, pontífice segundo a ordem de Melquisedec. ¹Esse Melquisedec era rei de Salém, e sacerdote de Deus altíssimo. Saiu ao encontro de Abraão, quando este regressava da derrota dos reis; e lançou-lhe a bênção. ²Ao que Abraão lhe deu o dízimo de tudo. O seu nome significa, em primeiro lugar: rei da justiça; mas também: rei de Salém; que vem a ser: rei da paz. ³Sem pai, sem mãe, sem genealogia, sem princípio de dias nem fim de vida — é assim que ele se assemelha ao Filho de Deus e permanece sacerdote eternamente.

⁴Vede, pois, quão sublime devia ser aquele a quem o patriarca

Abraão deu os dízimos dos melhores despojos. ⁵Verdade é que também os filhos de Levi, chamados ao sacerdócio, são autorizados pela lei a receberem os dízimos do povo, isto é, dos seus irmãos, conquanto também esses sejam descendentes de Abraão. ⁶Aquele, porém, embora não descendesse de Abraão, recebeu dele os dízimos, e abençoou o portador das promessas. ⁷Ora, é fora de dúvida que o inferior recebe a bênção de quem é superior. ⁸Os que aqui recebem os dízimos são homens mortais, ao passo que ali é alguém de cuja sobrevivência se dá testemunho. ⁹Assim é que também Levi, a quem são dados os dízimos, pagou-os na pessoa de Abraão; ¹⁰porque ainda estava por ser gerado pelo patriarca, quando se deu o encontro com Melquisedec.

Excelência de Cristo sobre o sacerdócio levítico. ¹¹Se o sacerdócio levítico, base da legislação do povo, trouxesse a perfeição definitiva, que necessidade haveria de estatuir outro sacerdote denominado "segundo a ordem de Melquisedec", e não "segundo a ordem de Aarão"? ¹²Ora, mudança de sacerdócio importa necessariamente em mudança de lei. ¹³Porque aquele a quem isso diz respeito pertence a outra tribo da qual ninguém ainda serviu ao altar; ¹⁴pois, como é sabido, nosso Senhor nasceu de Judá, tribo da qual Moisés não fez nenhuma declaração concernente a sacerdotes. ¹⁵Mais claro ainda se torna isso quando se constitui um sacerdote semelhante a Melquisedec, ¹⁶não em virtude de descendência carnal, como quer a lei, mas, sim, em virtude duma vida imortal. ¹⁷Pois diz o testemunho: "Tu és sacerdote para sempre, segundo a ordem de Melquisedec". ¹⁸Com isso está abolida a lei anterior, porque era caduca e sem proveito. ¹⁹Pois a lei nada levou à perfeição; serviu apenas de guia para uma esperança melhor, que nos faz aproximar de Deus.

²⁰Se aqueles se tornaram sacerdotes sem juramento, ²¹Jesus o foi com juramento, mediante aquele que lhe disse: "Jurou o Senhor, e não se arrependerá: tu és sacerdote para sempre". ²²Jesus tornou-se por isso o fiador duma aliança mais perfeita.

²³Mais. Enquanto ali havia numerosos sacerdotes — uma vez que a morte os impedia de o ficarem para sempre — ²⁴possui este, por ser imortal, um sacerdócio sempiterno. ²⁵Pelo que também pode salvar perfeitamente os que por seu intermédio se chegarem a Deus; pois que vive para sempre para interceder por *eles*[nós].

²⁶Convinha que tal fosse o nosso pontífice: santo, irrepreensível, impoluto, não do número dos pecadores, mais excelso que os céus;

²⁷que não tem, como os sumos sacerdotes, necessidade de oferecer diariamente sacrifícios pelos próprios pecados, e depois pelos do povo. Foi o que prestou uma vez, por todas, quando ele mesmo se ofereceu em sacrifício. ²⁸Enquanto, pois, a lei constituía sumos sacerdotes sujeitos às fraquezas, a palavra do juramento constitui, para o tempo posterior à lei, o Filho eternamente perfeito.

O Sacrifício de Cristo superior aos sacrifícios do Antigo Testamento

8 Sacerdócio de Cristo no céu. ¹O ponto principal de quanto levamos dito é que temos um pontífice sentado à direita do trono da majestade celeste. ²Desempenha o ministério no santuário, tabernáculo verdadeiro, edificado pelo Senhor, e não por homens. ³Pois todo o pontífice é constituído com o fim de oferecer dons e sacrifícios. Pelo que deve também este ter alguma coisa que oferecer. ⁴Se vivesse sobre a terra, nem seria sacerdote, uma vez que já há quem ofereça dons segundo a lei. ⁵Estes exercem as funções cultuais naquilo que é figura e sombra do santuário celeste; por sinal que Moisés, no ponto de ultimar o tabernáculo, recebeu esta ordem: "Olha", foi-lhe dito, "faze tudo segundo o modelo que te foi mostrado no monte"[Ex 25,40]. ⁶Mas o ministério que coube a Jesus é tanto mais excelente quanto mais sublime é o testamento de que ele é medianeiro; testamento que tem por base promessas mais sublimes. ⁷Pois, se aquele primeiro fora sem defeito, não haveria por que estabelecer o segundo. ⁸Pois ele profere a censura: "Eis que virão dias", diz o Senhor, "em que travarei uma nova aliança com a casa de Israel e com a casa de Judá; ⁹não uma aliança como a que travei com seus pais, quando os tomei pela mão e os conduzi para fora da terra do Egito; pois não permaneceram fiéis à minha aliança, e por isso também eu os abandonei", diz o Senhor. ¹⁰"Mas a aliança que depois daqueles dias travarei com a casa de Israel", diz o Senhor, "será esta: infundir-lhes-ei na alma as minhas leis, e gravá-las-ei no seu coração; eu serei o seu Deus, e eles serão o meu povo. ¹¹Já ninguém terá que ensinar a seu próximo, nem a seu irmão, dizendo: 'Aprende a conhecer o Senhor'; porque todos eles, pequenos e grandes, me hão de conhecer. ¹²Perdoar-lhes-ei as iniqüidades, e não mais guardarei lembrança dos seus pecados"[Jr 31,31.33s].

¹³Ora, quem fala em um "novo" testamento deu por antiquado o precedente. Mas o que é antiquado e decrépito está prestes a perecer.

9 Imperfeição dos sacrifícios antigos. ¹Verdade é que também o testamento antigo tinha as suas prescrições cultuais e um santuário temporal. ²Era um tabernáculo em cuja parte anterior se achavam o candelabro e a mesa com os pães da proposição. É o que se denomina "o santo". ³Por trás do segundo véu ficava o tabernáculo chamado "o santíssimo", encerrando o altar dos perfumes, de ouro, e a arca da aliança, coberta de ouro por todas as partes; ⁴dentro dela se encontrava um vaso de ouro com o maná, a vara viridente de Aarão, e as tábuas da lei. ⁵Sobre a arca se erguiam os querubins da glória, sombreando o propiciatório.

Mas não vem a propósito pormenorizar essas coisas. Tal era a construção.

⁶No tabernáculo da frente entram os sacerdotes todas as vezes que desempenham as funções rituais; ⁷ao passo que no outro entra somente o pontífice uma vez por ano, e só com o sangue, que oferece pelos delitos próprios e do povo. ⁸Com isso insinua o Espírito Santo que, enquanto subsistir o primeiro tabernáculo, não há entrada franca no santíssimo. ⁹É o que é significativo para o tempo presente: os dons e sacrifícios que são oferecidos não estão em condições de purificar cabalmente a consciência do sacrificante. ¹⁰As prescrições externas sobre comidas e bebidas, e toda a espécie de abluções, só têm vigor até ao tempo da reorganização.

Infinita perfeição do sacrifício de Cristo. ¹¹Cristo, porém, apareceu como pontífice dos bens futuros. Entrou no tabernáculo mais excelente e perfeito, não construído por mãos humanas, nem mesmo deste mundo. ¹²Não entrou com o sangue de cabritos e novilhos, mas uma vez por todas com o seu próprio sangue entrou no santíssimo, ele, que realizou uma redenção de valor eterno. ¹³Ora, se o sangue de cabritos e touros, e as cinzas de uma vitela, conferiam pela aspersão pureza corporal aos impuros, ¹⁴quanto mais o sangue de Cristo, que em virtude do seu espírito eterno se ofereceu a Deus como oblação imaculada, purificará a nossa consciência das obras mortas, para servirmos a Deus vivo?

Jesus, medianeiro do Novo Testamento. ¹⁵Por isso é que ele é o medianeiro dum novo testamento. Padeceu a morte para expiar os pecados cometidos sob o primeiro testamento, para que os chamados recebam a herança eterna prometida. ¹⁶Em se tratando de testamento, é mister que primeiro se prove a morte do testador; ¹⁷só com sua morte é que o testamento adquire força de lei. Enquanto o testador vive, ainda não vale. [18]Por essa razão, nem o antigo testamento se inaugurou sem sangue. [19]Depois de expor ao povo todos os preceitos da lei, tomou Moisés o sangue dos novilhos e cabritos, bem como a água e a lã vermelha e o hissope, e aspergiu o livro e todo o povo, [20]dizendo: "É o sangue da aliança que Deus travou conosco". [21]Da mesma forma aspergiu com sangue o tabernáculo e todos os utensílios do culto. [22]Segundo a lei, quase todas as coisas se purificam com sangue. Sem efusão de sangue não há remissão. [23]Assim é que se purificam os protótipos das coisas celestes; mas as coisas celestes mesmas requerem sacrifícios ainda superiores a esses. [24]Porque Jesus Cristo não entrou num santuário feito por mão humana e apenas protótipo do verdadeiro; mas entrou no próprio céu, a fim de se apresentar agora intercessor nosso ante a face de Deus. [25]Nem precisa sacrificar-se sempre de novo, a exemplo do sumo sacerdote, que, ano por ano, entra no santíssimo com sangue alheio; [26]do contrário, devia ter padecido muitas vezes, desde a criação do mundo. Mas apareceu só uma vez, na plenitude dos tempos, para destruir o pecado pela imolação de si mesmo. [27]E do mesmo modo que está decretado ao homem morrer uma vez, ao que se segue o juízo, [28]assim também Cristo se imolou uma vez para tirar os pecados dos muitos. Quando voltar, nada terá com o pecado; mas aparecerá para salvar os que o esperam.

10 Único sacrifício verdadeiro. [1]A lei não passa duma sombra dos bens futuros; ela não é a realidade das coisas. Ano por ano são oferecidos sempre os mesmos sacrifícios, mas que não estão em condições de levar à perfeição os sacrificantes. [2]Pois não se teria deixado de oferecê-los se os sacrificantes, uma vez purificados, não tivessem mais consciência do pecado? [3]Entretanto, ano por ano se renova a recordação dos pecados; [4]porque é impossível que o sangue de touros e cabritos tire pecados. [5]Por isso diz ele ao entrar no mundo: "Sacrifícios cruentos e incruentos não os queres; deste-me, porém, um corpo. [6]Holocaustos e expiações não te agradam; [7]pelo que eu disse: eis que venho, meu Deus, para cumprir a tua vontade conforme está escrito de mim no volume do livro"[Sl 40(39),7].

[8]Acima, diz: "Sacrifícios cruentos e incruentos, holocaustos e expiações não os queres, nem achas neles agrado" — e, no entanto, são prescritos pela lei. [9]E prossegue: "Eis que venho para cumprir a tua vontade" — ab-rogando assim o primeiro para estabelecer o

segundo. ¹⁰Graças a essa vontade é que somos santificados uma vez por todas, pela imolação única do corpo de Jesus Cristo.

¹¹Cada sacerdote exerce dia por dia as funções litúrgicas, oferecendo sempre os mesmos sacrifícios, que não podem, todavia, tirar os pecados; ¹²ao passo que Jesus Cristo ofereceu só uma vez o sacrifício pelos pecados, e está sentado para sempre à direita de Deus, ¹³esperando "até que seus inimigos sejam reduzidos a escabelo dos seus pés"[Sl 110(109),1]. ¹⁴Com esse único sacrifício levou à perfeição e para sempre os que se tornam santos. ¹⁵É o que também nos atesta o Espírito Santo; porque foi dito: ¹⁶"Esta é a aliança que travo com eles, no fim daqueles dias", diz o Senhor. "Infundo-lhes no coração a minha lei e escrevo-lha na alma; ¹⁷não mais guardarei lembrança dos seus pecados e das suas iniqüidades."[Jr 31,33] ¹⁸Ora, uma vez perdoado o pecado, já não há mister de oferecer sacrifício por ele.

Fidelidade ao Novo Testamento

Perseverança na fé. ¹⁹Pelo que, meus irmãos, em virtude do sangue de Jesus, esperamos confiadamente entrar no santíssimo. ²⁰É esse o novo caminho da vida, que ele nos abriu através do véu, quer dizer: através da sua carne. ²¹Temos também um pontífice excelso, constituído sobre a casa de Deus. ²²Aproximemo-nos, pois, de coração sincero e cheios de fé, já que os corações se acham purificados da má consciência, e o corpo lavado com água pura. ²³Conservemo-nos inabaláveis na confiança da nossa esperança — porque é fiel quem fez a promessa — ²⁴e sejamos solícitos em nos estimular mutuamente à caridade e às boas obras. ²⁵Nem nos descuidemos de comparecer à nossa reunião, como alguns costumam fazer; procuremos antes animar-nos à proporção que virmos aproximar-se o dia.

²⁶Pois, se pecarmos propositalmente e depois de conhecida a verdade, já não há sacrifício pelos nossos pecados; ²⁷aguarda-nos um juízo tremendo e o fogo vingador, que consumirá os adversários. ²⁸Quem transgredir a lei de Moisés e for argüido por duas ou três testemunhas será punido de morte sem piedade; ²⁹quanto maior castigo não merecerá aquele que pisar aos pés o Filho de Deus, que tiver em conta de vil o sangue do testamento que o santificou, e ultrajar o Espírito da graça! ³⁰Pois sabemos quem foi que disse: "A mim me

pertence a vingança; eu é que retribuirei". E mais: "O Senhor julgará o seu povo"[Dt 32,35]. ³¹É horrendo cair nas mãos de Deus vivo!

Firmeza na fé. ³²Evocai os dias de outrora. Depois de iluminados, tivestes de sustentar dolorosas lutas: ³³ora feitos alvo de injúrias e tribulações, ora participando da sorte dos que tais coisas sofriam. ³⁴Padecestes com os encarcerados. Suportastes com alegria o esbulho dos vossos haveres, na convicção de receberdes um cabedal melhor e permanente. ³⁵Não percais, pois, a confiança que tamanho galardão merece. ³⁶Aquilo de que haveis mister é perseverança, a fim de cumprirdes a vontade de Deus e alcançardes o bem que ele prometeu. ³⁷"Ainda um pouquinho de tempo e virá aquele que há de vir, e não tardará. ³⁸O meu justo vive da fé; do desertor, porém, não se agrada minha alma"[Hab 2,3]. ³⁹Ora, nós não somos do número dos desertores e que perecem; mas, sim, dos que têm fé e salvam sua alma.

11 Heróis da fé. ¹A fé consiste na firme confiança daquilo que se espera, na convicção daquilo que não se vê. ²Foi por ela que os antigos mereceram grande louvor. ³Pela fé é que sabemos que o universo foi criado pela palavra de Deus, de maneira que do invisível saiu o visível.

⁴Foi pela fé que Abel ofereceu a Deus um sacrifício mais agradável do que Caim, e por ela mereceu o testemunho de "justo", testemunho dado por Deus na ocasião do sacrifício; pela fé nos fala ainda o que há tempo morreu.

⁵Foi pela fé que Henoc se viu arrebatado deste mundo sem provar a morte; nem mais foi encontrado, porque Deus o arrebatara. E, antes de arrebatado, recebeu o testemunho de que agradava a Deus. ⁶Ora, sem fé é impossível agradar a Deus. Pois quem se aproxima de Deus deve crer que ele existe e retribui aos que o procuram.

⁷Foi pela fé que Noé teve notícia de coisas que ainda não via, e, com santa reverência, fabricou a arca para salvamento da sua família. Pela fé anunciou ruína ao mundo, e alcançou a justificação mediante a fé.

⁸Foi pela fé que Abraão, obtemperando ao chamado de Deus, saiu em demanda dum país que devia receber por herança. Partiu sem saber para onde. ⁹Em virtude da fé estabeleceu-se como estrangeiro na terra da promissão, habitando em tendas, como Isaac e

Jacó, co-herdeiros da mesma promissão. ¹⁰É que aguardava a cidade solidamente alicerçada, cujo fundador e arquiteto é Deus.

¹¹Foi pela fé que *Sara*[Sara, que era estéril], embora passada da idade, recebeu a força de ser mãe, porque teve por fiel aquele que lhe dera a promessa. ¹²De maneira que dum só homem — e esse já amortecido — tiveram origem descendentes tão numerosos como as estrelas do céu e como as areias incontáveis da praia do mar.

¹³Morreram todos esses na fé, sem ver o cumprimento da promessa; apenas a avistaram e saudaram, de longe, confessando-se peregrinos e hóspedes sobre a terra. ¹⁴Com essas palavras dão a entender que demandavam uma pátria. ¹⁵Se tivessem em mente aquela pátria de que saíram, não lhes faltara tempo de tornarem atrás. ¹⁶Entretanto, demandavam outra melhor, a saber: a do céu. Por essa razão não desdenha Deus chamar-se "o Deus deles"; porquanto lhes preparou lugar de moradia.

¹⁷Foi pela fé que Abraão, sujeito à prova, ofereceu Isaac, e ia imolar o unigênito, ¹⁸do qual lhe fora dito: "Por meio de Isaac é que terás descendentes"[Gn 21,12]. ¹⁹Mas confiava que Deus seria assaz poderoso para ressuscitá-lo dentre os mortos. Por isso o recuperou como protótipo.

²⁰Foi pela fé que Isaac abençoou a Jacó e Esaú, em atenção a tempos vindouros.

²¹Foi pela fé que Jacó, moribundo, lançou a bênção aos dois filhos de José e se inclinou ante a soberania do cetro dele.

²²Foi pela fé que José, às portas da morte, anunciou o êxodo dos filhos de Israel, e deu instruções a respeito dos seus ossos.

²³Foi pela fé que Moisés, recém-nascido, foi escondido durante três meses por seus pais, porque a criança lhes parecia encantadora; nem temeram o decreto do rei. ²⁴Foi pela fé que Moisés, quando adulto, recusou passar por filho da filha de Faraó, ²⁵preferindo sofrer maus tratos com o povo de Deus a gozar a delícia transitória do pecado; ²⁶teve o opróbrio de Cristo em conta de maior riqueza do que os tesouros do Egito, porque trazia os olhos postos na retribuição. ²⁷Impelido pela fé, abandonou o Egito, sem temer a indignação do rei, e permaneceu inabalável como se visse o Invisível. ²⁸Em virtude da fé mandou celebrar a páscoa e a aspersão do sangue para que o exterminador não tocasse nos primogênitos. ²⁹Em virtude da fé atravessaram eles o Mar Vermelho, como por terreno enxuto, e, quando os egípcios tentaram o mesmo, acabaram submersos nas vagas.

³⁰Foi em virtude da fé que marcharam sete dias em derredor das muralhas de Jericó, e essas ruíram.
³¹Graças à sua fé escapou a meretriz Raab de perecer com os rebeldes, por ter acolhido pacificamente os exploradores.
³²Que mais direi? Falta-me o tempo para falar de todos: de Gedeão, de Barac, de Sansão, de Jefté, de Davi, de Samuel e dos profetas. ³³Pela fé conquistaram reinos, estabeleceram a justiça, receberam promessas, fecharam fauces de leões, ³⁴extinguiram a violência do fogo, escaparam ao fio da espada, de fracos se tornaram fortes, mostraram-se heróis na guerra, puseram em fuga exércitos inimigos. ³⁵Mulheres tornaram a receber os seus mortos, ressuscitados. Outros deixaram-se martirizar e recusaram a libertação, a fim de alcançar uma ressurreição mais sublime. ³⁶Outros ainda sofreram ludíbrios e açoites, grilhões e cárceres. ³⁷Foram apedrejados, torturados, serrados, mortos a espada, vagaram por aí em peles de carneiros e de cabras, curtindo privações, angústias e maus tratos. ³⁸Deles não era digno o mundo. Erraram por desertos e montes, por espeluncas e cavernas da terra.
³⁹Todos eles granjearam louvor por causa da fé — mas não alcançaram o cumprimento da promessa. ⁴⁰Para nós, porém, providenciou Deus coisa melhor. É que eles não deviam sem nós atingir a meta.

12 Lutas e coroas. ¹Estamos, pois, circundados de toda uma nuvem de testemunhas. Desembaracemo-nos, portanto, de qualquer empecilho, mormente do pecado que nos traz enredados, e corramos com perseverança ao certame que nos espera. ²Cravemos os olhos em Jesus, autor e consumador da nossa fé. Tinha diante de si o gozo. Em vez dele, porém, abraçou a cruz, zombando da ignomínia. Agora está sentado à direita do trono de Deus. ³Não deixeis de pensar nele muitas vezes, ele, que suportou todas as contradições dos pecadores; assim não descoroçoareis nem perdereis o ânimo. ⁴Ainda não resististes até ao sangue, na luta contra o pecado — ⁵e já lançastes ao olvido a exortação que vos fala como a filhos: "Meu filho, não desprezes a disciplina do Senhor, nem desanimes quando por ele repreendido; ⁶porque o Senhor castiga a quem ama; fere a todo aquele que reconhece por filho"[Pr 3,11].

⁷Deus vos trata como a filhos. Pois onde está o filho a quem o pai não castigue? ⁸Se passásseis sem castigo — coisa a que ninguém escapa —, seríeis bastardos, e não filhos legítimos. ⁹Se tivemos por

educadores nossos pais corporais, e lhes votamos estima, por que não nos sujeitaríamos ao pai espiritual para alcançarmos a vida? ¹⁰Aqueles nos disciplinavam por breve período e a seu bel-prazer, ao passo que este o faz para o nosso bem, a fim de termos parte em sua santidade. ¹¹Toda a educação, é certo, não é para o momento motivo de alegria, mas de tristeza; mais tarde, porém, produz o fruto pacífico da justiça aos que passaram por essa escola. ¹²Pelo que tornai a erguer as mãos desfalecidas e os joelhos vacilantes. ¹³Andai por caminhos retos. Destarte, quem claudicar não será destroncado, mas, sim, curado.

Perigo da apostasia. ¹⁴Empenhai-vos por viver em paz com todos e alcançar a santidade; porque sem ela ninguém chegará a ver o Senhor. ¹⁵Tomai cuidado que ninguém perca a graça de Deus; que não brote nenhuma planta venenosa, alastrando-se e contaminando a muitos; ¹⁶que ninguém seja impuro e insensato como Esaú, que por um simples manjar vendeu o seu direito de primogenitura. ¹⁷Mais tarde, como sabeis, queria receber a bênção; mas foi-lhe recusada; nem alcançou mudança de sentimentos, embora a solicitasse com lágrimas. ¹⁸É que não vos abeirastes dum monte palpável, dum fogo em chamas, da escuridão, das trevas, tempestade, ¹⁹clangor de trombeta e voz de trovão, a ponto de os ouvintes pedirem que não mais se lhes falasse assim. ²⁰Não suportaram a ameaça: "Até o animal que tocar o monte seja apedrejado"[Ex 19,13]. ²¹Sim, tão terrível era a aparição, que o próprio Moisés dizia: "Estou a tremer de terror"[Dt 9,19].

²²Vós, pelo contrário, vos aproximastes do monte Sião, da cidade de Deus vivo; da celeste Jerusalém; de inumeráveis multidões de anjos; ²³da festiva assembléia dos primogênitos consignados no céu; de Deus, o juiz de todos; dos espíritos dos justos perfeitos; ²⁴de Jesus, o medianeiro do novo testamento; do sangue da aspersão, que fala mais poderosamente que o de Abel.

²⁵Vede que não rejeiteis aquele que fala. Pois, se nem escaparam impunes os que o rejeitaram quando se revelava sobre a terra, quanto mais nós, se rejeitarmos aquele que *fala*[nos fala] do céu. ²⁶Naquele tempo, a sua voz abalou a terra; agora, porém, anunciou: "Mais uma vez e hei de abalar, não somente a terra, mas até o céu!"[Ag 2,6] ²⁷O fato de ele dizer "mais uma vez" indica que tudo que é abalável, tudo que é criado será transformado, para que fique o que é inabalável. ²⁸Ora, sendo que entraremos na

posse dum reino inabalável, sejamos gratos e prestemos serviço agradável a Deus, com temor e reverência; [29]porque "nosso Deus é um fogo devorador"[Dt 4,24].

13 Exortações particulares. [1]Continuai a fomentar a caridade fraterna. [2]Nem vos esqueçais da hospitalidade; alguns, sem o saber, hospedaram anjos. [3]Lembrai-vos dos encarcerados, como se vós mesmos estivésseis presos com eles; bem como dos maltratados, como se vivêsseis no corpo deles. [4]Seja o matrimônio honesto entre todos e o leito nupcial imaculado; porque Deus julgará os fornicadores e os adúlteros. [5]Seja a vossa vida isenta de cobiça; contentai-vos com o que tendes; porque Deus mesmo disse: "Não te abandonarei nem te deixarei sem socorro"[Js 1,5]. [6]De maneira que possamos dizer confiadamente: "O Senhor é meu auxiliador; não tenho o que temer; que me poderá fazer o homem?"[Sl 118(117),6]

[7]Lembrai-vos dos vossos superiores, que vos pregaram a palavra de Deus. Atentai no fim de sua vida, e imitai-lhes a fé. [8]Jesus Cristo é o mesmo, ontem, hoje, e para todo o sempre. [9]Não vos deixeis enganar com toda a espécie de doutrinas estranhas. Convém robustecer o coração com a graça, e não com manjares, que não trouxeram proveito aos que a eles se entregaram. [10]Nós temos um altar do qual não podem comer os servidores do tabernáculo. [11]Porque os corpos dos animais cujo sangue é pelo pontífice levado ao santíssimo como sacrifício de expiação são queimados fora do arraial. [12]Por essa razão sofreu também Jesus "fora das portas", a fim de santificar o povo com o próprio sangue. [13]Saiamos, pois, a ele "fora do arraial", participando da sua ignomínia. [14]Porque não temos aqui pátria permanente, mas demandamos a vindoura. [15]

[16]Não vos esqueçais de praticar o bem e repartir com os outros; esses sacrifícios é que agradam a Deus.

[17]Obedecei aos vossos superiores e sede-lhes submissos; porque eles vigiam sobre as vossas almas e delas têm de dar contas. Oxalá as possam dar com alegria, e não a gemer; que isso não vos será proveitoso.

Conclusão. [18]Orai por nós. Temos a persuasão de estar com boa consciência, já que nos esforçamos por levar vida correta em tudo; [19]mas rogo-vos encarecidamente que o façais, para que quanto antes vos seja eu restituído.

[20]O Deus da paz, que pelo sangue do testamento eterno susci-

tou dentre os mortos ao grande Pastor das ovelhas, nosso Senhor Jesus[Jesus Cristo], ²¹vos fortaleça em todo o bem, a fim de cumprirdes a sua vontade, e para que ele opere em vós, por Jesus Cristo, o que for do seu agrado. A ele seja glória pelos séculos dos séculos. Amém.

²²Rogo-vos, meus irmãos, que recebais de boa mente estas palavras de admoestação. Escrevi-vos com toda a brevidade.

²³Sabei que o nosso irmão Timóteo foi posto em liberdade. Em sua companhia vos hei de visitar, logo que ele venha.

²⁴Saudações a todos os vossos superiores, e a todos os santos. Saúdam-vos os irmãos na Itália.

²⁵A graça seja com todos vós. Amém.

Notas explicativas

1 ⁶⁻⁷Jesus é superior aos anjos e merece ser por eles adorado; os espíritos celestes obedecem a Deus do mesmo modo que as forças naturais, o vento e o fogo.

⁵⁻⁹Não foi aos anjos que Deus confiou a soberania do reino messiânico, mas, sim, a seu Filho unigênito, o qual, na encarnação, paixão e morte, se colocou abaixo dos anjos, mas foi, depois da ascensão, exaltado acima deles. Tudo está sujeito a Cristo, embora não se tenha manifestado ainda cabalmente essa submissão; tudo isso coube a Jesus em virtude da sua morte redentora.

¹⁰⁻¹⁸Aprouve a Deus exaltar seu Filho à eterna glória por meio de sofrimento. Vigora entre Jesus e os fiéis uma relação de fraternidade, porque ambos têm a mesma origem, razão por que Cristo, por boca do salmista, se diz irmão nosso. Por isso, assumiu a natureza humana e quis morrer por nós, quebrantando o poder de Satanás e tirando-nos o medo da morte. Se tivera de remir os anjos, não teria assumido a natureza humana, tornando-se igual a nós em tudo, menos no pecado.

3 ¹⁻⁶Assim como Moisés, no Antigo Testamento, foi fiel administrador da família de Deus, assim o é também Cristo na Nova Aliança. Se os leitores foram discípulos devotados de Moisés, quanto mais não o deverão ser de Cristo, que é infinitamente superior àquele! Moisés não passava de um como arquiteto auxiliar na construção da casa de Israel, enquanto Jesus Cristo é o único fundador do templo do cristianismo. Além disso, não foi Moisés senão um simples servo de casa, encarregado de transmitir ao povo as revelações divinas, ao passo que Jesus Cristo, na qualidade de Filho de Deus, é o senhor da casa e o chefe da família, que são os fiéis.

[7-18]Recordando acontecimentos históricos, previne o autor quanto à apostasia do cristianismo e da fé. Os israelitas que se tinham rebelado contra Moisés e Aarão não entraram na terra da promissão, perecendo no deserto. Nem os dois chefes entraram, por terem duvidado da palavra de Deus.

4 [1-7]Prometera Deus aos israelitas o descanso na terra da promissão, símbolo do descanso eterno no reino da glória, que aguardamos, tanto nós como os israelitas no deserto. Deus mesmo já se acha nesse descanso, humanamente falando, desde o sétimo dia da criação. Os israelitas incrédulos e rebeldes não conseguiram entrar no descanso de Deus; Deus, porém, é fiel e novamente prometeu a Davi o ingresso na terra da promissão, que é o reino messiânico.

[8-10]Não se diga que Josué introduziu o povo eleito na terra da promissão, expirando, assim, as promessas de Deus; pois foi ainda depois de Josué, no tempo de Davi, que Deus prometeu introduzir seu povo na terra da promissão. Quem nela entrar terá eterno repouso em Deus.

[11-13]Exorta o autor os leitores a não perderem de vista este termo glorioso, o eterno descanso em Deus, a fim de não caírem vítimas da incredulidade e se verem, destarte, excluídos da eterna felicidade. Não deixaria de realizar-se essa ameaça, porque a palavra de Deus é de irresistível veemência, penetrando até às mais íntimas profundezas de todo ser.

5 [1-7]São dois os requisitos que se hão de verificar na pessoa do sumo sacerdote: 1) compreensão das fraquezas do pecador; 2) missão divina. Ambas as condições se acham verificadas na pessoa de Cristo, que no Getsêmani experimentou a fragilidade humana e foi mandado ao mundo pelo eterno Pai, como já dava provas o Antigo Testamento.

[11-14]A doutrina sobre o sacerdócio de Cristo é tão sublime e tão profunda que só será compreendida por espíritos maduros e pelas almas criteriosas, quais não são ainda os destinatários da epístola, apesar de viverem desde muito tempo à luz do cristianismo.

6 ¹Obras mortas são as que carecem da vida sobrenatural da graça santificante.

⁴⁻⁸Descreve o autor a gravidade da apostasia do cristianismo. Quem, como os primeiros cristãos, recebeu tamanha abundância, graças divinas e, apesar disso, recai no erro antigo, comete um crime comparável ao dos judeus que crucificaram a Jesus. Quanto maiores as graças frustradas, tanto maior o perigo da impenitência final.

¹³⁻²⁰Aduz o autor, como exemplo da verdade explanada, a pessoa de Abraão, ao qual Deus, após o sacrifício de Isaac, confirmou com juramento as promessas feitas anteriormente — juramento que abrange todos os tempos e todos os filhos de Deus. O que, pois, nos deve encher de alento é a promessa de Deus e seu juramento. Essa esperança se estriba em Jesus, que nos precedeu para o céu.

7 ¹⁻³Melquisedec é protótipo de Cristo, por ser ao mesmo tempo sacerdote e rei. Dele não menciona a sagrada Escritura nem pai nem mãe nem descendência alguma, como não indica morte nem sucessor.

⁴⁻¹⁰O sacerdócio de Melquisedec é superior ao levítico, tanto assim que Melquisedec abençoou a Abraão e dele recebeu os dízimos. Na bênção de Melquisedec estavam incluídos todos os sacerdotes levíticos, descendentes de Abraão, que, indiretamente, pagaram dízimos a Melquisedec na pessoa de Abraão. Por isso, é o sacerdócio de Melquisedec protótipo de Cristo.

¹¹⁻¹⁹Era imperfeito o sacerdócio levítico, como imperfeita era a lei mosaica, salvaguarda do mesmo. Não estavam em condições de conduzir o povo à reconciliação com Deus. Pelo que se fazia mister um novo sumo sacerdote, não da estirpe de Aarão, mas da ordem de Melquisedec — e este é Jesus Cristo.

²⁰⁻²⁸Aduz o apóstolo mais três razões em favor da excelência do sacerdócio da nova lei sobre o da antiga, a saber: 1) o sacerdote antigo não era iniciado no seu múnus com solene juramento — Jesus Cristo, sim; 2) os sacerdotes antigos mudavam freqüentemente, arrebatados pela morte — ao passo que Jesus Cristo é sacerdote eterno e imortal; 3) os sacerdotes antigos tinham de oferecer sacrifícios também por seus pecados — enquanto Jesus Cristo é sacerdote sem mácula.

8 ¹⁻⁵Depois de pôr em relevo a pessoa do sumo sacerdote da nova lei, passa o apóstolo a encarecer a sublimidade do seu múnus. Enquanto os sacerdotes levíticos exerciam as suas funções no tabernáculo terrestre, Jesus Cristo as desempenha sem cessar no templo da celeste Jerusalém, apresentando-se ao Pai celeste como Cordeiro imolado por nossos pecados.

⁶⁻¹⁴Desta excelência do sacerdócio de Cristo sobre o do Antigo Testamento dá testemunho o próprio Deus, prometendo estabelecer uma aliança nova, melhor que a antiga, em que encontremos as verdadeiras relações entre Deus e os homens, bem como o perdão dos pecados, que o Antigo Testamento não podia dar.

9 ⁶⁻¹⁰A separação que existia entre o santo e o santíssimo, e, sobretudo, a inacessibilidade deste último, indicava que Deus era inatingível enquanto vigorasse a lei antiga. É que todos aqueles sacrifícios e abluções não efetuavam senão uma pureza levítica exterior, mas não uma reconciliação e justificação interior do homem.

¹¹⁻¹⁴O sacerdote levítico entrava no santíssimo atravessando o santo; Jesus penetrou no santíssimo do Pai celeste, não com o sangue de animais imolados, mas com o próprio sangue derramado na ara da cruz, operando uma redenção de efeitos eternos. Esse sangue, longe de nos comunicar apenas uma pureza ritual, purifica o homem interior e realmente.

¹⁵⁻²⁴Quer no Antigo quer no Novo Testamento, era necessária a efusão de sangue para a validade do pacto estabelecido; naqueles tempos, derramava o sacerdote o sangue dos animais; agora derrama o sumo sacerdote o próprio sangue. Se aquelas vítimas e holocaustos testificavam o valor do tabernáculo antigo, quanto mais sublime não deve ser o tabernáculo novo, aspergido com o sangue do Cordeiro de Deus!

²⁵⁻²⁸De encontro aos sacrifícios levíticos que se repetiam diariamente, não necessita o sacrifício de Jesus Cristo ser reiterado; do contrário, devera ter-se sacrificado inúmeras vezes desde o princípio do mundo. Do mesmo modo que o homem morre uma só vez, assim também pôde Jesus imolar-se por nós só uma única vez.

10 ⁵⁻¹⁰Já o Antigo Testamento indigitava a insuficiência dos sacrifícios levíticos, representando o Messias em atitude de oferecer o sacrifício de si mesmo, a fim de alcançar aos pecadores a redenção e a justificação interior.

¹⁹⁻²³A morte na cruz rasgou o véu, isto é, o corpo de Cristo,

franqueando-nos, assim, o ingresso no santíssimo celeste e o acesso ao trono de Deus. Tenhamos, pois, firme confiança e aproximemo--nos com fé sincera!

²⁴⁻³¹Devem os cristãos animar-se reciprocamente pelo bom exemplo, principalmente para comparecerem às reuniões religiosas; e deve esse zelo crescer na medida em que se aproxima o dia do juízo. A quem, de caso pensado, apostatar de Cristo e permanecer nesse estado, já nenhum sacrifício lhe poderá trazer salvação; só terá de esperar os horrores da morte e as penas eternas.

11 ¹⁻²Depois de frisar a necessidade da fé, expõe o autor o conceito da mesma, ilustrando-o com exemplos bíblicos.

¹⁰Demandava Abraão uma pátria permanente, a qual, porém, não se encontra neste mundo transitório, senão no mundo eterno, cujas portas lhe franqueou um descendente seu, Jesus Cristo.

¹⁶As saudades que o patriarca tinha da pátria celeste o fizeram agradável aos olhos de Deus, que lhe deu por pátria eterna a celeste Jerusalém.

¹⁹Isaac, que, por intervenção divina, foi preservado da morte, é o protótipo do Messias, que, pela virtude de Deus, ressuscitou da morte.

²⁵⁻²⁶A ignomínia que Moisés sofreu pelo povo de Israel é símbolo da que Jesus sofreu pela redenção do gênero humano, razão por que aquela vem com o nome de "ignomínia de Cristo".

³³⁻³⁸O espírito poderoso do autor passa de relance pelos períodos principais da história de Israel: submeteram reinos os juízes e Davi; fizeram triunfar a justiça os juízes e os reis; receberam promessas Davi e os profetas; fecharam fauces de leões Sansão, Davi e Daniel; extinguiram a veemência do fogo os três jovens na fornalha da Babilônia; escaparam ao fio da espada Davi, Elias e Eliseu; de fracos se fizeram fortes Sansão e Ezequias; mostraram-se heróis na luta os juízes, Davi e os Macabeus; receberam os seus mortos, redivivos, a viúva de Sarepta e a Sunamítide; morreram mártires Eleázaro e os irmãos Macabeus com sua mãe; sofreu cadeias e cárceres Jeremias; foi apedrejado Zacarias; morto a espada Urias; andaram em peles de ovelhas e de cabras Elias e Eliseu; vaguearam por montes e desertos Elias e os fugitivos, no tempo dos Macabeus.

³⁹⁻⁴⁰Os patriarcas não lograram ver o objeto dos seus ardentes anelos, ao passo que em nossos dias apareceu o suspirado Salvador do mundo. As bênçãos do tempo presente redundam em benefício dos antepassados.

12 ¹Deve este exército de gloriosos heróis servir de estímulo aos leitores para se desembaraçarem de tudo que enfraquecê-los possa na fé.

¹⁵Ervas venenosas são o vício e a heresia.

¹⁸⁻²⁴Se já o povo de Israel tinha de santificar-se previamente para poder receber o decálogo, no monte Sinai (Ex 19,10), quanto mais o deve a família cristã, a fim de pertencer a uma aliança cercada não já de fenômenos terríficos, mas da serena majestade do amor de Jesus Cristo. Os filhos da Igreja são os primogênitos de Deus, purificados pelo sangue de Cristo, que mais alto clama implorando graça do que bradava por vingança o sangue do inocente Abel.

²⁵⁻²⁹Se tão severamente era castigada a desobediência ao Antigo Testamento, quanto mais a apostasia da Nova Aliança! Naquele tempo, falava Deus na terra, no Sinai, agora faz-se ouvir desde as alturas do céu; naquele tempo, a sua voz abalava a terra, agora faz tremer o céu e a terra; aquele testemunho era passageiro, este é eterno.

13 ⁷⁻¹³Exorta os fiéis da Palestina a se lembrarem dos seus diretores espirituais, de São Tiago, bispo de Jerusalém, e de Santo Estevão, que tinham morrido mártires da fé. Quem dos altares judaicos espera a salvação está excluído do altar de Cristo. Segundo a lei mosaica, não era permitido comer as carnes das vítimas imoladas no grande dia da expiação nacional; deviam elas ser queimadas fora do arraial ou da comunidade israelítica — da mesma forma, foi Jesus Cristo, verdadeira vítima expiatória, imolada fora das portas da cidade. Quem, portanto, quiser aderir a Cristo, terá de sair de Jerusalém, isto é, abandonar o judaísmo.

Epístolas "católicas"

As epístolas do Novo Testamento que não têm por autor a São Paulo, mas algum outro apóstolo, se intitulam, desde os primeiros tempos, "epístolas católicas". Deriva esse nome do fato de serem destinadas a um círculo de leitores mais amplo, ou universal. "Católico" quer dizer universal, e, de fato, são essas epístolas cartas circulares, ou encíclicas, como diríamos hoje. Verdade é que essa designação não cabe, em toda a extensão, à segunda e à terceira epístolas de São João; mas o que decide é o caráter da maior parte delas. Além disso, apresentam esses escritos um conteúdo mais geral, não se referindo a fatos particulares; as circunstâncias de tempo e lugar desempenham papel muito secundário. São, a bem dizer, tratados teológicos e escritos doutrinários.

A sucessão que essas cartas ocupam na Vulgata remonta ao século IV, na Igreja oriental: Tiago; 1 e 2 Pedro; 1, 2 e 3 João; Judas. A ordem apresentada pela Igreja ocidental era diferente, a saber: 1 e 2 Pedro; 1, 2 e 3 João; Tiago e Judas.

Epístola de Tiago

Introdução

1. Tiago — cognominado Menor (ou Júnior), para distingui-lo de Tiago Maior (ou Sênior), filho de Zebedeu e Salomé — era filho de Alfeu, ou Cléofas (Mt 10,3), e irmão de Judas Tadeu (Jd 1); sua mãe chamava-se Maria (Mt 27,56) e era "irmã" (quer dizer: parenta) da mãe de Jesus. Tiago era, pois, parente de Nosso Senhor, pelo que é chamado de preferência "irmão do Senhor" (Gl 1,19). Enquanto Tiago Maior morrera mártir já no ano 42, gozava Tiago Menor da mais alta consideração nos trinta anos que se seguiram à ascensão de Cristo. São Paulo lhe chama "coluna da Igreja" (Gl 2,9), a par de Pedro e João. Devia ele esse prestígio em parte ao fato de ocupar o cargo de primeiro bispo de Jerusalém e ser venerado como chefe espiritual de todos os judeu-cristãos; em parte o devia à sua grande piedade, que o fazia estimadíssimo de cristãos e judeus, granjeando-lhe o nome de "justo". Mas nem por isso escapou à perseguição religiosa, sucumbindo vítima de um motim popular, pelo ano 62. A Igreja lhe celebra a memória no dia 1º de maio.

2. São Tiago dedica a sua epístola "às doze tribos na dispersão" (1,1). Entende-se com isso os judeu-cristãos, e não os judeus incrédulos, pois o apóstolo chama os leitores muitas vezes de irmãos na mesma fé. As palavras "na dispersão" parecem aludir aos judeus palestinenses, não sendo, todavia, impossível que a expressão se deva tomar em sentido figurado, designando os fiéis disseminados no meio dos incrédulos (cf. 1Pd 1,1). De maneira que poderíamos considerar como destinatários da epístola as Igrejas judeu-cristãs da Palestina e países limítrofes. Existiam, nessas cristandades, diversos males e inconvenientes morais, como fossem: a falta de fé viva e duma paciente resignação nos sofrimentos, espírito de maledicência, etc. Assim que o pastor de Jerusalém soube desse estado de coisas, julgou dever da sua solicitude pastoral dirigir aos fiéis uma carta circular para debelar esses males.

3. Não é fácil precisar o tempo em que foi composta a presente carta. Em vista da respeitável difusão do Evangelho que ela supõe, e das aberrações religiosas e morais já existentes, parece provável que tenha sido escrita antes do ano 48.

4. Desde o princípio, a Igreja reconheceu canônica esta epístola. Já a citavam São Clemente Romano e o *Pastor*, de Hermas. No próprio corpo do documento aparecem indícios que dão como autor a São Tiago; exorta, ordena, previne e repreende em termos tais que supõem uma autoridade extraordinária e uma posição bem elevada. Os preceitos morais da carta são bem um reflexo do espírito de Tiago, o "justo", e a insistente recomendação da oração (1,5-9; 4,2-3; 5,16-17) corresponde perfeitamente ao zelo com que o apóstolo cultivava a união com Deus.

Epístola de São Tiago

1 ¹Tiago, servo de Deus e do Senhor Jesus Cristo, apresenta saudações às doze tribos na dispersão.

Sabedoria celeste

Alegria no sofrimento. ²Meus irmãos, tende por motivo de pura alegria sofrer toda a sorte de provações; ³porquanto sabeis que a fé, quando genuína, produz a paciência; ⁴a paciência, porém, leva à perfeição. Assim é que sereis perfeitos, irrepreensíveis e sem falta.

⁵Se algum de vós tem falta de sabedoria, peça-a a Deus, que a dá a todos com largueza e sem palavras ásperas; e ser-lhe-á concedida. ⁶Mas peça com fé e sem admitir dúvida alguma. Quem duvida assemelha-se à onda do mar agitada pelo vento e levada de cá para lá. ⁷Não pense, pois, esse homem que receberá alguma coisa do Senhor. ⁸O homem de duas almas é inconstante em todos os seus caminhos.

Desprezo do mundo. ⁹O irmão de condição humilde glorie-se da sua dignidade; ¹⁰o rico, porém, da sua insignificância, porque passará como a flor do campo: ¹¹desponta o sol com seus ardores e cresta o capim, cai-lhe a flor e perece a louçania do seu aspecto. Da mesma forma, há de o rico definhar nos seus caminhos. ¹²Bem-aventurado o homem que suporta a provação! Depois de comprovado, receberá a coroa da vida, que Deus prometeu aos que o amam.

¹³Ninguém, quando tentado, diga que é Deus que o tenta. Pois Deus não é tentado para o mal, nem ele mesmo tenta pessoa alguma. ¹⁴Não, cada qual, quando tentado, é aliciado e seduzido pela própria concupiscência. ¹⁵A concupiscência, depois de conceber, gera o pecado; e o pecado, uma vez consumado, produz a morte. ¹⁶Não vos iludais, irmãos meus caríssimos: ¹⁷lá do alto, do Pai das luzes, só vem coisa boa, só vem dom perfeito; nele não há mudança nem sombra de vicissitude. ¹⁸De livre vontade nos chamou ele à vida pela palavra da verdade, para que fôssemos como que as primícias das suas criaturas.

Cristianismo ativo. ¹⁹Sabei, irmãos caríssimos, que todo o homem deve ser pronto para ouvir, ponderado no falar e moroso em se irar; ²⁰porque na ira o homem não faz o que é justo aos olhos de Deus. ²¹Pelo que despojai-vos de toda a impureza e de todas as relíquias do mal, e acolhei com docilidade a palavra que vos foi implantada e que pode salvar as vossas almas. ²²Sede cumpridores da palavra, e não apenas ouvintes, enganando-vos a vós mesmos. ²³Pois quem é somente ouvinte da palavra, e não cumpridor, parece-se com um homem que contempla ao espelho as suas feições naturais; ²⁴mas, depois de as contemplar, vai-se embora — e para logo se esquece como é que era. ²⁵Quem, pelo contrário, contempla atentamente a lei perfeita da liberdade e nela se aprofunda — não à guisa de ouvinte esquecediço, mas, sim, como executor da obra —, este é que será bem-aventurado no que fizer.

²⁶Se alguém se tem em conta de piedoso, mas não refreia a sua língua, ilude o próprio coração. ²⁷A piedade pura e sem mancha aos olhos de Deus Pai está em socorrer os órfãos e as viúvas nas suas aflições, e conservar-se imune da corrupção do mundo.

2 Imparcialidade. ¹Meus irmãos, conservai isenta de parcialidade a fé que tendes em nosso tão glorioso Senhor Jesus Cristo. ²Entra na vossa reunião um homem com uns anéis de ouro e ricamente vestido, e outro pobre, com vestes imundas; ³e vós só atendeis ao que está ricamente vestido e lhe dizeis: "Senta-te aqui no lugar cômodo"; e dizeis ao pobre: "Fica-te aí em pé"; ou: "Senta-te cá embaixo, ao escabelo dos meus pés" — ⁴não duvidais, porventura, lá convosco e julgais segundo princípios ímpios? ⁵Escutai, irmãos meus caríssimos: acaso não escolheu Deus precisamente os pobres aos olhos do mundo para os fazer ricos na fé e herdeiros do reino que prometeu aos que o amam? ⁶Vós, porém, tratais com desprezo o pobre. E não são os ricos que vos oprimem e vos arrastam aos tribunais? ⁷Não são eles que ultrajam o nome excelso que professais?

⁸Se, todavia, observardes o preceito régio, consoante a Escritura: "Amarás a teu próximo como a ti mesmo"[Lv 19,18], então, sim, procedeis corretamente. ⁹Se, pelo contrário, vos guiardes pelo espírito de parcialidade, cometeis pecado, e a lei vos declara transgressores. ¹⁰Quem observa toda a lei, mas falta em um ponto, é réu do todo. ¹¹Porque o mesmo que disse "não cometerás adultério"[Ex 20,13] também disse "não matarás"[Ex 20,14]. Se, por conseguinte, não cometeres adultério, porém matares, és transgressor da lei. ¹²Portai-vos, pois, de tal maneira em palavras e obras como quem é responsável em face da lei e da liberdade. ¹³Será julgado sem misericórdia quem não usou de misericórdia; a misericórdia, porém, triunfe sobre o juízo.

Boas obras. ¹⁴De que serve, irmãos meus, dizer alguém que tem fé, quando não tem obras? Poderá, porventura, a fé salvá-lo? ¹⁵Se um irmão ou uma irmã estiverem com falta de roupa ou do sustento quotidiano, ¹⁶e alguém de vós lhes disser: "Ide em paz, aquecei-vos e fartai-vos!", mas não lhes derdes aquilo de que hão mister para a vida — de que servirá isso? ¹⁷O mesmo se dá com a fé: se não tiver obras, por si só está morta.

¹⁸Entretanto, dirá alguém: "Tu tens a fé, e eu tenho as obras". Mostra-me a tua fé sem obras, que eu te demonstrarei pelas obras a minha fé. ¹⁹Tu crês que há um Deus? Muito bem. Mas também os demônios crêem — e tremem.

²⁰Queres convencer-te, ó homem insensato, de que a fé sem as obras é sem valor? ²¹Não foi nosso pai Abraão justificado pelas obras, quando colocou sobre o altar seu filho Isaac? ²²A fé, como vês, apenas cooperava com as obras, mas só pelas obras é que se tornou perfeita a fé. ²³Destarte se cumpriu a Escritura, que diz: "Abraão creu em Deus, e isso lhe foi imputado para justificação", e foi chamado "amigo de Deus"[Gn 15,6]. ²⁴Vedes, por conseguinte, que o homem é justificado pelas obras, e não somente pela fé. ²⁵E não foi também a meretriz Raab justificada pelas obras, quando acolheu os exploradores e os fez sair por outro caminho? ²⁶Assim como o corpo sem a alma está morto, assim também a fé sem as obras está morta.

3 Cautela no falar. ¹Meus irmãos, não vos arvoreis muito em mestres, certos de que seremos julgados tanto mais severamente; ²pois que todos caímos em muitas faltas. Quem não comete falta no falar é homem perfeito e capaz dum completo domínio sobre si mesmo. ³Aos cavalos metemo-lhes um freio na boca para que nos obedeçam, e com ele governamos todo o animal. ⁴Vede os navios: por maiores que sejam e agitados de veementes tempestades, com um pequeno leme se voltam para onde o piloto os dirige. ⁵Assim também a língua não passa dum membro pequenino; mas ufana-se de grandes coisas.

Reparai como um fogo insignificante incendeia uma grande floresta. ⁶Também a língua é um fogo — um mundo de iniquidade! A língua prova-se entre os nossos membros como um poder que mancha todo o corpo e, inflamado pelo inferno, põe em chamas todo o curso da nossa vida. ⁷Toda a sorte de feras, aves, reptis e *animais aquáticos*[outros animais] sabe-os o homem dominar, e tem-nos dominado; ⁸mas a língua nenhum homem a pode dominar; esse mal irrequieto, cheio de veneno mortífero.

⁹Com ela bendizemos a Nosso Senhor e Pai, e com ela maldizemos os homens, feitos à imagem de Deus. ¹⁰Da mesma boca sai a bênção e a maldição. Não convém, meus irmãos, que assim seja. ¹¹Será que uma fonte deita água doce e água amarga pela mesma bica? ¹²Meus irmãos, pode acaso uma figueira produzir *olivas*[uvas]? Ou uma videira, figos? Nem tampouco pode uma nascente de água salgada fornecer água doce.

Sabedoria terrestre

Discórdia. ¹³Quem dentre vós é sábio e inteligente? Pois que dê provas por uma vida virtuosa de que às suas obras preside uma sabedoria suave. ¹⁴Mas, se abrigardes no coração ciúmes acerbos e espírito de discórdia, não vos glorieis falsamente, em contradição com a verdade. ¹⁵Não é essa a sabedoria que vem do alto, mas é terrena, sensual, diabólica mesmo. ¹⁶Onde reinam ciúmes e discórdias, aí há desordem e toda a espécie de maldade. ¹⁷A sabedoria, porém, que vem do alto é, antes de tudo, pura, como também pacífica, modesta, *dócil*[dócil, acessível ao bem], cheia de misericórdia e de bons frutos, imparcial, avessa à hipocrisia. ¹⁸Em paz é semeado o fruto da justiça pelos amigos da paz.

4 Cobiça. ¹Donde vêm as inimizades e as contendas entre vós?

Donde senão das concupiscências que pelejam na vossa carne? ²Cobiçais alguma coisa — e não a conseguis. Cometeis homicídio, cedeis à inveja, aos ciúmes — e não podeis alcançar. ³Pleiteais e lutais por algo — e ficais sem ele. É que não orais. Orais por alguma coisa, e não a recebeis, porque orais mal. Quereis empregá-la nas vossas paixões.

Espírito mundano. ⁴Adúlteros! Não sabeis que a amizade do mundo é inimizade com Deus? Quem quiser ser amigo do mundo constitui-se inimigo de Deus. ⁵Acaso pensais que a Escritura diz em vão: "Com amor zeloso anseia Deus pelo espírito que em nós fez habitar"? ⁶Mas tanto maior é a graça que ele dá. Por isso é que se diz: "Deus resiste aos soberbos; aos humildes, porém, dá a graça"[Pv 3,34]. ⁷Submetei-vos, pois, a Deus; resisti ao demônio, e ele fugirá de vós. ⁸Aproximai-vos de Deus, e ele se aproximará de vós. Limpai as mãos, pecadores, e purificai o coração, homens de duas almas. ⁹Compenetrai-vos da vossa miséria, cobri-vos de luto e chorai. Torne-se em pranto o vosso riso, e em tristeza a vossa alegria. ¹⁰Humilhai-vos aos olhos do Senhor, e ele vos exaltará.

Descaridade. ¹¹Meus irmãos, não faleis mal uns dos outros. Quem fala mal de seu irmão, ou quem julga a seu irmão, diz mal da lei e julga a lei. Ora, se julgas a lei, não és observador da lei, mas antes te arvoras em juiz da mesma. ¹²Entretanto, um só é o legislador, um só o juiz: é aquele que tem o poder de salvar e de perder. Mas quem és tu, que te arvoras em juiz do próximo?

Planos temerários. ¹³Atenção, vós que dizeis: "Hoje ou amanhã vamos a esta ou àquela cidade, e lá passaremos um ano, a negociar e ganhar dinheiro" ¹⁴e, no entanto, nem sabeis o que sucederá amanhã. Que é a vossa vida? Um sopro sois vós, que é visível por uns momentos — e depois se desvanece! ¹⁵Em vez disso, dizei: "Se o Senhor quiser, viveremos e faremos isto ou aquilo". ¹⁶Vós, pelo contrário, vos gloriais de vossa jactância. Toda essa jactância é má. ¹⁷Quem pode fazer o bem, e deixa de o fazer, comete pecado.

5 Escravidão das riquezas. ¹Eia, vós, que sois ricos, chorai e pranteai as calamidades que vos sobrevirão? ²Apodrecerão as vossas riquezas, e os vossos vestidos serão carcomidos das traças; ³corrompe-se o vosso ouro e a vossa prata, e a corrupção dará testemunho contra vós, devorando-vos as carnes como o fogo. Ainda nos últimos dias acumulastes *tesouros*[tesouros de ira]. ⁴Eis que o salário que injustamente recusastes aos trabalhadores que ceifaram os vossos campos está a bradar em altas vozes; e o clamor dos ceifeiros chegou ao ouvido do Senhor dos exércitos. ⁵Tendes vivido sobre a terra em banquetes e vos cevastes ainda no dia da matança; ⁶condenastes e assassinastes o justo, sem que ele vos opusesse resistência.

Recomendações finais

Exortação à paciência. ⁷Esperai, pois, com paciência, meus irmãos, até que apareça o Senhor. Vede como o lavrador fica à espera do precioso fruto da terra, aguardando com paciência que ela receba as primeiras e as últimas chuvas. ⁸Da mesma forma, tende também vós paciência. Tende coração forte! Aproxima-se a vinda do Senhor. ⁹Não vos queixeis, irmãos, uns dos outros, para que não sejais julgados. Eis que o juiz está à porta! ¹⁰Meus irmãos, tomai por modelos de sofrimento e paciência os profetas, que falaram em nome do Senhor. ¹¹Eis que chamamos bem-aventurados os que suportam os sofrimentos. Ouvistes falar da paciência de Jó, e sabeis a que fim o Senhor o levou. Pois o Senhor é cheio de misericórdia e de compaixão.

¹²Antes de tudo, meus irmãos, não jureis nem pelo céu, nem pela terra, nem façais juramento algum. O vosso sim seja sim, e o vosso não seja não; senão, caireis réus do juízo.

Oração perseverante. ¹³Há entre vós quem sofra? Recorra à oração. Vai bem? Cante louvores. ¹⁴Há entre vós algum enfermo? Mande chamar os presbíteros da igreja, que orem sobre ele, ungindo-o com óleo, em nome do Senhor. ¹⁵E a oração da fé salvará o enfermo, e o Senhor lhe dará alívio; e, se tiver cometido pecados, ser-lhe-ão perdoados. ¹⁶Confessai, pois, os pecados uns aos outros, e orai uns pelos outros, para que encontreis saúde; porque é de grande valor a oração perseverante do justo. ¹⁷Elias era homem igual a nós; entretanto, orou com instância para que não chovesse — e por espaço de três anos e seis meses não mais caiu chuva sobre o país. ¹⁸Tornou a orar — e o céu deu chuva, e a terra produziu o seu fruto.

¹⁹Meus irmãos, se algum de vós converter à verdade a quem dela aberrou, ²⁰saiba que aquele que reconduzir dos seus desvarios um pecador salva da morte a alma dele e faz desaparecer numerosos pecados.

Notas explicativas

1 ⁵Isto é, a sabedoria prática, que norteia e aquilata todos os atos da vida pelo fim último.

⁹⁻¹¹O cristão, embora pobre, tem motivos de ufania em atenção à sua dignidade de filho de Deus; o rico não deixe de considerar a vaidade de todas as coisas terrenas e a própria fragilidade moral.

¹⁴⁻¹⁵Compara o apóstolo a concupiscência com uma mulher perversa que alicia o homem; o fruto dessa união é o pecado, que, não retratado, leva à morte eterna.

¹⁸Concedeu-nos Deus a graça inestimável da regeneração espiritual, mediante o Evangelho, constituindo-nos, assim, primícias do seu reino.

²⁵O Evangelho é a lei da liberdade, porque foi dado para os livres filhos de Deus, e não para os escravos do pecado; elimina da alma os sentimentos mesquinhos, enchendo-a de grandes ideais.

2 ¹⁻⁷Preferir os ricos aos pobres não se coaduna com o espírito do Evangelho.

¹⁴⁻²⁶Só a fé vivificada pelas obras é que conduz à salvação, como entre outros mostra o exemplo de Abraão e o de Raab.

3 ¹Não convém dar, a cada passo, prescrições a outrem, que isso só aumenta a nossa responsabilidade.

²Quem sabe dominar a língua dá a entender que se esforça lealmente por levar uma vida cristã e tender à perfeição.

4 ⁴Lendo que Deus estabelecera pacto sagrado com o povo de Israel, equivale a aliança com o mundo pagão a uma espécie de adultério. É essa a terminologia do Antigo Testamento.

⁵Deus quer a alma humana toda para si, e não repartida entre o Criador e as criaturas (cf. Ex 20,5; Is 63,8-16).

5 ⁵Como o gado destinado ao matadouro come tranqüilamente, sem nada suspeitar, assim folgam os mundanos, sem se lembrar da morte iminente.

⁸⁻⁹O dia do juízo vem perto, porque para Deus mil anos são como um dia (2Pd 3,8).

Primeira Epístola de Pedro

Introdução

1. O chefe dos apóstolos, Pedro — antigamente Simão, ou Simeão (At 15,14; 2Pd 1,1) — era filho de um tal João, ou Jonas, natural de Betsaida, sobre o lago de Genesaré (Jo 1,42-44). Foi apresentado a Jesus por seu irmão André, e o divino Mestre lhe impôs o significativo nome de "Cefas" (ou Kefa), que quer dizer pedra (Jo 1,42; Mc 3,16; Lc 6,14). Já em vida ocupava Pedro o primeiro lugar entre os apóstolos. Depois da sua ressurreição, conferiu-lhe Jesus o primado sobre a sua Igreja, poder esse que São Pedro começou a exercer logo depois da ascensão do Senhor. A princípio pregou o Evangelho em Jerusalém e na Palestina; mais tarde, em Roma, aonde foi, provavelmente, logo depois de libertado do cárcere de Jerusalém. Entretanto, não residia permanentemente na capital do Império, tanto assim que assistiu ao concílio dos apóstolos em Jerusalém (At 15); pouco depois o encontramos em Antioquia (Gl 2,11-14). Morreu mártir, talvez no ano 67, em Roma.

2. A autenticidade da epístola vem abonada pelos escritores cristãos mais antigos. Eusébio a inclui no rol dos livros sacros universalmente aceitos. Com isso concorda também o conteúdo da carta. O perfil que da personalidade de Pedro nos dão os livros históricos do Novo Testamento coincide perfeitamente com o que temos neste escrito; as mesmas idéias e doutrinas que, segundo os Atos dos Apóstolos, caracterizam a Simão Pedro, encontramo-las também nesta epístola.

3. A ocasião externa que lhe deu origem foi a situação aflita e crítica em que se achavam as cristandades da Ásia Menor, em face da hostilidade do ambiente pagão. A profissão do cristianismo levantava como que uma barreira entre os neófitos e seus conterrâneos gentios. Ressentiam-se estes últimos da separação e tomavam para com os convertidos uma atitude infensa, que, não raro, se manifestava em calúnias e perseguições (2,12.19.20; 3,14.17; 4,4.12). Acarretava esse estado de coisas para os neófitos duplo perigo, a saber: o de se verem tentados a opor resistência ativa aos adversários, ou o de caírem vítimas de desânimo e tornarem a fazer causa comum com o meio mundano que os cercava. Pelo que se resolveu o chefe dos apóstolos a inculcar aos leitores da sua missiva que o cristianismo é a religião verdadeira, não obstante as dores e as perseguições que a ele se prendem. Exorta-os a levarem uma vida genuinamente cristã (5,12).

4. Como lugar de origem vem designada Babilônia (5,13). Mas é certo que com esse nome não se entende a metrópole às margens do Eufrates, senão a cidade do Tibre. Não somente o Apocalipse (14,8), mas também diversos escritores judaicos, bem como os livros sibilinos do primeiro século designam a cidade de Roma com o apelido de Babilônia. Quanto ao tempo da composição, faz a epístola supor uma larga difusão do Evangelho, o que só era possível após a atividade de São Paulo em Éfeso e depois da sua partida dessa cidade (ano 59). Em todo o caso, teve a carta origem antes do ano 64, quando rompeu a perseguição religiosa debaixo de Nero, porque não faz menção alguma dessa sanguinolenta tragédia.

Primeira Epístola
de São Pedro

1 ¹Pedro, apóstolo de Jesus Cristo, aos eleitos peregrinos dispersos no Ponto, na Galácia, na Capadócia, na Ásia e na Bitínia, ²e que, segundo os desígnios de Deus Pai e pela santificação do Espírito, são destinados à obediência e à aspersão do sangue de Jesus Cristo.
A graça e a paz vos sejam dadas abundantes.

Exaltação de Deus. ³Bendito seja Deus, Pai de nosso Senhor Jesus Cristo, que, segundo a sua grande misericórdia, nos regenerou, pela ressurreição de Jesus Cristo dentre os mortos, para uma esperança viva, ⁴para uma herança imortal, imaculada, imarcescível, que nos está reservada no céu. ⁵É o poder de Deus que vos guarda, mediante a fé, a fim de alcançardes a salvação, que no fim dos tempos se há de manifestar. ⁶Então exultareis, ainda que agora, se preciso for, por pouco tempo, tenhais de passar por várias provações. ⁷Com isso se há de comprovar a vossa fé, tornando-se mais preciosa que o *ouro perecível*[ouro] acrisolado ao fogo, para louvor, glória e honra vossa, à revelação de Jesus Cristo. ⁸Vós o amais, embora não o tenhais visto. Nele credes, ainda que não o tenhais diante dos olhos. ⁹Pelo que gozareis duma inefável e gloriosa alegria, quando tiverdes atingido o alvo da vossa fé: a salvação da alma. ¹⁰Salvação esta que já os profetas procuravam e investigavam, vaticinando a respeito da graça que se vos comunicou. ¹¹Investigavam qual o tempo e quais as circunstâncias a que aludia o espírito de Cristo que os animava, quando predizia a paixão e a futura glória de Cristo. ¹²Revelou-se-lhes que não serviam ao interesse próprio, mas a vós, com a mensagem que os arautos do evangelho vos comunicam agora pela virtude do Espírito Santo enviado do céu — coisas que os próprios anjos desejam contemplar.

Normas da vida cristã

Vida santa. ¹³Cingi-vos, pois, em espírito; sede sóbrios e ponde toda a vossa esperança na graça que vos será comunicada quando Jesus Cristo se revelar. ¹⁴Como filhos obedientes, não mais vos guieis pelos vossos apetites, como outrora, quando ignorantes; ¹⁵mas sede santos em todo o vosso procedimento, como é santo aquele que vos chamou; ¹⁶porquanto está escrito: "Sede santos, porque eu sou santo"[Lv 11,44]. ¹⁷Se invocais como Pai aquele que, sem acepção de pessoas, julga a cada um segundo as suas obras, vivei em temor salutar durante este período da vossa peregrinação. ¹⁸Bem sabeis que não foi com valores caducos, como ouro e prata, que fostes resgatados da vossa vida frívola, que herdastes dos pais; ¹⁹mas, sim, pelo sangue precioso de Jesus Cristo, cordeiro sem mancha nem defeito. — ²⁰Já antes da criação do mundo fora para isso escolhido, porém não apareceu senão nos últimos tempos por causa de vós. ²¹Por ele é que alcançastes a fé em Deus, que o ressuscitou dentre os mortos e o glorificou; de sorte que a vossa fé é também esperança em Deus.

Amor do próximo. ²²Purificai as vossas almas pela obediência à *verdade*[caridade], em sincera fraternidade, amando-vos intimamente uns aos outros; ²³pois que renascestes, não de semente corruptível, mas incorruptível, pela palavra de Deus, que é viva e eterna, ²⁴ao passo que "toda a carne é como o capim, e toda a sua glória como a flor de campo: murcha o capim e perece a flor — ²⁵a palavra do Senhor, porém, permanece eternamente"[Is 40,8].

Essa palavra é a que no evangelho vos foi anunciada.

2 ¹Despojai-vos, pois, de toda a malícia, de toda a astúcia, hipocrisia, inveja, e de todo o espírito de calúnia.

União com Jesus Cristo. ²Como crianças recém-nascidas, apetecei o puro leite espiritual, que vos faça crescer para a salvação; ³porquanto já saboreastes quão suave é o Senhor.

⁴Aderi a ele, pedra viva rejeitada pelos homens, mas por Deus escolhida e elevada a honras. ⁵Como pedras vivas fazei-vos edificar num templo espiritual, num sacerdócio santo, oferecendo por Jesus

Cristo sacrifícios espirituais e agradáveis a Deus. ⁶Diz por isso a Escritura: "Eis que lanço em Sião uma pedra angular, escolhida, magnífica; quem nela crer não será confundido"[Is 28,16].

⁷A vós, crentes, é que caberá a honra; ao passo que para os descrentes se tornou ela a pedra que os arquitetos rejeitaram. Essa é que foi colocada como pedra angular, ⁸vindo a ser a "pedra de tropeço, pedra de queda"[Sl 118(117),22]. Porque não obedecem à palavra, por isso é que nela tropeçam; é esse o seu destino. ⁹Vós, porém, sois a geração eleita, o sacerdócio régio, a nação santa, o povo conquistado. Vós é que deveis apregoar as grandezas daquele que das trevas vos chamou à sua luz admirável; ¹⁰vós, que outrora éreis a negação de um povo, já agora sois o povo de Deus; outrora desgraçados, sois agora agraciados.

Deveres para com a autoridade. ¹¹Caríssimos, rogo-vos que, como hóspedes e peregrinos, vos abstenhais dos apetites carnais, que pelejam contra a alma. ¹²Levai conduta irrepreensível no meio dos gentios, para que mesmo aqueles que vos caluniam como malfeitores vejam as vossas boas obras e glorifiquem a Deus no dia em que vos visitar.

¹³Submetei-vos a toda a autoridade humana por causa do Senhor, quer seja ao rei como a soberano, ¹⁴quer seja aos governadores que por ordem dele castigam os malfeitores e louvam os bons. ¹⁵Porque é vontade de Deus que pela prática do bem façais emudecer os homens ignorantes e sem critério. ¹⁶Sois livres, sim, porém não para fazerdes da liberdade um pretexto de malícia, mas como servos de Deus. ¹⁷Honrai a todos, amai os irmãos, temei a Deus, respeitai o rei.

Deveres dos escravos. ¹⁸Escravos, sede submissos aos vossos senhores com todo o temor; não somente aos bons e moderados, como também aos de mau gênio. ¹⁹Pois é agradável a Deus suportardes as aflições e injustiças, com o pensamento em Deus. ²⁰Que glória seria essa, se por vossos pecados sofrêsseis maus tratos? Se, em vez disso, passais aflições apesar de praticardes o bem, isso, sim, que é agradável aos olhos de Deus. ²¹Pois a isso é que fostes chamados; porque também Cristo padeceu por vós deixando-vos exemplo, para que lhe sigais as pegadas — ²²ele, que não cometeu pecado, nem se encontrou falsidade em sua boca; ²³quando injuriado, não injuriava, e, sofrendo, não ameaçava; mas entregou tudo ao *justo*[injusto] juiz. ²⁴Levou em seu corpo os nossos pecados sobre o madeiro, a fim de que nós, mortos para o pecado, vivêssemos para a justiça. Por suas chagas é que fostes curados. ²⁵Andáveis como ovelhas desgarradas; agora, porém, voltastes ao pastor e guarda das vossas almas.

3 Deveres dos casados. ¹Da mesma forma, também vós, mulheres, sede submissas aos vossos maridos. Assim, os que ainda não obedecem à palavra serão ganhos mesmo sem palavra, pela conduta das mulheres, ²à vista da vossa vida pura e timorata. ³Não consista o vosso adorno em exterioridades, em cabeleiras, adereços de ouro ou luxo de vestuário. ⁴O que tem valor aos olhos de Deus é tão-somente o homem oculto e interior com o seu espírito invariavelmente pacífico e modesto. ⁵Assim se adornavam antigamente as santas mulheres que punham em Deus a sua esperança e eram submissas a seus maridos. ⁶Assim obedecia Sara a Abraão, chamando-lhe "senhor". Vós sois filhas delas, se praticardes o bem e não vos deixardes intimidar por ameaça alguma.

⁷Da mesma forma, também vós, maridos, procedei razoavelmente no trato com as vossas mulheres, como sendo a parte mais fraca; tratai-as com respeito, porque são convosco herdeiras da graça da vida. Destarte não haverá o que vos estorve na oração.

Espírito pacífico. ⁸Sede, finalmente, todos unânimes, cheios de compaixão e caridade fraterna, misericórdia, humildade. ⁹Não retribuais mal com mal, nem injúria com injúria. Antes pelo contrário, espargi bênçãos; pois a isto é que fostes chamados: para herdardes a bênção. ¹⁰Porquanto quem quiser viver vida contente e ver dias felizes refreie a sua língua do mal, e os seus lábios não profiram falsidade; ¹¹fuja do mal e pratique o bem, procure a paz e trabalhe por alcançá-la. ¹²Os olhos do Senhor contemplam os justos, e seus ouvidos lhes atendem as súplicas; contra os malfeitores, porém, se volta o rosto irado do Senhor.

Motivos da vida e do sofrimento cristão

A paixão de Cristo. ¹³Quem vos faria mal, se sois zelosos pelo bem? ¹⁴Felizes de vós, se tiverdes de padecer por causa da justiça! Não vos intimideis com ameaças nem percais o sossego. ¹⁵Guardai santamente em vossos corações a Cristo Senhor, sempre prontos a satisfazer com brandura, respeito e boa consciência a todo homem que vos pedir razões da esperança que vos anima; [16]para que se confundam os que caluniam a vossa vida honesta em Cristo. [17]Sempre é melhor sofrer, se Deus quiser, por praticar o bem do que por fazer o mal.

[18]Também Cristo morreu uma vez pelos pecados — ele, o justo, pelos injustos — para vos conduzir a Deus. Sofreu a morte segundo a carne, mas foi ressuscitado à vida segundo o espírito. [19]E assim foi levar a sua mensagem às almas detidas no cárcere, [20]que tinham sido descrentes nos dias de Noé, quando *Deus esperava com paciência*[contavam com a paciência de Deus] enquanto se fabricava a arca, na qual só uns poucos, isto é, oito pessoas, se salvaram através das águas. [21]O antítipo disso, o batismo, é que vos salva. Não consiste numa purificação corporal, mas em implorar a Deus uma boa consciência, em virtude da ressurreição de Jesus Cristo. [22]*Ele*[Ele, depois de derrotar a morte, para nos fazer herdeiros da vida eterna,] subiu ao céu e está sentado à direita de Deus, onde lhe estão submissos os anjos, as potestades e as virtudes.

4 Nossa morte com Cristo. [1]Sendo, pois, que Cristo padeceu segundo a carne, armai-vos também vós do mesmo pensamento; porque quem sofre segundo a carne renunciou ao pecado. [2]No resto da sua vida corporal não mais servirá às paixões humanas, mas à vontade de Deus. [3]Bastante tempo satisfizestes, outrora, a vontade aos gentios, vivendo em luxúrias, volúpias, bacanais, glutonerias, bebedeiras e pecaminosa idolatria. [4]Estranham eles agora que já não lhes façais companhia nas desordens dessa vida desbragada, pelo que vos cobrem de injúrias. [5]Mas hão de dar contas àquele que está pronto para julgar os vivos e os mortos. [6]Por isso é que também aos mortos foi anunciado o evangelho, para que, julgados embora segundo a carne, como homens, não deixem de viver em espírito, pela virtude de Deus.

O juízo. [7]Aproxima-se o fim de todas as coisas. Andai, pois, com prudência e vigiai em oração. [8]Antes de tudo, amai-vos intimamente uns aos outros, porque a caridade encobre a multidão dos pecados. [9]Sede hospitaleiros uns para com os outros, sem nenhuma murmuração. [10]Prestai-vos serviços mútuos conforme os dons da graça que cada um recebeu; assim vos mostrareis bons administradores da graça multiforme de Deus. [11]Quem possui o dom de falar proponha a palavra de Deus; quem exerce algum cargo desempenhe-o com a virtude que Deus concede, para que em todas as coisas seja Deus glorificado, por Jesus Cristo, a quem compete a glória e o poder, pelos séculos dos séculos. Amém.

¹²Caríssimos, não estranheis quando vos ameaçarem chamas de fogo — é pela vossa comprovação. Nada de extraordinário vos acontece. ¹³Alegrai-vos antes de terdes parte na paixão de Cristo, para que também à manifestação da sua glória possais alegrar-vos e exultar. ¹⁴Bem-aventurados de vós, se vos ultrajarem por causa do nome de Cristo! Assim repousará sobre vós o espírito da glória, o espírito de Deus. ¹⁵Nenhum de vós sofra como sendo homicida, ladrão, malfeitor ou desordeiro. ¹⁶Mas, se alguém sofre por ser cristão, não se envergonhe disso; antes glorifique a Deus por causa desse nome. ¹⁷É chegado o tempo de principiar o juízo pela causa de Deus. Mas, se principiar por nós, que fim levarão aqueles que desobedecem ao evangelho de Deus? ¹⁸Se mal se salva o justo, onde irá parar o ímpio, o pecador? ¹⁹Por isso, os que sofrem conforme a vontade de Deus recomendem a sua alma ao Criador fiel, mediante uma vida virtuosa.

5 Perspectiva da glória celeste. ¹Aos anciãos dentre vós rogo, eu, ancião também, testemunha da paixão de Cristo, como também sócio da glória que se há de revelar: ²apascentai o rebanho que Deus tem no meio de vós, não constrangidos, mas espontaneamente, como Deus o quer; não por sórdida ganância, mas, sim, por amor; ³não sejais como senhores da comunidade, mas sede modelos para o *rebanho*[rebanho, e de coração]. ⁴Quando aparecer o Pastor supremo, recebereis imarcescível coroa de glória. ⁵E vós, os mais novos, submetei-vos aos mais velhos. Revesti-vos todos de humildade, no trato uns com os outros; porque Deus resiste aos soberbos, ao passo que aos humildes dá a sua graça. ⁶Humilhai-vos, pois, sob a poderosa mão de Deus, para que, em tempo propício, vos eleve. ⁷Lançai nele todas as vossas solicitudes, porque ele tem cuidado de vós. ⁸Sede sóbrios e vigilantes. O demônio, vosso adversário, anda em derredor como leão a rugir, procurando a quem devorar. ⁹Resisti-lhe, firmes na fé, cientes de que vossos irmãos, lá fora, no mundo, passam por idênticos sofrimentos.

¹⁰O Deus de toda a graça, que por *Cristo*[Cristo Jesus] vos chamou à sua glória, ao termo de breves sofrimentos vos há de armar, fortalecer, robustecer e consolidar. ¹¹Dele *é o poder*[são a glória e o poder] pelos séculos dos séculos. Amém.

Conclusão. ¹²Por mão de Silvano, irmão fiel, é que vos escrevi, com brevidade, a meu ver, protestando e asseverando-vos que a graça em que estais firmes é a verdadeira graça de Deus.

¹³Saúda-vos a igreja de Babilônia, vossa companheira de eleição, como também Marcos, meu filho. ¹⁴Saudai-vos uns aos outros no *ósculo*[ósculo santo] da caridade.

A paz seja com todos vós, em Cristo.[A graça seja com todos vós, em Cristo Jesus. Amém.]

Notas explicativas

1 ²Profissão do mistério da Santíssima Trindade.

¹⁻¹²Tão grande é a glória da graça redentora, que os profetas anelavam por contemplá-la, e até para os anjos do céu é objeto de inefável suavidade.

²¹A fé, baseada na ressurreição e glorificação de Jesus Cristo, promete aos fiéis a herança celeste, de sorte que a fé em Deus é ao mesmo tempo esperança nos bens divinos.

2 ⁹Com a afirmação de serem os cristãos um *sacerdócio real* não nega o apóstolo a existência e necessidade do sacerdócio no sentido próprio — tampouco como Deus dispensara das suas funções peculiares os sacerdotes levíticos, depois de declarar que o povo de Israel era um sacerdócio régio (Ex 19,9). Do contrário, deveria abolir, não só o sacerdócio, mas também a realeza, pois que dera ao povo todo o título de real ou régio.

¹⁹⁻²⁰Entre as almas detidas no limbo havia algumas que no tempo de Noé tinham sido incrédulas, convertendo-se, porém, mais tarde.

²¹As águas do dilúvio, que sustentavam a arca, são um símbolo da água batismal, que se torna, por assim dizer, portadora de graça santificante. Como os homens então se salvaram pela arca, assim se salvam agora pelo batismo.

²³Justo juiz, diz o texto grego, referindo-se a Deus; injusto juiz, a Vulgata, falando de Pilatos.

4 ¹⁻²Sendo que Jesus Cristo morreu segundo o corpo, devem os cristãos morrer para a natureza inferior, vivendo só para Deus.

⁷Com o primeiro advento de Cristo entrou a plenitude dos tem-

pos, que é o último período e durará até ao segundo advento dele; só Deus sabe quantos anos ou séculos abrange esse período (cf. Mt 24,36; Mc 13,22).

⁸O ódio descobre malevolamente as faltas do próximo; a caridade as encobre benignamente.

¹⁷⁻¹⁸Principiará o juízo divino pelos cristãos, que pelos castigos próprios poderão avaliar a gravidade dos castigos dos ímpios.

5 ¹²Silvano e Silas eram companheiros de São Paulo, e com ele fundaram boa parte das cristandades às quais São Pedro dirige esta epístola.

Segunda Epístola de Pedro

Introdução

1. À primeira epístola fez o Príncipe dos Apóstolos seguir outra, dirigida às mesmas cristandades (2Pd 3,1). Deu aso a essa segunda carta um fato a que já aludira São Paulo (At 20,29s): o aparecimento de hereges que, interpretando mal a liberdade do Novo Testamento, declaravam lícitas todas as desordens e excessos (antinomistas). Como narcótico para a própria consciência, e, principalmente, para levar à apostasia os neófitos, tachavam de mentirosa a doutrina do segundo advento de Cristo (2Pd 3,3s). Pelo que se viu Simão Pedro obrigado a escrever aos cristãos da Ásia Menor, exortando-os à perseverança na fé e premunindo-os contra as seduções dos falsos profetas.

Desse mesmo estado de coisas nasceu também a epístola de São Judas. Vigora entre esses dois documentos sacros uma correlação muito íntima, que se explica por uma razão de dependência mútua. São Pedro conhecia, provavelmente, a carta de seu colega Judas, e aproveitou para a sua diversos pensamentos do companheiro.

2. O autor se apresenta a si mesmo com o nome de Simão Pedro, servo e apóstolo de Jesus Cristo (1,1). Concordam com isso as qualidades do escritor: foi testemunha da transfiguração de Cristo (1,18) e chama a São Paulo seu colaborador (8,16). São pouco numerosos os testemunhos dos primeiros séculos que se referem a esta carta, que é de pequena extensão e encontrou divulgação mais lenta que os outros escritos do Novo Testamento. Contudo, não nos falta menção dela já nos tempos apostólicos.

3. O tempo e lugar da composição vêm insinuados por alguns tópicos da epístola (1,13-15): São Pedro tem certeza da sua morte próxima, e, sendo que morreu em Roma, deve a carta ter sido escrita nos últimos tempos do seu cativeiro na capital dos Césares (ano 66-67).

Segunda Epístola de São Pedro

1 ¹Simão Pedro, servo e apóstolo de Jesus Cristo, aos que conosco receberam a mesma *fé preciosa*[fé] pela justificação de nosso Deus e Salvador Jesus Cristo.

²A graça e a paz vos enriqueçam cada vez mais, mediante o conhecimento de Deus e de nosso Senhor *Jesus*[Jesus Cristo].

A segunda vinda de Cristo

Preparativos para a segunda vinda. ³Deu-nos o seu divino poder tudo o que se requer para uma vida piedosa, sendo que assim chegamos a conhecer aquele que em sua glória e virtude nos chamou. ⁴Com isso deu-nos o que prometeu de maior e de mais precioso, para que por meio disso vos torneis participantes da natureza divina, fugindo das paixões corruptoras do mundo. ⁵Trabalhai, pois, com todo o empenho, para aumentar a vossa fé pela virtude, a virtude pelo conhecimento, ⁶o conhecimento pela temperança, a temperança pela paciência, a paciência pela piedade, ⁷a piedade pelo amor fraterno, o amor fraterno pela caridade. ⁸Se essas virtudes existirem e medrarem em vós, terão como resultado e fruto o pleno conhecimento de nosso Senhor Jesus Cristo. ⁹Mas quem não possuir essas virtudes é cego e esquece-se de que foi purificado dos seus pecados antigos. ¹⁰Pelo que, irmãos meus, ponde cada vez maior diligência em garantir a vossa vocação e *eleição*[eleição por meio de boas obras]; se assim fizerdes, não chegareis nunca a dar um passo em falso; ¹¹mas abrir-se-vos-ão de par em par as portas do reino eterno de nosso Senhor e Salvador Jesus Cristo.

¹²É por isso que não me canso de vos admoestar, embora estejais cientes e convencidos da verdade. ¹³Pois, enquanto viver neste tabernáculo, considero obrigação minha estimular-vos sempre com estas exortações. ¹⁴Sei que em breve será desfeito o meu tabernáculo, conforme me revelou nosso Senhor Jesus Cristo. ¹⁵Por isso, trabalho por que também depois do meu passamento vos lembreis sem cessar destas coisas.

Certeza da segunda vinda. ¹⁶Não nos guiamos por engenhosas fábulas, quando vos demos notícia do poderoso advento de nosso Senhor Jesus Cristo; pois que fomos testemunhas oculares de sua majestade. ¹⁷Foi honrado e glorificado por Deus Pai, quando da excelsa majestade ecoou sobre ele esta voz: "Este é o meu Filho querido, no qual pus a minha *complacência*[complacência; ouvi-o]". ¹⁸Foi essa a voz que do céu ouvimos, quando estávamos com ele no monte santo. ¹⁹Pelo que se nos tornou ainda mais firme o que os profetas disseram; e vós fazeis bem em atender a isso. É um facho de luz a brilhar nas trevas, até que amanheça o dia e a estrela matutina desponte nos vossos corações. ²⁰Convencei-vos, antes de tudo, de que nenhuma profecia da Escritura nasce de investigação pessoal; ²¹tanto assim que nunca se originou profecia por vontade humana; mas foi por impulso do Espírito Santo que homens santos falaram de Deus.

2 Aparecimento e sorte dos hereges. ¹Do mesmo modo que entre o povo tem havido falsos profetas, assim também haverá entre vós falsos mestres, que introduzirão heresias perniciosas e negarão o Senhor que os resgatou, atraindo sobre si perdição repentina. ²Serão muitos os seus companheiros de dissolução, e por sua causa será injuriado o caminho da verdade. ³Cheios de cobiça, explorar-vos-ão com palavras mentirosas; mas não tarda o seu castigo, nem dorme a sua perdição.

Exemplos da justiça divina. ⁴Pois Deus nem poupou os anjos que pecaram, mas precipitou-os aos tenebrosos abismos do inferno, onde estão reservados para o juízo. ⁵Nem poupou ao mundo antigo, salvando apenas a Noé, arauto da justiça, com mais sete outros, quando fez romper o dilúvio sobre o mundo dos ímpios. ⁶Votou ao extermínio e reduziu a cinzas as cidades de Sodoma e Gomorra, para escarmento aos ímpios do futuro; ⁷ao passo que salvou o justo Ló, que sofria muito com a vida dissoluta daqueles perversos. ⁸*Enquanto o justo vivia no meio deles, vendo e ouvindo-lhes as iniqüidades, dia a dia sentia atormentada a sua alma justa.*[Era justo no que via e ouvia enquanto habitava no meio deles, que, dia a dia, lhe atormentavam a alma justa com iniqüidades.] ⁹É que o Senhor sabe livrar da provação os piedosos, e reservar os ímpios para o castigo no dia do juízo, ¹⁰principalmente os que se guiam pelos desejos impuros da carne, desprezando a soberania do Senhor.

Abominação dos hereges. Audaciosos e temerários, não se arreceiam de maldizer as glórias, ¹¹ao passo que os anjos, muito superiores em força e poder, não proferem contra elas sentença de maldição ante o Senhor. ¹²São como animais irracionais, destinados por natureza a serem capturados e mortos. Amaldiçoam o que não compreendem, e acabarão na ruína como aqueles, ¹³e receberão a paga das suas injustiças.

Têm por delícia levar o dia em voluptuosidades; essas manchas de ignomínia em luxuriosos excessos e fraudes se banqueteiam convosco; ¹⁴estão com os olhos cheios de adultério e não se fartam de pecar; aliciam as almas inconstantes; têm o coração habituado à rapina; são filhos da maldição ¹⁵que abandonaram o caminho reto e se extraviaram, seguindo o caminho de Balaão, filho de Bosor, que cobiçou prêmio injusto, ¹⁶mas foi repreendido por causa da sua iniqüidade: um animal de carga, incapaz de falar, falou com voz humana, frustrando o plano insensato do profeta.

¹⁷São fontes sem água. Nevoeiros agitados de turbilhões. Aguarda-os a mais profunda escuridão. ¹⁸Vêm com frases arrogantes e vãs e seduzem pelos apetites impuros da carne aos que mal acabavam de escapar àqueles que se extraviaram. ¹⁹Prometem-lhes a liberdade, quando eles mesmos são escravos da perdição; pois o homem é escravo daquilo por que é vencido. ²⁰Pelo conhecimento de nosso Senhor Jesus Cristo tinham fugido dos vícios mundanos; mas deixaram-se outra vez enredar e escravizar pelos mesmos, e tornou-se-lhes o último estado pior que o primeiro. ²¹Melhor lhes fora não terem jamais conhecido o caminho da justiça do que, depois de conhecê-lo, voltar as costas ao santo mandamento que receberam. ²²Verifica-se nesses tais a verdade do provérbio: "Volta o cão ao seu vômito"; e: "O porco, que saiu do banho, torna a revolver-se no lamaçal".

3 Negação da vinda de Cristo. ¹Caríssimos, já é esta a segunda carta que vos escrevo, procurando despertar em vós, por meio de admoestações, um espírito puro, ²para que vos lembreis das palavras preditas pelos santos profetas, bem como do preceito do Senhor e Salvador, que os apóstolos vos anunciaram.

³Ficai sabendo, antes de tudo, que nos últimos tempos aparecerão zombadores sem critério, gente que vive ao sabor das suas paixões, ⁴dizendo: "Que é da sua vinda, que prometeu? Desde a morte dos patriarcas tudo continua como no princípio da criação". ⁵É que eles deixam acintosamente despercebido que, em virtude da palavra de Deus, o céu e a terra, desde tempos remotos, se formaram da água e pela água, ⁶mas que por ela pereceu todo o mundo de então no dilúvio. ⁷O céu e a terra que agora existem são guardados pela mesma palavra, destinados ao fogo, no dia do juízo e da perdição dos ímpios.

⁸Entretanto, caríssimos, uma coisa convém não ignoreis: é que para o Senhor um dia é como mil anos, e mil anos são como um dia. ⁹Não tarda o Senhor com sua promessa. Há quem pense em tardança; mas é antes paciência que usa para conosco. Não quer que alguém se perca, senão que todos se convertam. ¹⁰Mas o dia do Senhor virá como um ladrão; então os céus se desfarão com um sibilo e os elementos se dissolverão ao calor, e a terra com tudo o que nela existe será presa do fogo.

¹¹Ora, uma vez que todas essas coisas acabarão em ruína, quanto empenho não deveis pôr em uma vida santa e piedosa, ¹²concentrando a vossa atenção e os vossos anseios no advento do dia do Senhor? Por causa dele se dissolverão os céus, nas chamas, e os elementos se fundirão ao calor do fogo. ¹³E então, confiados em sua promessa, esperamos um novo céu e uma nova terra, nos quais habitará a justiça.

Conclusão. ¹⁴Pelo que, caríssimos, na expectativa dessas coisas, esforçai-vos por que ele vos encontre puros e sem mancha e em paz; ¹⁵fazei com que a longanimidade de nosso Senhor vos reverta em salvação. Nesse sentido também vos escreveu nosso caríssimo irmão Paulo, segundo a sabedoria que lhe foi dada. ¹⁶Trata disso em todas as suas cartas. Há nelas algumas coisas difíceis de compreender, as quais a gente ignorante e mal-segura interpreta falsamente, para a própria perdição, assim como também fazem com as outras escrituras.

¹⁷Vós, porém, caríssimos, que disto sabeis com antecedência, ficai

alertas para não vos deixardes arrastar pelos desvarios dos ímpios e perderdes a vossa firmeza. [18]Procurai antes crescer na graça e no conhecimento de nosso Senhor e Salvador Jesus Cristo. A ele seja glória, agora e no dia da eternidade. Amém.

Notas explicativas

1 [4]A graça santificante nos torna participantes da natureza divina, concedendo-nos uma união e semelhança sobrenatural com Deus.

[13]A tenda é figura do corpo humano (cf. 2Cor 5,1).

[16]Refere-se o apóstolo à transfiguração do Senhor, que ele, Tiago e João presenciaram.

[19]Pela transfiguração dera Jesus prova do seu soberano poder, confirmando, assim, os vaticínios dos profetas.

2 [2]O mau exemplo dos cristãos no meio dos gentios reverte em grande descrédito da religião.

[11]As glórias de Deus são os anjos, que assistem ante o trono de sua glória (cf. Jd 9).

[16]Consiste essa rebeldia em que Balaão tencionasse maldizer ao povo de Israel por causa da recompensa que esperava, não obstante a proibição de Deus (cf. Nm 22,28).

[18]Os hereges, com suas doutrinas vãs, enganam a gente, como poços e nuvens que prometem água, mas não a dão.

[21]Se não tivessem jamais conhecido o Evangelho, seria menor a sua culpabilidade.

3 [2]Alude São Pedro às profecias do Antigo Testamento e às palavras dos apóstolos que, segundo o preceito do Senhor, apelavam para o segundo advento de Cristo, exortando os fiéis a uma vida profundamente cristã.

[4-6]É falso afirmar que o mundo continue sempre igual; aí está o dilúvio a provar o contrário; muito antes desse cataclismo existiam o céu e a terra, criados do nada pela palavra onipotente de Deus, palavra essa que também fez romper o dilúvio, modificando a face da terra.

[8]Como o mundo de então pereceu nas águas, assim será o mundo atual destruído pelo fogo, no juízo final.

[16]Depreende-se destas palavras que nem todas as partes da sa-

grada Escritura são tão fáceis e inteligíveis que qualquer pessoa as possa interpretar com segurança e daí haurir a sua fé. É necessário guiarmo-nos pelas normas e diretivas do magistério infalível da Igreja, "coluna e alicerce da verdade", como diz São Paulo.

Primeira Epístola de João

Introdução

1. O autor da epístola aparece anônimo; mas em diversas passagens da mesma se percebe que se identifica com o autor do quarto evangelho. Pois vigora entre este e a presente epístola uma inegável afinidade, quer no tocante ao conteúdo, quer no estilo e na dicção. É, pois, de supor que o autor da nossa epístola seja o evangelista João, como confirma a tradição antiqüíssima, que desde o princípio a considerou como tal e a incluía no rol dos livros canônicos. Não falta em nenhum dos elencos antigos.

2. Era esta carta destinada a acompanhar o evangelho de São João e fazer ver como a fé na divindade de Cristo sazona riquíssimos frutos espirituais, por uma vida santa e pelo exercício da verdadeira caridade. Nesta exposição, refere-se o autor a vários hereges que impugnavam o caráter messiânico e a divindade de Cristo.

3. Na qualidade de carta concomitante ao quarto evangelho, dirige-se ela ao mesmo círculo de leitores, isto é, aos cristãos da província da Ásia. Foi escrita em Éfeso, provavelmente logo depois do evangelho (pelo ano 90).

4. Desde o século XVI agita-se entre os exegetas a questão se é do autor da epístola ou de outrem o chamado "comma joanneum", quer dizer, as palavras de 5,7s, que rezam assim: "No céu, o Pai, o Verbo e o Espírito Santo; e estes três são um; e três dão testemunho na terra". O fato é que essas palavras não se encontram nos códigos gregos, nas antigas versões orientais, nem nos antigos manuscritos da Vulgata. Nem tampouco ocorrem nas obras dos escritores da Igreja, os quais, sem dúvida, se teriam servido delas nas suas polêmicas contra os adversários da santíssima Trindade. Em vista disso, é provável que elas não sejam da lavra de São João. Explica-se a interpolação por uma simples nota marginal, que algum copista tenha feito e que, mais tarde, passou a ser intercalada no corpo da epístola.

Primeira Epístola
de São João

1 Introdução. ¹O que era desde o princípio, nós o ouvimos, nós o vimos com os próprios olhos, nós o contemplamos e com as nossas mãos apalpamos — o Verbo da vida. ²Sim, manifestou-se a vida. Nós a vimos. Damos testemunho e vos anunciamos a vida eterna, que estava com o Pai e nos apareceu visivelmente. ³Portanto, o que temos visto e ouvido, isso é que vos anunciamos, para que também vós tenhais comunhão conosco. Nós temos comunhão com o Pai e com seu Filho Jesus Cristo. ⁴*Isto escrevemos para que a nossa alegria seja perfeita.*[Isto vos escrevemos para que vos alegreis, e seja perfeita a vossa alegria.]

Vida na luz

Abstenção do pecado. ⁵A mensagem que dele recebemos e que vos comunicamos é esta: Deus é luz. Nele não há trevas. ⁶Se dissermos que estamos em comunhão com ele e andarmos nas trevas, mentimos, e não nos guiamos pela verdade. ⁷Se, porém, andarmos na luz, assim como também ele está na luz, vivemos em comunhão mútua, e o sangue de seu Filho Jesus Cristo nos purifica de todo o pecado. ⁸Se dissermos que não temos pecado, enganamo-nos a nós mesmos, e a verdade não está em nós. ⁹Se confessarmos os nossos pecados, é ele fiel e justo, perdoando-nos os pecados e purificando-nos de toda a iniqüidade. ¹⁰Se dissermos que não pecamos, declaramo-lo mentiroso, e a sua palavra não está em nós.

2 ¹Isso vos escrevo, filhinhos meus, para que não pequeis. Mas, se alguém pecar, temos um advogado junto do Pai: Jesus Cristo, o justo. ²É ele a vítima expiatória pelos nossos pecados; e não somente pelos nossos, mas também pelos do mundo inteiro.

Observância dos mandamentos. ³A prova de que o conhecemos está em que lhe observemos os mandamentos. ⁴Quem afirma conhecê-lo, e não lhe observa os mandamentos, é mentiroso, e a verdade não está nele. ⁵Mas quem guarda a sua palavra tem em si, realmente, o perfeito amor de Deus; é essa a prova de que estamos nele. ⁶Quem afirma ficar nele deve também proceder assim como ele procedeu.

⁷Caríssimos, o que vos escrevo não é um mandamento novo; mas um mandamento antigo, que tivestes desde o princípio. O mandamento antigo é palavra que ouvistes. ⁸E, contudo, é novo o mandamento sobre o qual vos escrevo — mandamento que nele e em vós se verificou. Vão se dissipando as trevas. Já desponta a luz verdadeira. ⁹Quem afirma estar na luz e odeia a seu irmão, esse ainda continua em trevas. ¹⁰Quem ama a seu irmão permanece na luz, e não há em que tropece. ¹¹Quem, pelo contrário, odeia a seu irmão está em trevas, e em trevas vai caminhando; nem sabe aonde vai, porque as trevas lhe cegaram os olhos.

¹²Escrevo-vos, filhinhos meus: foram perdoados os vossos pecados por amor de seu nome. ¹³A vós, pais, escrevo: conheceis aquele que é desde o princípio. Escrevo a vós, jovens: vencestes o maligno. ¹⁴A vós, crianças, escrevi: conheceis o Pai. A vós, pais, escrevi: conheceis aquele que é desde o princípio. A vós, moços, escrevi: sois fortes. A palavra de Deus fica em vós. Vencestes o maligno.

¹⁵Não ameis o mundo, nem o que há no mundo. Quem ama o mundo não tem em si o amor do Pai; ¹⁶porque tudo o que há no mundo — concupiscência da carne, concupiscência dos olhos e soberba da vida — não vem do Pai, mas, sim, do mundo. ¹⁷Passa o mundo e a sua concupiscência; mas quem faz a vontade de Deus permanece eternamente.

Contraste com o mundo. ¹⁸Filhinhos meus, é chegada a hora extrema, e, como ouvistes, vem o anticristo. Já agora há muitos anticristos; por onde vemos que chegou a hora extrema. ¹⁹Saíram do nosso meio, mas não eram dos nossos. Porque, se dos nossos foram, teriam ficado conosco. Assim, porém, neles devia tornar-se notório que nem todos são dos nossos. ²⁰Vós, sim, recebestes a unção do santo; sois todos cientes. ²¹Não vos escrevo como se ignorásseis a verdade, mas antes porque a conheceis e sabeis que da verdade não provém mentira alguma. ²²Quem é mentiroso? Só quem nega que Jesus é o Cristo. Este é que é o anticristo. Nega o Pai e o Filho. ²³Quem nega o Filho também não admite o Pai. Quem confessa o Filho admite também o Pai. ²⁴Ficai com o que ouvistes desde o princípio. Se em vós permanecer o que desde o princípio ouvistes, também vós permanecereis no Filho e no Pai. ²⁵Então é que nos cabe a sua promessa: a vida eterna.

²⁶Aí está o que vos quis escrever a respeito dos vossos sedutores. ²⁷Recebestes dele a unção, e ela fica em vós. Não necessitais de mestres ulteriores. A sua unção é que vos ensinará tudo. É ela a verdade integral e infalível. ²⁸Permanecei nele, conforme vos foi ensinado. Sim, filhinhos, permanecei nele. Quando então aparecer, teremos jubilosa confiança e não seremos confundidos ante a sua face, por ocasião da sua vinda.

Vida na amizade de Deus

Vida santa. ²⁹Sabeis que ele é justo. Logo sabeis também que todo o homem amigo da justiça tem dele a sua vida.

3 ¹Considerai que grande amor nos mostra o Pai: somos chamados filhos de Deus, e de fato o somos. É por isso que o mundo não nos reconhece. Pois também não reconhece a ele. ²Caríssimos, agora somos filhos de Deus; mas ainda não se manifestou o que seremos. Sabemos apenas que, no seu aparecimento, seremos semelhantes a ele e o veremos assim como é. ³Quem puser nele essa esperança santifica-se a si mesmo, assim como ele é santo. ⁴Quem peca transgride a lei. O pecado consiste na transgressão da lei. ⁵Sabeis que ele apareceu para tirar os pecados. Nele não há pecado. ⁶Quem permanece nele não peca. Mas quem peca não o viu nem o conhece.

⁷Filhinhos meus, não vos deixeis seduzir por ninguém. Quem procede com justiça é justo, assim como ele é justo; ⁸mas quem comete pecado vem do demônio. O demônio é pecador desde o princípio. Mas o filho de Deus apareceu a fim de destruir as obras do demônio. ⁹Quem recebeu de Deus a sua vida não comete pecado. Fica nele o germe divino. Não pode pecar. Sua vida vem de Deus. ¹⁰Nisto se reconhecem os filhos de Deus e os filhos do demônio: quem não procede com justiça não é de Deus; nem tampouco quem desama seu irmão.

Amor fraterno. [11]Pois a mensagem que ouvistes desde o princípio diz assim: "*Amemo-nos*[Amai-vos] uns aos outros". [12]Não a exemplo de Caim, que era filho do maligno, e matou a seu irmão. E por que o matou? Porque as suas obras eram más, as de seu irmão eram justas.

[13]Não vos admireis, se o mundo vos odeia. [14]Sabemos que passamos da morte para a vida, porque amamos os irmãos. Quem não ama permanece na morte. [15]Quem odeia a seu irmão é homicida, e sabeis que nenhum homicida possui no seu interior a vida eterna.

[16]Nisto conhecemos o *amor*[amor de Deus]: deu a sua vida por nós. Assim devemos também nós dar a vida pelos nossos irmãos. [17]Quem possuir bens deste mundo, e, vendo seu irmão sofrer necessidade, lhe cerrar o coração — como pode habitar nele o amor de Deus? [18]Filhinhos meus, não seja o nosso amor de palavra, nem de língua; mas, sim, de obras e de verdade. [19]Nisso conhecemos que somos da verdade e podemos ter a consciência tranqüila: [20]ainda que o coração nos acuse, Deus é maior do que o nosso coração. Ele sabe todas as coisas. [21]Caríssimos, se o coração não nos acusa, confiamos em Deus [22]e receberemos das suas mãos tudo quanto pedirmos porque observamos os seus mandamentos e fazemos o que é do seu agrado.

[23]Este é o seu mandamento: que creiamos no nome de seu Filho Jesus Cristo, e nos amemos uns aos outros, assim como ele nos ordenou. [24]Quem lhe guarda os mandamentos fica em Deus, e Deus nele. Pelo espírito que nos deu conhecemos que ele fica em nós.

4 Fuga dos hereges. [1]Caríssimos, não deis crédito a qualquer espírito; mas examinai os espíritos, a ver se são de Deus. Muitos falsos profetas têm saído pelo mundo. [2]Nisto conheceis o espírito de Deus: todo espírito que confessa que Jesus Cristo apareceu em carne, este é de Deus; [3]ao passo que o espírito que não confessa a Jesus não é de Deus. É o espírito do anticristo do qual ouvistes que virá — e já está no mundo. [4]Vós, porém, filhinhos meus, sois de Deus e *vencestes aqueles*[o vencestes]; mais poderoso é o que está em vós do que o que está no mundo. [5]Eles são do mundo; por isso falam de modo mundano, e o mundo presta-lhes ouvidos. [6]Nós, porém, somos de Deus; e quem conhece a Deus nos dá ouvidos. Quem não é de Deus não nos presta ouvidos. É esse o sinal pelo qual conhecemos o espírito da verdade e o espírito do erro.

Amor com amor se paga. [7]Caríssimos, amemo-nos uns aos outros. O amor vem de Deus. Todo aquele que ama recebeu de Deus a sua vida e conhece a Deus. ⁸Quem não ama não conhece a Deus; porque Deus é amor. ⁹Nisto se manifestou o amor de Deus para conosco: em que Deus enviou ao mundo o seu Filho unigênito, para que por ele tenhamos a vida. ¹⁰Nisto se revela o amor: não em que nós tenhamos amado a Deus, mas em que ele nos *amou*[amou primeiro] e enviou seu Filho como vítima de expiação pelos nossos pecados. ¹¹Caríssimos, se Deus nos teve tanto amor, devemos também nós amar-nos uns aos outros. ¹²Nunca ninguém viu a Deus; mas, se nos amarmos uns aos outros, permanece Deus em nós, e se aperfeiçoa em nós o seu amor. ¹³Nisto conhecemos que ficamos nele e ele em nós: em nos ter comunicado o seu espírito. ¹⁴Nós vimos e damos testemunho de que o Pai enviou seu Filho ao mundo como Salvador. ¹⁵Quem confessa que Jesus é o Filho de Deus, nesse permanece Deus e ele permanece em Deus. ¹⁶Conhecemos o amor que Deus nos tem, e abraçamos a fé. Deus é amor. Quem fica no amor fica em Deus, e Deus fica nele. ¹⁷A perfeição do nosso *amor*[amor para com Deus] manifesta-se em termos de confiança para o dia do juízo; porque estamos neste mundo, como também ele está. ¹⁸O amor não admite temor. O amor perfeito expele o temor. O temor gera tormento. Quem teme não é perfeito no amor.

¹⁹Amemos a Deus, porque ele nos amou primeiro. ²⁰Quem diz "amo a Deus" e odeia a seu irmão é mentiroso. Pois quem não ama a seu irmão visível não pode amar a Deus, que é invisível. ²¹Sim, recebemos dele este mandamento: quem ama a Deus há de amar também a seu irmão.

5 Fé em Cristo. ¹Quem crê que Jesus é o Cristo tem de Deus a sua vida. Quem ama o Pai ama também o Filho dele. ²Nisto conhecemos que amamos os filhos de Deus: em amarmos a Deus e guardarmos os seus mandamentos. ³Porque o amor de Deus consiste em observarmos os seus mandamentos. Os seus mandamentos não são difíceis. ⁴Quem tem de Deus a sua vida domina o mundo. A nossa fé é uma vitória dominadora do mundo.

⁵Quem dominaria o mundo, a não ser aquele que crê que Jesus Cristo é o Filho de Deus? ⁶Pois Jesus Cristo é aquele que veio pela água e pelo sangue; não somente pela água, mas pela água e *pelo sangue e pelo espírito*[pelo sangue]. É o que o espírito testifica. Pois o espírito é a verdade. ⁷De maneira que são três os que dão *testemunho*[testemunho no céu: o Pai, o Verbo e o Espírito Santo; e estes três são um; e três são os que dão testemunho na terra]: ⁸o espírito, a água e o sangue; e estes três são um

entre si. ⁹Se aceitamos o testemunho dos homens, maior é o testemunho de Deus. E Deus deu testemunho de seu Filho. ¹⁰Quem crê no Filho de Deus tem em si o *testemunho*[testemunho de Deus]. Quem não crê em Deus fá-lo passar por mentiroso, porque não dá credito ao testemunho que Deus deu de seu Filho. ¹¹Ora, esse testemunho diz que Deus nos deu a vida eterna, vida essa que está em seu Filho. ¹²Aquele que tem o Filho possui a vida. Quem não tem o Filho de Deus não possui a vida.

O mundo perverso. ¹³Isto vos escrevo, a vós, que credes no nome do Filho de Deus, para que saibais que estais na posse da vida eterna. ¹⁴É esta a confiança que nele depositamos: que nos atenderá, quando lhe pedirmos alguma coisa, segundo a sua vontade. ¹⁵Ora, sabendo que atende aos nossos pedidos, sabemos também que receberemos o que pedimos. ¹⁶Quem vê seu irmão cometer um pecado não mortífero, interceda por ele. Deus dará a vida àqueles que cometerem pecados não mortíferos. Há também pecado mortífero. Em se tratando deste, nada digo de intercessão. ¹⁷Toda a iniqüidade é pecado, mas há também pecado *não mortífero*[mortífero].

¹⁸Sabemos que quem tem de Deus a sua vida não peca. Quem tem de Deus a sua vida disso se preserva. Nada pode contra ele o maligno. ¹⁹Sabemos que nós somos de Deus, ao passo que o mundo está todo entregue ao poder do maligno.

Conclusão. ²⁰Sabemos que o Filho de Deus veio e nos deu espírito do discernimento para conhecermos o *verdadeiro*[verdadeiro Deus]. Estamos no verdadeiro, em seu filho Jesus Cristo. É ele o Deus verdadeiro e a vida eterna.

²¹Cuidado, filhinhos meus, com os *ídolos!*[ídolos! Amém.]

Notas Explicativas

1 ¹Pensamentos idênticos se encontram no princípio e no fim do evangelho de São João (1,1-14 e 20,19-31).

⁵⁻⁷Deus é luz — isto é, perfeição puríssima, verdade, santidade, beleza.

⁷⁻⁸A lei da caridade não é nova em si mesma, mas com o exemplo de Cristo adquiriu brilho novo e desusado. As trevas do pecado são incompatíveis com a claridade do cristianismo genuíno.

2 [18]*A última hora* — quer dizer, o último período histórico, que é o lapso de tempo entre o primeiro e o segundo advento de Cristo. Os pródromos do anticristo são os hereges.

[20]Os leitores receberam a unção do Espírito Santo, por meio de Jesus, e estão por isso em condições de distinguir o erro da verdade.

3 [6]Quem peca dá a entender que Jesus Cristo lhe é alheio, como se jamais o conhecera.

[9]Quem renasceu para Deus, pelo batismo, não cai em pecado, enquanto continuar com esse espírito.

[20]Se nos atormentarem angústias sobre pecados cometidos e sinceramente detestados, e dúvidas sobre o estado da graça santificante, consolemo-nos com o pensamento de que Deus está acima das disposições subjetivas do nosso coração.

4 [4]*Que está no mundo* — isto é, o príncipe do mundo, o demônio (cf. Jo 16,11).

5 [6-8]Jesus Cristo é o Messias prometido e o Filho de Deus, conforme deu testemunho Deus Pai, sobre as águas do Jordão; Deus Filho, mediante o seu sangue na cruz; Deus Espírito Santo, pelas chamas do fogo na festa de Pentecostes.

[16]Pecado mortífero é a impenitência no erro; por esses infelizes podemos orar, sim, mas o apóstolo não o prescreve como dever; ao passo que recomenda à intercessão dos fiéis os demais pecadores, ainda não completamente empedernidos no mal.

□

Segunda e Terceira Epístolas de João

Introdução

1. A segunda epístola de São João vai endereçada "à senhora eleita e seus filhos", palavras que não designam nenhuma viúva cristã, mas, sim, uma Igreja da Ásia Menor. Empenha-se o discípulo predileto em conservar essa cristandade na fidelidade ao Evangelho de Jesus Cristo e preservá-la da contaminação da heresia. Onde e quando o apóstolo tenha escrito esta carta, não o diz a tradição; talvez em Éfeso, nos últimos anos da sua existência.

2. A terceira epístola de São João tem por destinatário um tal Gaio, de que, aliás, nada sabemos. Exorta-o o solícito pastor d'almas a mostrar-se hospitaleiro para com os peregrinos, principalmente com os missionários que por aí passarem.

Também esta carta deve ter sido escrita em Éfeso, pelo fim da vida de São João.

3. O autor das duas epístolas se intitula simplesmente "o ancião". É de supor que esse nome fosse bem conhecido aos leitores, hipótese essa que se verifica perfeitamente na pessoa do evangelista São João, que naquele tempo contava quase um século de existência, e era excepcional o prestígio que esse único apóstolo sobrevivente gozava na Igreja. De resto, o próprio conteúdo, bem como o estilo das epístolas, são de molde a lembrar o quarto evangelho e a primeira epístola de São João. A brevidade das cartas e o seu escasso conteúdo dogmático não favoreciam a difusão das mesmas; pelo que não possuímos da sua origem apostólica testemunhos tão numerosos como dos demais escritos do Novo Testamento.

Segunda Epístola de São João

¹O Ancião, à senhora eleita e seus filhos, que eu amo na verdade, e não somente eu, mas também todos os que conhecem a verdade, ²e isso por amor à verdade, que permanece em nós e estará conosco eternamente.

³A graça, a misericórdia e a paz, da parte de Deus Pai e de Jesus Cristo, o Filho do Pai, sejam *conosco*[convosco] na verdade e na caridade.

Vida no amor. ⁴Deu-me grande satisfação encontrar entre teus filhos quem trilhe o caminho da verdade, conforme nos ordenou o Pai. ⁵Agora, pois, senhora, rogo-te que nos amemos uns aos outros — não como se te escrevesse um mandamento novo, senão aquele que tivemos desde o princípio. ⁶Ora, o amor se revela em vivermos segundo os seus mandamentos. Esse é seu mandamento, como ouvistes desde o princípio, para que vos guieis por ele.

Firmeza na fé. ⁷Muitos sedutores se têm espalhado pelo mundo. Negam que Jesus Cristo apareceu em carne. Assim é o sedutor e anticristo. ⁸Cuidado que não percais o fruto dos vossos trabalhos, mas que tenhais plena recompensa. ⁹Quem o desprezar e não perseverar na doutrina de Cristo não está com Deus; mas quem perseverar na doutrina, este está com o Pai e o Filho. ¹⁰Se alguém for ter convosco e não vier com esta doutrina, não o recebais em casa, nem mesmo o cumprimenteis. ¹¹Pois quem o cumprimenta se torna cúmplice das suas obras más.

Conclusão. [12]Muitas coisas teria que escrever-vos ainda; mas não o quis com tinta e papel. Nutro a esperança de visitar-vos. Então falaremos de viva voz, para que seja completa a *nossa*[vossa] alegria.

[13]Saudações dos filhos de tua irmã eleita.

Terceira Epístola
de São João

¹O Ancião, ao caríssimo Gaio, a quem amo na verdade.

²Caríssimo, faço votos para que em tudo gozes de bem-estar e saúde, assim como a tua alma goza de perfeito bem-estar.

Elogio de Gaio. ³Grande satisfação me deu a chegada dos irmãos, que teceram elogios ao teu amor à verdade. ⁴Não conheço satisfação maior do que esta, de ouvir que meus filhos andam no caminho da verdade.

⁵Caríssimo, procedes com fidelidade em tudo quanto fazes aos irmãos, máxime aos estranhos. ⁶Em face da igreja louvaram a tua caridade. Farás bem em provê-los para a jornada, como é justo aos olhos de Deus. ⁷Porque foi por amor do seu nome que eles partiram, sem nada aceitar dos gentios. ⁸É, pois, dever nosso acolher a homens desses, a fim de cooperarmos com eles para a causa da verdade.

Queixa sobre Diótrefes. ⁹Escrevi à igreja; mas esse Diótrefes, que entre eles se arvora em chefe, não nos recebe. ¹⁰Por isso, quando lá for, hei de lançar-lhe em rosto o procedimento que leva, desacreditando-nos com palavras malévolas. E não contente com isso, não só ele mesmo recusa receber os irmãos, mas ainda proíbe os outros de os receberem, chegando a expulsá-los da igreja.

¹¹Caríssimo, não imites esse mal; mas, sim, o que é bom. Quem pratica o bem é de Deus; quem pratica o mal não viu a Deus. ¹²A Demétrio todos lhe tecem louvores, mesmo a verdade. Nós o confirmamos; e tu bem sabes que é verídico o nosso testemunho.

Conclusão. ¹³Muitas coisas teria de escrever-te ainda; mas não o quis com tinta e pena. ¹⁴Espero ver-te em breve; então falaremos de viva voz.

¹⁵A paz seja contigo.

Saudações dos amigos. Saúda os amigos, cada um em particular.

Notas explicativas

2Jo ⁷Os embusteiros em questão são provavelmente os docetas, que negavam corpo real a Jesus Cristo, concedendo-lhe tão-somente um corpo aparente e a divindade.

⁹Os hereges chamados gnósticos se tinham em conta de espíritos fortes e emancipados, sobranceiros às tradições cristãs.

¹³Os filhos da irmã eleita devem ser, a julgar pelo versículo 1, os cristãos da Igreja irmã em Éfeso, onde se encontrava o autor da epístola.

3Jo ⁶*Tua caridade* — isto é, a tua vida verdadeiramente cristã.

⁹Refere-se provavelmente à segunda epístola dirigida à comunidade de Gaio. É de supor que Diótrefes fosse o bispo daquela cristandade, pouco digno desse múnus.

Epístola de Judas Tadeu

Introdução

1. Apresenta-se Judas a seus leitores com o título de irmão de Tiago Menor. Era, pois, filho de Alfeu (Cléofas) e de Maria, a qual vem com o nome de "irmã" (talvez, parenta) da mãe de Jesus, razão por que os evangelistas chamam a Judas "irmão do Senhor" (Mt 13,55; Mc 6,3) — primo-irmão, diríamos nós. Admitido ao colégio apostólico com seu irmão Tiago, ocupa Judas o décimo lugar na enumeração dos apóstolos, em Mateus (10,2-4) e em Marcos (3,16-19); em Lucas tem o undécimo lugar (6,14-16; At 1,13). Traçando o paralelo, vê-se que Judas, "irmão de Tiago" (Lc 6,16; At 1,13) levava o sobrenome Tadeu (ou Lebeu). São João (14,22) lhe chama "Judas, não o Iscariotes". Abstração feita das notícias colhidas nos evangelhos e da menção geral dos apóstolos nos Atos, nada sabemos da vida de São Judas. É tradição que pregou o Evangelho principalmente na Síria, e morreu mártir em Arado ou Berito (Beirute). A Igreja lhe celebra a festa no dia 28 de outubro.

2. A epístola de São Judas supõe nos leitores um conhecimento profundo do Antigo Testamento e das tradições judaicas, o que faz crer que os destinatários fossem pela maior parte judeu-cristãos, pertencendo provavelmente às cristandades do apóstolo Tiago; pois essas Igrejas eram invadidas de certos hereges, que abusavam da liberdade do Evangelho para coonestar as maiores desordens e excessos (vv. 8, 11, 12, 16 e 18). De mãos dadas com esses desvarios morais ia a negação teórica da divindade de Cristo (v. 48). Foi o que moveu o apóstolo a escrever às cristandades, pondo-as de sobreaviso do perigo dos falsos profetas.

3. A epístola foi composta antes da destruição de Jerusalém, pois é certo que semelhante catástrofe não deixaria de figurar nos exemplos que o autor aduz como castigos divinos (v. 5-7). Deve ter sido escrita ainda antes do ano 67, porque São Pedro, morto nesse ano, já conhecia a carta. Segundo refere Hegesipo, ficou a Igreja palestinense preservada de qualquer cisma e heresia durante a vida de São Tiago, bispo de Jerusalém. Pelo que não pode a epístola ser anterior a 62, ano da morte de São Tiago. Nasceu, portanto, no período de 62 a 67.

4. Desde o princípio foi este documento atribuído ao apóstolo Judas. Dele já se serviu São Pedro, na sua segunda epístola (capítulo 2 e princípio do capítulo 3). Atesta-lhe também o conhecimento na Igreja romana o fragmento muratoriano. Quase todos os antigos escritores cristãos mencionam esta carta como sendo do apóstolo São Judas.

Epístola de
São Judas Tadeu

¹Judas, servo de Jesus Cristo e irmão de Tiago, aos amados em Deus Pai e destinados à vocação por Jesus Cristo.
²A misericórdia, a paz e a caridade vos enriqueçam largamente.

Introdução. ³Caríssimos, era desejo íntimo do meu coração escrever-vos acerca da *nossa*[vossa] comum salvação, e julguei necessário exortar-vos por escrito a que continueis a lutar pela fé que uma vez por todas foi confiada aos santos. ⁴É que se introduziu no vosso meio certa gente para a qual desde há muito está exarada esta sentença: ímpios que abusam da graça de nosso Deus para luxúria e negam o Soberano único, nosso Senhor Jesus Cristo.

Cuidado com os hereges

Exemplos. ⁵Embora sabedores de tudo isto, quisera chamar-vos à memória que o Senhor, depois de salvar da terra do Egito o povo, novamente o entregou à perdição por causa da sua incredulidade. ⁶Também os anjos, decaindo da sua dignidade de príncipes e perdendo o lugar que ocupavam, tem-nos ele agrilhoados eternamente nas tenebrosas profundezas, reservados para o grande dia do juízo. ⁷Da mesma forma estão aí, para escarmento, punidas com fogo eterno, Sodoma e Gomorra e as cidades circunvizinhas, que, como estas, viviam entregues à libertinagem e a vícios contrários à natureza. ⁸Assim são também *esses desvairados*[esses] que maculam a carne, desprezam o poder do Senhor e ultrajam-lhe as glórias. ⁹Ao passo que o arcanjo Miguel, disputando com o demônio sobre o corpo de Moisés, não ousou lançar sentença de maldição, limitando-se a dizer: "Reprima-te o Senhor!", ¹⁰enquanto esses amaldiçoam tudo o que não compreendem; e o que sabem pelo instinto natural, como os brutos irracionais, isso lhes serve de corrupção. ¹¹Ai deles, que trilham o caminho de Caim, e por causa da sua ganância se deixam arrastar pelo erro de Balaão, vindo a perecer rebeldes como Coré! ¹²Essas manchas banqueteiam-se despudoradamente em *vossos*[seus] festins, cevando-se eles a si mesmos. Essas nuvens sem água, levadas aqui e acolá pelo vento! Essas árvores sem folhas nem fruto, desarraigadas, duplamente mortas! ¹³Vagas furiosas do mar a espumar as suas imundícies! Estrelas errantes, a que está reservada para todo o sempre a sinistra escuridão.

Profecias sobre os hereges. ¹⁴Desses tais profetizou Henoc, o sétimo descendente de Adão: "Eis que vem o Senhor com milhares de anjos, ¹⁵a julgar a todos e castigar a todos os ímpios por causa das impiedades que perpetraram, e por causa de todos os insultos que esses ímpios pecadores lançaram contra ele".

¹⁶Murmuram e queixam-se da sua sorte, mas vivem à mercê das suas paixões; a sua boca profere arrogâncias e adulam a gente em pleno rosto, quando é de interesse.

¹⁷Vós, porém, caríssimos, lembrai-vos das palavras que já os apóstolos de nosso Senhor Jesus Cristo anunciaram ¹⁸avisando-vos de que nos últimos tempos apareceriam zombadores, guiando-se pelos seus apetites perversos. ¹⁹São esses tais que provocam dissensões, homens sensuais e sem espírito.

Conclusão. ²⁰Vós, porém, caríssimos, edificai-vos sobre o fundamento da vossa fé santíssima. Orai no Espírito Santo. ²¹Conservai-vos no amor de Deus. Aguardai a misericórdia de nosso Senhor Jesus Cristo para a vida eterna. ²²Orientai aos que vacilam. ²³Arrancai outros do fogo e salvai-os. De outros ainda compadecei-vos, cheios de temor. Acautelai-vos, porém, da túnica manchada pela carne.

²⁴A ele, que é poderoso para vos preservar da queda e apresentar-vos, imaculados e jubilosos, ante a sua *glória*[glória, no advento de nosso Senhor Jesus Cristo] — ²⁵a ele, o Deus único e Salvador nosso, seja por nosso Senhor Jesus Cristo glória e magnificência, império e poder, antes de todo o tempo, e agora, e por todos os séculos dos séculos. Amém.

Notas explicativas

5-18 Com aqueles pecadores do Antigo Testamento se parecem os hereges em questão, e não escaparão a castigos idênticos.

Refere-se o apóstolo à mortandade no deserto (Nm 14), onde o povo, após o êxodo do Egito, foi condenado a perecer, em castigo da sua descrença. A Vulgata, substituindo "Senhor" por "Jesus", considera o Messias prometido como guia invisível do povo de Israel através do deserto (cf. 1Cor 10,4.9).

8Os hereges não reconhecem a soberania de Cristo e desprezam os anjos, que representam a glória e majestade de Deus.

9Satanás merecia maldição, mas essa não devia sair dos lábios do arcanjo; quanto menos devem lábios humanos prestar-se a maldições!

14A profecia de Henoc não se acha na sagrada Escritura, mas estriba em tradição oral, encontrando-se, outrossim, no livro de Henoc, que data do século II antes de Cristo, mas não faz parte do cânon dos livros sacros.

22-25Dá o apóstolo algumas diretivas sobre o trato com cristãos extraviados: os que apenas começam a duvidar das verdades reveladas necessitam de orientação; outros, que se acham como que à beira do abismo, devem ser retirados com extremo esforço como que das chamas dum incêndio; outros ainda, que pecam por humana fragilidade, merecem sincera compaixão da parte dos bons, os quais, no entanto, devem acautelar-se para não saírem contagiados do mesmo mal.

Apocalipse

Introdução

1. O Apocalipse (= revelação secreta) é o único livro do Novo Testamento que se pode chamar profético. Verdade é que também nos evangelhos e nas epístolas dos apóstolos encontramos disseminadas, aqui e acolá, algumas predições do futuro; mas é apenas incidentemente e em número reduzido, ao passo que o Apocalipse se ocupa de preferência com a anunciação de eventos vindouros. A linguagem e a exposição lembram vivamente os livros proféticos do Antigo Testamento. Como naqueles, predomina também aqui a linguagem figurada, insinuam-se coisas futuras por meio de símbolos e de visões. Mas, enquanto os profetas desempenham o papel de mestres e pastores do seu tempo, e se servem do tempo do futuro Messias apenas como fundo das suas visões, o autor do Apocalipse, muito ao contrário, coloca no primeiro plano aquilo que os videntes da lei antiga divisavam como eventos últimos; assunto principal são os acontecimentos finais da história.

2. O Apocalipse se intitula a si mesmo obra de João, servo de Jesus Cristo (1,1.4.9; 22,8). Esse João é, consoante a convicção dos primeiros séculos cristãos, idêntico ao apóstolo São João, discípulo predileto de Jesus. Papias, discípulo dos apóstolos, conhecia o livro, e o declara oriundo do apóstolo João. No mesmo sentido falam São Justino, Santo Irineu, Melito de Sardes, e outros. Só mais tarde apareceu quem ousasse impugnar a autoria de São João, pelo fato de pretenderem os quiliastas estribar no Apocalipse (capítulo 20) a sua opinião dos mil anos de prazeres sensuais, que os mártires e justos ressuscitados houvessem de gozar neste mundo. Mal, porém, começou o quiliasmo a perder a sua influência, dissiparam-se também as dúvidas sobre a autenticidade deste documento sacro.

3. Sendo que o conteúdo do Apocalipse foi revelado a São João para que o consignasse por escrito (1,11.19), é de supor que ele tenha redigido este livro não muito depois das visões que teve na ilha de Patmos.

Ora, segundo tradição antiqüíssima da Igreja, foi o apóstolo desterrado para Patmos sob o governo do imperador Domiciano; de maneira que o Apocalipse teria sido escrito lá pelo ano 95.

4. Visa este livro, em primeira linha, as Igrejas da Ásia Menor, procurando conservá-las na fé e animá-las à constância, no meio dos perigos e das tribulações; pois, pelo fim do século, achavam-se essas cristandades cruelmente perseguidas. O solícito pastor, exilado em ilha solitária, era obrigado a viver longe do seu rebanho, enquanto as pobres ovelhinhas padeciam graves injúrias da parte das autoridades pagãs e da população, como também dos judeus; apareceram hereges, como os nicolaítas e os cerintianos, e outros. Nessas conjunturas não faltou, certamente, entre os cristãos quem receasse pela sorte da Igreja de Cristo. O presente livro vinha dar solução ao problema, vaticinando o triunfo final da Igreja sobre as potências adversas. Destarte contribuiu para encorajar os fiéis no meio das tribulações, e preservou-os da apostasia da fé.

Mais ainda. Também à Igreja universal de todos os tempos vinha o Apocalipse ministrar-lhe motivos de alento e consolação. Sejam quais forem as perseguições, nós sabemos que a Igreja sairá triunfante de todas elas, confirmando assim a solene promessa de Cristo: "As portas do inferno não prevalecerão contra ela".

5. Não há livro algum na sagrada Escritura que tenha experimentado interpretações tão diversas e desencontradas como o Apocalipse, e isso não apenas com referência a particularidades, mas até quanto à idéia fundamental. Podem-se reduzir a três categorias as explicações principais: a) a interpretação histórico-temporal das visões apocalípticas, teoria essa que estava grandemente em voga nos primeiros séculos do cristianismo, prevendo, sobretudo, a vitória da Igreja sobre o judaísmo e o paganismo; b) a exegese histórico-

-eclesiástica, que cuida encontrar simbolizadas no Apocalipse as vicissitudes da Igreja toda, desde os seus primórdios até à sua consumação; c) a interpretação histórico-escatológica, que vê representada nessas visões a história final da Igreja nos tempos do anticristo, mas de modo que ao mesmo tempo apareçam esboçados os traços gerais de toda a história anterior da Igreja.

É essa última opinião que encontra maior número de adeptos entre os intérpretes, e que parece a mais provável.

6. A idéia fundamental que passa por todo o Apocalipse, da primeira à última página, e que caracteriza cada uma das suas partes, é a volta de Cristo para o juízo final. As sete mensagens dirigidas às cristandades da Ásia Menor formam um como juízo preliminar, que o Senhor institui com as Igrejas, a fim de prepará-las para o seu advento final; são, por assim dizer, sete brados de alarme, que previnem os cristãos: "Preparai o caminho ao juiz vindouro!" Os sete sigilos e as sete trombetas acarretam os castigos de Deus sobre o mundo e a humanidade (capítulos 1-11). Segue-se o grande castigo sobre as potências anticristãs, simbolizadas por três animais, e a metrópole pagã de Babilônia (capítulos 12-20).

Remata o Apocalipse — e a sagrada Escritura — com o aparecimento da vida nova sobre a terra nova e purificada dos horrores do pecado (capítulos 21-22).

Apocalipse de São João

1 Introdução do vidente. ¹Revelação de Jesus Cristo, que Deus lhe deu para manifestar a seus servos o que há de em breve suceder. Tornou-o patente por um anjo a seu servo João, ²que dá testemunho do que Deus disse e o que Jesus Cristo revelou, tudo quanto viu. ³Feliz de quem ler e ouvir as palavras proféticas e lhes observar o conteúdo. Porque o tempo está próximo.

⁴João, às sete igrejas na Ásia.

A graça e a paz vos sejam dadas da parte daquele que é, que era, e que há de vir; da parte dos sete espíritos, ante o trono de Deus; ⁵e da parte de Jesus Cristo. É ele a testemunha fiel, o primogênito dentre os mortos, o príncipe dos reis da terra. A ele que nos amou e em seu sangue nos lavou dos nossos pecados, ⁶que nos fez reino e sacerdotes para Deus, seu Pai — a ele seja glória e poder pelos séculos dos séculos. Amém.

⁷Eis que ele vem sobre as nuvens. Todos os olhos o verão, também os que o transpassaram. Todas as tribos da terra hão de romper em lamentos por causa dele. Deveras, assim é.

⁸"Eu sou o alfa e o *ômega*[ômega, o princípio e o fim]", diz Deus, o Senhor, "ele, que é, que era e que há de vir" — o Onipotente.

Visão inicial. ⁹Eu, João, irmão vosso e companheiro de tribulação, no *reino e na perseverança em Jesus*[reino de Deus e na perseverança em Cristo Jesus], estava na ilha chamada Patmos, por causa da palavra de Deus e do testemunho de Jesus. ¹⁰No dia do Senhor fui arrebatado em espírito, e ouvi por detrás de mim uma voz forte como de trombeta, ¹¹que clamava: "Escreve num livro o que estás vendo e envia-o *às sete igrejas*[à igreja da Ásia]: a Éfeso, a Esmirna, a Pérgamo, a Tiatira, a Sardes, a Filadélfia e a Laodicéia.

¹²Voltei-me para a voz que me falava, e, estando voltado, vi sete candelabros de ouro, ¹³e, no meio dos *candelabros*[sete candelabros], um vulto semelhante a um filho de homem, em veste talar e com um cinto de ouro à altura do peito. ¹⁴Tinha a cabeça e os cabelos brancos como a alvura nívea de lã; os olhos quais chamas de fogo; ¹⁵os pés semelhantes ao bronze candente na forja; a sua voz era como o bramir de grandes massas d'água. ¹⁶Levava na mão direita sete estrelas, e da boca saía-lhe uma espada de dois gumes. O seu semblante era como o coruscar do sol em toda a sua veemência.

¹⁷À vista dele, caí como morto a seus pés. Ao que ele pôs sobre mim a mão direita, dizendo: "Não temas! Eu sou o primeiro e o último, ¹⁸eu sou o vivente. Estava morto, mas eis que vivo pelos séculos dos séculos, e tenho as chaves da morte e do inferno. ¹⁹Escreve, pois, o que viste, o que é, e o que há de vir: ²⁰o mistério das sete estrelas que viste em minha direita, e os sete candelabros de ouro. As sete estrelas são os anjos das sete igrejas, e os sete candelabros são as sete igrejas.

As sete mensagens

2 À Igreja de Éfeso. ¹Ao anjo da igreja em Éfeso escreve: isto diz aquele que leva na direita as sete estrelas e anda no meio dos sete candelabros de ouro. ²Conheço as tuas obras, os teus trabalhos, a tua paciência; sei que não toleras os maus, que puseste à prova os que se arvoram em apóstolos, sem que o sejam, e que os achaste mentirosos. ³Também tens paciência e muito sofreste por amor de meu nome, sem desfalecer. ⁴Mas tenho contra ti que abandonaste o teu primeiro amor. ⁵Lembra-te de que altura caíste. Entra em ti e torna a proceder como procedias a princípio; do contrário, irei ter contigo e removerei do seu lugar o teu candelabro, se não entrares em ti. ⁶Uma coisa, porém, tens: é que detestas as obras dos nicolaítas, que também eu detesto.

⁷Quem tem ouvidos ouça o que o espírito diz às igrejas: ao vencedor darei a comer da árvore da vida, que está no paraíso *de Deus*[de meu Deus].

À Igreja de Esmirna. ⁸Ao anjo da igreja em Esmirna escreve: isto diz aquele que é o primeiro e o último, que estava morto e tornou à vida. ⁹Conheço a tua tribulação e a tua pobreza — mas és rico. Bem sei quantos ultrajes sofres da parte daqueles que se dizem judeus, sem que o sejam — são antes uma sinagoga de Satanás. ¹⁰Não temas os padecimentos que ainda te aguardam. Eis que o demônio fará lançar ao cárcere alguns de vós, a fim de serdes provados. Tereis de passar por uma tribulação de dez dias. Sê fiel até à morte, e eu te darei a coroa da vida.

¹¹Quem tem ouvidos ouça o que o espírito diz às igrejas: o vencedor nada terá que sofrer da morte segunda.

À Igreja de Pérgamo. ¹²Ao anjo da igreja em Pérgamo escreve: isto diz aquele que leva a espada afiada de dois gumes. ¹³Sei onde habitas; lá onde Satanás levantou o seu trono. Tu, porém, guardas o meu nome; não me negaste a fé, nem mesmo nos dias em que foi morta entre vós a minha fiel testemunha Antipas, lá onde está o trono de Satanás. ¹⁴Mas tenho contra ti algumas coisas: é que tens aí uns adeptos da doutrina de Balaão, que ensinava Balac a induzir os filhos de Israel a comerem dos sacrifícios dos ídolos e a praticarem luxúria. ¹⁵Também tens aí uns adeptos das doutrinas dos nicolaítas. ¹⁶Entra, pois, em ti. Do contrário, não tardarei a ir ter contigo para lutar contra eles com a espada da minha boca.

¹⁷Quem tem ouvidos ouça o que o espírito diz às igrejas: ao vencedor darei o maná oculto e uma pedra branca; na pedra está escrito um nome novo que ninguém conhece, senão aquele que o recebe.

À Igreja de Tiatira. ¹⁸Ao anjo da igreja em Tiatira escreve: isto diz o Filho de Deus, que tem olhos como chamas de fogo, e pés semelhantes a bronze candente. ¹⁹Conheço as tuas obras, o teu amor, a tua fé, as tuas obras de caridade, a tua paciência; sei que tuas últimas obras levam vantagem às primeiras. ²⁰Mas tenho contra ti que dás liberdade à mulher Jezabel, que se arvora em profetisa e com as suas doutrinas induz os meus servos à luxúria e a comerem dos sacrifícios dos ídolos. ²¹Dei-lhe tempo para se converter; ela, porém, não quer converter-se da sua luxúria. ²²Eis que hei de prostrá-la no leito das dores; e os companheiros da luxúria passarão grande tribulação, se não desistirem das suas obras; ²³ferirei de morte a seus filhos, e todas as igrejas conhecerão que sou eu que perscruto os rins e os corações e que a cada um de vós retribuirei segundo merecem as suas obras. ²⁴A vós outros, porém, em Tiatira que não abraçais semelhantes doutrinas, nem chegastes a conhecer as "profundezas de Satanás" — como eles dizem —, a vós declaro:

não vos imporei novos fardos; ²⁵basta que fiqueis com o que tendes até que eu venha.

²⁶A quem vencer e se guiar pelas minhas obras até ao fim dar-lhe--ei poder sobre os gentios. ²⁷Há de governá-los com cetro de ferro e esmigalhá-los como vasos de argila. ²⁸Esse é o poder que recebi de meu Pai. E lhe darei a estrela d'alva.

²⁹Quem tem ouvidos ouça o que o espírito diz às igrejas.

3 À Igreja de Sardes. ¹Ao anjo da igreja em Sardes escreve: isto diz aquele que tem os sete espíritos de Deus e as sete estrelas. Conheço as tuas obras; o teu nome diz que vives, e, no entanto, estás morto. ²Acorda e fortalece o resto que está para morrer! Pois eu não achei perfeitas diante de Deus as tuas obras. ³Lembra-te do que recebeste e ouviste; guarda-o e entra em ti. Mas, se não estiveres alerta, *virei*[virei a ti] como ladrão, e não saberás a hora em que te surpreenderei. ⁴Entretanto, tens aí em Sardes algumas pessoas que não mancharam as suas vestes; essas irão comigo em vestes alvas, porque o merecem.

⁵O vencedor será vestido de veste alva; nem jamais lhe apagarei o nome do livro da vida; mas confessarei seu nome diante de meu Pai e diante de seus anjos.

⁶Quem tem ouvidos ouça o que o espírito diz às igrejas.

À Igreja de Filadélfia. ⁷Ao anjo da igreja em Filadélfia escreve: isto diz o Santo, o Verdadeiro, aquele que tem a chave de Davi, que abre, e ninguém fecha, que fecha, e ninguém abre. ⁸Conheço as tuas obras. Eis que deixei aberta diante de ti uma porta, que ninguém pode fechar. Dispões de poucas forças; mas guardaste a minha palavra e não negaste o meu nome. ⁹Eis que te darei alguns da sinagoga de Satanás que se dizem judeus, e não o são, mas mentem; farei com que se prostrem a teus pés e reconheçam que te agraciei com o meu amor. ¹⁰Porque guardaste a minha palavra sobre a paciência, por isso também eu te guardarei da hora da provação, que sobrevirá a todo o mundo, a fim de experimentar os habitantes da terra. ¹¹Não tardarei a vir. Guarda o que tens para que ninguém te arrebate a coroa.

¹²Ao vencedor fá-lo-ei coluna do templo de meu Deus, e daí não sairá mais; nela escreverei o nome de meu Deus e o nome da cidade de meu Deus, da nova Jerusalém, que desce do céu, da parte de Deus; e também o meu novo nome.

¹³Quem tem ouvidos ouça o que o espírito diz às igrejas.

À Igreja de Laodicéia. ¹⁴Ao anjo da igreja em Laodicéia escreve: isto diz o Veracíssimo, a testemunha fiel e verídica, o princípio da criação de Deus. ¹⁵Conheço as tuas obras; sei que não és frio nem quente. Oxalá fosses frio ou quente. ¹⁶Mas porque és morno — nem frio nem quente — hei de vomitar-te da minha boca. ¹⁷Estou rico, dizes tu; nada me falta — e não sabes que és infeliz, miserável, pobre, cego e nu. ¹⁸Dou-te o conselho de me comprares ouro acrisolado no fogo para enriqueceres; vestes alvas, para te cobrires e já não ostentares o vergonhoso da tua desnudez; e colírio, para lavares os olhos e veres. ¹⁹Repreendo e castigo a todos os que amo. Trabalha, pois, com zelo e entra em ti. ²⁰Eis que estou à porta e bato. Se alguém prestar ouvido à minha voz e *abrir*[me abrir] a porta, entrarei em sua casa e me banquetearei com ele, e ele comigo.

²¹Ao vencedor fá-lo-ei sentar-se comigo em meu trono, assim como também eu, vencedor, me sentei com meu Pai em seu trono.

²²Quem tem ouvidos ouça o que o espírito diz às igrejas.

O drama da vinda de Cristo

Acontecimentos preliminares

4 A majestade de Deus. ¹Em seguida, tive uma visão. Eis que uma porta se abriu no céu; e aquela voz que a princípio ouvira falar-me como trombeta disse: "Sobe aqui! Mostrar-te-ei o que acontece depois disto". ²Logo fui arrebatado em espírito; e eis que estava armado no céu um trono, e sobre o trono achava-se alguém sentado. ³Quem estava sentado apresentava aspecto duma pedra de jaspe e de sárdio. Em roda do trono havia um arco-íris, semelhando a uma esmeralda. ⁴Cercavam o trono outros vinte e quatro tronos, e nesses tronos estavam sentados vinte e quatro anciãos, trajando vestes brancas e com coroas de ouro na cabeça. ⁵Do trono partiam relâmpagos e estampidos de trovões. Diante do trono ardiam sete lâmpadas, que são os sete espíritos de Deus. ⁶Estendia-se diante do trono um como que mar de cristal. Ao meio, diante do trono e ao redor do mesmo, achavam-se quatro seres vivos, cheios de olhos por diante e por detrás. ⁷O primeiro ser era semelhante a um leão, o segundo ser a um novilho, o terceiro ser tinha o rosto como de homem, e o quarto ser parecia-se com uma águia a voar. ⁸Cada um dos quatro seres vivos tinha seis asas, e estavam cheios de olhos por fora e por dentro. Cantavam sem descanso, dia e noite, dizendo: "Santo, santo, santo é o Senhor, Deus onipotente, que era, que é, e que há de vir".

⁹Assim que os quatro seres vivos tributavam glória, honra e ação de graças ao que estava sentado no trono, e que vive pelos séculos dos séculos, ¹⁰os vinte e quatro anciãos prostravam-se diante daquele que se achava sentado no trono e adoravam aquele que vive pelos séculos dos séculos. Depositavam as suas coroas ao pé do trono, dizendo: ¹¹"Digno és tu, Senhor, Deus nosso, de receber glória, honra e poder. Tu criaste o universo. Por tua vontade é que se fez e foi criado.

3 O livro dos sete sigilos. ¹Na mão direita de quem estava sentado no trono vi um livro, escrito por dentro e por fora, e selado com sete sigilos. ²Vi um anjo forte a apregoar em voz alta: "Quem é digno de abrir o livro e romper-lhe os sigilos?" ³E não havia no céu, nem na terra, nem debaixo da terra quem pudesse abrir o livro e ver o seu conteúdo. ⁴Andava eu em grandes prantos por não haver quem fosse digno de abrir o livro, e ver-lhe o conteúdo.

Entrega do livro ao Cordeiro. ⁵Então me disse um dos anciãos: "Não chores! Eis que venceu o leão da tribo de Judá, o descendente de Davi; ele é que abrirá o livro e lhe romperá os sete sigilos".

⁶Nisto vi, ao meio, diante do trono e dos quatro seres vivos, e no meio ante os anciãos, um cordeiro como que imolado. Tinha sete chifres e sete olhos, que são os sete espíritos de Deus mandados por toda a terra. ⁷Aproximou-se e tomou o livro da mão direita de quem se achava sentado no trono. ⁸Logo que tomou o livro, os quatro seres vivos e os vinte e quatro anciãos se prostraram diante do cordeiro. Empunhava cada qual uma harpa e uma concha cheia de incenso — que são as orações dos santos. ⁹E cantaram um cântico novo, dizendo: "Digno és *tu*[tu, Senhor,] de receber o livro e romper-lhe os sigilos; porque foste imolado, e com teu sangue nos conquistaste para Deus de todas as tribos e línguas, povos e nações. ¹⁰*Deles*[De nós] fizeste a nosso Deus reis e sacerdotes que governarão a terra".

¹¹Quando estava a olhar, percebi, ao redor do trono, dos seres vivos e dos anciãos, as vozes de muitos anjos; era de milhares de miríades o seu número. ¹²Cantavam em altas vozes: "Digno é o Cor-

deiro imolado de receber poder, *riqueza*[divindade], sabedoria, fortaleza, honra, glória e louvor!"

¹³E toda criatura que há no céu, na terra, debaixo da terra e no mar — tudo quanto neles existe —, a todos ouvi cantar: "Ao que está sentado no trono e ao Cordeiro seja louvor, honra, glória e poder, pelos séculos dos séculos".

¹⁴"Amém", responderam os quatro seres vivos; e os vinte quatro anciãos prostraram-se em *adoração*[adoração daquele que vive pelos séculos dos séculos].

6 Os quatro primeiros sigilos. ¹Vi então que o Cordeiro rompia o primeiro dos sete sigilos. E ouvi o primeiro dos quatro seres vivos bradar com voz de trovão: "*Vem!*"[" Vem e vê!"] ²Olhei; e eis um cavalo branco, e quem nele montava estava armado dum arco. Foi-lhe entregue uma coroa, com a qual ele partiu de vitória em vitória.

³Ao romper do segundo sigilo, ouvi o segundo ser vivo dizer: "*Vem!*"[" Vem e vê!"] ⁴Nisto apareceu outro cavalo, cor de fogo, e ao que nele estava montado foi dado o poder de tirar a paz da terra, para que os homens se trucidassem uns aos outros. Pelo que lhe entregaram uma grande espada.

⁵Ao romper do terceiro sigilo, ouvi o terceiro ser vivo dizer: "*Vem!*"[" Vem e vê!"] Olhei; e eis um cavalo preto, e quem nele montava levava uma balança na mão. ⁶E percebi uma voz, no meio dos quatro seres vivos, que dizia: "Uma medida de trigo por um denário, e três medidas de cevada por um denário; não faças mal ao vinho e ao óleo".

⁷Ao romper do quarto sigilo, ouvi a voz do quarto ser vivo dizer: "*Vem!*"[" Vem e vê!"] ⁸Olhei; e eis um cavalo baio, e quem nele vinha montado chamava-se "Morte"; e ia no seu séquito o inferno. Foi-lhe dado poder sobre a quarta parte da terra, para destruir pela espada, pela fome, pela peste e por meio das feras da terra.

O quinto sigilo. ⁹Ao romper do quinto sigilo, vi debaixo do altar as almas dos que tinham sido mortos por causa da palavra de Deus e pelo testemunho que haviam guardado. ¹⁰Clamavam em altas vozes: "Até quando hesitas, Senhor santo e verdadeiro, em fazer justiça e vingar o nosso sangue dos habitantes da terra?" ¹¹Ao que entregaram uma veste alva a cada um deles, pedindo-lhes que ainda por um pouco de tempo tivessem paciência, até que se completasse o número de seus companheiros e irmãos que, como eles, haviam de ser mortos.

O sexto sigilo. ¹²Ao romper do sexto sigilo, olhei e sobreveio um grande terremoto; o sol se tornou negro como um cilício de luto, a lua se fez toda cor de sangue, ¹³e as estrelas do céu caíram sobre a terra, assim como a figueira deixa cair os seus figos verdes, quando sacudida pelo vendaval. ¹⁴O céu recuou como um volume que se enrola. Todos os montes e todas as ilhas moveram-se do seu lugar. ¹⁵Então os reis da terra, os magnatas, os oficiais, os ricos, os poderosos, os escravos e os livres — todos se esconderam nas cavernas e por entre os fraguedos das montanhas. ¹⁶E gritaram aos montes e aos rochedos: "Caí sobre nós e ocultai-nos dos olhos de quem está sentado sobre o trono, e da ira do Cordeiro! ¹⁷Porque chegou o grande dia da ira deles — quem poderá subsistir?"

7 Assinalação dos escolhidos. ¹Em seguida, vi quatro anjos que estavam de plantão nos quatro cantos do globo, trazendo presos os quatro ventos da terra, para que nenhum vento soprasse pela terra, nem pelo mar, nem através de árvore alguma. ²Vi ainda outro anjo subir do oriente, com o sinal de Deus vivo. Bradou em alta voz aos quatro anjos a quem foi dado o poder de fazerem mal à terra e ao mar, dizendo: ³"Não façais mal à terra, nem ao mar, nem às árvores, até que assinalemos na fronte os servos de nosso Deus". ⁴E ouvi o número dos assinalados: cento e quarenta e quatro mil de todas as tribos dos filhos de Israel.

⁵Da tribo de Judá, doze mil assinalados; da tribo de Rúben, doze mil; da tribo de Gad, doze mil; ⁶da tribo de Aser, doze mil; da tribo de Neftali, doze mil; da tribo de Manassés, doze mil; ⁷da tribo de Simeão, doze mil; da tribo de Levi, doze mil; da tribo de Issacar, doze mil; ⁸da tribo de Zabulon, doze mil; da tribo de José, doze mil; da tribo de Benjamim, doze mil assinalados.

Os santos diante do trono de Deus. ⁹Depois disso, tive uma visão. Eis uma multidão que ninguém poderia contar, de todas as nações, tribos, povos e línguas. Estavam diante do trono e em presença do Cordeiro, trajando vestes alvas e com palmas nas mãos. ¹⁰Bradavam em altas vozes: "Salve, Deus nosso, que está sentado no trono, e o Cordeiro!"

¹¹Todos os anjos estavam à roda do trono, dos anciãos e dos quatro seres vivos. Prostraram-se sobre os seus rostos, ante o trono, e adoraram a Deus, ¹²dizendo:

"Deveras! Louvor, glória, sabedoria, agradecimento, honra,

poder e fortaleza compete a nosso Deus, pelos séculos dos séculos. Amém!"

¹³Nisto me perguntou um dos anciãos: "Quem são estes, trajados de vestes alvas, e donde vêm?"

¹⁴"Senhor", respondi-lhe, "tu é que sabes."

Tornou-me ele: "Estes são os que vieram de grande tribulação, lavaram as suas vestes e purificaram-nas no sangue do Cordeiro. ¹⁵Por isso é que estão diante do trono de Deus, servindo-o, dia e noite, em seu templo. O que está sentado sobre o trono habita no meio deles. ¹⁶Já não terão fome nem sede; já não cairá sobre eles o sol, nem ardor algum; ¹⁷porque o Cordeiro que está no meio diante do trono os apascentará e conduzirá às fontes das águas da vida; e Deus enxugará dos seus olhos toda a lágrima".

8 O sétimo sigilo. ¹Ao romper do sétimo sigilo, fez-se silêncio no céu, quase por espaço de meia hora.

²Vi que aos sete anjos, que estão diante de Deus, foram entregues sete trombetas. ³Nisto apareceu outro anjo e colocou-se diante do altar com um turíbulo de ouro; foi-lhe dado muito incenso para que, juntamente com as orações dos santos, o deitasse sobre o altar de ouro, em face do *trono*[trono de Deus]. ⁴Subiu das mãos do anjo, à presença de Deus, o perfume do incenso com as orações dos santos. ⁵O anjo tomou o turíbulo, encheu-o de fogo do altar, e lançou-o por terra. Ao que se fizeram ouvir estampidos de trovões, relâmpagos e terremotos. ⁶Então os sete anjos com as sete trombetas se prepararam para tocar.

As quatro primeiras trombetas. ⁷O primeiro anjo tocou a trombeta — e caiu uma saraivada de fogo misturado com sangue, que foi atirado sobre a terra. Queimou-se a terça parte da terra, a terça parte das árvores, e toda a grama verde pereceu no fogo.

⁸O segundo anjo tocou a trombeta — e um como monte de fogo lançou-se ao mar, e a terça parte do mar mudou-se em sangue, ⁹e pereceu um terço das criaturas que vivem no mar, e um terço dos navios foi a pique.

¹⁰O terceiro anjo tocou a trombeta — e caiu do céu um grande astro, luminoso como um archote, e veio tombar sobre a terça parte dos rios e das fontes d'água. ¹¹Chama-se "absinto" esse astro. Converteu em absinto a terça parte das águas, e muitos homens morreram dessas águas, porque se tornaram amargas.

¹²O quarto anjo tocou a trombeta — e foi ferida a terça parte do sol, a terça parte da lua e a terça parte das estrelas, de maneira que se lhes escureceu a terça parte, e deixou de resplandecer a terça parte do dia e da noite.

¹³Levantei os olhos e ouvi bradar uma águia que voava pela altura do céu: "Ai, ai, ai dos habitantes da terra, por causa dos restantes toques de trombeta dos três anjos que ainda vão tocar".

9 A quinta trombeta.
¹O quinto anjo tocou a trombeta — e vi uma estrela cair do céu sobre a terra. Foi-lhe entregue a chave para a caverna do abismo. ²Abriu a caverna do abismo, e da caverna subiu fumaça como a fumaça duma grande fornalha. Escureceram com a fumaça da caverna o sol e o ar. ³Do interior da *fumaça*[fumaça da caverna] saíram gafanhotos, que se foram pela terra. E foi-lhes dado um poder igual ao dos escorpiões da terra. ⁴Mas tiveram ordem de não fazer mal à grama da terra, nem à verdura, nem a árvore alguma, senão somente aos homens que não levassem na fronte o sigilo de Deus. ⁵Não tiveram, todavia, permissão de os matar, mas apenas atormentar por espaço de cinco meses. A sua mordedura dói como a do escorpião quando fere o homem.

⁶Nesses dias, buscarão os homens a morte, mas não a encontrarão; desejarão morrer, mas a morte fugirá deles. ⁷Aqueles gafanhotos pareciam corcéis prestes a entrar em batalha. Levavam na cabeça umas como coroas de ouro. O seu rosto era parecido com o rosto humano. ⁸Tinham cabelos como cabelos de mulher. Os seus dentes eram quais dentes de leões. ⁹Vestiam couraças que pareciam de ferro. O arruído das suas asas assemelhava-se ao estrépito de numerosos carros de batalha a arremessar-se à peleja. ¹⁰Tinham caudas e ferrões como de escorpião. Com as suas caudas podiam fazer mal aos homens durante cinco meses. ¹¹Tinham acima de si como rei o anjo do abismo, que em hebraico se chama Abaddon, e, em grego, *Apollyon*[Apollyon, e em latim: Exterminans].

¹²Assim passou a primeira calamidade. Mas eis que ainda seguem duas calamidades.

A sexta trombeta.
¹³O sexto anjo tocou a trombeta — e ouvi uma voz que partia dos quatro cantos do altar de ouro, que está em face de Deus. ¹⁴Dizia ao sexto anjo, que levava a trombeta: "Solta os quatro anjos que se acham presos à margem da grande torrente do Eufrates". ¹⁵E foram postos em liberdade os quatro

anjos, que estavam prontos para matar a terça parte dos homens, em determinado dia, mês e ano. ¹⁶O número desse exército de cavalaria montava a vinte mil vezes dez mil — foi o número que ouvi. ¹⁷A visão que tive dos cavalos e cavaleiros foi esta: vinham armados de couraças cor de fogo, cor de jacinto e cor de enxofre. Os cavalos tinham cabeças de leões, e da boca saía-lhes fogo, fumaça e enxofre. ¹⁸A estes três flagelos — o fogo, a fumaça e o enxofre, que lhes saíam da boca — sucumbiu a terça parte dos homens. ¹⁹A força desses cavalos está na boca e na cauda. As suas caudas parecem serpentes munidas de cabeças, e com estas fazem mal. ²⁰Mas nem por isso os outros homens, que não pereceram a esses flagelos, desistiram das obras das suas mãos, continuando a adorar os demônios e os ídolos de ouro, de prata, de bronze, de pedra e de madeira — ídolos incapazes de ver, de ouvir e de andar. ²¹Nem se converteram dos seus homicídios, das suas feitiçarias, da sua luxúria e dos seus roubos.

10 O anjo com o livrinho aberto. ¹Vi ainda outro anjo, poderoso, que descia do céu, envolto numa nuvem e com um arco-íris sobre a cabeça. O seu rosto brilhava como o sol, e seus pés pareciam colunas de fogo. ²Trazia um livrinho aberto na mão. Pôs o pé direito sobre o mar, e o esquerdo sobre a terra, ³e soltou um brado veemente, como o rugido do leão. A seu brado fizeram os sete trovões ouvir a sua voz. ⁴Depois de expirarem os sete trovões, dispus-me a escrever, mas uma voz do céu *dizia*[me dizia]: "Guarda sob sigilo o que os trovões disseram; mas não o escrevas".

⁵Nisto o anjo que eu vira de pé sobre o mar e sobre a terra levantou a mão direita ao céu ⁶e jurou por aquele que vive pelos séculos dos séculos, que criou o céu e tudo o que nele há, a terra e tudo o que nela existe, o mar e tudo o que ele encerra: "Não há mais tempo. ⁷Mas nos dias em que o sétimo anjo se dispuser a tocar a trombeta, se cumprirá o desígnio secreto de Deus, conforme anunciou aos seus servos, os profetas".

⁸E a voz que eu ouvira do céu tornou a falar-me, dizendo: "Vai, toma o livrinho aberto da mão do anjo que está em pé sobre o mar e sobre a terra". ⁹Fui ter com o anjo e pedi-lhe que me desse o livrinho. Ao que ele me disse: "Toma lá e come-o. Amargar-te-á o estômago, mas para a boca será doce como mel". ¹⁰Tomei o livrinho da mão do anjo e comi-o. Na boca era doce como mel, mas depois que o comi, tornou-se amargo no estômago. ¹¹Ao que ele me disse: "É

necessário que tornes a profetizar sobre numerosas nações, povos, línguas e reis".

11 A cidade santa e as duas testemunhas. ¹Entregaram-me uma cana, espécie de bastão, dizendo-me: "Levanta-te e vai medir o templo de Deus, o altar e os que nele adoram. ²Deixa, porém, de parte o átrio exterior do templo; não o meças. Está entregue aos gentios, que hão de calcar a cidade santa por espaço de quarenta e dois meses. ³Darei ordem às minhas duas testemunhas para pregarem durante mil duzentos e sessenta dias, em vestes penitenciais". ⁴São elas as duas oliveiras e os dois candelabros que estão diante do Senhor da terra. ⁵Se alguém lhes quiser fazer mal, sair-lhes-á fogo da boca, que devorará seus inimigos. Quem, pois, lhes quiser fazer mal perecerá desse modo. ⁶Assiste-lhes o poder de fecharem o céu, de sorte que não cairá chuva, nos dias da sua pregação. Têm também o poder de converter em sangue as águas e de ferir a terra com toda a espécie de pragas, quantas vezes quiserem. ⁷Quando houverem acabado o seu testemunho, então a fera que sobe do abismo as há de guerrear, vencendo e matando-as. ⁸Os seus corpos ficarão estendidos nas ruas da grande cidade, que em figura se chama Sodoma e Egito, e onde foi crucificado seu Senhor. ⁹Uns quantos homens das tribos, povos, línguas e nações verão os cadáveres delas por espaço de três dias e meio e não permitirão que se dê sepultura a seus corpos. ¹⁰Alegrar-se--ão por causa delas os habitantes da terra; folgarão e mandarão brindes uns aos outros, porque esses dois profetas eram um tormento para os habitantes da terra. ¹¹Passados, porém, aqueles três dias, entrou neles o espírito vital vindo de Deus; puseram-se de pé; e grande temor se apoderou dos que os viram. ¹²Ouviu-se uma voz forte vinda do céu, dizendo-lhes: "Subi aqui!" E, à vista dos seus inimigos, subiram ao céu numa nuvem.

¹³Nessa mesma hora houve um grande terremoto; desabou a décima parte da cidade, e sete mil pessoas encontraram a morte no terremoto. Os restantes encheram-se de terror e deram glória a Deus.

¹⁴Passou-se o segundo ai; eis que não tardará o terceiro ai.

A sétima trombeta. ¹⁵O sétimo anjo tocou a trombeta — e fizeram-se ouvir no céu grandes vozes que diziam: "Coube a nosso Senhor e a seu Ungido o reino do mundo; reinará pelos séculos dos *séculos*[séculos. Amém].

¹⁶Ao que os vinte e quatro anciãos, que estão sentados nos seus tronos, em face de Deus, se prostraram de bruços e adoraram a Deus, ¹⁷dizendo: "Graças te damos, Senhor, Deus onipotente, que és, que *eras*[eras e hás de vir], porque assumiste o teu grande poder e tomaste posse do reino. ¹⁸Irritaram-se as nações; sobreveio, porém, a tua ira e o tempo de julgares os mortos e recompensares os teus servos, os profetas, os santos e os que temem o teu nome, pequenos e grandes; e o tempo de perderes os que corrompem a terra".

¹⁹Abriu-se então no céu o templo de Deus; apareceu em seu templo a arca da sua aliança. Seguiram-se relâmpagos, estampidos de trovões, terremotos, e fortes saraivadas.

Culminância do drama

12 O dragão à espreita. ¹Apareceu no céu um grande sinal: uma mulher vestida do sol, com a lua debaixo dos pés, e uma coroa de doze estrelas sobre a cabeça. ²Estava grávida e clamava com as dores e angústias do parto.

³Ainda outro sinal apareceu no céu: eis um grande dragão cor de fogo, com sete cabeças e dez chifres, e com sete diademas nas suas cabeças. ⁴Com a cauda varreu a terça parte das estrelas do céu, atirando-as sobre a terra. Colocou-se o dragão diante da mulher que estava para dar à luz, a fim de lhe devorar o filho, logo depois de nascido. ⁵Deu ela à luz um filho varão, que há de reger com cetro de ferro todos os povos. Mas o filho foi arrebatado para o seu trono junto de Deus. ⁶A mulher, porém, fugiu para o deserto, onde Deus lhe preparara um lugar, para que aí encontrasse sustento por espaço de mil duzentos e sessenta dias.

Vitória de Miguel sobre o dragão. ⁷Travou-se então uma *luta*[grande luta] no céu. Miguel e seus anjos combatiam contra o dragão, e também o dragão e seus anjos pelejavam. ⁸Mas estes não puderam resistir, perdeu-se o lugar deles no céu. ⁹Foi precipitado o grande dragão, a antiga serpente, chamada demônio e Satanás, que seduz todo o mundo; foi lançado sobre a terra, e com ele foram lançados os seus anjos. ¹⁰Nisto percebi no céu uma voz forte, que dizia: "Veio a salvação, o poder, o reino de nosso Deus, e o império de seu Ungido. Acaba de ser precipitado o acusador dos nossos irmãos, que dia e noite lhes fazia carga diante de nosso Deus. ¹¹Venceram-no pelo sangue do Cordeiro e pela palavra do testemunho que deram; tão pouco apego tiveram à sua vida, que preferiam a morte. ¹²Pelo que alegrai-vos, ó céus, e vós, que neles habitais. Mas ai da terra e do mar! Porquanto o demônio desceu a vós com grande ira, sabendo quão breve é o prazo que lhe resta".

Luta do dragão com a mulher. ¹³Vendo-se o dragão precipitado sobre a terra, deitou a perseguir a mulher que dera à luz o filho varão. ¹⁴Mas foram dadas à mulher duas grandes asas de águia para que voasse ao deserto, ao lugar onde, longe da serpente, fosse sustentada por um tempo, por dois tempos, e por meio tempo. ¹⁵Então a serpente lançou das suas fauces torrentes de água no encalço da mulher, para arrebatá-la nas vagas. ¹⁶Mas a terra veio em auxílio da mulher; abriu a boca e absorveu a torrente que o dragão lançara das fauces. ¹⁷Exasperou-se o dragão contra a mulher, e saiu a guerrear os demais filhos dela que observam os mandamentos de Deus e aderem ao testemunho de *Jesus*[Jesus Cristo].

A fera vinda do mar. ¹⁸Estava eu na praia do mar,

13 ¹quando se me deparou um animal subindo das águas. Tinha dez chifres e sete cabeças, levando dez diademas sobre os seus chifres, e um nome blasfemo sobre as cabeças. ²O animal que eu via assemelhava-se a um leopardo, tendo pés como de urso, e boca como de leão. O dragão deu-lhe a sua força, o seu trono e o seu grande poder. ³Uma das suas cabeças estava ferida de morte; mas a ferida mortal sarou. Todo mundo, maravilhado, seguiu o animal, ⁴adorando o dragão por ter outorgado *o poder*[a sua força] ao animal. Adoraram também o animal, dizendo: "Quem é semelhante a este animal? E quem poderá lutar com ele?" ⁵Foi-lhe dada uma boca que proferia arrogâncias e blasfêmias, e teve permissão de proceder assim por espaço de quarenta e dois meses. ⁶Abriu a boca para lançar blasfêmias contra Deus, para injuriar-lhe o nome, o tabernáculo e os habitantes do céu. E foi-lhe também permitido guerrear os santos e derrotá-los. ⁷Foi-lhe dado poder sobre todas as nações, tribos, línguas e povos. ⁸Adorá-lo-ão todos os habitantes da terra, aqueles cujos nomes não se acham, desde o princípio do mundo, escritos no livro da vida do Cordeiro que foi imolado.

⁹Quem tem ouvidos ouça. ¹⁰Quem reduzir outros ao cativeiro será cativo ele mesmo. Quem ferir pela espada, pela espada morrerá. Aqui é ter paciência e a fé dos santos.

A fera vinda da terra. ¹¹Vi mais outro animal, que subia da terra. Tinha um par de chifres como o carneiro, mas falava como um dragão. ¹²Exerce aos olhos do primeiro animal o mesmo poder que este e leva a terra e seus habitantes a adorarem o primeiro animal, curado da ferida mortal. ¹³Realiza grandes prodígios, mandando até cair fogo do céu sobre a terra, à vista dos homens. ¹⁴Com os prodígios que lhe é dado operar aos olhos do animal seduz os habitantes da terra, induzindo os habitantes da terra a fabricarem uma imagem do animal que fora ferido a espada e continuara a viver. ¹⁵Foi-lhe permitido, outrossim, insuflar vida à imagem do animal de maneira que a imagem do animal falava e mandava matar todos os que não adorassem a imagem do animal. ¹⁶Fez com que todos — pequenos e grandes, ricos e pobres, livres e escravos — levassem uma marca na mão direita ou na fronte. ¹⁷Ninguém podia comprar nem vender sem que levasse esta marca: o nome do animal, ou então o número do seu nome. Aí é ter sabedoria! ¹⁸Quem for inteligente calcule o número do animal; é o número de um homem. O número é seiscentos e sessenta e seis.

14 O Cordeiro e seu cortejo. ¹Levantei os olhos, e eis que o Cordeiro estava no alto do monte Sião, e com ele estavam cento e quarenta e quatro mil, que traziam gravado na fronte o nome dele e o nome do seu Pai. ²Ouvi uma voz do céu, semelhante ao bramir de muitas águas e semelhante ao rebombar de um grande trovão. A voz que eu ouvia era como de tocadores de harpas a tangerem as suas harpas. ³Cantavam um cântico novo ante o trono, ante os quatro seres vivos e os anciãos. Ninguém podia aprender esse cântico, senão aqueles cento e quarenta e quatro mil resgatados da terra. ⁴Estes são os que não se mancharam com mulheres: são virgens, e seguem o Cordeiro aonde quer que ele vá. Foram resgatados dentre os homens, primícias para Deus e o Cordeiro. ⁵Jamais saiu da sua boca uma mentira. São *imaculados*[imaculados ante o trono de Deus].

Os três anjos vingadores. ⁶Vi outro anjo a voar pelas alturas do céu. Tinha de levar uma mensagem de eterna salvação aos habitantes da terra, a todas as nações, tribos, línguas e povos. ⁷Bradou em altas vozes: "Temei a Deus e glorificai-o! É chegada a hora do seu juízo. Adorai a quem criou o céu, a terra, o mar e as fontes d'água".

⁸Seguiu-o outro anjo, bradando: "Caiu, caiu a grande Babilônia, que com o vinho inebriante da sua luxúria embriagava todos os povos".

⁹A eles seguiu-se um terceiro anjo, clamando: "Quem adorar o animal e sua imagem e lhe aceitar a marca na fronte ou na mão ¹⁰terá de beber o vinho ardente de Deus, que sem mescla foi infundido no cálice da sua ira; com fogo e enxofre será atormentado aos olhos dos santos anjos e do Cordeiro. ¹¹O fumo dos seus tormentos subirá pelas séculos dos séculos. Não terão repouso nem de dia nem de noite os que adorarem o animal e sua imagem, e aceitarem a marca do seu nome. ¹²Aqui é que se manifesta a perseverança dos santos que guardam os mandamentos de Deus e a fé em Jesus".

¹³Ouvi do céu uma voz que *dizia*[me dizia]: "Escreve: bem-aventurados desde agora os mortos que morrerem no Senhor. Em verdade, diz o Espírito, descansarão dos seus trabalhos; porque as suas obras os acompanham".

Os três anjos ceifadores. ¹⁴Levantei os olhos, e eis uma nuvem branca, e sobre a nuvem branca estava sentado alguém semelhante a um filho de homem. Tinha na cabeça uma coroa de ouro, e na mão uma foice aguda. ¹⁵Saiu do templo outro anjo e clamou em voz alta ao que estava sentado sobre a nuvem: "Estende a tua foice e ceifa; porque é chegada a hora da colheita; estão maduras as searas da terra". ¹⁶Então o que estava sentado sobre a nuvem passou a foice pela terra — e a terra estava ceifada.

¹⁷Saiu do templo celeste outro anjo, levando também ele uma foice aguda.

¹⁸Mais outro anjo assomou da parte do altar: tinha poder sobre o fogo, e bradou em voz alta ao que empunhava a foice aguda: "Estende a tua foice aguda e corta os cachos da vinha da terra: porque as suas uvas estão maduras".

¹⁹Ao que o anjo passou a sua foice pela terra e cortou os cachos da vinha da terra, atirando-os ao grande lagar da ira de Deus. ²⁰Foi o lagar pisado fora da cidade. O sangue que saía do lagar subiu e chegou até aos freios dos cavalos, numa extensão de mil e seiscentos estádios.

15 Os sete anjos com as conchas. ¹Vi ainda outro sinal do céu, grandioso e admirável: sete anjos com os sete flagelos últimos, pelos quais havia de consumar-se a ira de Deus. ²Antolhava-se-me um como mar de cristal, misturado com fogo; à beira desse mar de cristal estavam os que tinham vencido o animal e a sua imagem e o número do seu nome, empunhando as harpas de Deus. ³Cantavam o cântico de Moisés, servo de Deus, e o cântico do Cordeiro, dizendo:

"Grandes e admiráveis são as tuas obras, ó Senhor, Deus onipotente! Justos e verdadeiros são os teus caminhos, ó Rei dos povos! ⁴Quem não te temeria, Senhor? Quem não glorificaria o teu nome? Porque só tu és santo. Virão adorar-te todos os povos, porque se revelaram os teus justos juízos".

⁵Em seguida, vi como no céu se abria o templo com o tabernáculo da aliança. ⁶Do templo saíram os sete anjos com os sete flagelos, vestidos de alvinitente linho e com uma cinta de ouro ao peito. ⁷Um dos quatro seres vivos entregou aos sete anjos sete conchas de ouro, cheias da ira de Deus, que vive pelos séculos dos séculos. ⁸Encheu-se o templo com o fumo da majestade e do poder de Deus. Ninguém podia entrar no templo, enquanto não se consumassem os sete flagelos dos sete anjos.

16 Efusão das quatro primeiras conchas. ¹Ouvi uma voz forte que vinha do templo e dizia aos sete anjos: "Ide e derramai sobre a terra as sete conchas da ira de Deus".

²Ao que o primeiro foi derramar a sua concha sobre a terra — e nasceram úlceras cruéis e malignas aos homens que levavam a marca do animal e lhe haviam adorado a imagem.

³O segundo anjo derramou a sua concha sobre o mar — e ele ficou como sangue de defunto, e pereceu tudo quanto vivia no mar.

⁴O terceiro anjo derramou a sua concha sobre os rios e as fontes d'água — e converteram-se em sangue. ⁵E ouvi o anjo das águas dizer: "Justo *és*[és, Senhor,] tu, que és e que eras, tu, que és santo, porque assim julgaste! ⁶Derramaram o sangue dos justos e dos profetas; pelo que lhes deste sangue a beber, como mereceram". ⁷E ouvi alguém falar da parte do altar: "Sim, Senhor, Deus onipotente, verdadeiros e justos são os teus juízos".

⁸O quarto anjo derramou a sua concha sobre o sol — e foi-lhe dado o poder de queimar a gente com o *fogo*[calor e o fogo]. ⁹Viram-se os homens abrasados de grandes ardores; mas blasfemavam o nome de Deus, que tem poder sobre semelhantes flagelos; não entravam em si nem o glorificavam.

Efusão das três últimas conchas. ¹⁰O quinto anjo derramou a sua concha sobre o trono do animal — e fez-se tenebroso o reino dele. Os homens mordiam a língua, de dor; ¹¹mas blasfemavam ao Deus do céu por causa dos seus tormentos e das suas úlceras, e não desistiram das suas obras.

¹²O sexto anjo derramou a sua concha sobre o rio Eufrates — e estancaram-se-lhe as águas para abrir caminho aos reis do oriente. ¹³E vi sair da boca do dragão, da boca do animal e da boca do falso profeta três espíritos impuros, semelhantes a rãs. ¹⁴São espíritos diabólicos, que operam prodígios e vão ter com os reis de toda a terra, a fim de os reunir para a luta no grande dia de Deus onipotente. ¹⁵"Eis que venho como ladrão. Bem-aventurado quem vigiar e tiver conta das suas vestes, para que não ande nu e se lhe veja a desnudez!" ¹⁶Reúnem-nos no lugar que em hebraico se chama Harmagedon.

¹⁷O sétimo anjo derramou a sua concha sobre o ar — e do templo, da parte do trono, soou uma voz forte, dizendo: "Acabou-se!" ¹⁸Seguiram-se relâmpagos, estampidos, trovões, e um grande terremoto, tão terrível que não há memória entre os homens de outro igual. ¹⁹Desfez-se em três partes a grande cidade, e desabaram as cidades dos pagãos. É que Deus se recordou da grande Babilônia, e propinou-lhe o cálice do vinho ardente da sua ira. ²⁰Desapareceram todas as ilhas, e não se viam mais montanhas. ²¹Uma formidável saraivada caiu em arrobas sobre os homens. Os homens, porém, blasfemavam a Deus por causa do flagelo da saraivada, porque era violentíssimo esse flagelo.

17 A grande meretriz. ¹Aproximou-se um dos sete anjos que tinham as sete conchas e disse-me: "Vem, que te mostrarei o juízo sobre a grande meretriz sentada à beira de vastas águas. ²Praticaram luxúrias com ela os reis da terra, e os habitantes da terra se inebriaram com o vinho da sua prostituição". ³E arrebatou-me em espírito a um deserto. Aí vi uma mulher montada numa fera cor de escarlate, cheia de nomes blasfemos, com sete cabeças e dez chifres. ⁴Estava a mulher vestida de púrpura e escarlate, adornada de ouro, pedras preciosas e pérolas; levava na mão uma taça de ouro repleta da sua abominável e imunda luxúria. ⁵Trazia escrito na fronte um nome misterioso: "A grande Babilônia, mãe das meretrizes e das abominações do mundo". ⁶Vi a mulher ébria do sangue dos santos e do sangue dos mártires de Jesus. O seu aspecto encheu-me de grande pasmo.

⁷Disse-me então o anjo: "A que vem esse pasmo? Explicar-te-ei o mistério da mulher e da fera em que ela vem montada, a qual tem sete cabeças e dez chifres. ⁸A fera que acabas de ver existiu, mas já não existe; tornará, todavia, a subir do abismo, e voltará a perecer. À vista da fera que existiu, que não mais *existe e que voltará*[existe]

espantar-se-ão os habitantes da terra cujos nomes não se acharem escritos no livro da vida desde a criação do mundo. ⁹Aqui é ter juízo a par de sabedoria!

As sete cabeças significam os sete montes sobre os quais repousa a mulher, e significam sete reis. ¹⁰Cinco deles já caíram; um subsiste; o outro ainda não chegou; e, quando chegar, ficará pouco tempo. ¹¹A fera que existiu e já não existe é da sua parte o oitavo. Oriundo dos sete, caminha para a perdição. ¹²Os dez chifres que viste são dez reis que ainda não assumiram o poder, mas juntamente com a fera têm poder régio, por espaço de uma hora. ¹³São unânimes e comunicam a sua força e seu poder à fera. ¹⁴Farão guerra ao Cordeiro, mas o Cordeiro os levará de vencida — porque ele é o Senhor dos senhores e o Rei dos reis — e juntamente com ele os chamados, os escolhidos e os fiéis.

¹⁵Disse-me ainda: "As águas, junto às quais viste sentada a meretriz, significam povos, nações e línguas. ¹⁶Os dez chifres que viste, e a fera odiarão a meretriz, deixando-a ao desamparo e à desnudez, devorando-lhe as carnes e fazendo-a perecer no fogo. ¹⁷É que Deus lhes pôs no coração executarem os seus desígnios, *agirem unânimes e entregarem*[e entregarem] o seu poder à fera, até que se cumpram as palavras de Deus. ¹⁸A mulher que viste é a grande cidade que domina sobre os reis da terra.

18 Queda de Babilônia. ¹Depois disso, vi outro anjo descer do céu; tinha grande poder, e a terra se iluminou com seu esplendor. ²Bradou com voz forte: "Caiu, caiu a grande Babilônia! Tornou-se habitação de demônios, asilo de todos os espíritos impuros, guarida de todas as aves imundas e repugnantes. ³Porque todos os povos beberam do vinho inebriante da sua luxúria, os reis da terra fornicaram com ela, e os mercadores da terra enriqueceram com os excessos das suas libertinagens".

⁴Ouvi outra voz a bradar do céu: "Retirai-vos dela, povo meu, para que não tenhais parte nos seus delitos, nem lhe sofrais os flagelos; ⁵porquanto os seus pecados se acumulam até ao céu e o Senhor se recordou das suas iniqüidades. ⁶Retribuí-lhe o que ela *fez*[vos fez], e pagai-lhe o dobro das suas obras. Propinai-lhe o duplo do cálice que ela propinou. ⁷Fazei-a pagar em tormento e aflição o muito que passou em glórias e voluptuosidades. 'Estou no meu trono de rainha', diz ela no seu coração, 'não sou nenhuma viúva, nem conheço luto'. ⁸Por isso virão num só dia os seus flagelos: a

morte, o luto, a fome; será queimada no fogo; porque poderoso é *Deus, o Senhor*[Deus]".

A grande lamentação. ⁹Os reis da terra que com ela viveram em luxúria e voluptuosidades hão de chorar e lamentá-la, quando virem o fumo do seu incêndio. ¹⁰Ficarão à distância, com medo dos seus tormentos, clamando: "Ai, ai, grande cidade de Babilônia! Cidade tão poderosa! Eis que numa só hora desabou sobre ti o juízo!"

¹¹Os mercadores da terra chorá-la-ão entre lamentos; porque já não há quem lhes compre as mercadorias; ¹²artigos de ouro e de prata, pedras preciosas e pérolas, linho, púrpura, seda e escarlate; toda a espécie de madeira odorífera e toda a espécie de utensílios de marfim; toda a qualidade de utensílios de madeira preciosa, de bronze, de ferro e de mármore; ¹³canela e especiarias, perfumes, mirra e incenso; vinho, azeite, flor de farinha e trigo; gado, ovelhas, cavalos, novilhos e carros; escravos e servos da gleba. ¹⁴Fugiram de ti os frutos, delícias do teu coração; lá se foi tudo que era brilho e pompa, e nunca mais voltará.

¹⁵Os que com isso negociavam e enriqueciam conservar-se-ão longe dela, com medo dos seus tormentos, e, por entre lágrimas e lamentos, ¹⁶clamarão: "Ai, ai, cidade tão grande! Vestida de linho, púrpura e escarlate, coberta de ouro, pedras preciosas e pérolas. ¹⁷Numa só hora foi reduzida a nada tamanha riqueza!"

Todos os pilotos, nautas, mareantes e todos quantos trabalham no mar conservaram-se arredios, ¹⁸e, à vista do fumo do seu incêndio, exclamaram: "Que cidade houve jamais tão grande como esta?" ¹⁹Cobriram de cinzas a cabeça e diziam entre choros e lamentos: "Ai, ai daquela grande cidade! Dos seus tesouros enriqueceram todos os que tinham embarcações no mar. E numa só hora foi assolada!"

²⁰Exultai sobre ela, ó céus, e vós, santos, apóstolos e profetas! Porque Deus vingou a sentença que ela proferiu sobre vós.

A cidade deserta. ²¹Então um anjo poderoso suspendeu uma pedra, do tamanho duma mó, e lançou-a ao mar, dizendo: "Com igual veemência será precipitada Babilônia, a grande cidade, e não será jamais encontrada. ²²Nunca mais se ouçam em ti melodias de harpas ou cânticos, nem som de flauta ou trombeta! Nunca mais se encontre em ti artista de arte alguma nem jamais se perceba em ti ruído de moinho! ²³Nenhuma luz de lâmpada há de em ti brilhar, nenhuma voz de esposo e de esposa se há de ouvir em teu interior! Os teus mercadores, senhores do mundo, seduziram com suas magias todos os povos. ²⁴Está manchada do sangue dos profetas e dos santos, e de todos os que na terra foram trucidados".

19 O júbilo no céu. ¹Depois disso ouvi no céu uma voz possante, como de grandes multidões, bradando: "Aleluia! A salvação, a glória e o poder competem ao nosso Deus! ²Verdadeiros e justos são os seus juízos. Julgou a grande meretriz, que com sua luxúria corrompia a terra; vingou o sangue dos seus servos com que ela manchou as suas mãos".

³E continuaram a clamar: "Aleluia! O fumo dela sobe pelos séculos dos séculos!".

⁴Então se prostraram os vinte e quatro anciãos e os quatro seres vivos, e adoraram a Deus sentado no trono, dizendo: "Amém, aleluia!" ⁵E uma voz saiu do trono, dizendo: "Louvai ao nosso Deus, vós todos seus servos, vós que o temeis, pequenos e grandes!"

⁶E ouvi uma grande multidão cantar como o marulhar de muitas águas e o rebombar de veementes trovões: "Aleluia! Tomou posse do seu reino o Senhor nosso Deus, o Onipotente! ⁷Alegremo-nos, exultemos e glorifiquemo-lo; porque chegaram as núpcias do Cordeiro, e sua esposa se preparou; ⁸entregaram-lhe uma veste de obras justas dos santos".

⁹Ao que ele me disse: "Escreve: bem-aventurados os que são chamados ao banquete nupcial do Cordeiro". E acrescentou: "São estas as verdadeiras palavras de Deus".

¹⁰Então me lancei a seus pés para o adorar. Ele, porém, me disse: "Olha, que não o faças! Pois eu não passo dum servo teu e de teus irmãos, que têm o testemunho de Jesus. Adora a Deus". — O testemunho de Jesus é o espírito de profecia.

O vencedor montado no cavalo branco. ¹¹Vi o céu aberto; e eis um cavalo branco, e quem nele vinha montado chama-se o Fiel, o Verdadeiro. Julga e combate com justiça. ¹²Os seus olhos brilham como chamas de fogo, e traz muitos diademas na cabeça e inscrito um nome que ninguém conhece senão ele só. ¹³Traja uma veste ensangüentada; o seu nome é Verbo de Deus. ¹⁴Seguiam-no os exércitos celestes, montados em cavalos brancos, vestidos de alvinitente linho. ¹⁵Saía-lhe da boca uma espada *aguda*[de dois gumes] com que ferisse os povos. Governá-los-á com cetro de ferro, e pisará o lagar da ira veemente de Deus todo-poderoso. ⁱ⁶Na veste, à ilharga, leva escrito o nome: Rei dos reis, Senhor dos senhores.

Juízo sobre a fera e o falso profeta. ¹⁷Nisto vi um anjo colocado dentro do sol, que clamava em voz alta a todas as aves que voavam pelo espaço celeste: "Vinde reunir-vos para o grande festim de Deus! ¹⁸Comereis carnes de reis, carnes de chefes militares, carnes de poderosos, carnes de cavalos e seus cavaleiros, carnes de todos os livres e escravos, pequenos e grandes".

¹⁹Vi reunidos a fera e os reis da terra com seus exércitos, a fim de guerrearem o cavaleiro e seu exército. ²⁰Foi presa a fera juntamente com o falso profeta, que por virtude sua operava prodígios, seduzindo os que levavam a marca do animal e lhe adoravam a imagem. Foram os dois lançados vivos num tanque de fogo a arder com enxofre. ²¹Os restantes pereceram pela espada que saía da boca do cavaleiro; e todas as aves fartaram-se das suas carnes.

20 Captura de Satanás. ¹Vi descer do céu um anjo. Empunhava a chave do abismo e uma grande corrente. ²Prendeu o dragão, a serpente antiga — que é o demônio, Satanás —, e algemou-o por espaço de mil anos; ³precipitou-o ao abismo, fechou-o e pôs selo sobre ele para que não mais seduzisse os povos até que se completassem os mil anos. Depois disso será posto em liberdade por pouco tempo.

Reino milenar. ⁴Vi também tronos. Os que neles se sentaram foram incumbidos do julgamento. E vi almas dos que foram degolados por causa do testemunho de Jesus e por causa da palavra de Deus, almas que não adoraram o animal, nem a sua imagem, nem lhe aceitaram a marca na fronte e nas mãos. Tornaram à vida, e reinaram com Cristo por mil anos. ⁵Os outros só reviverão depois de expirarem os mil anos. É essa a primeira ressurreição. ⁶Bem-aventurado e santo aquele que tomar parte na primeira ressurreição. Não tem sobre eles poder a segunda morte. Serão sacerdotes de Deus e de Cristo, reinando com ele durante mil anos.

Queda de Satanás. ⁷Decorridos, porém, os mil anos, será Satanás solto do seu cárcere. ⁸Sairá pelos quatro cantos da terra e seduzirá os povos, a Gog e a Magog, reunindo-os para a luta. O número deles será como as areias do mar. ⁹Espalhar-se-ão pela superfície da terra, cercando o acampamento dos santos e a cidade tão querida. Mas descerá fogo do céu, devorando-os. ¹⁰O demônio, que os seduzia, será lançado ao tanque de fogo e enxofre, juntamente com o animal e o falso profeta. Serão atormentados, dia e noite, pelos séculos dos séculos.

Proclamação do reino eterno. ¹¹Vi então um trono grande e brilhante e alguém sentado nele. Da sua presença fugiu o céu e a terra, e não foi achado mais o lugar deles. ¹²Vi os mortos, grandes e pequenos, de pé diante do trono. Abriram-se livros. Mais outro livro foi aberto, que é o livro da vida. Foram os mortos julgados segundo as suas obras, assim como estava escrito nos livros. ¹³O mar expeliu os mortos que encerrava. Também a morte e o inferno entregaram os mortos que continham; e foi julgado cada um segundo as suas obras. ¹⁴Ao que a morte e o inferno foram lançados ao tanque de fogo. É essa a segunda *morte, o tanque de fogo*[morte]. ¹⁵Quem não se achava inscrito no livro da vida era lançado ao tanque de fogo.

21 O novo céu e a nova terra. ¹Vi então um novo céu e uma nova terra. O primeiro céu e a primeira terra lá se foram; e o mar já não existe. ²E *eu*[eu, João,] vi a cidade santa, a nova Jerusalém, descendo do céu da parte de Deus, preparada como uma noiva adornada para seu noivo. ³E, do trono, ouvi uma voz forte dizer: "Eis o habitáculo de Deus entre os homens! Habitará no meio deles; eles serão o seu povo e ele, Deus, estará com eles. ⁴Enxugará dos seus olhos toda a lágrima; já não haverá morte, nem luto, nem lamento, nem dor; porque passaram as coisas de outrora". ⁵E disse aquele que estava sentado no trono: "Eis que renovo todas as coisas!" E acrescentou: "Escreve: estas palavras são de confiança e verídicas". ⁶E prosseguiu: "Acabou-se! Eu sou o alfa e o ômega, o princípio e o fim. Ao que tiver sede lhe darei de graça água da fonte da vida. ⁷Quem vencer receberá isso; eu lhe serei Deus, ele será meu filho. ⁸Aos covardes, porém, aos incrédulos, aos ímpios, aos homicidas, aos impuros, aos feiticeiros, aos idólatras e a todos os mentirosos tocar-lhes-á em partilha o tanque de fogo e enxofre". É essa a segunda morte.

A nova Jerusalém. ⁹Veio então um dos sete anjos com as conchas repletas dos sete flagelos últimos, e disse-me: "Vem, que te mostrarei a noiva, a esposa do Cordeiro". ¹⁰E arrebatou-me em espírito a um monte de grande extensão e altura, e mostrou-me a cidade santa Jerusalém a descer do céu, da parte de Deus, com divina claridade.

¹¹Brilhava como uma pedra preciosa, como o jaspe cristalino. ¹²Tinha uma grande e elevada muralha e doze portais. Encimavam os portais doze anjos. Havia nomes gravados nos portais, os nomes das doze tribos de Israel. ¹³Três portais davam para o leste, três para o norte, três para o sul e três para o oeste. ¹⁴A muralha da cidade tinha doze pedras fundamentais, em que estavam gravados os nomes dos doze apóstolos do Cordeiro.

¹⁵Aquele que falava comigo trazia uma vara métrica de ouro, para medir a cidade, os seus portais e a sua muralha. ¹⁶A cidade está construída em quadro, sendo o seu comprimento igual à sua largura. Mediu a cidade com a sua *vara*[vara de ouro]: eram doze estádios. São iguais o seu comprimento, largura e altura. ¹⁷Mediu-lhe a muralha: eram cento e quarenta e cinco côvados, segundo a medida dos homens, que é também a medida dos anjos. ¹⁸A muralha era de jaspe; a cidade mesma era de ouro puro, límpido como o vidro. ¹⁹As pedras fundamentais da cidade estavam ornadas de toda a espécie de pedras preciosas. A primeira pedra fundamental era um jaspe, a segunda uma safira, a terceira uma calcedônia, a quarta uma esmeralda, ²⁰a quinta uma sardônica, a sexta um sárdio, a sétima um crisólito, a oitava um berilo, a nona um topázio, a décima um crisópraso, a undécima um jacinto, a duodécima uma ametista. ²¹Os doze portais eram doze pérolas, constando cada qual de uma só pérola. As ruas da cidade eram de ouro puro, diáfano como vidro.

²²Não vi templo nela. Deus, o Senhor, o Onipotente, o Cordeiro, é que são o seu templo. ²³A cidade não necessita da luz do sol nem da lua. A glória de Deus é que lhe dá claridade. A sua luz é o Cordeiro. ²⁴Andam os povos ao seu fulgor, e os reis da terra entram nela com as suas *magnificências*[magnificências e com os seus tesouros]. ²⁵Não se fecham os seus portais de dia. E noite lá não existe. ²⁶Serão nela introduzidos a magnificência e os tesouros dos povos. ²⁷Mas não entrará nenhuma coisa impura, nem ímpio nem mentiroso, senão somente aqueles que estão escritos no livro da vida do Cordeiro.

22 A felicidade da nova Jerusalém. ¹Passou a mostrar-me uma torrente de águas vivas, clara como cristal. Brotava do trono de Deus e do Cordeiro. ²No meio da sua praça e de uma e outra margem da torrente estava a árvore da vida. Frutifica doze vezes; produz fruto cada mês, as folhas da árvore dão saúde aos povos. ³Não haverá mais coisa maldita. Nela está o trono de Deus e do Cordeiro, e os seus servos o adoram. ⁴Contemplam-lhe a face e levam na fronte o seu nome. ⁵Não há mais noite. Não se precisa de luz de tocha nem de luz solar. Deus, o Senhor, é que é a sua luz. E reinarão pelos séculos dos séculos.

Conclusão do livro. ⁶Disse-me ele: "Merecem confiança e são verdadeiras estas palavras. Deus, o Senhor dos espíritos proféticos, enviou o seu anjo para revelar a seus servos o que há de acontecer em breve. ⁷Eis que não tardarei a vir. Bem-aventurado aquele que tomar a peito as palavras proféticas deste livro!"

⁸Eu, João, é que ouvi e vi estas coisas. E, depois de as ter ouvido e visto, caí aos pés do anjo que mas revelara, para o adorar. ⁹Ele, porém, me disse: "Não faças isto! Eu não passo dum servo como tu e teus irmãos, os profetas e os que tomarem a peito as *palavras*[palavras proféticas] deste livro. A Deus, sim, adora".

¹⁰E prosseguiu: "Não ponhas sob sigilo as palavras proféticas deste livro; porque o tempo está próximo. ¹¹Continue o ímpio a cometer impiedades, continue o impuro a cometer impurezas; o justo, porém, se torne ainda mais justo, e o santo ainda mais santo.

¹²Eis que não tardarei a vir. E comigo vem a minha recompensa para retribuir a cada um segundo as suas obras. ¹³Eu sou o alfa e o ômega, o primeiro e o último, o princípio e o fim. ¹⁴Bem-aventurados os que lavam as suas *vestes*[vestes no sangue do Cordeiro]! Terão direito à árvore da vida e a entrarem pelas portas da cidade. ¹⁵Mas ficarão fora os cães, os magos, os impuros, os assassinos, os idólatras e todo homem que ama e pratica a mentira.

¹⁶Eu, Jesus, é que vos enviei meu anjo a fim de vos comunicar isto para as igrejas. Eu sou a raiz e o broto de Davi, a luminosa estrela d'alva. ¹⁷Digam o espírito e a esposa: 'Vem!' E quem o ouvir responda: 'Vem!' Quem tiver sede venha; quem desejar receberá de graça a água da vida".

¹⁸Declaro a todo homem que tiver conhecimento das palavras proféticas deste livro: quem lhes acrescentar alguma coisa, sobre esse mandará Deus cair os flagelos descritos neste livro. ¹⁹E quem tirar alguma das palavras deste livro profético, Deus lhe tirará o quinhão na árvore da vida e na cidade santa, das quais trata este livro.

²⁰Quem disto dá testemunho diz: "Sim, virei em breve". Amém. Vem, Senhor Jesus!

²¹A graça do Senhor *Jesus*[Jesus Cristo] seja com todos os santos. Amém.

Notas explicativas

1 [4-8]*Aquele que é, e que há de vir* — isto é, Deus, que abrange o presente, o passado e o futuro. Os sete espíritos designam o Espírito Santo com os sete dons (cf. Is 11,2). Jesus Cristo é fiel testemunha da palavra de Deus; remiu-nos com o seu sangue e há de mostrar-se juiz terrível para com os ímpios. É o alfa e o ômega — primeira e última letras do alfabeto grego —, isto é, o princípio e o fim de todas as coisas.

[9]Patmos era uma ilha deserta do mar Egeu, para onde o imperador Domiciano desterrou o apóstolo São João por causa da pregação do Evangelho.

[20]As sete lâmpadas são as sete cristandades da Ásia Menor, que possuem a luz da fé verdadeira. As sete estrelas são os respectivos pastores dessas Igrejas. São estrelas porque espargem os fulgores da revelação divina; são anjos tutelares das cristandades. É Jesus Cristo que sustenta essas estrelas; quer dizer que recebem a luz desse sol divino.

2 [5-6]O pastor de Éfeso, juntamente com os seus, será excluído da Igreja de Cristo, se não voltar ao seu fervor primitivo. Os nicolaítas, aos quais mui louvavelmente faz oposição, davam por lícita a luxúria e a manducação das carnes sacrificadas aos ídolos.

[19-23]Esmirna era a cristandade de São Policarpo († 155), discípulo de São João; pobre embora de bens materiais, é ela riquíssima em dons de Deus.

[13-17]Pérgamo é designada como sendo sede de Satanás em atenção à repelente idolatria que aí se prestava a Esculápio (Asclépio). É fato que diversos cristãos tinham abraçado a doutrina dos balaamitas. Aos fiéis, porém, é prometido um manjar delicioso e uma pedra branca, isto é, a eleição à eterna bem-aventurança.

[18-19]Tiatira, cidade célebre por seu comércio de púrpura, pátria de Lídia (At 16,14), tem uma Igreja repleta de virtudes cristãs, mas tolera em seu meio uma heresia infame, que é chamada Jezabel, em atenção à conhecida mulher do rei Acab, a qual seduzia o povo à luxúria. Deus há de castigar os pecadores, ao passo que os justos receberão a estrela matutina da glória celeste.

3 [1-6]O pastor de Sardes, embora tido por virtuoso, vive em pecado mortal. Pelo que o apóstolo o exorta a voltar ao fervor primitivo, para que não seja colhido de surpresa pelo juízo de Deus. Os poucos cristãos que, em Sardes, se haviam conservado puros, terão em recompensa a união eterna com Jesus Cristo.

⁷⁻¹⁶Jesus Cristo dispõe das chaves da casa de Davi, isto é, do reino de Deus. Ninguém vem ao Pai senão por Jesus. O pastor de Filadélfia resistiu valorosamente aos judeus, pelo que presenciará a conversão de muitos deles. Todos os que perseverarem fiéis nas tribulações serão monumentos eternos das maravilhas de Deus.

¹⁴⁻¹⁸O pastor de Laodicéia é censurado por causa da tibieza na vida espiritual e exortado a implorar o espírito da fé, da pureza e do conhecimento do seu estado moral.

4 ¹⁻¹¹O vidente de Patmos descreve a majestade de Deus: o seu fulgor é semelhante ao das pedras preciosas; rodeiam o Altíssimo representantes do povo de Deus em vestes sacerdotais e ornatos régios; diante do trono eterno ardem, quais lâmpadas inextinguíveis, os sete dons do Espírito Santo; o pavimento parece todo de cristal puríssimo. Circundam o sólio divino os querubins, lembrando os seres criados mais perfeitos (cf. Ez 1,5-28); estão cheios de olhos, quer dizer, que refletem a sabedoria e majestade de Deus, bendizendo-o eternamente; entoam nos hinos dos querubins os representantes do povo de Deus e depõem as suas coroas, em sinal de submissão.

5 ¹⁻⁶O livro — que, antigamente, tinha a forma de rolo — contém os desígnios divinos sobre o futuro do reino messiânico na terra. Vem escrito dos dois lados, para indicar a abundância de vicissitudes que ele há de passar, no correr dos séculos. Está fechado com sete selos, porque os planos de Deus são profundíssimo mistério para a razão humana, mistério que só o Filho de Deus, imolado inocente, poderá desvendar. É ele o Cordeiro de Deus que se entregou à morte pelos pecados do mundo. Os chifres simbolizam o poder; os olhos, a sabedoria de Cristo.

6 ¹⁻⁸À solução dos quatro primeiros selos aparece de cada vez um cavaleiro. Vem o primeiro montado em corcel branco, laureado triunfador, simbolizando a vitoriosa justiça de Deus. O cavaleiro montado em cavalo cor de fogo significa a guerra, cheia de sangue e de incêndios. O cavaleiro do animal preto representa a fome e a carestia, que obriga a medir a ração para cada dia. O homem montado na cavalgadura amarela representa a morte, que vem fazer colheita para os seus celeiros, o inferno, que a vem seguindo.

⁹⁻¹¹O quinto selo insinua o martírio que os cristãos sofriam pela fé. Suplicam eles que Deus julgue os perseguidores para que acabe por sair triunfante o reino de Deus; mas têm de esperar até ao fim do mundo.

¹²⁻¹⁷O sexto selo faz lembrar horríveis cataclismos da natureza, que encherão de terror os habitantes do globo.

¹⁴O firmamento se afigura ao vidente como que uma tolda de tenda, ou como a folha dum livro que se desenrola.

7 ¹⁻¹⁷Antes de romper a grande catástrofe, são assinalados os predestinados do judaísmo e do paganismo, que terão de sofrer como os outros, mas possuem a garantia da perseverança final. Os números não se entendem ao pé da letra, mas designam uma grande multidão (milhares; pelo que se identifica o sentido de "144.000" com o de "inumerável multidão").

8 ¹⁻⁶O sétimo selo se desentranha em outras tantas trombetas, as quais são entregues a sete anjos para anunciarem os respectivos castigos.

⁷⁻¹²A primeira trombeta anuncia fenômenos terríficos, pródromos do juízo final: tempestades, erupções vulcânicas, meteoros, eclipses; mas tudo isso não passa de prelúdios de acontecimentos mais pavorosos.

9 ¹A estrela significa um anjo mau que, com a permissão de Deus, derrama grandes calamidades sobre os ímpios.

²⁻¹⁰Os gafanhotos (cf. Jl 1,6-7; 2,4-5) têm ordem de fazer mal, não às plantas, mas aos homens, razão por que vêm munidos de ferrão; de longe, se parecem com uma nuvem; de perto, alguns apresentam forma de homem, outros de cavalo.

¹¹*Apollyon* — quer dizer: exterminador.

¹⁴⁻¹⁶Das bandas do Eufrates vinham antigamente os exércitos dos assírios e babilônios assolando as terras de Israel; dessas mesmas regiões vê o apóstolo romperem as calamidades finais sobre o gênero humano.

10 ³⁻⁴À voz do anjo respondem, como outros tantos, ecos de sete trovões, cujo sentido não foi interpretado ao vidente.

⁸⁻¹⁰A exemplo do profeta Ezequiel, tem o apóstolo de engolir um

livro, quer dizer, assimilar o conteúdo; é-lhe doce e agradável receber uma revelação de Deus, porém amargo transmiti-la ao povo, por ser de significação lutuosa.

11 ¹⁻¹⁴O templo será defendido da profanação pagã, ao passo que os átrios do mesmo e a cidade de Jerusalém serão entregues ao seu arbítrio, por espaço de 42 meses. Durante esse período aparecerão dois profetas para pregar a penitência; mas acabarão por ser assassinados por instigação de Satanás e os seus corpos serão deixados sem sepultura; não tardarão, porém, a ressuscitar aos olhos de todos e subir ao céu, por entre grandes terremotos. Jerusalém se parecerá com Sodoma e o Egito, quanto à perseguição dos mensageiros de Deus.

¹⁵⁻¹⁹Ao som da última trombeta entra a realizar-se tudo o que foi anunciado em 12,1–22,5; e, antes mesmo que na terra se executem os desígnios de Deus, já no céu se celebra a vitória do Altíssimo sobre o mundo anticristão.

12 ¹⁻¹⁷A mulher em questão é a Igreja, que aparece sob a figura da mãe de Jesus. A Igreja de Cristo traz no seio uma vida nova, com o que redobra o furor do dragão. Entra ele em conflito com o arcanjo São Miguel e seus anjos, que acabam por expulsá-lo do reino de Deus. Cheio de cólera, volta-se o dragão contra a Igreja; mas em vão, porque ela está sob a proteção de Deus.

13 ¹A fera que sobe do seio do mar de povos (cf. Dn 7) é o anticristo.

¹¹⁻¹⁸A fera que vem da terra e auxilia a primeira é a doutrina falsa e a sabedoria mundana, aliadas do anticristo. Quem não lhe prestar culto é excluído do convívio civil e social.

¹⁸Não consta a significação deste número 666; é de notar que em hebraico e grego os números são ao mesmo tempo letras do alfabeto, resultando, assim, um nome determinado.

14 ¹⁻⁵A inumerável multidão dos bem-aventurados do céu (144.000 = milhares) vem representada sob a forma de virgens (cf. Mt 25,1-13), para indicar a absoluta pureza dessas almas.

⁶⁻¹³O primeiro anjo previne os homens, o segundo anuncia a queda da metrópole do mundo anticristão, o terceiro comunica o castigo iminente.

⁸O anjo antecipa o fato da queda de Babilônia, cuja realização histórica passa por todos os cinco capítulos seguintes.

¹⁴⁻¹⁸A humanidade está madura para a colheita, isto é, para o juízo final. As uvas maduras vão para o lagar: o seu sangue se derrama pelo mundo por mais de 310 km.

16 ¹As sete pragas que seguem fazem lembrar as do Egito (Ex 7,10).

¹²⁻¹⁶Secou o Eufrates, que opunha barreira aos exércitos invasores. As potências do abismo iludem os príncipes e os levam à perdição. Do mesmo modo que os reis de Canaã foram derrotados pelos israelitas em Harmagedon (isto é: monte de Magedon, ou Meguido — Jz 5,19), assim hão de todos os reis da terra encontrar o seu Harmagedon.

17 ¹⁻¹⁸Vem a metrópole do mundo anticristão personificada por uma mulher impura e sanguinária, que arrasta à luxúria e à idolatria os reis e os povos da terra. Serve de tipo a Roma pagã. O anticristo, levado de ciúmes, destrói tudo.

18 ¹⁻²⁴Um anjo de Deus proclama a catástrofe da metrópole anticristã como já realizada; ao que outra voz do céu concita os fiéis a abandonarem a cidade, passando a descrever a decepção dos negociantes e marinheiros, à vista das ruínas; por fim, outro anjo, lançando ao mar uma mó, representa ao vivo a perdição final da cidade perversa.

19 ¹⁻⁹Ao som de hinos e cânticos celebram os eleitos o poder, a majestade e a justiça de Deus manifestada no juízo sobre a metrópole anticristã, prevendo o dia em que a Igreja entrará com o divino Esposo no reino da eterna glória. Contrasta suavemente com a imunda meretriz manchada de sangue, o imaculado fulgor e a túnica alvíssima da Esposa de Cristo.

¹¹⁻¹⁶Montado em corcel cor de neve, ladeado dos exércitos celestes, sai Jesus Cristo, em marcha triunfal; os seus olhos, de brilho intenso, perscrutam todos os mistérios do universo; o seu nome é insondável arcano; vem com as vestes tintas de sangue, porque acaba de abandonar o campo de batalha; empunha um cetro de ferro e pisa o lagar, isto é, exerce juízo sobre os povos.

20 ¹⁻³É precipitado no inferno Satanás e são paralisadas as suas maquinações sobre a terra, em virtude da redenção de Cristo.

⁴⁻⁶Em lugar da cátedra de Satanás se ergue o trono de Cristo, cujo domínio abrange mil anos, isto é, um período de longa duração, do primeiro ao segundo advento. É de caráter espiritual esse domínio. O demônio já não tem poder sobre os fiéis, que são preservados da morte eterna.

⁷⁻¹⁰Pouco antes do fim do mundo será solto Satanás. Leva os povos Gog e Magog à luta contra a Igreja, não tardando, porém, a ser destruído o seu poderio e lançado no fogo ele com seus sequazes.

21 ¹⁻⁸Do seio da criação, purificada do pecado, surge um novo céu e uma terra nova, digno habitáculo da verdadeira Jerusalém, que é a Igreja. Nela estabelece Deus a sua morada, banindo todas as dores e mágoas. Os pecadores não terão parte na felicidade.

⁹⁻²¹O sentido de toda essa descrição da celeste Jerusalém é que ela é de inconcebível grandeza e formosura.

22 ¹⁻²Deliciam aos habitantes da celeste Jerusalém as suavidades do paraíso; saciam-nos torrentes de inefável beatitude, e o fruto dulcíssimo da visão de Deus lhes comunica a vida eterna.

⁶⁻¹⁵São confirmadas como exatas as revelações anteriores, tendo por autor o próprio Deus, que também iluminava os profetas. Nem tardarão elas a ter o seu cumprimento; pelo que será ditoso quem tomar a peito o conteúdo deste livro e aproveitar a brevidade do tempo para se santificar cada vez mais. Por isso, urge que o homem se purifique dos seus pecados e vícios, a fim de ter ingresso na cidade de Deus, onde não entrarão os impenitentes, nem os imundos ("cães").

¹⁷A Igreja, esposa de Cristo, repleta do Espírito Santo, anseia pelo advento do divino Esposo, anseio esse que deve ser o de todo cristão.

²⁰Despede-se Jesus do apóstolo com as palavras: "Sim, virei em breve", ao que o vidente responde cheio de ardor: "Vem, Senhor Jesus!"

Veio esta palavra a tornar-se, desde então, o brado de saudades da Igreja de Jesus Cristo.

Epístolas e evangelhos principais tirados do Novo Testamento

1º domingo do Advento Ep: Rm 13,11-14; Ev: Lc 21,25-33
2º domingo do Advento Ep: Rm 15,4-13; Ev: Mt 11,2-10
3º domingo do Advento Ep: Fl 4,4-7; Ev: Jo 1,19-28
Quarta-feira das 4 têmporas Ev: Lc 1,26-38
Sexta-feira das 4 têmporas Ev: Lc 1,39-47
Sábado das 4 têmporas Ep: 2Ts 2,1-8; Ev: Lc 3,1-6
4º domingo do Advento Ep: 1Cor 4,1-5; Ev: Lc 3,1-6
Vigília do Natal Ep: Rm 1,1-6; Ev: Mt 1,18-21
Natal *1ª missa:* Ep: Tt 2,11-15; Ev: Lc 2,1-14; *2ª missa:* Ep: Tt 3,4 7; Ev: Lc 2,15-20; *3ª missa:* Ep: Hb 1,1-12; Ev: Jo 1,1-14
Santo Estêvão Ep: At 6,8-10; 7,54-59; Ev: Mt 23,34-39
São João Evangelista Ev: Jo 21,19-24
Santos inocentes Ep: Ap 14,1-5; Ev: Mt 2,13-18
Domingo da oitava de Natal Ep: Gl 4,1-7; Ev: Lc 2,33-40
São Tomás de Canterbury Ep: Hb 5,1-6; Ev: Jo 10,11-16
São Silvestre Ep: 2Tm 4,1-8; Ev: Lc 12,35-40
Circuncisão do Senhor Ep: Tt 2,11-15; Ev: Lc 2,21
Santíssimo Nome de Jesus Ep: At 4,8-12; Ev: Lc 2,21
Vigília de Epifania Ep: Gl 4,1-7; Ev: Mt 2,19-23
Epifania do Senhor Ev: Mt 2,1-12
Domingo da oitava Ep: Rm 12,1-5; Ev: Lc 2,42-52
Sagrada família Ep: Cl 3,12-17; Ev: Lc 2,42-52
Oitava da Epifania Ev: Jo 1,29-34
2º domingo depois da Epifania Ep: Rm 12,6-16; Ev: Jo 2,1-11
3º domingo depois da Epifania Ep: Rm 12,16-21; Ev: Mt 8,1-13
4º domingo depois da Epifania Ep: Rm 13,8-10; Ev: Mt 8,23-27
5º domingo depois da Epifania Ep: Cl 3,12-17; Ev: Mt 13,24-30
6º domingo depois da Epifania Ep: 1Ts 1,2-10; Ev: Mt 13,31-35
Septuagésima Ep: 1Cor 9,24–10,6; Ev: Mt 20,1-16

Sexagésima Ep: 2Cor 11,19–12,9; Ev: Lc 8,4-15
Qüinquagésima Ep: 1Cor 13,1-13; Ev: Lc 18,31-43
Quarta-feira de cinzas Ev: Mt 6,16-21
Quinta-feira depois da quarta-feira de cinzas Ev: Mt 8,5-13
Sexta-feira depois da quarta-feira de cinzas Ev: Mt 5,43–6,4
Sábado depois da quarta-feira de cinzas Ev: Mc 6,47-56
1º domingo da Quaresma Ep: 2Cor 6,1-10; Ev: Mt 4,1-11; *segunda-feira:* Ev: Mt 25,31-46; *terça-feira:* Ev: Mt 21,10-17; *quarta-feira:* Ev: Mt 12,38-50; *quinta-feira:* Ev: Mt 15,21-28; *sexta-feira:* Ev: Jo 5,1-15; *sábado:* Ep: 1Ts 5,14-23; Ev: Mt 17,1-9
2º domingo da Quaresma Ep: 1Ts 4,1-7; Ev: Mt 17,1-9; *segunda-feira:* Ev: Jo 8,21-29; *terça-feira:* Ev: Mt 23,1-12; *quarta-feira:* Ev: Mt 20,17-28; *quinta-feira:* Ev: Lc 16,19-31; *sexta-feira:* Ev: Mt 21,33-46; *sábado:* Ev: Lc 15,11-32
3º domingo da Quaresma Ep: Ef 5,1-9; Ev: Lc 11,14-28; *segunda-feira:* Ev: Lc 4,23-30; *terça-feira:* Ev: Mt 18,15-22; *quarta-feira:* Ev: Mt 15,1-20; *quinta-feira:* Ev: Lc 4,38-44; *sexta-feira:* Ev: Jo 4,5-42; *sábado:* Ev: Jo 8,1-11
4º domingo da Quaresma Ep: Gl 4,22-31; Ev: Jo 6,1-15; *segunda-feira:* Ev: Jo 2,13-25; *terça-feira:* Ev: Jo 7,14-31; *quarta-feira:* Ev: Jo 9,1-38; *quinta-feira:* Ev: Lc 7,11-16; *sexta-feira:* Ev: Jo 11,1-45; *sábado:* Ev: Jo 8,12-20
Domingo da Paixão Ep: Hb 9,11-15; Ev: Jo 8,46-59; *segunda-feira:* Ev: Jo 7,32-39; *terça-feira:* Ev: Jo 7,1-13; *quarta-feira:* Ev: Jo 10,22-38; *quinta-feira:* Ev: Lc 7,36-50; *sexta-feira:* Ev: Jo 19,25-27; *sábado:* Ev: Jo 12,10-36
Domingo de ramos Ep: Fl 2,5-11; Ev: Mt 21,1-9; *Paixão de Nosso Senhor:* Mt 26 e 27
Segunda-feira da semana santa Ev: Jo 12,1-9
Terça-feira da semana santa *Paixão de Nosso Senhor:* Mc 14 e 15
Quarta-feira da semana santa *Paixão de Nosso Senhor:* Lc 22 e 23
Quinta-feira santa Ep: 1Cor 11,20-32; Ev: Jo 13,1-15
Sexta-feira santa *Paixão de Nosso Senhor:* Jo 18 e 19
Sábado de aleluia Ep: Cl 3,1-4; Ev: Mt 28,1-7
Páscoa Ep: 1Cor 5,7-8; Ev: Mc 16,1-7
Segunda-feira de Páscoa Ep: At 10,37-43; Ev: Lc 24,13-35; *terça-feira:* Ep: At 13,16.26-33; Ev: Lc 24,36-47; *quarta-feira:* Ep: At 3,13-15, 17-19; Ev: Jo 21,1-14; *quinta-feira:* Ep: At 8,26-40; Ev: Jo 20,11-18; *sexta-feira:* Ep: 1Pd 3,18-22; Ev: Mt 28,16-20; sábado: Ep: 1Pd 2,1-10; Ev: Jo 20,1-9

Domingo de Pascoela Ep: 1Jo 5,4-10; Ev: Jo 20,19-31
2º domingo depois da Páscoa Ep: 1Pd 2,21-25; Ev: Jo 10,11-16
3º domingo depois da Páscoa Ep: 1Pd 2,11-19; Ev: Jo 16,16-22
4º domingo depois da Páscoa Ep: Tg 1,17-21; Ev: Jo 16,5-14
5º domingo depois da Páscoa Ep: Tg 1,22-27; Ev: Jo 16,23-30; *rogações:* Ep: Tg 5,16-20; Ev: Lc 11,5-13
Vigília da Ascensão Ep: Ef 4,7-13; Ev: Jo 17,1-11
Ascensão do Senhor Ep: At 1,1-11; Ev: Mc 16,14-20
6º domingo depois da Páscoa Ep: 1Pd 4,7-11; Ev: Jo 15,16-27 e 16,1-4
Vigília de Pentecostes Ep: At 19,1-8; Ev: Jo 14,15-21
Pentecostes Ep: At 2,1-11; Ev: Jo 14,23-31
Segunda-feira de Pentecostes Ep: At 10,34.42-48; Ev: Jo 3,16-21; *terça-feira:* Ep: At 8,14-17; Ev: Jo 10,1-10; *quarta-feira:* Ep: At 5,12-16; Ev: Jo 6,44-52; *quinta-feira:* Ep: At 8,5-8; Ev: Lc 9,1-6; *sexta-feira:* Ev: Lc 5,17-26; *sábado:* Ep: Rm 5,1-5; Ev: Lc 4,38-44
Santíssima Trindade Ep: Rm 11,33-36; Ev: Mt 28,18-20
1º domingo depois de Pentecostes Ep: 1Jo 4,8-21; Ev: Lc 6,36-42
Corpo de Deus Ep: 1Cor 11,23-29; Ev: Jo 6,56-59
2º domingo depois de Pentecostes Ep: 1Jo 3,13-18; Ev: Lc 14,16-24
3º domingo depois de Pentecostes Ep: 1Pd 5,6-11; Ev: Lc 15,1-10
4º domingo depois de Pentecostes Ep: Rm 8,18-23; Ev: Lc 5,1-11
5º domingo depois de Pentecostes Ep: 1Pd 3,8-15; Ev: Mt 5,20-24
6º domingo depois de Pentecostes Ep: Rm 6,3-11; Ev: Mc 8,1-9
7º domingo depois de Pentecostes Ep: Rm 6,19-23; Ev: Mt 7,15-21
8º domingo depois de Pentecostes Ep: Rm 8,12-17; Ev: Lc 16,1-9
9º domingo depois de Pentecostes Ep: 1Cor 10,6-13; Ev: Lc 19, 41-47
10º domingo depois de Pentecostes Ep: 1Cor 12,2-11; Ev: Lc 18,9-14
11º domingo depois de Pentecostes Ep: 1Cor 15,1-10; Ev: Mc 7,31-37
12º domingo depois de Pentecostes Ep: 2Cor 3,4-9; Ev: Lc 10,23-37
13º domingo depois de Pentecostes Ep: Gl 3,16-22; Ev: Lc 17,11-19
14º domingo depois de Pentecostes Ep: Gl 5,16-34; Ev: Mt 6,24-33
15º domingo depois de Pentecostes Ep: Gl 5,25-6,10; Ev: Lc 7,11-16
16º domingo depois de Pentecostes Ep: Ef 3,13-21; Ev: Lc 14,1-11
17º domingo depois de Pentecostes Ep: Ef 4,1-6; Ev: Mt 22,35-46
Quarta-feira das 4 têmporas Ev: Mc 9,19-28
Sexta-feira das 4 têmporas Ev: Lc 7,36-50

Sábado das 4 têmporas Ep: Hb 9,2-12; Ev: Lc 13,6-17
18º domingo depois de Pentecostes Ep: 1Cor 1,4-8; Ev: Mt 9,1-8
19º domingo depois de Pentecostes Ep: Ef 4,23-28; Ev: Mt 22,1-14
20º domingo depois de Pentecostes Ep: Ef 5,15-21; Ev: Jo 4,46-53
21º domingo depois de Pentecostes Ep: Ef 6,10-17; Ev: Mt 18,23-35
22º domingo depois de Pentecostes Ep: Fl 1,6-11; Ev: Mt 22,15-21
23º domingo depois de Pentecostes Ep: Fl 3,17-4,3; Ev: Mt 9,18-26
24º domingo depois de Pentecostes Ep: Cl 1,9-14; Ev: Mt 24,15-35
Cristo-Rei Ep: Cl 1,12-20; Ev: Jo 18,33-37
Santo André apóstolo Ep: Rm 10,10-18; Ev: Mt 4,18-22
Imaculada Conceição Ev: Lc 1,26-28
São Tomé apóstolo Ep: Ef 2,19-22; Ev: Jo 20,24-29
Purificação de Maria Santíssima (Candelária) Ev: Lc 2,22-32
São Matias apóstolo Ep: At 1,15-26; Ev: Mt 11,25-30
São José Ev: Mt 1,18-21
Anunciação de Maria Santíssima Ev: Lc 1,26-38
Sete dores de Maria Santíssima Ev: Jo 19,25-27
São Marcos evangelista Ev: Lc 10,1-9
São Filipe e São Tiago apóstolos Ev: Jo 14,1-13
Sagrado Coração de Jesus Ep: Ef 3,8-19; Ev: Jo 19,31-37
São Barnabé apóstolo Ep: At 11,21-26 e 13,1-3; Ev: Mt 10,16-22
São João Batista Ev: Lc 1,57-68
São Pedro e São Paulo apóstolos Ep: At 12,1-11; Ev: Mt 16,13-19
São Paulo apóstolo Ep: Gl 1,11-20; Ev: Mt 10,16-22
Preciosíssimo sangue Ep: Hb 9,11-15; Ev: Jo 19,30-35
Visitação de Maria Santíssima Ev: Lc 1,39-47
São Tiago apóstolo Ep: 1Cor 4,9-15; Ev: Mt 20,20-23
Sant'Ana Ev: Mt 13,44-52
Assunção de Maria Santíssima Ev: Lc 10,38-42
São Bartolomeu apóstolo Ep: 1Cor 12,27-31; Ev: Lc 6,12-19
Anjos da guarda Ev: Mt 18,1-10
Natividade de Maria Santíssima Ev: Mt 1,1-16
São Mateus apóstolo Ev: Mt 9,9-13
Santíssimo Rosário Ev: Lc 5,1-11
São Lucas evangelista Ep: 2Cor 8,16-24; Ev: Lc 10,1-9
São Simão e São Judas apóstolos Ep: Ef 4,7-13; Ev: Jo 15,17-25
Todos os Santos Ep: Ap 7,2-12; Ev: Mt 5,1-12
Finados *1ª missa:* Ep: 1Cor 15,51-57; Ev: Jo 5,25-29; *2ª missa: Ev:* Jo 6,37-40; *3ª missa:* Ep: Ap 14,13; Ev: Jo 6,51-55
Dedicação da igreja Ep: Ap 21,2-5; Ev: Lc 19,1-10

Concordância do
Novo Testamento

Alegria
alegria e religião: Lc 10,20; 15,5s; 24,52; Jo 15,11; 16,24; 17,13; At 5,41; 13,52; Rm 12,15; 15,10; 1Cor 13,6; 2Cor 2,3; 13,11; Gl 5,22; Fl 1,18; 2,2.17s; 4,1; 1Ts 2,20; 5,16; Fm 7; 1Jo 1,4; 2Jo 12; 3Jo 4
alegria na religião (Deus): Mc 2,10; Lc 10,21; Rm 12,12; 14,17; 15,13; Gl 5,22; 1Ts 1,6
alegria nas tribulações: Mt 5,10ss; At 5,4; 20,24; 2Cor 7,4; Cl 1,24; Hb 10,34; 11,24-26; 12,2; 1Pd 2,19; 4,14

Alma
conseqüências: Mt 6,33; Lc 10,41s; 12,3-33; 1Cor 15,58; 2Cor 4,18; Gl 6,8; Fl 1,9s; 3,14-15; Cl 9-11; 3,1s; Ef 5,17; 1Tm 4,14; 6,17; 1Pd 4,10; 2Pd 1,2-7; 3,18; 1Jo 2,17
imortalidade: Mt 10,28; 22,32; 25,46; Lc 20,38; 23,43; Jo 5,24-29; 8,31; 10,28s; 11,25s; 12,25; 14,2s; 17,24; At 7,58; 1Cor 15,19; 2Cor 5,1s; Gl 6,8; Fl 1,23; 2Tm 1,10; 2,11s; 4,18; Hb 13,14; 1Pd 1,3ss; 4,6; Ap 14,13
valor: Mt 16,26; Mt 8,36s; 2Cor 12,15

Amor aos inimigos
exemplos: Mt 26,50, Lc 23,34; At 7,58s; 1Cor 4,12
preceito: Mt 5,44ss; 18,33; Mc 11,25s; Lc 6,27ss.35; Rm 12,14.12.17-20; Ef 4,26; 1Ts 5,15; 1Pd 3,9

Amor de Deus
amor de Deus para com os homens: *importância:* Jo 3,16; 17,26; Rm 5,5-35; 13,13; 2Tm 1,7; Jo 3,1; 4,7s; 12,16; *realidade:* Mt

5,45; 6,25ss; Lc 6,35s; Jo 3,16; Rm 5,8s; 8,32; Gl 2,20; Ef 1,5s; 2,4-7; 2Ts 3,5; 1Jo 3,1-16; 4,8ss

amor dos homens para com Deus: *características:* Jo 14,15.21.23s; 15,9s; Rm 8,35-39; 1Cor 13,4-7; Gl 5,6; 1Jo 3,18s; 4,11s.20; 5,2s; 2Jo 6; *efeitos:* Mt 19,27ss; Lc 7,47; Jo 14,21-23; Rm 8,28; 13,10; 1Cor 2,9; 8,3; 13,1-3.13; 16,22; Gl 5,6; Cl 3,14; 1Tm 1,5-14; Tg 1,12; 1Pd 4,8; 1Jo 4; Jd 21; *o mandamento máximo:* Mt 10,37; 22,36ss; Mc 12,29-33; Lc 10,27; 14,26; *propriedades:* Jo 15,9s; Ef 6,24; Fl 1,9; 1Jo 4,16; Ap 2,4

Amor do próximo

dever: Mt 7,12; 19,19; 22,39s; 23,23; Mc 12,33; Lc 6,31; 10,27; Jo 13,34s; 15,12-17; Rm 13,8-10; 1Cor 13,1-8; 14,1; 2Cor 6,6; Gl 5,6.13s; Ef 5,2.14.16; Cl 3,14; 1Ts 4,9s; 1Tm 1,5; Hb 10,24; 13,1; Tg 2,8; 1Pd 1,22; 2,17; 4,8; 2Pd 1,7ss; 1Jo 2,9-11; 3,10.14s; 4,7s.11

exemplos: Mt 5,39-42; Lc 10,36s; Rm 10,1; 12,9-15; 13,10; 15,1s; 1Cor 9,19-22; 10,24; Gl 6,2; Fl 2,3s; 1Pd 5,15; 1Jo 3,16

propriedades: Mt 5,46s; 7,12; Lc 6,31-34; 14,12-14; Rm 12,9-15; 15,1s; 1Cor 10,24; 1Pd 1,22; 1Jo 3,16ss

valor: Mt 6,14; 18,35; 25,31-46; Lc 7,47; 1Pd 1,22; 4,8; 2Pd 1,7-9; 1Jo 3,14s; 4,7s

Anjos

anjo tutelar: Mt 18,10; At 12,15; Hb 1,14

aparições: Mt 1,20; 2,12s.19s.22; 28,2.4; Mc 16,5; Lc 1,12-20.26-28; 2,9-15; 22,43; 24,4; Jo 20,12; At 1,10s; 5,19; 8,26; 10,3-7; 12,7-11; 27,23; Ap 1,1

existência: Mt 18,10; 22,30; 25,31; 26,53; Lc 2,13; 15,10; 20,25.36; Cl 1,16; 1Tm 5,21; Hb 1,4s; 12,22; Ap 5,11

missão: Mt 4,11; 6,10; 24,31; Lc 2,13s; Hb 1,6; 1Pd 1,12; Ap 5,11s; 7,12s

Anticristo

Mt 24,24; 2Ts 2,3s.8-10; 1Jo 4,3; Ap 11,7; 13,11-18; 19,11-21

Apostasia

castigo: 2Ts 2,8-11; Hb 6,4-9; 10,26-29; 2Pd 2,15.17.21; 2Jo 9

motivo: 1Tm 1,18s; Cl 2,8; Hb 3,12

prevenção: Mt 7,15; 10,28; 15,14; 16,26; 24,4s; At 5,29; 20,29-31;

Rm 16,17s; Mc 8,36s; Lc 6,39; 2Cor 11,3.13s; Gl 1,6-9; Ef 4,14s; 5,6s; Cl 2,8.18s; 2Ts 2,2; 2Tm 3,14; Hb 13,9; 1Jo 3,7; 4,1; 2Jo 7-10; Jd 17-20

Apóstolos
concílio apostólico: At 15,1-35
condições: Mt 8,18-22; 9,57-62; 10,37-39; 12,50; 16,24-28; Lc 14, 25-35
eleição: Mt 10,1.4; Mc 3,14-19; Lc 6,13-16
instrumentos do Espírito Santo: Mt 10,20; Mc 13,11; Lc 12,12; Jo 14,16s; 20,22; At 2,9.17; 15,28; 1Cor 2,10
missão: Mt 10,5-15; Mc 6,7-13; Lc 9,1-6
poderes: Mt 18,18; Lc 22,19; Jo 20,22s; 1Cor 11,26
prêmio: Mt 10,40-42; Lc 10,16; Jo 13,20
sorte: Mt 10,10.16-25; Mc 13,9-13; Lc 12,4-12; 21,12-17
tarefa: Mt 5,13-16; 28,18-20; Mc 4,21; 9,50; 16,14-18; Lc 14,34s; 11,33; At 1,6-8
vocação: Mt 4,18-22; 9,9-13; Mc 1,15-20; 2,13-17; Lc 5,1-11; 5,27-32; Jo 1,35-51; Hb 5,4

Batismo
cristão: *administração:* At 2,21; 8,12; 9,18; 8,36ss; 10,47s; 16,14s. 33; 18,8; 19,4s; *efeitos:* Mc 16,16; At 2,38; 22,16; Rm 6,3s; 1Cor 1,13-17; 12,13; Gl 3,26s; Ef 4,5; 5,26; Cl 2,12; Tt 3,4-7; Hb 6,1s; 1Pd 3,21; *instituição:* Mt 28,19; *necessidades:* Jo 3,5;
de João: Mt 3,5ss.11; 21,25; Mc 1,4.8s; 11,30; Lc 3,3.16; 7,29; Jo 1,25 s5s.33; 3,22s; 4,1; At 1,5; 13,24; 19,4

Bem-aventurança
na terra: Mt 11,28-30; Lc 2,14; 1Cor 2,9; Fl 4,7; Cl 3,15
no céu: *diversidade:* Jo 14,2; 1Cor 15,40-42; 2Cor 5,10; 9,6; *inefável:* Mt 5,12; 13,43; 19,28; 22,30; Mc 12,25; Lc 22,29s; Jo 16,22; 17,24; Rm 2,10; 6,23; 8,17.30; 1Cor 15,53ss; 2Cor 3,18; 4,17; 5,1; Cl 3,3s; 2Tm 4,8; Hb 4,9s; 10,34s; Tg 1,12; Pd 3,13; 1Jo 3,2; Ap 2,11; 3,5; 7,13-17; 12,21; 14,13; 21,4; *o caminho:* Mt 6,19s; Lc 12,15; Rm 6,8; Gl 6,8; *para todos:* Jo 3,17; 1Ts 5,9; 1Tm 2,4

Beneficência
Mt 5,42; 6,20; Lc 12,33s; 16,9; At 20,35; 1Cor 16,1s; 2Cor 8,14s;

9,1s; 5-15; 1Tm 6,17-19; Hb 13,1-3.16; Tg 2,15s; 1Jo 3,17s

Bens temporais
uso: Mt 19,21; Lc 18,22; 19,8; 1Cor 7,31; 1Tm 6,17-19; Hb 13,5; 1Jo 3,17
valor: Mt 6,19s.33; 16,26; 19,33s; Lc 12,16-21.33; 18,24s; 1Cor 7,29-31; 1Tm 6,7; Tg 1,10

Bispos
múnus: At 20,28; 1Cor 4,1s; 2Cor 3,5s; 4,5; 6,4; 1Pd 5,1-4; cf. as epístolas a Timóteo e Tito
nome: At 20,17s; Fl 1,1; Ap 2,3
sagração: 1Tm 1,6; 4,14

Blasfêmia
Mt 12,31s; 27,39-44; Mc 3,28s; Lc 12,10; 23,39-42; 1Cor 12,3; Cl 3,8; Ap 13,6; 16,11

Calúnia
Rm 1,28ss; 2Cor 12,20; Ef 4,29; 1Tm 3,11; Tg 1,26; 1Pd 2,1s

Castidade
Rm 6,11ss; 12,1; 1Cor 7; 2Cor 6,16; Gl 5,16s.19-25; Fl 4,8; 1Ts 4,3ss.7s; 1Tm 4,12; 5,2.5ss.14.22; Tt 2,4s; Hb 13,4; 1Pd 2,11; 3,2; 1Jo 2,15ss; Ap 14,4

Ceia
espiritual: Ap 3,20
última: Mt 26,17-29; Mc 14,12-21; Lc 22,7-23; Jo 13,1-30; 1Cor 11,23-26

Céu
habitação dos bem-aventurados: Mt 5,12; Lc 22,29s; Jo 6,37-40; 11,25s; 14,2; 17,24; Rm 5,1s; 8,18; 1Cor 13,12; 15,19; 2Cor 4,17; Ef 1,18; Cl 1,4s; 3,24; 1Ts 5,9; 2Tm 2,11s; 1Pd 1,3-6; 1Jo 2,25; 3,2; Ap 21,22
habitáculo de Deus: Mt 5,12; 18,10; Lc 10,20; 2Cor 5,1; 12,2; Ef 3,10; Cl 1,5; 1Pd 1,4.12

Comunhão (ver Eucaristia)

Comunidade
Rm 12,4s; 1Cor 10,15-18; 12,12.25-27; 2Cor 13,13; Ef 1,22s; 4,11s; 5,23

Condenação
Mt 3,12; 8,12; 13,49s; 18,8s; 25,41; Mc 9,43; 16,16; Lc 3,17; 16,23s; Jo 3,18; 2Cor 4,3s; 2Ts 2,9s; Hb 10,27; 2Pd 2,4; Jd 6; Ap 19,20; 20,9s; 21,8

Confiança
dever: Mt 6,25-34; Jo 16,33; Rm 9,31; 2Cor 1,9s; 4,8s; Hb 10,35
exemplos: Mt 9,2.21; 15,22-28; Mc 2,5; Lc 5,4-9.20
motivo: 1Tm 4,10; 2Tm 1,12; Hb 10,23; 1Jo 3,21s

Consciência
espécie: Rm 2,14-16; 7,14-23; Gl 5,17
obrigação: Rm 14,5; 14,22s; 1Cor 8,7.10-13; Tg 4,17; 1Pd 3,16
valor: 2Cor 1,12; 2Tm 4,6ss; 1Pd 3,15s; 1Jo 3,18-21

Conselhos evangélicos
Mt 19,11s; 1Cor 7,1; 8,25s.38

Contentamento
Lc 3,14; Rm 8,28; Fl 4,11s; 1Tm 6,8; Hb 13,5; 1Pd 5,6s

Corpo
destinação: Rm 8,9ss.22s; 1Cor 15,35.42-44.52-55
deveres: Rm 6,12s; 12,1; 13,14; 1Cor 3,17; 6,13-20; 9,27; 15,50s; 2Cor 4,10; 5,8; Cl 1,24; 1Ts 5,23; 1Tm 4,8
dignidade: Mt 6,25-32; Lc 22-31; Rm 6,3-11; 7,5s.24s; 8,1; 1Cor 3,16; 6,19s; Ef 5,30

Crisma
At 8,14-17; 19,1ss; 2Cor 1,21s; Ef 1,13; Hb 6,2; 1Jo 2,20.27

Cristão
essência: *em Cristo:* Jo 6,57; 15,4-6; Rm 12,14s; 1Cor 6,15; Ef 1,22s; *na comunidade:* Jo 13,34s; 15,5; 1Cor 10,17; 1Jo 1,2.7
deveres: Ef 4-6; Fl 2,5; 3,20s; Cl 3; 2Pd 1,3-10; 1Jo 3,21-24
dignidade: Ef 2; Cl 2,2

nome: At 11,25s; 26,28s; 2Cor 10,7; 1Pd 2,9; Ap 3,12
propriedades: *filho de Deus:* Jo 1,12s; 3,5s; 14,21-24; Rm 8,14-17; 9,8; Cl 3,26; *templo de Deus (Espírito Santo):* 1Cor 3,16; 6,17; Ef 2,19-22

Cristo (ver Jesus)

Crueldade
Mt 18,28ss; 25,41ss; Lc 16,20s; Tg 2,13

Culto divino
externo: At 2,41s.46s; 1Cor 14,26; Hb 10,24s
interno: Mt 7,21; Mc 12,32s; At 10,35; Rm 12,1; 1Tm 4,8; Hb13,16 Tg 1,27

Demônio
castigo: Mt 25,41; Jo 12,31; 16,11; Rm 16,20; Cl 2,15; 2Tm 1,10; Hb 2,14s; 2Pd 2,4; 1Jo 3,8; Jd 6; Ap 12,9; 20,7
atividade: Mt 4,3ss; 8,31; 13,19; 16,23; 25,39; Mc 1,12s; 4,15; 8,32s; Lc 4,1-13; 8,12; 22,3.31s; Jo 8,44; 13,2; 14,30; At 5,3; 13,9s; 26,18; 1Cor 7,5; 2Cor 2,11; 4,3s; 11,3.14; Ef 2,18; 3,5; 1Pd 5,8; 1Jo 3,8-10; Ap 2,10; 20,7
existência: Lc 10,18; Ef 6,12; Tg 2,19; 4,7; 1Pd 5,8s; 2Pd 2,4; Jd 6

Deus
conservador: Mt 6,26.28-30; 10,29ss; Lc 12,6; Jo 5,17; At 14,16; 17, 25.28; Rm 11,36; Cl 1,17; 1Tm 6,13
criador: Mc 10,6; At 4,24; 14,14; 27,24; Cl 1,16; Hb 3,4; 11,3; Ap 4,11; 14,7
deveres: Mt 5,48; Ef 5,2; Hb 12,28
existência: At 14,16; Rm 1,20; Hb 3,4; 11,6
incompreensível: Jo 1,18; 4,24; Rm 11,33s; 1Cor 2,11; 2Cor 3,17; 1Tm 1,17; 6,16
pai: Mt 6,9; 18,14; Lc 11,2; Jo 20,17; Rm 8,15; 1Cor 3,6; 2Cor 1,3; 6,17s; Gl 4,6; Ef 4,6; 1Ts 1,1s; 2Ts 2,15s; 2Tm 1,7
perfeito: Mt 19,17; 18,9; 1Tm 6,15s; Ap 15,4
valor: Jo 3,16; 15,9; 17,3

Discórdia
Mt 5,40; 12,25; Mc 3,24s; Lc 11,17; Rm 1,28s; 2,8; 13,13; 1Cor 3,3;

6,6s; 11,16; 14,33; 2Cor 12,20; Gl 5,15s.19s; Fl 2,3; 2Tm 2,14.23s; Tt 3,2; Tg 3,14-17; 4,1

Domínio próprio
Mt 10,38; 16,24; Mc 8,34; Lc 9,23; 14,27; Rm 6,6.11-20; 12,1; 13, 14; 1Cor 6,12; 9,24-27; 2Cor 4,10; Gl 2,19s; 5,16ss.25s; 6,14; Cl 3,5; Tt 2,11s; 1Pd 1,13ss

Eleição
fato: Mt 8,11; 24,22; 25,34; Lc 18,7; Rm 8,33; Cl 3,12; 2Ts 2,13; Tt 1,1; Pd 2,9; Ap 17,14
número: Mt 20,16; 22,3.5.14; Rm 11,2.25s; 1Cor 15,1s

Embriaguez
castigo: 1Cor 5,11; 6,10
prevenção: Lc 21,34; Ef 5,18; 1Tm 3,2s.11; Tt 1,8; 1Pd 5,8

Escândalo
dado: *castigo:* Mt 16,23; 18,6s; *prevenção:* Mt 5,29s; 17,26; 18,6s; Mc 9,41.46; Lc 17, Rm 14,11.13-16.20s; 16,17; 1Cor 8,13; 10,32; 2Cor 6,3; 1Ts 5,22
tomado: Mt 9,2s; 10s; 11,6; 13,57; 15,12; Lc 7,23; 15,2; Mc 6,3; Jo 6,62

Escritura sagrada
complemento: Jo 20,30s; 21,25
fim: Jo 5,39; 20,31; Rm 15,4; Cl 14,16; 2Tm 3,16s
interpretação: At 8,30s.35; 2Pd 1,20; 3,16; Ap 13,18; 17,9
origem: Mt 22,43; Mc 12,36; At 1,16; 2Tm 3,16s; 2Pd 1,20s

Esmola
dever: Mt 5,42; Lc 3,11; 11,41; 14,13; Rm 12,13.20; 1Cor 16,1s; Ef 4,28; Tg 2,15s; 1Jo 3,17
exemplos: Mc 12,41-44; Lc 21,1-4; At 2,36; 3,44; 4,32.34–5,2; 6,1; 9,36; 10,2; 2Cor 8,2
intenção: Mt 6,3; 10,42; Mc 9,40; Rm 12,8; 1Cor 13,3
valor: Mt 10,42; 19,21; 25,40; Mc 9,40; Lc 6,35; 11,41; 12,33; At 20,35; 2Cor 9,1s; 7,12; Hb 13,16

Esperança
motivo: Mt 12,21; 1Cor 10,13; 2Cor 1,10; Fl 1,6; 2,13; 14,13; 2Ts 3,3; 2Tm 4,18
objeto: Rm 8,24; Gl 5,5; Hb 11,1; 1Pd 1,13; 2Pd 3,9
valor: Rm 15,13; 1Cor 13,13; Hb 3,6; 4,16; 1Jo 3,3

Espíritos
atividade: *na alma:* Lc 11,13; Jo 3,5-8.34; 6,64; 7,39; 14,17; At 2,38; 6,3.5.10; 15-19; 9,17; 10,44s; 11,15.24; 13,9.52; 15,8; 19,2-6; Rm 5,5; 8,15.30; 1Cor 2,10s; 13,16; 6,11; 17,19; 12,4; 2Cor 1,22; 5,5; 6,6; Gl 3,2; 4,6; 5,16; 6,25; Ef 4,4.30; 5,18.23; 1Ts 1,6; 5,19; 2,12; 2Tm 1,14; Hb 6,4; 10,29; 1Pd 4,14; 1Jo 3,24; 4,2; Jd 20; *na Igreja:* Lc 24,29; Jo 14,14s.26; 15,26; 16,13ss; 20,22; At 1,2.5.8.33; 2,1-4.17s; 4,8.31; 6,10; 7,51; 9,31; 11,28; 13,22.4; 15,28; 16,6s; 20,22s.28; 21,4.11; Rm 9,1; 15,19; 1Cor 2,10-16; 7,40; 14,2; 2Cor 3,8.17s; 4,13; 13,13; 1Tm 4,1; Hb 3,7; 1Jo 5,6; *na obra da redenção:* Mt 1,18.20; 3,11.16; 4,1; 12,18.28; 22,43; 28,19; Mc 1,8.10.12; 12,36; Lc 1,5.35.41.67; 2,25-27; 3,16.22; 4,1.14.18; Jo 1,32s; 16,13; At 1,16; 4,25; 5,32; 7,55; 10,19.38; 28,25; Rm 1,4; 1Cor 2,4.10-16; 2Cor 3,3; Ef 1,15; 1Ts 1,5; 4,8; Hb 2,4; 9,14; 1Pd 1,2.11; 2Pd 1,2.11; 2Pd 1,21
bons: *aparições:* Mt 3,16; Mc 1,18; Lc 3,22; Jo 1,32s; At 2,1-4; *Deus:* Mt 28,19; At 5,3s; 1Cor 3,16s
dons: Mt 18,19s; Mc 13,11s; Lc 8,39; 12,11s; Rm 14,17; 15,13; 1Cor 12,3s.7-11; Gl 6,22s
maus: ver demônios
pecados contra eles: Mt 12,31s; Mc 3,28s; Lc 12,10

Estado
Mt 22,21; Mc 12,17; Lc 20,25; Jo 19,11; Rm 13,1ss; Tt 3,1; 1Pd 2,13

Eucaristia
comunhão: Jo 6,53.55
efeito: Jo 6,56.58; 1Cor 10,17; 11,27-30
exemplos: At 2,46; At 20,7.11; 1Cor 10,16; 11,20.26
instituição: Mt 26,17-29; Mc 14,12-25; Lc 22,7-23; 1Cor 11,23-26
preparação: Mt 5,23s; 1Cor 11,27-31
presença real: Mt 26,27s; Mc 14,22-24; Lc 22,19s; 1Cor 11,24s
promessa: Jo 6

sacrifício: Mt 20,28; Mc 14,24; Lc 22,19s; 1Cor 11,24-26; Hb 13,10

Evangelho
valor: At 6,2s; 1Cor 2,9; Fl 3,8; Hb 6,5; 11,40

Fé
distintivos: Mt 7,21; Rm 2,13; 1Cor 13,2; Gl 5,6; Tg 1,22.25; 2,14.
17-22.24
essência: Hb 11,1.3.6
motivos: Mt 21,26.32; Lc 20,5; Jo 1,7; 1,50; 2,11.22s; 4,39.41s.48;
5,30; 10,38; 19,35; 20,25.29.31; 1Cor 2,4s.7; 1Ts 2,13; 2Pd 1,21;
1Jo 5,9s
necessidade: Mc 16,16; Jo 3,36; 6,29.69s; 8,24; 12,44; 16,27; At
4,12; 16,30s; 1Cor 13,13; 16,13; Ef 6,16; 1Tm 1,19; 6,12; 2Tm
4,7; Hb 11,6; 1Pd 5,9; 1Jo 3,23; 5,1; 10,12s
origem: Mt 11,25s; 16,15ss; Lc 17,5; Jo 6,4; 12,37-40; Rm 9,15-
18; 10,17; 11,5-8.30-32; 1Cor 1,21; 15,10; 2Cor 3,4s; 4,3s; Ef
1,16ss; 2,8s; 3,14.16-19; Fl 1,29; 2Tm 1,9; Tt 3,3-5
preâmbulos: Mc 1,15; Jo 5,46s; 12,39; 14,1; Ef 3,14.16s
profissão: Mt 10,32s; Mc 8,38; Lc 9,26; 12,8s; Rm 1,16; Rm 10,9s;
1Tm 6,12-14; 2Tm 2,12; Hb 4,14; 10,23; 13,15; 1Jo 4,15
valor: Mt 9,1s.22.28-30; 17,19; 21,21s; Mc 2,3; 11,23; 16,17s; Lc
1,45; 5,18; 17,6; 18,42; Jo 1,12; 3,14-18; 5,24; 6,35.40.47; 7,38;
11,25s; 14,12; 17,3; At 3,16; 10,43; 13,38-41; 15,8s; 16,31; Rm
1,16; 3,21s.26; 4,3-5; 5,1; 10,10s; 15,13; Gl 2,16; 3,6.8.11; Ef
2,8; 3,14.16s; Fl 3,8s; Hb 4,3; 10,38; Tg 1,3; 1Pd 1,5-9; 2,6;
1Jo 5,5

Felicidade (ver Bem-aventurança)

Filhos
deveres: Mt 15,4; 19,19; Mc 7,10; 10,19; Lc 18,20; Ef 6,1-3; Cl 3,20;
Mt 10,37; 12,46-50; Lc 2,48s; 14,26
exemplos: Lc 2,51; Hb 12,9

Fortaleza
1Cor 16,13; Ef 6,14; Fl 4,13; 2Tm 2,1; Hb 12,4; 1Pd 5,10; 1Jo 2,14

Graça
autor: *Cristo:* Mt 3,11; Mc 1,8; Lc 3,16; 4,19; Jo 1,12.15s; Jo 3,27;

At 4,12; Rm 3,24-27; 5,20s; Ef 1,5; *Deus:* Jo 6,44s; 2Cor 4,6; Ef 1,17s; Fl 2,13; *Espírito Santo:* Rm 1,4; 5,5; 8,9s.15; 1Cor 2,12; 6,11.19; 2Cor 1,22; 3,18; 5,5; 11,4; Gl 3,2.5.14; Ef 5,26; 1Ts 4,8; 2Ts 2,13; Tt 3,5
como filiação: Rm 8,14-23; Gl 4,4-7; Ef 1,5
como regeneração: Jo 1,13; 3,3.5s; Rm 6,6.12; 7,6; 8,2s; 2Cor 5,17; Gl 2,20; Ef 2,5; Tt 3,5; Hb 2,13; Tg 1,18; 1Pd 1,2.23; 1Jo 2,29; 3,9; 4,7; 5,1.18
disposições: Mt 7,11; Lc 11,13; 12,32; Rm 9,16; Hb 4,16; 1Pd 5,5; Ap 21,6; 22,17
efeitos: Jo 15,15; Rm 5,5; 6,23; 7,14-25; 8,1s; 1Cor 3,16; 12,3; 15,10; 2Cor 3,5; Gl 5,24; Fl 4,13; 1Ts 5,23; 13,9; Tg 4,8; Jd 24
graça e liberdade: Mt 23,27; Rm 6,12; 12,21; 1Cor 10,13; Fl 4,13
graça e obras: *antes:* Rm 9,16.20s; 11,6.33-35; 1Cor 3,7; 2Cor 3,5; Gl 3,22; Ef 2,8s; Fl 2,13; 2Tm 1,9; Tt 3,4s; *depois:* Mt 5,16; 7,17.21; 12,35; Rm 2,13; Gl 6,9s; Cl 1,10; Tt 2,14; Tg 2,14-22; 1Pd 2,11s; 2Pd 1,10s.14s; Ap 20,12; *em geral:* Mt 28,19; Mc 16,15s; Rm 3,29; 10,12; 1Cor 12,11; Ef 4,7; 1Ts 5,9; 1Tm 2,4; Tt 2,11
necessidade da graça: Mt 18,14; Lc 18,26s; Jo 6,44s.66; Rm 12,3; 1Cor 2,10; 4,7; 12,9; 2Cor 3,5; 5,18; Gl 1,15; Ef 3,16ss; 6,23; Cl 1,12s; Fl 3,12; Tg 1,5; 1Jo 5,20

Gratidão
para com Deus: *exemplos:* Mt 26,26; Mc 6,41; Lc 9,16; 17,15s; Rm 1,8; 6,17; 1Cor 1,4; 11,24; 2Cor 1,11; Ef 1,3s; 1Ts 1,2s; 2Ts 1,3; *exortação:* 1Cor 10,30; Ef 5,20; Fl 4,6; Cl 1,9.12; 2,6s; 3,15.17; 4,2; 1Ts 5,18; *motivação:* 1Cor 10,30; Cl 1,12
para com os homens: *exortação:* Cl 3,15; 1Ts 5,18; 1Tm 2,1s

Heresia
atitude: Mt 7,15; 24,4s; At 20,29-31; Rm 16,17; 2Ts 3,6.14s; 2Tm 3,1-5.13 Tt 3,10s; 1Jo 4,1; 2Jo 10s; Ap 2,14-16
causa: 2Tm 2,16ss; 3,1-5; 2Pd 2,18s; 3,14-17; 1Jo 5,6
castigo: 1Tm 1,19s; Jd 5; Ap 2,14.16
fim: 1Cor 11,9; 2Pd 2,9s
intenção: Rm 16,18; 2Pd 2,1-4; Ap 2,14.16
predição: Mt 24,5.11.24; Jo 43; 1Tm 4,1; 2Pd 3,3; 1Jo 2,18s; 2Jo 7s; Jd 17ss

Homem
destinação: Mt 4,10.18s; 14,22.37.39; Jo 17,3; At 17,26s; 1Cor 6,20; 10,31; Fl 3,20; 1Ts 4,3; 5,9; 1Tm 2,4; 1Pd 5,10; 1Jo 3,2
dignidade: At 17,28; 1Cor 15-20; 2Cor 6,16.18; Hb 1,14; 2 10s; Tg 3,9; 2Pd 1,4

Humildade
exemplos: Mt 11,29; 20,28; Mc 10,45; Lc 22,26s; Jo 13,1-15; Fl 2,5 - 8; Lc 1,38.48; Mt 3,11; Mc 1,7; Lc 3,16; Jo 1,26; At 20,18s; 26,9-11; 1Cor 4,6; 15,8-10; 2Cor 12,5; Ef 3,7s; Mt 8,8; Lc 7,6
exortação: Mt 11,29; 18,1-4; 20,26; Mc 9,34; Lc 14,11.14; 22,26; Rm 11,20; Rm, 12,3.16; 1Cor 4,6; Fl 2,3; Cl 2,18; 3,12
obrigação: Mt 10,25.28; Rm 12,10; 1Cor 4,6s; Ef 4,1s, Fl 2,3s; Cl 3,12s
valor: Mt 5,3; 11,25; 18,4.14; Gl 6,2s; Tg 1,9s; 4,6.10; 1Pd 5,5s

Igreja
caráter jurídico: Mt 16,18: 18,17s; 28,18-20; Jo 20,21-23; At 1,12 -26; 14,22; 15,5s, 22s; 16,4; 20,28; 1Cor 5,3-5; 7,10ss; 9,16s; 11,17s, 33s; 2Cor 10,4-8; 13,2.10; Ef 3,7; 2Ts 3,6.14; 1Tm 1,20; 3,1; 5,17ss; Tt 1,5-7.9-11; 3,10s; 2Jo 10
conservação: At 2,41s; 4,32; 13,1; 1Cor 12,28; Ef 1,22s; 2,19-22; 3,21; 4,11-13; 5,23-27; Cl 1,18
constituição: Mt 10,1.7s; 16,18s; 18,18s; 26,26-28; 28,19; Mc 14, 22ss; 16,15.20; Lc 10,1; 22,19s; Jo 6,20.23; 21,15-17; At 2; 1Cor 11,23ss
deveres: *civis:* Mt 10,10; Lc 10,7; Rm 15,27; 1Cor 7,7-14; Gl 6,6; Fl 2,25.29; 4,15ss; 1Ts 5,12s; *religiosos:* Mt 18,15-17; Lc 10,6; At 12,5; Rm 15,30; 2Cor 7,15; Fl 1,19; 2,12; Cl 4,3; 2Ts 3,1; Hb 13,17ss
duração: Mt 16,18; 24,14; 28,20; Lc 1,32s.75; Jo 14,16
fundação: Mt 16,18; Jo 10,16
infalibilidade: Mt 16,18; 28,20; Lc 22,32; Jo 8,31s; 14,16s; 16,13; 1Tm 3,15; 1Jo 2,26s
natureza: Mt 13,38; 21,43; Mc 10,23; Lc 7,28; 9,62; 17,20s; Jo 3, 3.5; Rm 12,4s; 1Cor 12,27; 2Cor 11,2; Ef 1,22s; 4,12.15; 5,23-30; Ap 19,7s; Cl 1,18.24; 2,9s; 3,15
parábolas: Mt 9,37s; 20,1-16; 21,33-46; Mc 4; 12,1-12; Lc 8,4-15; 13,18-21; 20,9-19; Ef 2,19-22; 1Tm 3,15; 2Tm 2,20; 1Pd 2,6; Hb 12,12

propriedades: *apostolicidade:* Mt 16,18s; 18,18; 28,19s; Jo 21,15-17; Ef 2,20-22, Ap 21,14; *catolicidade:* Mt 24,14; 28,19; Mc 16,15.20; Lc 24,46s; At 1,8; Rm 1,8; 10,18; Cl 1,5; 1Tm 2,4; *santidade:* Mt 3,17; 4,17; 5-8; 7,21-24; 12,36; 16-24ss; 17,11; 22,39; 25,11; Mc 1,14-21; 6,12; 12,29s; Lc 1,74s; 4,18s; 5,2-11; 6,40; 19,10; Jo 5,36; 7,16.18; 8,26s.42.46; 12,44s; 14,21; 17,17-19; Rm 10,9; 13,8-10; 14,17; 1Cor 1,2; 6,15-20; 8,4ss; 10,13; 13,4-6; Gl 3,13; Ef 1,4; 2,21; 4,11-15.17-32; 5,25ss; Fl 3,15.20; Cl 3,16; 1Ts 2,11s; Tt 1,1; 2,14; Hb 2,14s; 7,26; 1Pd 1,15s; 2,5.9; 3,15s; 1Jo 3,38ss; 5,3s; *unidade:* Mt 12,25; 16,18; 18,17; Lc 11,17; Jo 10,16; 17,20-23; At 4,32; Rm 12,4s; 1Cor 1,10.13; 10,17; 12,12-27; Ef 2,13-18.21s; 4,4-6.12s, 15s; 5,23; Fl 2,2; Cl 1,18, 3,15

Impenitência
Mt 11,20.21-24; 12,32; 23,37; Mc 3,29; Lc 10,10-15; 12,10; Rm 2,4s; 6,12s; 8,13; Ap 2,21; 9,18.21; 16,9

Imposição das mãos
At 6,5s; 8,17; 13,3; 19,6; 1Tm 4,14; 5,22; 2Tm 1,6, Lc 2,37; 18,12; At 13,2s; 14,22

Impureza
castigo: Lc 15,13.30; 1Cor 6,9s; Ef 5,5; 1Ts 4,7; Hb 13,4; Ap 21,8
prevenção: Mt 15,19s; 1Cor 6,18ss; 10,8; Gl 5,19; Ef 5,3

Incredulidade
castigo: Mt 17,16; Mc 9,18; 16,14.16; Jo 3,18.36; 8,24; 12,48; 15,22; 20,27; Rm 11,20; Cl 3,6; Hb 3,18; 4,2.11; 11,6; 1Jo 5,10; Ap 21,8
origem: Lc 16,27-31; Jo 3,19s; 5,44-47; 8,42-47; 10,24ss; 12,37-40; At 7,31.52 54; 13,45s; Rm 10,14; 11,30ss; Fl 3,18s; 1Tm 1,13; Hb 4,2.11

Inferno
eternidade: Mt 3,12; 25,41.46; Mc 9,42-47; Lc 3,17; 16,19-26; 2Ts 1,7-9; Ap 14,14.11; 20,9s
existência: Mt 5,29s, 10,28; 18,9; 25,41; Mc 9,46; 2Pd 2,4; Ap 21,8
propriedades: Mt 3,10; 7,19; 8,11s; 13,41s, 49s; 25,30; Lc 13,27s; Hb 10,26s, 31; Jd 7; Ap 14,9-11; 20,14; 21,8

Intemperança
castigo: Lc 16,19-31; 1Cor 10,5ss; Hb 12,16s
prevenção: Lc 21,34s; Rm 13,11-14; 16,18; Ef 5,18; Fl 3,18s

Intenção (boa)
Mt 5,20; 6,11,21-24; 10,42; Mc 12,41s; 1Cor 10,31; Ef 6,6s; Fl 2,4s;
  Cl 3,17; 3,23; 2Ts 1,11s; 1Tm 1,5; Hb 11,4

Intercessão
exemplos: Lc 22,32; 23,34; Jo 17,9.11.15.20; At 7,59; 8,24; 12,5;
  Rm 1,9s; 10,1s; Fl 1,3-5; Cl 4,12; 2Tm 1, Mt 8,6; 15,22; 17,14s;
  Lc 7,3; Jo 2,3
exortação: Mt 5,44; Lc 6,28; Rm 15,30; 2Cor 1,11; Ef 1,16s; 6,18s;
  Fl 1,19; Cl 1,9; 4,3; 1Ts 1,2; 5,25; 2Ts 1,11; 3,1; 1Tm 2,1.3; Tg
  5,16

Inveja
Mt 20,9-15; Mc 15,10; Lc 15,25-30; Jo 3,26 Rm 1,28s; 13,13s; 1Cor
  13,4-6; Gl 5,19-21.26; Fl 1,15; Tg 4,22.5; 1Pd 2,1

Ira
de Deus: Jo 3,36; Rm 2,5; Ap 5,15ss
dos homens: Mt 5,22; Rm 12,19; Gl 5,19s; Ef 4,26; Cl 3,8; Tt 1,7;
  Tg 1,19s

Jejum
espécies: Mt 6,16-18; Lc 18,12.14
exemplos: Mt 4,2; 9,14s; Mc 2,18-20; Lc 4,2; 5,33-35
fim: Mt 17,20; Mc 9,28

Jesus Cristo
Deus-Homem: Jo 1,1.14; 2,19; 3,13; 5,26s; 14,28; 17,5; At 3,15;
  20,28; 1Cor 2,8; Fl 2,7; 1Jo 4,2
divindade: Mt 1,23; 3,17; 8,29; 9,4; 10,8; 11,27; 12,14s; 25; 14,33;
  16,16.27; 17,5; 22,18.44; 24,30s; 26,63s; 28,18; Mc 1,11;
  2,8; 5,6s; 6,7; 9,7; 14,16.62; 15,39; 16,17ss; Lc 1,35; 3,22;
  4,41; 5,22; 6,8; 8,28; 9,35.47; 10,19; 11,17.38s; 22,10.69; Jo
  1,1ss, 14,18.34.48s; 5,17-22; 6,3.9s, 44,55.62.70; 8,58; 9,35;
  10,29s; 11,14.27.41; 12,28.44s, 13,11.19; 14,1s.10-14.20.29;
  16,4.15.23s.30; 17,2.20s; 18,4; 28,31; At 2,34; 4,12; 7,55; 10,42;

17,31; Rm 1,3; 2,16; 4,24; 5,1.11; 8,3.34ss; 9,5; 1Cor 15,21s; 2Cor 4,3s; Gl 1,12; 4,4; Ef 1,20; Fl 2,9s; 3,21; Cl 1,15s; 2,9; 2Tm 4,1; Tt 2,13; Hb 1,2s, 5,8.10.13; 10,12; 12,2; 1Pd 3,22; 4,5; 2Pd 1,17; 1Jo 3,8; 4,9; 5,20; Jd 14s; Ap 1,7; 20,11s; 21,7.22; 22,13s.16

humanidade: Mt 1,1.16; 4,8.20.24; 11,19; 21,18; 26,36ss; 27,50; Mc 4,38; 11,12; Lc 1,31; 2,7.48; 3,23; 19,21; 23,46s; 24,39s; Jo 1,14.51; 3,13; Ap 1,5s; 5,9s.40; 11,35; 13,21; 19,28; 20,27; Rm 1,3; 5,15; 9,4; Gl 4,4; 1Cor 15,21.45.47; Fl 2,5-7; Cl 1,22; 1Tm 2,5; 3,16; 2Tm 2,8; Hb 2,11-14.17s; 4,15; 7,14; 1Jo 4,2; Ap 5,5

importância: *para Cristo:* Lc 24,26; Jo 10,17; At 2,32-36; 13,26-41; Rm 14,9; 1Cor 15,28; Ef 1,19-23; Fl 2,7-11; Hb 5,7-9; 12,2; *para nós:* Mt 4,16; 20,28: Mc 10,45; Lc 2,30-32; Jo 1,4s.8s; 3,19; 4,13; 6,44.66.69; 7,37; 8,12; 9,5; 10,7.9.12; 11,51s, 12,24s; 35,46; 14,6; 15,14s; 17,3; At 3,26; 4,12, Rm 3,24; 4,25; 5,1.6-9; 8,34; 15,8s; 2Cor 5,14s; Gl 1,3s; 2,20; 4,4s; Ef 2,15s; 5,25-27; Cl 1,26ss; 2,13s; Fl 2,9-11; 1Ts 5,9s; 1Tm 1,15s; 2,5s; Tt 2,13s; Hb 7,24; 8,6; 9,15,26ss; 12,2.24; 13,12.20; 1Pd 2,24s; 3,17s.22; 1Jo 1,5.7; 2,1s; 3,5.8.16; 4,6s; 5,27; 6,27.63

Messias: Mt 1,1.21; 16,16; 17,9; 20,28; 22,41s; Mc 1,24s.34; 3,11s; 8,40; 11,1; 14,62; 15,2; Lc 1,32; 9,36; 20,41; Jo 1,15-34.42; 5,38; 6,38s; 12,47; 19,19; At 5,31; 7,55; 13,22s; 1Cor 1,30; Gl 3,13s; 4,4s; Fl 3,20; 1Tm 1,15

profecias cumpridas: Mt 1,23; 2,15; 2,18.23; 3,3; 4,15s; 8,17; 11,10; 12,17-21; 13,14s; 13,35; 15,8; 21,4s, 9,16.42; 22,43s; 26,31; 27,9.35; Mc 1,2; 11,9s; 12,10s.36; 14,27; Lc 3,4ss; 4,18s; 7,27; 19,38; 17,42s; 22,37; Jo 1,23; 2,17; 12,13ss.38.40; 13,18; 15,25; 19,24.36s; At 3,22.24s; 10,43

sua obra: *como Mestre:* Mt 5-7; 10,27; 16,14; 21,11; 22,36; 23,10; 28,19; Mc 2,1s; 3,8; Lc 4,18s.43; 5,32; 7,16; 24,19.32; Jo 1,14; 3,22.11; 4,19; 6,14; 7,4.8.12.26.29; 12,46s.49; 13,13; 14,6; 15,22; At 3,22; 7,37; 1Cor 1,24; 9,12; 2Cor 2,12; Ef 3,14-19; Fl 3,8; Cl 2,3; Tt 2,10; Hb 1,1; *como Pastor (Rei):* Mt 2,2; 26,31; 27,37; Mc 14,27; 15,26; Lc 1,32; Jo 1,49; 10,11.14.37; 1Cor 15,23-28; Hb 13,20; 1Pd 2,25; 5,4; Ap 1,5.14; 19,16; *como sacerdote:* Mt 1,21; 9,12s; 11,28; 20,28; 26,26-28; Mc 10,45; 14,22-24; Lc 9,56; 19,10; 22,19s; Jo 1,29.36; 2,19; 3,16s; 4,34; 5,30.36; 6,52; 10,17s; 12,34; 17,5.29; Rm 3,23ss; 1Cor 5,7; 2Cor 5,14.19; Gl 1,4; 3,13; Ef 1,6; 5,2; Cl 4,12; 1Tm 1,15; 2,5s; Tt 1,3; 2,14; 3,4ss; Hb 3,1; 4,4-10.29; 1Pd 1,18s; 2,24; 1Jo 3,16; 4,9s; Ap 5,8s, 12

Juízo
do Espírito Santo: Jo 12,31; 16,8-11
particular: Mt 25,30; Lc 16,22s; Rm 2,5-8; 14,10.12; 1Cor 3,8; 11,
 31; 2Cor 5,10; Gl 6,8; Hb 9,27; Tg 2,13
universal: *fato:* Mt 10,28; 12,36; 13,20.41ss; 16,27; 26,64; Mc 14,
 62; Jo 12,48; 1Cor 3,13; 4,5; 2Pd 2,4; 1Jo 4,17; Jd 6; 14s; Ap
 11,18; 20,12s; *juiz:* Mt 24,30s; 25,31-46; Jo 5,22.27; At 1,11;
 10,42; 17,31; Rm 2,16; 2Ts 1,7s; 2Tm 4,1; *prenúncios:* Mt 24,29;
 Mc 13,24s; Lc 21,9-11.25s; At 2,20s; 2Pd 3,3-7; Ap 1,7; 6,12-17;
 16,14-21; *tempo:* Mt 24,36-39; 25,13; Mc 13,32s; Lc 12,35s;
 17,26-30; At 1,7; 1Ts 5,1-5; 2Ts 2,1; 2Pd 3,10s

Justiça
de Deus: *fato:* Mt 16,27; Jo 5,29; 17,25; At 3,14; 17,31; Rm 2,2.6.
 11; 1Cor 3,8; 4,5; 2Cor 9,6; Gl 2,6; Ef 6,8s; Cl 3,25; 2Tm 4,8;
 Hb 1,9; 10,1.6; 1Pd 1,17; 3,18; 1Jo 1,9; 2,1; Ap 16,5.7; *valor:* Mt
 5,11s; Rm 2,6-10; 2Tm 2,19; 1Pd 1,17
dos homens: *exemplos:* Mt 1,19; Lc 1,6; 23,47; At 3,14; 10,22;
 objeto: Mt 5,20; 23,23-26; Lc 18,9-14; Rm 12,2; 14,17s; Gl 5,5s;
 Tg 2,11.9; *origem:* Rm 1,10s; 2,13.25-29; 3,20-31; 4,1-3.23-25;
 Gl 2,16; 3,11; 5,5; 1Cor 1,30; Fl 3,8-11; Tt 3,4s; 1Pd 3,18; 1Jo
 2,29; *valor:* Mt 13,43; 25,46; Rm 5,3-5; 8,28; 1Tm 4,8; Tg 1,12;
 Ap 14,12s

Justificação
causa: At 10,43; 13,38s; Rm 5,18s; 8,30; 10,4; 1Cor 1,30; 6,11; Cl
 2,13s; Tt 3,4-7; Hb 10,38; 1Pd 3,18
condições: Mt 4,17; 7,16s; 16,16s; 21,32; 22,36-40; 28,19; Mc 1,15;
 16,15s; Lc 7,47; 13,3; 18,8; 24,25; Jo 3,36; 8,24; 14,23; 20,21;
 At 5,14; 8,37; 9,42; 10,34-48; 14,22; 15,7; 16,31; Rm 1,17; 2,13;
 3,20-26.28-30; 4,4s, 23ss; 5,1s; 10,9s; 1Cor 1,23; 2,2; 13,2; 2Cor
 7,10; 10,4ss; Gl 2,16-20; 5,5s; Ef 2,8; 4,13; Fl 3,9; Cl 2,12; Tg
 2,14.26; 1Pd 1,8; 2,6; 4,17; 1Jo 2,23; 5,11; 10,13
efeitos: Rm 5,5; 8,1s; 11,17; 1Cor 3,16; 6,19; 2Cor 6,16; Gl 4,6s;
 2Tm 1,7; Tt 3,7; 1Pd 3,22; 2Pd 1,3-7; Ap 1,5
essência: *processo: isenção do pecado:* Mt 5,8; 7,16-20; 11,33ss;
 Lc 43-46; 7,50; Jo 1,29; 5,14; 8,11; 13,10; 15,3; Rm 5,1; 6,24;
 8,1s; 14,17; 1Cor 6,11; 7,15; Hb 9,26; 1Jo 1,7ss; Ap 1,5; *santificação da alma:* Mt 5,20; Jo 1,13; 3,5s, 8; 7,38s; 47; Rm 5,5; 8,9;
 1Cor 1,30; 6,11; 2Cor 5,17.21; Gl 5,4ss; 6,15; Ef 2,10; 4,24; Tt

3,4-7; Hb 10,38; 1Pd 1,3.23; 2Pd 1,3s; 1Jo 2,29; 4,7; 3,1s; 4,4.7-10; *estado:* Mc 1,8; Lc 11,13; 24,29; Jo 3,5; 14,16; Tt 2,38; 5,32; 8,17; 10,44s; Rm 1,4; 8,9.11; 1Cor 6,19; 2Cor 2,9; Ef 4,4; 2Ts 2,12; 1Pd 1,2; 1Jo 2,27; 3,9
frutos: Mt 16,27; 19,29; 20,8-16; 25,14-30; Lc 6,38; 17,10; 19,11-28; Rm 2,5s; 8,18; 1Cor 3,8.13; 9,24ss; 2Cor 4,17; 11,15; Gl 6,7; Ef 2,8ss; Fl 3,13; Cl 1,10; 1Tm 4,8; 2Tm 4,8; Tt 1,2; Hb 10,36; Tg 1,12; 1Pd 1,17; Ap 7,14-17; 11,18; 22,12
propriedades: Mt 5,48; 6,13; 25,14-30; 26,41; Lc 6,36; Jo 3,36; 15,2; Rm 8,16.31.35-39; 1Cor 2,12; 4,4; 9,27; 15,4s; 2Cor 4,16; 9,10; Ef 1,14; 4,15; Fl 2,12; Hb 4,1; 2Pd 3,18; 1Jo 3,6.14; 4,15; Ap 22,11

Lei
aperfeiçoada por Cristo: Mt 17-48; 15,3-11; 19,3-12.23; Mc 7,1-23; 10,1-12; 13,38ss; Lc 11,37-52; 18,22; 20,45ss; Rm 8,2; 6,14: 7,4-6; 8,3s; Gl 3,13; 4,4s, 31; Hb 3-7; 9,1-10
mosaica: At 15,10; Rm 3,20; 5,20; 7,1.7s; 11-13; 2Cor 3,6-11; Gl 3,10.13.19.23ss; 1Tm 1,9; Hb 7,18s
natural: At 14,16, Rm 1,19s: Rm 2,14s

Liberdade
da vontade: Mt 23,37; Mc 14,7; Lc 12,47; Jo 1,12; Rm 12; 12,21; 1Cor 10,13; 2Cor 8,10s; Fl 4,13; 1Ts 5,21; Hb 3,7; 4,7
do cristão: Jo 8,31s.36; Rm 6,18.20.22; 7,1-8; 8,2; 1Cor 7,22s; 2Cor 3,17; Gl 2,4.31; 5,11.13; Tg 1,25; 2,12; 1Pd 2,15s; 2Pd 2,19

Luxúria
castigo: Lc 16,19ss; 17,26-29; Gl 5,21; Fl 3,18s; Tg 5; 1Pd 4,3ss
prevenção: Lc 21,34; Rm 8,15; 13,13s; 14,17

Mansidão
dever: Mt 18,21s; Gl 6; Ef 4,22.26; Fl 4,5; Cl 3,12; 1Tm 6,11; 2Tm 2,24s; Tt 3; Tg 1,21; 3,17; 1Pd 3,15s
origem: 1Cor 13,4-7; Gl 5,22s
prêmio: Mt 5,4; 11,29

Maria
cheia de graça: Lc 1,28
cheia de virtudes: Mt 2,14; Lc 1,34.38ss, 45-55; 2,19.43-48; Jo 2,5; 19,25s

mãe de Deus: Mt 1,18-21.25; 13,55; Mc 3,31s; 6,3; Lc 1,31-35.43; 2,33.48; Jo 2,1; 19,26; At 1,14; Gl 4,4
sempre virgem: Mt 1,18.20; Lc 1,34

Matrimônio
adultério: Mt 5,27s; 15,19; 19,9; Rm 7,3; 1Cor 6,9; Gl 5,19-21; Tg 4,4
fim: 1Cor 7,1s; 5,9; 1Tm 2,15; 5,14; Hb 13,4
indissolubilidade: Mt 5,32; 19,4-6; Mc 10,4-12; Lc 16,18; Rm 7,2ss; 1Cor 7,39
sacramento: Ef 5,23-32

Mentira
castigo: At 5,2ss; Ap 21,8.27; 22,15
prevenção: Jo 8,44; Ef 4,25; Cl 3,9; Tg 3,14

Milagres de Jesus
amaldiçoa a figueira estéril: Mt 21,19; Mc 11,13
aplaca a tempestade: Mt 8,24ss
cura: *a hemorroíssa:* Mt 9,20ss; Mc 5,25; Lc 8,43; *a Malco:* Lc 22,50ss; *a sogra de Simão Pedro:* Mt 8,15; Mc 1,31; *cegos:* Mt 9,27ss; 20,30ss; Mc 8,22ss; Jo 9; *endemoninhados:* Mt 8,28ss; Lc 8,30ss; Mt 12,22ss; Mt 17,14ss; Mc 9,16ss; Lc 9,38ss; Mc 1,23; Lc 4,33ss; Mt 15,22ss; Mc 7,24ss; Lc 8,2; Mc 16,9; Lc 13,11ss; *leprosos:* Mt 8,2; Mc 1,40; Lc 5,12; Lc 17,12ss; Mt 11,5; Lc 7,22; *o filho do oficial régio de Cafarnaum:* Jo 4,46ss; *o hidrópico:* Lc 14,2ss; *o paralítico:* Mt 9,2ss; Mc 2,3ss; Lc 5,18ss; *o servo do centurião:* Mt 8,13; *uma mão atrofiada:* Mt 12,10ss; *um surdo-mudo:* Mc 7,32ss
em geral: Mt 4,23; Lc 8,2; Jo 20,31
multiplica os pães: Mt 14,19ss; To 6,10ss; Lc 9,12ss; Mc 43ss; 8,5ss; Mt 15,32
muda água em vinho: Jo 2,1-11
ressuscita à vida: *a filha de Jairo:* Mt 9,25; Mc 41; Lc 8,54; *a Lázaro:* Jo 11,1ss; *o jovem de Naim:* Lc 7,11ss

Milagres em Jesus
de São Paulo: At 13,8ss; 14,7ss; 16,16ss; 19,12ss; 20,9ss; 28,3ss
de São Pedro: At 3,1ss; 9,33ss; 9,40s
do diácono Filipe: At 8,6-8

dos apóstolos: Mt 10,1-15; Mc 6,7-13; Lc 9,1-6; 10,1-12.17-20; At 5,16
dos demais apóstolos: At 5,19; 12,6-11; 16,26

Misericórdia
de Deus: Lc 1,50.54.58.72.78; 6,36; Jo 3,16s; 2Cor 1,3; Ef 2,3-5; Cl 2,13; Tt 3,5; 1Pd 1,3
de Jesus Cristo: Mt 9,36; 11,28; Mc 1,41; 6,34; 8,1s; Lc 7,13.37.47s; 10,33; 15,20; 19,5.9s; 23,42s; Jo 8,3; 10,11
dos homens: *dever:* Lc 6,35s; Rm 12,13; Cl 3,12; 1Tm 5,10; 2Pd 3,92; *exemplos:* Mt 18,23; Lc 10,30-37; 15,1s, 11-32; Fl 2,6s; 2Tm 1,18; Tt 3,5s; Hab 2,17; 4,15; 5,2; Jd 21; *valor:* Mt 5,7; 9,13; 12,7; 23,23

Missão
Mt 28,19; Mc 16,15s; At 1,8; 10,9-16; 13,2ss, 16,9s; 3Jo 5-8

Moléstia
causa: Jo 5,14; 9,3; At 12,21-23; 1Cor 11,29s; Ap 2,21s
consolo: Mt 4,24; 8,2s.5s.14-16; 9,2.6s.20ss.27-30; 10,8; 12,10; 14,35s; Mc 1,4.32ss; 2,3-13; 5,25-34; 6,56; Lc 4,40; 5,12.18-26; 8,43-48; 9,2; 13,10-13; 14,2.4.28.46; Jo 4,46-51; 5,5-9; Rm 8,18; 1Cor 15,42s; 2Cor 4,8; 12,9
deveres: Mt 16,24; Jo 11,1-3; 1Tm 6,17; Tg 5,13-15; 1Pd 2,20ss
fim: 2Cor 1,4-7; 4,17; 1Pd 4,19

Morte
consolo: Mt 9,23s; Lc 7,13; Jo 11; 1Ts 4,12; Ap 21,4; 22,5
do justo: Lc 6,23; 16,22; 2Cor 5,1; Fl 1,23; 2Tm 4,6-8; Tg 1,12; Ap 7,13-17; 14,13
do pecador: Mt 25,30; Lc 16,22
origem: Rm 5,12.17; 6,23; 1Cor 15,21s; Tg 1,15
significação: 1Cor 15,51; 2Cor 5,4; Fl 1,23; 2Tm 4,6: Hb 9,27; 11,35
tempo incerto: Mt 24,42ss; 25,1ss; Mc 13,13ss; Lc 12,16ss.35ss; 21,34ss; Jo 12,35; 1Ts 5,1-6; Tg 4,13ss; 5,9; 2Pd 3,10; Ap 3,3; 16,15

Mulheres (piedosas)
Mt 28,55s; Mc 16,40s; Lc 8,2s; 23,55; Jo 19,25
deveres: 1Cor 11,3-15; 1Ts 4,3; 1Tm 2,9s; Tt 2,5; 1Pd 3,3-5

direitos: Mt 19,4-9; 1Cor 7,2.10s; Cl 3,18s; 1Pd 3,11.6s

Mundo
espiritual: *atitude:* Mt 6,24; 16,24; 19,27; 1Cor 7,31; Gl 1,4; 6,14; Fl 3,7s; 1Jo 2,17; 5,4s; *espécie:* Mt 13,22; Lc 16,8; Jo 7,7; 8,23; 14,16s; 15,18; 16,33; 17,9.14.25; 1Cor 1,27s; 11,32; 1Jo 3,1; 4,5; 5,19; *prevenção:* Mt 18,7; Rm 12,2; Cl 2,3; 1Tm 6,9; 2Tm 2,4; Tg 4,4; 2Pd 1,3s; 1Jo 2,15ss
material: *criação:* Jo 1,1-3.10; 17,5, At 4,14.24; 17,24; Rm 11,36; Cl 1,16; Hb 1,2; 3,4; 11,3; Ap 4,11; 14,7; *fim:* Mt 24,23-31; Mc 13,21; Lc 21,25-28; 2Pd 3,10; Ap 16-20

Negação da fé
Mt 10,33; 26,69ss; Lc 11,23; 12,9; 1Tm 5,8; 2Tm 2,12

Obediência
para com a Igreja: Mt 18,17: 2Cor 5,9; Hb 13,17
para com Deus: Mt 7,24; Jo 4,34; 5,30; 6,38; 14,30s; 17,4; At 4, 18s; Fl 2,8s; Hb 5,8s Tg 1,22; 2,10s; 1Pd 1,22; 1Jo 3,24
para com o poder civil: Rm 13,1-7; Tt 3,1s: 1Pd 2,13-17

Obras (boas)
meritórias: Mt 5,11s; 6,6: 10,42; 16,27; 19,29; 20,8; 25,4ss.41-46; Mc 9,40; Jo 5,26s; 12,26; 13,17; 15,14; Rm 2,6s, 10,13; 8,13; 1Cor 3,8; 15,58; 2Cor 9,6; Ef 6,8; Cl 3,23s; Hb 6,10; 11,26; 13,16; Ap 14,13; 20,12; 22,12
necessárias: Mt 3,10; 5,16; 7,17.21.24-27; 12,35; 19,17; Lc 6,46-49; 13,3; Jo 14,21; 15,14.16; Rm 2,13; Gl 6,8-10; Ef 2,10; Cl 1,10; Tm 6,17s; Tt 2,14; 3,8.14; Hb 6,12; 10,24; Tg 2,14-22; 1Pd 2,11s; 2Pd 1,10s; 1Jo 2,4s
suposição: Mt 6,16ss; Jo 15,4s; Gl 6,8; Ef 2,8ss; Cl 3,23s

Oração
de Jesus: *espírito de oração:* Mt 14,23; 26,38s; Mc 1,35; 6,46; 14, 33s; Lc 5,16; 6,12; 22,32.41.44; 23,46; Hb 5,7; *fórmulas de oração:* Mt 6,9-13; 11,25-30; 26,36-45; Mc 14,32-40; Lc 10,21s; 11,2-4; 22,41; Jo 11,41s; 12,27
dos fiéis: *exemplos:* Lc 1,46-56.68-79; 2,29-32.37; At 1,14; 6,48; 7,58; 9,36.40; 10,2; 12,5; 16,25; 20,36; 21,5; 2Tm 1,3; *necessidade:* Mt 7,7; Mc 13,33; Lc 31,36; Rm 15,30; Ef 6,17ss; Cl

4,3s; Fl 4,6; 1Ts 3,9s; 2Ts 3,1; Tm 2,8; *propriedades:* Mt 6,5-8; 7,7; 15,7-9; 21,21s; 23,14; Mc 7,6; 11,24; 12,40; Lc 11,5-9.40; 18,1-14; Jo 4,23s; 9,31; 14,13; 15,7.16; 16,23; Rm 8,26s; 12,12; 1Cor 14,15; 2Cor 12,7s; Ef 6,18; Cl 2,4; 1Ts 5,17; Hb 4,16; Tg 4,7; 5,6; 1Jo 3,21s; 5,14s; *valor:* Mt 7,7-11; 17,21; 18,20; 21,22; 26,41; Lc 11,9-13; 18,7; Jo 16,23; At 10,4; Rm 10,1; Fl 1,19; Cl 4,12; 2Ts 1,11; Tg 1,5-8; 5,13.16

Orgulho
castigo: Mt 23,12; Lc 1,51; 14,11; 18,14; Tg 4,6.16; 1Pd 5,5; Ap 18,7s
prevenção: Rm 1,29s; 11,20; 1Cor 4,7; 13,4; Gl 5,26; 2Tm 3,2; Jd 16

Paciência
com o próximo: Rm 15,1; Gl 6,1s; Ef 4,1s; Cl 3,12s; 1Ts 5,14
exemplos: At 7,59; 2Ts 1,4s; Hb 10,23-39; Tg 5,10; 1Pd 2,21
motivos: Mt 7,3-5; 18,32s; Rm 2,4; 5,3-5; 8,35-39; 12,12; Cl 1,9.11; Hb 12,2s; 1Pd 2,19s
no sofrimento: Lc 21,19; Rm 5,3-5; 8,28; 12,12; 15,3s; 1Cor 6,7; 13,7; 2Cor 6,3-5; Gl 5,22; Ef 4,1s; Cl 3,12; 2Ts 1,4s; 3,5; 1Tm 6,11; 2Tm 2,10.24; 3,12; Tt 2,1s; Hb 6,12.15; 10,36; 12,1s; Tg 1,3s.12; 5,7s.11; 1Pd 2,19s; 3,14.17; Ap 3,10; 14,12

Pais
deveres: Ef 6,4; Cl 3,21

Palavra de Deus
efeito: Mt 13,3-9; Mc 4,3-9.13-21; Lc 8,5-8.11-15; At 2,37; 4,4; 6,10; 13,48; 14,1; 16,14; 17,11s, 32ss; 19,9; 26,28; Rm 2,13; Hb 4,12; Tg 1,21-25
excelência: Mt 4,4; 5,17; 24,35; Lc 4,4; 16,17; Jo 6,24.69; 17,17; Ef 6,17; 1Ts 2,13; 1Pd 1,25
exemplos: Lc 5,55; 10,39; 19,47s; At 2,42; 8,5s; 13,42ss
valor: Mt 7,24s; Lc 6,47s; 8,21; 10,42; 11,28; Jo 5,24.40; 8,31s; 14,23s; At 6,2

Parábolas de Jesus
administrador fiel: Mt 24 45-51; Lc 12,41-48
amigo importuno: Lc 11,5-8

argueiro e trave: Mt 7,3-5; Lc 41s
árvores boas e más: Mt 7,16-20; 12,33-35; Lc 6,43-45
banquete régio: Lc 14,16-24
caprichos pueris: Mt 11,16-19; Lc 7,31-35
carniça e águias: Mt 24,28; Lc 17,37
casa sobre rochedo ou areia: Mt 7,24-27; Lc 6,47-49
cidade sobre o monte: Mt 5,14
devedores (dois): Lc 7,41-45
discípulo e servo: Mt 10,24s; Lc 6,40; Jo 13,16; 15,20
dracma perdida: Lc 15,8-10
Epulão (rico) e pobre Lázaro: Lc 16,19-31
esposo e convivas: Mt 9,14s; Mc 2,18-20; Lc 5,33-35
expedição bélica: Lc 14,31-33
fariseu e publicano: Lc 18,9-14
feitor infiel: Lc 16,1-9
fermento: Mt 13,33; Lc 13,20s
figueira estéril: Lc 13,6-9
filho pródigo: Lc 15,11-32
filhos da casa e cachorrinhos: Mt 15,27s; Mc 7,27
filhos do rei isentos de tributo: Mt 17,23-26
filho suplicante: Mt 7,9-11; 11-13
fim do mundo (prenúncios): Mt 24,32s; Mc 13,28s; Lc 21,29-31
guias cegos: Mt 15,14; Lc 6,39
hóspedes pobres: Lc 14,12-14
impureza real: Mt 15,10s.15-20; Mc 7,14-23
insensato (rico): Lc 12,16-21
irmãos desiguais: Mt 21,28-32
joio entre o trigo: Mt 13,24-30.36-43
juiz iníquo: Lc 18,1-8
ladrão de noite: Mt 24,23s.39s
lavradores perversos: Mt 21,33-46; Mc 12,1-12; Lc 20,9-19
lugares no banquete: Lc 14,7-11
luz do mundo: Jo 3,19-21; 8,12; 9,5; 12,35s.46
luz sobre candelabro: Mt 5,15-16; Mc 4,21; Lc 8,16; 11,33
médico das almas: Mt 9,12s; Mc 2,17; Lc 5,31s
messe grande e poucos operários: Mt 9,37s; Lc 10,2
minas (moedas): Lc 19,11-27
mostarda (grão): Mt 13,31s; Mc 4,30-32; Lc 13,1s
ovelha desgarrada: Mt 18,12-14; Lc 15,3-7
pai de família prudente: Mt 13,52

pastor (bom): Jo 10,1-16
pérola: Mt 13,45s
plantas desarraigadas: Mt 15,13
porta fechada: Lc 13,25-30
profanação de coisas santas: Mt 7,6
rede de pescador: Mt 13,47-50
reino de Cristo e reino de Satanás: Mt 12,25-30.43-45; Mc 3,23-27; Lc 11,17-26
sal da terra: Mt 5,13; Mc 9,50; Lc 14,34s
samaritano: Lc 10,30-37
semeador: Mt 13,3-9.18.23; Mc 4,3-9.13-21; Lc 8,5-8.11-15
sementeira a crescer: Mc 4,26-29
servir a dois senhores: Mt 6,24; Lc 16,13
servo cruel: Mt 18,23-35
servos inúteis: Lc 17,7-10
servos vigilantes: Mc 19,33-37; Lc 12,35-38
torre a construir: Lc 14,28-30
trabalhadores da vinha: Mt 20,1-16
trigo (grão): Jo 12,24s
vestidos e odres velhos: Mt 9,16s; Mc 2,21s; Lc 5,36-38
videira: Jo 15,1-8
vinho novo e velho: Lc 5,39
virgens prudentes e tolas: Mt 25,1-13

Pastor de almas
como sacerdote: Mt 18,18; Lc 22,19; Jo 17,11.15ss; At 6,4; Rm 1,9; 1Cor 11,25; Fl 1,3s, 9s; Cl 1,3.9; Tg 5,14s; Ap 2,2-6.14-16.19-21; 3,8
como pregador: Mt 9,36ss; 10,5ss.27; 13,51s; 15,9.14; Lc 6,39; 9,2; At 4,18.20.29; 5,19s.27ss.40ss; 8,35.40; 11,26; 13,46; 20,26s; Rm 2,21; 15,18; 1Cor 1,17.21; 2,1s.4s; 3,1s; 9,14-18.27; 14,9; 2Cor 2,14s.17; 4,1s; 11,7-9; 12,14s; Gl 1,8s; 4,16; 1Ts 2,3-8; 1Tm 1,3s; 6,20s; 2Tm 4,2-5; Tt 2,8; 1Pd 4,11; Hb 5,11-14
deveres: Mt 5,13-16; 23,4; Lc 5,5; 11,46.52; 14,34s; At 20,31; Rm 2,17-24; 1Cor 4,16; 9,27; 10,33; 11,1; 2Cor 1,12; 8,21; 11,2; Fl 2,16s; 1Ts 2,13; 5,22; 1Pd 5,2s; 2Pd 1,12s; cf. epístolas a Timóteo e Tito
importância: Jo 17,3; Rm 11,13s; 1Tm 1,12; 3,1; Hb 13,17
missão: Mt 4,18-22; 28,19s; Jo 15,16; 17,22; At 10,42; Rm 10,10.

14s; 1Cor 3,4s; 2Cor 4,5ss; 5,18-20; Ef 4,11; Fl 1,1; Hb 5,4
pastor e rebanho: Mt 10,1.10; Lc 10,7s.16; 1Cor 9,7s.11-14; 2Cor 5,20; Gl 6,6; 1Ts 5,12s; 1Tm 5,17; Hb 13,7s.17s
prêmio: Mt 5,11s; Lc 10,20; Jo 12,26; 1Cor 3,8; 9,17.24s; 1Pd 5,1-4
responsabilidade: Mt 23,14s; 1Cor 9,16s; Ap 2,5; 3,1-3
tarefa: Mt 28,19s; 1Cor 4,1; Ts 3,7ss; Fl 2,21; 4,15ss; 1Pd 5,2ss; cf. epístolas a Timóteo e Tito

Paz
da alma: Rm 14,19; 16,33; 16,20; 1Cor 7,15; 14,33; Gl 5,22; Ef 4,3; 1Ts 5,13; 2Tm 2,22; Hb 12,14; 1Pd 3,10s
de Cristo: Mt 10,10.12; Lc 2,14; 10,5s; Jo 14,27; 16,33; At 10,36; Rm 5,1s; Ef 2,14.17ss; 6,15; Fl 4,7: Cl 3,15; 2Ts 3,16
do mundo: At 9,31; 1Tm 2,2

Pecado original
em geral: Mc 10,10.18; Jo 3,3-6.36
em particular: Rm 5,12; 1Cor 15,22; Ef 2,3

Pecado pessoal
castigo: Rm 1,18; 2,6.8s; 6,21; 2Cor 5,10; 7,1; Gl 6,7s; Cl 3,25; 2Pd 2,3-7.9
conversão: Mt 6,12; 9,2; Mc 2,3; Lc 5,18; 7,48s; 11,4; Cl 1,14; Hb 12,1; Tg 5,19s; 1Pd 2,1; 1Jo 1,7-10
espécies: Mt 18,6s; Lc 11,47s; Rm 1,32; 2,24; Ef 5,6s; 1Tm 5,22
essência: Rm 2,23; 4,15; 5,13; 8,7; Ef 2,1; Tt 2,14; Hb 2,2; Tg 4,4; 1Jo 3,4; 5,17
fealdade: Rm 6,6-13; 8,8; 12,9; 2Cor 6,14ss; Ef 4,30s; 5,3
graus: Mt 5,22; 7,3; 10,10.15; 23,24; Lc 10,10.12; 12,47s; Jo 19,11; 1Jo 5,16
origem: Jo 3,19s; 9,4.15.21s.24; Rm 5,20; Hb 10,36; Tg 1,15; 4,17; 1Jo 3,6.8ss; 5,18
loucura: Rm 6,12-14,16.20s; 2Pd 2,19
pecados que bradam aos céus: Tg 5,4
pecados contra o Espírito Santo: Mt 12,31s; Mc 3,28s; Lc 12,10; At 7,51; Hb 6,4-6; 10,26s

Penitência
sacramento: *condições:* 1Cor 11,28.31 (cf. parábola do filho pródigo, Lc 15,11-24, bem como 2Cor 7,19); *efeitos:* Jo 20,23; Mt

16,19; 18,18; 1Jo 1,9; *instituição:* Jo 20,22s; Mt 18,18; *acusação:* At 19,18; Tg 5,16; 1Jo 1,9

virtude: *exemplos:* Mt 26,75; Lc 7,37s, 44-48; 15,11-24; 18,13; 19,8s; 23,40-43; 2Cor 7,9s; *incitamento:* Mt 3,2.8; 4,17; Mc 1,15; Lc 3,8; 5,32; At 2,28; 8,22s; 17,30; 26,19s; Tg 4,8-10; 1Pd 3,11; Ap 2,5; 8,3; *motivos:* Lc 13,3.5; 15,7.10; At 3,19; Rm 2,4; 2Pd 3,9; *valor:* Mt 11,21s; Lc 10,10.13s; Rm 4,7s; 1Cor 11,31; Ef 4,22-24; 5,14; Cl 3,9s

Perfeição
desejo: Mt 5,48; 19,21; Rm 12,2; 1Cor 14,20; 15,58; 2Cor 7,1; 13,11; Ef 1,3s; 2,4.15.23s; 6,13; Fl 1,9–3,12; Cl 1,28; 1Ts 4,1-4.7; 5,23; 2Tm 3,16s; Hb 12,14; Tg 1,4; 1Pd 1,14ss; 2Pd 3,18
motivos: Mt 5,48; 19,16; Lc 18,19; Ef 5,1; 1Pd 2,24

Perseverança
exortação: At 11,23; 13,4.20s; 1Cor 7,20; 15,58; 16,13; 2Ts 2,14; 1Tm 1,19; Hb 6,11s; 10,23
graça de Deus: 1Cor 1,8; Ef 6,10; Fl 1,6; 2,13; 1Ts 5,24; 1Pd 5,10
valor: Mt 10,22; 24,13; Mc 13,13; Rm 2,6s; 11,22; 1Cor 15,1s.58; Gl 6,9; Cl 1,22s; 1Ts 3,8; 2Ts 3,13; 1Tm 4,16; Hb 3,14; Tg 1,25; Ap 2,10.26; 3,21

Pobreza
espiritual: Mt 5,3; Lc 6,20s
evangélica: Mt 10,9s; 19,21.27s; Mc 10,29s; Lc 14,33; 18,28-30
real: Lc 15,13-16; Tg 2,5

Predestinação
causa: Mt 24,22; 25,34-46; Lc 10,21; 12,32; Jo 10,26ss; 15,16; 17,9; At 13,48; Rm 8,28; 9,11-21; 11,5s; 1Cor 2,9; 9,24ss; Ef 1,3-14; 2Ts 2,13; 2Tm 1,9; 1Pd 1,20; 2Pd 1,10
conseqüência: Lc 10,20; Rm 11,20; 1Cor 4,4; Fl 2,12; 3,13-15; 2Pd 1,10
essência: Jo 6,39; Ef 1,4; 2Tm 1,9
fato: Mt 20,10.16; 25,34; Lc 10,20; Jo 5,21; 6,37-40; 10,28s; 13,18; Rm 8,28ss; 11,5.7; Ef 1,4-14; 1Tm 4,10; 2Tm 2,19s; 1Pd 1,20

Primado
colação: Mt 16,16-19; Lc 22,31s; Jo 1,41s; 21,15ss

exercício: Mt 10,2; Mc 3,16; Lc 6,13s; At 1,15; 2,14.38

Príncipe (deste mundo)
Lc 4,6; Jo 12,31s; 14,30; Ef 2,2; 1Jo 5,18s

Profecias (de Jesus)
sobre a destruição de Jerusalém e o fim do mundo: Mt 24; Mc 13; Lc 21
sobre os apóstolos e a Igreja: Mt 10,10.16-25; 16,17ss; Mc 40; 16,17s; Lc 21,8-19; Jo 21,18-23
sobre si mesmo: Mt 12,40; 21ss; 17,22s; 20,10.17ss; 26,20-25.30-34; Mc 8,31ss; 30s; 10,33s; 14,17-21.27.30; 22,21ss.34; Jo 2,19; 13,21-27

Providência divina
conclusões: Mt 6,25-30; Lc 12,22-31; Ef 1,11s; 1Pd 5,7
fato: Mt 5,45; Lc 12,6; Jo 5,17; At 14,16; 17,25.28; Rm 11,36; Cl 1,17; 1Tm 6,13; Hb 1,3; 1Pd 5,7
males: Rm 8,28; 2Cor 4,17; Hb 12,11s; Tg 1,2s; 2Pd 3,9

Prudência
Mt 10,10.16; 11,25; Lc 16,8; Rm 12,16; 1Cor 3,18; 4,10; 2Cor 1,12; 4,2; Tg 1,5; 1Pd 4,7

Pureza (do coração)
Mt 5,8; Jo 13,8; 1Cor 6,11; 2Cor 7,1; Ef 1,4; 2Tm 2,21; 1Pd 1,22; Ap 7,14; 22,14

Reconciliação
Mt 5,23-26; 6,12.14s; 18,35; Mc 11,25s; Lc 11,4; 12,58s; Rm 12, 17s.20s; 1Cor 13,4; Ef 4,26.31s; Cl 3,12s; 1Ts 5,15; 1Pd 3,9

Reino de Deus
além-túmulo: Mt 13,43; 25,26.29; Mc 9,46; 10,10.15; Lc 12,32; 13,29; 22,29s; At 14,21; 1Cor 15,24.50; 2Tm 4,18; 2Pd 1,11
na alma: Mt 3,2; 4,23; 6,12.28; Mc 1,14s; 4,11; 12,34; Lc 8,1; 9,22.60; 10,9; 16,16; 18,29s; At 8,12; 28,31
na Igreja: Mt 13,38; 21,43; Mc 10,23; Lc 1,33; 7,28; 9,62; Jo 3,3.5
no mundo: Mt 16,28; 24,14; Lc 12,31; Jo 18,36

Reino milenário
Ap 20,4ss

Renúncia
Mt 10,39: 16,24; Mc 8,34; Lc 9,23; 14,26.33; 17,33; Jo 12,25; 1Cor 7,29ss; 9,27

Respeito humano
Mt 10,28; Lc 12,4s; At 4,19; Rm 8,31; 1Cor 7,23
exemplos: Mc 6,26.28; Jo 7,13; 9,22s; 19,12

Ressurreição
de Cristo: *fato:* Mt 28,2-6; Mc 16,6; Lc 24,2-6; Jo 20,21; *predita por Jesus:* Mt 12,40: 16,21; 17,9; 26,32; Mc 14,28; Jo 2,19; 16,16; *testemunhas:* Mt 28; Mc 16; Lc 24; Jo 20,21; At 1,9.21s; 2,24.32; 3,15; 17,31; Rm 5; 4,24s; 6,4; 8,11.34; 1Cor 6,14; 15,4-7; Gl 1,1; Ef 1,20; 1Pd 1,3s.21; Ap 1,5
dos homens: *estado:* Mt 22,24-30; Mc 12,19-25; Lc 20,28-36; 1Cor 15,35-44.51; Fl 3,21; Cl 3,4; 1Jo 3,2; *fato:* Mt 22,31s; Mc 12,26s; Lc 20,37s; Jo 5,25-29; 6,39; 11,24; At 17,18.31-34; 23,6; 24,15; 26,8; Rm 8,11; 1Cor 6,14; 15,12-22; 2Cor 1,2.14; 5,1; 1Ts 4,12-16; 2Tm 11; Ap 1,5; 20,10.12

Revelação
distintivos: Mt 9,6; 11,4s.21; 12,38ss; Mc 3,4s; Lc 17,12, Jo 2,11; 5,36; 7,17; 15,24; 21,30s; Gl 1,7ss; Cl 2,8; 1Tm 1,5; Tt 1,10-16; 1Jo 4,2-6
natural: At 15,17; 17,27s; Rm 1,18ss
sobrenatural: Mt 11,26s; 16,17; Lc 18,21; Jo 17,6; Rm 1,17; 1Cor 2,10; Gl 1,16; Cl 1,26; 4,4; 1Tm 3,16; 2Tm 1,10; Hb 1,1s; 1Pd 1,20

Riquezas
espiritual: 1Cor 1,4s; 4,8; 2Cor 6,10; 8,7.9; 1Tm 6,18; Tg 2,5; Ap 2,9; 3,17s
material: *perigos:* Mt 6,24; 19,23-26; Mc 10,23ss; Lc 6,24s; 16,13; 1Tm 6,9-11; Tg 5,1-6; Ap 3,17s; *valor:* Mt 6,19-24; Lc 12,13-21; 16,19-31; Tg 1,11; *deveres:* Lc 14,12s; At 4,34s; 1Tm 6,17ss; Tg 1,10

Sábado (descanso)
Hb 4,9

Salvação
(cf. Salvador e Jesus Cristo)
frutos: Rm 5-8; 1Cor 1,30; 6,20; 2Cor 5,14s; Cl 1,9.12-14; Hb 9,14; 10,26s; 1Pd 2,21; 1Jo 2,6
universalidade: Jo 3,14-16; Rm 1,18; 3,23-26; 5,18; 2Cor 5,15; 1Tm 2,6; Hb 2,9; 1Jo 2,2

Salvador
obras: Mt 26,28; Lc 1,79; Jo 1,9.29; 3,17.19; 8,12.51; 12,46; 17,4; 18,37; At 10,43; Rm 3,24s; 4,25; 5,6-9; 1Cor 1,30; 15,3; 2Cor 5,15; Ef 1,7s; Fl 2,8; Cl 1,14; 2,13s; Tt 2,14; Hb 2,9; 9,12-14; 1Pd 1,18s; 2,24; 3,18.22; 1Jo 1,7
pessoa: Mt 1,21; 9,13; 20,28; 26,28; Mc 2,17; 10,45; 1Tm 1,15; 2,5; 1Jo 3,5; 3,8; Ap 1,5s

Sangue de Cristo
preço da nossa redenção: At 20,28; Rm 3,24s; 5,9; 1Cor 6,20; 7,23; Ef 1,7s; 2,13; Cl 1,14; Hb 9,13.20s; 1Pd 1,2.18s; 1Jo 1,7; Ap 1,5; 5,9; 7,14; 12,14

Sedução
castigo: Ap 12,9
meios: Mt 10,10.16s; Jo 2,24s; 2Ts 3,6
prevenção: Mt 7,15s.20; 24,4s.24; Mc 13,5; 1Cor 15,33; 2Cor 11,3; Gl 1,7ss; Ef 5,6s; Cl 2,8.18s; 2Ts 2,3.9s; 2Pd 2,18s; 3,17; 1Jo 3,7

Seitas (ver Heresia)

Sofrimentos
atitude: Mt 5,10-12; At 5,41; Rm 12,12; 1Cor 7,30; 2Cor 6,4s.9; 8,2; Cl 1,24; Hb 10,34; Tg 1,2; 5,7-13; 1Pd 5,6
consolo: Lc 6,40; 9,23; 24,26; Jo 12,26; 13,16; 16,33; 1Cor 10,10.13; 2Cor 1,3-5; Hb 2,9s; 5,8s; 10,32-39; 1Pd 2,20-23; 4,1
de Cristo: ver Jesus Cristo
dos justos: Mt 16,24; 24,9; Mc 13,9; Lc 13,1-4; 21,12; Jo 9,1-3; 15,20; 16,2; 1Ts 3,3; 2Tm 3,12; Hb 12,6; 1Pd 3,17; 4,12s; 2Pd 2,5ss.9

fim: Jo 9,3; Ap 2,21; 3,16.8-11
valor: Mt 5,10-12; Lc 15,17-24.26; Jo 15,2; 16,20ss; At 14,21; 20, 23s; Rm 5,3s; 8,17s.22s; 1Cor 11,32; 2Cor 1,7; 1,8s.17; 7,4; 8,2; 12,9s; Fl 1,29; 2Ts 1,4-7; 2Tm 2,11s; 3,12; Hb 2,9s; 5,8; 12,5-11; Tg 1,2-4.12; 1Pd 1,6s; 2,20ss; 3,14.17; 4,1s.12s.14ss; 5,10; 2Pd 2,9; Ap 1,9; 7,14

Temor
de Deus: Lc 1,50; 2,25; 23,40; At 8,2; 9,21.31; 10,2.7.35; 16,14; Rm 8,15; 2Cor 7,1; Ef 5,21; 1Pd 2,17; 3,16
motivo salutar: Mt 10,28; Lc 12,4s; Rm 3,18; 11,20; 2Cor 5,11; Fl 2,12; Hb 12,28; 1Pd 1,17; Ap 14,7
natural: Mt 14,27; 17,7; 28,4.8; Mc 5,36; 16,5; Lc 1,13; 2,10; 5,10; 12,32; 24,5-37; Jo 12,15; 14,27; At 18,9; 27,24; Hb 13,6; 1Pd 3,14; Ap 1,17; 2,10

Tentação
atitude: Mt 4,1-11; 26,41; Lc 4,1-13; 1Cor 10,10.13; 2Cor 5; Ef 6, 11-16; 2Ts 3,5; Fl 13; Hb 4,16; 12,2-5; Tg 4,7; 2Pd 2,9; Ap 2,10
origem: Mt 4,1-11; 16,23; 26,41; Mc 1,12; 8,32s; Lc 4,1-13; 22,31s; Jo 13,2; At 5,3; Rm 7,22s; 2Cor 12,7-9; Gl 5,16s; Ef 6,11-17; 1Ts 3,5; Tg 1,13s; 1Pd 5,8s
valor: Rm 5,3ss; 2Tm 2,5; Tg 1,2-4.12; 1Pd 1,6; Ap 5,31

Trabalho
exemplos: Mc 6,3; Lc 2,51; 3,23; At 18,3; 20,34s; 2Cor 11,27; 1Ts 2,9; 2Ts 3,8
intenção: Lc 5,4-7; Jo 21,6
obrigação e benefício: Mt 20,1-16; 25,14-30; Ef 4,28; 1Ts 11; 2Ts 3,10-12

Tradição
Mt 18,17; 28,20; Mc 16,15; Lc 10,10.16; 24,15; Jo 20,30; 21,25; At 1,3; 15,41; 16,4; 1Cor 11,2.34; Fl 4,9; 1Ts 4,2; 2Ts 2,14; 1Tm 3,15; 2Tm 1,13s; 2,2; 3,14; 2Pd 3,16; 1Jo 2,24; 2Jo 12

Unção
Mc 6,13; Tg 5,14s

Veracidade
de Deus: Jo 3,33; 8,26; 14,6; 17,17; Rm 3,3s; 1Cor 1,9; 2Tm 2,13;
Tt 1,2; Ap 3,7.14
dos homens: Jo 8,31s; Rm 9,1; 1Cor 13,6; 2Cor 11,31; 13,8; Gl 1,
20; 4,16; Ef 4,15.25; 5,9; 6,14

Vestes
Mt 11,8; Lc 16,19; 1Tm 2,9s; 6,8; 1Pd 3,3-5

Vícios
Mt 15,19; Mc 7,21s; Rm 1,29-31; 13,13; 1Cor 5,10s; 6,7s; 2Cor 12,
20; Gl 5,19; 1Tm 1,9s

Vida
eterna: Mt 5,12; 19,29; 20,1ss; 25,14ss.34; Rm 4,4; 6,23; 1Cor 3,8;
Tg 1,12
temporal: *finalidade:* Mt 5,48; *regras:* Mt 7,12; 10,39; 11,29; Mc
8,25ss; Lc 6,31.36; 9,24; 14,26; 17,33; Jo 12,25s; 13,14s; 15,12;
At 20,24; Rm 6,4; 8,1; 13,13s; 14,7s; 15,2; 1Cor 7,20; 10,31; 2Cor
4,17; 5,15; 7,1; Gl 2,20; 6,7-10; Ef 4,11.22ss; 5,1s.17; Fl 1,21; Cl
2,6; 3,1s.9s.12.17; 1Ts 5,10; Tt 2,11s; 3,8; Hb 12,14s; 4,2; 2Pd
3,11s; 1Jo 1,7; 2,6; *valor:* Mt 6,25-34; Lc 12,19s.22-31; Fl 3,7;
Hb 13,14; Tg 1,10; 4,15; 1Pd 1,24s

Vigilância
Mt 24,42ss; 25,1-13; 26,31; Mc 19,33.35ss; Lc 12,37-40; 21,36;
1Cor 10,10.12; 16,13; Gl 5,17; Ef 6,11s; Cl 4,2; 1Ts 5,6; 2Tm
4,5; Tg 1,19; 1Pd 4,7; 5,8; 1Jo 2,15s; Ap 3,2s; 16,15

Vingança
compete a Deus: Rm 12,19; 2Ts 1,7s
vedada aos homens: Mt 5,39; 6,14; Mc 11,25; Lc 9,54s; 11,4; Rm
12,17.19; 1Cor 6,7; Ef 4,26; 1Ts 5,15; Hb 10,30

Virgindade
Mt 19,10s; 27,29; Lc 20,34ss; 1Cor 7; Ap 14,4

Virtude
espécies: *adquiridas:* 2Pd 1,10ss; Ap 22,11; *divinas:* 1Cor 13,13;
1Ts 1,3; *infusas:* Rm 5,1-5; 1Tm 1,7; *morais:* Mt 10,10.16; 1Pd

4,7; Mt 7,12; Cl 4,1; 1Ts 4,6; Gl 5,23; Fl 4,5; Cl 3,12; 1Pd 5,8; Fl 4,13; 2Tm 2,1; 1Pd 5,10
essência: Mt 22,36-40; Mc 12,28-34; Lc 10,25-28; Jo 14,15; Rm 13,10; 1Cor 13,8; Gl 5,6; Cl 3,14; 1Tm 1,5; 1Jo 5,3; 2Jo 6
frutos: Mt 5,3-10; Lc 6,20ss; Gl 5,17-23
progresso: Ef 2,21; 4,15; Fl 3,12ss; Cl 1,10; 1Ts 4,1; 1Tm 4,7; 2Pd 1,5-8; 3,18

Vocação
fato: Mt 2,2; 8,11; 21,43; Jo 10,16; Mt 22,1-10; At 10
graça: Mt 20,16; Gl 1,6.15.16; 5,8; Ef 1,16-18; 2,8; 1Tm 6,12; Hb 9,15; 1Pd 2,9s; 3,9
obrigações: Lc 9,62; 1Cor 1,1.26; 7,17.24; Ef 4,1-3; 2Pd 1,10s
valor: Rm 8,30; 1Ts 2,12; 2Ts 3,13; 1Pd 5,10.

DADOS BIOGRÁFICOS

Huberto Rohden

Nasceu em Tubarão, Santa Catarina, Brasil. Fez estudos no Rio Grande do Sul. Formou-se em Ciências, Filosofia e Teologia em universidades da Europa — Innsbruck (Áustria), Valkenburg (Holanda) e Nápoles (Itália).

De regresso ao Brasil, trabalhou como professor, conferencista e escritor. Publicou mais de 65 obras sobre ciência, filosofia e religião, entre as quais várias foram traduzidas em outras línguas, inclusive o esperanto; algumas existem em braile, para institutos de cegos.

Rohden não está filiado a nenhuma igreja, seita ou partido político. Fundou e dirigiu o movimento mundial Alvorada, com sede em São Paulo.

De 1945 a 1946 teve uma bolsa de estudos para pesquisas científicas, na Universidade de Princeton, New Jersey (Estados Unidos), onde conviveu com Albert Einstein e lançou os alicerces para o movimento de âmbito mundial da Filosofia Univérsica, tomando por base do pensamento e da vida humana a constituição do próprio Universo, evidenciando a afinidade entre Matemática, Metafísica e Mística.

Em 1946, Huberto Rohden foi convidado pela American University, de Washington, DC, para reger as cátedras de Filosofia Universal e de Religiões Comparadas, cargo este que exerceu durante cinco anos.

Durante a última Guerra Mundial, foi convidado pelo Bureau of Inter-American Affairs, de Washington, para fazer parte do corpo de tradutores das notícias de guerra, do inglês para o português. Ainda na American University, de Washington, fundou o Brazilian Center, centro cultural brasileiro, com o fim de manter intercâmbio cultural entre o Brasil e os Estados Unidos.

Na capital dos Estados Unidos, Rohden freqüentou, durante três anos, o Golden Lotus Temple, onde foi iniciado em Kriya Yôga por Swami Premananda, diretor hindu desse *ashram*.

Ao fim de sua permanência nos Estados Unidos, Huberto Rohden foi convidado para fazer parte do corpo docente da nova International Christian University (ICU) de Metaka, Japão, a fim de reger as cátedras de Filosofia Universal e Religiões Comparadas; mas, por causa da guerra na Coréia, a universidade japonesa não foi inaugurada, e Rohden regressou ao Brasil. Em São Paulo foi nomeado professor de Filosofia na Universidade Mackenzie, cargo do qual não tomou posse.

Em 1952, fundou em São Paulo a Instituição Cultural e Beneficente Alvorada, onde mantinha cursos permanentes em São Paulo, Rio de Janeiro e Goiânia, sobre Filosofia Univérsica e Filosofia do Evangelho, e dirigia Casas de Retiro Espiritual (*ashrams*) em diversos estados do Brasil.

Em 1969, Huberto Rohden empreendeu viagens de estudo e experiência espiritual pela Palestina, Egito, Índia e Nepal, realizando diversas conferências com grupos de iogues na Índia.

Em 1976, Rohden foi chamado a Portugal para fazer conferências sobre autoconhecimento e auto-realização. Em Lisboa fundou um setor do Centro de Auto-Realização Alvorada.

Nos últimos anos, Rohden residia na capital de São Paulo, onde permanecia alguns dias da semana escrevendo e reescrevendo seus livros, nos textos definitivos. Costumava passar três dias da semana no *ashram*, em contato com a natureza, plantando árvores, flores ou trabalhando no seu apiário-modelo.

Quando estava na capital, Rohden freqüentava periodicamente a editora responsável pela publicação de seus livros, dando-lhe orientação cultural e inspiração.

Fundamentalmente, toda a obra educacional e filosófica de Rohden divide-se em grandes segmentos: 1) a sede central da Instituição (Centro de Auto-Realização), em São Paulo, que tem a finalidade de ministrar cursos e horas de meditação; 2) o *ashram*, situado a setenta quilômetros da capital, onde são dados, periodicamente, os Retiros Espirituais, de três dias completos; 3) a Editora Martin Claret, de São Paulo, que difunde, por meio de livros, a Filosofia Univérsica; 4) um grupo de dedicados e fiéis amigos, alunos e discípulos, que trabalham na consolidação e continuação da sua obra educacional.

À zero hora do dia 8 de outubro de 1981, após longa internação em uma clínica naturista de São Paulo, aos 87 anos, o professor Huberto Rohden partiu deste mundo e do convívio de seus amigos e discípulos. Suas últimas palavras em estado consciente foram: "Eu vim para servir a Humanidade".

Rohden deixa, para as gerações futuras, um legado cultural e um exemplo de fé e trabalho somente comparados aos dos grandes homens do nosso século.

Huberto Rohden é o principal editando da Editora Martin Claret.

Relação de obras do prof. Huberto Rohden

Coleção Filosofia Universal:

O Pensamento Filosófico da Antiguidade
A Filosofia Contemporânea
O Espírito da Filosofia Oriental

Coleção Filosofia do Evangelho:

Filosofia Cósmica do Evangelho
O Sermão da Montanha
Assim Dizia o Mestre
O Triunfo da Vida Sobre a Morte
O Nosso Mestre

Coleção Filosofia da Vida:

De Alma para Alma
Ídolos ou Ideal?
Escalando o Himalaia
O Caminho da Felicidade
Deus
Em Espírito e Verdade
Em Comunhão com Deus
Cosmorama
Porque Sofremos

Lúcifer e Logos
A Grande Libertação
Bhagavad Gita (tradução)
Setas para o Infinito
Entre dois Mundos
Minhas Vivências na Palestina, Egito e Índia
Filosofia da Arte
A Arte de Curar pelo Espírito. Autor: Joel Goldsmith (tradução)
Orientando
"Que Vos Parece do Cristo?"
Educação do Homem Integral
Dias de Grande Paz (tradução)
O Drama Milenar do Cristo e do Anticristo
Luzes e Sombras da Alvorada
Roteiro Cósmico
A Metafísica do Cristianismo
A Voz do Silêncio
Tao Te Ching de Lao-Tse (tradução) - ilustrado
Sabedoria das Parábolas
O 5º Evangelho Segundo Tomé (tradução)
A Nova Humanidade
A Mensagem Viva do Cristo (Os Quatro Evangelhos - tradução)
Rumo à Consciência Cósmica
O Homem
Estratégias de Lúcifer
O Homem e o Universo
Imperativos da Vida
Profanos e Iniciados
Novo Testamento
Lampejos Evangélicos
O Cristo Cósmico e os Essênios
A Experiência Cósmica

Coleção Mistérios da Natureza:

Maravilhas do Universo
Alegorias
Ísis
Por Mundos Ignotos

Coleção Biografias:

- Paulo de Tarso
- Agostinho
- Por um Ideal - 2 vols. - autobiografia
- Mahatma Gandhi - ilustrado
- Jesus Nazareno - 2 vols.
- Einstein - O Enigma da Matemática - ilustrado
- Pascal - ilustrado
- Myriam

Coleção Opúsculos:

- Saúde e Felicidade pela Cosmomeditação
- Catecismo da Filosofia
- Assim dizia Mahatma Gandhi (100 Pensamentos)
- Aconteceu entre 2000 e 3000
- Ciência, Milagre e Oração São Compatíveis?
- Centros de Auto-Realização

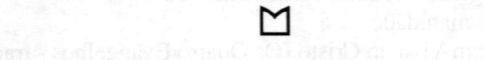

Sumário

Preliminares 13
Aditamento à quarta edição de 1950 15
Títulos abreviados dos livros bíblicos 17
Como usar o Novo Testamento? 20
Dos quatro evangelhos em geral 21

Novo Testamento

Evangelho segundo Mateus 25
Evangelho segundo Marcos 105
Evangelho segundo Lucas 148
Evangelho segundo João 220
Atos dos Apóstolos 280
Vida e epístolas de São Paulo 345
Epístola aos Romanos 350
Primeira Epístola aos Coríntios 382
Segunda Epístola aos Coríntios 412
Epístola aos Gálatas 434
Epístola aos Efésios 447
Epístola aos Filipenses 458
Epístola aos Colossenses 467
Primeira Epístola aos Tessalonicenses 475
Segunda Epístola aos Tessalonicenses 483

Primeira Epístola a Timóteo 488
Segunda Epístola a Timóteo 498
Epístola a Tito 504
Epístola a Filêmon 509
Epístola aos Hebreus 512
Epístolas "católicas" 536
Epístola de Tiago 537
Primeira Epístola de Pedro 547
Segunda Epístola de Pedro 557
Primeira Epístola de João 565
Segunda e Terceira Epístolas de João 574
Epístola de Judas Tadeu 580
Apocalipse de São João 585

Epístolas e evangelhos principais tirados do Novo Testamento ... 619
Concordância do Novo testamento 624
Dados biográficos 653
Relação de obras do Prof. Huberto Rohden 656

Relação dos Volumes Publicados

1. Dom Casmurro
   Machado de Assis
2. O Príncipe
   Maquiavel
3. Mensagem
   Fernando Pessoa
4. O Lobo do Mar
   Jack London
5. A Arte da Prudência
   Baltasar Gracián
6. Iracema / Cinco Minutos
   José de Alencar
7. Inocência
   Visconde de Taunay
8. A Mulher de 30 Anos
   Honoré de Balzac
9. A Moreninha
   Joaquim Manuel de Macedo
10. A Escrava Isaura
    Bernardo Guimarães
11. As Viagens - "Il Milione:"
    Marco Polo
12. O Retrato de Dorian Gray
    Oscar Wilde
13. A Volta ao Mundo em 80 Dias
    Júlio Verne
14. A Carne
    Júlio Ribeiro
15. Amor de Perdição
    Camilo Castelo Branco
16. Sonetos
    Luís de Camões
17. O Guarani
    José de Alencar
18. Memórias Póstumas de Brás Cubas
    Machado de Assis
19. Lira dos Vinte Anos
    Álvares de Azevedo
20. Apologia de Sócrates / Banquete
    Platão
21. A Metamorfose/Um Artista da Fome/Carta ao Pai
    Franz Kafka
22. Assim Falou Zaratustra
    Friedrich Nietzsche
23. Triste Fim de Policarpo Quaresma
    Lima Barreto
24. A Ilustre Casa de Ramires
    Eça de Queirós
25. Memórias de um Sargento de Milícias
    Manuel António de Almeida
26. Robinson Crusoé
    Daniel Defoe
27. Espumas Flutuantes
    Castro Alves
28. O Ateneu
    Raul Pompeia
29. O Noviço / O Juiz de Paz da Roça / Quem Casa Quer Casa
    Martins Pena
30. A Relíquia
    Eça de Queirós
31. O Jogador
    Dostoiévski
32. Histórias Extraordinárias
    Edgar Allan Poe
33. Os Lusíadas
    Luís de Camões
34. As Aventuras de Tom Sawyer
    Mark Twain
35. Bola de Sebo e Outros Contos
    Guy de Maupassant
36. A República
    Platão
37. Elogio da Loucura
    Erasmo de Rotterdam
38. Caninos Brancos
    Jack London
39. Hamlet
    William Shakespeare
40. A Utopia
    Thomas More
41. O Processo
    Franz Kafka
42. O Médico e o Monstro
    Robert Louis Stevenson
43. Ecce Homo
    Friedrich Nietzsche
44. O Manifesto do Partido Comunista
    Marx e Engels
45. Discurso do Método / Regras para a Direção do Espírito
    René Descartes
46. Do Contrato Social
    Jean-Jacques Rousseau
47. A Luta pelo Direito
    Rudolf von Ihering
48. Dos Delitos e das Penas
    Cesare Beccaria
49. A Ética Protestante e o Espírito do Capitalismo
    Max Weber
50. O Anticristo
    Friedrich Nietzsche
51. Os Sofrimentos do Jovem Werther
    Goethe
52. As Flores do Mal
    Charles Baudelaire
53. Ética a Nicômaco
    Aristóteles
54. A Arte da Guerra
    Sun Tzu
55. Imitação de Cristo
    Tomás de Kempis
56. Cândido ou o Otimismo
    Voltaire
57. Rei Lear
    William Shakespeare
58. Frankenstein
    Mary Shelley
59. Quincas Borba
    Machado de Assis
60. Fedro
    Platão
61. Política
    Aristóteles
62. A Viuvinha / Encarnação
    José de Alencar
63. As Regras do Método Sociológico
    Émile Durkheim
64. O Cão dos Baskervilles
    Sir Arthur Conan Doyle
65. Contos Escolhidos
    Machado de Assis
66. Da Morte / Metafísica do Amor / Do Sofrimento do Mundo
    Arthur Schopenhauer
67. As Minas do Rei Salomão
    Henry Rider Haggard
68. Manuscritos Econômico-Filosóficos
    Karl Marx
69. Um Estudo em Vermelho
    Sir Arthur Conan Doyle
70. Meditações
    Marco Aurélio
71. A Vida das Abelhas
    Maurice Materlinck
72. O Cortiço
    Aluísio Azevedo
73. Senhora
    José de Alencar
74. Brás, Bexiga e Barra Funda / Laranja da China
    Antônio de Alcântara Machado
75. Eugênia Grandet
    Honoré de Balzac
76. Contos Gauchescos
    João Simões Lopes Neto
77. Esaú e Jacó
    Machado de Assis
78. O Desespero Humano
    Sören Kierkegaard
79. Dos Deveres
    Cícero
80. Ciência e Política
    Max Weber
81. Satíricon
    Petrônio
82. Eu e Outras Poesias
    Augusto dos Anjos
83. Farsa de Inês Pereira / Auto da Barca do Inferno / Auto da Alma
    Gil Vicente
84. A Desobediência Civil e Outros Escritos
    Henry David Toreau
85. Para Além do Bem e do Mal
    Friedrich Nietzsche
86. A Ilha do Tesouro
    R. Louis Stevenson
87. Marília de Dirceu
    Tomás A. Gonzaga
88. As Aventuras de Pinóquio
    Carlo Collodi
89. Segundo Tratado Sobre o Governo
    John Locke
90. Amor de Salvação
    Camilo Castelo Branco
91. Broquéis/Faróis/ Últimos Sonetos
    Cruz e Souza
92. I-Juca-Pirama / Os Timbiras / Outros Poemas
    Gonçalves Dias
93. Romeu e Julieta
    William Shakespeare
94. A Capital Federal
    Arthur Azevedo
95. Diário de um Sedutor
    Sören Kierkegaard
96. Carta de Pero Vaz de Caminha a El-Rei Sobre o Achamento do Brasil
97. Casa de Pensão
    Aluísio Azevedo
98. Macbeth
    William Shakespeare

99. ÉDIPO REI/ANTÍGONA
   Sófocles
100. LUCÍOLA
   José de Alencar
101. AS AVENTURAS DE
   SHERLOCK HOLMES
   Sir Arthur Conan Doyle
102. BOM-CRIOULO
   Adolfo Caminha
103. HELENA
   Machado de Assis
104. POEMAS SATÍRICOS
   Gregório de Matos
105. ESCRITOS POLÍTICOS /
   A ARTE DA GUERRA
   Maquiavel
106. UBIRAJARA
   José de Alencar
107. DIVA
   José de Alencar
108. EURICO, O PRESBÍTERO
   Alexandre Herculano
109. OS MELHORES CONTOS
   Lima Barreto
110. A LUNETA MÁGICA
   Joaquim Manuel de Macedo
111. FUNDAMENTAÇÃO DA METAFÍSICA
   DOS COSTUMES E OUTROS
   ESCRITOS
   Immanuel Kant
112. O PRÍNCIPE E O MENDIGO
   Mark Twain
113. O DOMÍNIO DE SI MESMO PELA
   AUTO-SUGESTÃO CONSCIENTE
   Emile Coué
114. O MULATO
   Aluísio Azevedo
115. SONETOS
   Florbela Espanca
116. UMA ESTADIA NO INFERNO /
   POEMAS / CARTA DO VIDENTE
   Arthur Rimbaud
117. VÁRIAS HISTÓRIAS
   Machado de Assis
118. FÉDON
   Platão
119. POESIAS
   Olavo Bilac
120. A CONDUTA PARA A VIDA
   Ralph Waldo Emerson
121. O LIVRO VERMELHO
   Mao Tsé-Tung
122. ORAÇÃO AOS MOÇOS
   Rui Barbosa
123. OTELO, O MOURO DE VENEZA
   William Shakespeare
124. ENSAIOS
   Ralph Waldo Emerson
125. DE PROFUNDIS / BALADA
   DO CÁRCERE DE READING
   Oscar Wilde
126. CRÍTICA DA RAZÃO PRÁTICA
   Immanuel Kant
127. A ARTE DE AMAR
   Ovídio Naso
128. O TARTUFO OU O IMPOSTOR
   Molière
129. METAMORFOSES
   Ovídio Naso
130. A GAIA CIÊNCIA
   Friedrich Nietzsche
131. O DOENTE IMAGINÁRIO
   Molière
132. UMA LÁGRIMA DE MULHER
   Aluísio Azevedo
133. O ÚLTIMO ADEUS DE
   SHERLOCK HOLMES
   Sir Arthur Conan Doyle
134. CANUDOS - DIÁRIO DE UMA
   EXPEDIÇÃO
   Euclides da Cunha
135. A DOUTRINA DE BUDA
   Siddharta Gautama
136. TAO TE CHING
   Lao-Tsé
137. DA MONARQUIA / VIDA NOVA
   Dante Alighieri
138. A BRASILEIRA DE PRAZINS
   Camilo Castelo Branco
139. O VELHO DA HORTA/QUEM TEM
   FARELOS?/AUTO DA ÍNDIA
   Gil Vicente
140. O SEMINARISTA
   Bernardo Guimarães
141. O ALIENISTA / CASA VELHA
   Machado de Assis
142. SONETOS
   Manuel du Bocage
143. O MANDARIM
   Eça de Queirós
144. NOITE NA TAVERNA / MACÁRIO
   Álvares de Azevedo
145. VIAGENS NA MINHA TERRA
   Almeida Garrett
146. SERMÕES ESCOLHIDOS
   Padre Antonio Vieira
147. OS ESCRAVOS
   Castro Alves
148. O DEMÔNIO FAMILIAR
   José de Alencar
149. A MANDRÁGORA /
   BELFAGOR, O ARQUIDIABO
   Maquiavel
150. O HOMEM
   Aluísio Azevedo
151. ARTE POÉTICA
   Aristóteles
152. A MEGERA DOMADA
   William Shakespeare
153. ALCESTE/ELECTRA/HIPÓLITO
   Eurípedes
154. O SERMÃO DA MONTANHA
   Huberto Rohden
155. O CABELEIRA
   Franklin Távora
156. RUBÁIYÁT
   Omar Khayyám
157. LUZIA-HOMEM
   Domingos Olímpio
158. A CIDADE E AS SERRAS
   Eça de Queirós
159. A RETIRADA DA LAGUNA
   Visconde de Taunay
160. A VIAGEM AO CENTRO DA TERRA
   Júlio Verne
161. CARAMURU
   Frei Santa Rita Durão
162. CLARA DOS ANJOS
   Lima Barreto
163. MEMORIAL DE AIRES
   Machado de Assis
164. BHAGAVAD GITA
   Krishna
165. O PROFETA
   Khalil Gibran
166. AFORISMOS
   Hipócrates
167. KAMA SUTRA
   Vatsyayana
168. HISTÓRIAS DE MOWGLI
   Rudyard Kipling
169. DE ALMA PARA ALMA
   Huberto Rohden
170. ORAÇÕES
   Cícero
171. SABEDORIA DAS PARÁBOLAS
   Huberto Rohden
172. SALOMÉ
   Oscar Wilde
173. DO CIDADÃO
   Thomas Hobbes
174. PORQUE SOFREMOS
   Huberto Rohden
175. EINSTEIN: O ENIGMA DO UNIVERSO
   Huberto Rohden
176. A MENSAGEM VIVA DO CRISTO
   Huberto Rohden
177. MAHATMA GANDHI
   Huberto Rohden
178. A CIDADE DO SOL
   Tommaso Campanella
179. SETAS PARA O INFINITO
   Huberto Rohden
180. A VOZ DO SILÊNCIO
   Helena Blavatsky
181. FREI LUÍS DE SOUSA
   Almeida Garrett
182. FÁBULAS
   Esopo
183. CÂNTICO DE NATAL/
   OS CARRILHÕES
   Charles Dickens
184. CONTOS
   Eça de Queirós
185. O PAI GORIOT
   Honoré de Balzac
186. NOITES BRANCAS
   E OUTRAS HISTÓRIAS
   Dostoiévski
187. MINHA FORMAÇÃO
   Joaquim Nabuco
188. PRAGMATISMO
   William James
189. DISCURSOS FORENSES
   Enrico Ferri
190. MEDEIA
   Eurípedes
191. DISCURSOS DE ACUSAÇÃO
   Enrico Ferri
192. A IDEOLOGIA ALEMÃ
   Marx & Engels
193. PROMETEU ACORRENTADO
   Ésquilo
194. IAIÁ GARCIA
   Machado de Assis
195. DISCURSOS NO INSTITUTO DOS
   ADVOGADOS BRASILEIROS /
   DISCURSO NO COLÉGIO
   ANCHIETA
   Rui Barbosa
196. ÉDIPO EM COLONO
   Sófocles
197. A ARTE DE CURAR PELO ESPÍRITO
   Joel S. Goldsmith
198. JESUS, O FILHO DO HOMEM
   Khalil Gibran
199. DISCURSO SOBRE A ORIGEM E
   OS FUNDAMENTOS DA DESIGUAL-
   DADE ENTRE OS HOMENS
   Jean-Jacques Rousseau
200. FÁBULAS
   La Fontaine
201. O SONHO DE UMA NOITE
   DE VERÃO
   William Shakespeare

202. MAQUIAVEL, O PODER
José Nivaldo Junior

203. RESSURREIÇÃO
Machado de Assis

204. O CAMINHO DA FELICIDADE
Huberto Rohden

205. A VELHICE DO PADRE ETERNO
Guerra Junqueiro

206. O SERTANEJO
José de Alencar

207. GITANJALI
Rabindranath Tagore

208. SENSO COMUM
Thomas Paine

209. CANAÃ
Graça Aranha

210. O CAMINHO INFINITO
Joel S. Goldsmith

211. PENSAMENTOS
Epicuro

212. A LETRA ESCARLATE
Nathaniel Hawthorne

213. AUTOBIOGRAFIA
Benjamin Franklin

214. MEMÓRIAS DE
SHERLOCK HOLMES
Sir Arthur Conan Doyle

215. O DEVER DO ADVOGADO /
POSSE DE DIREITOS PESSOAIS
Rui Barbosa

216. O TRONCO DO IPÊ
José de Alencar

217. O AMANTE DE LADY
CHATTERLEY
D. H. Lawrence

218. CONTOS AMAZÔNICOS
Inglês de Souza

219. A TEMPESTADE
William Shakespeare

220. ONDAS
Euclides da Cunha

221. EDUCAÇÃO DO HOMEM
INTEGRAL
Huberto Rohden

222. NOVOS RUMOS PARA A
EDUCAÇÃO
Huberto Rohden

223. MULHERZINHAS
Louise May Alcott

224. A MÃO E A LUVA
Machado de Assis

225. A MORTE DE IVAN ILITCH
/ SENHORES E SERVOS
Leon Tolstói

226. ÁLCOOIS E OUTROS POEMAS
Apollinaire

227. PAIS E FILHOS
Ivan Turguêniev

228. ALICE NO PAÍS DAS
MARAVILHAS
Lewis Carroll

229. À MARGEM DA HISTÓRIA
Euclides da Cunha

230. VIAGEM AO BRASIL
Hans Staden

231. O QUINTO EVANGELHO
Tomé

232. LORDE JIM
Joseph Conrad

233. CARTAS CHILENAS
Tomás Antônio Gonzaga

234. ODES MODERNAS
Anntero de Quental

235. DO CATIVEIRO BABILÔNICO
DA IGREJA
Martinho Lutero

236. O CORAÇÃO DAS TREVAS
Joseph Conrad

237. THAIS
Anatole France

238. ANDRÔMACA / FEDRA
Racine

239. AS CATILINÁRIAS
Cícero

240. RECORDAÇÕES DA CASA
DOS MORTOS
Dostoiévski

241. O MERCADOR DE VENEZA
William Shakespeare

242. A FILHA DO CAPITÃO /
A DAMA DE ESPADAS
Aleksandr Púchkin

243. ORGULHO E PRECONCEITO
Jane Austen

244. A VOLTA DO PARAFUSO
Henry James

245. O GAÚCHO
José de Alencar

246. TRISTÃO E ISOLDA
Lenda Medieval Celta de Amor

247. POEMAS COMPLETOS DE
ALBERTO CAEIRO
Fernando Pessoa

248. MAIAKÓVSKI
Vida e Poesia

249. SONETOS
William Shakespeare

250. POESIA DE RICARDO REIS
Fernando Pessoa

251. PAPÉIS AVULSOS
Machado de Assis

252. CONTOS FLUMINENSES
Machado de Assis

253. O BOBO
Alexandre Herculano

254. A ORAÇÃO DA COROA
Demóstenes

255. O CASTELO
Franz Kafka

256. O TROVEJAR DO SILÊNCIO
Joel S. Goldsmith

257. ALICE NA CASA DOS ESPELHOS
Lewis Carrol

258. MISÉRIA DA FILOSOFIA
Karl Marx

259. JÚLIO CÉSAR
William Shakespeare

260. ANTÔNIO E CLEÓPATRA
William Shakespeare

261. FILOSOFIA DA ARTE
Huberto Rohden

262. A ALMA ENCANTADORA
DAS RUAS
João do Rio

263. A NORMALISTA
Adolfo Caminha

264. POLLYANNA
Eleanor H. Porter

265. AS PUPILAS DO SENHOR REITOR
Júlio Diniz

266. AS PRIMAVERAS
Casimiro de Abreu

267. FUNDAMENTOS DO DIREITO
Léon Duguit

268. DISCURSOS DE METAFÍSICA
G. W. Leibniz

269. SOCIOLOGIA E FILOSOFIA
Émile Durkheim

270. CANCIONEIRO
Fernando Pessoa

271. A DAMA DAS CAMÉLIAS
Alexandre Dumas (filho)

272. O DIVÓRCIO /
AS BASES DA FÉ /
E OUTROS TEXTOS
Rui Barbosa

273. POLLYANNA MOÇA
Eleanor H. Porter

274. O 18 BRUMÁRIO DE
LUÍS BONAPARTE
Karl Marx

275. TEATRO DE MACHADO DE ASSIS
Antologia

276. CARTAS PERSAS
Montesquieu

277. EM COMUNHÃO COM DEUS
Huberto Rohden

278. RAZÃO E SENSIBILIDADE
Jane Austen

279. CRÔNICAS SELECIONADAS
Machado de Assis

280. HISTÓRIAS DA MEIA-NOITE
Machado de Assis

281. CYRANO DE BERGERAC
Edmond Rostand

282. O MARAVILHOSO MÁGICO DE OZ
L. Frank Baum

283. TROCANDO OLHARES
Florbela Espanca

284. O PENSAMENTO FILOSÓFICO
DA ANTIGUIDADE
Huberto Rohden

285. FILOSOFIA CONTEMPORÂNEA
Huberto Rohden

286. O ESPÍRITO DA FILOSOFIA
ORIENTAL
Huberto Rohden

287. A PELE DO LOBO /
O BADEJO / O DOTE
Artur Azevedo

288. OS BRUZUNDANGAS
Lima Barreto

289. A PATA DA GAZELA
José de Alencar

290. O VALE DO TERROR
Sir Arthur Conan Doyle

291. O SIGNO DOS QUATRO
Sir Arthur Conan Doyle

292. AS MÁSCARAS DO DESTINO
Florbela Espanca

293. A CONFISSÃO DE LÚCIO
Mário de Sá-Carneiro

294. FALENAS
Machado de Assis

295. O URAGUAI /
A DECLAMAÇÃO TRÁGICA
Basílio da Gama

296. CRISÁLIDAS
Machado de Assis

297. AMERICANAS
Machado de Assis

298. A CARTEIRA DE MEU TIO
Joaquim Manuel de Macedo

299. CATECISMO DA FILOSOFIA
Huberto Rohden

300. APOLOGIA DE SÓCRATES
Platão (Edição bilingue)

301. RUMO À CONSCIÊNCIA CÓSMICA
Huberto Rohden

302. COSMOTERAPIA
Huberto Rohden

303. BODAS DE SANGUE
Federico García Lorca

304. DISCURSO DA SERVIDÃO
VOLUNTÁRIA
Étienne de La Boétie

305. Categorias
    Aristóteles
306. Manon Lescaut
    Abade Prévost
307. Teogonia / Trabalho e Dias
    Hesíodo
308. As Vítimas-Algozes
    Joaquim Manuel de Macedo
309. Persuasão
    Jane Austen
310. Agostinho - Huberto Rohden
311. Roteiro Cósmico
    Huberto Rohden
312. A Queda dum Anjo
    Camilo Castelo Branco
313. O Cristo Cósmico e os Essênios - Huberto Rohden
314. Metafísica do Cristianismo
    Huberto Rohden
315. Rei Édipo - Sófocles
316. Livro dos Provérbios
    Salomão
317. Histórias de Horror
    Howard Phillips Lovecraft
318. O Ladrão de Casaca
    Maurice Leblanc
319. Til
    José de Alencar

Série Ouro
(Livros com mais de 400 p.)

1. Leviatã
   Thomas Hobbes
2. A Cidade Antiga
   Fustel de Coulanges
3. Crítica da Razão Pura
   Immanuel Kant
4. Confissões
   Santo Agostinho
5. Os Sertões
   Euclides da Cunha
6. Dicionário Filosófico
   Voltaire
7. A Divina Comédia
   Dante Alighieri
8. Ética Demonstrada à Maneira dos Geômetras
   Baruch de Spinoza
9. Do Espírito das Leis
   Montesquieu
10. O Primo Basílio
    Eça de Queirós
11. O Crime do Padre Amaro
    Eça de Queirós
12. Crime e Castigo
    Dostoiévski
13. Fausto
    Goethe
14. O Suicídio
    Émile Durkheim
15. Odisseia
    Homero
16. Paraíso Perdido
    John Milton
17. Drácula
    Bram Stoker
18. Ilíada
    Homero
19. As Aventuras de Huckleberry Finn
    Mark Twain
20. Paulo – O 13º Apóstolo
    Ernest Renan
21. Eneida
    Virgílio
22. Pensamentos
    Blaise Pascal
23. A Origem das Espécies
    Charles Darwin
24. Vida de Jesus
    Ernest Renan
25. Moby Dick
    Herman Melville
26. Os Irmãos Karamazovi
    Dostoiévski
27. O Morro dos Ventos Uivantes
    Emily Brontë
28. Vinte Mil Léguas Submarinas
    Júlio Verne
29. Madame Bovary
    Gustave Flaubert
30. O Vermelho e o Negro
    Stendhal
31. Os Trabalhadores do Mar
    Victor Hugo
32. A Vida dos Doze Césares
    Suetônio
33. O Moço Loiro
    Joaquim Manuel de Macedo
34. O Idiota
    Dostoiévski
35. Paulo de Tarso
    Huberto Rohden
36. O Peregrino
    John Bunyan
37. As Profecias
    Nostradamus
38. Novo Testamento
    Huberto Rohden
39. O Corcunda de Notre Dame
    Victor Hugo
40. Arte de Furtar
    Anônimo do século XVII
41. Germinal
    Émile Zola
42. Folhas de Relva
    Walt Whitman
43. Ben-Hur — Uma História dos Tempos de Cristo
    Lew Wallace
44. Os Maias
    Eça de Queirós
45. O Livro da Mitologia
    Thomas Bulfinch
46. Os Três Mosqueteiros
    Alexandre Dumas
47. Poesia de Álvaro de Campos
    Fernando Pessoa
48. Jesus Nazareno
    Huberto Rohden
49. Grandes Esperanças
    Charles Dickens
50. A Educação Sentimental
    Gustave Flaubert
51. O Conde de Monte Cristo (Volume I)
    Alexandre Dumas
52. O Conde de Monte Cristo (Volume II)
    Alexandre Dumas
53. Os Miseráveis (Volume I)
    Victor Hugo
54. Os Miseráveis (Volume II)
    Victor Hugo
55. Dom Quixote de La Mancha (Volume I)
    Miguel de Cervantes
56. Dom Quixote de La Mancha (Volume II)
    Miguel de Cervantes
57. As Confissões
    Jean-Jacques Rousseau
58. Contos Escolhidos
    Artur Azevedo
59. As Aventuras de Robin Hood
    Howard Pyle
60. Mansfield Park
    Jane Austen